普通高等教育“十二五”系列教材

电力电子技术与MATLAB仿真

(第二版)

主编　周渊深
编写　朱希荣　宋永英　周玉琴
主审　文　俊

中国电力出版社
CHINA ELECTRIC POWER PRESS

内 容 提 要

本书从电力电子技术应用的角度出发，简明扼要地介绍了常用的不控型、半控型和全控型电力电子器件；重点介绍了交流—直流变换、直流—交流变换、交流—交流变换、直流—直流变换等电力电子变流电路。为强化应用型本科院校教学中的实践技能培养，本书介绍了基于MATLAB的图形化仿真实验内容，基本的教学内容均配有仿真实验内容；还安排了器件测试、实物实验等实训内容；本书特色是提供了与理论分析波形相对应的仿真实验波形和实物实验波形，这有利于加强学生的感性认识。全书内容深入浅出，简明扼要，实用性较强。

本书既可作为普通本科、应用型本科、民办本科学校电类专业的教材，也可供从事电力电子技术工作的工程技术人员参考。

图书在版编目（CIP）数据

电力电子技术与MATLAB仿真/周渊深主编．—2版．—北京：中国电力出版社，2014.8（2023.8重印）

普通高等教育“十二五”规划教材

ISBN 978-7-5123-6067-9

Ⅰ.①电…　Ⅱ.①周…　Ⅲ.①电力电子技术－计算机仿真－Matlab软件－高等学校－教材　Ⅳ.①TM1-39

中国版本图书馆CIP数据核字（2014）第135994号

中国电力出版社出版、发行
（北京市东城区北京站西街19号　100005　http://www.cepp.sgcc.com.cn）
北京雁林吉兆印刷有限公司印刷
各地新华书店经售

*

2007年8月第一版
2014年8月第二版　2023年8月北京第十二次印刷
787毫米×1092毫米　16开本　22.75印张　561千字
定价 **52.00** 元

前　言

近年来，电力电子设备的数量和品种急剧增长，生产第一线迫切需要大量的具有一定理论基础和较高实践技能的工程技术人员对其进行操作和维护。为适应社会和经济发展对电力电子技术应用型人才培养的需求，我们编写了本书。

电力电子技术是一门实践性很强的课程，有大量的波形需要分析、计算。作者运用面向电气原理结构图的图形化仿真技术，对本书中所讨论的大部分变流电路进行了仿真实验，在此基础上又进行了实物实验，获得了相应的仿真实验和实物实验波形。通过对理论分析波形、仿真实验波形和实物实验波形的分析比较，大大增加了读者的感性认识。本书内容全面，涵盖了课堂教学、实验教学和课程设计各个教学环节，特别是强调实践能力的培养。书中的MATLAB图形化仿真技术对学生更好地掌握电力电子技术和提高应用能力具有重要作用，可以弥补教学实验设备短缺的不足，对提高教学效果起到事半功倍的作用。

本书第1章介绍了功率二极管、晶闸管、门极可关断晶闸管（GTO）、电力晶体管（GTR）、功率场效应晶体管（P-MOSFET）、绝缘栅双极型晶体管（IGBT）等典型电力电子器件的结构、工作原理、特性和主要参数；讨论了如器件的驱动、保护和缓冲等应用问题。第2章介绍了交流—直流变换技术，具体分析了典型单相和三相整流电路的组成、工作原理、波形分析和基本计算。第3章介绍了直流—交流变换技术，分析了有源逆变和无源逆变（变频）电路，重点讨论了PWM调制技术。第4章介绍了交流—交流变换技术，分析了以晶闸管器件为基础的交流开关、交流调功和交流调压电路，交—交变频也归在此章。第5章介绍了以全控型器件为基础的直流—直流变换技术。在第2～5章每章的后面分别安排了典型变换电路的仿真实验内容。附录A安排了课程设计大纲及任务书内容，晶闸管整流器的工程计算可作为课程设计的指导书。附录B给出了电力电子技术实验指导书。

和本书第一版相比较，在变流电路方面增加了PWM整流器、矩阵变换器、SVPWM、多电平变换电路、谐波分析等内容，精简了部分传统内容。运用新版MATLAB仿真软件进行了变流电路仿真，增加了大量的仿真实例，仿真实验、课程设计和实验实训内容达到全书内容的一半。

全书按48～56理论教学课时编写；仿真实验可在课后或校内专业实习中完成；实验实训可结合课程教学安排，复杂和大型实验则安排在实习中进行；课程设计时间以1.5～2周为宜。

全书由周渊深教授主编，并编写了绪论和第1、2、3、4、5章的理论部分，宋永英高级实验师编写了附录A、附录B的课程设计和实验部分，并提供了全部实验波形。全书的仿真实验内容由宋永英和周渊深共同编写。朱希荣老师、吴迪老师参加了校稿工作，周玉琴同志绘制了全书插图，全书由周渊深统稿。在编写本书的过程中参阅和利用了部分兄弟院校的教材，对原作者也一并致谢。

由于时间仓促，书中难免存在不妥之处，请读者原谅，并提出宝贵意见。

为了配合本书的教学，中国电力出版社为读者提供了电子教案，与教材配套的仿真模型可向作者索取，作者电子信箱 zys62@126. com。

作　者

2014.6

目　录

0 绪 论

电力电子技术是一门建立在电子学、电力学和控制学三个学科基础上的交叉学科，它横跨“电子”、“电力”和“控制”三个领域，主要研究各种电力电子器件，以及由这些电力电子器件所构成的各种变流电路或变流装置，来完成对电能的变换和控制。它运用弱电（电子技术）控制强电（电力技术），是强弱电相结合的新学科。

电力电子技术课程的主要内容包括三个方面：电力电子器件、电力电子变流技术和控制技术。

本课程在讨论电力电子器件时，着重介绍电力电子器件的基本工作原理、特性和参数。主要了解如何合理地选择和使用电力电子器件来构成各种变流装置，而对器件的制造工艺及载流子运动的物理过程等细节不加详细讨论；在讨论电力电子变流技术时，则围绕交流—直流、直流—交流、交流—交流、直流—直流四种电能变换方式，研究由电力电子器件组成的变流装置的主电路、控制电路及其他辅助电路。

1. 电力电子器件的分类

用作电能变换的大功率电力电子器件与信息处理用电子器件不同，它一方面必须承受高电压、大电流，另一方面是以开关模式工作，因此通常被称为电力电子开关器件。电力电子器件有不同的分类方式，其中按照开通、关断控制方式则可分为三大类型。

（1）不可控型：这类器件一般为二端器件，一端是阳极，另一端是阴极。其开关性能取决于施加于器件阳、阴极间的电压极性。加正向电压导通，反向电压关断，流过器件的电流是单方向的。由于其开通和关断不能按需要控制，故这类器件称为不可控型器件，常见的有大功率二极管、快速恢复二极管及肖特基二极管等。

（2）半控型：这类器件是三端器件，除阳极和阴极外，还增加了一个控制门极。半控型器件也具有单向导电性，但开通不仅需在其阳、阴极间施加正向电压，而且还必须在门极和阴极间输入正向控制电压，以控制其开通。然而这类器件一旦开通，就不能再通过控制门极来控制关断，只能从外部改变加在阳、阴极间的电压极性或强制使阳极电流减小至零才能使其关断，所以把它们称为半控型。这类器件主要是晶闸管及其派生器件（如双向、逆导晶闸管等）。

（3）全控型：这类器件也是带有控制端的三端器件，控制端不仅可控制其开通，而且也能控制其关断，故称全控型。由于这类器件仅靠控制器件自身即可关断，因此被称为自关断器件。这类器件种类较多，工作机理也不尽相同，在现代电力电子技术应用中起着越来越重要的作用。属于这一类的代表器件有大功率晶体管（GTR）、门极可关断晶闸管（GTO）、功率场效应晶体管（P-MOSFET）和绝缘栅双极型晶体管（IGBT）等。

按电力电子器件的驱动性质可以将器件分为电压型和电流型器件。电流型器件必须有足够大的驱动电流才能使器件导通，因而一般需要较大功率的驱动电路，这类器件有 GTR、GTO 和普通晶闸管（Th）等；电压型器件的导通只需足够的电压和很小的驱动电流即可，因而电压型器件仅需很小的驱动功率，这类器件有 IGBT、P-MOSFET 和场控晶闸管

MCT等。

回顾40多年来电力电子器件的发展过程，大体可分为以下四个阶段。

第一阶段是以整流管、普通晶闸管为代表的发展阶段。这一阶段的半导体器件在低频、大功率变流领域中得到广泛应用，很快便取代了汞弧整流器。

第二阶段是以大功率晶体管（GTR）、门极可关断晶闸管（GTO）等全控器件为代表的发展阶段。这一阶段的半导体器件属于电流型控制模式，它们的应用使得变流器的高频化得以实现。

第三阶段是以功率场效应晶体管（P-MOSFET）和绝缘栅双极型晶体管（IGBT）等电压型全控器件为代表的发展阶段，此时的半导体器件可直接用IC（集成控制器）进行驱动，高频特性更好，电力电子器件制造技术已进入了和微电子技术相结合的初级阶段。

第四阶段是以PIC等功率集成电路为代表的发展阶段，目前正处在发展初期。这一阶段中，电力电子技术已经与微电子技术紧密结合在一起，所使用的半导体器件是将全控型电力电子器件与驱动电路、控制电路、传感电路、保护电路、逻辑电路等集成在一起的高度智能化的功率集成电路，它实现了器件与电路的集成，强电与弱电的集成，成为机电之间的智能化接口、机电一体化的基础单元。预计PIC的发展将会使电力电子技术实现第二次革命，进入全新的智能化时代。

2. 电力电子变流技术

以电力电子器件为核心，通过不同形式的电路结构和控制方式来实现对电能的转换和控制，这就是电力电子变流技术。

（1）变流电路的换流方式。变流电路的研究内容之一是确定主电路的结构和对变流电路进行综合性能分析，内容之二是变流电路的换流过程。变流电路工作时，各开关器件轮流导通向负载传递电能，因此流向负载的电能一定要从一个或一组元件向另一个或另一组元件转移，这个过程称为换流或换相。变流电路主要有以下三种换流方式：

电源换流——通过改变电源电压极性向导通元件提供反向电压使其关断。这种换流方式只适用于交流电源供电，以不控或半控开关器件组成的变流电路，如晶闸管整流器等。

负载换流——由负载电压或电流极性改变向导通元件施加反向电压使其关断。它用于直流供电、负载可振荡的直流—交流变换电路。

强迫换流——由外部电路向导通元件强行提供反向电压，或从导通元件控制极施加关断信号迫使其关断。这种方式常见于晶闸管直流—直流变换电路和所有斩波变换电路。

（2）电能变换的基本类型。电能变换的基本类型有交流—直流变换（AC/DC）、直流—交流变换（DC/AC）、交流—交流变换（AC/AC）、直流/直流变换（DC/DC）。在某些变流装置中，可能同时包含两种以上变换。

1）AC/DC变换（变流装置称为整流器）：把交流电变换成固定或可调的直流电即为AC/DC变换。传统的AC/DC变换是利用晶闸管元件和相控技术，依靠电源电压进行换流的。目前工业中应用的大多数变流装置都是属于这类整流装置。其特点是控制简单，运行可靠，适宜大功率应用。相控整流器存在的问题是有谐波，对电网有较严重的影响。

2）DC/AC变换（变流装置称为逆变器）：把直流电变换成频率固定或可调的交流电，通常被称为逆变。按电源性质可分为电压型和电流型；按控制方式可分为六拍（六阶梯）方波逆变器、PWM逆变器和谐振直流开关（软性开关）逆变器。按换流性质可分为依靠电源换流的有源逆变和由自关断元件构成的无源逆变。逆变装置主要被用于机车牵引、电动车辆和其他交流电动机调速、不间断电源（UPS）和感应加热。

3）AC/AC 变换（变流装置称为交—交变频器和交流调压器）：把频率、电压固定或变化的交流电直接变换成频率、电压可调或固定的交流电，即为 AC/AC 变换，传统的交—交变频采用晶闸管相控技术，交—交变频器的新发展是基于 PWM 变换理论的矩阵式变换器。

4）DC/DC 变换（变流装置称为直流斩波器）：把固定或变化的直流电压变换成可调或恒定的直流电压即为 DC/DC 变换器。按输出电压与输入电压的相对关系可分为降压式、升压式和升降压式。DC/DC 变换器被广泛地用于计算机电源、各类仪器仪表、直流电机调速及金属焊接等。

谐振型开关技术是 DC/DC 变换的新发展，可减小变换器体积、质量并提高可靠性。这种变换器有效地解决了开关损耗和电磁干扰问题，是 DC/DC 变换的主要发展方向。

（3）电力电子变流技术控制方式。控制电路的主要功能是为变流器中的功率器件提供门极（控制极）驱动信号，从而实现所需的电能变换与控制。变流电路的控制方式一般都按器件开关信号与控制信号间的关系分类。

相控式：器件的开通信号相位，即导通时刻的相位，受控于控制信号幅度的变化。晶闸管相控整流和交流调压电路均采用这种方式，通过改变导通相位角以改变输出电压的大小。

频控式：用控制电压的幅值变化来改变器件开关信号的频率，以实现器件开关工作频率的控制。这种控制方式多用于直流—交流变换电路中。

斩控式：器件以远高于输入、输出电压工作频率的开关频率运行，利用控制电压（即调制电压）的幅值来改变一个开关周期中器件导通占空比，如 PWM，从而实现电能的变换与控制。

3. 电力电子变流技术的发展

变流技术的发展已经历了以下三个阶段。

（1）第一阶段是电子管、离子管（闸流管、汞弧整流器、高压汞弧阀）的发展与应用阶段，此时的变流技术属于整流变换，只是变流技术的一小部分。

（2）第二阶段是硅整流管、晶闸管的发展与应用阶段。随着器件制造水平的不断提高，变流装置保护措施的不断完善，使得硅整流管、晶闸管在变流装置中的应用技术日趋成熟。

（3）第三阶段是全控型电力半导体器件的发展与应用阶段，是半导体电力变流器向高频化发展的阶段，也是变流装置的控制方式由移相控制（Phase Shift Control，PSC）向时间比率控制（Time Ratio Control，TRC）发展的阶段。

TRC 控制方式一般有三种方式，即脉冲宽度调制（Pulse Width Modulation，PWM）、脉冲频率调制（Pulse Frequency Modulation，PFM）和混合调制（PWM+PFM）。PWM 方式因为调制频率固定，即调制周期 T 恒定（或基本不变），通过改变控制脉冲的占空比进行变换电路的调节，从而使滤波电路的设计比较简单，所以常用的 TRC 是 PWM 方式。

第三阶段的发展是随着全控型器件的发展而逐渐展开的。

（1）GTO、GTR 等电流型全控器件的应用使逆变、变频、斩波变换电路的结构大为简化，变换频率可以提高到 20kHz 左右，为电气设备的高频化、小型化奠定了基础。其缺点是由于 GTO、GTR 是电流型控制器件，所需要的控制功率大。

（2）以 P-MOSFET 和 IGBT 为代表的电压型全控器件和 PWM 控制技术的应用，使变流装置的高频特性更好。但是随着变换频率的不断提高，PWM电路的缺点便逐渐暴露出来。由于PWM电路属硬开关电路，变换过程中过高的du/dt、di/dt会产生严重的电磁干扰，使电力电子设备的电磁兼容问题变得突出；另一方面器件开通与关断损耗严重制约了变换频率的进一步提高。

（3）建立在谐振、准谐振原理之上的软开关电路，即所谓的零电压开关（ZVS）与零电流开关（ZCS）电路问世。它是利用谐振进行换相的一种新型变流电路，实现了器件在零电压下的导通和零电流下的关断，从而大大降低了器件的开关损耗，这样一来，TRC技术加软开关技术使得变换频率进一步得到提高。之后，功率MOSFET、IGBT等电压型控制的混合型全控器件的应用真正实现了高频化，使变换频率达到100～500kHz甚至更高，为电力电子设备更加高频化、小型化创造了条件。时至今日，晶闸管应用领域的绝大部分已经或即将被功率集成器件所取代，只是在大功率、特大功率的电化、电冶电源以及与电力系统有关的高压直流输电（HVDC）、静止式动态无功功率补偿装置（SVC）、串联可控电容补偿装置（SCC）等应用领域，晶闸管暂时还不能被取代。

4. 电力电子变流技术的应用

电力电子技术是对电能的基本参数进行变换和控制的现代工业电子技术。近年来，变流技术得到了迅猛发展，经过变流技术处理的电能在整个国民经济的耗电量中所占比例越来越大，成为其他工业技术发展的重要基础。电力电子技术应用非常广泛，下面举例概括说明。

（1）电源：不间断电源（UPS）、电解电源、电镀电源、开关电源、航空电源、通信电源；交流电子稳压电源、脉冲功率电源；电力牵引及传动控制（如电力机车、电传动内燃机车、矿井提升机、轧钢机传动）用电源。

（2）电力系统应用：高压直流输电（HVDC）。在输电线路的输送端将工频交流变为直流，在接受端再将直流变回工频交流。

（3）有源滤波器：由于电力电子装置的应用与普及，导致电网的谐波问题越来越严重。传统的无源滤波器由于其滤波性能较差，难以应对日益严重的电网“公害”。人们从电力电子学本身找到了解决的途径，这就是有源滤波器。它主要是由电压源型或电流源型PWM变流器和一个基准器构成的谐波发生器。目的是产生大范围动态谐波和无功功率，重新“修补”电网波形。因此，有源滤波器不但可用来滤波，还可作为功率补偿器、电压稳定器及不对称负载的电压调节器。

（4）新能源利用：电力电子装置还将用于太阳能发电及风力发电装置与电力系统的连接。

（5）节能：采用电力电子装置实现电动机调速，可以达到很高的效率。

（6）家用电器：种类繁多的家用电器，小至一台调光灯具、高频荧光灯具，大至通风取暖设备、微波炉及众多的电动机驱动设备，都离不开电力电子变流电路。各种PWM变流设备及专用功率集成电路将被广泛地用于现代化的家庭中，如家用的电冰箱及冰柜、暖气空调机、电子装置（个人电脑、其他家用电器）等。

（7）电动汽车和电动自行车。

（8）照明：白炽灯发光效率低、热损耗大，因此现在广泛采用了日光灯。但是，日光灯必须要有扼流圈（电感）启辉，全部电流要流过扼流圈，无功电流大，不能达到有效节能。近年来，电子镇流器的出现，较好地解决了这个问题。电子镇流器是一个AC—DC—AC变换器。如用于 20～40W 的日光灯，其体积要比相应功率的扼流圈小，可以减少无功电流和有功损耗。据美国统计，每盏灯每年可节电 30～70 美元，可见其节能效益。

综上所述，电力电子技术已经渗透到航天、国防、工农业生产、交通、文教卫生、办公自动化乃至于家庭的任何角落。伴随着电力电子器件与变流电路的进步，电力电子技术的应用领域也将会有新的突破。

5. 本课程的任务与要求

电力电子变流技术是电气工程与自动化专业的专业基础课。内容包含电力电子器件、电路、控制、应用几个方面，但应以电路为主。电力电子器件讲解的内容主要包括常用器件的基本工作机理、特性、参数及它们的驱动和保护方法，目的是为了应用这些电力电子器件组成电路，故应注意掌握器件外部特性及极限额定参数的应用。变流电路则主要研究由不同电力电子器件所构成的各种典型变流电路的工作原理、主电路拓扑结构、分析方法、设计计算的基本手段、主电路开关元件的选择方法。控制要研究的是各种典型触发、驱动以及必要的辅助电路的工作原理和特点。

学习电力电子变流技术课程的基本要求是：

(1) 熟悉和掌握常用电力电子器件的工作原理、特性和参数，能正确选择和使用它们。

(2) 熟悉和掌握各种基本变换电路的工作原理，掌握其分析方法、工作波形分析和变换器电路的初步设计计算。

(3) 了解各种开关元件的控制电路、缓冲电路和保护电路。

(4) 了解各种变换器的特点、性能指标和使用场合。

(5) 掌握基本实验方法、训练基本实验技能。

第1章　电 力 电 子 器 件

本章重点介绍功率二极管、晶闸管、双向晶闸管的结构、工作原理、特性和参数以及选用原则；简要介绍可关断晶闸管（GTO）、电力晶体管（GTR）、功率场效应晶体管（P-MOSFET）、绝缘栅双极型晶体管（IGBT）的结构、工作原理、特性和参数；对新型电力电子器件的结构和工作原理也将简要介绍；另外还安排了电力电子器件测试、仿真软件中的器件介绍等实训内容。

1.1　功 率 二 极 管

功率二极管（Power Diode）又称电力二极管，常作为整流元件，属于不可控型器件，它不能用控制信号控制其导通和关断，只能由加在元件阳阴极上电压的极性控制其通断。它可用于不需要调压的整流、感性负载的续流以及用作限幅、钳位、稳压等。功率二极管还有许多派生器件，如快恢复二极管、肖特基整流二极管等。

1.1.1　功率二极管的结构和工作原理

1. 元件结构、电气符号和外形

（1）元件结构和电气符号。普通功率二极管的内部由一个面积较大的 PN 结和两端的电极及引线封装而成。在 PN 结的 P 型端引出的电极称为阳极 A（Anode），在 N 型端引出的电极称为阴极 K（Cathode）。功率二极管的结构和电气符号如图 1-1（a）、（b）所示。

（2）元件外形。功率二极管主要有螺栓型和平板型两种外形结构，如图 1-2 所示。一般而言，额定电流 200A 以下的器件多数采用螺栓型，200A 以上的器件则多数采用平板型。若将几个功率二极管封装在一起，则组成模块式结构。

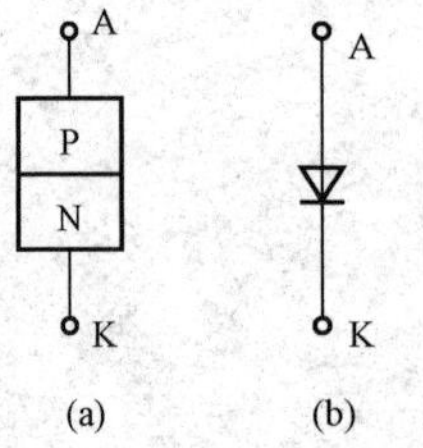

图 1-1　功率二极管的结构和电气符号

（a）功率二极管的结构；（b）功率二极管的电气符号

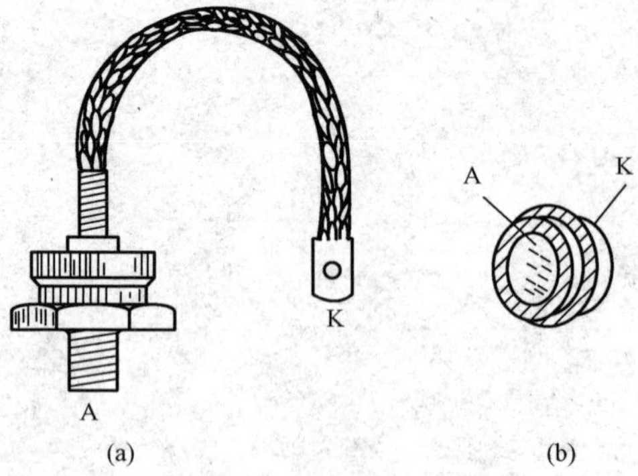

图 1-2　功率二极管的外形

（a）螺栓型；（b）平板型

2. 工作原理

功率二极管的工作原理和普通二极管一样，当二极管处于正向电压作用时，PN 结导通，正向管压降很小；当二极管处于反向电压作用时，PN 结截止，仅有极小的漏电流流过二极管。

1.1.2　功率二极管的伏安特性

功率二极管的伏安特性是指功率二极管阳阴极间所加的电压与流过阳阴极间电流的关系特性。功率二极管的伏安特性曲线如图1-3所示。

功率二极管的伏安特性曲线位于第Ⅰ象限和第Ⅲ象限。

(1) 第Ⅰ象限特性为正向特性，表明正向导通状态。当所加正向阳极电压小于门坎电压时，二极管只流过很小的正向电流；当正向阳极电压大于门坎电压时，正向电流急剧增加，此时阳极电流的大小完全由外电路决定，二极管呈现低阻态，其管压降大约为0.6V。

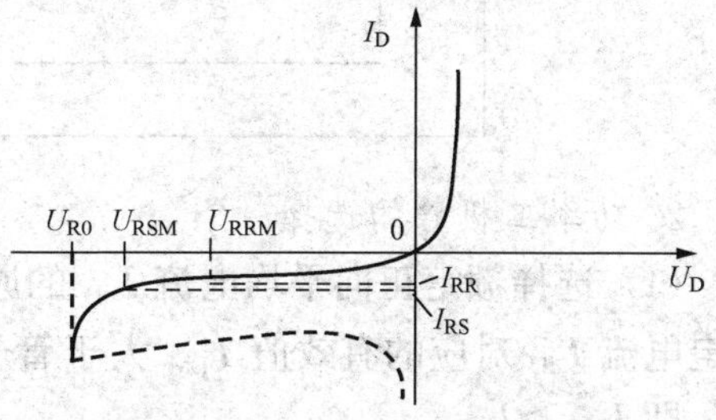

图1-3　功率二极管的伏安特性曲线

(2) 第Ⅲ象限为反向特性区，表明反向阻断状态。当二极管加上反向阳极电压时，开始只有极小的反向漏电流，管子呈现高阻态。随着反向电压的增加，反向电流有所增大。当反向电压增大到一定程度时，漏电流就会急剧增加而管子被击穿。击穿后的二极管若为开路状态，则管子两端电压为电源电压；若二极管击穿成短路状态，则管子电压将很小，而电流却较大，如图1-3中虚线所示。所以必须对反向电压及电流加以限制，否则二极管将被击穿而损坏。其中U_{R0}为反向击穿电压。

1.1.3　功率二极管的主要参数

1. 正向平均电流I_{dD}（额定电流）

功率二极管的正向平均电流I_{dD}是指在规定的环境温度和标准散热条件下，管子允许长期通过的最大工频半波电流的平均值。元件标称的额定电流就是这个电流。实际应用中，功率二极管所流过的最大有效值电流为I_{DM}，则其额定电流一般选择为

$$I_{dD} \geqslant (1.5 \sim 2)\frac{I_{DM}}{1.57}$$

式中的系数1.5～2是安全系数。

2. 正向压降U_D（管压降）

正向压降U_D是指在规定温度下，流过某一稳定正向电流时所对应的正向压降。

3. 反向重复峰值电压U_{RRM}（额定电压）

在额定结温条件下，元件反向伏安特性曲线的转折处对应的反向电压称为反向不重复峰值电压U_{RSM}，U_{RSM}的80%称为反向重复峰值电压U_{RRM}（额定电压），它是功率二极管能重复施加的反向最高电压。一般在选用功率二极管时，以其在电路中可能承受的反向峰值电压的两倍来选择额定电压。

4. 反向恢复时间

反向恢复时间是指功率二极管从正向电流降至零起到恢复反向阻断能力为止的时间。

1.1.4　功率二极管的型号和选择原则

1. 功率二极管的型号

国产普通功率二极管的型号规定如下：

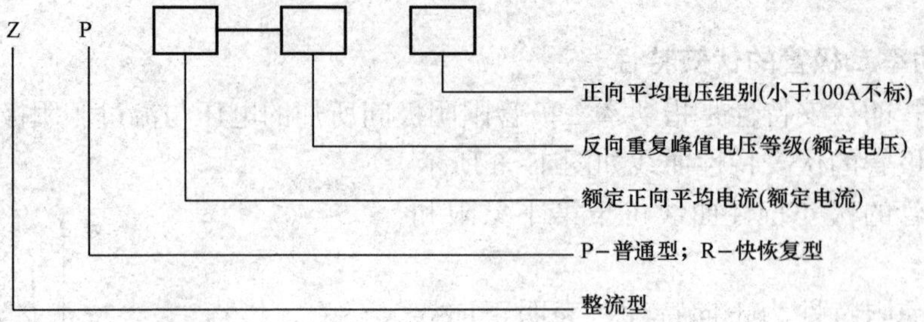

2. 功率二极管的选择

（1）选择额定正向平均电流 I_{dD} 的原则。在规定的室温和冷却条件下，只要所选管子的额定电流 I_{dD} 对应的有效值 I_{DM} 大于管子在电路中实际可能通过的最大电流有效值 I_{Dm} 即可，即 $I_{DM}>I_{Dm}$。

首先根据电路结构确定 I_{Dm}，从而求得 I_{DM}，再由 $I_{dD}=(1.5\sim2)\dfrac{I_{DM}}{1.57}$ 求得 I_{dD}，然后取相应标准系列值。

（2）选择额定电压 U_{RRM} 的原则。选择功率二极管的反向重复峰值电压等级（额定电压）的原则，应为管子在所工作的电路中可能承受的最大反向电压 U_{DM} 的 2～3 倍，即

$$U_{RRM}=(2\sim3)U_{DM}$$

式中：U_{DM} 为电路中可能承受的最大反向电压。然后取相应标准系列值。

1.1.5　功率二极管的其他派生器件

1. 快恢复二极管

快恢复二极管的特点是恢复时间短，尤其是反向恢复时间短，一般在 5μs 以内，可用于要求很小反向恢复时间的电路中，例如用于与可控开关配合的高频电路中。

2. 肖特基二极管

肖特基二极管是以金属和半导体接触形成的势垒为基础的二极管，其反向恢复时间更短，一般为 10～40ns。其开关损耗和正向导通损耗都很小。

1.2　晶　闸　管

在实际应用中，往往要求直流电压能够进行调节，即具有可控性。晶闸管是一种能够通过控制信号控制其导通，但不能控制其关断的半控型器件。由于其导通时刻可控，满足了调压要求。它具有体积小、效率高、动作迅速、操作方便等特点，因而在生产实际中获得了广泛的应用。晶闸管也有许多派生器件，如快速晶闸管（FST）、双向晶闸管（TRIAC）、逆导晶闸管（RCT）和光控晶闸管（LATT）等。

1.2.1　晶闸管的结构、电气符号和外形

1. 元件结构和电气符号

晶闸管是一种大功率半导体器件，它的内部是 PNPN 的四层结构，形成了三个 PN 结（J1，J2，J3），并对外引出三个电极，晶闸管的结构如图 1-4（a）所示。由最外部 P1 层和 N2 层引出的两个电极，分别为阳极 A（Anode）和阴极 K（Cathode）。由中间 P2 层引出的电极是门极 G（Gate），也称控制极。从晶闸管的结构图可知，晶闸管的内部可以看成是由

三个二极管连接而成的。晶闸管的电气符号如图 1-4（b）所示。

2. 元件外形

元件外形如图 1-4（c）所示，晶闸管的外形有塑封式、螺栓式、平板式和模块式等，常用的有螺栓式、平板式两种。图 1-4（c）给出了塑封式、螺栓式和平板式晶闸管的外形。

晶闸管在工作过程中会因损耗而发热，因此必须安装散热器。螺栓式晶闸管是靠阳极（螺栓）拧紧在铝制散热器上，可自然冷却；平板式晶闸管由两个相互绝缘的散热器夹紧晶闸管，靠冷风冷却。和功率二极管一样，额定电流大于 200A 的晶闸管采用平板式外形结构。此外，晶闸管的冷却方式还有水冷、油冷等。

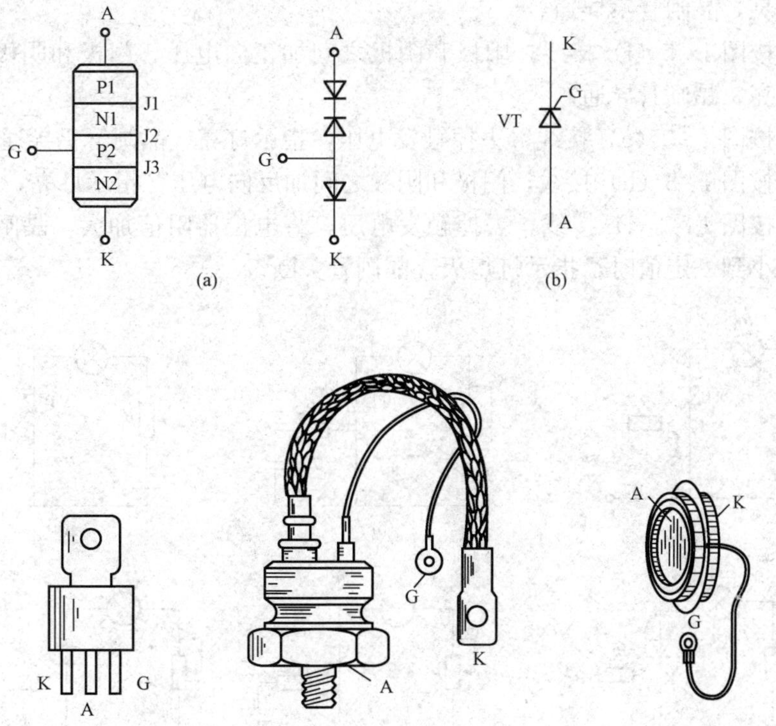

图 1-4 晶闸管的结构、电气符号和外形

（a）结构；（b）电气符号；（c）外形

1.2.2 晶闸管的工作原理

1. 晶闸管的导通、关断实验

为了说明晶闸管的工作原理，先做一个实验。实验电路如图 1-5 所示，阳极电源 E_A 通过电位器 R_P 连接负载 R_L（白炽灯）接到晶闸管的阳极 A 与阴极 K，组成晶闸管的主电路。流过晶闸管阳极的电流称阳极电流 I_A，晶闸管阳极和阴极两端的电压称阳极电压 U_A。门极电源 E_G 通过电阻 R_g 连接晶闸管的门极 G 与阴极 K 组成控制电路也称触发电路。流过门极的电流称门极电流 I_G，门极与阴极之间的电压称门极电压 U_G。用灯泡来观察晶闸管的通断情况。该实验分九个步骤进行。

第一步：按图 1-5（a）接线，阳极和阴极之间加反向电压，门极和阴极之间不加电压，指示灯不亮，晶闸管不导通。

第二步：按图 1-5（b）接线，阳极和阴极之间加反向电压，门极和阴极之间加反向电压，指示灯不亮，晶闸管不导通。

第三步：按图 1-5（c）接线，阳极和阴极之间加反向电压，门极和阴极之间加正向电压，指示灯不亮，晶闸管不导通。

第四步：按图 1-5（d）接线，阳极和阴极之间加正向电压，门极和阴极之间不加电压，指示灯不亮，晶闸管不导通。

第五步：按图 1-5（e）接线，阳极和阴极之间加正向电压，门极和阴极之间加反向电压，指示灯不亮，晶闸管不导通。

第六步：按图 1-5（f）接线，阳极和阴极之间加正向电压，门极和阴极之间也加正向电压，指示灯亮，晶闸管导通。

第七步：按图 1-5（g）接线，去掉触发电压，指示灯亮，晶闸管仍导通。

第八步：按图 1-5（h）接线，门极和阴极之间加反向电压，指示灯亮，晶闸管仍导通。

第九步：按图 1-5（i）接线，去掉触发电压，将电位器阻值加大，晶闸管阳极电流减小，当电流减小到一定值时，指示灯熄灭，晶闸管关断。

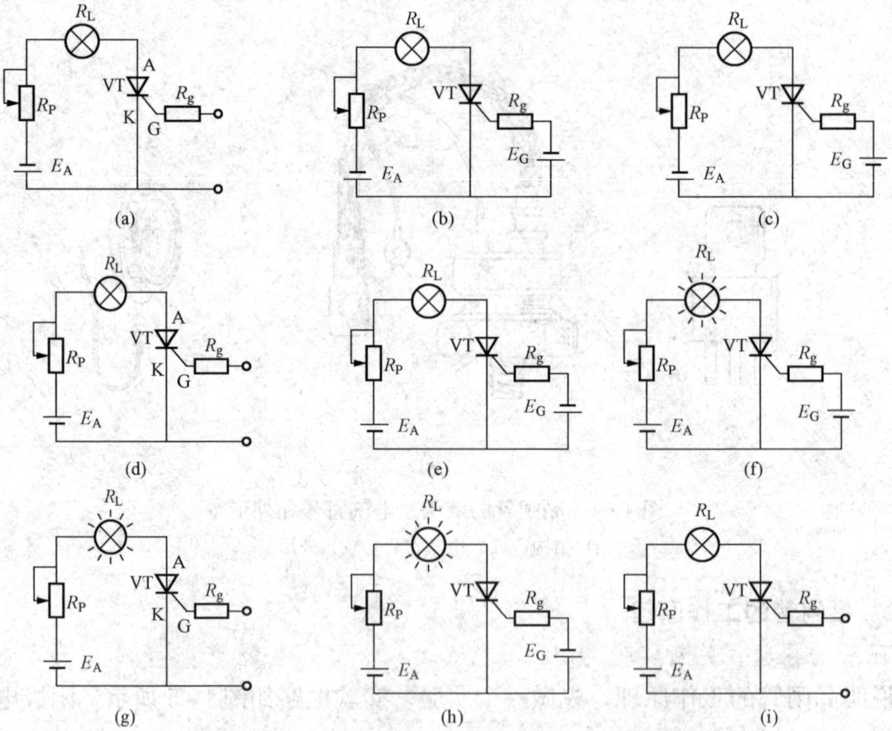

图 1-5　晶闸管导通关断条件实验电路

（a）阳极加反向电压，门极不加电压，灯灭；（b）阳极、门极都加反向电压，灯灭；
（c）阳极加反向电压，门极加正向电压，灯灭；（d）阳极加正向电压，门极不加电压，灯灭；
（e）阳极加正向电压，门极加反向电压，灯灭；（f）阳极、门极都加正向电压，灯亮；
（g）阳极加正向电压，门极不加电压，灯亮；（h）阳极加正向电压，门极加反向电压，灯亮；
（i）阳极加正向电压，门极不加电压，R_p 加大，灯灭实验现象与结论见表1-1。

表1-1　　晶闸管导通和关断实验

实验顺序		实验前灯的情况	实验时晶闸管条件		实验后灯的情况	结论
			阳极电压 U_A	门极电压 U_G		
导通实验	1	暗	反向	反向	暗	晶闸管在反向阳极电压作用下，不论门极为何电压，它都处于关断状态
	2	暗	反向	零	暗	
	3	暗	反向	正向	暗	
	1	暗	正向	反向	暗	晶闸管在正向阳极电压与正向门极电压的共同作用下，才能导通
	2	暗	正向	零	暗	
	3	暗	正向	正向	亮	
关断实验	1	亮	正向	正向	亮	已导通的晶闸管在正向阳极作用下，门极失去控制作用
	2	亮	正向	零	亮	
	3	亮	正向	反向	亮	
	4	亮	正向（逐渐减小到接近于零）	任意	暗	晶闸管在导通状态时，当阳极电压减小到接近于零时，晶闸管关断

2. 实验说明

(1) 当晶闸管承受反向阳极电压时，不论门极加何种电压（正向、反向或零电压），晶闸管都不导通。此时只有很小的反向漏电流流过管子，这种状态称为反向阻断状态。说明晶闸管像整流二极管一样，具有单向导电性。

(2) 当晶闸管承受正向阳极电压时，门极加上反向电压或者不加电压，晶闸管不导通，这种状态称为正向阻断状态。这是二极管所不具备的。

(3) 当晶闸管承受正向阳极电压时，门极加上正向触发电压，晶闸管导通，这种状态称为正向导通状态。这就是晶闸管的闸流特性，即可控特性。

(4) 晶闸管一旦导通后维持正向阳极电压不变，将触发电压撤除管子依然处于导通状态。即门极对管子不再具有控制作用。

3. 实验结论

通过上述实验可知，晶闸管导通必须同时具备两个条件

(1) 晶闸管阳—阴极（A-K）加正向电压。

(2) 晶闸管控制极—阴极（G-K）加合适的正向电压。

晶闸管一旦导通，门极即失去控制作用，故晶闸管为半控型器件。为使晶闸管关断，必须使其阳极电流减小到一定数值以下，可用减小阳极电压到零或反向的方法来实现。

4. 晶闸管的导通关断原理

为了进一步说明晶闸管的工作原理，下面通过晶闸管的等效电路来分析。

(1) 晶闸管的等效电路。将内部是四层PNPN结构的晶闸管看成是由一个PNP型和一个NPN型晶体管连接而成的等效电路，连接形式如图1-6所示。晶闸管的阳极A相当于PNP型晶体管V1的发射极、阴极K相当于NPN型晶体管V2的发射极。

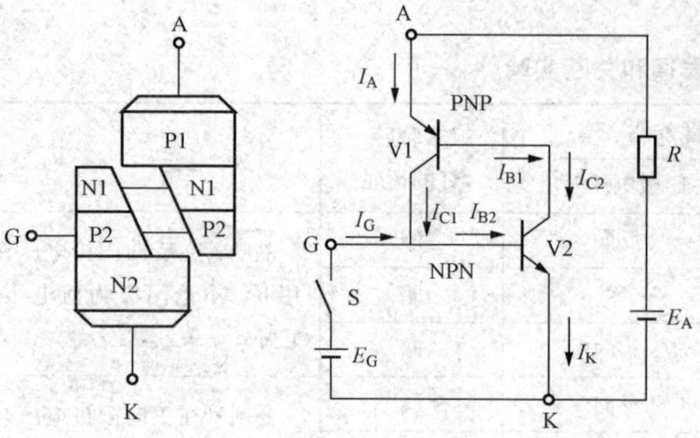

图 1-6　晶闸管导通、关断原理的等效电路

（2）晶闸管的导通原理。当晶闸管阳极承受正向电压，控制极也加正向电压时，晶体管 V2 处于正向偏置，E_G 产生的控制极电流 I_G 就是 V2 的基极电流 I_{B2}；V2 的集电极电流 $I_{C2}=\beta_2 I_G$，而 I_{C2} 又是晶体管 V1 的基极电流 I_{B1}，V1 的集电极电流 $I_{C1}=\beta_1 I_{C2}=\beta_1\beta_2 I_G$（$\beta_1$ 和 β_2 分别是 V1 和 V2 的电流放大系数）。电流 I_{C1} 又流入 V2 的基极，再一次被放大。这样循环下去，形成了强烈的正反馈，使两个晶体管很快达到饱和导通，这就是晶闸管的导通过程，其正反馈过程如下：

$$I_G\uparrow \rightarrow I_{B2}\uparrow \rightarrow I_{C2}(I_{B1})\uparrow \rightarrow I_{C1}\uparrow \rightarrow I_{B2}\uparrow$$

导通后，晶闸管上的压降很小，电源电压几乎全部加在负载上，晶闸管中流过的电流即负载电流。

在晶闸管导通之后，它的导通状态完全依靠管子本身的正反馈作用来维持，此时 $I_{B2}=I_{C1}+I_G$，而 $I_{C1}\gg I_G$，即使控制极电流消失 $I_G=0$，I_{B2} 仍足够大，晶闸管仍将处于导通状态。因此，控制极的作用仅是触发晶闸管使其导通，导通之后，控制极就失去了控制作用。

（3）晶闸管的关断原理。要想关断晶闸管，最根本的方法就是必须将阳极电流减小到使之不能维持正反馈的程度，也就是将晶闸管的阳极电流减小到小于维持电流。可采用的方法有：将阳极电源断开；改变晶闸管的阳极电压的方向，即在阳—阴极间加反向电压。

归纳之，晶闸管的工作特点是：晶闸管电路有两部分组成，一是阳—阴极主电路，二是门—阴极控制电路；阳—阴极之间具有可控的单向导电特性；控制门极仅起触发导通作用，不能控制关断；晶闸管的导通与关断两个状态相当于开关的作用，这样的开关又称为无触点开关。

1.2.3　晶闸管的特性

1. 晶闸管的伏安特性

晶闸管的伏安特性是指晶闸管阳、阴极间电压 U_A 和阳极电流 I_A 之间的关系特性，如图 1-7 所示。晶闸管的伏安特性包括正向特性（第Ⅰ象限）和反向特性（第Ⅲ象限）两部分。

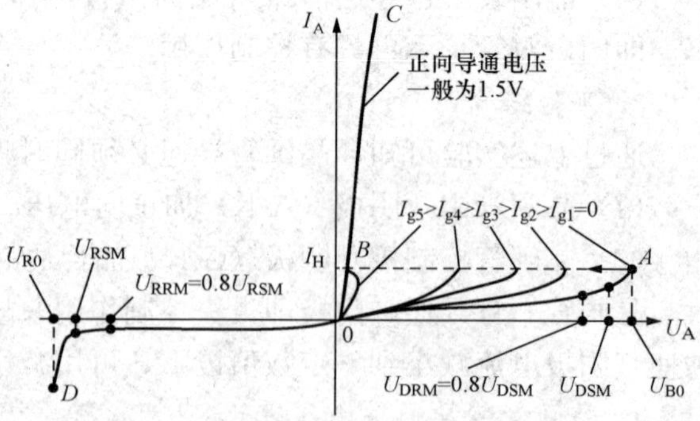

图 1-7　晶闸管的伏安特性曲线

U_{DRM}、U_{RRM}—正、反向断态重复峰值电压；

U_{DSM}、U_{RSM}—正、反向断态不重复峰值电压；

U_{B0}—正向转折电压；U_{R0}—反向击穿电压

（1）正向特性。晶闸管的正向特性又有阻断状态和导通状态之分。在门极电流 $I_{g1}=0$ 情况下，逐渐增大晶闸管的正向阳极电压，这时晶闸管处于断态，只有很小的正向漏电流；随着正向阳极电压的增加，当达到正向转折电压 U_{B0} 时，漏电流突然剧增，特性从正向阻断状态突变为正向导通状态。导通状态时的晶闸管状态和二极管的正向特性相似，即流过较大的阳极电流，而晶闸管本身的压降却很小。正常工作时，不允许把正向阳极电压加到转折值 U_{B0}，而是从门极输入触发电流 I_g，使晶闸管导通。门极电流越大阳极电压转折点越低（图 1-7 中 $I_{g5}>I_{g4}>I_{g3}>I_{g2}>I_{g1}$）。晶闸管正向导通后，要使晶闸管恢复阻断，只有逐步减少阳极电流。当 I_A 小到等于维持电流 I_H 时，晶闸管由导通变为阻断。维持电流 I_H 是维持晶闸管导通所需的最小电流。

（2）反向特性。晶闸管的反向特性是指晶闸管的反向阳极电压（阳极相对阴极为负电位）与阳极漏电流的伏安特性。晶闸管的反向特性与一般二极管的反向特性相似。当晶闸管承受反向阳极电压时，晶闸管总是处于阻断状态。当反向电压增加到一定数值时，反向漏电流增加较快。再继续增大反向阳极电压，会导致晶闸管反向击穿，造成晶闸管的损坏。

2. 晶闸管的开关特性

晶闸管的开关特性如图 1-8 所示。

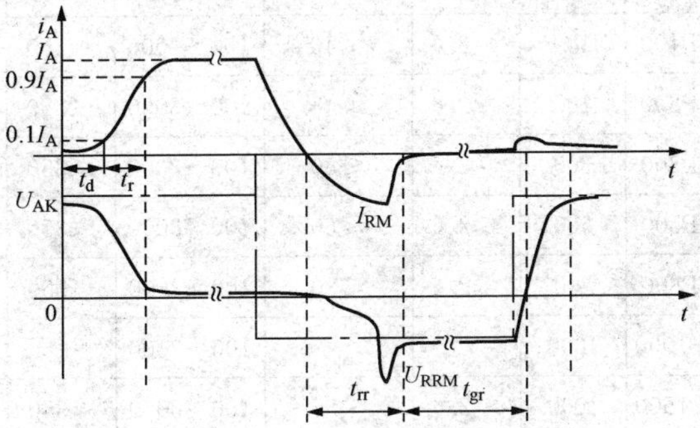

图 1-8 晶闸管的开关特性

晶闸管的开通不是瞬间完成的，开通时阳极与阴极两端的电压有一个下降过程，而阳极电流的上升也需要有一个过程，这个过程可分为三段。第一段对应时间为延迟时间 t_d，对应着阳极电流上升到 $10\%I_A$ 所需时间，此时 J2 结仍为反偏，晶闸管的电流不大。第二段为上升时间 t_r，对应着阳极电流由 $10\%I_A$ 上升到 $90\%I_A$ 所需时间，这时靠近门极的局部区域已经导通，相应的 J2 结已由反偏转为正偏，电流迅速增加。通常定义器件的开通时间 t_{on} 为延迟时间 t_d 与上升时间 t_r 之和，即

$$t_{on}=t_d+t_r$$

晶闸管的关断过程也如图 1-8 所示。电源电压反向后，从正向电流降为零起到能重新施加正向电压为止的时间定义为器件的关断时间 t_{off}。通常定义器件的关断时间 t_{off} 等于反向阻断恢复时间 t_{rr} 与正向阻断恢复时间 t_{gr} 之和，即

$$t_{off}=t_{rr}+t_{gr}$$

1.2.4 晶闸管的主要参数

在实际应用中，晶闸管的选择包括两个方面的内容：一方面要根据实际情况确定所需晶闸管的额定值；另一方面根据额定值确定晶闸管的型号。

晶闸管的各项额定参数在晶闸管生产后，由厂家经过严格测试而确定，作为使用者来说，只需要能够正确地选择管子就可以了。表 1-2 列出了晶闸管的一些主要参数。

1. 额定电压 U_{VTn}

（1）正向重复峰值电压 U_{DRM}。在控制极断路和晶闸管正向阻断的条件下，可重复加在晶闸管两端的正向峰值电压称为正向重复峰值电压 U_{DRM}。一般规定此电压为正向不重复峰值电压 U_{DSM} 的 80%。

（2）反向重复峰值电压 U_{RRM}。在控制极断路时，可以重复加在晶闸管两端的反向峰值电压称为反向重复峰值电压 U_{RRM}。此电压取反向不重复峰值电压 U_{RSM} 的 80%。

表 1-2　　晶闸管的主要参数

型号	通态平均电流（A）	通态峰值电压（V）	断态正反向重复峰值电流（mA）	断态正反向重复峰值电压（V）	门极触发电流（mA）	门极触发电压（V）	断态电压临界上升率（V/μs）	推荐用散热器型号	安装力（kN）	冷却方式
KP5	5	⩽2.2	⩽8	100～2000	<60	<3		SZ14		自然冷却
KP10	10	⩽2.2	⩽10	100～2000	<100	<3	250～800	SZ15		自然冷却
KP20	20	⩽2.2	⩽10	100～2000	<150	<3		SZ16		自然冷却
KP30	30	⩽2.4	⩽20	100～2400	<200	<3	50～1000	SZ16		强迫风冷或水冷
KP50	50	⩽2.4	⩽20	100～2400	<250	<3		SL17		强迫风冷或水冷
KP100	100	⩽2.6	⩽40	100～3000	<250	<3.5		SL17		强迫风冷或水冷
KP200	200	⩽2.6	⩽0	100～3000	<350	<3.5		L18	11	强迫风冷或水冷
KP300	300	⩽2.6	⩽50	100～3000	<350	<3.5		L18B	15	强迫风冷或水冷
KP500	500	⩽2.6	⩽60	100～3000	<350	<4	100～1000	SF15	19	强迫风冷或水冷
KP800	800	⩽2.6	⩽80	100～3000	<350	<4		SF16	24	强迫风冷或水冷
KP1000	1000			100～3000				SS13		
KP1500	1000	⩽2.6	⩽80	100～3000	<350	<4		SF16	30	强迫风冷或水冷
KP2000								SS13		
	1500	⩽2.6	⩽80	100～3000	<350	<4		SS14	43	强迫风冷或水冷
	2000	⩽2.6	⩽80	100～3000	<350	<4		SS14	50	强迫风冷或水冷

将U_{DRM}和U_{RRM}中的较小值按百位取整后作为该晶闸管的额定值。例如，一晶闸管实测U_{DRM}=812V，U_{RRM}=756V，将两者较小的756V按表1-3取整得700V，该晶闸管的额定电压为700V。

（3）额定电压U_{VTn}。在晶闸管的铭牌上，额定电压是以电压等级的形式给出的，通常标准电压等级规定为电压在1000V以下，每100V为一级，1000～3000V，每200V为一级，电压等级见表1-3。

表 1-3　　晶闸管标准电压等级

级别	正反向重复峰值电压（V）	级别	正反向重复峰值电压（V）	级别	正反向重复峰值电压（V）
1	100	8	800	20	2000
2	200	9	900	22	2200
3	300	10	1000	24	2400
4	400	12	1200	26	2600
5	500	14	1400	28	2800
6	600	16	1600	30	3000
7	700	18	1800		

在使用过程中，环境温度的变化、散热条件以及出现的各种过电压都会对晶闸管产生影响，因此在选择管子的时候，应使晶闸管的额定电压是实际工作时可能承受的最大电压的2～3倍，即

$$U_{VTn} \geqslant (2 \sim 3)U_{VTM}$$

2. 额定电流 $I_{VT(AV)}$

由于整流设备的输出端所接负载常用平均电流来表示，晶闸管额定电流的标定与其他电气设备不同，采用的是平均电流，而不是有效值，又称为通态平均电流。

通态平均电流是指在环境温度为40℃和规定的冷却条件下，晶闸管在导通角不小于170°电阻性负载电路中，当不超过额定结温且稳定时，所允许通过的工频正弦半波电流的平均值。将该电流按晶闸管标准电流系列取值，称为晶闸管的额定电流。

但是决定晶闸管结温的是管子损耗的发热效应，表征热效应的电流是以有效值表示的。

根据晶闸管额定电流 $I_{VT(AV)}$ 的定义，设流过管子的正弦半波电流的最大值为 I_m。依据电流平均值、有效值的定义（导通角不小于170°），则

额定电流
$$I_{VT(AV)} = \frac{1}{2\pi}\int_0^{\pi} I_m \sin\omega t \, d(\omega t) = \frac{I_m}{\pi}$$

电流有效值
$$I_{VTn} = \sqrt{\frac{1}{2\pi}\int_0^{\pi}(I_m \sin\omega t)^2 d(\omega t)} = \frac{I_m}{2}$$

现定义电流有效值与电流平均值之比为电流的波形系数，则管子的电流波形系数为

$$K_f = \frac{I_{VTn}}{I_{VT(AV)}} = \frac{\pi}{2} = 1.57$$

式中　K_f——波形系数。

则 $I_{VTn} = 1.57 I_{T(AV)}$，即在正弦半波时，额定电流为100A的晶闸管，其允许通过的电流有效值为157A。

不同的电流波形有不同的平均值与有效值，波形系数 K_f 也不同。在选用晶闸管时，首先要确定管子在电路中实际通过的最大电流有效值 $I_{VTn.M}$，然后要求所选管子允许流过的有效值电流 I_{VTn} 大于或等于最大电流有效值 $I_{VTn.M}$；再根据管子的额定电流（通态平均电流）与允许流过管子的有效值电流关系求出额定电流（通态平均电流）；考虑元件的过载能力，实际选择时应有1.5～2倍的安全裕量，即

$$1.57 I_{VT(AV)} = I_{VTn} \geqslant (1.5 \sim 2) I_{VTn.M}$$

则
$$I_{VT(AV)} \geqslant (1.5 \sim 2)\frac{I_{VTn.M}}{1.57}$$

【例1-1】　一晶闸管接在220V交流电路中，通过晶闸管电流的有效值为50A，如何选择晶闸管的额定电压和额定电流？

解　晶闸管额定电压 $U_{VTn} \geqslant (2 \sim 3) U_{VTM} = (2 \sim 3) \times \sqrt{2} \times 220V = 622 \sim 933V$，按晶闸管参数系列取800V，即8级。晶闸管的额定电流 $I_{VT(AV)} \geqslant (1.5 \sim 2)\frac{I_{VTn.M}}{1.57} = (1.5 \sim 2) \times \frac{50}{1.57}A = 48 \sim 64A$，按晶闸管参数系列取50A。

常见波形系数 K_f 值见表1-4。

表 1-4　　常见波形系数 K_f 值

波形图	实际波形的平均值 $I_{VT(AV)}$ 和有效值 I_{Tn}	波形系数 K_f
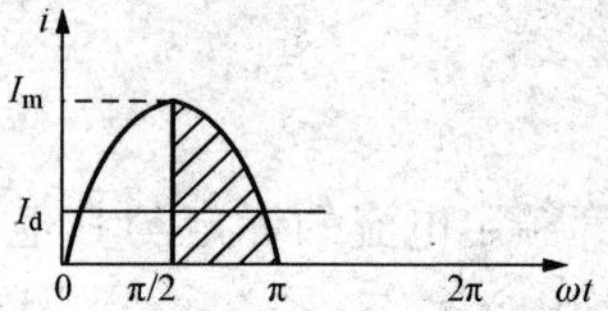	$I_{VT(AV)}=\frac{1}{2\pi}\int_{\pi/2}^{\pi}I_m\sin\omega t\,d(\omega t)=\frac{I_m}{2\pi}$ $I_{VTn}=\sqrt{\frac{1}{2\pi}\int_{\pi/2}^{\pi}(I_m\sin\omega t)^2d(\omega t)}=\frac{I_m}{2\sqrt{2}}$	2.22
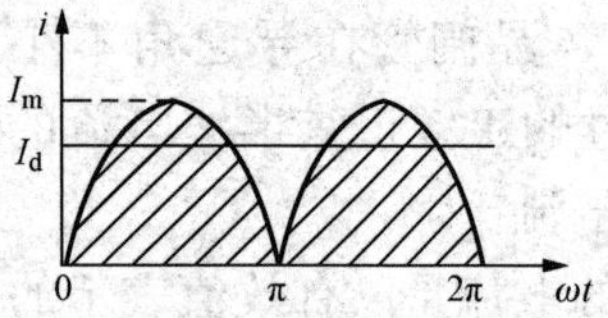	$I_{VT(AV)}=\frac{1}{\pi}\int_{0}^{\pi}I_m\sin\omega t\,d(\omega t)=\frac{2I_m}{\pi}$ $I_{VTn}=\sqrt{\frac{1}{\pi}\int_{0}^{\pi}(I_m\sin\omega t)^2d(\omega t)}=\frac{I_m}{\sqrt{2}}$	1.11
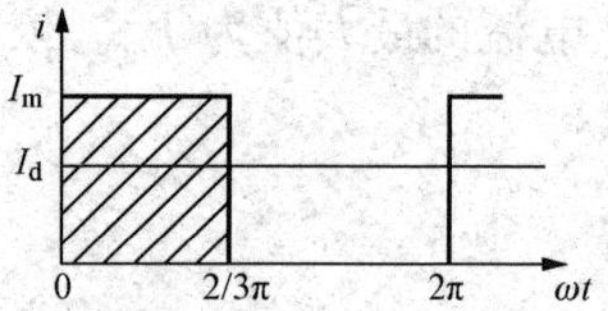	$I_{VT(AV)}=\frac{1}{2\pi}\int_{0}^{2\pi/3}I_m\,d(\omega t)=\frac{I_m}{3}$ $I_{VTn}=\sqrt{\frac{1}{2\pi}\int_{0}^{2\pi/3}(I_m)^2d(\omega t)}=\frac{I_m}{\sqrt{3}}$	1.73
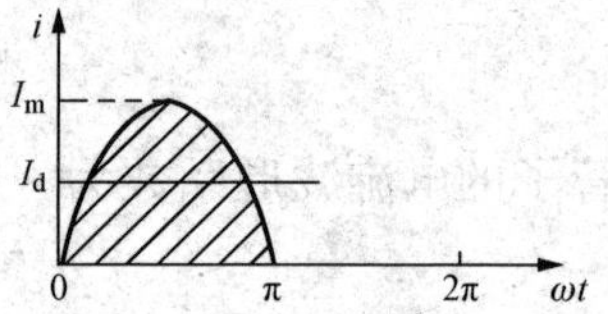	$I_{VT(AV)}=\frac{1}{2\pi}\int_{0}^{\pi}I_m\sin\omega t\,d(\omega t)=\frac{I_m}{\pi}$ $I_{VTn}=\sqrt{\frac{1}{2\pi}\int_{0}^{\pi}(I_m\sin\omega t)^2d(\omega t)}=\frac{I_m}{2}$	1.57

3. 通态平均电压 $U_{VT(AV)}$

在规定环境温度、标准散热条件下，元件通以额定电流时，阳极和阴极间电压降的平均值，称通态平均电压（一般称管压降），其数值按表 1-5 分组。从减小损耗和元件发热来看，应选择 $U_{T(AV)}$ 较小的管子。实际当晶闸管流过较大的恒定直流电流时，其通态平均电压比元件出厂时定义的值（见表 1-5）要大，约为 1.5V。

表 1-5　　晶闸管通态平均电压分组

组别	A	B	C	D	E
通态平均电压(V)	$U_{VT(AV)}\leqslant 0.4$	$0.4<U_{VT(AV)}\leqslant 0.5$	$0.5<U_{VT(AV)}\leqslant 0.6$	$0.6<U_{VT(AV)}\leqslant 0.7$	$0.7<U_{VT(AV)}\leqslant 0.8$
组别	F	G	H	I	
通态平均电压(V)	$0.8<U_{VT(AV)}\leqslant 0.9$	$0.9<U_{VT(AV)}\leqslant 1.0$	$1.0<U_{VT(AV)}\leqslant 1.1$	$1.1<U_{VT(AV)}\leqslant 1.2$	

4. 维持电流 I_H 和擎住电流 I_L

在室温且控制极开路时，能维持晶闸管继续导通的最小电流称为维持电流 I_H。维持电流大的晶闸管容易关断。给晶闸管门极加上触发电压，当元件刚从阻断状态转为导通状态时就撤除触发电压，此时元件维持导通所需要的最小阳极电流称为擎住电流 I_L。对同一晶闸管来说，擎住电流 I_L 要比维持电流 I_H 大 2～4 倍。

5. 门极触发电流 I_{GT}

门极触发电流 I_{GT} 是指在室温且阳极电压为 6V 直流电压时，使晶闸管从阻断到完全开通所必需的最小门极直流电流。

6. 门极触发电压 U_{GT}

门极触发电压 U_{GT} 是指对应于门极触发电流时的门极触发电压。对于晶闸管的使用者来说，为使触发器适用于所有同型号的晶闸管，触发器送给门极的电压和电流应适当地大于所规定的 U_{GT} 和 I_{GT} 上限，但不应超过其峰值 I_{GFM} 和 U_{GFM}。门极平均功率 P_G 和峰值功率（允许的最大瞬时功率）P_{GM} 也不应超过规定值。

7. 断态电压临界上升率 du/dt

把在额定结温和门极断路条件下，使器件从断态转入通态的最低电压上升率称为断态电压临界上升率 du/dt。

8. 通态电流临界上升率 di/dt

把在规定条件下，由门极触发晶闸管使其导通时，晶闸管能够承受而不导致损坏的通态电流的最大上升率称为通态电流临界上升率 di/dt。晶闸管所允许的最大电流上升率应小于此值。

另外还有晶闸管的开通与关断时间等参数。

1.2.5 普通晶闸管的型号和选择原则

1. 普通晶闸管的型号

按国家 JBl 144—1975 规定，国产普通晶闸管型号中各部分的含义如下。

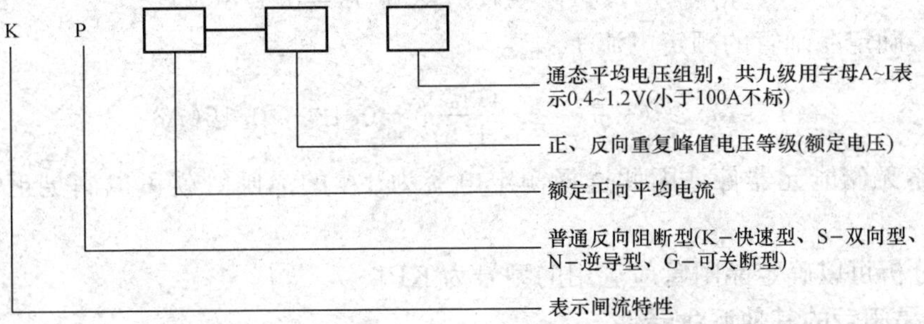

例如，KP100—12G 表示额定电流为 100A，额定电压为 1200V，管压降为 1V 的普通晶闸管。

2. 普通晶闸管的选择原则

（1）选择额定电流 $I_{VT(AV)}$ 的原则。在规定的室温和冷却条件下，只要所选管子的电流有效值大于或等于管子在电路中实际通过的最大电流有效值 $I_{VTn.M}$ 即可。考虑元件的过载能力，实际选择时应有 1.5～2 倍的安全裕量。计算公式为

$$I_{VT(AV)} \geqslant (1.5 \sim 2)\frac{I_{VTn.M}}{1.57}$$

取相应标准系列值。

（2）选择额定电压 U_{Tn} 的原则。选择普通晶闸管额定电压的原则应为管子在所工作的电路中可能承受的最大反向瞬时值电压 U_{TM} 的 2～3 倍，即

$$U_{VTn} = (2 \sim 3)U_{VTM}$$

取相应标准系列值。

【例 1-2】 220V 交流输入单相半波可控整流电路带 40W 白炽灯，确定题中晶闸管的型号。

解 第一步：单相半波可控整流电路中晶闸管可能承受得的最大电压

$$U_{VTM}=\sqrt{2}U_2=\sqrt{2}\times 220\approx 311(\mathrm{V})$$

第二步：考虑2～3倍的量

$$(2\sim 3)U_{VTM}=(2\sim 3)\times\sqrt{2}\times 220\mathrm{V}=622\sim 933\mathrm{V}$$

第三步：确定所需晶闸管的额定电压等级，因为电路无储能元器件，因此选择电压等级为7的晶闸管就可以满足正常工作的需要了。

第四步：根据白炽灯的额定值计算出其阻值的大小

$$R=\frac{220^2}{40}=1210(\Omega)$$

第五步：确定流过晶闸管电流的有效值：

在单相半波可控整流电路中，当$\alpha=0°$时，流过晶闸管的电流最大，且电流的有效值是平均值的1.57倍。单相半波整流电路在$\alpha=0°$时，流过晶闸管的平均电流为

$$I_{dVT}=0.45\frac{U_2}{R}=0.45\times\frac{220}{1210}=0.08(\mathrm{A})$$

由此可得，当$\alpha=0°$时流过晶闸管的电流最大有效值为

$$I_{VTn.M}=1.57I_{dT}=1.57\times 0.08=0.128(\mathrm{A})$$

第六步：确定晶闸管的额定电流$I_{VT(AV)}$

$$I_{VT(AV)}\geqslant(1.5\sim 2)\frac{I_{VTn.M}}{1.57}=0.12\sim 0.16(\mathrm{A})$$

因为电路无储能元器件，因此选择额定电流为1A的晶闸管就可以满足正常工作的需要了。

由以上分析可以确定晶闸管应选用的型号为KP1-7。

1.2.6 晶闸管的其他派生器件

1. 快速晶闸管（FST）

快速晶闸管是为了提高工作频率、缩短开关时间而采用特殊工艺制造的器件，其工作频率在400Hz以上。快速晶闸管包括常规的快速晶闸管（简称KK管）和工作频率更高的高频晶闸管（简称KG）两种。

快速晶闸管的外观、电气符号、基本结构、伏安特性与普通晶闸管相同。快速晶闸管的特点是：

（1）开通时间和关断时间比普通晶闸管短。一般开通时间为1～2μs，关断时间为几至几十微秒。

（2）开关损耗小。

（3）有较高的电流上升率和电压上升率。通态电流临界上升率$\mathrm{d}i/\mathrm{d}t\geqslant 100\mathrm{A}/\mu\mathrm{s}$，断态电压临界上升率$\mathrm{d}u/\mathrm{d}t\geqslant 100\mathrm{V}/\mu\mathrm{s}$。

（4）允许使用频率范围几十赫兹至几千赫兹。

2. 光控晶闸管（LATT）

光控晶闸管是一种以光信号代替电信号来进行触发导通的特殊晶闸管，其结构也是由P1N1P2N2四层构成的，光控晶闸管的工作原理基本等同于普通晶闸管器件，不同的只是

J2 结及附近区域在光能的激发下，可产生大量的电子和空穴，在外加电压作用下穿过 J2 阻挡层，起到了普通晶闸管注入 I_G 的作用，使光控晶闸管触发导通。

光控晶闸管的结构、电气符号及伏安特性如图 1-9 所示，与普通晶闸管类似，只不过伏安特性的转折电压是随光照强度的增大而降低。

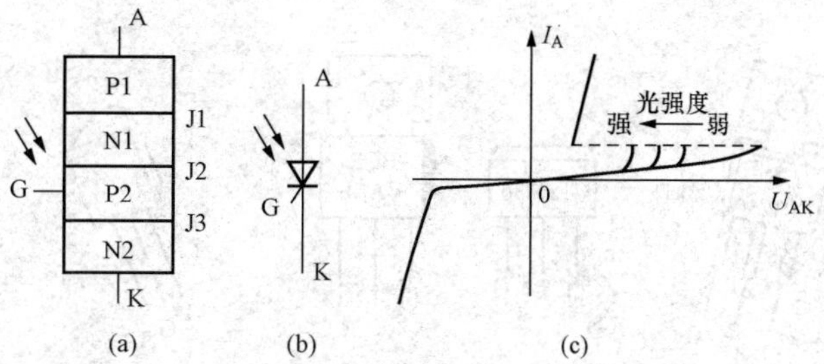

图 1-9　光控晶闸管的结构、电气符号及伏安特性

（a）光控晶闸管的结构；（b）光控晶闸管的电气符号；（c）光控晶闸管的伏安特性

激光是光控晶闸管的理想光源。光触发与电触发相比，具有抗噪波干扰，主电路与控制电路间高度绝缘、质量轻、体积小等优点。

3. 双向晶闸管（TRIAC）

双向晶闸管是把一对反并联的晶闸管集成在同一硅片上，只用一个门极触发的组合器件。双向晶闸管具有正、反两个方向都能控制导通的特性，同时还具有触发电路简单、工作稳定可靠的优点，可以认为是一种用于交流变换的理想器件。

（1）双向晶闸管的外形、内部结构、等效电路及电气符号。双向晶闸管的外形结构与普通晶闸管类似，也有螺栓型、平板型和塑封型等结构。它的内部是一种 NPNPN 五层结构、三端引线的器件，有两个主电极 T1、T2，一个门极 G。P1、N4 表面用金属连通构成第一阳极 T1，P2、N2 也用金属连通构成第二阳极 T2，N3 与 P2 的一部分作为公共门极 G，门极 G 与第二阳极 T2 在同一侧面，其外形如图 1-10 所示。

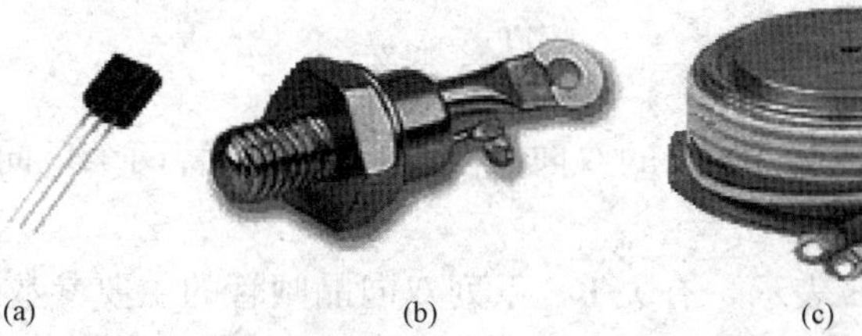

图 1-10　双向晶闸管的外形

（a）塑封式；（b）螺栓式；（c）平板式

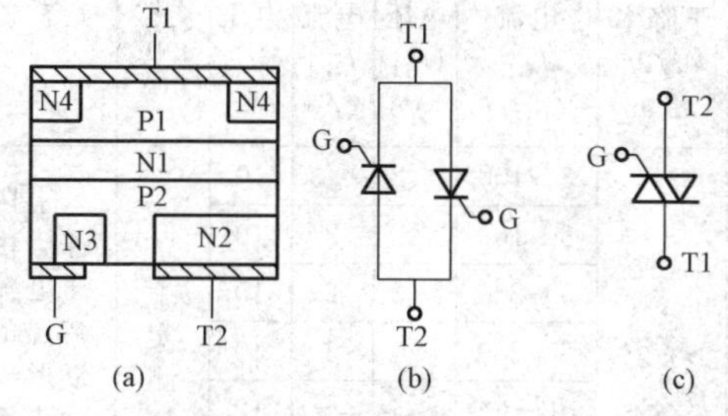

图 1-11　双向晶闸管的内部结构、等效电路及电气符号

（a）双向晶闸管的结构；（b）双向晶闸管的等效电路；（c）双向晶闸管的电气符号

双向晶闸管的结构、等效电路及电气符号如图 1-11 所示，其中 P1N1P2N2 称为正向晶闸管，P2N1P1N4 称为反向晶闸管，且这两个晶闸管的触发导通都由同一个门极 G 来控制。

由图 1-11 可见，双向晶闸管相当于两个普通晶闸管反并联，但它只有一个门极 G。由于 N3 区的存在，使得门极 G 相对于 T1 端无论是正的或是负的，都能触发，而且 T1 相对于 T2 既可以是正，也可以是负。

常见的双向晶闸管引脚排列如图 1-12 所示。

（2）双向晶闸管的伏安特性和触发方式。双向晶闸管的伏安特性如图 1-13 所示，在第Ⅰ象限、第Ⅲ象限具有对称的阳极伏安特性，均可由门极触发导通，因此双向晶闸管是一种半控交流开关器件。

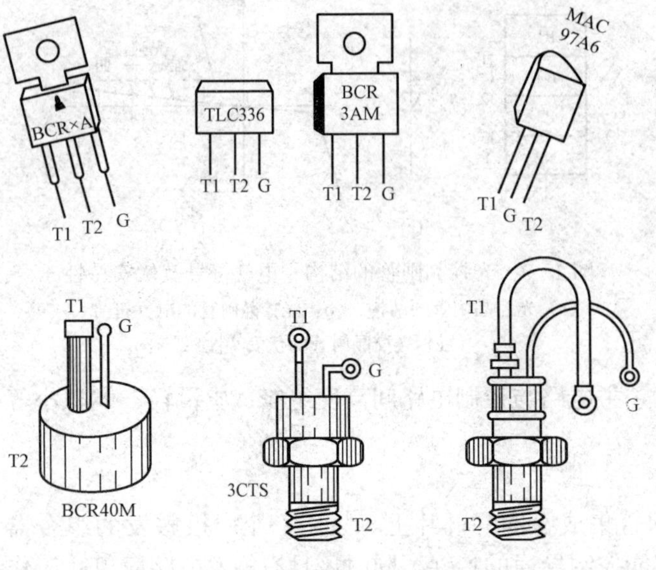

图 1-12　常见双向晶闸管引脚排列

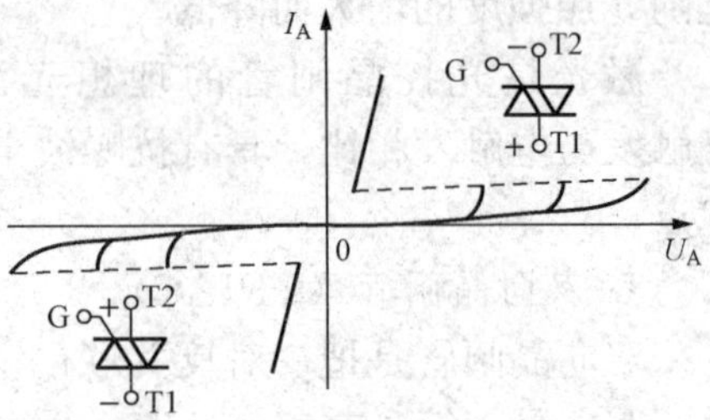

图 1-13　双向晶闸管的伏安特性

双向晶闸管的主要参数中只有额定电流与普通晶闸管有所不同，其他参数定义相似。由于双向晶闸管工作在交流电路中，正、反向电流都可以流过，因此它的额定电流不用平均值而是用有效值来表示。定义为：在标准散热条件下，当器件的单向导通角大于 170°，允许流过器件的最大交流正弦电流的有效值，用 $I_{VT(RMS)}$ 表示。

双向晶闸管额定电流与普通晶闸管额定电流之间的换算关系式为

$$I_{VT(AV)}=\frac{\sqrt{2}I_{VT(RMS)}}{\pi}$$

换言之，一个额定通态电流为 100A 的双向晶闸管，仅可代替两个反向并联使用的额定通态平均电流为 45A 的普通晶闸管。

国产双向晶闸管型号用 KS 表示，有关 KS 系列双向晶闸管的主要参数见表 1-6。

表 1-6　　KS 系列双向晶闸管的主要参数

参数 数值 系列	额定通态电流（有效值）$I_{T(RMS)}$（A）	断态重复峰值电压（额定电压）U_{DRM}（V）	断态重复峰值电流 I_{DRM}（mA）	额定结温 T_{jm}（℃）	断态电压临界上升率 du/dt（V/μs）	通态电流临界上升率 di/dt（A/μs）	换向电流临界下降率 di/dt（A/μs）	门极触发电流 I_{GT}（mA）	门极触发电压 U_{GT}（V）	门极峰值电流 I_{GM}（A）	门极峰值电压 U_{GM}（V）	维持电流 I_H（mA）	通态平均电压 $U_{T(AV)}$（V）
KS1	1	100～200	<1	115	≥20	—	≥0.2% $I_{T(RMS)}$	3～100	≤2	0.3	10	实测值	上限值各厂由浪涌电流和结温的合格形式试验决定并满足 $\lvert U_{T1}-U_{T2}\rvert \leq 0.5V$
KS10	10		<10	115	≥20	—		5～100	≤3	2	10		
KS20	20		<10	115	≥20	—		5～200	≤3	2	10		
KS50	50		<15	115	≥20	10		8～200	≤4	3	10		
KS100	100		<20	115	≥50	10		10～300	≤4	4	12		
KS200	200		<20	115	≥50	15		10～400	≤4	4	12		
KS400	400		<25	115	≥50	30		20～400	≤4	4	12		
KS500	500		<25	115	≥50	30		20～400	≤4	4	12		

由于门极的特殊结构，双向晶闸管的触发电压极性可正可负，以便开通两个反向并联的晶闸管，根据主电极间电压极性以及门极信号极性的不同组合，双向晶闸管有四种触发方式，即Ⅰ＋、Ⅰ－、Ⅲ＋、Ⅲ－触发。

1）Ⅰ＋触发方式：阳极电压 $U_{T1T2}>0$（T1 为正、T2 为负），门极电压 $U_G>0$（G 为正、T2 为负），特性曲线在第Ⅰ象限，为正触发，触发灵敏度最高。

2）Ⅰ－触发方式：阳极电压 $U_{T1T2}>0$（T1 为正、T2 为负），门极电压 $U_G<0$（G 为负、T2 为正），特性曲线在第Ⅰ象限，为负触发，触发灵敏度较高。

3）Ⅲ－触发方式：阳极电压 $U_{T1T2}<0$（T1 为负、T2 为正），门极电压 $U_G<0$，（G 为负、T2 为正），特性曲线在第Ⅲ象限，为负触发，触发灵敏度较高。

4）Ⅲ＋触发方式：阳极电压 $U_{T1T2}<0$（T1 为负、T2 为正），门极电压 $U_G>0$（G 为正、T2 为负），特性曲线在第Ⅲ象限，为正触发，触发灵敏度最低。

尽管双向晶闸管有四种触发方式，但在实际应用中只采用（Ⅰ+、Ⅲ－）与（Ⅰ－、Ⅲ－）两组触发方式，其中（Ⅰ－、Ⅲ－）方式适用于直流门极触发信号，（Ⅰ＋、Ⅲ－）方式适用于交流门极触发信号。

双向晶闸管常在电阻性负载电路中用作相位控制，也可用作固态继电器，有时还用于电动机控制。

（3）双向晶闸管的型号、选择原则。

1）双向晶闸管的型号。根据 JB 2173—1977 标准，双向晶闸管的型号规格为：

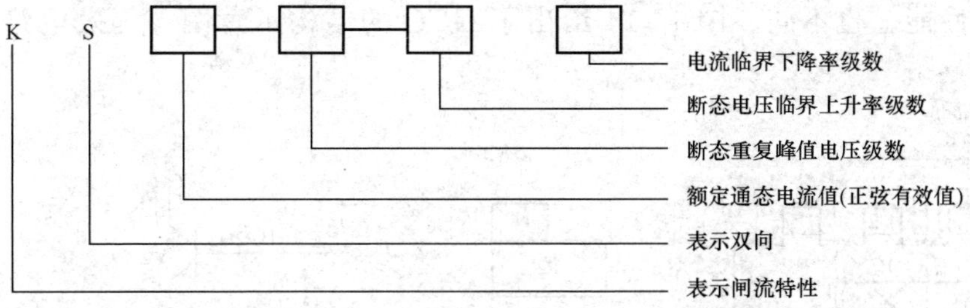

如 KS100-8-21 表示双向晶闸管，额定电流为 100A，断态重复峰值电压 8 级（800V），断态电压临界上升率（du/dt）为 2 级（不小于 200V/μs），换向电流临界下降率（di/dt）为 1 级［不小于 $1\% I_{T(RMS)}=1\%$V/μs］。

2）双向晶闸管的选择原则。为了保证交流开关的可靠运行，必须根据开关的工作条件，合理选择双向晶闸管的额定通态电流、断态重复峰值电压（铭牌额定电压）以及换向电压上升率。

额定通态电流 $I_{T(RMS)}$ 的选择：双向晶闸管交流开关较多用于电动机的频繁启动和制动，对可逆运转的交流电动机，要考虑启动或反接电流峰值来选取元件的额定通态电流 $I_{T(RMS)}$。对于绕线式电动机最大电流为电动机额定电流的 3～6 倍，对笼型电动机则取 7～10 倍，如对于 30kW 的绕线式电动机和 11kW 的笼型电动机要选用 200A 的双向晶闸管。

额定电压 U_{DRM} 的选择：电压裕量通常取 2 倍，380V 线路用的交流开关，一般应选 1000～1200V 的双向晶闸管。

换向能力（du/dt）的选择：电压上升率（du/dt）$_c$ 是重要参数，一些双向晶闸管的交流开关经常发生短路事故，主要原因之一是元件允许的（du/dt）$_c$ 太小。通常解决的方法是：①在交流开关的主电路中串入空心电抗器，抑制电路中的换向电压上升率，降低对双向晶闸管换向能力的要求；②选用（du/dt）$_c$ 值高的元件，一般选（du/dt）$_c$ 为 200V/μs。

1.3 门极可关断晶闸管（GTO）

可关断晶闸管是门极可关断晶闸管的简称，常写作GTO（Gate Turn-Off Thyristor），它具有普通晶闸管的全部优点，如耐压高、电流大、耐浪涌能力强、使用方便和价格低等。同时它又具自身的优点，如具有自关断能力、工作效率较高、使用方便、无需辅助关断电路等。GTO既可用门极正向触发信号使其触发导通，又可向门极加负向触发电压使其关断，是一种应用广泛的大功率全控开关器件。在高电压和大中容量的斩波器及逆变器中获得了广泛应用。

1.3.1 GTO的结构和工作原理

1. GTO的结构

和普通晶闸管一样，GTO也是四层PNPN结构、三端引出线（A、K、G）的器件。但和普通晶闸管不同的是：GTO内部是由许多P1N1P2N2四层结构的小晶闸管并联而成的，这些小晶闸管的门极和阴极并联在一起，成为GTO元件。所以GTO是集成元件结构，而普通晶闸管是独立元件结构。由于GTO和普通晶闸管结构上的不同，因而其关断性能上也不同。图1-14给出了GTO的结构示意图、等效电路、电气符号及外形图。

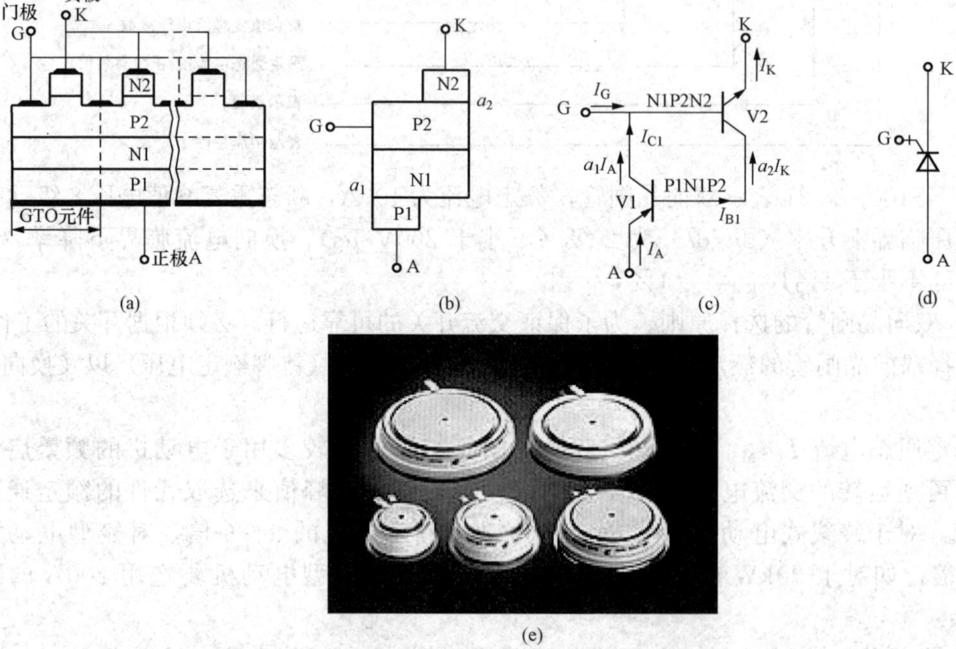

图1-14 GTO的结构示意图、等效电路、电气符号及外形图

（a）结构图；（b）内部结构图；（c）等效电路图；（d）电气符号；（e）外形图

2. GTO 的工作原理

由于 GTO 也具有 P1N1P2N2 四层结构，同样可用双晶体管模型来分析其工作原理。其中，α_1 和 α_2 分别为 P1N1P2 和 N1P2N2 的共基极电流放大倍数。当 $\alpha_1+\alpha_2\approx1$ 时，双晶体管处于临界饱和导通状态；当 $\alpha_1+\alpha_2>1$ 时，双晶体管处于饱和度较深的导通状态；当 $\alpha_1+\alpha_2<1$ 时，双晶体管处于关断状态。GTO 与晶闸管最大区别就是回路增益 $\alpha_1+\alpha_2$ 数值不同。

(1) GTO 的开通原理。GTO 的开通与晶闸管一样，当 GTO 的阳极加正向电压，门极加足够的正脉冲信号后，GTO 即可进入导通状态。

通常 GTO 导通时，双晶体管的 $\alpha_1+\alpha_2\approx1.05$，元件处于略过临界的导通状态，这就为 GTO 用门极负脉冲信号关断 GTO 提供了有利条件。而普通晶闸管导通时 $\alpha_1+\alpha_2\approx1.15>1$，器件饱和度较深，用门极负脉冲不足以使 $\alpha_1+\alpha_2<1$，也就不能用门极负脉冲信号来关断晶闸管，这是 GTO 与晶闸管的一个极为重要的区别。

(2) GTO 的关断原理。当 GTO 处于导通状态时，对门极加负的关断脉冲，晶体管 P1N1P2 的 I_{C1} 被抽出，形成门极负电流 $-I_G$，此时 N1P2N2 晶体管的基极电流相应减小，进而使 I_{C2} 减小，再引起 I_{C1} 的进一步下降，如此循环下去，最终导致 GTO 的阳极电流消失而关断。当 GTO 门极关断负电流 $-I_G$ 达到最大值时，I_A 开始下降，此时也将引起 α_1 和 α_2 的下降，当 $\alpha_1+\alpha_2\leqslant1$ 时，器件内部正反馈作用停止，$\alpha_1+\alpha_2=1$ 为临界关断点。GTO 的关断条件为 $\alpha_1+\alpha_2<1$。

由于 GTO 处于临界饱和状态，用抽走阳极电流的方法破坏其临界饱和状态，能使器件关断。而晶闸管导通之后，处于深度饱和状态，用抽走阳极电流的方法不能使其关断。

1.3.2 GTO 的特性和主要参数

1. 阳极伏安特性

GTO 的阳极伏安特性与普通晶闸管相同，故不再介绍。

2. 开通特性

当 GTO 的阳极加正向电压，门极也加正向电流时，GTO 由断态转为通态。开通时间 t_{on} 由延迟时间 t_d 和上升时间 t_r 组成，即 $t_{on}=t_d+t_r$。GTO 的 $t_d\approx1\sim2\mu s$，而 t_r 则随 I_A 增大而增大。如图 1-15 (a)、(b) 所示。

3. 关断特性

当 GTO 导通时，对它的门极加适当的负脉冲电流，可关断 GTO 元件。关断时的阳极电流 i_A、阳极电压 u_A（管压降）随时间变化的曲线如图 1-15 所示。由图可知，关断过程分为储存时间 t_s、下降时间 t_f、拖尾时间 t_t。关断时间一般指存储时间 t_s 和下降时间 t_f 之和，而不包括拖尾时间 t_t，即 $t_{off}=t_s+t_f$，t_s 随 I_A 增大而增大，一般

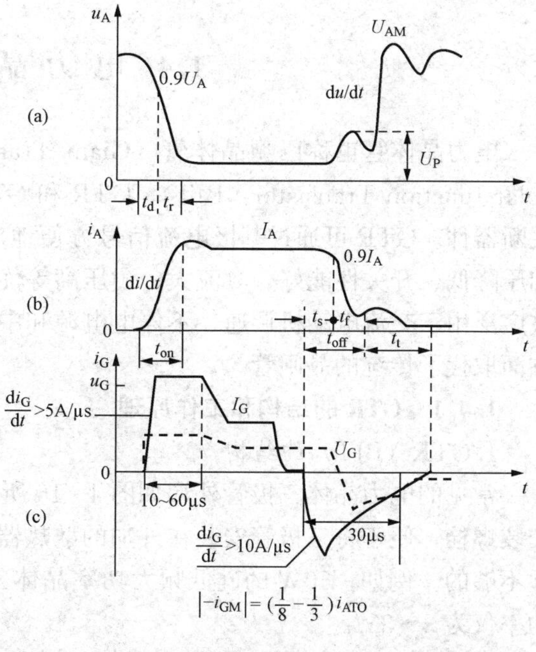

图 1-15　GTO 的开关电压、电流及门极电流波形
(a) GTO 的开关电压波形；(b) GTO 的开关电流波形；
(c) GTO 的门极电流波形

小于 2μs。储存时间 t_s 为从关断过程开始到出现关断状态为止的区间，在这段时间内从门极抽走大量过剩的载流子，GTO 的导通区不断被压缩。下降时间 t_f 对应阳极电流迅速下降，阳极电压不断上升。在这段过程内，GTO 的中心区域开始退出饱和，继续从门极抽出载流子。拖尾时间 t_t 则是从阳极电流降到极小值开始，直到最终达到维持电流为止的时间。

4. 主要参数

GTO 的许多参数都和普通晶闸管相应的参数意义相同，但也有一些参数与普通晶闸管不同，现说明如下：

（1）最大可关断阳极电流 I_{ATO}：指用门极电流可以重复关断的阳极峰值电流，也称可关断阳极峰值电流。

（2）阳极尖峰电压 U_p：如图 1 - 15（a）所示，在 GTO 关断过程中，在下降时间的尾部出现了一个阳极尖峰电压 U_p，这是一个重要参数。U_p 过高易引起电压穿通而使 GTO 失效。

（3）关断增益 β_{off}：指最大可关断阳极电流 I_{ATO} 与门极负电流最大值之比，即 $\beta_{off}=I_{ATO}/|-I_{GM}|$。它表示 GTO 的关断能力，是一个重要的特征参数，其值一般为 3～8，说明为关断 GTO，至少需要有（1/8～1/3）I_{ATO} 大小的门极负电流。

（4）维持电流 I_H：GTO 的维持电流是指阳极电流减小到开始出现 GTO 元不能再维持导通的电流值。

（5）擎住电流 I_L：擎住电流是指 GTO 元经门极触发后，阳极电流上升到保持所有 GTO 元导通的最低值。所以，门极必须有足够宽的脉冲，能使所有的 GTO 元都能达到可靠导通。

1.4 电力晶体管（GTR）

电力晶体管也称巨型晶体管（Giant Transistor，GTR），又称双极型功率晶体管（Bipolar Junction Transistor，BJT）。GTR 和 GTO 一样具有自关断能力，属于电流控制型自关断器件。GTR 可通过基极电流信号方便地对集电极—发射极的通断进行控制，并具有饱和压降低、开关性能好、电流大、耐压高等优点。GTR 已实现了大功率、模块化、廉价化，被广泛用于交流电动机调速、不停电电源和中频电源等电力变流装置中，并在中小功率应用方面取代了传统的晶闸管。

1.4.1 GTR 的结构和工作原理

1. GTR（BJT）的结构

常见的电力晶体三极管外形如图 1 - 16 所示，除体积比较大外，其外壳上都有安装孔或安装螺栓，便于将三极管安装在外加的散热器上。对大功率三极管来讲，单靠外壳散热是远远不够的。例如，50W 的硅低频大功率晶体三极管，如不加散热器工作，其最大允许耗散功率仅为 2～3W。

GTR 的结构与小功率晶体管相似，也有三个电极，分别为 B（基极）、C（集电极）、E（发射极）。GTR 属三端三层两结的双极型晶体管，有两种基本类型，NPN 型和 PNP 型。GTR（BJT）的基本结构及电气符号如图 1 - 17 所示。

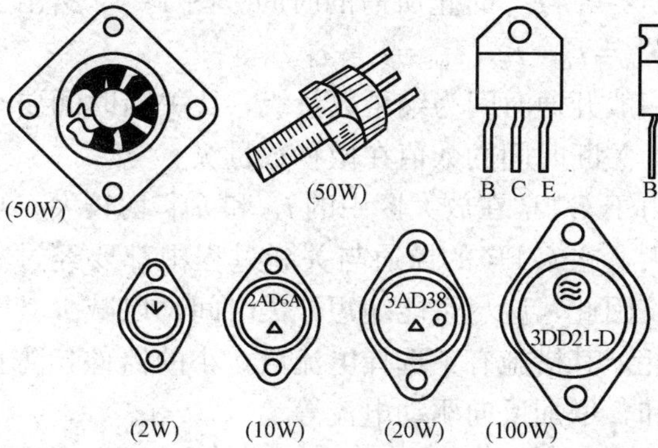

图 1-16 常见电力晶体管外形

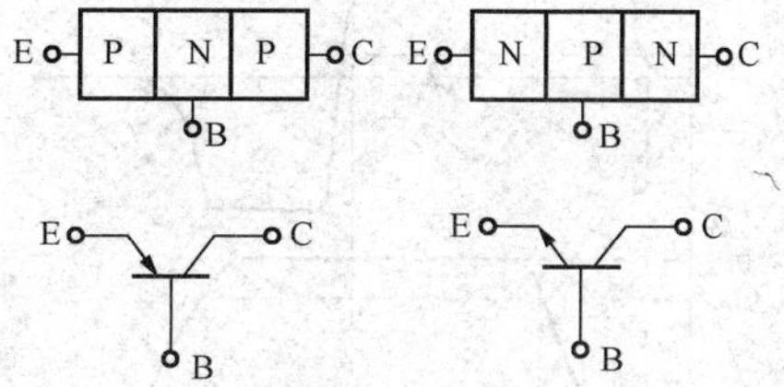

图 1-17 GTR（BJT）的基本结构及电气符号

2. GTR（BJT）的工作原理

GTR 的工作原理和普通双极型开关晶体管类似。GTR 在应用中多数情况是采用共射极接法，处于开关工作状态。

1.4.2 GTR 的特性和主要参数

1. GTR 的静态（输出）特性

共射电路的输出特性如图 1-18 所示，GTR 的工作状态分为三个区域：

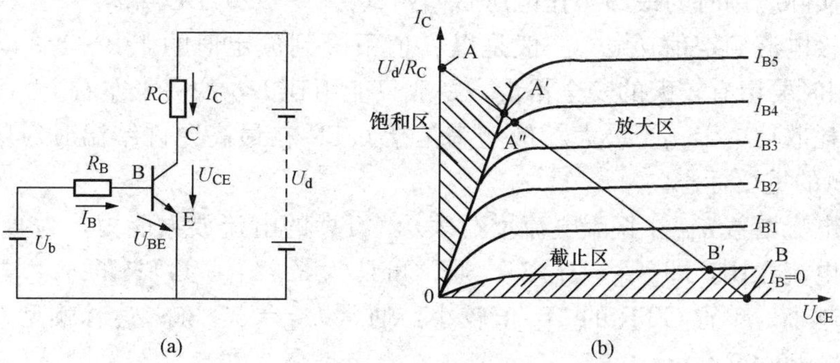

图 1-18 共射极电路的输出特性曲线

（1）截止区：特点是 GTR 的 E 结和 C 结均承受高反偏电压，仅有极少的漏电流存在，相当于开关断开（阻断）。

（2）放大区：特点是 $I_C=\beta I_B$，E 结正偏、C 结反偏，此时 GTR 功耗很大。

（3）饱和区：特点是 E 结和 C 结均正偏。GTR 饱和导通，导通压降很小但通过电流却很大。相当于开关闭合（导通），但关断时间长。

显然，GTR 作为电力开关使用时，其断态工作点必须在截止区，通态工作点必须在饱和区。

2. GTR 的动态（开关）特性

动态特性主要用来描述 GTR 开关过程的瞬态性能，常用开关时间来表示其优劣。GTR 由断态过渡到通态所需时间称为开通时间 t_{on}，它对应于从 $i_B=0.1I_B$ 时起，到 i_C 上升到 $i_C=0.9I_{CS}$ 时止所需的时间；GTR 由通态过渡到断态所需的时间称为关断时间 t_{off}，它对应

于从 i_B 下降到 $i_B=0.9I_B$ 时起，到 i_C 下降到 $i_C=0.1I_{CS}$ 时止所需的时间。图 1-19 给出了开关过程中 GTR i_B 和 i_C 波形的关系，图中：$t_{on}=t_d+t_r$，$t_{off}=t_s+t_f$。

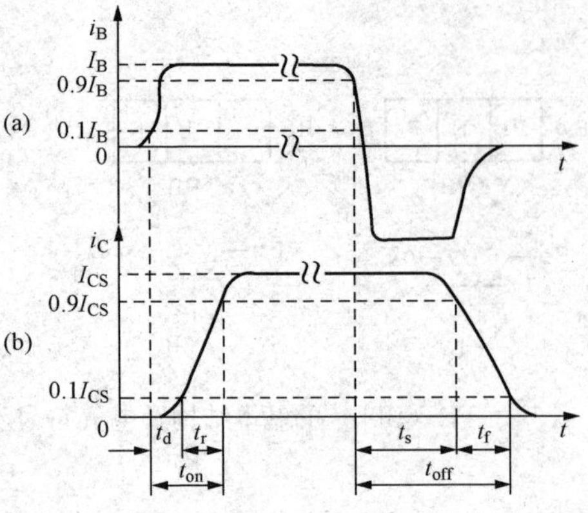

图 1-19 开关过程中 GTR 的 i_B 和 i_C 波形

(a) i_B 波形；(b) i_C 波形

一般开通时间为纳秒数量级，比关断时间要小得多；关断时间的数值在微秒数量级。

由于 GTR 在放大区中的 i_C 和 u_{CE} 均较大，功耗也大，在 GTR 的导通与关断过程中都要经过放大区，因此，应尽可能缩短开关时间，以减少其开关损耗。其措施有：选择电流增益小的器件，防止深饱和，增加反向驱动电流等。

3. GTR 的主要参数

（1）电压。电压参数体现了 GTR 的耐压能力。当发射极开路时，集电极和基极的反向击穿电压为 BU_{CBO}；当基极开路时，集电极和发射极间的击穿电压为 BU_{CEO}；当发射极与基极间用电阻连接或短路连接时，集电极和发射极间的击穿电压为 BU_{CER} 和 BU_{CES}；当发射结反向偏置时，集电极和发射极间的击穿电压为 BU_{CEX}。这些击穿电压之间的关系为

$$BU_{CBO}>BU_{CEX}>BU_{CES}>BU_{CER}>BU_{CEO}$$

为确保安全，实际应用时的最高工作电压 $U_{TM}=(1/3\sim1/2)BU_{CEO}$。

（2）集电极电流额定值 I_{CM}。一般是以 β 值下降到额定值的 1/2～1/3 时的 I_C 值定为 I_{CM}。实际使用时要留有较大的安全裕量，一般只能用到 I_{CM} 的一半左右。

（3）最大耗散功率 P_{CM}。最大耗散功率是指 GTR 在最高允许结温时对应的耗散功率，它是 GTR 容量的重要标志。

（4）直流电流增益 h_{FE}。直流电流增益表示 GTR 的电流放大能力，为直流工作时集电极电流和基极电流之比，即 $h_{FE}=I_C/I_B$。通常可认为 $\beta\approx h_{FE}$，GTR 的 h_{FE} 越大，其要求的驱动电路功率越小。单管 GTR 的 h_{FE} 值较小，通常 $h_{FE}=5\sim35$；达林顿型 GTR 的 h_{FE} 范围较大，为 50～20000。

（5）开关频率。很多情况下，GTR 是工作在开关状态，因此开关频率是一个重要参数。应用时，总是希望 GTR 的开通时间 t_{on} 和关断时间 t_{off} 越小越好。

1.4.3 GTR 的二次击穿与安全工作区

1. 二次击穿

GTR 的一次击穿是指集电结反偏时，空间电荷区发生载流子雪崩倍增，I_C 骤然上升的现象。其特点是：击穿发生时，虽然 I_C 急剧增大，但集电结电压基本不变。在发生一次击穿时，如果有外接电阻限制电流的进一步增加，一般不会引起 GTR 的性能变坏，此时 BU_{CEO} 称为一次击穿电压。

在发生一次击穿后，若不有效地限制电流 I_C，则 I_C 在继续增加的同时伴随着 U_{CE} 的陡然下降，这种现象称为二次击穿。发生二次击穿后，在纳秒到微秒数量级的时间内，器件内部出现明显的电流集中和过热点，轻者使 GTR 耐压降低、特性变差；重者使 C 结和 E 结熔通，造成 GTR 永久性损坏。因此，二次击穿是 GTR 突然损坏的主要原因之一。需要指出的是，负载性质、脉冲宽度、电路参数、材料、工艺以及基极驱动电路的形式等都会影响二次击穿。

2. 安全工作区

将不同基极电流下的二次击穿临界点连接起来，就构成了二次击穿功率 P_{SB} 的限制线。这样，GTR 工作时不仅不能超过最高电压 U_{CEmax}、集电极最大电流 I_{CM} 和最大耗散功率 P_{CM}，同时也不能超过二次击穿功率 P_{SB} 临界线。这些限制条件就构成了 GTR 的安全工作区 SOA（Safe Operating Area），如图 1-20 所示，其中曲线 ABCDFO 所示为不考虑二次击穿时的正偏安全工作区；考虑二次击穿后，正偏安全工作区 SOA 由 OABCEFO 曲线围成。

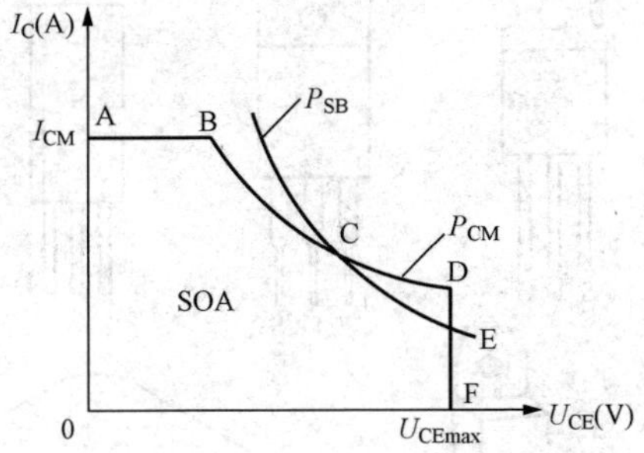

图 1-20 GTR 的安全工作区

1.5 功率场效应晶体管（P-MOSFET）

功率场效应晶体管（Power Metal Oxide Semiconductor Field Effect Transistor，P-MOSFET）。其特点是：属电压型全控器件、控制极静态内阻极高（$10^9\,\Omega$）、驱动功率很小、工作频率高、热稳定性好、无二次击穿、安全工作区宽等；但 P-MOSFET 的电流容量小、耐压低、功率不易做得过大。常用于中小功率开关电路中。

1.5.1 P-MOSFET 的结构和工作原理

1. P-MOSFET 的结构

P-MOSFET 和小功率 MOS 管的相同之处是：①导电机理相同；②三个外引电极相同，分别为栅极 G、源极 S 和漏极 D。但在结构上有较大的区别：①小功率 MOS 管是一次扩散形成的器件，其栅极 G、源极 S 和漏极 D 在芯片的同一侧；②P-MOSFET 采用立式结构，G、S 和 D 极位不在芯片的同一侧，P-MOSFET 结构如图 1-21 所示。

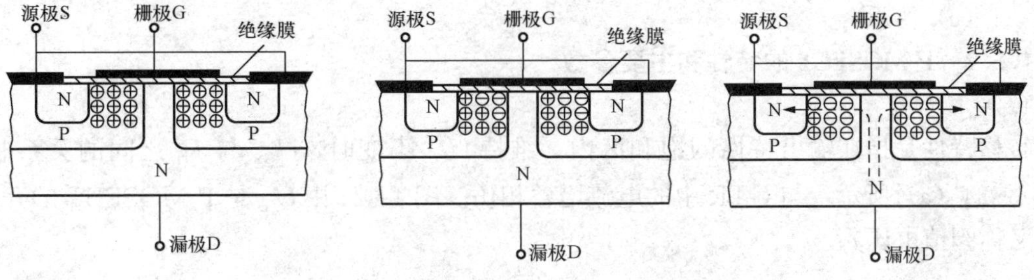

图 1-21 P-MOSFET 结构示意图

（a）导电沟道阻断；（b）导电沟道临界阻断；（c）导电沟道导通

功率场效应管的导电沟道分为 N 沟道和 P 沟道，栅偏压为零时漏源极之间就存在导电沟道的称为耗尽型，栅偏压大于零（N 沟道）才存在导电沟道的称为增强型。

几种功率场效应晶体管的外形如图 1-22 所示，图 1-23 是 P-MOSFET 的电气图形符号，图 1-23（a）表示 N 沟道功率场效应管，电子流出源极；图 1-23（b）表示 P 沟道功率场效应管，空穴流出源极。

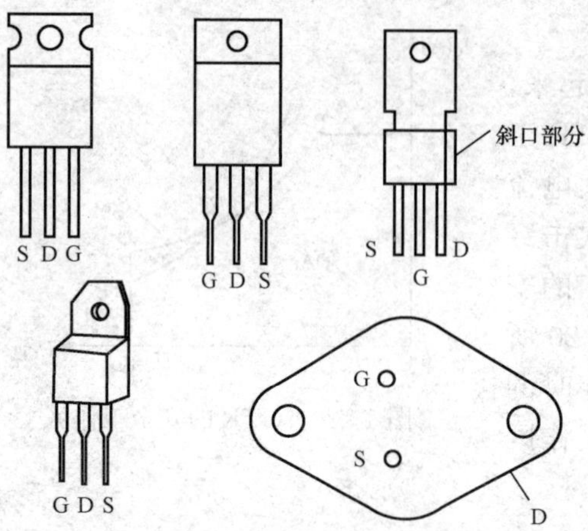

图 1-22　几种功率场效应晶体管的外形

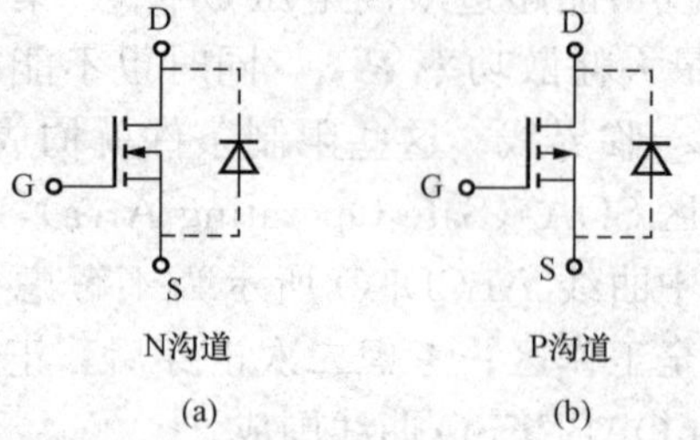

图 1-23　P-MOSFET 的电气符号

（a）N 沟道 P-MOSFET；（b）P 沟道 P-MOSFET

从结构上看，P-MOSFET 还含有一个由 S 极下的 P 区和 D 极下的 N 区形成的寄生二极管，该寄生二极管的阳极和阴极就是功率 MOSFET 的 S 极和 D 极，它是与 MOSFET 不可分割的整体，使 P-MOSFET 无反向阻断能力。图 1-23 中所示虚线部分为寄生二极管。

2. P-MOSFET 的工作原理

（1）当栅源极电压 $U_{GS}=0$ 时，栅极下的 P 型区表面呈现空穴堆积状态，不可能出现反型层，无法沟通漏源极。此时，即使在漏源极之间施加电压，P-MOS 管也不会导通，如图 1-21（a）所示。

（2）当栅源极电压 $U_{GS}>0$ 且不够充分时，栅极下面的 P 型区表面呈现耗尽状态，还是无法沟通漏源极，此时 P-MOS 管仍保持关断状态，如图 1-21（b）所示。

（3）当栅源极电压 U_{GS} 达到或超过一定值时，栅极下面的硅表面从 P 型反型成 N 型，形成 N 型沟道把源区和漏区联系起来，从而把漏源极沟通，使 P-MOS 管进入导通状态，如图 1-21（c）所示。

1.5.2　P-MOSFET 的特性和主要参数

1. 转移特性

转移特性是指在输出特性的饱和区内，维持 U_{DS} 不变时，U_{GS} 与 I_D 之间的关系曲线，如图 1-24（a）所示，与 GTR 中的电流增益相仿。图 1-24 中 U_T 是 P-MOSFET 的开启电压（又称阀值电压）。

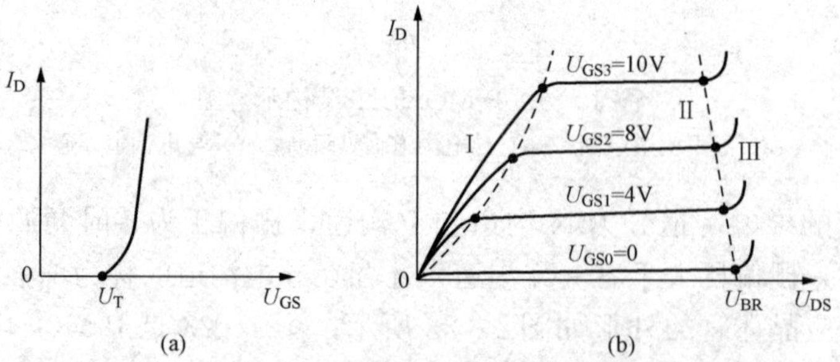

图 1-24　P-MOSFET 的转移特性和输出特性

（a）转移特性；（b）输出特性

2. 输出特性

P-MOSFET 的输出特性如图 1-24（b）所示，它反映的是当 U_{GS} 一定时，I_D 与 U_{DS} 间的关系。

当 $U_{GS}<U_T$ 时，P-MOSFET 处于截止（断态）；当 $U_{GS}>U_T$ 时，P-MOSFET 导通；当 $U_{DS}>U_{BR}$ 时，器件将被击穿，使 I_D 急剧增大。第Ⅰ象限特性曲线表示 P-MOSFET 正向导通时的情况，它分为三个区域，即线性导电区Ⅰ，饱和恒流区Ⅱ和雪崩击穿区Ⅲ。

线性导电区Ⅰ的特点是：当 U_{GS} 一定时，I_D 几乎随 U_{DS} 线性增长，对应于沟道未夹断时的情况。

饱和恒流区Ⅱ的特点是：U_{GS} 对 I_D 的控制力增强，I_D 随 U_{GS} 的增大而增大，而 U_{DS} 对 I_D 影响甚微，对应于沟道夹断时的情况，常用于线性放大。

雪崩击穿区Ⅲ的特点是：D 极 PN 结上反偏电压 U_{DS} 过高而发生雪崩击穿，I_D 突然增大。器件使用时应避免出现这种情况，否则会使器件损坏。

当 P-MOSFET 用作电子开关时，导通时它必须工作在线性导电区Ⅰ，否则其通态压降太大，功耗也大。第Ⅲ象限反向特性曲线未画，由于器件存在反并联的寄生二极管，故 P-MOSFET 无反向阻断能力，加反向电压时器件导通，可看作是逆导器件。

3. 开关特性

P-MOSFET 的开关时间很短，影响开关速度的主要因素是器件的极间电容。P-MOSFET 开关过程及开关时间如图 1-25 所示。

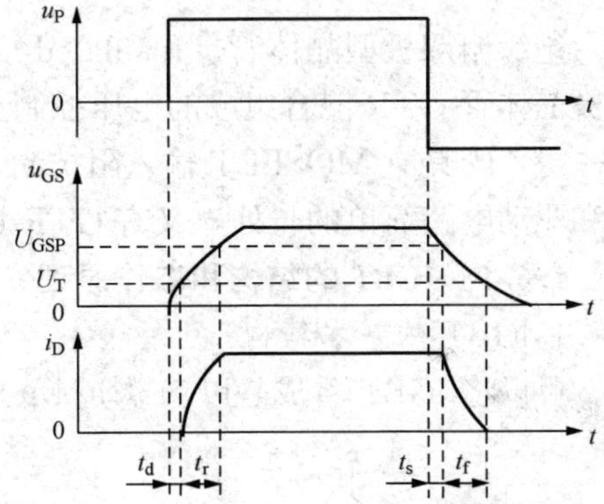

图 1-25 P-MOSFET 开关过程及开关时间

图 1-25 中 u_p 为驱动信号，u_{GS} 为栅极电压，i_D 为漏极电流。当 u_p 信号到来时，栅极输入电容 C_{in} 有一个充电过程，使栅极电压 u_{GS} 只能按指数规律上升。当 $u_{GS}=U_T$ 时，开始形成导电沟道，出现漏极电流 i_D，这段时间称为开通延迟时间 t_d。以后 u_{GS} 继续指数增长，i_D 也随之增长，P-MOSFET 管内沟道夹断长度逐渐缩短。当 P-MOSFET 管脱离预夹断状态后，i_D 不再随沟道宽度增加而增大，到达其稳定值。漏极电流从零上升到稳定值所需时间称为上升时间 t_r，故 P-MOSFET 的开通时间为 $t_{on}=t_d+t_r$。

当 u_p 信号下降为零后，器件开始进入关断过程，输入电容 C_{in} 上的储存电荷放电，使栅极电压 u_{GS} 按指数规律下降，导电沟道随之变窄，直到沟道缩小到预夹断状态（此时栅极电压下降到 u_{GSP}），i_D 电流才开始减少，这段时间称为关断延迟时间 t_s。以后 C_{in} 会继续放电，u_{GS} 继续下降，沟道夹断区增长，i_D 也继续下降，直到 $u_{GS}<U_T$，沟道消失，$i_D=0$。漏极电流从稳定值下降到零所需时间称为下降时间 t_f，故 P-MOSFET 的关断时间为 $t_{off}=t_s+t_f$。$i_D=0$ 后，C_{in} 继续放电，直至 $u_{GS}=0$ 为止，完成一次开关周期。

由上可见，P-MOSFET 的开关速度和其输入电容的充放电时间有很大关系，使用者虽无法降低 C_{in} 的值，但可降低驱动信号源的内阻，从而减少栅极回路的充放电时间常数，加快开关速度。P-MOSFET 的工作频率可达 100kHz 以上，是各种电力电子器件中最高的。

4. 主要参数

P-MOSFET 的静态参数主要有：

（1）通态电阻 R_{on}：在确定的 u_{GS} 下，P-MOSFET 由线性导电区进入饱和恒流区时的直流电阻，它是影响最大输出功率的重要参数。

（2）开启电压 U_T：是指沟道体区形成沟道所需的最低栅极电压。开启电压一般为 $U_T=2\sim4V$。

（3）漏极击穿电压 BU_{DS}：是为避免器件进入雪崩击穿区而设的极限参数。

（4）栅源极击穿电压 BU_{GS}：表征 P-MOSFET 栅源极间所能承受的最高正、反向电压。是为防止绝缘栅层因 U_{GS} 过高发生介质电击穿而设定的参数，一般栅源电压的极限值为 $\pm20V$。

（5）极间电容：包括栅源极电容 C_{GS}、栅漏极电容 C_{GD} 和漏源极电容 C_{DS}。前两者由 MOS 结构的绝缘层形成，后者由 PN 结构成。但一般生产厂家并不提供极间电容值，而只给出输入电容 C_{in}、输出电容 C_{out} 及反馈电容 C_f，它们与极间电容的关系换算式为

$$C_{in}=C_{GS}+C_{GD};\quad C_{out}=C_{GD}+C_{DS};\quad C_f=C_{GD}$$

显然，C_{in}、C_{out} 和 C_f 均与漏源极电容 C_{GD} 有关。

1.6 绝缘栅双极型晶体管（IGBT）

绝缘栅双极型晶体管（Insulated Gate Bipolar Transistor，IGBT）是由 P-MOSFET 与双极晶体管 GTR 混合组成的电压控制型双极自关断器件。它将 MOSFET 和 GTR 的优点集于一身，既具有 MOSFET 输入阻抗高、开关速度快、工作频率高、热稳定性好、无二次击穿和驱动电路简单的长处，又有 GTR 通态压降低、耐压高和承受电流大的优点。

1.6.1 IGBT 的结构和工作原理

1. IGBT 的基本结构

可以将 IGBT 看成是以 N 沟道 MOSFET 为输入级，PNP 晶体管为输出级的单向达林顿晶体管。它是以 GTR 为主导元件，MOSFET 为驱动元件的复合器件。其等效电路、电气符号如图 1 - 26 所示，外部有三个电极，分别为 G 门极、C 集电极、E 发射极。

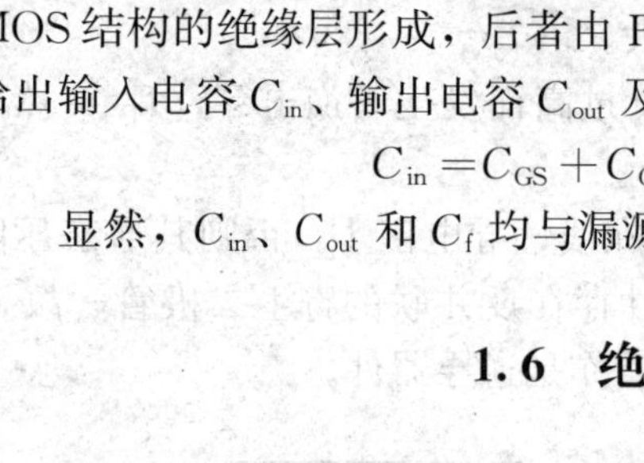

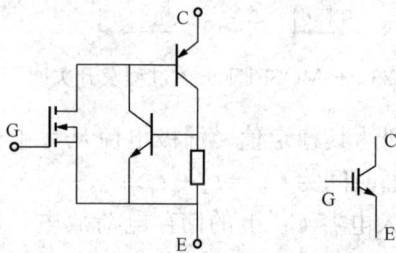

图 1 - 26 IGBT 等效电路、电气符号

2. IGBT 的工作原理

由 IGBT 的等效电路可看出，IGBT 是一种场控器件，它的开通与关断由 G 极和 E 极之间的门极电压 U_{GE} 所决定。

当 IGBT 门极加上正电压时，MOSFET 内形成沟道，并为 PNP 晶体管提供基极电流，使 IGBT 导通；当 IGBT 门极加上负电压时，MOSFET 内沟道消失，切断 PNP 晶体管的基极电流，IGBT 关断。

当 $U_{CE}<0$ 时，IGBT 呈反向阻断状态。

当 $U_{CE}>0$ 时，分两种情况：

（1）若门极电压 $U_{GE}<U_T$（开启电压），沟道不能形成，IGBT 呈正向阻断状态。

（2）若门极电压 $U_{GE}>U_T$（开启电压），绝缘门极下的沟道形成，并为 PNP 晶体管提供基极电流，从而使 IGBT 导通。

IGBT 的驱动原理与 MOSFET 基本相同，但 IGBT 的开关速度比 MOSFET 要慢。

1.6.2 IGBT 的特性和主要参数

1. 静态特性

IGBT 的静态特性主要有输出特性及转移特性，如图 1-27 所示。

(1) IGBT 的输出特性。IGBT 的输出特性也称伏安特性，它描述以栅射极电压 U_{GE} 为参变量时，集电极电流 I_C 与集射极间电压 U_{CE} 之间的关系，IGBT 的输出特性如图 1-27 (a) 所示，该特性与 GTR 的输出特性相似，只是控制量不同，由图 1-27 (a) 可见，输出特性分为正向输出特性（第Ⅰ象限）和反向输出特性（第Ⅲ象限）。正向输出特性又分为可调电阻区Ⅰ、恒流饱和区Ⅱ、雪崩区Ⅲ。在可调电阻区Ⅰ，U_{CE} 增大，I_C 增大；在恒流饱和区Ⅱ，对于一定的 U_{GE}，U_{CE} 增大，I_C 不再随着 U_{CE} 增大。

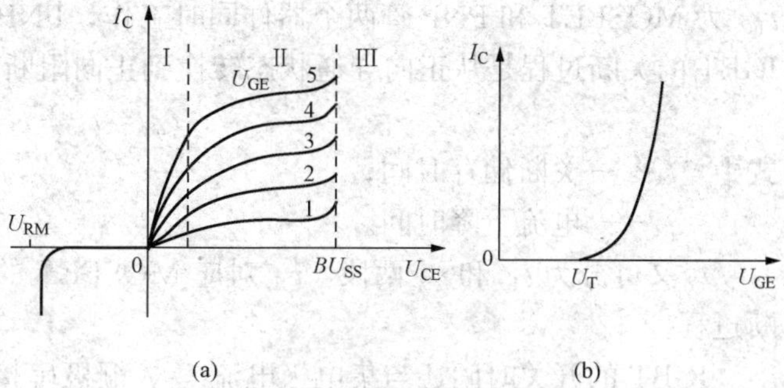

图 1-27 IGBT 的输出特性、转移特性

(a) IGBT 的输出特性；(b) IGBT 的转移特性

(2) IGBT 转移特性。IGBT 的转移特性是指集电极电流 I_C 与栅射电压 U_{GE} 之间的关系，如图 1-27 (b) 所示。与 P-MOSFET 的转移特性相似。当 $U_{GE}<U_T$（开启电压）时，IGBT 处于截止状态；当 $U_{GE}>U_T$ 时，IGBT 导通，且在大部分集电极电流范围内，I_C 与 U_{GE} 是线性关系。只有当 U_{GE} 接近 U_T 时才呈非线性关系。

2. IGBT 动态特性

IGBT 的动态特性包括开通过程和关断过程两个方面，如图 1-28 所示。

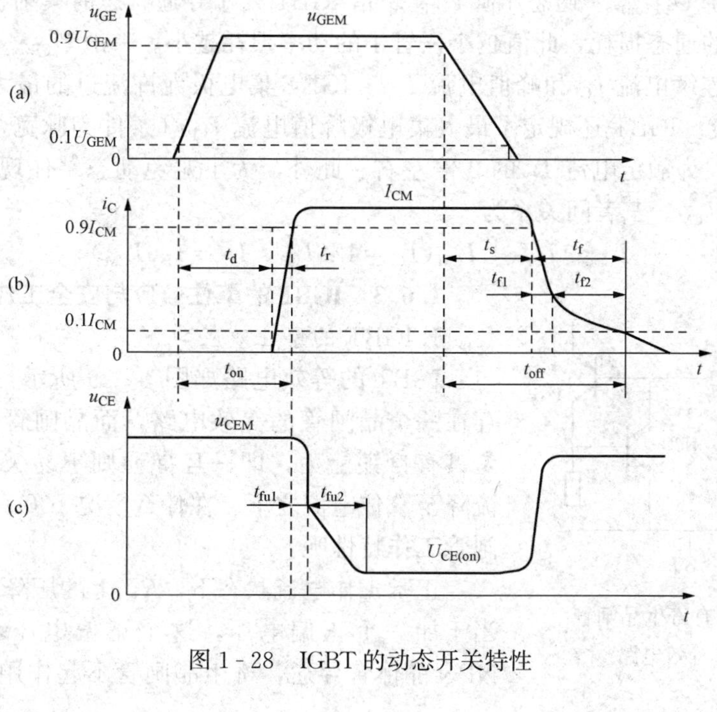

图 1-28 IGBT 的动态开关特性

IGBT的开通过程是从正向阻断状态到正向导通的过程。在开通过程中，大部分时间是作为MOSFET来运行的。t_d为开通延迟时间，t_r为电流上升时间，开通时间为

$$t_{on}=t_d+t_r$$

而集射电压U_{CE}下降分为t_{fu1}和t_{fu2}两段。t_{fu1}段为MOSFET单独工作时的电压下降时间；t_{fu2}为MOSFET和PNP管两个器件同时工作，PNP管从放大进入饱和时的电压下降时间。IGBT的关断过程是从正向导通状态转换到正向阻断状态的过程，关断时间为

$$t_{off}=t_s+t_f$$

式中 t_s——关断储存时间；

t_f——电流下降时间。

t_f又可分为t_{f1}和t_{f2}两段，t_{f1}对应MOSFET的关断过程；t_{f2}对应于PNP晶体管的关断过程。

IGBT的开关时间还与集电极电流I_C、栅极串接电阻R_G和结温T_j等参数有关，I_C越大、R_G越高以及T_j增高都将使IGBT的开关时间增加。其中R_G对开关时间的影响较大，实际应用中可改变R_G来改变开关时间。

3. IGBT的主要参数

（1）集射极击穿电压BU_{CES}。集射极击穿电压BU_{CES}为IGBT的最高工作电压，它取决于IGBT内部PNP晶体管所能承受的击穿电压值。击穿电压BU_{CES}的大小与结温成正温度系数关系。

（2）开启电压U_T和最大栅射极电压BU_{GES}。开启电压U_T是IGBT导通所需的最低栅射极电压，即转移特性与横坐标的交点电压。U_T具有负温度系数，约为-5mV/℃。在25℃条件下，U_T一般为2～6V。由于IGBT的驱动为MOSFET，应将最大栅射极电压限制在±20V以内，最佳值一般取15V左右。

（3）通态压降$U_{CE(on)}$。通态压降$U_{CE(on)}$指IGBT处于导通状态时集射极间的导通压降。它决定了IGBT的通态损耗，此值越小，管子的功率损耗越小。一般$U_{CE(on)}$为2.5～3.5V。

（4）集电极连续电流I_C和峰值电流I_{CP}。IGBT集电极允许流过的最大连续电流I_C为IGBT的额定电流。IGBT还规定了最大集电极峰值电流I_{CP}（条件为脉宽1ms）。一般情况下，峰值电流I_{CP}为额定电流I_C的2倍左右。此外，为了避免动态擎住现象发生，规定了最大集电极电流I_{CM}。三者间关系为

$$I_C<I_{CP}<I_{CM}(I_C=1/2I_{CP},\ I_C=1/6I_{CM})$$

1.6.3 IGBT的擎住效应与安全工作区

1. IGBT的擎住效应

IGBT的等效电路如图1-29所示，在C—E极之间存在一个晶闸管的等效电路，而晶闸管的主要特点之一是具有自锁能力，即一旦导通则不易关断，除非阳极电流降至擎住电流之下。在什么情况下C—E之间表现为晶闸管工作特性呢？

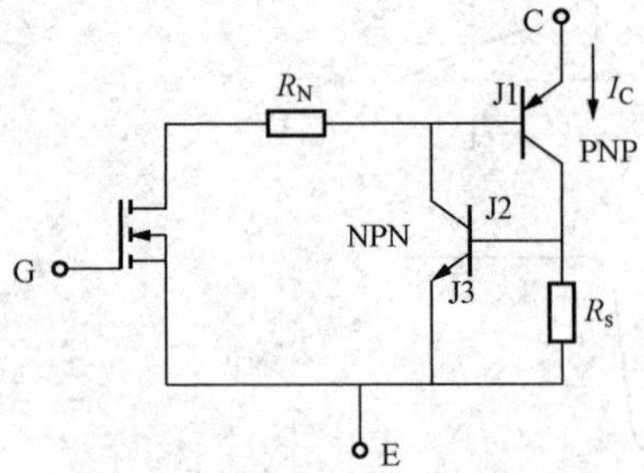

图1-29 具有寄生晶闸管的IGBT等效电路

正常工作电流状态下，R_N上的压降对J3结来说，相当于加一个正偏电压，这个正偏电压不大，不足以使NPN晶体管导通，寄生晶闸管不起作用。而当集电极电

流 I_C 大到一定程度时，R_N 上压降升高。NPN 晶体管会因过高的正偏置而导通，进而使 NPN 和 PNP 晶体管处于饱和状态，于是寄生晶闸管开通，门极失去控制作用，这种现象称为 IGBT 的擎住效应。IGBT 一旦发生擎住效应，则器件失控，集电极连续电流很大，造成过高的功耗，最后导致器件损坏。

2. 安全工作区

IGBT 开通时的正向偏置安全工作区（FBSOA），由电流、电压和功耗三条边界极限线包围而成。最大集电极电流 I_{CM} 是根据避免动态擎住而确定的，最大集射极电压 U_{CEM} 是由 IGBT 中 PNP 晶体管的击穿电压所确定；最大功耗则由最高允许结温所决定。IGBT 导通时间长，发热严重，因而相应的安全工作区变窄。IGBT 的正向偏置安全工作区如图 1-30 所示。

反向偏置安全工作区（RBSOA）是 IGBT 在关断状态下的参数极限范围。RBSOA 由最大集电极电流 I_{CM}、最大集射极间电压 U_{CEM} 和电压上升率 du_{CE}/dt 三条极限边界所包围。du_{CE}/dt 越高，RBSOA 范围越窄。IGBT 的反向偏置安全工作区如图 1-31 所示。

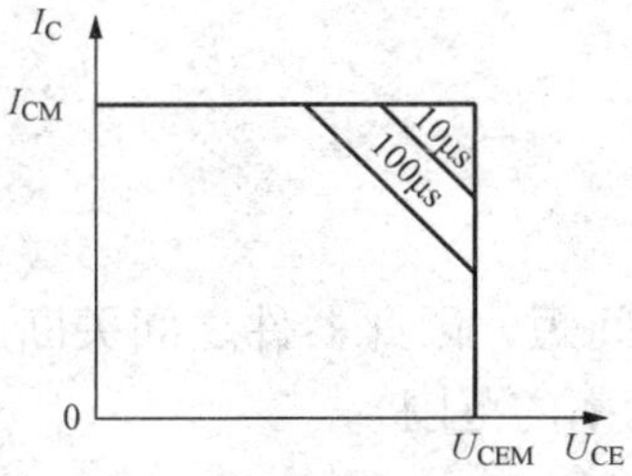

图 1-30 IGBT 正向偏置安全工作区

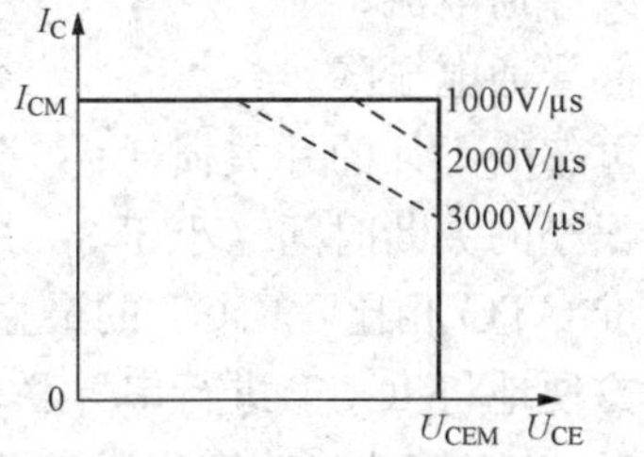

图 1-31 IGBT 反向偏置安全工作区

1.7 其他新型电力电子器件

1.7.1 MOS 控制晶闸管（MCT）

MOS 控制晶闸管（MOS Controlled Thyristor，MCT），也称为 MOS 控制的 GTO，是一种集成度远高于 GTO，以 SCR-MOSFET 复合器件为集成单元的新型大功率集成开关器件。MCT 将 MOSFET 的高输入阻抗、低驱动功率和开关速度快的特性，以及晶闸管的高电压、大电流特性结合在一起，同时又克服了晶闸管开关速度慢、不能自关断和 MOSFET 通态电压高的缺点。MCT 也是一种电压型控制器件，并且开关频率与 IGBT 差不多，无二次击穿，是近几年来国内外重点开发的器件之一。随着 MCT 制造工艺和结构的进一步完善，它将在诸多应用领域内取代 GTR 和晶闸管，并与 IGBT 形成竞争的局面。

（1）MCT 与晶闸管相比较。它也有阳极 A、阴极 K 和门极 G 三个电极，但门极控制原理却不相同。晶闸管是电流型控制器件，而 MCT 是电压型控制器件；晶闸管的控制信号加在门极与阴极两端，而 MCT 控制信号是加在门极与阳极两端。

（2）MCT 与 IGBT 相比较。

1）MCT 的控制信号是脉冲，只起触发作用；而 IGBT 的控制信号为电压，必须一直存在。

2）结构上 MCT 和 IGBT 均为四层结构，但两者存在质的差别，MCT 工作时必须产生正反馈，属PNPN器件；而IGBT工作时不能引起正反馈，否则会产生擎住效应。

（3）MCT的优点。①电压、电流容量大；②通态压降小；③极高的电流上升率 di/dt 和电容上升率 du/dt；④开关速度快，开关损耗小；⑤工作温度高（200℃以上）。

1.7.2　集成门极换流晶闸管（IGCT）

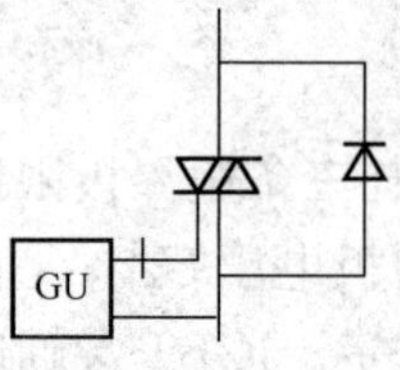

图1-32　IGCT的电气符号

集成门极换流晶闸管（Integrated Gate Commutated Thyristor，IGCT）是一种用于巨型电力电子装置的新型电力半导体器件，也有人称为发射极关断晶闸管（ETO）。它是把MOSFET从器件内部拿到外部的MCT。IGCT是以GTO为基础，将GTO芯片与反并联二极管和门极驱动电路集成在一起，再与门极驱动器在外围以低电感方式连接。IGCT结合了晶体管和晶闸管两种器件的优点，具备晶体管的稳定的关断能力和晶闸管的低通态损耗的特性。IGCT的电气符号如图1-32所示。

IGCT的主要特点：

（1）高阻断电压；

（2）大导通电流；

（3）低导通电压降；

（4）可忽略不计的开关损耗；

（5）很小的关断时间（小于3μs）。

与标准GTO相比，IGCT的最显著特点是存储时间短，因此器件之间关断时间的差异很小，可方便地将IGCT进行串并联，适合应用于大功率的范围。

1.7.3　功率模块与功率集成电路

功率集成电路（Power Integrated Circuit，PIC）是电力电子技术与微电子技术相结合的产物。PIC是将以前的电力电子器件及其配套的各种分立电路或装置（如触发电路、控制电路和各种保护电路）集成在一个芯片上，PIC中至少应该包含一个电力电子器件和一个独立功能的单片集成电路。目前PIC可分为三类：

（1）高压集成电路（High Voltage Integrated Circuit，HVIC）：它是高耐压电力电子器件与控制电路的单片集成，用来控制功率输出。

（2）智能功率集成电路（Smart Power IC，SPIC）和智能功率模块（Intelligent Power Module，IPM）：它们都是将电力电子器件与控制电路、保护电路以及传感器等电路集成在同一个集成电路中，或做成模块。IPM除具有处理功率的能力外，还具有控制功能、接口功能和保护功能。其中，控制功能的作用是自动检测某些外部参数并调整功率器件的运行状态，以补偿外部参量的偏离；接口功能的作用是接受并传输控制信号；保护功能的作用是，当出现过载、短路、过电压、欠电压和过热等非正常状态时，能测取相关的信号并能自动调整保护，使功率器件能工作在安全区范围内。由于高度集成化，结构紧凑，减少了分布参数及保护延时带来的问题，因此IPM特别适应于电力电子技术高频化发展的需要。

（3）功率专用集成电路（Special IC，SIC）：顾名思义，SIC是为某种特殊用途而设计制造的功率IC。SIC的种类繁多，有智能功率开关、无刷直流电机专用PIC、步进电机控制集成电路、单片桥式驱动器、无串通电路的桥路驱动器、单片三相逆变器等等，限于篇幅，这里就不一一赘述了。

1.7.4 静电感应晶体管（SIT）

静电感应晶体管（Static Induction Transistor，SIT）是一种新型高频大功率电力电子器件。

由于SIT中门极电压和漏极电压都能通过电场控制漏极电流，类似于静电感应现象，因此把SIT命名为静电感应晶体管。SIT具有工作频率高、输出功率大、线性度好、无二次击穿现象、热稳定性好、抗辐射能力强、输入阻抗高等一系列优点，在雷达通信设备、超声波功率放大、开关电源、脉冲功率放大和高频感应加热等方面获得了广泛应用，并已发展成为一个相当大的家族，其主要品种有功率SIT、超高频SIT、双极模式静电感应晶体管（BSIT）和静电感应晶闸管（SITH）等。

SIT也是一种集成器件，每个SIT由几百个或几千个单元胞并联而成。SIT有门极G、漏极D和源极S三条引线，其电路符号如图1-33所示。SIT分为N沟道和P沟道两种，图1-33中箭头表示门源结正偏时门极电流的方向。

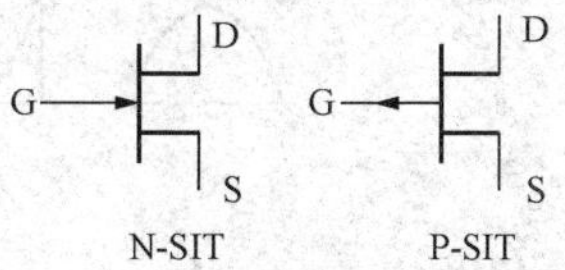

图1-33 SIT的电气符号

SIT的特点是：

（1）工作频率高，频带宽。

（2）采用垂直沟道，易实现大规模的多沟道并联和多胞合成，电流容量大，增益高。

（3）结构上源、漏区分别位于硅片的相反面上，易避免电场集中，加上漏、源之间有足够厚的高阻层，易得到高的耐压。

（4）有负的温度特性，不易发生电流集中现象，由于在电流通道上没有PN结，不会出现二次击穿。

（5）电压控制型器件，输入端为反偏PN结，容易驱动。

（6）输出阻抗低，输出功率大，负载能力强。

1.7.5 静电感应晶闸管（SITH）

静电感应晶闸管（Static Induction Thyristor，SITH）也可称为场控晶闸管（FCT），或双极静电感应晶闸管（BSITH）。SITH是一种大功率场控开关器件，与晶闸管和GTO相比，它具有通态电阻小、通态压降低、开关速度快、开关损耗小、正向电压阻断增益高、开通和关断电流增益大、di/dt 和 du/dt 耐量高、高温特性好、抗干扰能力强等优点。

1.8 电力电子器件的驱动

晶闸管、GTO、GTR、P-MOSFET、IGBT等电力电子器件要正常工作，必须在其门极加驱动信号，各种器件对驱动信号的要求是不一样的，必须分别或分类讨论。晶闸管的门极驱动又称为触发，相应的门极驱动电路又称触发电路，下面首先对其进行讨论。

1.8.1 晶闸管的门极驱动（触发）

在晶闸管的阳极加上正向电压后，还必须在门极与阴极之间加上触发电压，晶闸管才能从阻断变为导通。触发电压决定每个晶闸管的导通时刻，是晶闸管变流装置中不可缺少的重要组成部分。

1. 对触发电路的要求

晶闸管触发主要有移相触发、过零触发和脉冲列调制触发等。对触发脉冲的要求如下：

（1）为减小门极损耗，广泛采用脉冲触发信号。

（2）触发脉冲应有足够的功率，并留有一定的裕量。

（3）触发脉冲应有一定的宽度，脉冲的前沿应尽可能陡，以使元件在触发导通后，阳极电流能迅速上升超过掣住电流而维持导通。对于电感性负载，由于电感会抵制电流上升，因而触发脉冲的宽度应更大一些或采用双窄脉冲；有些则需要强触发脉冲。

（4）触发脉冲必须与晶闸管的阳极电压同步，脉冲移相范围必须满足电路要求。

2. 常用的触发脉冲信号

常用的触发脉冲波形如图1-34所示。

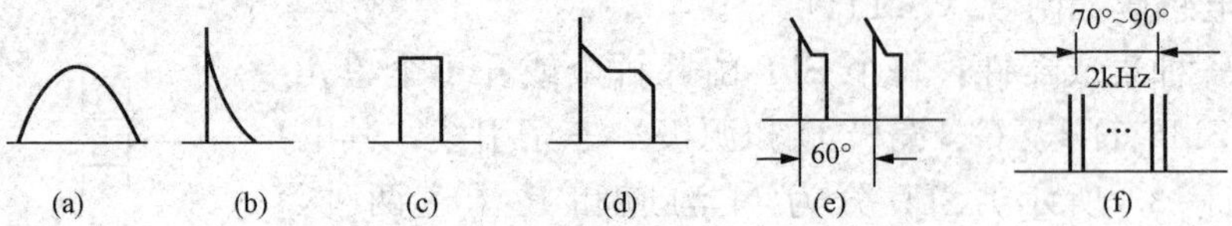

图1-34　常用的触发脉冲波形

（1）图1-34（a）为正弦波触发脉冲信号，由于前沿不陡，触发准确性差，仅用在触发要求不高的场合。

（2）图1-34（b）为尖脉冲，生成较容易，电路简单，也用于触发要求不高的场合。

（3）图1-34（c）为矩形脉冲，较常用。

（4）图1-34（d）为强触发脉冲，前沿陡，宽度可变，有强触发功能，适用于大功率场合。

（5）图1-34（e）为双窄脉冲，有强触发功能，变压器耦合效率高，用于控制精度较高、感性负载的装置。

（6）图1-34（f）为脉冲列脉冲，具有双窄脉冲的优点，应用广泛。

3. 脉冲触发电路与晶闸管的连接方式

（1）直接连接。主电路和触发电路采用导线直接连接，如图1-35（a）所示。由于主电路电压较高，采用直接连接容易造成操作不安全，主电路又往往干扰触发电路。这种连接常用在一些简单设备中。

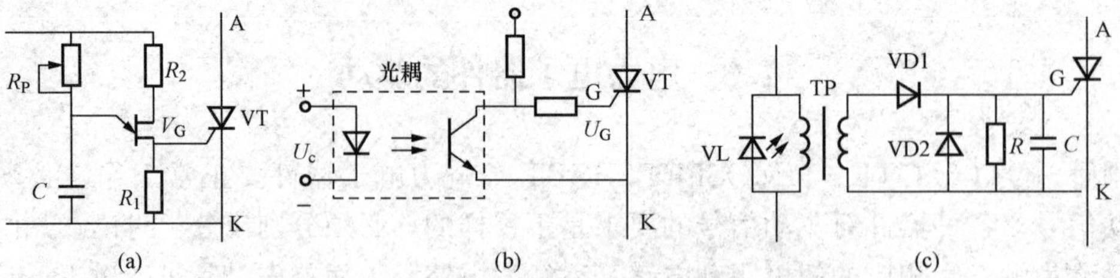

图1-35　触发电路与晶闸管的连接方式

（a）直接连接；（b）光耦合器连接；（c）脉冲变压器隔离连接

（2）光耦合器连接。光耦合器是一种将电信号转换为光信号，又将光信号转换为电信号的半导体器件。它将发光和受光的元件密封在同一管壳里，以光为媒介传递信号。光耦合器的发光源通常选砷化镓发光二极管，而受光部分采用硅光电二极管及光电三极管。光耦合器具有可实现输入和输出间电隔离，且绝缘性能好，抗干扰能力强的优点。在用微机组成的触发电路中经常采用，如图 1-35（b）所示。

（3）脉冲变压器耦合连接。脉冲变压器能够很好地把一次侧的脉冲信号传输到二次绕组，二次绕组与晶闸管连接，主电路与控制电路有良好的电气绝缘。图 1-35（c）是采用脉冲变压器隔离的电路形式，VD1、VD2 用来消除负半周波，为晶闸管提供正向触发脉冲，起抗干扰作用，发光二极管用来指示脉冲是否正常。

具体的晶闸管触发电路详见“第 2 章第 2.6 节——晶闸管相控电路的驱动控制”的有关内容。

1.8.2 电流型全控电力电子器件的门极驱动

GTO 和 GTR 都是电流驱动型器件。

1. GTO 的门极驱动

（1）GTO 的门极驱动信号。GTO 的门极电流、电压控制波形对 GTO 的特性有很大影响。GTO 门极电流、电压控制波形分开通和关断两部分，推荐的波形形状如图 1-36 所示。图中实线为门极电流波形，虚线为门极电压波形。i_{GF} 为正向直流触发电流，i_{GRM} 为最大反向门极电流。

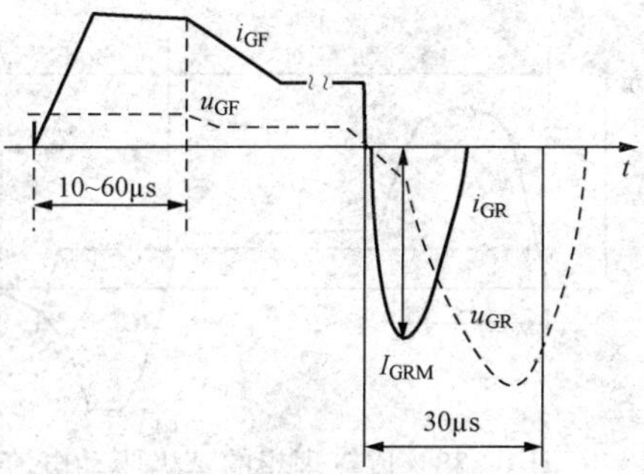

图 1-36　GTO 门极控制信号推荐波形

1）对开通信号的要求：脉冲前沿陡、幅度高、宽度大、后沿缓。脉冲前沿陡，则对结电容充电快，正向门极电流建立迅速，有利于 GTO 的快速导通；门极正脉冲幅度高可以实现强触发，强触发有利于缩短开通时间，减小开通损耗；触发电流脉冲宽度大，用来保证阳极电流的可靠建立；后沿应缓一些，后沿过陡会产生振荡。

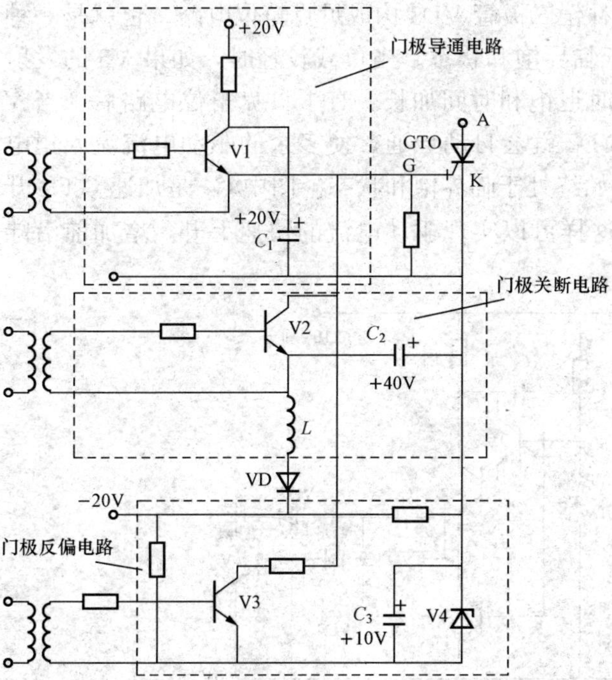

图 1-37　GTO 的门极驱动电路

2）对关断信号的要求：前沿较陡、宽度足够、幅度较高、后沿平缓。脉冲前沿陡可缩短关断时间，减少关断损耗，但前沿过陡会使关断增益降低；门极关断负电压脉冲必须有足够的宽度，既保证在下降时间内能持续抽出载流子，又要保证剩余载流子的复合有足够的时间；关断电流脉冲的幅度 I_{GRM} 越大，关断时间越短，关断损耗越小；门极关断控制电压脉冲的后沿要尽量平缓一些。如果坡度太陡，由于结电容效应，尽管门极电压是负的，也会产生一个门极电流。这个正向门极电流有使 GTO 开通的可能，影响 GTO 的正常工作。

（2）GTO 的驱动电路。GTO 的驱动电路包括导通电路、关断电路和门极反偏电路，门极控制的关键是关断控制。图 1 - 37 为一双电源供电的门极驱动电路。该电路由门极导通电路、门极关断电路和门极反偏电路组成。该电路可用于三相 GTO 逆变电路。

1）门极导通电路。在无导通信号时，晶体管 V1 未导通，电容 C_1 被充电到电源电压，约为 20V。当有导通信号时，V1 导通，产生正向门极电流。已充电的电容 C_1 可加快 V1 的导通，从而增加门极导通电流前沿的陡度。此时，电容 C_2 被充电。

2）门极关断电路。当有关断信号时，晶体管 V2 导通，C_2 经 GTO 的阴极、门极、V2 放电，形成峰值 90V、前沿陡度大、宽度大的门极关断电流。

3）门极反偏电路。电容 C_3 由－20V 电源充电、稳压管 V4 箝位，其两端得到上正下负、数值为 10V 的电压。当晶体管 V3 导通时，此电压作为反偏电压加在 GTO 的门极上。

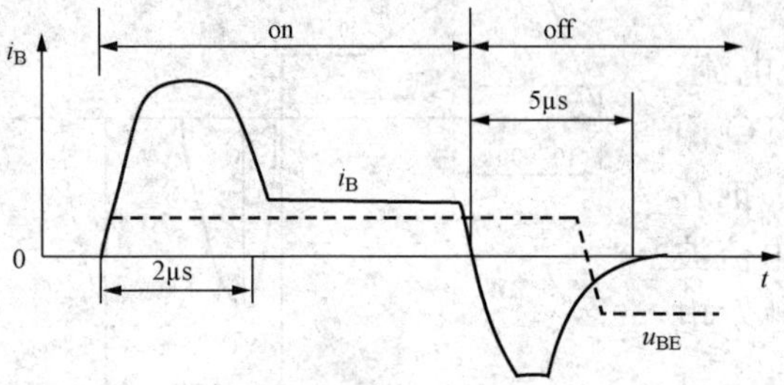

图 1 - 38　比较理想的基极驱动电流波形

2. GTR 的基极驱动

（1）GTR 的基极驱动电流信号。GTR 的基极驱动信号对 GTR 的正常工作起着重要的作用。为了减少开关损耗，提高开关速度，GTR 要求的比较理想的基极电流波形如图 1 - 38 所示。

使 GTR 开通的基极驱动电流信号应使 GTR 工作在准饱和状态，避免其进入放大区和深饱和区。关断 GTR 时，施加一定的负基极驱动电流有利于减小开关时间和开关损耗，关断后同样应在基射极之间施加一定幅值（6V 左右）的负偏压。用于 GTR 开通和关断的正、负驱动电流的前沿上升时间应小于 1μs，以保证它能快速导通和关断。

（2）GTR 的驱动电路。图 1 - 39 给出了一种 GTR 的驱动电路。它包括电气隔离和晶体管放大两个部分。其中二极管 VD2 和电位补偿二极管 VD3 构成贝克箝位电路，也就是一种抗饱和电路，可使 GTR 管子 V 导通时处于临界饱和状态。当负载较轻时，如果 V5 的发射极电流全部注入 V，会使 V 过饱和，关断时退饱和时间加长。有了贝克箝位电路后，当 V 过饱和使得集电极电位低于基极电位时，VD2 就会自动导通，使多余的驱动电流流入集电极，维持 $U_{BC}\approx 0$。这样，就使得 V 导通时始终处于临界饱和状态。图中 C_2 是加速 GTR 开通过程的电容。开通时，R_5 被 C_2 短路。这样可以实现驱动电流的快速上升，增加前沿陡度，加快开通。

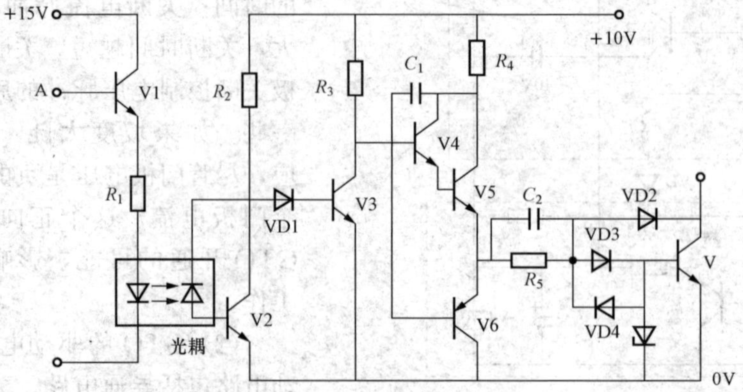

图 1 - 39　GTR 的一种驱动电路

1.8.3 电压型全控电力电子器件的门极驱动

P-MOSFET 和 IGBT 都是电压驱动型器件。

1. P-MOSFET 的栅极驱动

P-MOSFET 是场控型电压驱动器件，不同功率的 P-MOSFE 有不同的栅、源极间电容，功率越大，极间电容也越大，在开通和关断驱动中所需的驱动电流也越大。

（1）P-MOSFET 的栅极驱动信号。P-MOSFET 对驱动信号的要求有：

1）触发脉冲要有足够快的上升和下降速度，即脉冲前沿要求陡峭。

2）为使 P-MOSFET 可靠触发导通，触发电压应高于开启电压 U_T，但不得超过最大触发额定电压 BU_{GS}。触发脉冲电压也不能过低，否则会使通态电阻增大，降低抗干扰能力。

3）驱动电路的输出电阻应低，开通时以低电阻对栅极电容充电，关断时为栅极电荷提供低电阻放电回路，以提高 P-MOSFET 的开关速度。

4）为防止误导通，在 P-MOSFET 截止时应能提供负的栅源极电压。

（2）P-MOSFET 的栅极驱动电路。图 1-40 是一种推挽式栅极直接驱动电路。

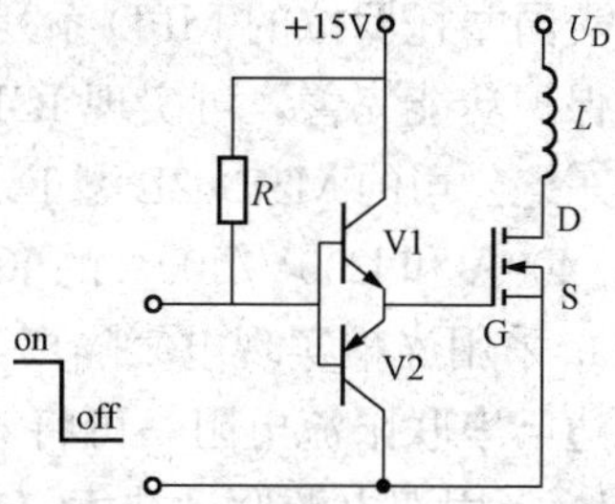

图 1-40 推挽式栅极直接驱动电路

在图 1-40 的推挽式直接驱动电路中，当驱动信号为正的高电平时，晶体管 V1 导通，15V 的栅控电源经过 V1 给 P-MOSFET 本身的输入电容充电，建立栅控电场，使 P-MOSFET 快速导通；当驱动信号变为负的低电平时，V2 导通，P-MOSFET 的输入电容通过 V2 快速放电，P-MOSFET 管快速关断，并提供负偏压。两个晶体管 V1 和 V2 都使信号放大，提高了电路的工作速度，同时它们是作为射极输出器工作的，所以不会出现饱和状态，因此信号的传输无延迟。

2. IGBT 的栅极驱动

（1）IGBT 的栅极驱动信号。由于 IGBT 是以 MOSFET 为输入级，因此具有与 P-MOSFET 相似的输入特性和高输入阻抗，故驱动电路相对比较简单，驱动功率也比较小。

IGBT 对驱动信号及电路有以下基本要求：

1）驱动脉冲的上升沿和下降沿要陡。上升沿陡可使 IGBT 快速开通，减小开通损耗；下降沿陡，并在 G—E 极间加一适当的反向偏压，有助于 IGBT 快速关断，减少关断损耗。

2）驱动功率足够大。IGBT 开通后，栅极驱动源应能提供足够的功率及电压、电流幅值，使 IGBT 总处于饱和状态，不因退出饱和而损坏。

3）合适的负偏压。为缩短关断过程中的关断时间，需施加负偏压 $-U_{GE}$，同时还可防止关断瞬间因 du/dt 过高而造成误导通，并提高抗干扰能力。反偏压 $-U_{GE}$ 一般取 $-2\sim-10$V。

4）合理的栅极电阻 R_G。在开关损耗不太大的情况下，应选用较大的 R_G。R_G 的范围为 $1\sim400\Omega$。

5）IGBT 多用于高压场合，故驱动电路与整个控制电路应严格隔离。

符合上述基本要求的 IGBT 典型驱动电压波形如图 1-41 所示。

（2）IGBT 的栅极驱动电路。因为 IGBT 的输入特性和 MOSFET 几乎相同，所以用于 MOSFET 的驱动电路同样可用于 IGBT。

1）脉冲变压器直接驱动 IGBT 的驱动电路。图 1-42 为采用脉冲变压器直接驱动 IGBT

的驱动电路。电路中由“控制脉冲形成”单元产生脉冲信号，经晶体管 V1 功率放大后，加到脉冲变压器 Tr，由 Tr 隔离耦合，经稳压管 VDZ1、VDZ2 限幅后驱动 IGBT。

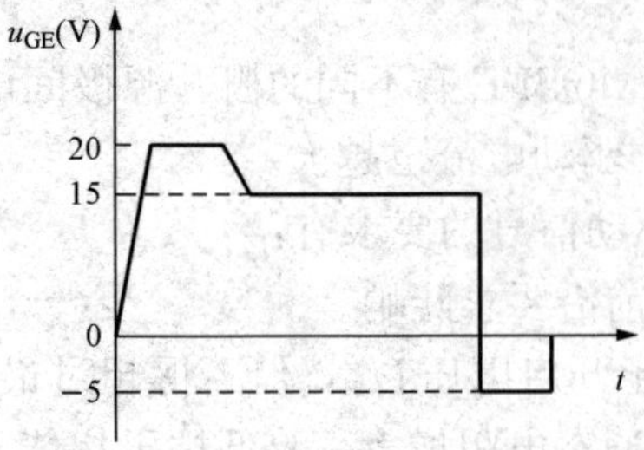

图 1-41　IGBT 典型驱动电压波形

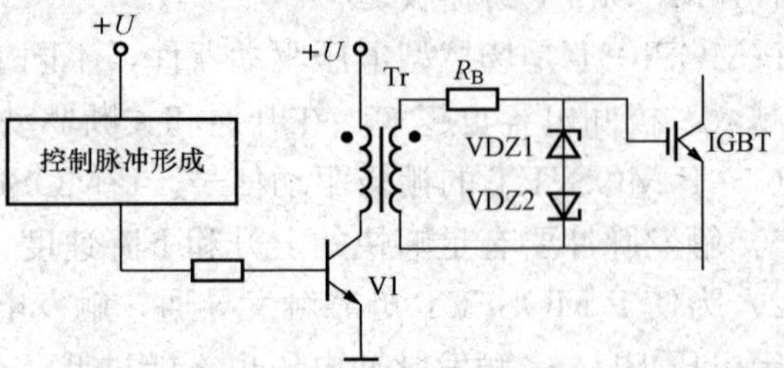

图 1-42　脉冲变压器驱动 IGBT 的电路

2）IGBT 专用驱动模块。大多数 IGBT 生产厂家为了解决 IGBT 的可靠性问题，都生产与其相配套的混合集成驱动电路，如日本富士的 EXB 系列、东芝的 TK 系列、M579××系列，美国摩托罗拉的 MPD 系列等。这些专用驱动电路抗干扰能力强、集成化程度高、速度快、保护功能完善，可实现 IGBT 的最优控制。

东芝公司的 M57962L 型 IGBT 专用驱动模块是 N 沟道大功率 IGBT 的驱动电路，能驱动 600V/400A 和 1200V/400A 的 IGBT，其原理方框图如图 1-43 所示，它有以下几个特点：

a. 采用光耦实现电气隔离，光耦是快速型的，适合 20kHz 左右的高频开关运行，光耦的原边已串联限流电阻，可将 5V 的电压直接加到输入侧；

b. 采用双电源驱动技术，使输出负栅压比较高，电源电压一般取＋15/－10V；

c. 信号传输延迟时间短，低电平—高电平的传输延迟时间及高电平—低电平的传输延迟时间都在 1.5μs 以下；

d. 具有过电流保护功能，M57962L 通过检测 IGBT 的饱和压降来判断 IGBT 是否过电流，一旦过电流，M57962L 将对 IGBT 实施软关断，并输出过电流故障信号。

IGBT 驱动电路如图 1-44 所示。

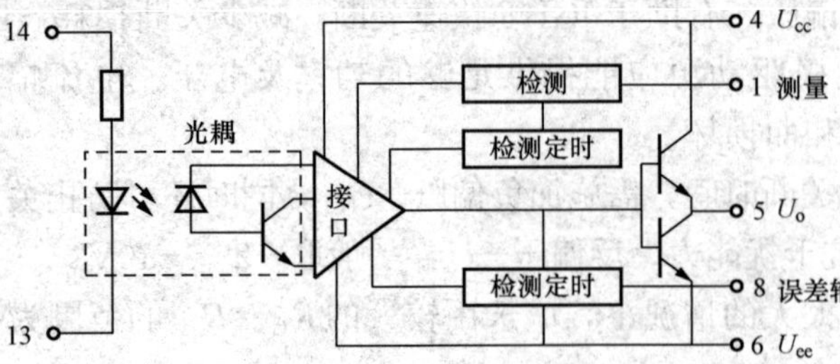

图 1-43　M57962L 的原理框图

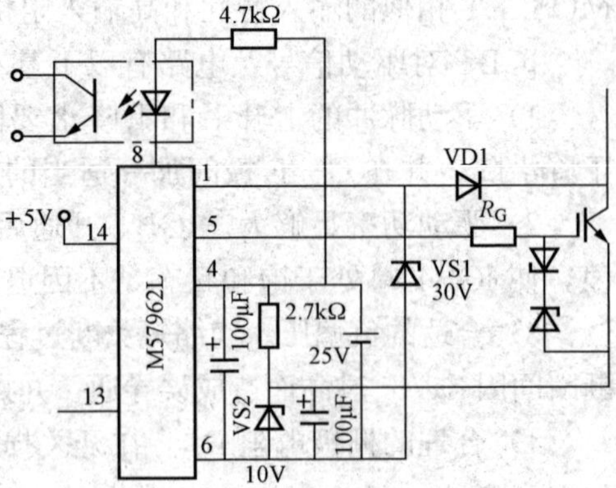

图 1-44　IGBT 驱动电路图

1.9　电力电子器件的保护

半控型晶闸管器件的保护将结合整流器的工程设计在第 6 章介绍，下面主要介绍 GTO、

GTR、P-MOSFET和IGBT等全控型器件的保护问题，主要包括过电流或过电压的保护问题。

1. GTO的保护

GTO主要用于大容量的变流器电路中，最严重的问题是由各种原因造成的短路过电流现象。为此必须研究过电流产生的原因及如何在过电流情况下采取措施保护GTO。

（1）过电流产生的原因。过电流包括过载和短路两种情况，严重的是短路过电流情况。短路过电流的原因大致有下述3种。

1）逆变器的桥臂短路。在GTO组成的逆变器中，若同一桥臂上的两个GTO同时导通，则会产生桥臂短路情况，也称桥臂直通故障。

2）输出端的线间短路。若输出端发生线间短路，则短路电流流经相应支路的GTO，其短路电流相当大。

3）输出端线对地短路。

（2）GTO的过电流保护。针对上述过电流情况，可采取多种措施对GTO进行过电流保护，其保护方法有以下3种。

1）快速熔断器保护法；

2）撬杠保护法；

3）自关断保护法。

2. GTR的保护

由于GTR存在二次击穿问题，而二次击穿过程很快，远小于快速熔断器的熔断时间，因此诸如快速熔断器之类的过电流保护方法对GTR类电力电子设备是无用的。GTR的过电流保护要依赖于驱动和特殊的保护电路。采用的主要方法有：①电压状态识别保护；②桥臂互锁保护；③欠饱和及过饱和保护。

3. P-MOSFET的保护

P-MOSFET的薄弱之处是栅极绝缘层易受各种静电感应电压而被击穿。在使用时必须采取下列保护措施：①防静电击穿保护；②栅源极间的过电压保护；③漏源极间的过电压保护；④短路、过电流保护。

4. IGBT的保护

将IGBT用于变流器时，为防止损坏器件，采用的保护措施有：①通过检测出的过电流信号切断栅极控制信号，实现过电流保护；②利用缓冲电路抑制过电压并限制du/dt；③利用温度传感器检测IGBT的壳温，当超过允许温度时主电路跳闸，实现过热保护；④静电保护：IGBT的输入级为MOSFET，所以IGBT也存在静电击穿问题，可采用MOSFET的防静电方法；⑤短路保护。

1.10 电力电子器件的缓冲电路

1. 缓冲电路的作用与基本类型

电力电子器件的缓冲电路又称吸收电路，不仅用于半控型器件的保护，而且在全控型器件的应用中也起着重要的作用。

晶闸管开通时，往往在主电路中串入一个扼流电感，以限制过大的电流上升率di/dt，串联电感及其辅助电路组成了开通缓冲电路，或称串联缓冲电路。晶闸管关断时，电源电压突加在管子上，为了抑制瞬时过电压和过大的电压上升率，需要在晶闸管的两端并联一个RC电路，构成关断缓冲电路，或称并联缓冲电路。

GTR等全控型器件在实际使用中也必须配置开通和关断缓冲电路。但其作用与晶闸管的缓冲电路有所不同，电路结构也有差别。因为全控型器件的工作频率要比晶闸管高得多，开通与关断损耗影响着开关器件的正常运行。例如，GTR在动态开关过程中易产生二次击穿的现象，这种现象又与开关损耗直接相关。所以减小全控器件的开关损耗是缓冲电路的主要作用，也就是说全控型器件用缓冲电路抑制 di/dt 和 du/dt，主要是为了改变器件的开关轨迹，使开关损耗减少，进而使器件可靠地运行。

综上所述，缓冲电路对于工作频率高的自关断器件，是通过限压、限流、抑制 di/dt 和 du/dt 等方法，把开关损耗从器件内部转移到缓冲电路中去，然后再消耗在缓冲电路的电阻上，或者由缓冲电路设法将其反馈到电源中去。此缓冲电路可分为两大类：前一类是能耗型缓冲电路，后一类是反馈型缓冲电路。

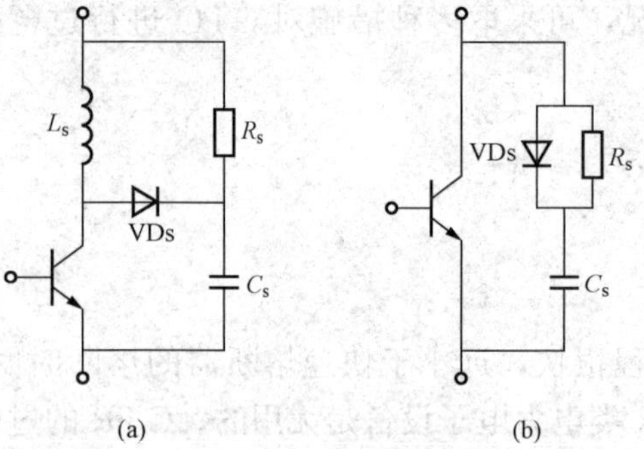

图1-45　电力电子器件的基本缓冲电路
（a）串并联RLCD缓冲电路；
（b）并联RCD缓冲电路

2. 缓冲电路的基本结构

缓冲电路的功能包括抑制和吸收两个方面，图1-45（a）是这种电路的基本结构，串联电感 L_s 用于抑制过量的 di/dt；并联的 C_s 通过快速二极管VDs充电，吸收器件上出现的过电压能量，由于电容电压不会跃变，限制了 du/dt；当器件开通时，C_s 上的能量经 R_s 泄放。对于工作频率较高、容量较小的装置，为了减少损耗，可将图1-45（a）的RLCD（电阻—电感—电容—二极管）电路简化为图1-45（b）的形式。这种由RCD（电阻—电容—二极管）网络构成的缓冲电路普遍用于GTO、GTR、P-MOSFET及IGBT等电力电子器件的保护。

1.11　典型电力电子器件的MATLAB仿真模型

为了方便读者学习仿真软件，本节的部分电气符号及标注没有严格按照我国有关电气标准及其出版物规定书写，而是与软件相一致，如软件中仍然用A、B、C表示三相U、V、W等。

1.11.1　二极管的仿真模型

1. 二极管元件的符号和仿真模型

MATLAB软件中的二极管就是一个单向导电的半导体二端器件，没有普通二极管、功率二极管等种类之分，都是一个图标，如图1-46所示，它们的区别主要是在参数设置上。二极管模块常带有一个 R_s—C_s 串联缓冲电路，它通常与二极管并联。缓冲电路的 R_s 和 C_s 值可以设置，当指定 C_s＝inf时，缓冲电路为纯电阻，当指定 R_s＝0时，缓冲电路为纯电容。

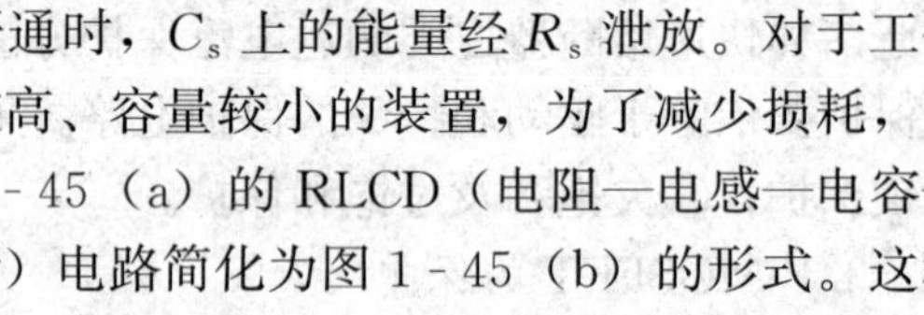

图1-46　二极管模块的图标
（a）带缓冲电路的图标；（b）不带缓冲电路的图标

当指定 R_s=inf 或 C_s=0 时，缓冲电路去除，(下面介绍的其他几种器件也类似)。

当二极管承受正向电压时导通，此时管压降 U_f 很小；当二极管承受反向电压或流过管子的电流降到零时关断。二极管的仿真模型由内电阻 R_{on}、电感 L_{on}、直流电压源 U_f 和一个开关 SW 串联而成。开关受二极管电压 U_{ak} 和电流 I_{ak} 控制。二极管元件的符号和仿真模型如图 1-47 所示。

2. 二极管元件的静态伏安特性

二极管的静态伏安特性如图 1-48 所示。

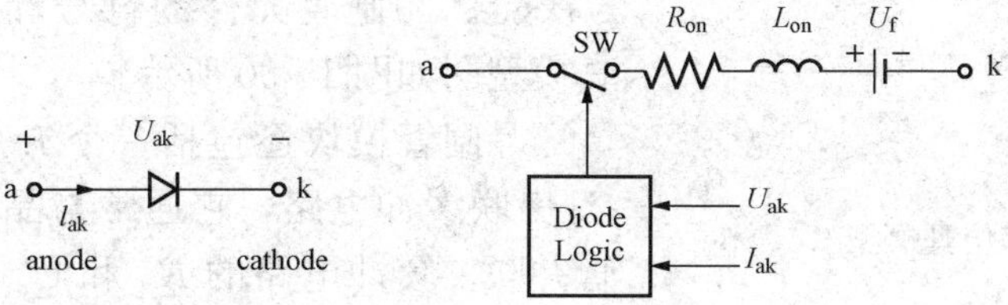

图 1-47 二极管元件的符号和仿真模型

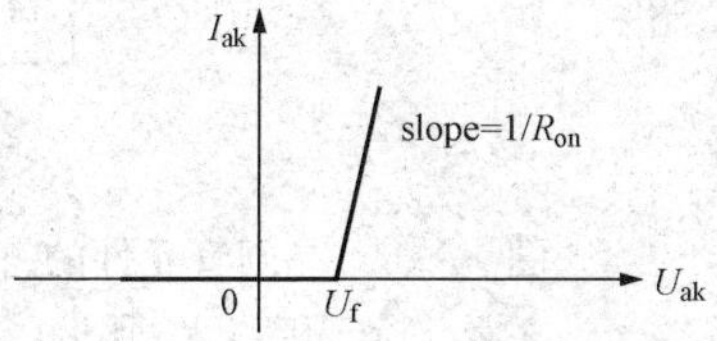

图 1-48 二极管的静态伏安特性

3. 二极管仿真元件的参数设置对话框和参数设置

二极管元件的参数设置对话框如图 1-49 所示。

可设置的参数有：

(1) 二极管元件内电阻 R_{on}，单位 Ω。当内电感参数设置为 0 时，内电阻 R_{on} 不能为 0。

(2) 二极管元件内电感 L_{on}，单位 H。当内电阻参数设置为 0 时，内电感不能为 0。

(3) 二极管元件的正向电压 U_f，单位 V。即二极管的门槛电压，在设置了门槛电压后，只有当二极管所加的正向电压大于门槛电压时，二极管才能导通。

(4) 初始电流 I_c，单位 A。通常将 I_c 设为 0，使器件在零状态下开始工作；当然，也可以将 I_c 设为非 0，其前提是二极管的内电感大于 0，仿真电路的其他储能元件也设置了初始值。

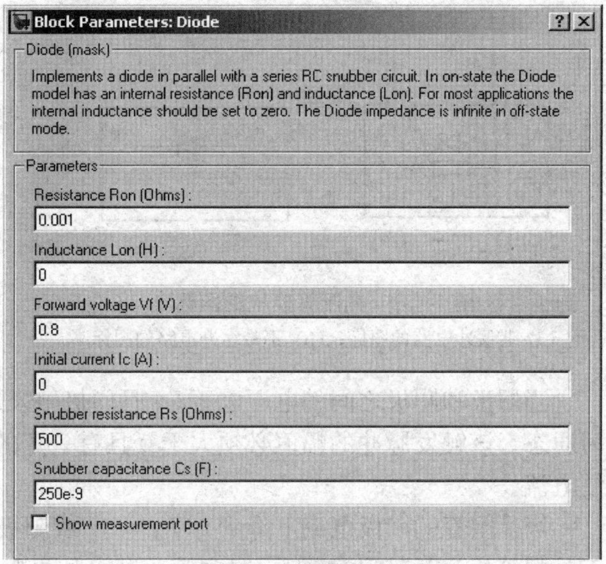

图 1-49 二极管元件的参数设置对话框

(5) 缓冲电阻 R_s，单位 Ω。为了在模型中消除缓冲，可将 R_s 参数设置为 inf。

(6) 缓冲电容 C_s，单位 F。为了在模型中消除缓冲，可将缓冲电容 C_s 设置为 0；为了得到纯电阻 R_s，可将电容 C_s 参数设置为 inf。

4. 输入与输出

在二极管模块图标中可以看到，它有一个输入和两个输出。一个输入是二极管的阳极 a。第一个输出是二极管的阴极 k，第二个输出 m 用于测量二极管的电流和电压输出向量 [I_{ak}，U_{ak}]。

1.11.2 晶闸管的仿真模型

1. 晶闸管元件的符号和仿真模型

晶闸管是一种由门极信号控制其开通的半导体器件。晶闸管的仿真模型由电阻 R_{on}、电感 L_{on}、直流电压源 U_f 和开关 SW 串联组成。开关 SW 受逻辑信号控制，该逻辑信号由晶闸管的电压 U_{ak}、电流 I_{ak} 和门极触发信号 g 决定。晶闸管元件的符号和仿真模型图如图 1-50 所示。

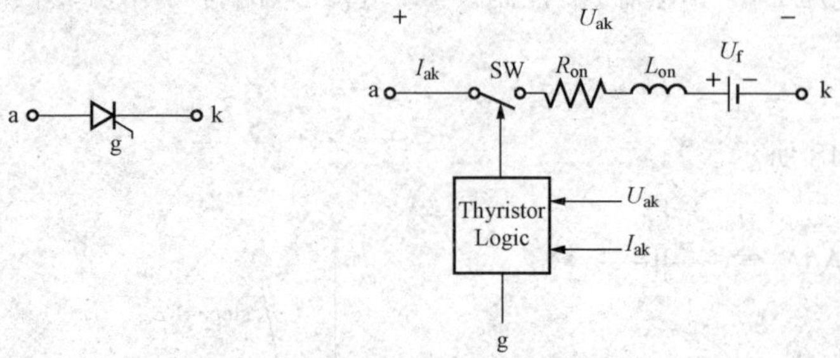

图 1-50 晶闸管元件的符号和仿真模型

a—阳极；k—阴极；g—门极

晶闸管模块还包括一个 R_s—C_s 串联缓冲电路，它通常与晶闸管并联。缓冲电路的 R_s 和 C_s 值可以设置，方法同二极管仿真模型，图标见图 1-51 所示。

2. 晶闸管元件的静态伏安特性

晶闸管的静态伏安特性如图 1-52 所示。

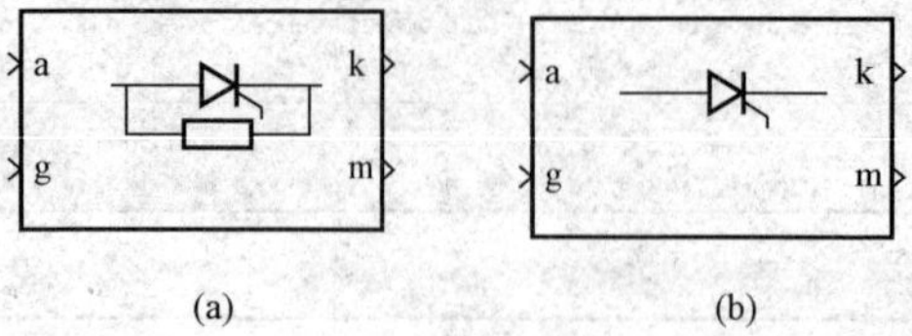

图 1-51 晶闸管模块的图标

(a) 带缓冲电路的图标；(b) 不带缓冲电路的图标

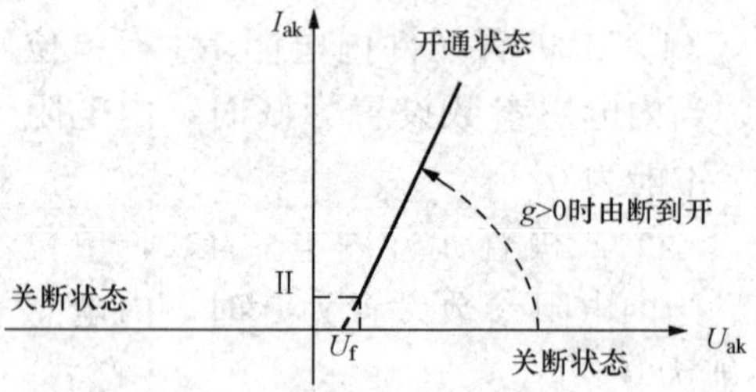

图 1-52 晶闸管的静态伏安特性

当阳极和阴极之间的电压大于 U_f 且门极触发脉冲为正（$g>0$）时，晶闸管由断态转变为通态。该触发脉冲的幅值必须大于 0 且有一定的持续时间，以保证晶闸管阳极电流大于掣住电流。

当晶闸管的阳极电流下降到 0（$I_{ak}=0$）或阳极和阴极之间施加反向电压的时间大于或等于晶闸管的关断时间 T_q 时，晶闸管关断。如果阳极和阴极之间施加反向电压的持续时间小于晶闸管的关断时间 T_q，晶闸管仍可能会导通，除非没有门极触发信号（即 $g=0$）且阳极电流小于掣住电流。另外，在导通时，当阳极电流小于参数对话框中设置的掣住电流时，晶闸管将立即关断。

晶闸管关断时间 T_q 取决于载流子的恢复时间：它包括“阳极电流下降到零的时间”和“晶闸管正向阻断的时间”。

3. 晶闸管元件的仿真模型类型和输入、输出

（1）晶闸管元件的仿真模型类型。晶闸管元件的仿真模型有详细（标准）模型和简化模型两种。为了提高仿真速度，可以采用简化的晶闸管模型，即令详细（标准）模型中的掣住电流 I_L 和恢复时间 T_q 为零。

（2）输入与输出。在晶闸管模块图标中可以看到，它有两个输入和两个输出。第一个输入 a 和输出 k 对应于晶闸管阳极和阴极。第二个输入 g 为加在门极上的逻辑信号（g）。第二个输出 m 用于测量晶闸管的电流和电压输出向量［I_{ak}，U_{ak}］。

4. 晶闸管仿真元件的参数

晶闸管元件的参数设置对话框如图 1-53 所示，设置的参数有：①晶闸管元件内电阻 R_{on}；②内电感 L_{on}；③正向管压降 U_f；④初始电流 I_c；⑤缓冲电阻 R_s；⑥缓冲电容 C_s。这 6 个参数的含义与二极管相同；而⑦掣住电流 I_L，单位 A；⑧关断时间 T_q，单位 s 这两个参数只出现在晶闸管详细（标准）模型中。

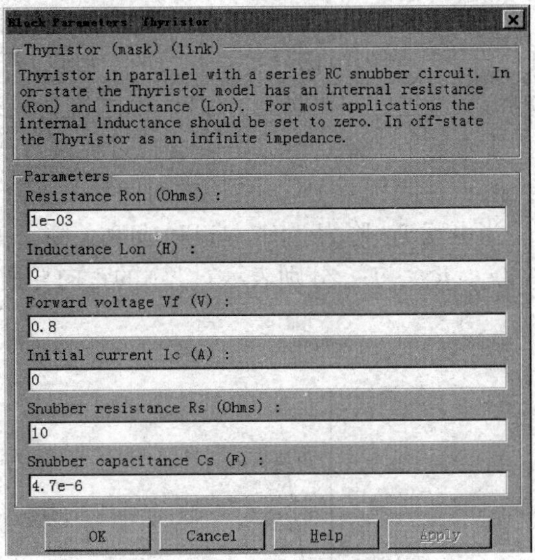

图 1-53　晶闸管元件的参数设置对话框

1.11.3　GTO 的仿真模型

1. 可关断晶闸管元件的符号和仿真模型

可关断晶闸管 GTO 是一个由门极信号控制其导通和关断的半导体器件。与普通晶闸管一样，GTO 可被正的门极信号（$g>0$）触发导通。与普通晶闸管不一样的是：普通的晶闸管导通后，只有等到阳极电流为 0 时才能关断；而 GTO 可在任何时刻，通过施加等于 0 或负的门极信号就可将其关断。

可关断晶闸管 GTO 的仿真模型由电阻 R_{on}、电感 L_{on}、直流电压源 U_f 和一个开关 SW 串联组成，该开关受 GTO 逻辑信号控制，该逻辑信号又由可关断晶闸管的电压 U_{ak}、电流 I_{ak} 和门极驱动信号 g 决定。可关断晶闸管元件的符号和仿真模型如图 1-54（a）、（b）所示。

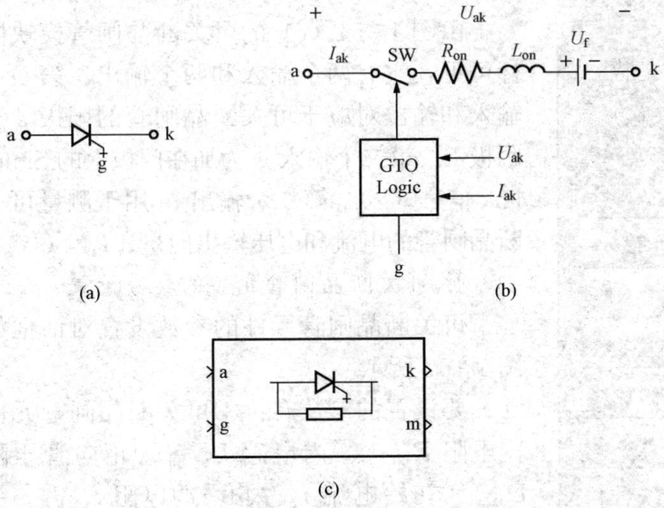

图 1-54　可关断晶闸管元件的符号、仿真模型和图标
（a）符号；（b）仿真模型；（c）图标
a—阳极；k—阴极；g—门极

可关断晶闸管模块也包含一个 R_s—C_s 串联缓冲电路，它通常与 GTO 并联（连接在端口 a 和 k 之间）。带有缓冲电路的 GTO 图标如图 1-54（c）所示。

2. 可关断晶闸管元件的静态伏安特性

可关断晶闸管的静态伏安特性如图 1-55 所示。

当阳极和阴极之间的正向电压大于 U_f 且门极驱动脉冲为正（$g>0$）时，可关断晶闸管 GTO 开通。当门极信号为 0 或负时，GTO 开始截止，但它的电流并不立即为 0，因为 GTO 的电流衰减过程需要时间。GTO 的电流衰减过程对晶闸管的关断损耗有很大影响，所以在模型中考虑了关断特性。电流衰减过程被近似分成两段。当门极信号变为 0 后，电流 I_{ak} 从最大值 I_{max} 降到 $0.1I_{max}$ 所用的时间称为下降时间 T_f；从 $0.1I_{max}$ 降到 0 的时间为拖尾时间 T_t。当电流 I_{ak} 降为 0 时，GTO 彻底关断。关断电流曲线如图 1-56 所示。

U_f、R_{on}、L_{on} 分别表示 GTO 的正向导通压降、正向导通内电阻和内电感。

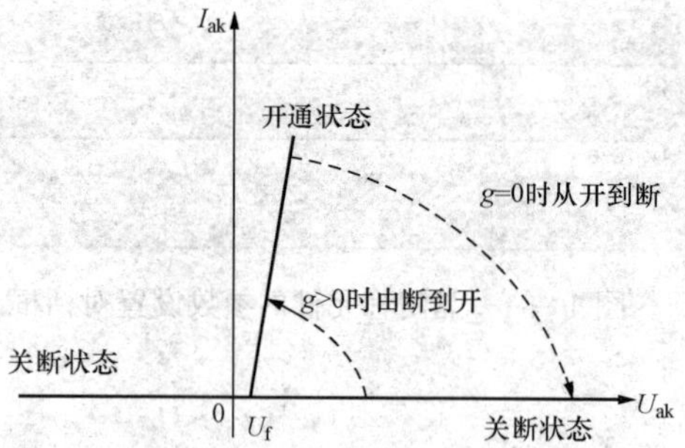

图 1-55　可关断晶闸管的静态伏安特性

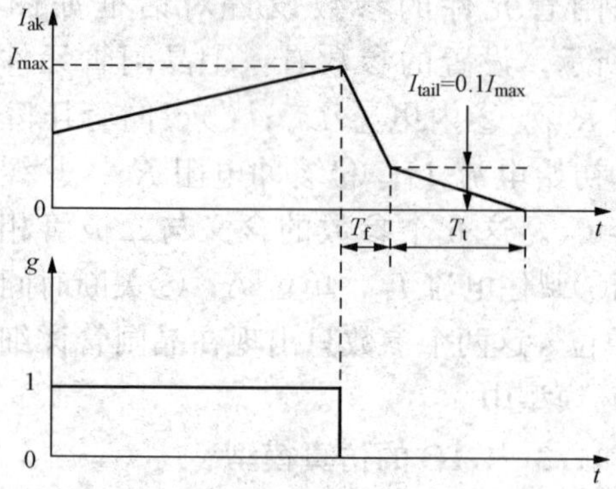

图 1-56　关断电流曲线

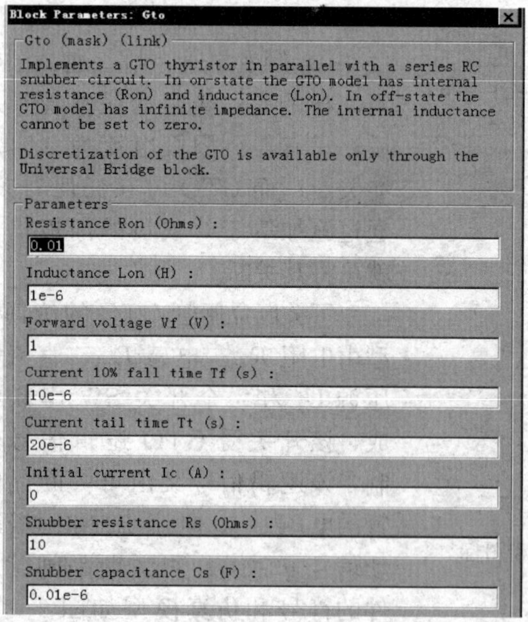

图 1-57　可关断晶闸管元件的参数设置对话框

3. 可关断晶闸管元件的输入和输出

由图 1-54（c）的可关断晶闸管模块图标可见，它有两个输入和两个输出。第一个输入和输出对应于可关断晶闸管的阳极 a 和阴极 k。第二个输入 g 为加在门极上的 Simulink 信号（g）。第二个输出 m 用于测量可关断晶闸管的电流和电压输出向量 [I_{ak}，U_{ak}]。

4. 可关断晶闸管元件的参数设置

可关断晶闸管元件的参数设置对话框如图 1-57 所示。

要设置的参数有：①可关断晶闸管元件内电阻 R_{on}；②内电感 L_{on}；③正向管压降 U_f；④初始电流 I_c；⑤缓冲电阻 R_s；⑥缓冲电容 C_s，这 6 个参数的含义与二极管相同；而⑦电流下降到 10% 的时间 T_f 和⑧电流拖尾时间 T_t，单位 s 是 GTO 新增加的参数。

1.11.4 IGBT 的仿真模型

1. IGBT 元件的符号和仿真模型

IGBT 元件是一个受栅极信号控制的半导体器件，IGBT 元件的仿真模型由电阻 R_{on}、电感 L_{on}、直流电压源 U_f 和一个开关 SW 串联组成，该开关受 IGBT 逻辑信号控制，该逻辑信号又由 IGBT 元件的电压 U_{CE}、电流 I_C 和栅极驱动信号 g 决定。IGBT 元件的图标、符号和仿真模型如图 1-58 所示。

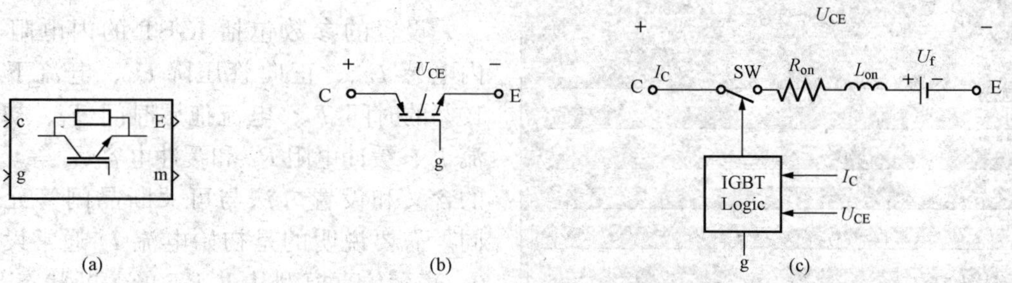

图 1-58　IGBT 元件的图标、符号和仿真模型

(a) 图标；(b) 符号；(c) 仿真模型

2. IGBT 元件的静态伏安特性

IGBT 元件的静态伏安特性如图 1-59 所示，关断电流曲线如图 1-60 所示。

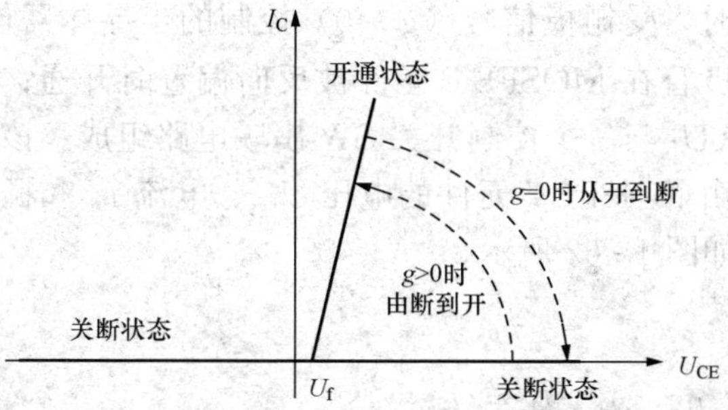

图 1-59　IGBT 元件的静态伏安特性

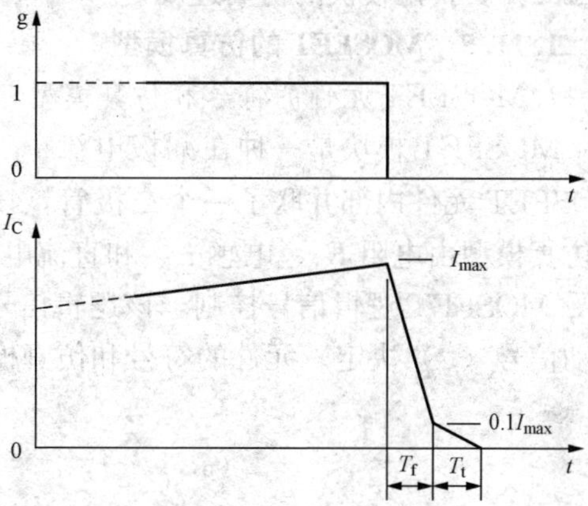

图 1-60　关断电流曲线

当集—射极（C—E 极）电压为正且大于 U_f，同时栅极施加正信号（$g>0$）时，IGBT 开通；当集—射极电压为正，但栅极信号为 0（$g=0$）时，IGBT 关断。当集—射极电压为负时，IGBT 也处于关断状态。

该模块还含一个 R_s—C_s 缓冲电路，它们并行连接在 IGBT 上（在点 C 和 E 之间）。

IGBT 元件的关断特性被近似分成两段。当栅极信号变为 0（$g=0$）时，集电极电流 I_C 从最大值 I_{max} 下降到 $0.1I_{max}$ 所用的时间称为下降时间 T_f；从 $0.1\ I_{max}$ 下降到 0 的时间称为拖尾时间 T_t。

3. IGBT 元件的输入和输出

IGBT 元件的图标如图 1-58（a）所示，由图标可见，它有两个输入和两个输出。第一个输入 C 和输出 E 对应于 IGBT 的集电极（c）和发射极（e）；第二个输入 g 为加在栅极上的 Simulink 逻辑控制信号（g），第二个输出 m 用于测量 IGBT 元件的电流和电压输出向量［I_{ak}，U_{ak}］。

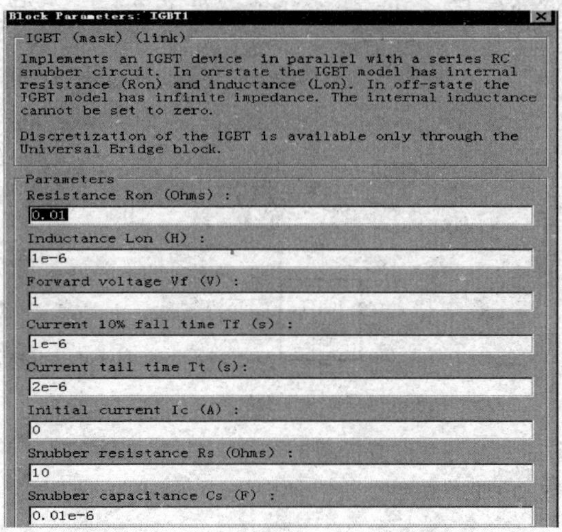
Block Parameters: IGBT1

IGBT (mask) (link)

Implements an IGBT device in parallel with a series RC snubber circuit. In on-state the IGBT model has internal resistance (Ron) and inductance (Lon). In off-state the IGBT model has infinite impedance. The internal inductance cannot be set to zero.

Discretization of the IGBT is available only through the Universal Bridge block.

Parameters

Resistance Ron (Ohms) :
0.01

Inductance Lon (H) :
1e-6

Forward voltage Vf (V) :
1

Current 10% fall time Tf (s) :
1e-6

Current tail time Tt (s):
2e-6

Initial current Ic (A) :
0

Snubber resistance Rs (Ohms) :
10

Snubber capacitance Cs (F) :
0.01e-6

图 1 - 61 IGBT 元件的参数设置对话框

4. IGBT 元件的参数设置

IGBT 元件的参数设置对话框如图 1 - 61 所示。

设置的参数包括 IGBT 的内电阻 R_{on}、内电感 L_{on}、正向管压降 U_f、电流下降到 10%的时间 T_f、电流拖尾时间 T_t、初始电流 I_c、缓冲电阻 R_s 和缓冲电容 C_s 等，它们的含义和设置方法与可关断晶闸管元件相同。需要说明的是初始电流 I_c 通常设置为 0，表示仿真模型从 IGBT 的关断状态开始。如果设置为一个大于 0 的数值，则仿真模型认为 IGBT 的初始状态是导通状态。

仿真含有 IGBT 元件的电路时，也必须使用刚性积分算法，通常可使用 ode23tb 或 ode15s，以获得较快的仿真速度。

1.11.5 MOSFET 的仿真模型

1. MOSFET 元件的符号和仿真模型

MOSFET 模块是一种在漏极电流 $I_d>0$ 时，受栅极信号（$g>0$）控制的半导体器件。MOSFET 元件内部并联了一个二极管，该二极管在 MOSFET 元件被反向偏置时开通；它的仿真模型由电阻 R_t、电感 L_{on} 和直流电压源 U_f 与一个控制开关 SW 串联电路组成。该开关受 MOSFET 逻辑信号控制，该逻辑信号又由 MOSFET 元件的电压 U_{DS}、电流 I_d 和栅极驱动信号（g）决定。元件的符号和仿真模型如图 1 - 62 所示。

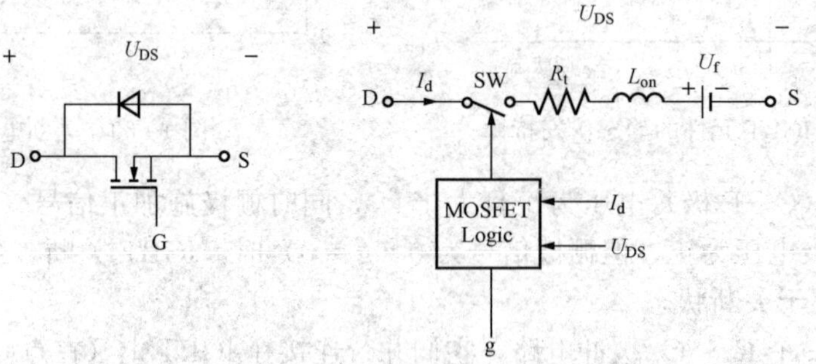

图 1 - 62 MOSFET 元件的符号和仿真模型

D—漏极；S—源极；G—门极

2. MOSFET 元件的静态伏安特性

MOSFET 元件的静态伏安特性如图 1 - 63 所示。

当漏—源极间电压 U_{DS} 为正且栅极输入正信号（$g>0$）时，MOSFET 元件开通；当栅极控制信号变为 0 时（$g=0$），MOSFET 开始关断，流过元件的正向电流逐渐下降；如果漏极电流 I_d 为负（I_d 流过内部二极管），当电流 I_d 下降为 0（$I_d=0$）时，MOSFET 关断。

注意，电阻 R_t 由漏电流方向决定。当 $I_d>0$ 时，$R_t=R_{on}$，其中 R_{on} 表示 MOSFET 元件正向导通电阻的典型值；当 $I_d<0$ 时，$R_t=R_d$，R_d 表示内部二极管电阻。

MOSFET 元件内部也含有一个 R_s—C_s 缓冲电路，它们并行连接在 MOSFET 的 D 极和 S 极之间。

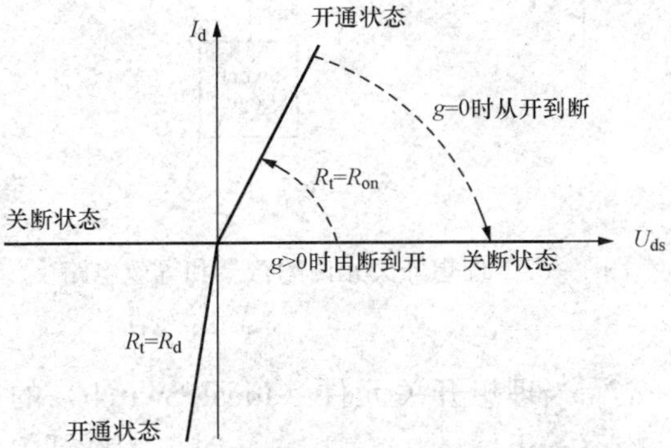

图 1-63　MOSFET 元件的静态伏安特性

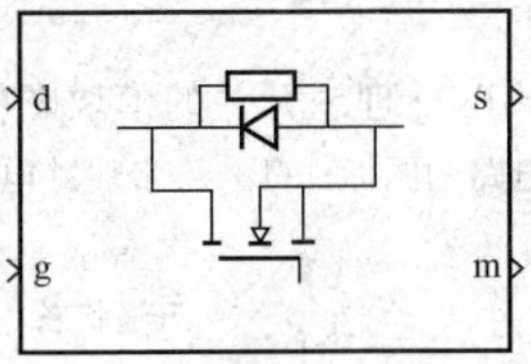

图 1-64　MOSFET 模块的图标

3. MOSFET 元件的输入和输出

MOSFET 元件的图标如图 1-64 所示，它有两个输入和两个输出。第一个输入 d 和输出 s 对应于 MOSFET 元件的漏极（D）和源极（S）；第二个输入 g 为加在栅极上的 Simulink 逻辑控制信号，第二个输出 m 用于测量 MOSFET 元件的电流和电压输出向量［I_{ak}，U_{ak}］。

4. MOSFET 元件的参数设置

MOSFET 元件的参数设置对话框如图 1-65 所示，MOSFET 元件的参数设置包括 MOSFET 的内电阻 R_{on}、内电感 L_{on}、内部二极管电阻 R_d、初始电流 I_c、缓冲电阻 R_s 和缓冲电容 C_s 等，除二极管电阻 R_d 是一个新参数外，其他参数的含义和设置方法与可关断晶闸管元件相同。仿真含有 MOSFET 元件的电路时，也必须使用刚性积分算法。通常可使用 ode23tb 或 ode15s，以获得较快的仿真速度。

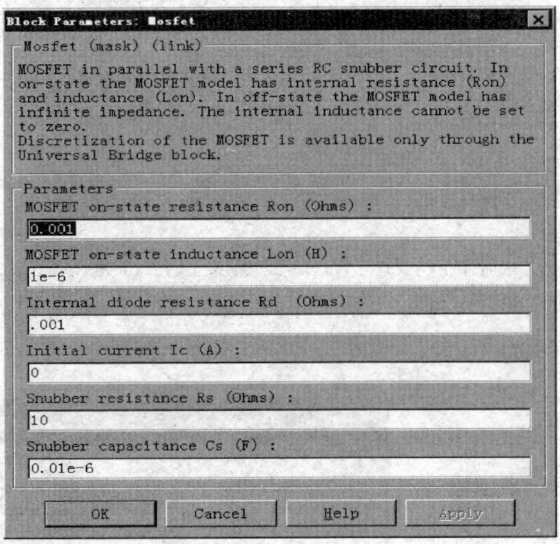

图 1-65　MOSFET 元件的参数设置对话框

1.11.6　理想开关（Ideal Switch）的仿真模型

理想开关（Ideal Switch）是 MATLAB 软件中特设的一种电子开关。理想开关受门极控制，开关导通时电流可双向流通。理想开关在仿真中可作断路器使用，对门极做适当设计，也可作为简单的半导体开关用于自动控制。

1. 理想开关元件的符号和仿真模型

理想开关的模型图标如图 1-66 所示，其符号、等效电路如图 1-67 所示。

2. 理想开关元件的静态伏安特性

理想开关元件的静态伏安特性如图 1-68 所示。

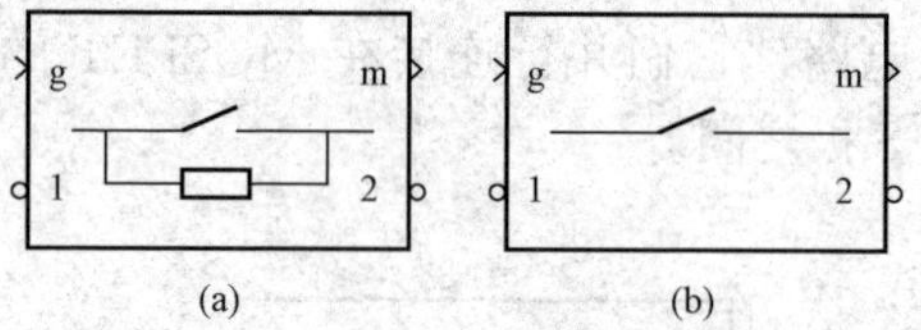

图 1－66　理想开关的模块图标

（a）带缓冲电路的图标；（b）不带缓冲电路的图标

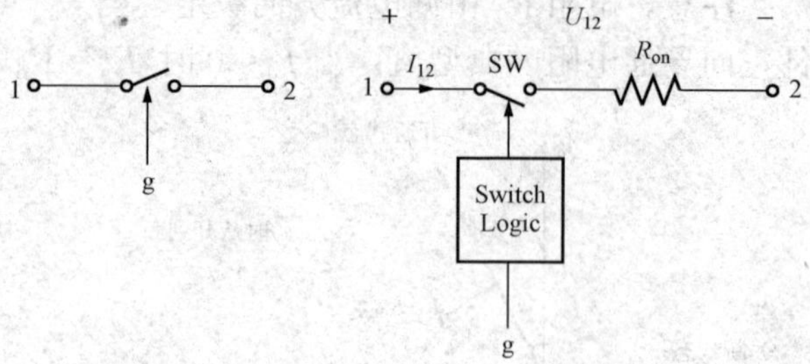

图 1－67　理想开关元件的符号和等效电路

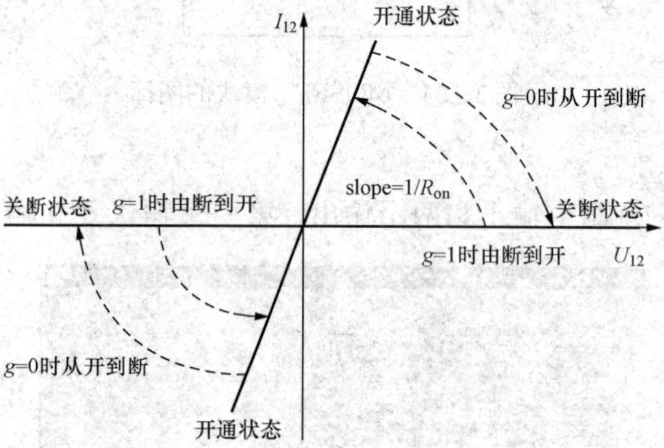

图 1－68　理想开关元件的静态伏安特性

当理想开关元件（Ideal Switch）的门极有一正信号（$g=1>0$）时，无论开关两端（端子 1、2）之间施加正向电压还是反向电压，理想开关都导通。当（$g=0$）时，无论开关受正向还是反向电压，理想开关都关断。门极触发时开关动作是瞬时完成的。

3. 理想开关的参数设置

理想开关（Ideal Switch）参数设置对话框如图 1－69 所示。

由图可知，参数设置与普通晶闸管几乎完全相同，另有两个参数设置需注意。“Internal Resistance Ron（Ω）”为理想开关导通电阻 R_{on}（Ω）；“Initial state（0 for‘open’、1 for‘closed’）”初始状态，导通设为 0，关断设为 1。

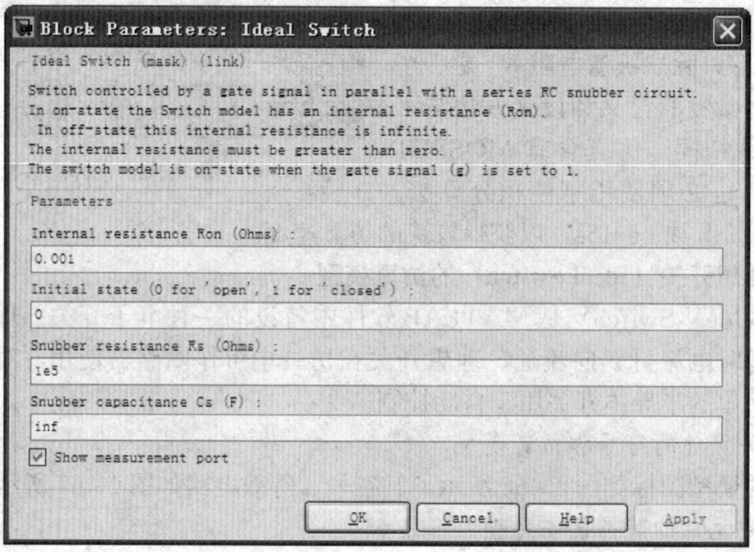

图 1－69　理想开关（Ideal Switch）元件的参数设置对话框

1.12 典型电力电子器件的测试实验

1.12.1 晶闸管的简单测试

1. 晶闸管电极的判定

螺栓型和平板型晶闸管的三个电极外部形状区别大，根据外形便可很容易地将它们区分开来。螺栓型晶闸管的螺栓是它的阳极，粗辫子线是它的阴极，细辫子线是它的控制极。平板型晶闸管的两个平面分别是它的阳极和阴极平面，大的是阳极平面，小的是阴极平面，细辫子是它的控制极。小电流的塑封型晶闸管三个电极的引脚在外形上是一样的，对于这种类型的晶闸管电极的判定可以用万用表的欧姆挡来检测。

从晶闸管的等效电路可见，阴极与控制极之间有一个PN结，而阳极与控制极之间有两个反极性串联的PN结。用万用表的$R\times100$挡可先判定控制极G。黑表笔（该端接万用表内部电池的正端）接某一电极，红表笔依次碰触另外两个电极，假如有一次阻值很小，约几百欧，另一次阻值很大，约几千欧，则说明黑表笔接的是控制极。在阻值小的那次测量中，接红表笔的是阴极K；阻值大的那一次，红表笔接的是阳极A。若两次测出的阻值都很大，则说明负表笔接的不是控制极，应改测其他电极。

2. 晶闸管好坏的简单判别方法

根据PN结的单向导电原理，对于晶闸管的三个电极，用万用表欧姆挡测试元件的三个电极之间的阻值，可初步判断管子是否完好。

（1）由于晶闸管在其门极未加触发电压时是关断的，如用万用表$R\times1\text{k}\Omega$挡测量阳极A和阴极K之间的电阻，其正、反向电阻应都很大，在几百千欧以上，且正、反向电阻相差很小。

（2）其次，用万用表的黑表棒接到阳极，红表棒接到阴极，在这种情况下，将黑表棒移动一点，使其刚好碰到控制极上（操作要点是黑表棒固定接在阳极，同时触碰一下控制极）。这样，晶闸管将成为导通状态，万用表的表针应该摆动。

如果阳极与阴极或阳极与控制极间有短路，阴极与控制极间有短路或断路，则晶闸管是坏的。

1.12.2 双向晶闸管的简单测试

1. 双向晶闸管电极的判定

大功率的螺栓型和平板型双向晶闸管可根据外形将它们区分开来。对于大多数的小功率塑封型双向晶闸管，可用下列方法进行判别：面对元器件的印字面、引脚朝下，按从左向右的排列顺序依次为主电极T1、主电极T2、控制极G。但是也有例外，最好通过检测作出判别。

由双向晶闸管的结构图可知，G极与T2极靠得较近而距T1极较远，因此G—T2极之间的正、反向电阻都小。在用$R\times1$挡测任意两脚之间的电阻时，只有G—T2之间呈现低阻，如图1-70所示。正、反向电阻只有几十欧左右，而G—T1、T1—T2间的正、反向电阻均为无穷大。这表明，如果测出某脚和其他两脚都不通，就肯定是T1极。

找出T1极之后，首先假定剩下两脚中某脚为T2极，另一脚为G极。把黑表笔接T1极，红表笔接T2极，电阻应为无限大。接着用红表笔把T2极与G极短路，给G极加上负触发信号，电阻值应为 10Ω 左右，证明管子已经导通，导通方向为 T1—T2。再将红表笔与 G 极脱开（但仍接 T2），如果电阻值保持不变，则表明管子在触发之后能保持导通状态。

把红表笔接 T1 极，黑表笔接 T2 极，然后使 T2 极与 G 极短路，给 G 极加上正触发信号，电阻值仍为 10Ω 左右，与 G 极脱开后若阻值不变，则说明管子经触发后，在 T2—T1 方向上也能维持导通状态，因此具有双向触发性质，如图 1-71 所示。由此证明上述假定正确，否则是假定与现实不符，需重新作出假定，重复以上测量。

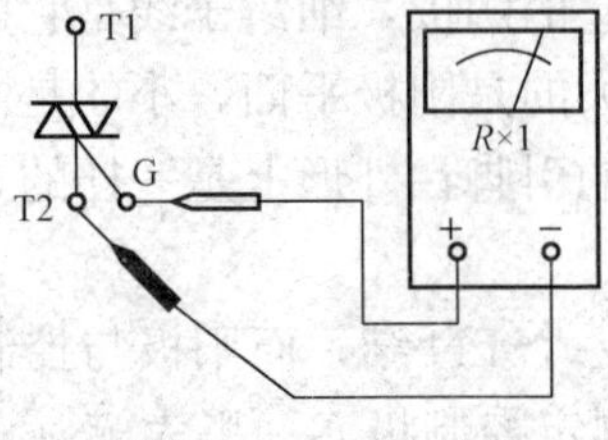

图 1-70 测量 G、T2 极间的正向电阻

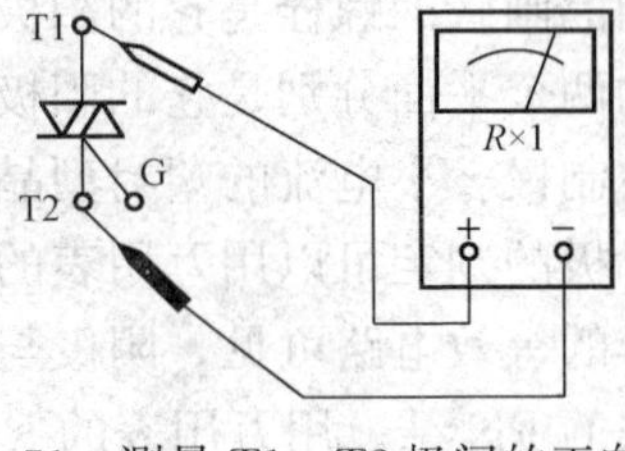

图 1-71 测量 T1、T2 极间的正向电阻

如果无论按哪种假定测量，都不能使双向晶闸管触发导通，证明管子已损坏。为可靠起见，这里规定只用 $R\times1$ 挡检测，而不用 $R\times10$ 挡。这是因为 $R\times10$ 挡的电流较小，采用上述方法检测 1A 的双向晶闸管还比较可靠，但在检查 3A 以上的双向晶闸管时，管子很难维持导通状态，一旦脱开 G 极，即自行断开，电阻值又变成无穷大。

2. 单、双向晶闸管的区分

先用万用表的 $R\times1$ 挡对所测管子任测两极，若正、反向测试指针均不动，可能是 A、K 或 G、A 极（对单向晶闸管而言），也可能是 T2、T1 或 T1、G 极（对双向晶闸管而言）。若其中有一次测量指示为几十欧或几百欧，则必为单向晶闸管，且红表笔所接极为 K 极，黑表笔接的为 G 极，剩下为 A 极。若正反向测试均为几十欧或几百欧，则必为双向晶闸管。再将旋钮拨至 $R\times1$ 或 $R\times10$ 挡复测，其中必有一次电阻值稍大，则较大的一次红表笔所接极为 G 极，黑表笔接的为 T2 极，剩下为 T1 极。

3. 判定双向晶闸管的好坏

(1) 将万用表置于 $R\times100$ 挡或 $R\times1$k 挡，测量双向晶闸管的主电极 T1、主电极 T2 之间的正、反向电阻，应近似无穷大（∞），测量主电极 T1 与控制极 G 之间的正、反向电阻也应近似无穷大（∞）。如果测得的电阻都很小，则说明被测双向晶闸管的极间已击穿或漏电短路。

(2) 将万用表置于 $R\times1$ 挡或 $R\times10$ 挡，测量双向晶闸管主电极 T2 与控制极 G 之间的正、反向电阻，若读数在几十欧至一百欧之间，则为正常，且测量 G、T2 极间正向电阻（如图 1-70 所示）时的读数要比反向电阻稍微小一些。如果测得 G、T2 极间的正、反向电阻均为无穷大（∞），则说明被测晶闸管已开路损坏。

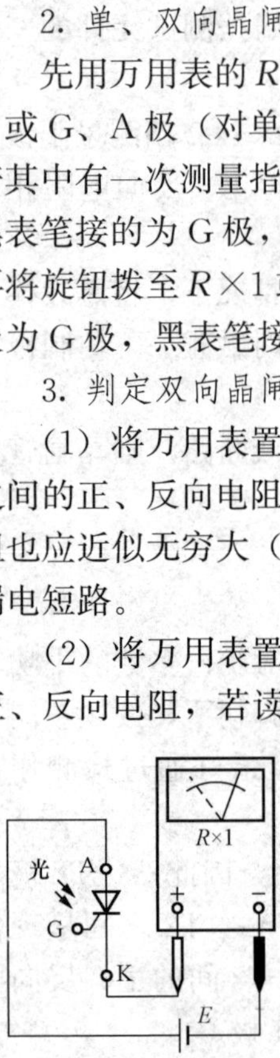

图 1-72 光控晶闸管的测试

1.12.3 小功率光控晶闸管的简单测试

将万用表置于 $R\times1$ 挡，在黑表笔上串联一个 3V 干电池 E，测量光控晶闸管阳极 A 和阴极 K 之间的正、反向电阻，如图 1-72 所示。

当没有光信号照射晶闸管的受光窗口时，其电阻均为无穷大；当有光照射光控晶闸管的受光窗口时，晶闸管的正向电阻立即由无穷大变为低电阻，即使去掉光照后万用表的指示仍应保持不变。如果将黑表笔接光控晶闸管的阴极，红表笔接阳极，那么无论有无光信号照射所测的管子，其反向电阻应为无穷大，否则说明该晶闸管已损坏。

1.12.4 可关断晶闸管的测试

普通（单向）晶闸管受门极正信号触发导通后，就处于深度饱和状态维持导通，除非阳、阴极之间正向电流小于维持电流 I_H 或电源切断之后才会由导通状态变为阻断状态。可关断晶闸管（GTO）的基本结构与普通晶闸管相同，但它的关断原理、方式与普通晶闸管却大不相同。

1. 电极判别

将万用表置于 $R\times10$ 挡或 $R\times100$ 挡，测量该器件任意两极的正、反向直流电阻值，共有 6 组读数。完好器件的 6 组电阻测量值中应有一组呈现低阻值。电阻较小的一对引脚是门极（G）和阴极（K）；再测量 G、K 极之间的正、反向电阻，电阻指示值较小时，红表笔所接的引脚为阴极 K，黑表笔所接的引脚为门极（控制极）G，而剩下的引脚是阳极 A。

2. 可关断晶闸管好坏判别

用万用表 $R\times10$ 挡或 $R\times100$ 挡测量晶闸管阳极 A 与阴极 K 之间的电阻，或测量阳极 A 与门极 G 之间的电阻，如果读数小于 1kΩ，则说明器件已击穿损坏。

用万用表测量门极 G 与阴极 K 之间的电阻，如果正、反向电阻均为无穷大（∞），则说明该管的门极和阴极之间存在断路。

1.12.5 大功率晶体管的检测方法

1. 判别大功率晶体管的电极和类型

（1）判定基极。大功率晶体管的漏电流一般都比较大，所以用万用表来测量其极间电阻时，应采用满刻度电流比较大的低电阻挡为宜。

将万用表置于 $R\times1$ 挡或 $R\times10$ 挡，一个表笔固定接在管子的任一电极，用另一表笔分别接触其他 2 个电极，如果万用表读数均为小阻值或均为大阻值，则固定接触的那个电极即为基极。如果按上述方法做一次测试判定不了基极，则可换一个电极再试，最多 3 次即作出判定。

（2）判别类型。确定基极之后，设接基极的是黑表笔，而用红表笔分别接触另外 2 个电极时如果电阻读数均较小，则可认为该管为 NPN 型。如果接基极的是红表笔，用黑表笔分别接触其余 2 个电极时测出的阻值均较小，则该三极管为 PNP 型。

（3）判定集电极和发射极。在确定基极之后，再通过测量基极对另外 2 个电极之间的阻值大小比较，可以区别发射极和集电极。对于 PNP 型晶体管，红表笔固定接基极，黑表笔分别接触另外 2 个电极时测出 2 个大小不等的阻值，以阻值较小的接法为准，黑表笔所接的是发射极。而对于 NPN 型晶体管，黑表笔固定接基极，用红表笔分别接触另外 2 个电极进行测量，以阻值较小的这次测量为准，红表笔所接的是发射极。

2. 通过测量极间电阻判断大功率晶体管的好坏

将万用表置于 $R\times1$ 挡或 $R\times10$ 挡，测量管子三个极间的正、反向电阻，并与参考值比较，便可以判断管子性能好坏。

1.12.6 功率场效应晶体管的检测方法

由于功率场效应管和一般的场效应管结构不同，因此对它的检测方法也有所不同，下面以N沟道为例说明。对于内部无保护二极管的功率场效应管，可通过测量极间电阻的方法来判别3个电极。

1. 电极判别

(1) 确定栅极G。以N沟道功率场效应管为例，将万用表拨至$R\times1k$挡，分别测量三个管脚之间的电阻。若发现某脚与其他两脚的正、反向电阻均呈无穷大，且交换表笔后仍为无穷大，则此脚为栅极G，因为栅极G和另外两个管脚S、D之间是绝缘的，如图1-73所示。

(2) 确定源极S和漏极D。在确定了栅极G之后，根据源极S与漏极D之间PN结正、反向电阻存在的差异，进一步识别源极S极与漏极D；将万用表置于$R\times1k$挡，先将被测管3个引脚短接一下；接着以交换表笔的方法测2次电阻，在正常情况下，2次所测电阻必定一大一小，其中电阻值较低（一般为几千欧至十几千欧）的一次为正向电阻，此时黑表笔接的是源极S，则红表笔接的是漏极D，如图1-74所示。

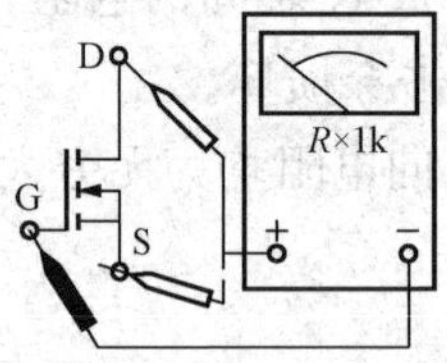

图1-73 判别VMOS场效应管栅极G的方法

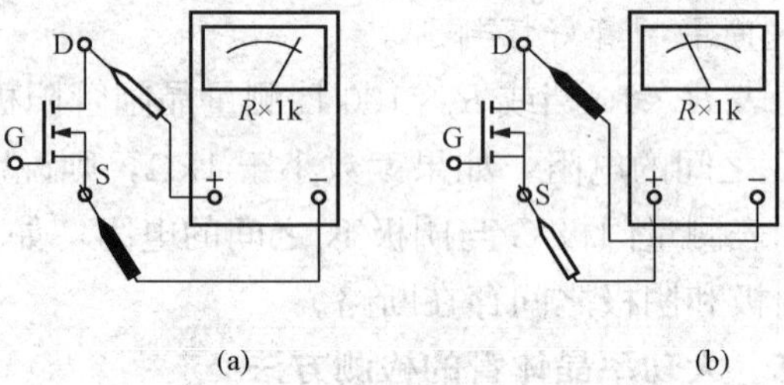

图1-74 判别场效应管的源极S和漏极D
(a) 电阻较小；(b) 电阻较大

如果被测管子为P沟道型管，则S、D极间电阻大小规律与上述N沟道型管相反。因此，通过测量S、D极间正向和反向电阻，也就可以判别管子的导电沟道的类型。这是因为场效应管的S极与D极之间有一个PN结，其正、反向电阻存在差别的缘故。

2. 判别功率场效应管好坏的简单方法

对于内部无保护二极管的功率场效应晶体管，将万用表拨至$R\times1k$挡，将栅极G和源极S用导线连接一下，然后断开，把红、黑表笔分别接触漏极D和源极S，此时测得的阻值应为几千欧；再把栅极G和源极S用导线连接起来，将万用表拨至$R\times10k$挡，把红、黑表笔对调一下，测得的阻值应为无穷大，否则说明该场效应管的质量性能较差或已坏。

下述检测方法则不论内部有无保护二极管的管子均适用。以N沟道场效应管为例，具体操作如下：

(1) 将万用表置于$R\times1k$挡，再将被测管G极与S极短接一下，然后将红表笔接被测管的D极，黑表笔接S极，此时所测电阻应为数千欧，如图1-75所示。如果阻值为0或∞，则说明管子已坏。

(2) 将万用表置于$R\times10k$挡，再将被测管G极与S极用导线短接好，然后将红表笔接被测管的S极，黑表笔接D极，此时万用表指示应接近无穷大（∞），如图1-76所示。否则说明被测V-MOS管内部PN结的反向特性比较差。如果阻值为0，则说明被测管已经损坏。

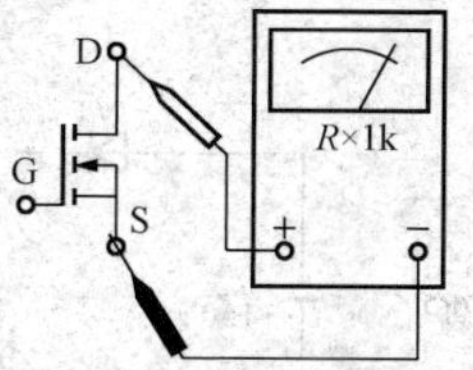

图 1-75 检测功率场效应管源、漏正向电阻

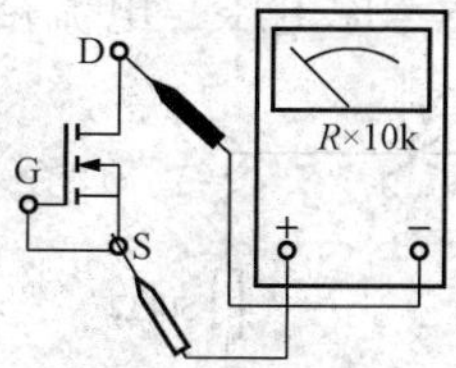

图 1-76 检测功率场效应管漏、源反向电阻

习 题

一、问答题

1. 普通晶闸管内部有几个 PN 结？外部有三个电极，分别是哪三个极？

2. 只有当阳极电流小于什么电流时，晶闸管才会由导通转为截止？

3. 当温度降低时，晶闸管的触发电流、正反向漏电流怎么变化；当温度升高时，它们又怎么变化？

4. 请标出电力晶体管、可关断晶闸管、功率场效应晶体管、绝缘栅双极型晶体管的英文大写简称，并说明哪些是电压控制型的？哪些是电流控制型的？

5. 晶闸管对触发脉冲的要求是什么？

6. 晶闸管在触发开通过程中，当阳极电流小于什么电流之前，去掉触发脉冲？晶闸管又会关断？

7. 常用的具有自关断能力的电力电子元件有哪几种？并写出它们的电气符号。

8. 晶闸管的导通条件是什么？导通后流过晶闸管的电流和负载上的电压由什么决定？

9. 温度升高时，晶闸管的触发电流、正反向漏电流、维持电流以及正向转折电压和反向击穿电压如何变化？

10. 简述晶闸管的关断时间定义。

11. 晶闸管的关断条件是什么？如何实现？晶闸管处于阻断状态时其两端的电压大小由什么决定？

12. 维持晶闸管导通的条件是什么？怎样才能使晶闸管由导通变为关断？

13. 试说明晶闸管有哪些派生器件？

14. 简述光控晶闸管的有关特征。

15. 双向晶闸管有哪几种触发方式？用得最多的有哪两种？

16. GTO 和普通晶闸管同为 PNPN 结构，为什么 GTO 能够自关断，而普通晶闸管不能？

17. 如何防止 P-MOSFET 因静电感应引起的损坏？

18. IGBT、GTR、GTO 和 P-MOSFET 的驱动电路各有什么特点？

19. 全控型器件缓冲电路的主要作用是什么？试分析 RCD 缓冲电路中各元件的作用。

20. 试说明 IGBT、GTR、GTO 和电力 MOSFET 各自的优缺点。

二、计算题

1. 型号为 KP100-3，维持电流 $I_H=4mA$ 的晶闸管，使用在图 1-77 所示电路中是否合

理，为什么？（暂不考虑电压、电流裕量）

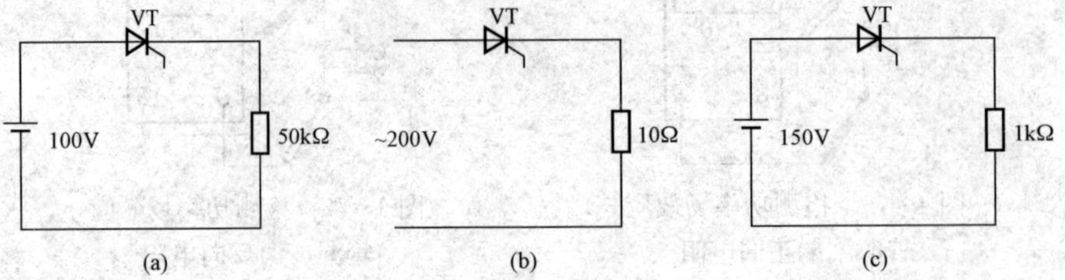

图 1-77　题 1 图

2. 图 1-78 中实线部分表示流过晶闸管的电流波形，其最大值均为 I_m，试计算各图的电流平均值、电流有效值和波形系数。

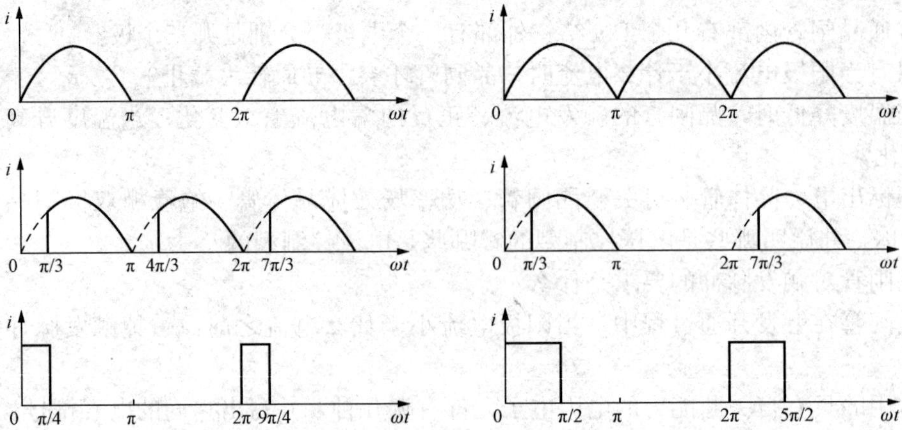

图 1-78　题 2 图

3. 上题中，如不考虑安全裕量，问额定电流 100A 的晶闸管允许流过的平均电流分别是多少？

4. 某晶闸管型号规格为 KP200-8D，试问型号规格代表什么意义？

5. 如图 1-79 所示，试画出负载 R_d 上的电压波形（不考虑管子的导通压降）。

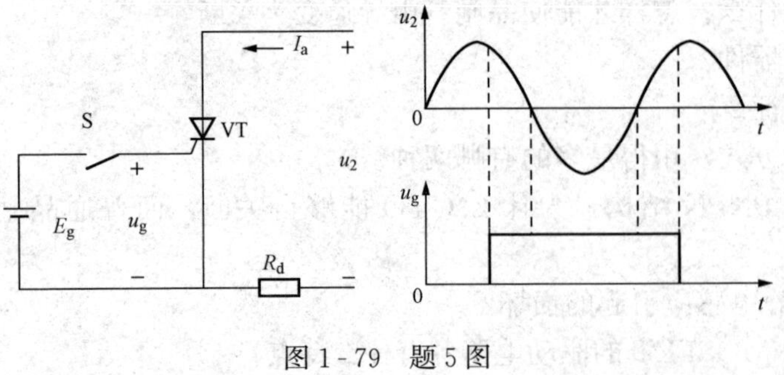

图 1-79　题 5 图

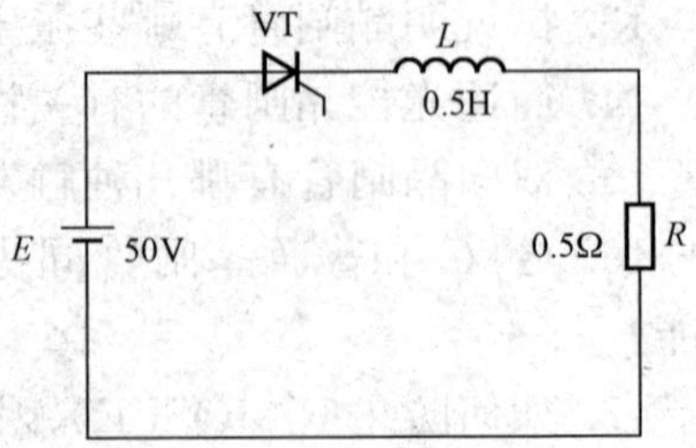

图 1-80　题 6 图

6. 在图 1-80 中，若要使用单次脉冲触发晶闸管 VT 导通，门极触发信号（触发电压为脉冲）的宽度最小应为多少微秒（设晶闸管的擎住电流 I_L=15mA）？

第 2 章　交流—直流变换电路及其仿真

实际生产中，许多设备都需要电压可调的直流电源，利用晶闸管的单向可控导电性能，能很方便地获得各种可控直流电源。

将交流电转变为直流电的过程（AC/DC）称为整流，完成整流过程的电力电子变换电路称为整流电路。由晶闸管组成的可控整流电路种类很多，如果按相数来分：可分为单相、三相和多相整流电路；根据整流电路的构成形式，又可分为半波、全波和桥式（含全控桥式和半控桥式）整流电路；按控制方式，可分为相控整流和 PWM（脉冲宽度调制）整流两种形式。相控整流采用晶闸管作为主要的功率开关器件，以控制晶闸管在一个交流电源周期内导通的相位角来实现电压调节，因而这种电路被称为相控整流电路，它容量大、控制简单、技术成熟；PWM 整流技术是近年发展起来的一种新型 AC/DC 变换技术，它采用全控型功率器件和现代控制技术，由于性能优良而越来越受到工程领域的重视。

本章重点进行单相、三相可控整流电路带不同负载时的电路组成、工作原理和数量关系分析；介绍变压器漏抗对整流电路的影响；从应用的角度进行晶闸管相控整流电路的驱动控制（单结晶体管、锯齿波和集成触发电路）的分析；一般性介绍 PWM 整流技术。此外，还重点介绍了晶闸管整流电路的仿真内容。

2.1　单相可控整流电路

2.1.1　单相半波可控整流电路（电阻性负载）

电阻加热炉、电解和电镀等设备基本上是电阻性负载。其特点是电压与电流成正比，波形同相位，电流可以突变。在分析电路工作原理前，首先假设：①开关元件是理想的，即开关元件（晶闸管）导通时，管压降为 0，关断时电阻为无穷大；②变压器是理想的，即变压器漏抗为 0，绕组的电阻为 0、励磁电流为 0。

1. 电路组成

图 2-1（a）是单相半波可控整流电路原理图。晶闸管作为可控开关元件，变压器 Tr 起变换电压和隔离的作用，u_1 和 u_2 分别表示变压器一次和二次侧电压瞬时值，二次电压 u_2 为 50Hz 正弦波，其有效值为 U_2，R 为电阻性负载，工作波形如图 2-1（b）所示。

2. 工作原理

（1）在电源电压正半波（0～π 区间），晶闸管承受正向电压，脉冲 u_g 在 $\omega t=\alpha$ 处触发晶闸管，晶闸管开始导通，形成负载电流 i_d，负载上有电压和电流输出。

（2）在 $\omega t=\pi$ 时刻，$u_2=0$，电源电压自然过零，晶闸管电流小于维持电流而关断，负载电流为零。

（3）在电源电压负半波（π～2π 区间），晶闸管承受反向电压而处于关断状态，负载上没有输出电压，负载电流为零。

直到电源电压 u_2 的下一周期的正半波，脉冲 u_g 在 $\omega t=2\pi+\alpha$ 处又触发晶闸管，晶闸管

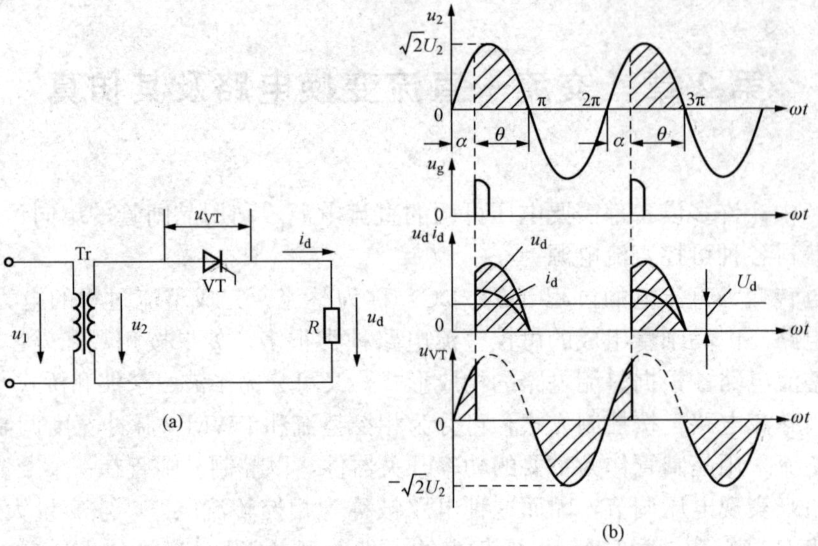

图 2-1　单相半波可控整流电路（电阻性负载）

(a) 单相半波可控整流电路图；(b) 接电阻性负载时的工作波形

再次被触发导通，输出电压和电流又加在负载上，如此不断重复。

图 2-1（b）给出了直流输出电压 u_d 和晶闸管两端电压 u_T 的理论分析波形，其中负载电流 i_d 和 u_d 的波形相位相同。不同控制角 α 时的仿真和实验波形如图 2-67 所示。

通过改变触发脉冲控制角 α 的大小，直流输出电压 u_d 的波形发生变化，负载上输出电压的平均值发生变化，显然 $\alpha=180°$时，平均电压 $U_d=0$。由于晶闸管只在电源电压正半波（0～π）区间内导通，输出电压 u_d 为极性不变但瞬时值变化的脉动直流，故称“半波”整流。

下面介绍几个名词术语和概念。

(1) 触发延迟角 α 与导通角 θ。触发延迟角 α 就是触发角或控制角 α，是指晶闸管从承受正向阳极电压开始到导通时为止之间的电角度。导通角 θ，是指晶闸管在一周期内处于通态的电角度。

单相半波可控整流电路电阻性负载情况下控制角 α 与导通角 θ 的关系为 $\alpha+\theta=180°$。

(2) 移相。移相是指改变触发脉冲 u_g 出现的时刻，即改变控制角 α 的大小。

(3) 移相范围。移相范围是指触发脉冲 u_g 的移动范围，它决定了输出电压的变化范围。

3. 基本数量关系

(1) 直流输出电压平均值 U_d 的物理含义是：输出电压的面积除以周期，即

$$U_d=\frac{1}{2\pi}\int_{\alpha}^{\pi}\sqrt{2}U_2\sin\omega t\,d(\omega t)=\frac{\sqrt{2}U_2}{\pi}\frac{1+\cos\alpha}{2}=0.45U_2\frac{1+\cos\alpha}{2} \tag{2-1}$$

(2) 输出电流平均值 I_d 的物理含义是：直流输出电压平均值除以负载电阻，即

$$I_d=\frac{U_d}{R}=0.45\frac{U_2}{R}\frac{1+\cos\alpha}{2} \tag{2-2}$$

(3) 负载电压有效值 U 的物理含义是：输出电压的方均根值（有效值的定义），即

$$U=\sqrt{\frac{1}{2\pi}\int_{\alpha}^{\pi}(\sqrt{2}U_2\sin\omega t)^2 d(\omega t)}=U_2\sqrt{\frac{1}{4\pi}\sin2\alpha+\frac{\pi-\alpha}{2\pi}} \tag{2-3}$$

(4) 负载电流有效值 I 的物理含义是：负载电压有效值除以负载电阻，即

$$I=\frac{U}{R}=\frac{U_2}{R}\sqrt{\frac{1}{4\pi}\sin 2\alpha+\frac{\pi-\alpha}{2\pi}} \tag{2-4}$$

(5) 晶闸管电流的平均值 I_{dV}，从电路图分析可知：它与输出电流平均值 I_d 相等，即

$$I_{dVT}=I_d=\frac{U_d}{R}=0.45\frac{U_2}{R}\frac{1+\cos\alpha}{2} \tag{2-5}$$

(6) 晶闸管 I_{VT}、变压器二次侧电流有效值 I_2，从电路图分析可知它们与输出电流有效值 I 相等，即

$$I_{VT}=I_2=I=\frac{U_2}{R}\sqrt{\frac{1}{4\pi}\sin 2\alpha+\frac{\pi-\alpha}{2\pi}} \tag{2-6}$$

(7) 移相范围的物理含义是：输出电压平均值从电压最大值 U_{dmax} 变化到电压最小值 U_{dmin} 所对应的 α 变化范围，本电路移相范围为 0°～180°。

(8) 导通角 θ，其值是 $\theta=180°-\alpha$。

(9) 整流电路功率因数 $\cos\varphi$ 的物理含义是：变压器二次侧有功功率与视在功率的比值，即

$$\cos\varphi=\frac{P}{S}=\frac{UI}{U_2I_2}=\frac{UI_2}{U_2I_2}=\sqrt{\frac{1}{4\pi}\sin 2\alpha+\frac{\pi-\alpha}{2\pi}} \tag{2-7}$$

(10) 晶闸管承受的最大正反向电压是相电压峰值

$$U_{TM}=\sqrt{2}U_2 \tag{2-8}$$

【例 2-1】　如图 2-1 所示单相半波可控整流电路，电阻性负载，电源电压 U_2 为 220V，要求的直流输出平均电压为 50V，直流输出平均电流为 20A，试计算：

(1) 晶闸管的控制角。

(2) 输出电流有效值。

(3) 电路功率因数。

(4) 晶闸管的额定电压和额定电流。

解　(1) 由式 (2-1) 计算输出平均电压 50V 时的晶闸管控制角 α

$$\cos\alpha=\frac{2U_d}{0.45U_2}-1=\frac{2\times 50}{0.45\times 220}-1\approx 0，则\ \alpha=90°$$

(2) 负载电阻

$$R=\frac{U_d}{I_d}=\frac{50}{20}=2.5(\Omega)$$

当 $\alpha=90°$时，输出电流有效值

$$I=\frac{U}{R}=\frac{U_2}{R}\sqrt{\frac{1}{4\pi}\sin 2\alpha+\frac{\pi-\alpha}{2\pi}}=44.4(\text{A})$$

(3) 电路功率因数

$$\cos\varphi=\frac{P}{S}=\frac{UI}{U_2I_2}=\frac{UI_2}{U_2I_2}=\frac{44.4\times 50\div 20}{220}=0.505$$

(4) 晶闸管的电流有效值 I_{VT} 与输出电流有效值 I 相等，即

$$I_{VT}=I$$

则 $I_{VT(AV)}=(1.5\sim2)\times\frac{I_T}{1.57}$，取2倍安全裕量，晶闸管的额定电流 $I_{VT(AV)}=56.6A$；考虑（2～3）倍安全裕量，晶闸管的额定电压为

$$U_{VTn}=(2\sim3)U_{VTM}=(2\sim3)\times311V=622\sim933V$$

式中，$U_{VTM}=\sqrt{2}U_2=\sqrt{2}\times220V=311V$。根据计算结果可以选取满足要求的晶闸管。

2.1.2　单相半波可控整流电路（阻—感性负载）

1. 电路组成

单相半波阻—感性负载整流电路如图2-2（a）所示。属于阻—感性负载的有电动机的励磁线圈和负载串联电抗器等。阻—感性负载的等效电路可以用一个电感和电阻的串联电路来表示。图中其他元件的作用与电阻性负载相同。

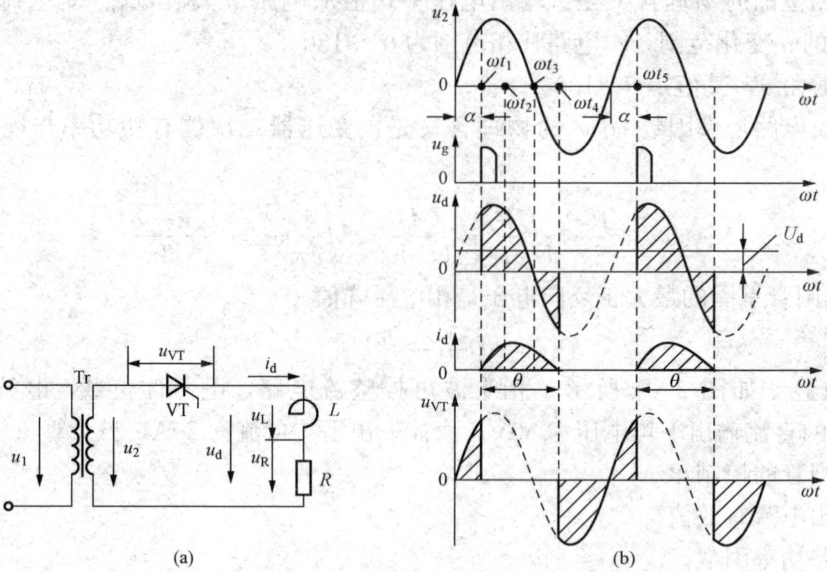

图2-2　单相半波可控整流电路（阻—感性负载）
（a）电路图；（b）波形图

2. 工作原理

（1）在 $\omega t=0°\sim\alpha$ 期间：晶闸管承受正向阳极电压，但没有触发脉冲，晶闸管处于正向关断状态，输出电压、电流都等于零。

（2）在 $\omega t=\alpha(\omega t_1)$ 时刻，门极加上触发脉冲，晶闸管被触发导通，电源电压 u_2 加到负载上，输出电压 $u_d=u_2$。由于电感的存在，在 u_d 的作用下，负载电流 i_d 只能从零按指数规律逐渐上升。

（3）在 $\omega t=\omega t_1\sim\omega t_2$ 期间：输出电流 i_d 从零增至最大值。在 i_d 的增长过程中，电感产生的感应电动势力图限制电流增大，电源提供的能量一部分供给负载电阻，另一部分转变为电感的储能。

（4）在 $\omega t=\omega t_2\sim\omega t_3$ 期间：负载电流从最大值开始下降，电感电压 $u_L=L\mathrm{d}i/\mathrm{d}t$ 改变方向，电感释放能量，企图维持电流不变。

（5）在 $\omega t=\pi$ 时，交流电压 u_2 过零，但由于电感电压的存在，晶闸管阳、阴极间的电

压 u_{AK} 仍大于零，晶闸管继续导通，此时电感储存的磁能一部分释放变成电阻的热能，同时另一部分磁能变成电能送回电网，电感的储能全部释放完后，晶闸管在 u_2 反向电压作用下而截止。直到下一个周期的正半周，即在 $\omega t=2\pi+\alpha$ 时，晶闸管再次被触发导通，如此循环下去，其输出电压、电流及晶闸管元件电压的理论分析波形如图 2-2（b）所示。仿真波形如图 2-72 所示。

3. 电路评价

与电阻性负载相比，负载电感的存在，使得晶闸管的导通角增大，在电源电压由正到负的过零点也不会关断，输出电压出现了负波形，输出电压和电流的平均值减小；大电感负载时输出电压正负面积趋于相等，输出电压平均值趋于零。

2.1.3　单相半波可控整流电路（阻—感性负载加续流二极管）

1. 电路组成

为了解决电感性负载存在的问题，必须在负载两端并联续流二极管，把输出电压的负向波形去掉。阻—感性负载加续流二极管的电路如图 2-3 所示。

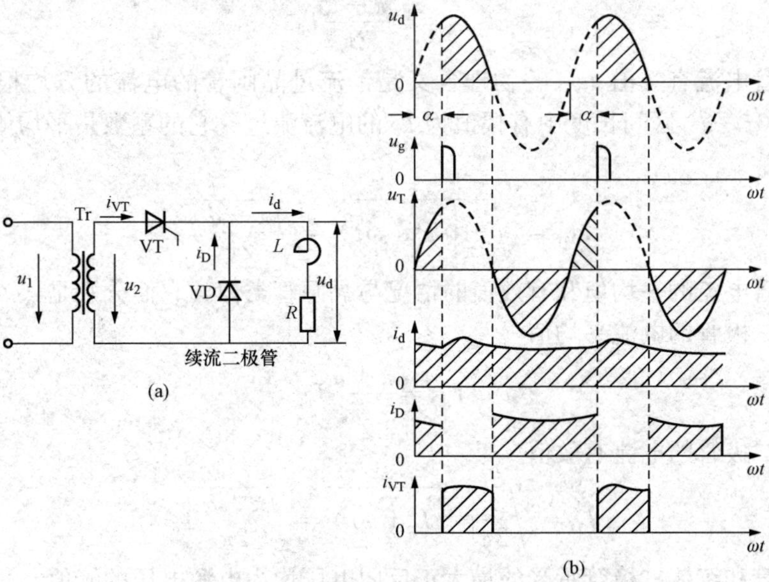

图 2-3　单相半波可控整流电路（阻—感性负载加续流二极管）

（a）电路图；（b）波形图

2. 工作原理

（1）在电源电压正半波（0～π 区间），晶闸管承受正向电压。脉冲 u_g 在 $\omega t=\alpha$ 处触发晶闸管使其导通，形成负载电流 i_d，负载上有电压和电流输出，在此期间续流二极管 VD 承受反向电压而关断。

（2）在电源电压负半波（π～2π 区间），电感的感应电压使续流二极管 VD 受正向电压而导通续流，此时电源电压 $u_2<0$，u_2 通过续流二极管 VD 使晶闸管承受反向阳极电压而关断，负载两端的输出电压仅为续流二极管的管压降。如果电感较小，电流 i_d 是断续的；电感较大时续流二极管一直导通到下一周期晶闸管导通，使 i_d 连续，且 i_d 波形为一条脉动线；电感无穷大时，电流 i_d 连续，为一平直线。

图 2-3（b）给出了直流负载电压 u_d、负载电流 i_d、晶闸管两端电压 u_{VT}、流过晶闸管电流 i_{VT} 和续流二极管电流 i_D 的理论分析波形。不同 α 时阻—感性负载的仿真和实验波形如图 2-78 所示。

3. 基本数量关系（大电感负载）

（1）输出电压平均值 U_d 的物理含义是：输出电压的面积除以周期，即

$$U_d=\frac{1}{2\pi}\int_{\alpha}^{\pi}\sqrt{2}U_2\sin\omega t\,d(\omega t)=\frac{\sqrt{2}U_2}{\pi}\frac{1+\cos\alpha}{2}=0.45U_2\frac{1+\cos\alpha}{2} \tag{2-9}$$

电路的移相范围为 0°～180°。

（2）输出电流平均值 I_d 的物理含义是：直流输出电压平均值除以负载电阻，即

$$I_d=\frac{U_d}{R}=0.45\frac{U_2}{R}\frac{1+\cos\alpha}{2} \tag{2-10}$$

（3）晶闸管电流平均值 I_{dVT} 的物理含义是：输出电流的面积除以周期，而面积为（$\pi-\alpha$）I_d，所以

$$I_{dVT}=\frac{\pi-\alpha}{2\pi}I_d \tag{2-11}$$

（4）晶闸管电流有效值 I_{VT} 的物理含义是：流过晶闸管的电流的方均根值。一个周期中，晶闸管在（$\pi-\alpha$）区间长度中有幅值为 I_d 的电流流过。它的系数是平均值电流系数的平方根，即

$$I_{VT}=\sqrt{\frac{1}{2\pi}\int_{\alpha}^{\pi}I_d^2\,d(\omega t)}=\sqrt{\frac{\pi-\alpha}{2\pi}}I_d \tag{2-12}$$

续流二极管电流的平均值和有效值的情况与晶闸管类似，它们分别是：

（5）续流二极管的电流平均值

$$I_{dD}=\frac{\pi+\alpha}{2\pi}I_d \tag{2-13}$$

（6）续流二极管的电流有效值

$$I_D=\sqrt{\frac{1}{2\pi}\int_{0}^{\pi+\alpha}I_d^2\,d(\omega t)}=\sqrt{\frac{\pi+\alpha}{2\pi}}I_d \tag{2-14}$$

（7）晶闸管和续流二极管承受的最大正反向电压均为电源电压的峰值

$$U_{TM}=\sqrt{2}U_2$$

4. 电路评价

阻—感性负载加续流二极管后，输出电压波形与电阻性负载波形相同，续流二极管起到了提高输出电压的作用。在电感无穷大时，负载电流为一直线，流过晶闸管和续流二极管的电流波形是矩形波。阻—感性负载加续流二极管的单相半波可控整流也有 $\alpha+\theta=180°$。

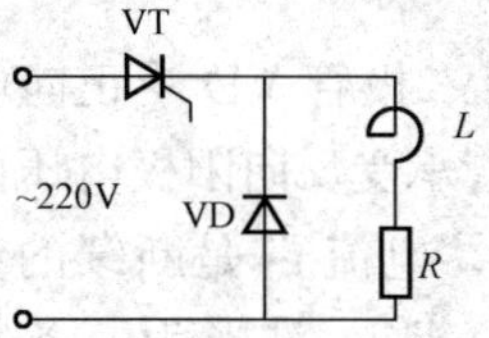

图 2-4 ［例 2-2］习题图

单相半波可控整流电路的优点是电路简单、调整方便、容易实现；但整流电压脉动大，每周期脉动一次。变压器二次侧流过单方向的电流，存在直流磁化、利用率低的问题，为使变压器不饱和，必须增大铁芯截面，这样就导致设备容量增大。

【例 2-2】 具有续流二极管的单相半波可控整流电路对大电感负载供电，如图 2-4 所示，其中电阻 $R=7.5\Omega$，电源电压

为 220V。计算控制角为 30°时，负载平均电压和平均电流值，晶闸管和续流二极管的平均电流值和有效值。

解　当 $\alpha=30°$时：

输出电压平均值

$$U_d=0.45U_2\frac{1+\cos\alpha}{2}=0.45\times220\times\frac{1+\cos30°}{2}=92.4(\text{V})$$

输出电流平均值

$$I_d=\frac{U_d}{R}=\frac{92.4}{7.5}=12.3(\text{A})$$

流过晶闸管的电流平均值

$$I_{dVT}=\frac{\pi-\alpha}{2\pi}I_d=\frac{180°-30°}{360°}\times12.3=5.1(\text{A})$$

流过晶闸管的电流有效值

$$I_{VT}=\sqrt{\frac{\pi-\alpha}{2\pi}}I_d=\sqrt{\frac{180°-30°}{360°}}\times12.3=7.9(\text{A})$$

流过续流二极管 VD 的电流平均值

$$I_{dVD}=\frac{\pi+\alpha}{2\pi}I_d=\frac{180°+30°}{360°}\times12.3=7.2(\text{A})$$

流过续流二极管 VD 的电流有效值

$$I_{VD}=\sqrt{\frac{\pi+\alpha}{2\pi}}I_d=\sqrt{\frac{180°+30°}{360°}}\times12.3=9.4(\text{A})$$

2.1.4　单相桥式全控整流电路（电阻性负载）

1. 电路组成

图 2-5（a）为典型的单相桥式全控整流电路，共用了四个晶闸管，两只晶闸管接成共阴极，两只晶闸管接成共阳极，每一只晶闸管是一个桥臂，桥式整流电路的工作特点是整流元件必须成对导通以构成回路，负载为电阻性。

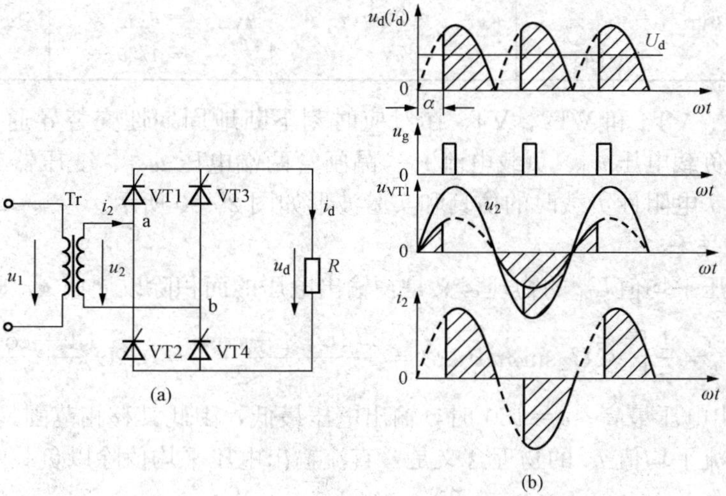

图 2-5　单相全控桥式整流电路（电阻性负载）

2. 工作原理

（1）在 u_2 正半波的 $0\sim\alpha$ 区间。晶闸管 VT1、VT4 承受正向电压，但无触发脉冲，晶闸管 VT2、VT3 承受反向电压。因此在 $0\sim\alpha$ 区间，四个晶闸管都不导通。假设四个晶闸管的漏电阻相等，则 $u_{VT1,4}=u_{VT2,3}=1/2u_2$。

（2）在 u_2 正半波的 $\alpha\sim\pi$ 区间。在 $\omega t=\alpha$ 时刻，触发晶闸管 VT1、VT4 使其导通。则负载电流沿 a→VT1→R→VT4→b→Tr 的二次绕组→a 流通，此时负载上有电压（$u_d=u_2$）和电流输出，两者波形相位相同，且 $u_{VT1,4}=0$。此时电源电压反向施加到晶闸管 VT2、VT3 上，使其承受反向电压而处于关断状态，则 $u_{VT2,3}=u_2$。晶闸管 VT1、VT4 一直导通到 $\omega t=\pi$ 为止，此时因电源电压过零，晶闸管阳极电流下降为零而关断。

（3）在 u_2 负半波的 $\pi\sim(\pi+\alpha)$ 区间。在 $\pi\sim(\pi+\alpha)$ 区间，晶闸管 VT2、VT3 承受正向电压，因无触发脉冲而处于关断状态，晶闸管 VT1、VT4 承受反向电压也不导通。此时，$u_{VT2,3}=u_{VT1,4}=1/2u_2$。

（4）在 u_2 负半波的 $(\pi+\alpha)\sim2\pi$ 区间。在 $\omega t=\pi+\alpha$ 时刻，触发晶闸管 VT2、VT3 使其元件导通，负载电流沿 b→VT3→R→VT2→a→Tr 的二次绕组→b 流通，电源电压沿正半周期的方向施加到负载电阻上，负载上有输出电压（$u_d=-u_2$）和电流，且波形相位相同。此时电源电压反向施加到晶闸管 VT1、VT4 上，使其承受反向电压而处于关断状态。晶闸管 VT2、VT3 一直导通到 $\omega t=2\pi$ 为止，此时电源电压再次过零，晶闸管阳极电流也下降为零而关断。表 2-1 列出了各区间晶闸管的导通、负载电压和晶闸管端电压的情况。

表 2-1　各区间晶闸管的导通、负载电压和晶闸管端电压情况

ωt	$0\sim\alpha$	$\alpha\sim\pi$	$\pi\sim(\pi+\alpha)$	$(\pi+\alpha)\sim2\pi$
晶闸管导通情况	VT1、4、VT2、3 都截止	VT1、4 导通、VT2、3 截止	VT1、4、VT2、3 都截止	VT1、4 截止、VT2、3 导通
u_d	0	u_2	0	u_2
i_d	0	u_2/R	0	u_2/R
i_2	0	u_2/R	0	$-u_2/R$
u_{VT}	$u_{VT1,4}=u_{VT2,3}=1/2u_2$	$u_{VT1,4}=0$、$u_{VT2,3}=u_2$	$u_{VT1,4}=u_{VT2,3}=1/2u_2$	$u_{VT1,4}=u_2$、$u_{VT2,3}=0$

晶闸管 VT1、VT4 和 VT2、VT3 在对应时刻不断地周期性交替导通、关断，图 2-5(b) 给出了直流负载电压 u_d、负载电流 i_d、晶闸管两端电压 u_{VT}、变压器二次侧 i_2 的理论分析波形。不同 α 电阻性负载时的仿真和实验波形如图 2-90 所示。

3. 基本数量关系

（1）输出电压平均值 U_d 的物理含义是：输出电压的面积除以周期 π，即

$$U_d=\frac{1}{\pi}\int_\alpha^\pi\sqrt{2}U_2\sin\omega t\,d(\omega t)=\frac{2\sqrt{2}U_2}{\pi}\frac{1+\cos\alpha}{2}=0.9U_2\frac{1+\cos\alpha}{2}\tag{2-15}$$

当 $\alpha=0°$ 时，输出电压最高；$\alpha=180°$ 时，输出电压最低，因此其移相范围是 $0°\sim180°$。

（2）输出电流平均值 I_d 的物理含义是：直流输出电压平均值除以负载电阻，即

$$I_d=\frac{U_d}{R}=0.9\frac{U_2}{R}\frac{1+\cos\alpha}{2}\tag{2-16}$$

(3) 输出电压有效值U的物理含义是：输出电压的方均根值（有效值的定义），即

$$U=\sqrt{\frac{1}{\pi}\int_{\alpha}^{\pi}(\sqrt{2}U_2\sin\omega t)^2\mathrm{d}(\omega t)}=U_2\sqrt{\frac{1}{2\pi}\sin2\alpha+\frac{\pi-\alpha}{\pi}}\tag{2-17}$$

(4) 输出电流有效值I的物理含义是：负载输出电压有效值除以负载电阻。从电路可见，变压器二次侧电流I_2与输出电流有效值I相同，所以

$$I=I_2=\frac{U}{R}=\frac{U_2}{R}\sqrt{\frac{1}{2\pi}\sin2\alpha+\frac{\pi-\alpha}{\pi}}\tag{2-18}$$

(5) 晶闸管的平均电流I_{dVT}从电路可见，4 个晶闸管成对交替工作，每对晶闸管串联，流过相同电流，为负载电流平均值I_d的一半，即

$$I_{dT}=\frac{1}{2}I_d=0.45\frac{U_2}{R}\frac{1+\cos\alpha}{2}\tag{2-19}$$

(6) 晶闸管电流有效值是输出电流有效值的$1/\sqrt{2}$，它的系数是平均值电流系数的平方根，即

$$I_{VT}=\frac{U_2}{R}\sqrt{\frac{1}{4\pi}\sin2\alpha+\frac{\pi-\alpha}{2\pi}}=\frac{1}{\sqrt{2}}I\tag{2-20}$$

(7) 功率因数

$$\cos\varphi=\frac{P}{S}=\frac{UI}{U_2I_2}=\frac{UI_2}{U_2I_2}=\sqrt{\frac{1}{2\pi}\sin2\alpha+\frac{\pi-\alpha}{\pi}}\tag{2-21}$$

(8) 晶闸管承受的最大反向电压是相电压峰值的$\sqrt{2}U_2$，承受的最大正向电压是$U_2/\sqrt{2}$。

4. 电路评价

尽管整流电路的输入电压u_2是交变的，但负载上正负两个半波内均有相同方向的电流流过，输出电压一个周期内脉动两次，由于桥式整流电路在正、负半周均能工作，变压器二次绕组在正、负半周内均有大小相等、方向相反的电流流过，消除了变压器的直流磁化，提高了变压器的有效利用率。

2.1.5　单相桥式全控整流电路（阻—感性负载）

1. 电路组成

阻—感性负载电路如图 2-6 所示。

2. 工作原理

(1) 在电压u_2正半波的 0～α 区间。晶闸管 VT1、VT4 承受正向电压，但无触发脉冲，VT1、VT4 处于关断状态。假设电路已经工作在稳定状态，则在 0～α 区间由于电感的作用，晶闸管 VT2、VT3 维持导通。

(2) 在u_2正半波的α～π 区间。在$\omega t=\alpha$时刻，触发晶闸管 VT1、VT4 使其导通，负载电流沿 a→VT1→L→R→VT4→b→Tr 的二次绕组→a 流通，此时负载上有输出电压（$u_d=u_2$）和电流。电压u_2反向施加到晶闸管 VT2、VT3 上，使其承受反向电压而处于关断状态。

(3) 在电压u_2负半波的 π～（π+α）区间。当$\omega t=\pi$时，电源电压自然过零，感应电动势使晶闸管 VT1、VT4 继续导通。在电源电压负半波，晶闸管 VT2、VT3 承受正向电压，因无触发脉冲，VT2、VT3 处于关断状态。

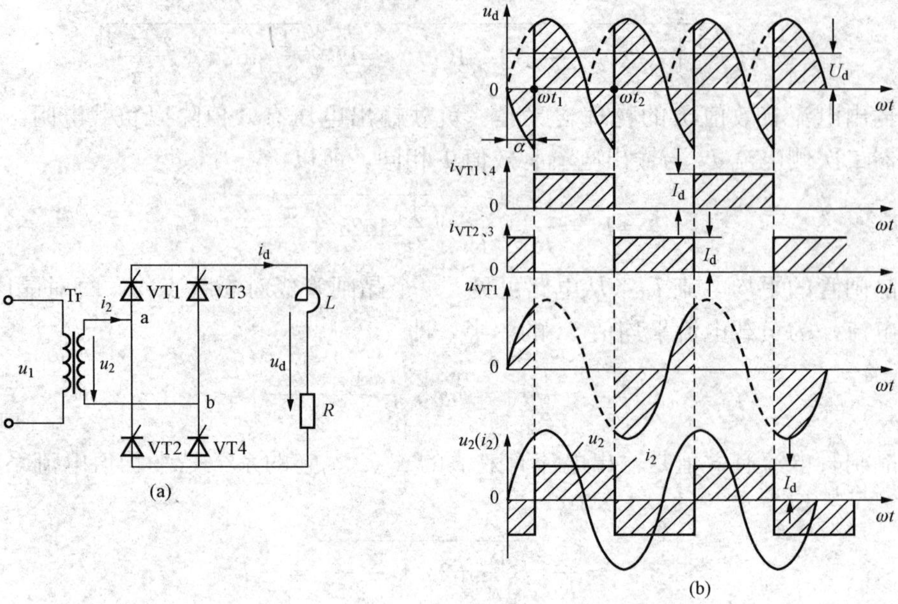

图 2-6　单相全控桥式整流电路（阻—感性负载）

（a）电路图；（b）波形图

（4）在 u_2 负半波的（$\pi+\alpha$）～2π 区间。在 $\omega t=\pi+\alpha$ 时刻，触发晶闸管 VT2、VT3 使其导通，负载电流沿 b→VT3→L→R→VT2→a→Tr 的二次绕组→b 流通，电源电压沿正半周期的方向施加到负载上，负载上有输出电压（$u_d=-u_2$）和电流。此时电源电压反向施加到晶闸管 VT1、VT4 上，使其承受反向电压而关断。晶闸管 VT2、VT3 一直要导通到下一周期 $\omega t=2\pi+\alpha$ 处再次触发晶闸管 VT1、VT4 为止。

表 2-2 列出了各区间晶闸管的导通、负载电压和晶闸管端电压的情况。

表 2-2　各区间晶闸管的导通、负载电压和晶闸管端电压情况

ωt	$0\sim\alpha$	$\alpha\sim\pi$	$\pi\sim(\pi+\alpha)$	$(\pi+\alpha)\sim2\pi$
晶闸管导通情况	VT1、4 截止、VT2、3 导通	VT1、4 导通、VT2、3 截止	VT1、4 导通、VT2、3 截止	VT1、4 截止、VT2、3 导通
u_d	$-u_2$	u_2	u_2	$-u_2$
i_d	$+I_d$			
i_2	$-I_d$	$+I_d$	$+I_d$	$-I_d$
u_{VT}	$u_{VT1,4}=u_2$、$u_{VT2,3}=0$	$u_{VT1,4}=0$、$u_{VT2,3}=-u_2$	$u_{VT1,4}=0$、$u_{VT2,3}=u_2$	$u_{VT1,4}=-u_2$、$u_{VT2,3}=0$
i_{VT}	$i_{VT1,4}=0$、$i_{VT2,3}=I_d$	$i_{VT1,4}=I_d$、$i_{VT2,3}=0$	$i_{VT1,4}=I_d$、$i_{VT2,3}=0$	$i_{VT1,4}=0$、$i_{VT2,3}=I_d$

3. 基本数量关系

（1）输出电压平均值 U_d 的物理含义是：输出电压的面积除以周期 π，即

$$U_d=\frac{1}{\pi}\int_{\alpha}^{\pi+\alpha}\sqrt{2}U_2\sin\omega t\,d(\omega t)=\frac{2\sqrt{2}U_2}{\pi}\cos\alpha=0.9U_2\cos\alpha \tag{2-22}$$

从波形可以看出 $\alpha=90°$时，输出电压波形正负面积相同，平均值为零；当 $\alpha=0°$时，电压平均值最大，该电路的移相范围是 0°～90°。

（2）输出电流平均值 I_d 的物理含义是：直流输出电压平均值除以负载电阻，即

$$I_d=\frac{U_d}{R}=\frac{0.9U_2\cos\alpha}{R} \tag{2-23}$$

大电感时，输出电流波形是一条水平线。

（3）晶闸管的平均电流 I_{dVT}，由于晶闸管轮流交替导电，流过每个晶闸管的平均电流是负载平均电流的一半，即

$$I_{dT}=\frac{1}{2}I_d \tag{2-24}$$

（4）晶闸管的电流有效值 I_{VT}，由于每个晶闸管轮流交替导通 180°，则

$$I_{VT}=\sqrt{\frac{1}{2\pi}\int_{\alpha}^{\pi+\alpha}I_d^2\mathrm{d}(\omega t)}=\sqrt{\frac{\pi}{2\pi}}I_d=\frac{1}{\sqrt{2}}I_d \tag{2-25}$$

通态平均电流 $I_{VT(AV)}=\dfrac{I_T}{1.57}$

（5）变压器二次侧电流 I_2 的波形是对称的正负矩形波，其有效值为

$$\begin{aligned}I_2&=\sqrt{\frac{1}{2\pi}\int_{\alpha}^{2\pi+\alpha}I_d^2\mathrm{d}(\omega t)}=\sqrt{\frac{1}{2\pi}\left[\int_{\alpha}^{\pi+\alpha}I_d^2\mathrm{d}(\omega t)+\int_{\pi+\alpha}^{2\pi+\alpha}I_d^2\mathrm{d}(\omega t)\right]}\\&=\sqrt{2}I_T=I_d\end{aligned} \tag{2-26}$$

（6）晶闸管承受的最大正反向电压

$$U_{TM}=\sqrt{2}U_2$$

4. 电路评价

由于电感的作用，输出电压出现负波形；当电感无限大时，控制角 α 在 0°～90°之间变化时，晶闸管导通角 $\theta=\pi$，导通角 θ 与控制角 α 无关。输出电流近似平直，流过晶闸管和变压器二次侧的电流为矩形波，如图 2-6（b）所示。阻—感性负载不同 α 时的仿真和实验波形如图 2-93 所示。

2.1.6　单相桥式全控整流电路（反电动势负载）

1. 电阻性反电动势负载的情况

蓄电池充电电路是典型的电阻性反电动势负载。反电动势负载的特点是：只有整流电压的瞬时值 u_d 大于反电动势 E 时，晶闸管才能承受正向电压而导通，这使得晶闸管导通角减小。晶闸管导通时，$u_d=u_2$，$i_d=\dfrac{u_d-E}{R}$，晶闸管关断时，$u_d=E$，如图 2-7（b）所示。与电阻负载相比晶闸管提前了电角度 δ 停止导电，在 α 相同情况下，i_d 波形在一周期内为 0 的时间较电阻性负载时长，δ 称作停止导电角。

$$\delta=\arcsin\frac{E}{\sqrt{2}U_2} \tag{2-27}$$

当 $\alpha<\delta$ 时，触发脉冲到来时，晶闸管承受负电压，不可能导通。为了使晶闸管可靠导通，要求触发脉冲有足够的宽度，保证当 $\omega t=\alpha$ 时刻晶闸管开始承受正电压时，触发脉冲仍然存在。这样，相当于触发角被推迟，即 $\alpha=\delta$。

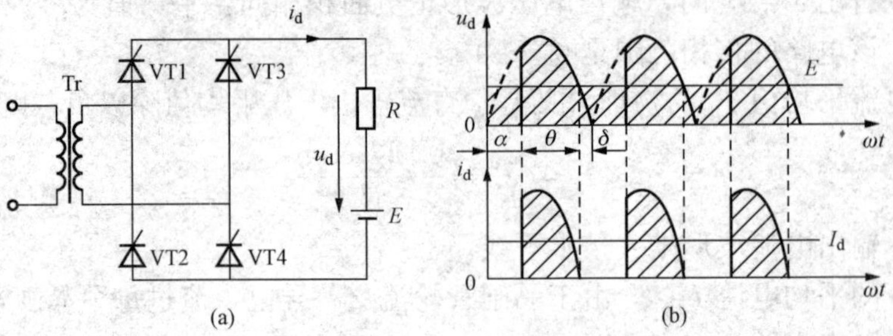

图 2-7 单相全控桥反电动势负载（$L=0$）
（a）电路图；（b）波形图

2. 阻—感性反电动势负载的情况

图 2-7 中，若负载为直流电动机时，此时负载性质为阻—感性反电动势负载（电枢电阻、电枢电感、感应电动势分别为电阻、电感和反电动势负载）。当电枢电感不足够大时，输出电流波形断续，使晶闸管—电动机系统的机械特性变软，为此通常在负载回路串接平波电抗器以减小电流脉动，延长晶闸管导通时间；如果电感足够大，电流就能连续，在这种条件下其工作情况与电感性负载相同，其工作波形如图 2-6（b）所示。

单相全控桥式整流电路主要适用于 4kW 左右的整流电路，与单相半波可控整流电路相比，整流电压脉动减小，每周期脉动两次。变压器二次侧流过正反两个方向的电流，不存在直流磁化，利用率高。

2.1.7 单相桥式半控整流电路（阻感性负载、不带续流二极管）

在单相桥式全控整流电路中，每个工作区间有两个晶闸管导通，每个导电回路由两个晶闸管同时控制。实际上，对单个导电回路进行控制只需一个晶闸管就可以了。为此，可在每个导电回路中，一个仍用晶闸管进行控制，另一个则用大功率整流二极管代替，从而简化了整个电路。把图 2-5（a）中的晶闸管 VT2，VT4 换成二极管 VD2，VD4 即成为单相桥式半控整流电路。

在电阻性负载下，单相桥式半控整流电路和单相桥式全控整流电路的 u_d、i_d、i_2 等波形完全相同，因而一些计算公式也相同。不同 α 时电阻性负载的仿真波形如图 2-109 所示。

下面主要讨论阻—感性负载时的工作情况。

1. 电路组成

电路如图 2-8（a）所示，负载电感理论上为无穷大，电路中电流平直。

2. 工作原理

（1）当 u_2 在正半周时，在 $\omega t=\alpha$ 时刻触发晶闸管 VT1 使其导通，电流从电源电压 u_2 正端 a→VT1→L→R→VD4→u_2 负端 b 向负载供电。

（2）u_2 过零变负时，因电感 L 的作用使电流连续，VT1 继续导通。但因 a 点电位低于 b 点电位，使得电流从 VD4 转移至 VD2，VD4 关断，电流不再流经变压器二次绕组，而是经 VT1 和 VD2 续流。此阶段，忽略器件的通态压降，则 $u_d=0$，不像全控桥电路那样出现 u_d 为负的情况。

（3）在 u_2 负半周 $\omega t=\pi+\alpha$ 时刻触发 VT3 使其导通，则 VT1 承受反压而关断，u_2 经 VT3→L→R→VD2→u_2 端向负载供电。

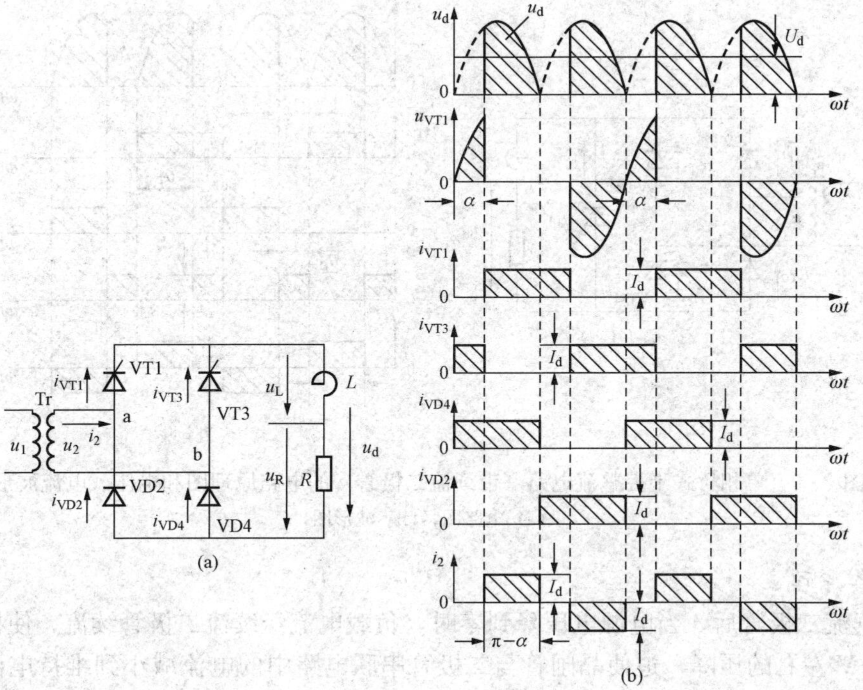

图 2-8　单相桥式半控整流电路带大电感负载时的电路原理图和电压、电流波形

(a) 电路图；(b) 波形图

(4) u_2 过零变正时，VD4 导通，VD2 关断。VT3 和 VD4 续流，u_d 又为零。

此后重复以上过程。

单相桥式半控整流电路带大电感负载时电路的电压、电流波形如图 2-8 (b) 所示，不同 α 阻—感性负载且电感为有限值时的仿真和实验波形如图 2-112 所示。

3. 电路特点

(1) 晶闸管在触发时刻换流，二极管则在电源过零时刻换流。所以单相半控桥式整流电路即使直流输出端不接续流二极管，由于桥路二极管内部的续流作用，负载端与接续流二极管一样，U_d、I_d 的计算公式与电阻性负载相同。流过晶闸管和二极管的电流都是宽度为 180°的方波且与控制角无关，变压器的二次侧电流为正负对称的交变方波。

(2) 尽管电路具有自续流能力，但在实际运行时，当突然把控制角 α 增大到 180°或突然切断触发电路时，会发生导通的晶闸管一直导通而两个二极管轮流导通的失控现象。

例如，VT1 正在导通时切断整个触发电路（这样 VT3 不可能导通），当 u_2 过零变负时，因电感 L 的作用，使电流通过 VT1、VD2 形成续流。L 中的能量如在整个负半周都没有释放完，就使 VT1 在整个负半周都导通。当 u_2 过零变正时 VT1 承受正压继续导通，同时 VD2 关断 VD4 导通。因此即使不加触发脉冲，负载上仍保留了正弦半波的输出电压，这在使用时是不允许的。失控时，不导通的晶闸管两端的电压波形为 u_2 的交流波形。

(3) 实用中还需要加续流二极管 VD，以避免可能发生的失控现象。

2.1.8　单相桥式半控整流电路（带续流二极管）

1. 电路结构

单相桥式半控整流电路（带续流二极管）的电路和电压、电流波形如图 2-9 所示。

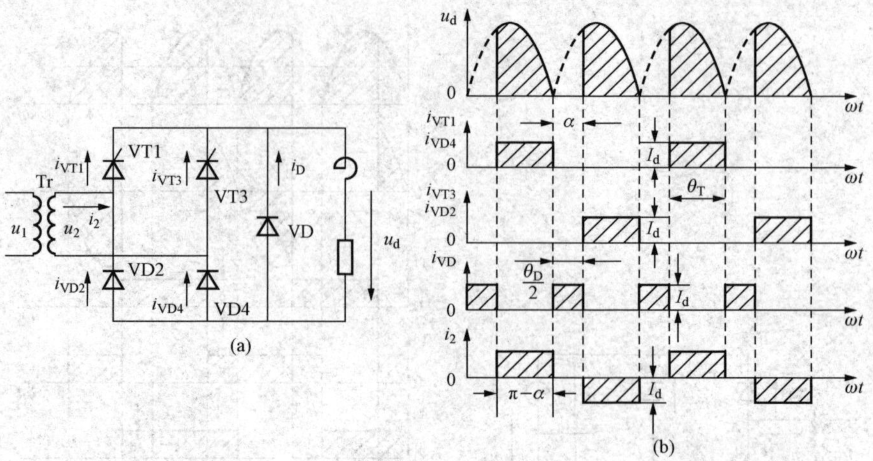

图 2-9 单相桥式半控整流电路（带续流二极管）的电路原理图和电压、电流波形

（a）电路图；（b）波形图

2. 工作原理

接上续流二极管后，当电源电压降到零时，负载电流经续流二极管续流，使桥路直流输出端只有 1V 左右的压降，迫使晶闸管与二极管串联电路中的电流减小到维持电流以下，使晶闸管关断，这样就不会出现失控现象了。

3. 数量关系

上述电路的输出直流电压、电流平均值、有效值计算与带续流二极管的单相桥式全控整流电路阻—感性负载同。因续流二极管的分流作用，晶闸管的电流不同。控制角为 α 时每个晶闸管的导通角为 $\theta_{VT}=180°-\alpha$。

（1）流经晶闸管和整流管的平均电流

$$I_{dVT}=\frac{\theta_T}{2\pi}I_d=\frac{\pi-\alpha}{2\pi}I_d \tag{2-28}$$

流经晶闸管和整流管的电流有效值

$$I_T=\sqrt{\frac{\pi-\alpha}{2\pi}}I_d \tag{2-29}$$

（2）流经续流二极管的平均电流

$$I_{dVD}=\frac{\theta_D}{2\pi}I_d=\frac{2\alpha}{2\pi}I_d=\frac{\alpha}{\pi}I_d \tag{2-30}$$

流经续流二极管的电流有效值

$$I_{VD}=\sqrt{\frac{\alpha}{\pi}}I_d \tag{2-31}$$

变压器电流的平均值为 0，有效值电流是流经晶闸管和整流管电流有效值的$\sqrt{2}$倍，即 $I_2=\sqrt{2}I_{VT}$。

4. 电路改进

单相桥式半控整流电路的另一种接法如图 2-10（a）所示，相当于把图 2-6（a）中的 VT3 和 VT4 换成二极管 VD3 和 VD4，这样可以省去续流二极管 VD，续流由 VD3 和 VD4

来实现。因此，即使不外接续流二极管，电路也不会出现失控现象。但这种电路的二极管既要参与整流又要参与续流，其负担增加。此时，两个晶闸管阴极电位不同，VT1 和 VT2 触发电路要隔离。这种电路的电流和电压波形如图 2-10（b）所示。

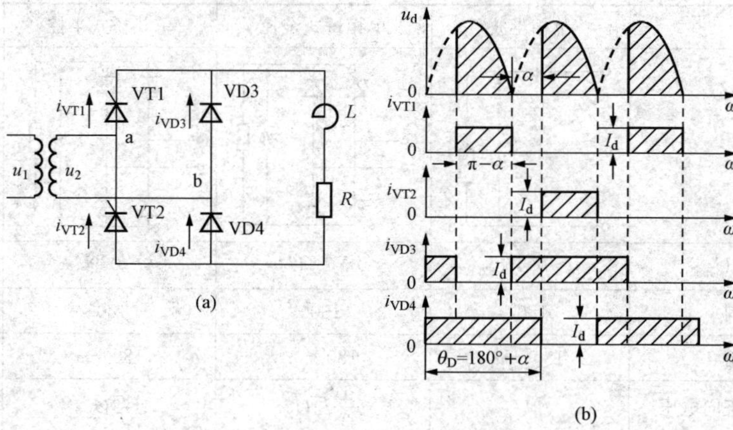

图 2-10　晶闸管串联的单相桥式半控整流电路及其电流和电压波形

（a）电路图；（b）波形图

【例 2-3】　有一大电感负载采用单相半控桥式带续流二极管的整流电路供电，负载电阻为 5Ω，输入电压为 220V，晶闸管控制角 $\alpha=60°$，求流过晶闸管、二极管的电流平均值及有效值。

解　输出电压平均值

$$U_d=0.9U_2\frac{1+\cos\alpha}{2}=0.9\times220\times\frac{1+0.5}{2}=149(\text{V})$$

负载电流平均值

$$I_d=U_d/R=\frac{149}{5}\approx30(\text{A})$$

晶闸管及整流二极管每周期的导电角

$$\theta_{VT}=180°-\alpha=180°-60°=120°$$

续流二极管每周期的导电角

$$\theta_D=360°-2\theta_T=360°-240°=120°$$

晶闸管及二极管的电流平均值

$$I_{dVT}=I_{dVD}=\frac{120°}{360°}I_d=10\text{A}$$

晶闸管及二极管的有效值

$$I_T=I_D=\sqrt{\frac{120°}{360°}}I_d=17.3\text{A}$$

由上述计算可知，单相桥式半控整流电路接大电感负载时，流过晶闸管元件的平均电流与元件的导通角成正比。当导通角为 120°时，流过续流二极管和晶闸管的平均电流相等。当小于 120°时，流过续流二极管的平均电流比流过晶闸管的电流大，导通角越小，前者大得越多。因此续流二极管的容量必须考虑在续流二极管中实际流过的电流的大小，有时可以与晶闸管的额定电流相同，有时应选得比晶闸管额定电流大一级的元件。表 2-3 列出了部分常见的单相整流电路和在不同负载时的数量关系。

表 2-3 部分常见单相整流电路在不同负载时的数量关系

电路名称			单相半波	单相桥式全控		单相桥式半控		单相桥式半控
电路图			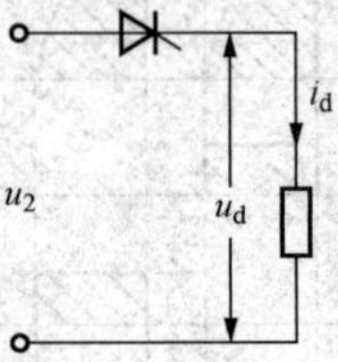	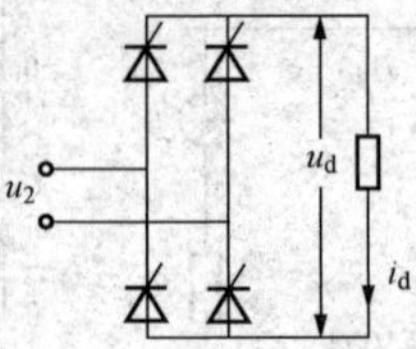		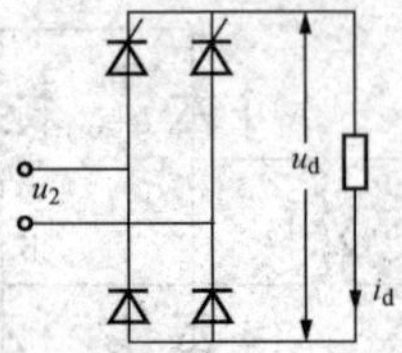		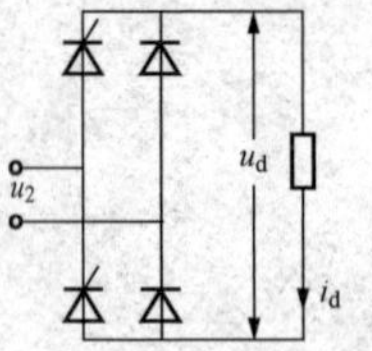
输出平均电压 U_d			$0\sim0.45U_2$	$0\sim0.9U_2$		$0\sim0.9U_2$		$0\sim0.9U_2$
电阻性负载	最大移相范围		180°	180°		180°		180°
	晶闸管导通角 θ		$180°-\alpha$	$180°-\alpha$		$180°-\alpha$		$180°-\alpha$
	晶闸管最大正向电压		$\sqrt{2}U_2$	$\frac{1}{2}\sqrt{2}U_2$		$\sqrt{2}U_2$		$\sqrt{2}U_2$
	晶闸管最大反向电压		$\sqrt{2}U_2$	$\sqrt{2}U_2$		$\sqrt{2}U_2$		$\sqrt{2}U_2$
	整流管最大反向电压					$\sqrt{2}U_2$		$\sqrt{2}U_2$
	晶闸管平均电流		I_d	$\frac{1}{2}I_d$		$\frac{1}{2}I_d$		$\frac{1}{2}I_d$
	整流管平均电流			$\frac{1}{2}I_d$		$\frac{1}{2}I_d$		$\frac{1}{2}I_d$
	$\alpha\neq0$ 时，输出平均电压		$0.225U_2(1+\cos\alpha)$	$0.45U_2(1+\cos\alpha)$		$0.45U_2(1+\cos\alpha)$		$0.45U_2(1+\cos\alpha)$
	变压器功率（$\alpha=0$）时	一次侧	$2.68P_d$	$1.24P_d$		$1.24P_d$		$1.24P_d$
		二次侧	$3.49P_d$	$1.24P_d$		$1.24P_d$		$1.24P_d$
大电感性负载	是否需要续流二极管		要	要	不要	要	不要	不要
	最大移相范围		180°	180°	90°	180°	90°	180°
	晶闸管导通角 θ		$180°-\alpha$	$180°-\alpha$	180°	$180°-\alpha$	180°	$180°-\alpha$
	晶闸管电流有效值/输出直流平均值		$\sqrt{\frac{180°+\alpha}{360°}}$	$\sqrt{\frac{180°+\alpha}{360°}}$	0.707	$\sqrt{\frac{180°+\alpha}{360°}}$	0.707	$\sqrt{\frac{180°+\alpha}{360°}}$
	整流管电流有效值/输出电流平均值					$\sqrt{\frac{180°+\alpha}{360°}}$	0.707	$\sqrt{\frac{180°+\alpha}{360°}}$
	续流管电流有效值/输出电流平均值		$\sqrt{\frac{180°+\alpha}{360°}}$	$\sqrt{\frac{\alpha}{360°}}$		$\sqrt{\frac{\alpha}{360°}}$		
	续流管最大反向电压		$\sqrt{2}U_2$	$\sqrt{2}U_2$		$\sqrt{2}U_2$		
	$\alpha\neq0$ 时，输出平均电压		$0.225U_2\times(1+\cos\alpha)$	$0.45U_2\times(1+\cos\alpha)$	$0.9U_2\times\cos\alpha$	$0.45U_2\times(1+\cos\alpha)$	$0.45U_2\times(1+\cos\alpha)$	$0.25U_2\times(1+\cos\alpha)$
	变压器功率（$\alpha=0$）时	一次侧	$1.11P_d$	$1.11P_d$		$1.11P_d$		$1.11P_d$
		二次侧	$1.57P_d$	$1.11P_d$		$1.11P_d$		$1.11P_d$
	脉动电压情况（$\alpha=0$）	波纹因数	1.21	0.48		0.48		0.48
		最低脉频率	f	$2f$		$2f$		$2f$

2.2　三相半波可控整流电路

2.2.1　三相半波可控整流电路（电阻性负载）

1. 电路组成

三相半波可控整流电路原理图如图 2-11（a）所示，为了得到零线，整流变压器 Tr 的二次绕组接成星形；为了给三次谐波电流提供通路，减少高次谐波对电网的影响，变压器一次绕组接成三角形；图中三个晶闸管的阴极连在一起，称为共阴极接法。三个晶闸管的触发脉冲互差 120°，在三相整流电路中，通常规定 $\omega t=30°$为控制角 α 的起点，称为自然换相点。三相半波共阴极整流电路的自然换相点是三相电源相电压正半周波形的交点，在各相相电压的 30°处，即 ωt_1、ωt_2、ωt_3 点。自然换相点之间互差 120°。

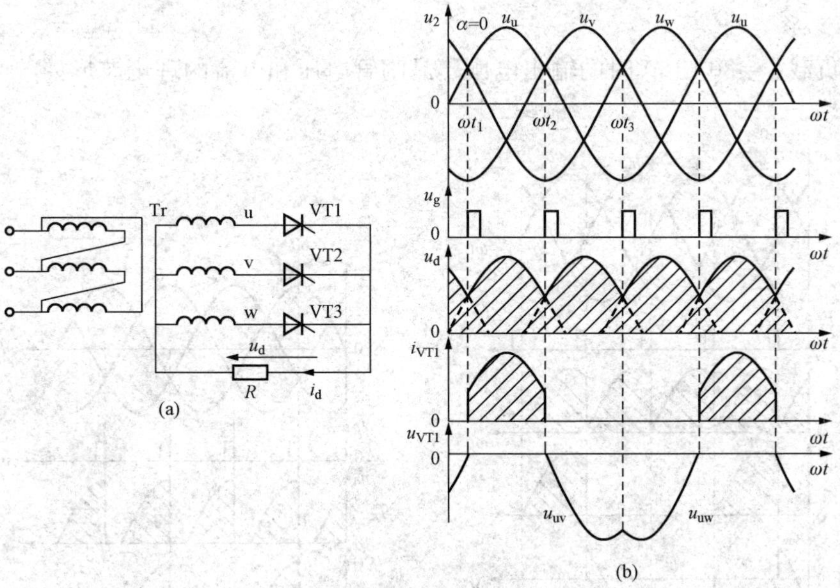

图 2-11　三相半波可控整流电路（电阻性负载）原理图

（a）电路图；（b）波形图

2. 工作原理

假设电路已经正常工作，以电阻性负载 $\alpha=0°$为例进行分析，在图 2-11 中：

（1）$\omega t_1 \sim \omega t_2$ 区间。在 $\omega t_1 \sim \omega t_2$ 区间，有 $u_u > u_v$、$u_u > u_w$，u 相电压最高，VT1 承受正向电压。在 ωt_1 时刻触发 VT1 使其导通，导通角 $\theta=120°$，输出电压 $u_d=u_u$。其他两个晶闸管承受反向电压而不能导通。VT1 通过的电流 i_{T1} 与变压器二次侧 u 相电流波形相同，大小相等，可在负载电阻 R 两端测得。

（2）$\omega t_2 \sim \omega t_3$ 区间。在 $\omega t_2 \sim \omega t_3$ 区间，有 $u_v > u_u$，v 相电压最高，VT2 承受正向电压。在 ωt_2 时刻触发 VT2，则 VT2 导通，$u_d=u_v$。VT1 两端电压 $u_{T1}=u_u-u_v=u_{uv}<0$，晶闸管 VT1 承受反向电压关断。

（3）$\omega t_3 \sim \omega t_4$ 区间。在 $\omega t_3 \sim \omega t_4$ 区间，有 $u_w > u_v$，w 相电压最高，VT3 承受正向电

压。在 ωt_3 时刻触发 VT3，则 VT3 导通，$u_d=u_w$。VT2 两端电压 $u_{T2}=u_v-u_w=u_{vw}<0$，晶闸管 VT2 承受反向电压关断。在 VT3 导通期间 VT1 两端电压 $u_{VT1}=u_u-u_w=u_{uw}<0$。这样在一个周期内，VT1 只导通 120°，在其余 240°时间承受反向电压而处于关断状态。各区间晶闸管的导通情况、晶闸管的电流和电压、负载电压情况见表 2-4。

表 2-4　　各区间晶闸管的导通情况、晶闸管的电流和电压、负载电压情况

ωt	$\omega t_1 \sim \omega t_2$	$\omega t_2 \sim \omega t_3$	$\omega t_3 \sim \omega t_4$
晶闸管导通情况	VT1 导通，VT2、VT3 截止	VT2 导通，VT1、VT3 截止	VT3 导通，VT1、VT2 截止
i_{VT1}	$u_{u/R}$	0	0
u_{VT1}	0	u_{uv}	u_{uw}
u_d	u_u	u_v	u_w

3. 电路波形

电阻性负载 $\alpha=30°$、60°时的输出电压、晶闸管电压和电流的理论波形如图 2-12 所示。

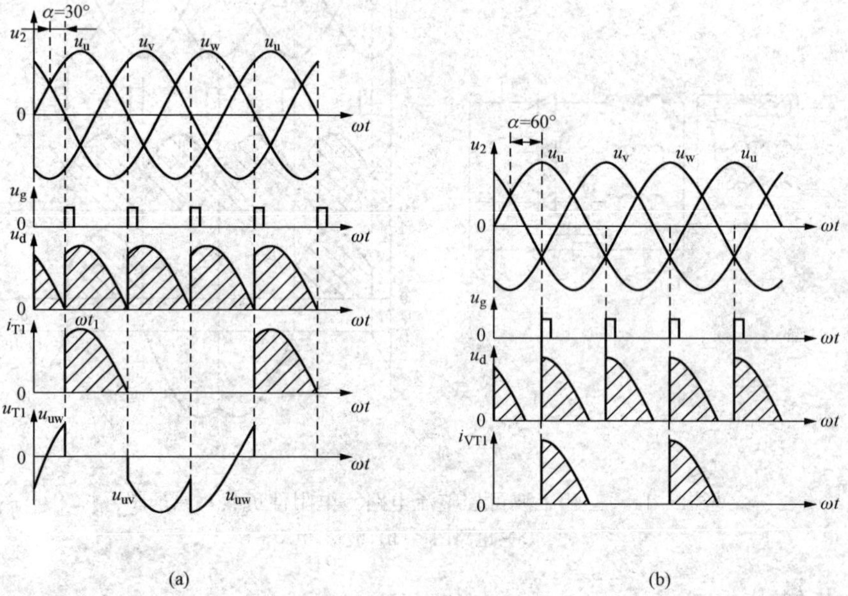

图 2-12　电阻性负载 $\alpha=30°$、60°时的输出电压、晶闸管电压和电流的理论波形图
（a）$\alpha=30°$；（b）$\alpha=60°$

从图 2-12（a）的波形可以看出，$\alpha=30°$时输出电压、电流连续和断续的临界点。当 $\alpha<30°$时输出电压、电流连续，后一相的晶闸管导通使前一相的晶闸管关断，当 $\alpha>30°$时输出电压、电流断续，前一相的晶闸管由于交流电压过零变负而关断后，后一相的晶闸管未到触发时刻，此时三个晶闸管都不导通，输出电压 $u_d=0$，直到后一相的晶闸管被触发导通，输出电压为该相电压。图 2-12（b）是 $\alpha=60°$时的波形。显然，$\alpha=150°$时输出电压为零，所以三相半波整流电路电阻性负载的移相范围是 0°～150°。

不同 α 时的仿真波形和实验波形如图 2-120 所示，从理论分析波形、仿真波形和实验波形三者的对比看，基本是一致的。

可以看出，任一时刻，只有承受最高电压的晶闸管元件才能被触发导通，输出电压 u_d 波形是相电压波形的一部分，每周期脉动三次，是三相电源相电压正半波完整的包络线，输出电流 i_d 与输出电压 u_d 波形相同、相位相同（$i_d=u_d/R$）。

从图 2 - 11 中还可以看出，电阻性负载 $\alpha=0°$时，VT1 在 VT2、VT3 导通时仅受反压，随着 α 的增加，晶闸管承受正向电压增加（如图 2 - 12 所示），其他两个晶闸管承受的电压波形相同，仅相位依次相差 120°。增大 α，即触发脉冲从自然换相点往后移，则整流电压相应减小。

4. 数量关系

（1）输出电压平均值 U_d 的物理含义是：输出电压的面积除以周期 2π/3。因为 $\alpha=30°$是 u_d 波形连续和断续的分界点。$\alpha\leqslant30°$，输出电压 u_d 波形连续，$\alpha>30°$，u_d 波形断续，因此，计算输出电压平均值 U_d 时应分两种情况进行。

1）$\alpha\leqslant30°$时，一个周期中有 3 个相同的波形，或每 120°有 1 个波形。因此计算 U_d 的表达式为

$$U_d=\frac{3}{2\pi}\int_{\frac{\pi}{6}+\alpha}^{\frac{5\pi}{6}+\alpha}\sqrt{2}U_2\sin\omega t\,d(\omega t)$$

$$=\frac{1}{2\pi/3}\int_{\frac{\pi}{6}+\alpha}^{\frac{5\pi}{6}+\alpha}\sqrt{2}U_2\sin\omega t\,d(\omega t)=1.17U_2\cos\alpha \tag{2-32}$$

2）$\alpha>30°$时，波形在 π 处结束，所以 U_d 表达式的积分上限为 π，所以

$$U_d=\frac{1}{2\pi/3}\int_{\frac{\pi}{6}+\alpha}^{\pi}\sqrt{2}U_2\sin\omega t\,d(\omega t)$$

$$=0.675U_2[1+\cos(\pi/6+\alpha)] \tag{2-33}$$

当 $\alpha=0°$时，$U_d=U_{d0}=1.17U_2$；当 $\alpha=150°$时，$U_d=0$。电阻性负载的移相范围为 150°。

（2）输出电流平均值 I_d 的物理含义是：直流输出电压平均值除以负载电阻，即

$$I_d=\frac{U_d}{R} \tag{2-34}$$

（3）晶闸管电流平均值 I_{dT}，由于每个周期 360°中晶闸管轮流导通 120°，流过每个晶闸管的平均电流是负载平均电流的 1/3，即

$$I_{dVT}=\frac{1}{3}I_d \tag{2-35}$$

（4）晶闸管电流有效值 I_T，根据流过晶闸管电流有效值的定义计算。

1）$\alpha\leqslant30°$时，电流波形连续，每个晶闸管在 2π 周期中导通 2π/3 区间，所以

$$I_T=\sqrt{\frac{1}{2\pi}\int_{\frac{\pi}{6}+\alpha}^{\frac{5\pi}{6}+\alpha}\left(\frac{\sqrt{2}U_2\sin\omega t}{R}\right)^2 d(\omega t)}=\frac{U_2}{R}\sqrt{\frac{1}{2\pi}\left(\frac{2\pi}{3}+\frac{\sqrt{3}}{2}\cos2\alpha\right)} \tag{2-36}$$

2）$\alpha>30°$时，电流波形在 π 处断续，所以 I_T 表达式的积分上限为 π，每个周期中有一个波形，所以

$$I_T=\sqrt{\frac{1}{2\pi}\int_{\frac{\pi}{6}+\alpha}^{\pi}\left(\frac{\sqrt{2}U_2\sin\omega t}{R}\right)^2 d(\omega t)}$$

$$=\frac{U_2}{R}\sqrt{\frac{1}{2\pi}\left(\frac{5\pi}{6}-\alpha+\frac{\sqrt{3}}{4}\cos 2\alpha+\frac{1}{4}\sin 2\alpha\right)}=\frac{U_2}{R}\sqrt{\frac{1}{2\pi}\left(\frac{5\pi}{6}-\alpha+\frac{1}{2}\sin\left(\frac{\pi}{3}+2\alpha\right)\right)} \tag{2-37}$$

（5）晶闸管承受的最大正反向电压 U_{TM}。从上述波形图可以看出，晶闸管承受的最大正向电压是变压器二次相电压的峰值，即晶闸管阳极与中性线间的最高电压，$U_{FM}=\sqrt{2}U_2$；承受的最大反向电压是二次线电压的峰值，$U_{RM}=\sqrt{2}\times\sqrt{3}U_2=\sqrt{6}U_2$。因此，在选择晶闸管的额定电压时，应考虑到承受最大反向电压的峰值情况。

5. 电路特点

（1）$\alpha=0°$时，输出整流电压最大；增大 α 时，波形的面积减小，即整流电压减小；当 $\alpha=150°$时，整流电压为 0。所以，电阻性负载控制角 α 的移相范围为 150°。

（2）当 $\alpha\leqslant30°$时，负载电流连续，每个晶闸管在一个周期中持续导通 120°；当 $\alpha>30°$时，负载电流断续，晶闸管的导通角 $\theta=150°-\alpha$。

（3）流过晶闸管的电流等于变压器的二次电流。

（4）晶闸管承受的最大电压是变压器二次线电压的峰值 $\sqrt{6}U_2$。

（5）输出整流电压 u_d 的脉动频率为 3 倍的电源频率。

2.2.2 三相半波可控整流电路（阻—感性负载）

1. 电路结构

三相半波共阴极阻—感性负载（阻性负载）电路及波形如图 2-13 所示。

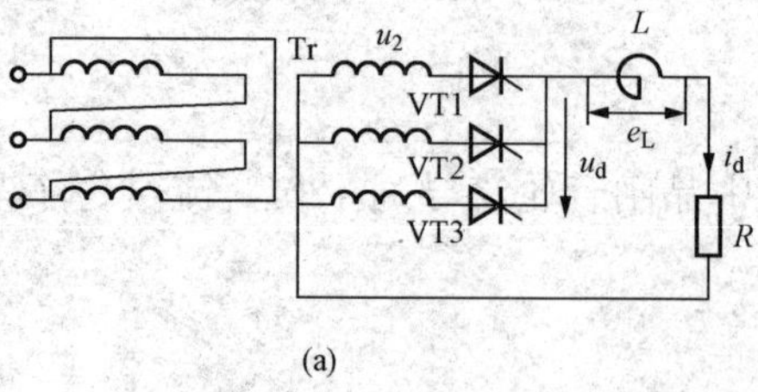

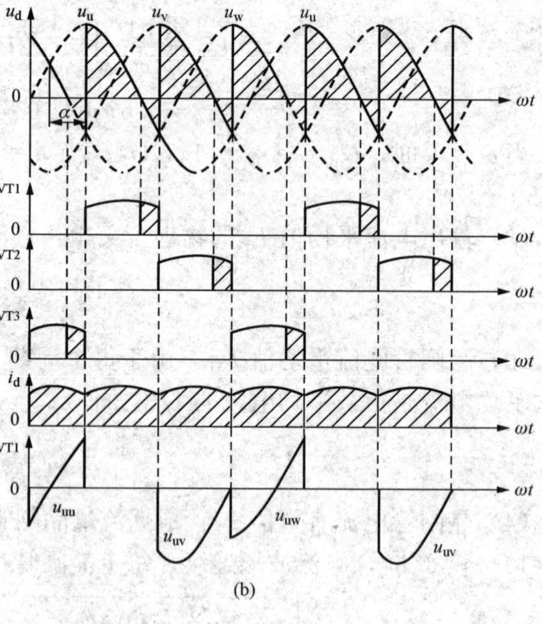

图 2-13 三相半波共阴极阻—感性负载（阻感性负载）电路及波形（$\alpha=60°$）
（a）电路图；（b）波形图

2. 工作原理

当 $\alpha\leqslant30°$ 时，相邻两相的换流是在原导通相的交流电压过零变负之前，其工作情况与电阻性负载相同，输出电压 u_d 波形、u_T 波形也相同。由于负载电感的储能作用，输出电流

i_d 是近似平直的直流波形，晶闸管中分别流过幅度 I_d、宽度 120°的矩形波电流，导通角 $\theta=120°$。

当 $\alpha>30°$ 时，假设 $\alpha=60°$，VT1 已经导通，在 u 相交流电压过零变负后，由于未到 VT2 的触发时刻，VT2 未导通，VT1 在负载电感产生的感应电动势作用下继续导通，输出电压 $u_d<0$，直到 VT2 被触发导通，VT1 承受反向电压而关断，输出电压 $u_d=u_v$，然后重复 u 相的过程。

三相半波整流电路带阻—感负载的电压、电流波形如图 2-13（b）所示。不同 α 时阻—感性负载的仿真波形和实验波形如图 2-123 所示。读者可以就理论分析波形、仿真波形、实验波形进行比较分析。

3. 数量关系

（1）输出电压平均值 U_d 的物理含义是：输出电压的面积除以周期 $2\pi/3$。由于 u_d 波形是连续的，因此计算输出电压 U_d 时只需一个计算公式，即

$$U_d=\frac{1}{2\pi/3}\int_{\frac{\pi}{6}+\alpha}^{\frac{5\pi}{6}+\alpha}\sqrt{2}U_2\sin\omega t\,d(\omega t)=1.17U_2\cos\alpha \tag{2-38}$$

当 $\alpha=90°$时输出电压为零，所以三相半波整流电路阻—感性负载（电流连续）的移相范围是 0°～90°。

（2）输出电流平均值 I_d 的物理含义是：直流输出电压平均值除以负载电阻，即

$$I_d=\frac{U_d}{R}=1.17\frac{U_2}{R}\cos\alpha \tag{2-39}$$

（3）晶闸管电流平均值 I_{dVT}，由于每个周期 2π 中晶闸管轮流导通 $2\pi/3$，流过每个晶闸管的平均电流是负载平均电流的 1/3，即

$$I_{dVT}=\frac{1}{3}I_d \tag{2-40}$$

（4）晶闸管电流有效值 I_T 根据流过晶闸管电流有效值的定义计算。电流波形连续时，每个晶闸管在 2π 周期中导通 $2\pi/3$ 区间，所以

$$I_{VT}=\sqrt{\frac{1}{2\pi}\int_{\frac{\pi}{6}+\alpha}^{\frac{5\pi}{6}+\alpha}I_d^2\,d(\omega t)}=\sqrt{\frac{2\pi/3}{2\pi}}I_d=\frac{1}{\sqrt{3}}I_d=0.577I_d \tag{2-41}$$

并且 I_{VT} 和变压器二次电流有效值 I_2 相等，$I_{VT}=I_2$

（5）晶闸管承受的最大正反向电压是变压器二次侧线电压的峰值

$$U_{TM}=U_{FM}=U_{RM}=\sqrt{2}\times\sqrt{3}U_2=\sqrt{6}U_2 \tag{2-42}$$

三相半波可控整流电路带阻—感性负载时，也可接续流二极管，削去 u_d 中的负波，提高输出电压的平均值。

2.2.3　三相半波共阳极可控整流电路

把三只晶闸管的阳极接成公共端连在一起就构成了共阳极接法的三相半波可控整流电路。由于晶闸管只有在阳极电位高于阴极电位时才能导通，因此在共阳极接法中，工作在整流状态的晶闸管只有在电源相电压负半周才能被触发导通，换相总是换到阴极电位更负的那一相。其工作情况、波形和数量关系与共阴极接法时相仿，仅输出极性相反。三相半波可控整流电路共阳极接法及波形如图 2-14 所示。

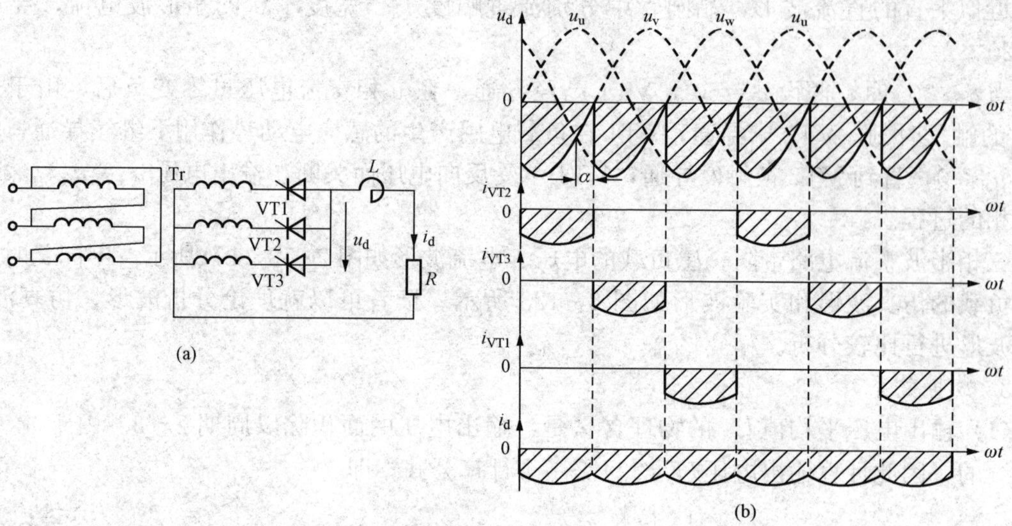

图 2-14　三相半波可控整流电路共阳极接法及波形

（a）接线图；（b）波形图

2.3　三相桥式全控整流电路

2.3.1　三相桥式全控整流电路（电阻性负载）

1. 电路组成

三相全控桥式整流电路可以看作是共阴极接法的三相半波（VT1、VT3、VT5）和共阳极接法的三相半波（VT4、VT6、VT2）的串联组合，如图 2-15（a）所示。由于共阴极组在正半周导电，流经变压器的是正向电流；而共阳极组在负半周导电，流经变压器的是反向电流。因此变压器绕组中没有直流磁通，且每相绕组正负半周都有电流流过，提高了变压器的利用率。共阴极组的输出电压是输入电压的正半周，共阳极组的输出电压是输入电压的负半周，总的输出电压是正、负两个输出电压的串联。

2. 工作原理

在图 2-15（a）所示的三相全控桥式整流电路中，共阴极接法的晶闸管（VT1、VT3、VT5）和共阳极接法的晶闸管（VT4、VT6、VT2）的控制角 α 的定义分别与三相半波可控整流电路的共阴极接法和共阳极接法相同。在一个周期内，晶闸管的导通顺序为 VT1→VT2→VT3→VT4→VT5→VT6。我们首先分析 $\alpha=0°$ 时电路的工作情况。如图 2-15（b）所示，将一周期相电压分为六个区间：

（1）在 $\omega t_1 \sim \omega t_2$ 区间：u 相电压最高，VT1 被触发导通，v 相电压最低，VT6 被触发导通，加在负载上的输出电压 $u_d=u_u-u_v=u_{uv}$。

（2）在 $\omega t_2 \sim \omega t_3$ 区间：u 相电压最高，VT1 被触发导通，w 相电压最低，VT2 被触发导通，加在负载上的输出电压 $u_d=u_u-u_w=u_{uw}$。

（3）在 $\omega t_3 \sim \omega t_4$ 区间：v 相电压最高，VT3 被触发导通，w 相电压最低，VT2 被触发导通，加在负载上的输出电压 $u_d=u_v-u_w=u_{vw}$。

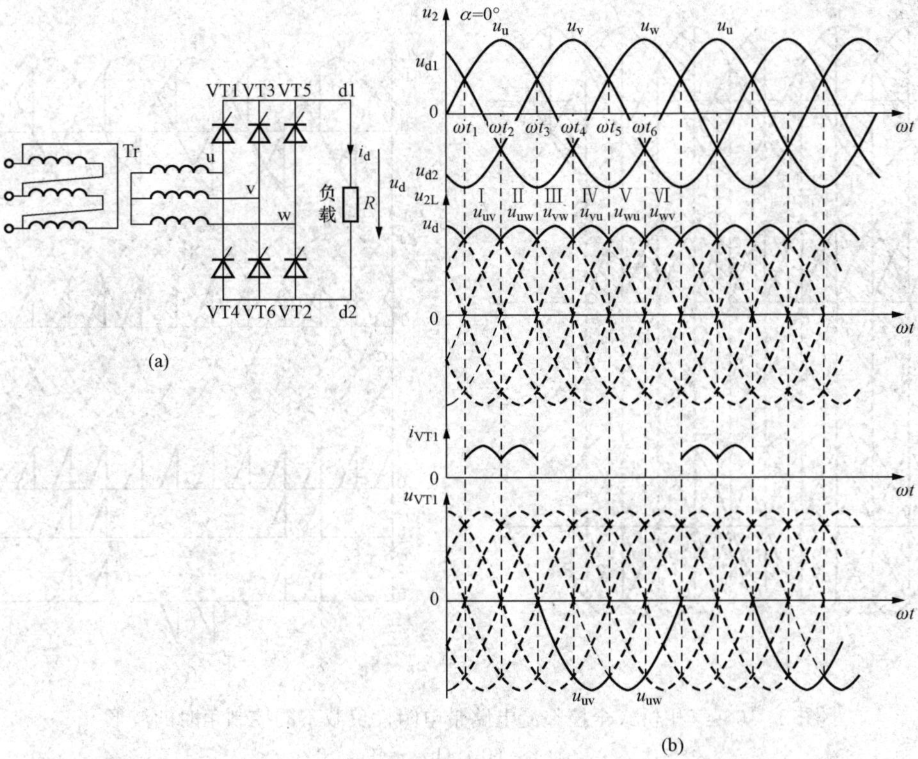

图 2-15　三相桥式全控整流电路结构图和带电阻性负载 $\alpha=0°$时的波形

(a) 电路图；(b) 波形图

(4) 在 $\omega t_4 \sim \omega t_5$ 区间：v 相电压最高，VT3 被触发导通，u 相电压最低，VT4 被触发导通，加在负载上的输出电压 $u_d=u_v-u_u=u_{vu}$。

(5) 在 $\omega t_5 \sim \omega t_6$ 区间：w 相电压最高，VT5 被触发导通，u 相电压最低，VT4 被触发导通，加在负载上的输出电压 $u_d=u_w-u_u=u_{wu}$。

(6) 在 $\omega t_6 \sim \omega t_7$（图中没画出）区间：w 相电压最高，VT5 被触发导通，v 相电压最低，VT6 被触发导通，加在负载上的输出电压 $u_d=u_w-u_v=u_{wv}$。

依此类推可得到表 2-5 的情况。

表 2-5　　三相桥式全控整流电路输出电压、晶闸管导通情况表

ωt	$\omega t_1 \sim \omega t_2$	$\omega t_2 \sim \omega t_3$	$\omega t_3 \sim \omega t_4$	$\omega t_4 \sim \omega t_5$	$\omega t_5 \sim \omega t_6$	$\omega t_6 \sim \omega t_7$
输出电压	u_{uv}	u_{uw}	u_{vw}	u_{vu}	u_{wu}	u_{wv}
导通晶闸管	VT1、VT6	VT1、VT2	VT2、VT3	VT3、VT4	VT4、VT5	VT5、VT6

3. 电路波形

工作波形如图 2-15（b）所示，当 $\alpha>0°$时，晶闸管从自然换相点后移 α 角度开始换流，工作过程与 $\alpha=0°$基本相同。电阻性负载 $\alpha \leqslant 60°$时的 u_d 波形连续，$\alpha>60°$时 u_d 波形断续。$\alpha=60°$和 $\alpha=90°$时的波形如图 2-16 所示。不同 α 时的仿真波形和实验波形如图 2-128 所示。从理论分析波形、仿真波形和实验波形三者的对比看，基本是一致的。

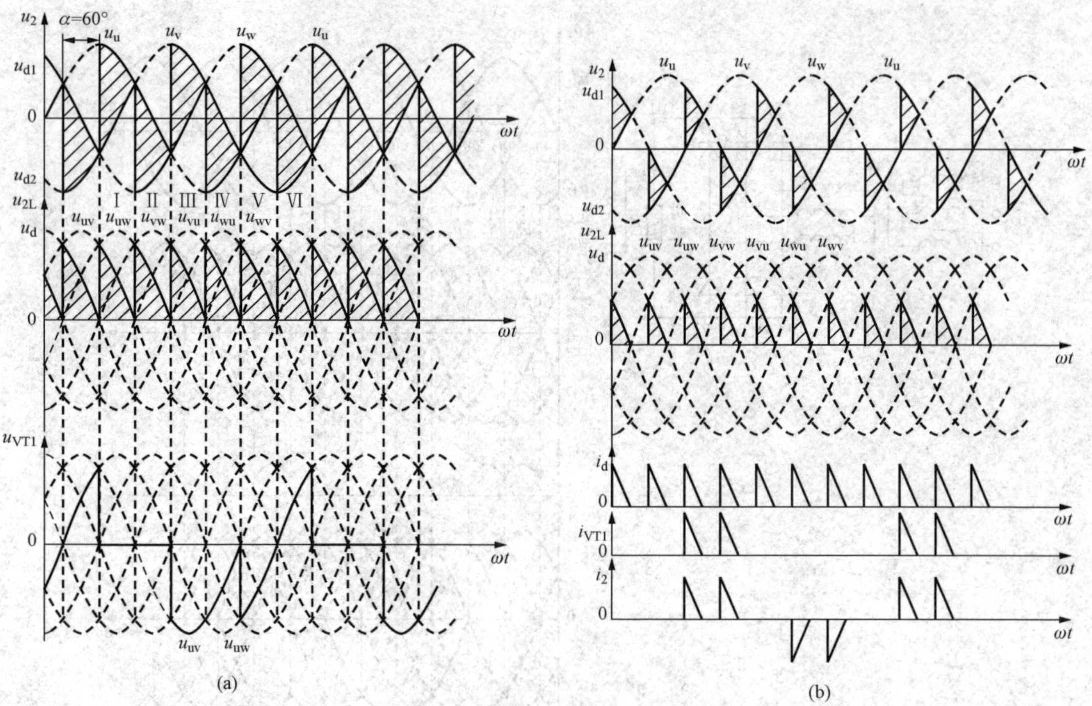

图 2-16　三相桥式全控整流电路带电阻性负载不同控制角时的波形

(a) $\alpha=60°$；(b) $\alpha=90°$

4. 基本数量关系

(1) 输出电压平均值U_d的物理含义是：输出电压的面积除以周期$\pi/3$，同时α的起点离开所对应的正弦波线电压零点为$\pi/3$。因为$\alpha=60°$是u_d波形连续和断续的分界点。$\alpha\leqslant 60°$，输出电压u_d波形连续，$\alpha>60°$，u_d波形断续，因此，计算输出电压平均值U_d时应分两种情况进行。

1) $\alpha\leqslant 60°$时，一个2π周期中有6个相同的波形，或每60°有1个波形。因此计算U_d的表达式为

$$\begin{aligned}U_d&=\frac{6}{2\pi}\int_{\frac{\pi}{3}+\alpha}^{\frac{2\pi}{3}+\alpha}\sqrt{3}\times\sqrt{2}U_2\sin\omega t\,d(\omega t)=\frac{1}{\pi/3}\int_{\frac{\pi}{3}+\alpha}^{\frac{2\pi}{3}+\alpha}\sqrt{3}\times\sqrt{2}U_2\sin\omega t\,d(\omega t)\\&=2.34U_2\cos\alpha=1.35U_{2l}\cos\alpha\end{aligned}\tag{2-43}$$

2) $\alpha>60°$时，波形在π处结束，U_d表达式的积分上限为π，所以

$$U_d=\frac{1}{\pi/3}\int_{\frac{\pi}{3}+\alpha}^{\pi}\sqrt{3}\times\sqrt{2}U_2\sin\omega t\,d(\omega t)=2.34U_2[1+\cos(\pi/3+\alpha)]\tag{2-44}$$

当$\alpha=0°$时，$U_d=U_{d0}=2.34U_2$；当$\alpha=120°$时，$U_d=0$，移相范围为0°～120°。

(2) 晶闸管承受的最大正反向电压U_{TM}是变压器二次线电压的峰值

$$U_{TM}=U_{FM}=U_{RM}=\sqrt{2}\times\sqrt{3}U_2=\sqrt{6}U_2=2.45U_2\tag{2-45}$$

5. 电路特点

三相全控桥式整流电路的工作特点如下：

(1) 任何时候共阴和共阳极组各有一只元件同时导通才能形成电流通路。每个晶闸管导通角为120°。

(2) 共阴极组晶闸管 VT1、VT3、VT5，按相序依次触发导通，相位相差 120°，共阳极组晶闸管 VT2、VT4、VT6 相位相差 120°，也按相序依次触发导通，同一相的晶闸管相位相差 180°。

(3) 输出电压 u_d 由六段线电压组成，每周期脉动六次。

(4) 晶闸管承受的电压波形与三相半波时相同，它只与晶闸管导通情况有关，其波形由 3 段组成。一段为 0（忽略导通时的压降），两段为线电压。晶闸管承受最大正、反向电压的关系也相同。

(5) 变压器二次绕组流过正、负两个方向的电流，消除了变压器的直流磁化，提高了利用率。

(6) 对触发脉冲宽度的要求。整流桥正常工作时，需保证同时导通的 2 个晶闸管均有脉冲，常用的方法有两种：一种是宽脉冲触发，它要求触发脉冲的宽度大于 60°（一般为80°～100°）；另一种是双窄脉冲触发，即触发一个晶闸管时，向小一个序号的晶闸管补发一个脉冲。宽脉冲触发要求触发功率大，易使脉冲变压器饱和，所以多采用双脉冲触发。

2.3.2　三相桥式全控整流电路（阻—感性负载）

1. 工作情况和电路波形

(1) 当 $\alpha \leqslant 60°$ 时，三相全控桥式整流电路的 u_d 波形连续，工作情况与带电阻性负载时相似，各晶闸管的通断情况、输出整流电压 u_d 波形、晶闸管承受的电压波形都一样；区别在于，由于负载电感的存在，同样的输出整流电压加到负载上，得到的负载电流 i_d 波形不同。由于电感的作用，使得负载电流波形变得平直，当电感足够大的时候，负载电流的波形可近似为一条水平线。$\alpha = 0°$ 时的波形如图 2-17（a）所示。

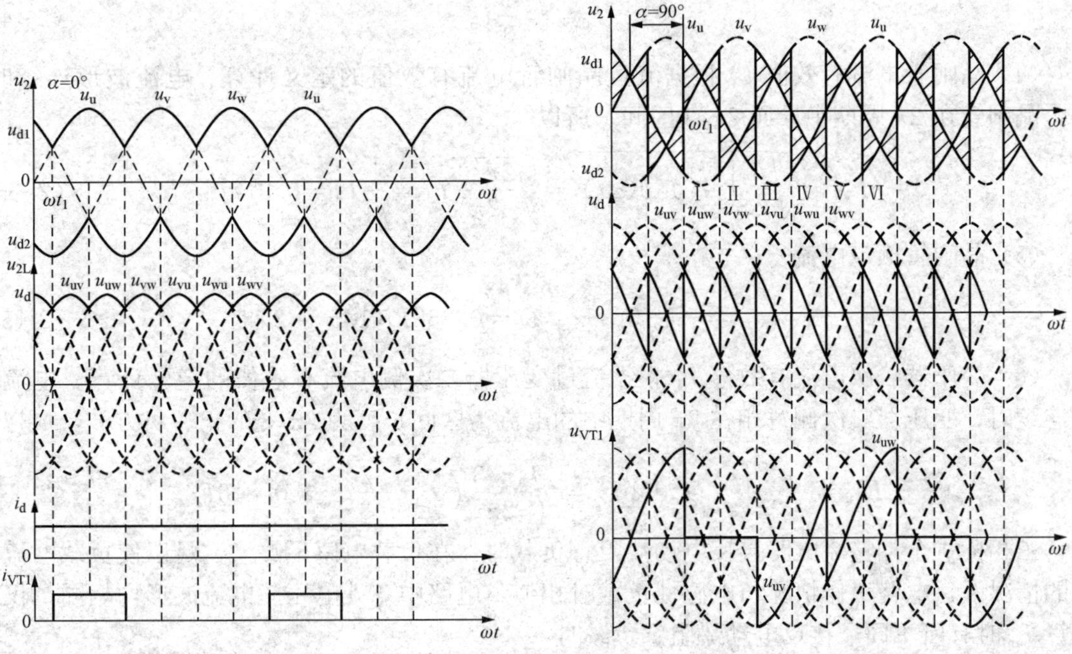

(a)　　(b)

图 2-17　三相桥式全控整流电路带电感性负载不同控制角时的波形

(a) $\alpha = 0°$；(b) $\alpha = 90°$

（2）$\alpha>60°$时，电感性负载时的工作情况与电阻负载时不同，电阻负载时 u_d 波形不会出现负的部分，波形断续，而电感性负载时，由于负载电感感应电动势的作用，u_d 波形会出现负的部分。图 2 - 17（b）为带电感性负载 $\alpha=90°$时的波形，可以看出，$\alpha=90°$时，u_d 波形上下对称，平均值为 0，因此带电感性负载三相桥式全控整流电路的 α 角移相范围为 0～90°。

不同 α 时阻—感性负载的仿真和实验波形如图 2 - 130 所示。从理论分析波形、仿真波形和实验波形三者的对比看，基本是一致的。

2. 基本数量关系

（1）输出电压平均值 U_d 的计算与电阻性负载相同，对于电感性负载，u_d 波形总是连续的，所以输出电压平均值的表达式只用一个。其物理含义是：输出电压的面积除以周期 π/3，α 的起点离开所对应的正弦波线电压零点为 π/3。一个 2π 周期中有 6 个相同的波形，或每 60°有 1 个波形。因此计算 U_d的表达式为

$$U_d=\frac{6}{2\pi}\int_{\frac{\pi}{3}+\alpha}^{\frac{2\pi}{3}+\alpha}\sqrt{3}\times\sqrt{2}U_2\ \sin\omega t\,d(\omega t)=\frac{1}{\pi/3}\int_{\frac{\pi}{3}+\alpha}^{\frac{2\pi}{3}+\alpha}\sqrt{3}\times\sqrt{2}U_2\ \sin\omega t\,d(\omega t)$$
$$=2.34U_2\ \cos\alpha=1.35U_{21}\ \cos\alpha \quad (2-46)$$

（2）输出电流平均值

$$I_d=2.34\frac{U_2}{R}\cos\alpha \quad (2-47)$$

（3）晶闸管电流平均值 I_{dVT}，由于每个周期 360°中，6 个晶闸管分成 3 对轮流导通 120°，流过每个晶闸管的平均电流是负载平均电流的 1/3，即

$$I_{dVT}=\frac{1}{3}I_d \quad (2-48)$$

（4）晶闸管电流有效值 I_T 根据流过晶闸管电流有效值的定义计算。电流波形连续时，每个晶闸管在 2π 周期中导通 2π/3 区间，所以

$$I_{VT}=\sqrt{\frac{1}{2\pi}\int_{\frac{\pi}{6}+\alpha}^{\frac{5\pi}{6}+\alpha}I_d^2 d(\omega t)}=\sqrt{\frac{2\pi/3}{2\pi}}I_d=\frac{1}{\sqrt{3}}I_d=0.577I_d \quad (2-49)$$

（5）晶闸管额定电流

$$I_{VT(AV)}=\frac{I_T}{1.57}(1.5\sim 2)=0.368I_d(1.5\sim 2) \quad (2-50)$$

（6）变压器二次电流有效值 I_T 根据流过变压器二次侧电流有效值的定义计算。电流波形连续时，变压器二次侧每相在 2π 周期中的电流为区间长度为 2π/3 的正、负方波，所以

$$I_{VT}=\sqrt{\frac{2}{2\pi}\int_{\frac{\pi}{6}+\alpha}^{\frac{5\pi}{6}+\alpha}I_d^2 d(\omega t)}=\sqrt{\frac{4\pi/3}{2\pi}}I_d=\sqrt{\frac{2}{3}}I_d=0.816I_d \quad (2-51)$$

三相桥式全控整流电路接反电动势阻感负载时，在负载电感足够大，足以使负载电流连续的情况下，电路工作情况与电感性负载时相似，电路中各处电压、电流波形均相同，仅在计算 I_d 时有所不同，接反电动势阻感负载时

$$I_d=\frac{U_d-E_M}{R} \quad (2-52)$$

表 2 - 6 列出了常见晶闸管三相可控整流电路和在不同负载下的数量关系。

表 2-6　常见晶闸管三相可控整流电路和在不同负载下的数量关系

整流主电路		三相半波整流电路	三相半控桥式整流电路	三相全控桥式整流电路	双反星形带平衡电抗器的整流电路
控制角 $\alpha=0°$时，空载直流输出电压平均值 U_{d0}		$1.17U_2$	$2.34U_2$	$2.34U_2$	$1.17U_2$
控制角 $\alpha\neq0°$时空载直流输出电压平均值	电阻性负载或电感性负载有续流二极管的情况	当 $0\leqslant\alpha\leqslant\frac{\pi}{6}$时为 $U_{d0}\cos\alpha$；当$\frac{\pi}{6}<\alpha\leqslant\frac{5\pi}{6}$时为 $0.577\times U_{d0}\left[1+\cos\left(\alpha+\frac{\pi}{6}\right)\right]$	$\frac{1+\cos\alpha}{2}\times U_{d0}$	当 $0\leqslant\alpha\leqslant\frac{\pi}{3}$时为 $U_{d0}\cos\alpha$；当$\frac{\pi}{3}<\alpha\leqslant\frac{2\pi}{3}$时为 $U_{d0}\left[1+\cos\left(\alpha+\frac{\pi}{3}\right)\right]$	当 $0\leqslant\alpha\leqslant\frac{\pi}{3}$时为 $U_{d0}\cos\alpha$；当$\frac{\pi}{3}<\alpha\leqslant\frac{2\pi}{3}$时为 $U_{d0}\left[1+\cos\left(\alpha+\frac{\pi}{3}\right)\right]$
	电阻＋无限大电感的情况	$U_{d0}\cos\alpha$	$\frac{1+\cos\alpha}{2}\times U_{d0}$	$U_{d0}\cos\alpha$	$U_{d0}\cos\alpha$
$\alpha=0°$时	脉动电压的最低脉动频率脉动系数	$3f$ 0.25	$6f$ 0.057	$6f$ 0.057	$6f$ 0.057
元件承受的最大正反向电压		$\sqrt{6}U_2$	$\sqrt{6}U_2$	$\sqrt{6}U_2$	$\sqrt{6}U_2$
移相范围	纯电阻性负载或电感性负载有续流二极管的情况	$0\sim\frac{5\pi}{6}$	$0\sim\pi$	$0\sim\frac{2\pi}{3}$	$0\sim\frac{2\pi}{3}$
	电阻＋无限大电感的情况	$0\sim\frac{\pi}{2}$	$0\sim\pi$	$0\sim\frac{\pi}{2}$	$0\sim\frac{\pi}{2}$
最大导通角		$\frac{2\pi}{3}$	$\frac{2\pi}{3}$	$\frac{2\pi}{3}$	$\frac{2\pi}{3}$
特点与使用场合		电路最简单，但元件承受电压高，对变压器或交流电源因存在直流分量，故较少采用或用在功率不大的场合	各项指标较好，适用于较大功率高电压场合	各项指标好，用于电压控制要求高或者要求逆变的场合。但晶闸管要 6 只，触发比较复杂	在相同 I_d 时，元件电流等级最低，电流仅经过一个元件产生压降，因此适用于低压大电流场合

2.4 三相桥式半控整流电路

2.4.1 三相桥式半控整流电路（电阻性负载）

1. 电路组成

在中等容量的整流装置或不要求可逆的电力拖动中，可采用比三相全控桥式整流电路更简单、经济的三相桥式半控整流电路，如图 2-18（a）所示，它由共阴极接法的三相半波可控整流电路与共阳极接法的三相半波不可控整流电路串联而成，因此这种电路兼有可控与不可控两者的特性。共阳极组的三个整流二极管总是在自然换流点换流，使电流换到阴极电位更低的一相中去；而共阴极组的三个晶闸管则要在触发后才能换到阳极电位高的那一相中去。输出整流电压 u_d 的波形是二组整流电压波形之和，改变共阴极组晶闸管的控制角 α，可获得 0～$2.34U_2$ 的直流可调电压。

2. 工作原理和电路波形

（1）当触发角 $\alpha=0°$时，触发脉冲在自然换流点出现，共阴极接法的晶闸管整流电路输出电压最大，其数值为 $2.34U_2$，三相半控桥式整流电路的输出电压 u_d 的波形与三相全控桥式整流电路在 $\alpha=0°$时输出的电压波形一样。

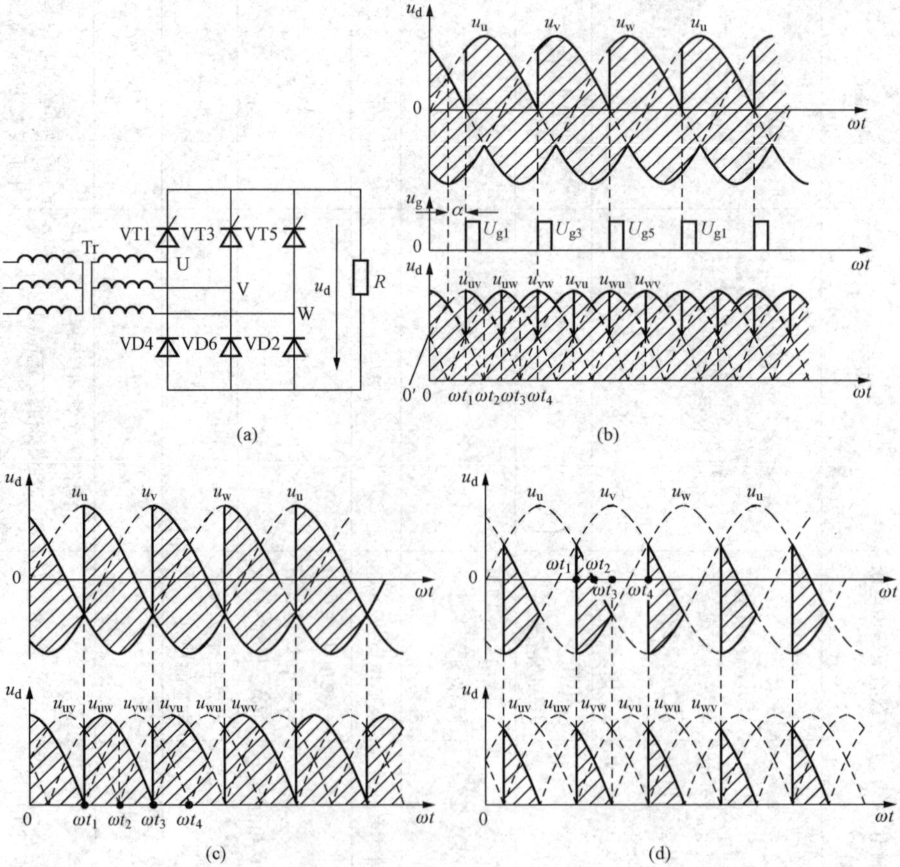

图 2-18 三相桥式半控整流电路及其电压电流波形

（a）电路图；（b）$\alpha=30°$；（c）$\alpha=60°$；（d）$\alpha=120°$

（2）当$\alpha \leqslant 60°$时，如图2-18（b）所示为$\alpha = 30°$时的波形。在ωt_1时，u_{g1}触发VT1管导通，电源电压u_{UV}通过VT1、VD6加于负载。在ωt_2时，共阳极组二极管自然换流，所以ωt_2之后，VD2导通，VD6自关断，电源电压u_{UW}通过VT1、VD2加于负载。在ωt_3时刻，由于u_{g3}还未出现，VT3不能导通，VT1维持导通，到ωt_4时刻，触发VT3管，VT3导通后使VT1管承受反向电压而关断，电路转为VT3与VD2导通，依次类推，负载R上得到的是三个间隔波头完整三个波头缺角的脉动波形。

（3）当$\alpha = 60°$时，u_d波形只剩下三个波头，波形刚好维持连续，如图2-18（c）所示。

不同α角电阻性负载时的仿真波形如图2-136所示。对照理论分析波形来看，它们是一致的。

2.4.2　三相桥式半控整流电路（阻—感性负载）

三相桥式半控整流电路与单相桥式半控整流电路一样，桥路内部二极管有续流作用，因此在带电感性负载时，输出u_d波形和平均电压U_d值与带电阻性负载时一样，不会出现负电压。

大电感负载若负载端不加接续流二极管，当突然切断触发信号或把控制角突然调到180°以外时，与单相桥式半控整流电路时一样，也会发生某个导通着的晶闸管不关断，而共阳极组的三个整流管轮流导通的失控现象。为了避免这种现象，在三相桥式半控整流电路带电感性负载时，必须并联续流二极管。

三相桥式半控整流电路与三相桥式全控整流电路各有优点，现比较如下：

（1）三相桥式全控整流电路能工作于有源逆变状态，而三相桥式半控整流电路只能作可控整流，不能工作于逆变状态（逆变原理后面再讲）。

（2）三相桥式全控整流电路输出电压脉动小，基波频率为300Hz，比三相桥式半控整流电路高一倍，在同样的脉动要求下，桥式全控整流电路要求平波电抗器的电感量可小些。

（3）三相桥式半控整流电路只用三个晶闸管，只需三套触发电路，不需要宽脉冲或双脉冲触发，因此线路简单经济，调整方便。

（4）三相桥式全控整流电路控制增益大、灵敏度高，其控制滞后时间（改变电路的α角后，直流输出电压相应变化的时间）为3.3ms，而三相半控桥式整流电路为6.6ms，因此三相桥式全控整流电路的动态响应比桥式半控整流电路好。

2.5　带平衡电抗器的双反星形大功率整流电路

电解、电镀等设备需要低电压大电流可控直流电源，这些电源电压一般只有几十伏，而电流高达几千至几万安。如果采用三相半波可控整流电路，则每相需要十几个晶闸管并联才能满足这么大的电流，使均流、保护等一系列问题复杂化。我们知道，三相桥式电路是两个三相半波电路的串联，适宜在高电压小电流的情况下工作；对于低压大电流负载，能否用两组三相半波整流电路并联工作，利用整流变压器二次侧的适当连接，达到消除三相半波整流电路变压器直流磁化的缺点，这就是本节要叙述的带平衡电抗器的双反星形可控整流电路。

1. 电路组成

图2-19（a）为有两组二次绕组的双反星形变压器，图2-19（b）为带平衡电抗器L_B

的双反星形可控整流电路原理图。电路中整流变压器一次绕组接成三角形，两组二次绕组U—V—W和U′—V′—W′接成星形，但接到晶闸管的两绕组同名端相反，画出的电压矢量图是两个相反的星形，故称双反星形。在两个中点N1—N2之间接有平衡电抗器L_B（L_{B1}+L_{B2}）。平衡电抗器就是一个带有中心抽头的铁芯线圈，抽头两侧的绕组匝数相等，二次侧电感量$L_{B1}=L_{B2}$，在任一次侧线圈中有交变电流流过时，在L_{B1}与L_{B2}中均会有大小相同、方向一致的感应电动势产生。

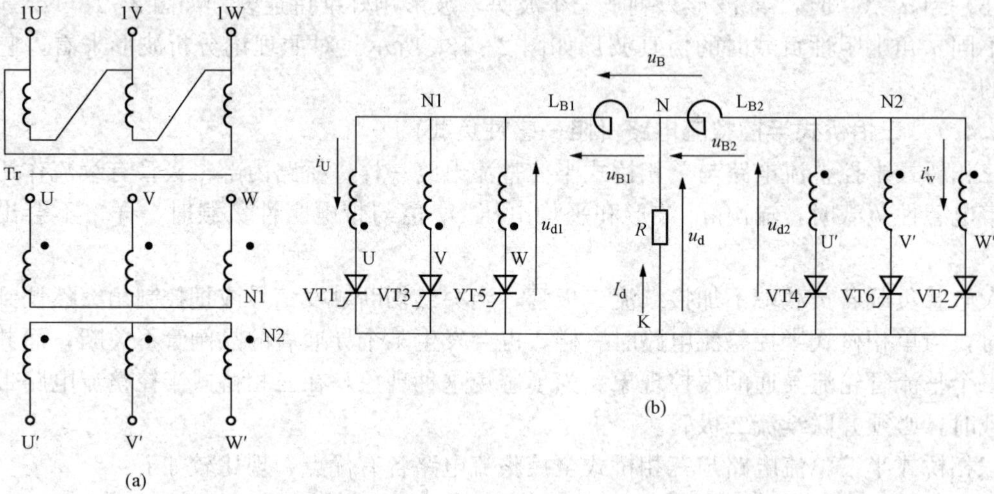

图2-19　带平衡电抗器的双反星形整流电路和双反星形三相变压器
（a）双反星形三相变压器；（b）带平衡电抗器的双反星形可控整流电路

可见双反星形整流电路是由两个三相半波整流电路并联而成，每组供给总负载电流的一半。它与由两个三相半波电路串联而成的三相桥式电路相比，输出电流可增大一倍。变压器二次侧两绕组的极性相反是为了消除变压器中的直流磁势。

2. 电路工作原理和平衡电抗器的作用

（1）不接平衡电抗器。为了说明平衡电抗器的作用，先将图2-19（b）中的L_B短接，这就构成了通常的六相半波整流电路，变压器二次电压波形如图2-20（a）所示，细实线为U—V—W组的三相波形，细虚线为U′-V′-W′组波形。由于六个晶闸管为共阴接法，因此在任何瞬间，只有相电压瞬时值最大的一相元件导通，以$\alpha=0°$时刻为例进行分析。

在ωt_1时刻，U相电压最大，VT1管导通，以N点作电位参考点，则共阴极点K电位最高［如图2-19（b）所示］，迫使其他五个晶闸管承受反压而不能导通。变压器二次侧以U—W′—V—U′—W—V′的顺序依次达到电压最大值，所以晶闸管以VT1—VT2—VT3—VT4—VT5—VT6顺序依次导通60°，输出直流电压u_d波形为六个正向相电压波头的包络线，波形与三相桥式整流时相同，只是六相半波时是相电压，而三相桥式是线电压。由于任一瞬时只有一个管子导通，因此每个整流元件与变压器二次绕组就要流过全部负载电流，导通角为60°，仅为1/6周期，U相电流波形如图2-20（b）所示。流过晶闸管或变压器二次绕组的电流导电时间短、峰值高、晶闸管电流的波形系数大，因此使整流元件的额定电流与变压器导线截面要选大，变压器利用率下降，这就体现不出供应大电流的优点，所以六相半波整流在大电流场合使用较少。

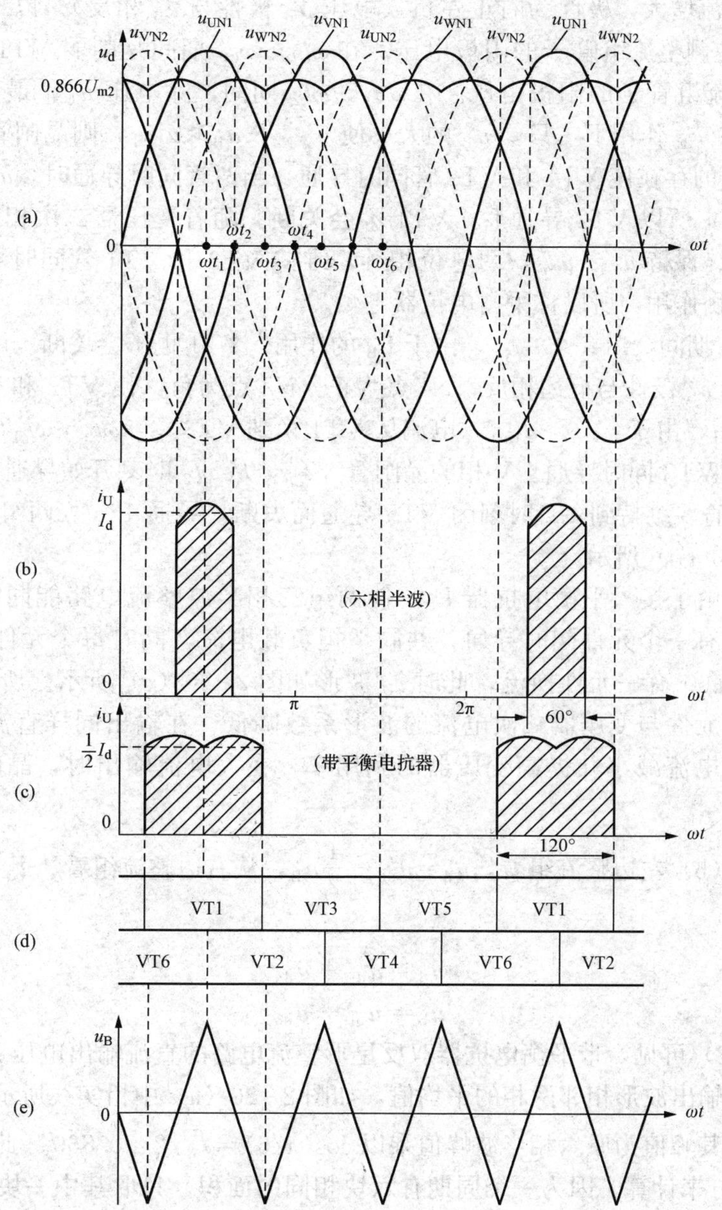

图 2-20　带平衡电抗器双反星形可控整流电路

(a) 整流电压 U_d 波形；(b) 六相半波电路 U 相电流波形；

(c) 带平衡电抗器双反星形电路 U 相电流波形；(d) 六个晶闸管导通情况；

(e) 平衡电抗器 L_B 上的电压波形

(2) 接入平衡电抗器。现接入平衡电抗器，仍以 $\alpha=0°$ 时可控整流情况进行分析，设在图 2-20 (a) 中：

1) $\omega t_1 \sim \omega t_2$ 期间合上变压器一次侧电源，此时 u_{UN1} 相电压最高，晶闸管 VT1 导通，从图 2-19 (b) 可见，VT1 导通后 K 点与 N 点同电位，其他晶闸管承受反压而不导通。由于存在平衡电抗器，VT1 导通后使电流 i_U 逐渐增大，在平衡电抗器 L_{B1} 与 L_{B2} 中感应出电

动势 e_B，阻碍电流增大，极性为右正左负（电压 u_B 极性与 e_B 相反）。以 N 点为电位参考点，u_{B1} 削弱了左侧整流组管子的阳极电压。在 $\omega t_1 \sim \omega t_2$ 期间是削弱 VT1 管的阳极电压；u_{B2} 增强右侧整流组管子的阳极电压。在 $\omega t_1 \sim \omega t_2$ 期间，除电压 u_{UN1} 最高外，右侧电压 $u_{W'N2}$ 相最高，在 u_{B2} 作用下，只要 u_B 的大小使 $u_{W'N2}+u_B>u_{UN1}$，则晶闸管 VT2 也受正压导通。因此，L_B 的存在使 VT1 和 VT2 管同时导通。当两管同时导通时，$u_U=u_{W'}$ 由于在此期间 $u_{UN1}>u_{W'N2}$，所以 VT2 导通后，VT1 不会关断。随着变压器二次相电压的变化，u_B 也相应变化，始终保持 $u_U=u_{W'}$，两电位相等，维持 VT2 和 VT1 管同时导通。电抗器 L_B 起二相导通的平衡作用，所以称平衡电抗器。

2）$\omega t_2 \sim \omega t_3$ 期间，$u_{UN1}<u_{W'N2}$，由于 L_B 的作用，VT1 也不会关断。因为 i_U 开始减小时，L_B 上产生的 e_B 极性与上述相反，N1 点为正，N2 点为负，使 VT2 和 VT1 仍能维持共同导通。ωt_3 之后，由于 $u_{VN1}>u_{UN1}$，电流从 VT1 换到 VT3，与 $\omega t_1 \sim \omega t_2$ 情况相同，$\omega t_3 \sim \omega t_4$ 期间 VT2 到 VT3 同时导通。V 相的晶闸管 VT3，从 ωt_3 时刻开始导通，由于电抗器 L_B 的平衡作用，一直要维持到 ωt_6 时刻因 VT5 导通而关断，导通 120°。两组晶闸管同时导通的情况如图 2-20（d）所示。

由此可见，由于接入平衡电抗器 L_B，使两组三相半波整流电路能同时工作，即在任一瞬间，两组各有一个元件同时导通，共同承担负载电流，同时每个元件导通角由 60°扩大为 120°，每隔 60°有一元件换流，此时 i_U 波形如图 2-20（c）所示。所以平衡电抗器的作用使流过整流元件与变压器二次电流的波形系数降低，在输出同样直流电流 I_d 时，可使晶闸管的额定电流减小并提高变压器的利用率，在大电流输出时，晶闸管可少并联或不并联。

从图 2-19（b）左边整流组看，$u_d=u_{d1}-\frac{1}{2}u_B$，从右边整流组看，$u_d=u_{d2}+\frac{1}{2}u_B$，因此得

$$u_d=u_{d1}+u_{d2} \tag{2-53}$$

$$u_B=u_{d1}-u_{d2} \tag{2-54}$$

由式（2-53）可见，带平衡电抗器双反星形整流电路的直流输出电压 u_d 波形是左右两组三相半波整流输出波形相邻两相的平均值，如图 2-20（a）中粗实线所示。可以看成一个新的六相半波，其峰值为原六相半波峰值乘以 $\cos(\pi/6)=\sqrt{3}/2=0.866$。此波形的电压平均值 U_d 可通过积分来计算，因为一个周期有六块相同的面积，只取其中一块积分求平均值即可，计算式为

$$U_d=1.17U_2\cos\alpha \tag{2-55}$$

由式（2-54）可见，平衡电抗器 L_B 上的电压波形 u_B 为两组三相半波输出电压波形之差，近似如图 2-20（e）所示的三角波，频率为 150Hz。

由于两组三相半波整流电路并联运行，两者输出电压的瞬时值不相等，会产生环流（即不经过负载的两相之间的电流），因此必须由平衡电抗器 L_B 来限制。通常要求将环流值限制在额定负载电流的 2%左右，使并联运行的两组电流分配尽量均匀。当负载电流很小，其值与环流幅值相等时，工作电流与环流相反的管子由于流过电流小于维持电流而关断，失去并联导电性能，电路转为六相半波整流状态，输出直流电压 U_d 从原来的 $1.17U_2$ 突升为 $1.35U_2$。

3. 带平衡电抗器的双反星形可控整流电路

由上面分析可知，带平衡电抗器的双反星形可控整流电路 $\alpha=0°$ 的位置是三相半波整流时原来的自然换流点，α 从该点起算。带电阻性负载时 $\alpha=0°$、$\alpha=60°$、$\alpha=90°$ 的 U_d 波形如图 2-21 所示。

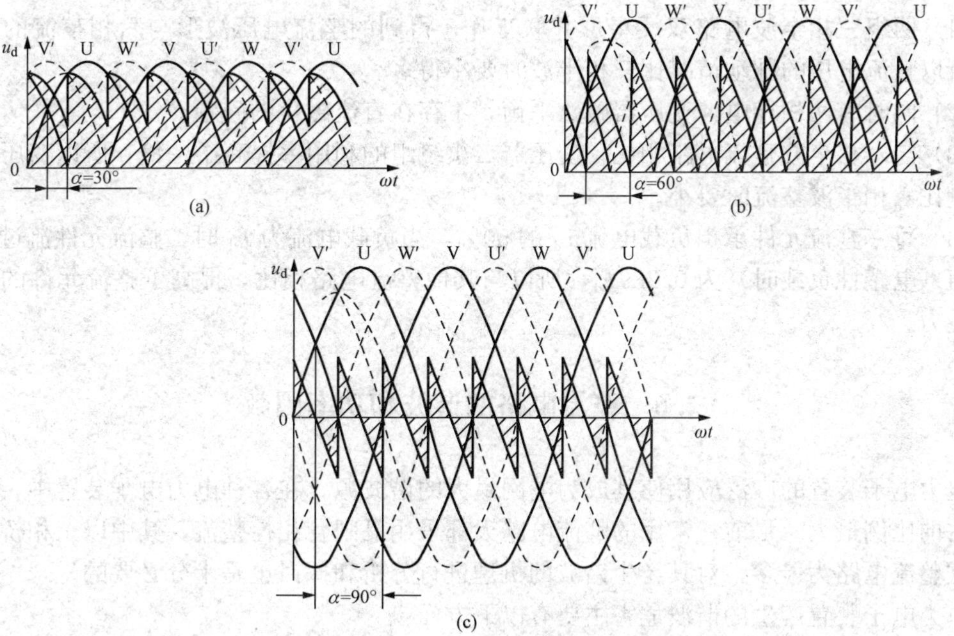

图 2-21　带平衡电抗器的双反星形可控整流电压波形

(a) 带电阻性负载（$\alpha=30°$）；(b) 带电阻性负载（$\alpha=60°$）；(c) 带电感性负载（$\alpha=90°$）

4. 基本数量关系

(1) 当 $\alpha \leqslant 60°$ 时，波形连续，输出电压平均值

$$U_d = 1.17U_2\cos\alpha \quad (0 \leqslant \alpha \leqslant 60°) \tag{2-56}$$

(2) 当 $\alpha \geqslant 60°$ 时，波形断续，输出电压平均值

$$U_d = 1.17U_2[1+\cos(\alpha+60°)] \quad (60° < \alpha < 120°) \tag{2-57}$$

为了确保电流断续后，两组三相半波整流电路还能同时工作，与三相桥式整流电路一样，也要求采用双窄脉冲或宽脉冲触发，窄脉冲脉宽应大于 30°。带电阻性负载时，触发脉冲的最大移相范围为 120°（单组时为 150°）。

带电感性负载时 $\alpha \leqslant 60°$ 时，u_d 波形没有负电压，与带电阻性负载相同。当 $60° < \alpha < 90°$ 时，u_d 波形出现负电压。当 $\alpha=90°$ 时，$U_d \approx 0$，波形如图 2-21（c）所示。

(3) 带电感性负载时输出直流平均电压

$$U_d = 1.17U_2\cos\alpha \quad (0 < \alpha < 90°) \tag{2-58}$$

晶闸管可能承受的最大正反向电压与三相半波整流时相同，也为 $\sqrt{6}U_2$。

从图 2-20、图 2-21 可以看出，双反星形电路的输出电压波形与三相半波相比较，脉动程度减小了，脉动频率加大了一倍，$f=300\text{Hz}$。在电感性负载情况下，$\alpha=90°$ 时输出电压波形正负面积相等，平均电压为零，因而感性负载的移相范围是 90°。如果是电阻性负载，则不出现负压，仅保留波形的正半部分。同样可以看出，$\alpha=120°$时，输出电压为零。因而电阻性负载的移相范围为120°（单组为150°）。双反星形电路是两组三相半波电路的并联，所以整流电压平均值U_d就等于一组三相半波整流电路的整流电压平均值，在不同控制角α时，$U_d=1.17U_2\cos\alpha$。

5. 带平衡电抗器的双反星形整流电路特点

（1）两组三相半波电路双反星形并联工作，得到的整流电压波形与六相整流的波形一样，所以整流电压的脉动情况比三相半波时要小得多。

（2）同时有两相导电，变压器磁路平衡，不存在直流磁化的问题。

（3）与六相半波整流电路相比，变压器二次绕组的利用率提高了一倍，所以变压器的设备容量比六相半波整流时要小。

（4）每一整流元件承担负载电流I_d的50%，当负载电流为I_d时，整流元件流过电流的有效值（电感性负载时）为$0.289I_d$，所以与其他整流电路相比，提高了整流元件的承受负载的能力。

2.6 整流电路的谐波和功率因数

电力电子装置的广泛应用使其成为电网最大的谐波源。在各种电力电子装置中，整流装置所占的比例最大。目前，常用的整流电路大都采用晶闸管相控整流，其中以三相桥式和单相桥式整流电路为最多，对其产生谐波的机理进行分析和探讨也是十分必要的。

电力电子装置产生的谐波危害主要有以下方面：

（1）使电网中的电气元件产生附加谐波损耗。

（2）影响各种电气设备的正常工作，使电气设备发生机械振动、噪声和过热，使绝缘老化、寿命缩短以至损坏。

（3）引起电网中局部的并联谐振和串联谐振，从而使谐波放大，甚至引起严重事故。

（4）导致继电保护和自动装置的误动作，并使电气测量仪表计量不准确。

（5）对邻近的通信系统产生干扰，轻者产生噪声，降低通信质量，重者导致信息丢失，使通信系统无法正常工作。

2.6.1 谐波

在供用电系统中，通常希望交流电压和交流电流呈正弦波形。正弦电压可表示为

$$u(t)=\sqrt{2}U\sin(\omega t+\alpha) \tag{2-59}$$

式中：U为电压有效值；α为初相角；ω为角频率，$\omega=2\pi f=2\pi/T$。

其中f为频率；T为周期。

正弦电压施加在线性无源元件电阻、电感和电容上，其电流和电压分别为比例、积分和微分关系，仍为同频率的正弦波。但当正弦电压施加在非线性电路上时，电流就变为非正弦波，非正弦电流在电网阻抗上产生压降，会使电压波形也变为非正弦波。当然，非正弦电压施加在线性电路上时，电流也是非正弦波。对于周期$T=2\pi/\omega$的非正弦电压$u(\omega t)$，一般满足狄里赫利条件，可分解为如下形式的傅里叶级数

$$u(\omega t)=a_0+\sum_{n=1}^{\infty}(a_n\cos n\omega t+b_n\sin n\omega t) \tag{2-60}$$

式中

$$a_0=\frac{1}{2\pi}\int_0^{2\pi}u(\omega t)\mathrm{d}(\omega t);\ a_n=\frac{1}{\pi}\int_0^{2\pi}u(\omega t)\cos n\omega t\mathrm{d}(\omega t);\ b_n=\frac{1}{\pi}\int_0^{2\pi}u(\omega t)\sin n\omega t\mathrm{d}(\omega t)$$

$$n=1,\ 2,\ 3\cdots$$

或

$$u(\omega t)=a_0+\sum_{n=1}^{\infty}c_n\sin(n\omega t+\varphi_n) \tag{2-61}$$

式中，c_n、φ_n 和 a_n、b_n 的关系为

$$c_n=\sqrt{a_n^2+b_n^2};\quad \varphi_n=\arctan(a_n/b_n);\quad a_n=c_n\sin\varphi_n;\quad b_n=c_n\cos\varphi_n$$

式（2-60）或式（2-61）的傅里叶级数中，频率与工频相同的分量称为基波（Fundamental），频率为基波频率整数倍（大于1）的分量称为谐波，谐波次数为谐波频率和基波频率的整数比。以上公式及定义均以非正弦电压为例，对于非正弦电流的情况也完全适用。

n 次谐波电流含有率以（Harmonic Ratio for，HRI_n）表示

$$HRI_n=\frac{I_n}{I_1}\times 100\% \tag{2-62}$$

式中：I_n 为第 n 次谐波电流有效值；I_1 为基波电流有效值。

电流谐波总畸变率（Total Harmonic Distortion，THD_i）定义为

$$THD_i=\frac{I_h}{I_1}\times 100\% \tag{2-63}$$

式中：I_h 为总谐波电流有效值。

2.6.2　功率因数

在正弦电路中，电路的有功功率就是其平均功率，即

$$P=\frac{1}{2\pi}\int_0^{2\pi}ui\,\mathrm{d}(\omega t)=UI\cos\varphi \tag{2-64}$$

式中：U、I 分别为电压和电流的有效值；φ 为电流滞后于电压的相位差。

视在功率为电压、电流有效值的乘积，即

$$S=UI \tag{2-65}$$

无功功率定义为

$$Q=UI\sin\varphi \tag{2-66}$$

功率因数 λ 定义为有功功率 P 和视在功率 S 的比值，即

$$\lambda=\frac{P}{S} \tag{2-67}$$

此时无功功率 Q 与有功功率 P、视在功率 S 之间有如下关系

$$S^2=P^2+Q^2 \tag{2-68}$$

在正弦电路中，功率因数是由电压和电流的相位差 φ 决定的，其值为

$$\lambda=\cos\varphi \tag{2-69}$$

在非正弦电路中，有功功率、视在功率、功率因数的定义均和正弦电路相同，功率因数仍由式（2-67）定义。公用电网中，通常电压的波形畸变很小，而电流波形的畸变可能很大。因此，不考虑电压畸变，研究电压波形为正弦波、电流波形为非正弦波的情况有很大的实际意义。

设正弦波电压有效值为U，含有谐波的非正弦畸变电流有效值为I，基波电流有效值及与电压的相位差分别为I_1和φ_1。这时有功功率为

$$P = UI_1\cos\varphi_1 \tag{2-70}$$

功率因数为

$$\lambda = \frac{P}{S} = \frac{UI_1\cos\varphi_1}{UI} = \frac{I_1}{I}\cos\varphi_1 = \nu\cos\varphi_1 \tag{2-71}$$

式中：ν为基波电流有效值和总电流有效值之比，$\nu = I_1/I$，称为电流畸变系数；$\cos\varphi_1$为位移因数或基波功率因数。

可见，功率因数由电流波形畸变和基波功率因数这两个因素共同决定的。

2.6.3 带阻感负载时可控整流电路交流侧谐波和功率因数分析

1. 单相桥式全控整流电路

忽略换相过程和电流脉动，当单相桥式整流电路所带阻感负载的电感L足够大时，变压器二次电流波形近似为理想方波。将电流波形分解为傅里叶级数，可得

$$\begin{aligned} i_2 &= \frac{4}{\pi}I_d\left(\sin\omega t + \frac{1}{3}\sin 3\omega t + \frac{1}{5}\sin 5\omega t + \cdots\right) \\ &= \frac{4}{\pi}I_d\sum_{n=1,3,5\cdots}\frac{1}{n}\sin n\omega t = \sum_{n=1,3,5\cdots}\sqrt{2}I_n\sin n\omega t \end{aligned} \tag{2-72}$$

其中基波和各次谐波有效值为

$$I_n = \frac{2\sqrt{2}I_d}{n\pi},\ n = 1,\ 3,\ 5\cdots \tag{2-73}$$

电流中仅含奇次谐波，各次谐波有效值与谐波次数成反比，且与基波有效值的比值为谐波次数的倒数。由式（2-73）可知基波电流的有效值为

$$I_1 = \frac{2\sqrt{2}}{\pi}I_d \tag{2-74}$$

又有变压器二次侧电流i_2的有效值$I_2 = I_d$，则可得到基波因数

$$\nu = \frac{I_1}{I} = \frac{2\sqrt{2}}{\pi} \approx 0.9 \tag{2-75}$$

而电流的基波与电压的相位差就为控制角α，故位移因数为

$$\lambda_1 = \cos\varphi_1 = \cos\alpha \tag{2-76}$$

最终的功率因数

$$\lambda = \nu\lambda_1 = \frac{I_1}{I}\cos\varphi_1 = \frac{2\sqrt{2}}{\pi}\cos\alpha \approx 0.9\cos\alpha \tag{2-77}$$

2. 三相桥式全控整流电路

阻感负载的三相桥式整流电路忽略换相过程和电流脉动时，如图2-17所示。设交流侧电抗为零，直流电感L为足够大。以$\alpha = 30°$为例，此时，变压器电流为正负半周各120°的方波，三相电流波形相同，且依次相差120°，其有效值与直流平均电流的关系为

$$I = \sqrt{\frac{2}{3}}I_d = 0.816I_d \tag{2-78}$$

用U相电流来举例，可将电流波形分解成傅里叶级数

$$i_U=\frac{2\sqrt{3}}{\pi}I_d\left[\sin\omega t-\frac{1}{5}\sin5\omega t-\frac{1}{7}\sin7\omega t+\frac{1}{11}\sin11\omega t+\frac{1}{13}\sin13\omega t-\cdots\right]$$

$$=\frac{2\sqrt{3}}{\pi}I_d\sin\omega t+\frac{2\sqrt{3}}{\pi}I_d\sum_{\substack{n=6k\pm1\\k=1,2,3\cdots}}(-1)^k\frac{1}{n}\sin n\omega t$$

$$=\sqrt{2}I_1\sin\omega t+\sum_{\substack{n=6k\pm1\\k=1,2,3\cdots}}(-1)^k\sqrt{2}I_n\sin n\omega t \tag{2-79}$$

由此可得以下结论：电流中仅含 $6k\pm1$（k 为正整数）次谐波，各次谐波有效值与谐波次数成反比，且与基波有效值的比值为谐波次数的倒数。

由式（2-79）可得电流基波有效值 I_1 为

$$I_1=\frac{\sqrt{6}}{\pi}I_d \tag{2-80}$$

各次谐波有效值 I_n 为

$$I_n=\frac{\sqrt{6}}{n\pi}I_d,\quad n=6k\pm1,\ k=1,2,3\cdots \tag{2-81}$$

由式（2-78）和式（2-80）可得出基波因数

$$\nu=\frac{I_1}{I}=\frac{3}{\pi}\approx0.955 \tag{2-82}$$

基波电流与基波电压的相位差为 α，故位移因数为 $\cos\varphi_1=\cos\alpha$，功率因数为

$$\lambda=\nu\cos\varphi_1=\frac{I_1}{I}\cos\varphi_1\approx0.955\cos\alpha \tag{2-83}$$

2.6.4　整流电路直流侧输出电压和电流的谐波分析

整流电路的输出电压是周期性的非正弦函数，其中主要成分为直流，同时包含各种频率的谐波，这些谐波对于负载的工作是不利的。

设当 $\alpha=0°$时，m 脉波整流电路的整流电压如图 2-22 所示（以 $m=3$ 为例）。

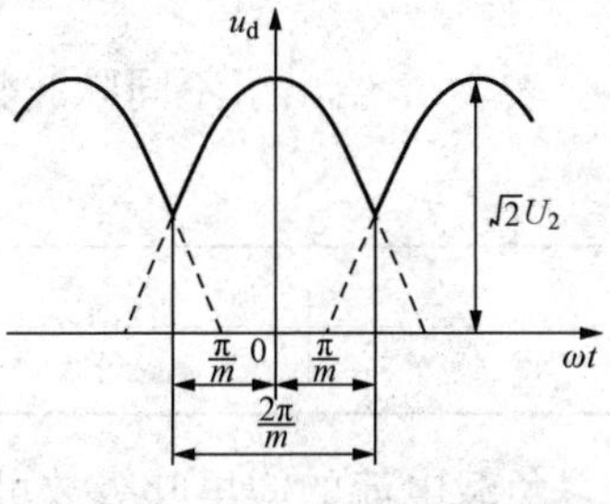

图 2-22　$\alpha=0°$时 m 脉波整流电路的整流电压波形

将纵坐标选在整流电压的峰值处，则在 $-\pi/m\sim\pi/m$ 区间，整流电压的表达式为

$$u_{d0}=\sqrt{2}U_2\cos\omega t \tag{2-84}$$

对该整流输出电压进行傅里叶级数分解，得到

$$u_{d0}=U_{d0}+\sum_{n=mk}^{\infty}b_n\cos n\omega t=U_{d0}\left(1-\sum_{n=mk}^{\infty}\frac{2\cos k\pi}{n^2-1}\cos n\omega t\right) \tag{2-85}$$

式中，$k=1,2,3\cdots$，且

$$U_{d0}=\sqrt{2}U_2\frac{m}{\pi}\sin\frac{\pi}{m} \tag{2-86}$$

$$b_n=\frac{2\cos k\pi}{n^2-1}U_{d0} \tag{2-87}$$

如果将 $m=2$、3、6 分别代入式（2-84）可得到单相桥式全控电路（或单相双半波）、三相半波电路、三相桥式全控电路 $\alpha=0°$时整流输出电压的傅里叶级数表达式，即：

（1）单相桥式全控电路 $u_{d0}=\sqrt{2}U_2\ \frac{2}{\pi}\sin\frac{\pi}{2}\left(1+\frac{2\cos2\omega t}{1\times3}-\frac{2\cos4\omega t}{3\times5}+\frac{2\cos6\omega t}{5\times7}-\cdots\right)$

（2）三相半波电路 $u_{d0}=\sqrt{2}U_2\ \frac{3}{\pi}\sin\frac{\pi}{3}\left(1+\frac{2\cos3\omega t}{2\times4}-\frac{2\cos6\omega t}{5\times7}+\frac{2\cos9\omega t}{8\times10}-\cdots\right)$

（3）三相桥式全控电路 $u_{d0}=\sqrt{2}U_2\ \frac{6}{\pi}\sin\frac{\pi}{6}\left(1+\frac{2\cos6\omega t}{5\times7}-\frac{2\cos12\omega t}{11\times13}+\frac{2\cos18\omega t}{17\times19}-\cdots\right)$

为了描述整流电压 u_{d0} 中所含谐波的总体情况，定义电压纹波因数 γ_u 为 u_{d0} 中谐波分量有效值 U_R 与整流电压平均值 U_{d0} 之比

$$\gamma_u=\frac{U_R}{U_{d0}} \tag{2-88}$$

其中

$$U_R=\sqrt{\sum_{n=mk}^{\infty}U_n^2}=\sqrt{U^2-U_{d0}^2} \tag{2-89}$$

式中整流电压有效值 U 为

$$U=\sqrt{\frac{m}{2\pi}\int_{-\frac{\pi}{m}}^{\frac{\pi}{m}}(\sqrt{2}U_2\cos\omega t)^2\mathrm{d}\omega t}=U_2\sqrt{1+\frac{\sin\frac{2\pi}{m}}{2\pi/m}} \tag{2-90}$$

将式（2-89）、式（2-90）和式（2-86）代入式（2-88），得

$$\gamma_u=\frac{U_R}{U_{d0}}=\frac{\sqrt{\frac{1}{2}+\frac{m}{4\pi}\sin\frac{2\pi}{m}-\frac{m^2}{\pi^2}\sin^2\frac{\pi}{m}}}{\frac{m}{\pi}\sin\frac{\pi}{m}} \tag{2-91}$$

表 2-7 给出了不同脉波数 m 时的电压纹波因数值。

表 2-7　　不同脉波数 *m* 时的电压纹波因数值

m	2	3	6	12	∞
γ_u（%）	48.2	18.27	4.18	0.994	0

负载电流的傅里叶级数可由整流电压的傅里叶级数求得

$$i_d=I_d+\sum_{n=mk}^{\infty}d_n\cos(n\omega t-\varphi_n) \tag{2-92}$$

当负载 R、L 和反电动势 E 串联时，式（2-92）中

$$I_d=\frac{U_{d0}-E}{R} \tag{2-93}$$

n 次谐波电流的幅值 d_n 为

$$d_n=\frac{b_n}{z_n}=\frac{b_n}{\sqrt{R^2+(\omega L)^2}} \tag{2-94}$$

n 次谐波电流的滞后角为

$$\varphi_n=\arctan\frac{n\omega L}{R} \tag{2-95}$$

由式（2-85）和式（2-92）可得出 $\alpha=0°$ 时的整流电压、电流中的谐波有如下规律：

（1）m 脉波整流电压 u_{d0} 的谐波次数为 mk（$k=1$，2，3…）次，即 m 的倍数次；整流电流的谐波由整流电压的谐波决定，也为 mk 次。

（2）当 m 一定时，随谐波次数增大，谐波幅值迅速减小，表明最低次（m 次）谐波是最主要的，其他次数的谐波相对较少；当负载中有电感时，负载电流谐波幅值 d_n 的减小更为迅速。

（3）m 增加时，最低次谐波次数增大，且幅值迅速减小，电压纹波因数迅速下降。

以上是 $\alpha=0°$ 时的情况分析。

2.7　变压器漏抗对整流电路的影响

前面介绍整流电路时，曾经假设变压器为理想变压器，变压器的漏抗、绕组电阻和励磁电流都可忽略；曾经假设晶闸管元件是瞬时动作的理想开关。但实际的电源变压器存在漏电抗和电阻，由于电感对电流的变化起阻碍作用，电感电流不能突变，因此晶闸管元件的换相过程是不可能瞬时完成的。

1. 换相过程与换相重叠角

考虑变压器漏抗后的三相半波可控整流电路如图 2-23（a）所示，其中三相漏抗相等，忽略交流侧的电阻，并假设负载回路电感足够大，负载电流连续且平直。

下面以三相半波可控整流电路为例，来讨论晶闸管从 u 相到 v 相的换相过程。

在 u 到 v 相的换流前，VT1 仍导通，换流时触发 VT2，由于变压器漏抗的作用，VT1 不立即关断，i_u 从 I_d 逐渐减小到零；同样 VT2 也不立即导通，i_v 从零逐渐增加到 I_d，电流有一个换相重叠过程，换相重叠角为 γ。换相过程中，两个晶闸管同时导通，相当于 u、v 两相短路，在 u_{vu} 电压作用下产生短路电流 i_k，u 相电流 $i_u=I_d-i_k$，v 相电流 $i_v=i_k$。当 $i_u=0$，$i_v=I_d$ 时，u 相和 v 相之间完成了换流，如图 2-23（b）所示。

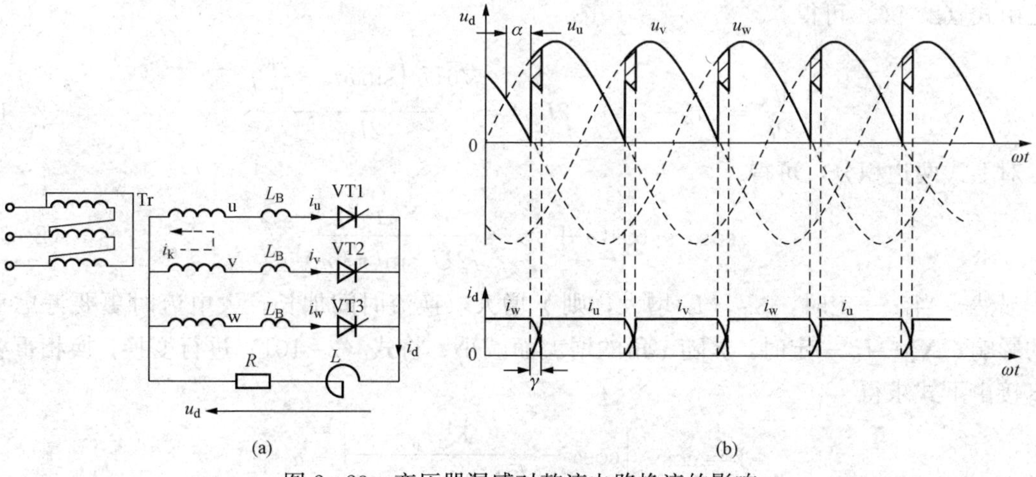

图 2-23　变压器漏感对整流电路换流的影响

（a）电路图；（b）波形图

在不考虑晶闸管管压降的情况下，换相期间变压器漏感 L_B 两端的电压

$$u_v-u_u=2L_B\frac{di_k}{dt}$$

$$L_B\frac{di_k}{dt}=\frac{1}{2}(u_v-u_u) \tag{2-96}$$

2. 换相期间的整流电压

$$u_d=u_u+L_B\frac{di_k}{dt}=u_v-L_B\frac{di_k}{dt}=\frac{1}{2}(u_u+u_v) \tag{2-97}$$

3. 换相压降

由图 2-23 的波形可以看出，与不考虑变压器漏抗的情况比较，整流电压波形少了一块（图 2-23 中的阴影部分），以 m 脉波计算，缺少部分的计算如下

$$\begin{aligned}\Delta u_d&=\frac{1}{2\pi/m}\int_{\alpha}^{\alpha+\gamma}(u_v-u_d)d(\omega t)=\frac{1}{2\pi/m}\int_{\alpha}^{\alpha+\gamma}L_B\frac{di_k}{dt}d(\omega t)\\&=\frac{m}{2\pi}\int_0^{I_d}\omega L_B di_k=\frac{m}{2\pi}X_BI_d\end{aligned} \tag{2-98}$$

式中：X_B 为漏感是 L_B 的变压器每相折算到二次侧的漏电抗，$X_B=\omega L_B$；m 是一周期内换相次数。

说明：(1) 单相双半波电路 $m=2$，三相半波 $m=3$，三相桥式电路 $m=6$。

(2) 需要特别说明的是对于单相全控桥，换相压降的计算上述通式不成立，因为单相全控桥虽然每周期换相 2 次（$m=2$），但换相过程中 i_k 是从 $-I_d$ 增加到 I_d，所以对于单相全控桥有

$$\Delta U_d=\frac{2X_B}{\pi}I_d \tag{2-99}$$

(3) 换相压降可看成在整流电路直流侧增加一只等效内电阻，负载电流在它上面产生的压降，区别仅在于这个内阻并不消耗有功功率。

4. 换相重叠角 γ

由式（2-96）可得

$$\frac{di_k}{dt}=(u_v-u_U)/(2L_B)=\frac{\sqrt{6}U_2\left(\sin\omega t-\frac{5\pi}{6}\right)}{2L_B} \tag{2-100}$$

对上式两边积分，可得

$$\cos\alpha-\cos(\alpha+\gamma)=\frac{X_BI_d}{\sqrt{2}U_2\sin(\pi/m)} \tag{2-101}$$

显然，当 α 一定时，X_B、I_d 增大，则 γ 增大，换流时间加长，大电流时更要考虑重叠角的影响。X_B、I_d 一定时，γ 随 α 角的增大而减小。将式（2-101）进行变换，换相重叠角可直接由下式求得

$$\gamma=\cos^{-1}\left[\cos\alpha-\frac{X_BI_d}{\sqrt{2}U_2\sin(\pi/m)}\right]-\alpha$$

式中：m 为每周期换相次数，单相双半波电路 $m=2$，三相半波 $m=3$。

需要说明的是：

(1) 对于单相全控桥，因为换相过程中，i_k 是从 $-I_d$ 增加到 I_d，式（2-101）中 I_d 代以 $2I_d$，m 取 2。所以对于单相全控桥有

$$\cos\alpha - \cos(\alpha + \gamma) = \frac{2I_d X_B}{\sqrt{2}U_2} \tag{2-102}$$

(2) 对于三相桥式电路，虽然有 $m=6$，但式（2-101）仅适用于六相半波整流电路，这里需要把三相桥式电路等效为相电压 $\sqrt{3}U_2$ 的六相半波整流电路，将这些数值代入式（2-101），有

$$\cos\alpha - \cos(\alpha + \gamma) = \frac{2I_d X_B}{\sqrt{6}U_2} \tag{2-103}$$

表 2-8 列出了几种整流电路换相压降和换相重叠角的计算公式，表中所列 m 脉波整流电路的公式为通用公式，可适用于各种整流电路，对于表中未列出的电路可用该公式导出。

表 2-8　各种整流电路换相压降和换相重叠角的计算

参数＼电路形式	单相全波	单相全控桥	三相半波	三相全控桥	m 脉波整流电路
ΔU_d	$\frac{X_B}{\pi}I_d$	$\frac{2X_B}{\pi}I_d$	$\frac{3X_B}{2\pi}I_d$	$\frac{3X_B}{\pi}I_d$	$\frac{mX_B}{2\pi}I_d$
$\cos\alpha-\cos(\alpha+\gamma)$	$\frac{I_d X_B}{\sqrt{2}U_2}$	$\frac{2I_d X_B}{\sqrt{2}U_2}$	$\frac{2I_d X_B}{\sqrt{6}U_2}$	$\frac{2I_d X_B}{\sqrt{6}U_2}$	$\frac{X_B I_d}{\sqrt{2}U_2\sin(\pi/m)}$

由此可见，变压器漏感的存在会引起电网波形畸变，出现电压缺口，使 du/dt 加大，成为干扰源，影响其他负载；另外，变压器漏感的存在会使功率因数降低，整流电路的工作状态增多（既有 2 元件导通又有 3 元件导通），输出电压脉动增大。当然，变压器的漏感 L_B 也不是一无是处，它的存在可以限制短路电流，限制电流变化率 di/dt 。

2.8　晶闸管相控电路的驱动控制

本章讲述的晶闸管可控整流电路是通过改变触发角的大小，即控制触发脉冲起始相位来调节输出电压大小的，故称为相控整流电路。为保证相控电路的正常工作，应按触发角的大小，在正确的时刻向电路中的晶闸管施加有效的触发脉冲，这就是本节要讲述的相控电路的驱动控制，相应的驱动电路习惯上称为触发电路。

在第 1 章讲述晶闸管的驱动电路时已简单介绍了触发电路应满足的要求、晶闸管触发脉冲与晶闸管的连接方式等内容。但所讲述的内容是孤立的，未与晶闸管所处的主电路相结合，而将触发脉冲与主电路融合正是本节要讲述的主要内容。

一般的小功率变流器较多采用单结晶体管触发电路；大、中功率的变流器，对触发电路的精度要求较高，对输出的触发功率要求较大，故广泛应用晶体管触发电路和集成触发电路，其中以同步信号为锯齿波的触发电路应用最多。

2.8.1　单结晶体管触发电路

单结晶体管触发电路，具有简单、可靠、触发脉冲前沿陡、抗干扰能力强等优点，在单相与要求不高的三相晶闸管变流装置中得到广泛应用。

1. 单结晶体管

(1) 单结晶体管的结构。单结晶体管的原理结构如图 2-24（a）所示。它有三个电极，

e为发射极，b_1 为第一基极，b_2 为第二基极。因为只有一个PN结，故称为“单结晶体管”，又因为有两个基极，所以又称为“双极二极管”。

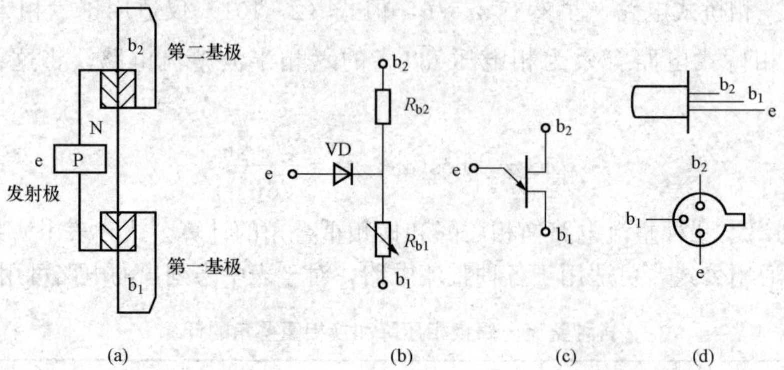

图2-24 单结晶体管的结构、等效电路、图形符号及管脚排列

(a) 单结晶体管原理结构图；(b) 单结晶体管等效电路；

(c) 单结晶体管电气符号；(d) 单结晶体管外形与管脚排列

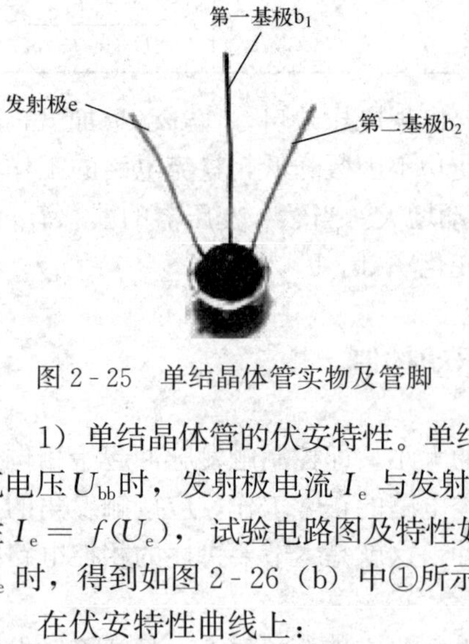

图2-25 单结晶体管实物及管脚

单结晶体管等效电路如图2-24（b）所示，两个基极间的电阻 $R_{bb}=R_{b1}+R_{b2}$，一般为2～12kΩ。正常工作时，R_{b1} 随发射极电流大小而变化，相当于一个可变电阻。PN结可等效为二极管VD，它的正向管压降通常为0.7V。单结晶体管的电气符号如图2-24（c）所示。触发电路常用的国产单结晶体管型号主要有BT31、BT33、BT35，外形与管脚排列如图2-24（d）所示，实物图、管脚如图2-25所示。

（2）单结晶体管的伏安特性及主要参数。

1）单结晶体管的伏安特性。单结晶体管的伏安特性是当两基极 b_1 和 b_2 间加某一固定直流电压 U_{bb} 时，发射极电流 I_e 与发射极正向电压 U_e 之间的关系曲线称为单结晶体管的伏安特性 $I_e=f(U_e)$，试验电路图及特性如图2-26所示。当开关S断开，I_{bb} 为零，加发射极电压 U_e 时，得到如图2-26（b）中①所示伏安特性曲线，该曲线与二极管伏安特性曲线相似。

在伏安特性曲线上：

a. ap段为截止区。其中ab段只有很小的反向漏电流，bp段出现正向漏电流。p点为截止状态进入导通状态的转折点。p点所对应的电压称为峰点电压 U_p，所对应的电流称为峰点电流 I_p。

b. pv段为负阻区。随着 I_e 增大 U_e 下降，R_{b1} 呈现负电阻特性。曲线上的v点 U_e 最小，v点称为谷点。谷点所对应的电压和电流称为谷点电压 U_v 和谷点电流 I_v。

c. vN段为饱和区。

2）单结晶体管的主要参数。单结晶体管的主要参数有基极间电阻 R_{bb}、分压比 $\eta=\dfrac{R_{b1}}{R_{b1}+R_{b2}}$、峰点电流 I_P、谷点电压 U_V、谷点电流 I_V 及耗散功率等。

2. 单结晶体管张弛振荡电路

利用单结晶体管的负阻特性和电容的充放电，可以组成单结晶体管张弛振荡电路。单结

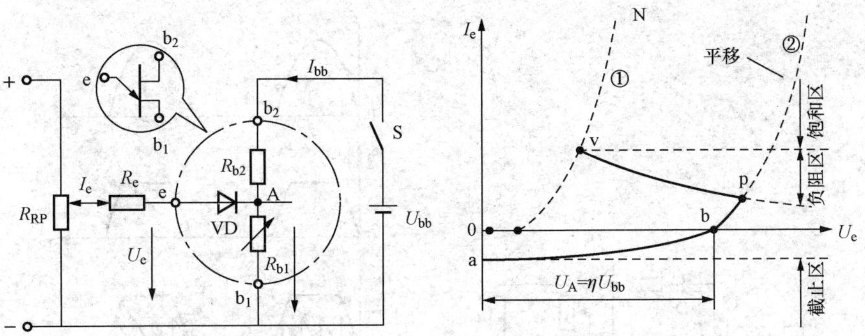

(a)　　　　　　　　　　(b)

图 2 - 26　单结晶体管伏安特性

(a) 单结晶体管实验电路；(b) 单结晶体管伏安特性

晶体管张弛振荡电路的电路图和波形，如图 2 - 27 所示。

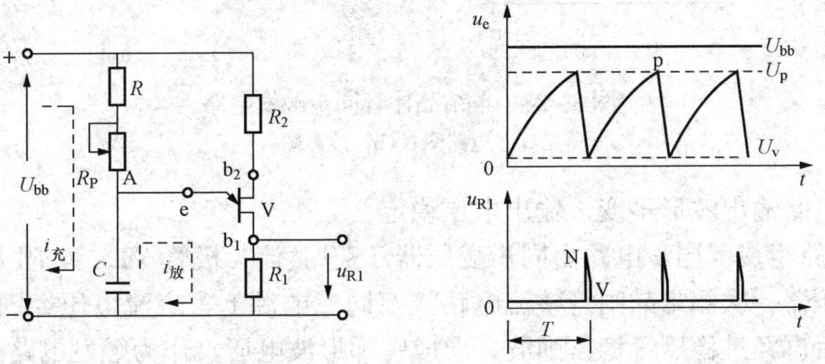

(a)　　　　　　　　　　(b)

图 2 - 27　单结晶体管张弛振荡电路电路图和波形图

(a) 电路图；(b) 波形图

设电容器初始没有电压，电路接通以后，单结晶体管是截止的，电源经电阻 R、R_P 对电容 C 进行充电，电容电压从零起按指数规律上升；当电容两端电压达到单结晶体管的峰点电压 U_p 时，单结晶体管导通，电容开始放电，由于放电回路的电阻很小，因此放电很快，放电电流在电阻 R_1 上产生了尖脉冲。随着电容放电，电容电压降低，当电容电压降到谷点电压 U_v 以下，单结晶体管截止，接着电源又重新对电容进行充电，如此周而复始，在电容 C 两端会产生一个锯齿波，在电阻 R_1 两端将产生一个尖脉冲波，如图 2 - 27 (b) 所示。

3. 单结晶体管触发电路

上述单结晶体管张弛振荡电路输出的尖脉冲可以用来触发晶闸管，但不能直接作为触发电路，还必须解决触发脉冲与主电路的同步问题。

图 2 - 28 所示为单结晶体管触发电路，是由同步电路和脉冲移相与形成两部分组成的。

(1) 同步电路。

1) 什么是同步。触发信号和电源电压在频率和相位上相互协调的关系叫同步。例如，在单相半波可控整流电路中，触发脉冲应出现在电源电压正半周范围内，而且每个周期的 α

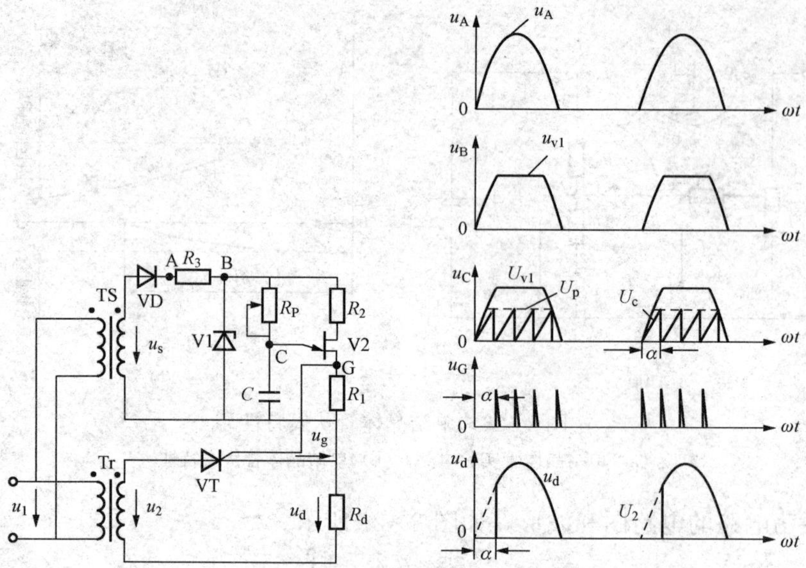

(a) (b)

图 2-28 单结晶体管同步触发电路

（a）电路图；（b）波形图

角相同，确保电路输出波形不变，输出电压稳定。

2）同步电路组成。同步电路由同步变压器 TS、整流二极管 VD、电阻 R_3 及稳压管 V1 组成。同步变压器一次侧与晶闸管整流电路接在同一电源上，交流电压经同步变压器降压、单相半波整流后再经过稳压管稳压削波，形成一梯形波电压，作为触发电路的供电电压。梯形波电压零点与晶闸管阳极电压过零点一致，从而实现触发电路与整流主电路的同步。

3）波形分析。单结晶体管触发电路的调试以及使用过程中的检修，主要是通过几个点的典型波形来判断某个元器件是否正常。为此我们通过理论波形与实测波形的比较来进行分析。

a. 半波整流后脉动电压的波形（图 2-28 中“A”点）。实测波形如图 2-29（a）所示，理论分析波形如图 2-29（b），可进行对照比较。

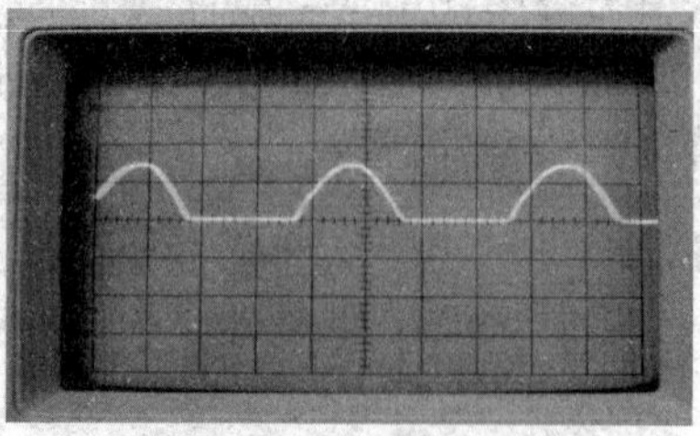

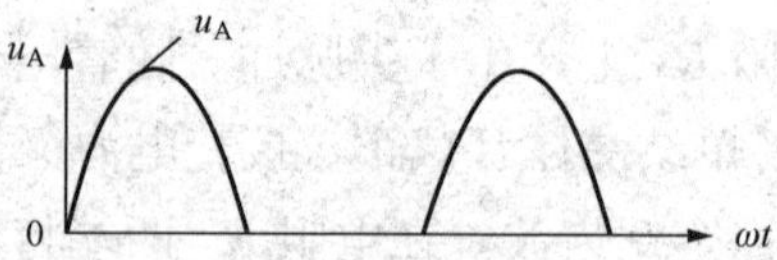

(a) (b)

图 2-29 半波整流后的电压波形

（a）实测波形；（b）理论波形

b. 削波后梯形电压波形（图 2-28 图中“B”点）。经稳压管削波后的梯形波如图 2-30 所示，图 2-30（a）为实测波形、图（b）为理论波形，可进行对照比较。

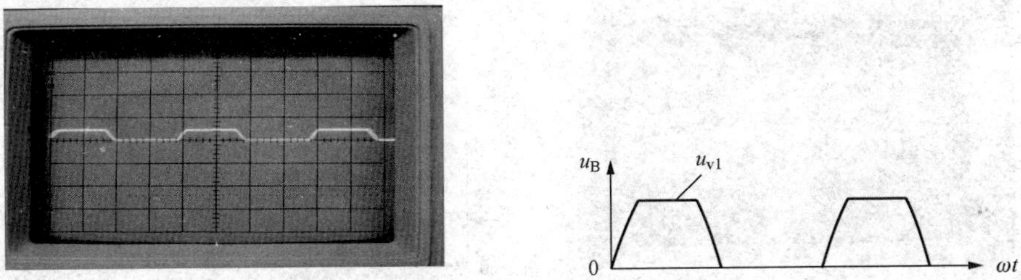

(a)　　(b)

图 2-30　削波后的梯形电压波形

(a) 实测波形；(b) 理论波形

(2) 脉冲移相与形成。

1) 电路组成。脉冲移相与形成电路实际上就是上述的张弛振荡电路。脉冲移相由电阻 R_P 和电容 C 组成，脉冲形成由单结晶体管、电阻 R_2、输出电阻 R_1 组成。

改变张弛振荡电路中电容 C 的充电电阻的阻值，就可以改变充电的时间常数，图 2-28 中用电位器 R_P 来实现这一变化，例如：

$R_P\uparrow\rightarrow\tau_C\uparrow\rightarrow$出现第一个脉冲的时间后移$\rightarrow\alpha\uparrow\rightarrow U_d\downarrow$。

2) 波形分析。

a. 电容电压的波形（图 2-28 中“C”点）。C 点的实测波形如图 2-31（a）所示。由于电容每半个周期在电源电压过零点从零开始充电，当电容两端的电压上升到单结晶体管峰点电压时，单结晶体管导通，触发电路送出脉冲，电容的容量和充电电阻 R_P 的大小决定了电容两端的电压从零上升到单结晶体管峰点电压的时间，因此本触发电路无法实现在电源电压过零点即 $\alpha=0°$ 时送出触发脉冲。图 2-31（b）为理论波形，调节电位器 R_P 的旋钮，可观察 C 点波形的变化范围。

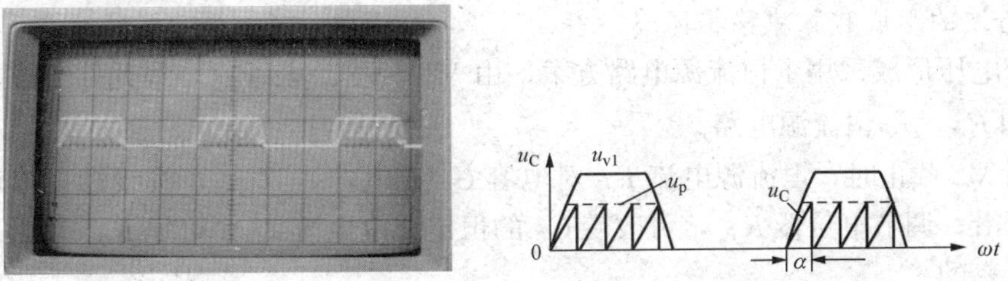

(a)　　(b)

图 2-31　电容两端电压波形

(a) 实测波形；(b) 理论波形

b. 输出脉冲的波形（图 2-28 中“G”点）。测得 G 点的波形如图 2-32（a）所示，单结晶体管导通后，电容通过单结晶体管的 eb_1 迅速向输出电阻 R_1 放电，在 R_1 上得到很窄的尖脉冲。图 2-32（b）为理论波形，可对照进行比较。调节电位器 R_P 的旋钮，观察 G 点的波形的变化范围。

从上图可见，单结晶体管触发电路只能产生窄脉冲。对于电感较大的负载，由于晶闸管在触发导通时阳极电流上升较慢，在阳极电流还未达到管子掣住电流时，触发脉冲已经消失，使晶闸管在触发期间导通后又重新关断。所以单结晶体管如不采取脉冲扩宽措施，是不

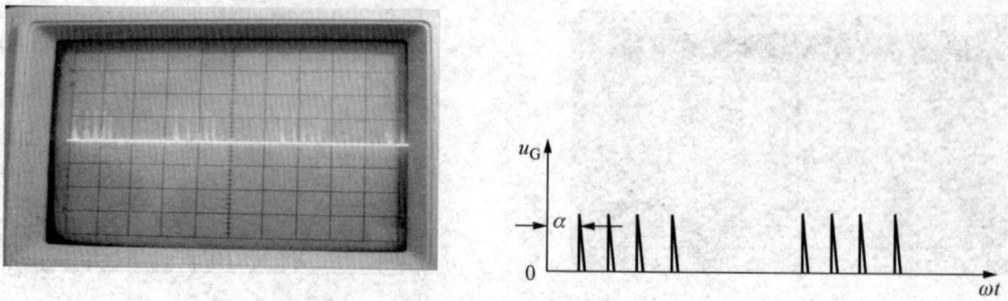

(a)　　　　(b)

图 2-32　输出波形
（a）实测波形；（b）理论波形

宜触发电感性负载的。

单结晶体管触发电路一般用于触发带电阻性负载的小功率晶闸管。为满足三相桥式整流电路中晶闸管的导通要求，触发电路应能输出双窄脉冲或宽脉冲。下面讨论能够输出双窄脉冲或宽脉冲的触发电路。

2.8.2　同步信号为锯齿波的触发电路

同步信号为锯齿波的触发电路，由于采用锯齿波同步电压，所以不受电网电压波动的影响，电路的抗干扰能力强，在触发 200A 以下的晶闸管变流电路中得到广泛应用。锯齿波触发电路主要由脉冲形成与放大、锯齿波形成和脉冲移相、同步环节、双窄脉冲形成、强触发等环节组成，如图 2-33 所示。下面进行简单介绍，详细说明见有关专门资料。

1. 脉冲形成与放大环节

如图 2-33 所示，脉冲形成环节由 V4、V5 构成；放大环节由 V7、V8 组成。控制电压 u_{co} 加在 V4 的基极上，电路的触发脉冲由脉冲变压器 TP 的二次绕组输出。脉冲前沿由 V4 导通时刻确定，V5（或 V6）的截止持续时间即为脉冲宽度。

2. 锯齿波的形成和脉冲移相环节

锯齿波电压形成采用了恒流源电路方案，由 V1、V2、V3 和 C_2 等元件组成，其中 V1、VS、R_{P_2} 和 R_3 为一恒流源电路。

（1）当 V2 截止时，恒流源电流 I_{1C} 对电容 C_2 充电，u_C（u_{b3}）按线性规律增长，形成锯齿波上升沿；调节电位器 R_{P_2}，可改变 C_2 的恒定充电电流 I_{1c}。可见 R_{P_2} 是用来调节锯齿波上升沿斜率的。

（2）当 V2 导通时，因 R_4 很小，所以 C_2 迅速放电，使得 u_{b3}（u_C）的电位迅速降到零伏附近。当 V2 周期性地导通和关断时，u_{b3} 便形成一锯齿波，同样 u_{e3} 也是一个锯齿波。

（3）V4 基极电位由锯齿波电压 u_{e3}、控制电压 u_{co}、直流偏移电压 u_p 三者的叠加作用所决定，它们分别通过电阻 R_6、R_7、R_8 与 V4 基极连接。

根据叠加原理，先设 u_h 为锯齿波电压 u_{e3} 单独作用在 V4 基极时的电压，u_h 仍为锯齿波，但斜率比 u_{e3} 低。直流偏移电压 u_p 单独作用在 V4 基极时的电压 u'_p 也为一条与 u_p 平行的直线，但绝对值比 u_p 小。控制电压 u_{co} 单独作用在 V4 基极时的电压 u'_{co} 仍为一条与 u_{co} 平行的直线，但绝对值比 u_{co} 小。

如果 $u_{co}=0$，u_p 为负值时，b_4 点的波形由 $u_h+u'_p$ 确定。当 u_{co} 为正值时，b_4 点的波形由 $u_h+u'_p+u'_{co}$ 确定。实际波形如图 2-34 所示，图中 M 点是 V4 由截止到导通的转折点，

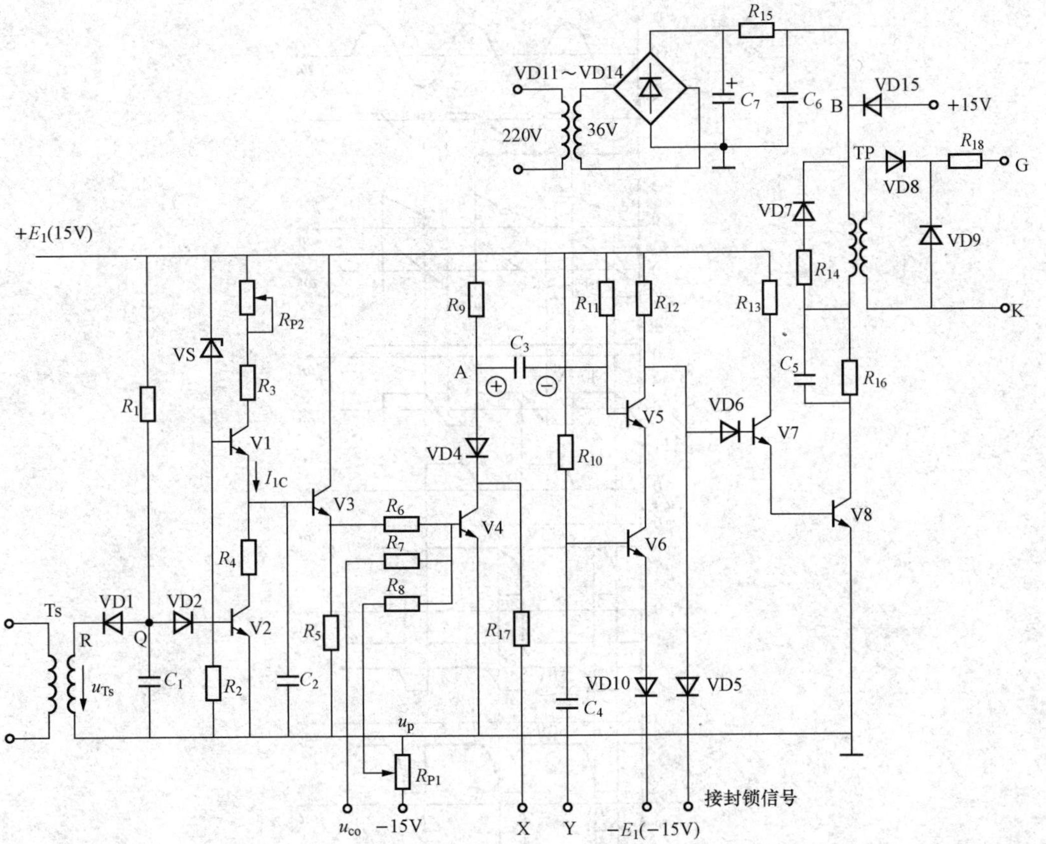

图 2-33　同步信号为锯齿波的触发电路

也就是脉冲的前沿。V4 经过 M 点时电路输出脉冲。因此当 u_p 为某固定值时，改变 u_{co} 便可以改变 M 点的坐标，即改变了脉冲产生时刻，脉冲被移相。可见加 u_p 的目的是为了确定控制电压 $u_{co}=0$ 时脉冲的初始相位。

3. 同步环节

对于同步信号为锯齿波的触发电路，与主电路同步是指要求锯齿波的频率与主电路电源的频率相同且相位关系确定。从图 2-33 可知，锯齿波是由开关管 V2 控制的，V2 由导通变截止期间产生锯齿波，V2 截止状态维持的时间就是锯齿波的宽度，V2 的开关频率就是锯齿波的频率。图 2-33 中的同步环节由同步变压器 TS、VD1、VD2、C_1、R_1 和作同步开关用的晶体管 V2 组成。同步变压器和整流变压器接在同一电源上，这就保证了触发脉冲与主电路电源同步。用同步变压器的二次电压来控制 V2 的通断，V2 在一个正弦波周期内，有截止与导通两个状态，对应锯齿波波形恰好是一个周期，与主电路电源频率和相位完全同步，达到同步的目的。可以看出，锯齿波的宽度是由充电时间常数 R_1C_1 决定的。

4. 双窄脉冲形成环节

图 2-33 所示的触发电路在一个周期内可输出两个间隔 60°的脉冲，称为内双脉冲电路。而在触发器外部通过脉冲变压器的连接得到的双脉冲称为外双脉冲。内双脉冲电路的第一个脉冲由本相触发单元的 u_{co} 控制产生。隔 60°的第二个脉冲是由滞后 60°相位的后一相触发单元生成一个控制信号引至本单元，使本触发元第二次输出触发脉冲。

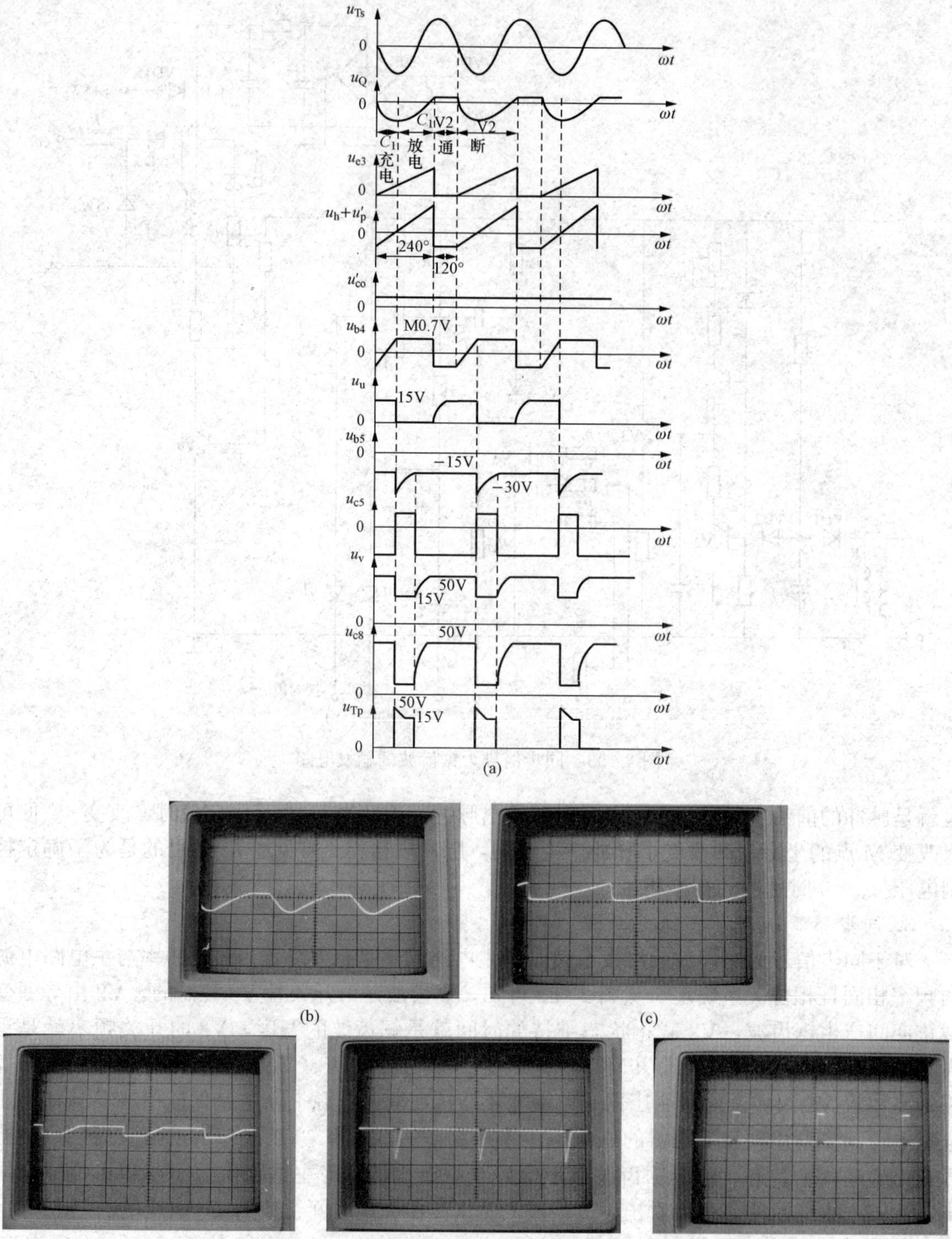

图 2-34　同步信号为锯齿波的触发电路的工作波形

（a）理论波形；（b）u_Q 波形；（c）u_{b3} 锯齿波波形；（d）u_{b4} 波形

（e）u_{b5} 波形；（f）u_{c5} 波形

在三相桥式全控整流电路中，要求晶闸管的触发导通顺序为 VT1→VT2→VT3→VT4→VT5→VT6，彼此间隔 60°，相邻器件成双触发导通。因此双脉冲环节的接线可按图 2-35 进行。六个触发器的连接顺序是：1Y2X、2Y3X、3Y4X、4Y5X、5Y6X、6Y1X。

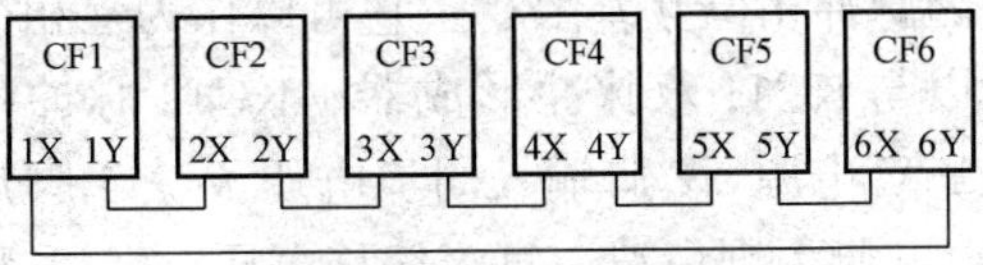

图 2-35　触发器的连接顺序

5. 强触发环节

如图 2-33 所示，强触发环节中的 36V 交流电压经整流、滤波后得到 50V 直流电压，50V 电源经 R_{15} 对 C_6 充电，B 点电位为 50V。当 V8 导通时，C_6 经脉冲变压器一次侧 R_{16}、V8 迅速放电，形成脉冲尖峰，由于 R_{16} 阻值很小，B 点电位迅速下降。当 B 点电位下降到 14.3V 时 VD15 导通，B 点电位被 15V 电源箝位在 14.3V，形成脉冲平台。R_{14}、C_5 组成加速电路，用来提高触发脉冲前沿陡度。

强触发可以缩短晶闸管开通时间，提高电流上升率承受能力，有利于改善串、并联元件的均压和均流，提高触发可靠性。

2.8.3　集成触发电路

使用集成触发器可使触发电路更加小型化，结构更加标准统一化，大大简化了触发电路的生产、调试及维修。目前国内生产的集成触发器有 KJ 系列和 KC 系列，下面简要介绍由 KC 系列的 KC04 移相触发器和 KC41C 六路双脉冲形成器所组成的三相全控桥集成触发器的工作原理。

1. KC04 移相触发器

（1）KC04 移相触发器的主要技术指标如下：电源电压为 DC±15V，允许波动为±5%；电源电流中正电流小于等于 15mA，负电流小于等于 8mA；移相范围大于等于 170°（u_s = 30V，R_4 = 15kΩ）；脉冲宽度 400μs～2ms；脉冲幅值大于等于 13V；最大输出能力为 100mA；正负半周脉冲不均衡小于等于±3°；环境温度为−10～70℃。

（2）内部结构与工作原理。KC04 移相触发器的内部线路与分立元件组成的锯齿波触发电路相似，也是由锯齿波形成、移相控制、脉冲形成及放大、脉冲输出等基本环节组成。由于集成触发电路内部无法看到，作为使用者来说，更关心的是芯片外部管脚的功能。KC04 移相触发器的管脚分布如图 2-36 所示，各脚的波形如图 2-37 所示。管脚 1 和管脚 15 之间输出双路脉冲，

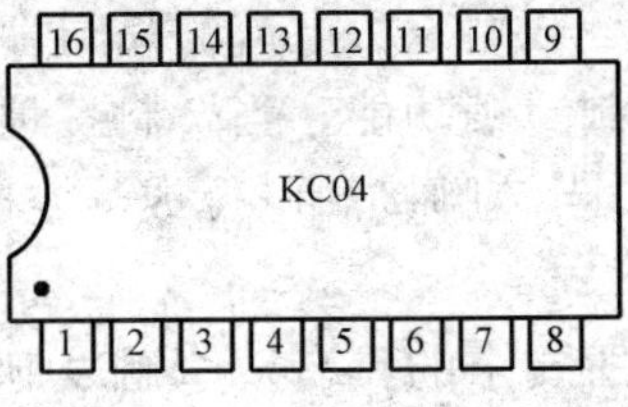

图 2-36　KC04 移相触发器的管脚分布

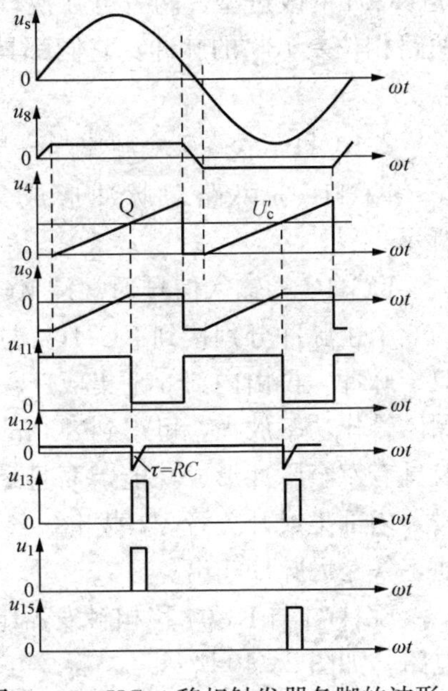

图 2-37　KC04 移相触发器各脚的波形

两路脉冲相位互差 180°，它可以作为三相全控桥主电路同一相上下桥臂晶闸管的触发脉冲。可以与 KC41 双脉冲形成器、KC42 脉冲列形成器构成六路双窄脉冲触发器。其 16 脚接 +15V 电源，8 脚输入同步电压 u_s。4 脚形成的锯齿波可以通过调节电位器改变锯齿波斜率。9 脚为锯齿波、直流偏移电压 $-U_b$ 和移相控制直流电压 U_c 综合比较输入。13 脚可提供脉冲列调制和脉冲封锁的控制。

图 2-38 给出了 KC04 的一个典型应用电路，从芯片与外围电路的连接也可以看出部分管脚的功能。

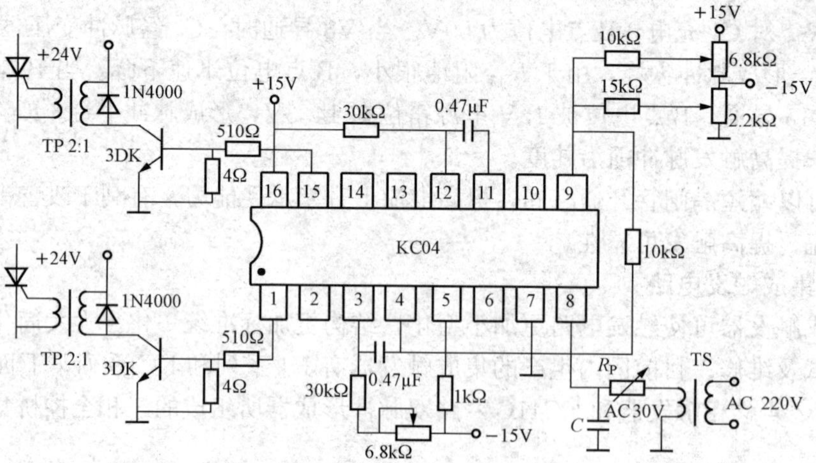

图 2-38　KC04 典型的应用电路

KC04 移相触发器主要用于单相或三相全控桥式装置。KC 系列中还有 KC01、KC09 等。KC01 主要用于单相、三相半控桥等整流电路的移相触发，可获得 60°的宽脉冲。KC09 是 KC04 的改进型，两者可互换，适用于单相、三相全控式整流电路中的移相触发，可输出两路相位差 180°的脉冲。它们都具有输出带负载能力大、移相性能好以及抗干扰能力强的特点。

2. KC41C 六路双窄脉冲形成器

KC41C 是六路双脉冲形成集成电路。KC41C 的外形和内部原理电路如图 2-39 所示。

KC41C 的输入信号通常是 KC04 的输出，把三块 KC04 移相触发器的 1 脚与 15 脚产生的 6 个主脉冲分别接到 KC41C 集成块的 1～6 脚，经内部集成二极管完成“或”功能，形成双窄脉冲，再由内部 6 个集成三极管放大，从 10～15 脚输出，还可以在外部设置 V1～V6 晶体管作功率放大，可得到 800mA 的触发脉冲电流，供触发大电流的晶闸管用。KC41C 不仅具有双窄脉冲形成功能，而且还具有电子开关控制封锁功能，当 7 脚接地或处于低电位时，内部集成开关管 V7 截止，各路正常输出脉冲；当 7 脚接高电位或悬空时，V7 饱和导通，各路无脉冲输出。

KC41C 与 KC04 移相触发器组成的三相全控桥所要求的具有双窄触发脉冲输出的触发电路，如图 2-40 所示。

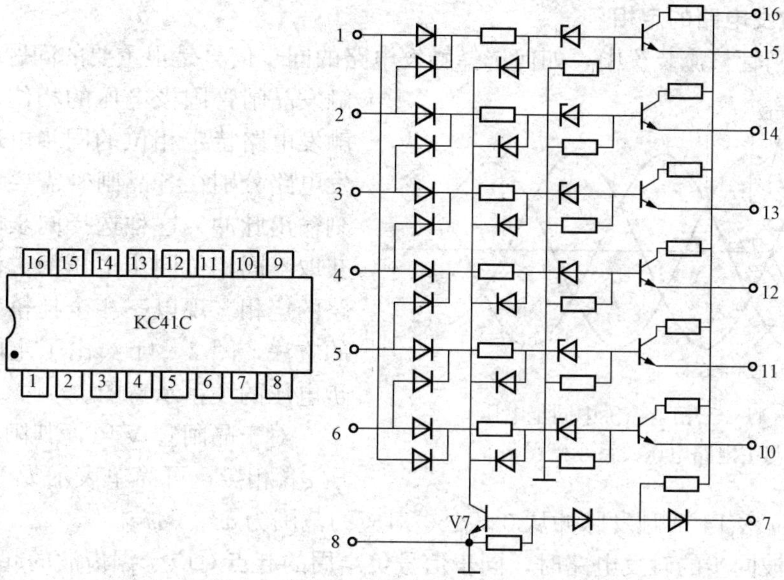

图 2 - 39　KC41C 的外形和内部原理电路

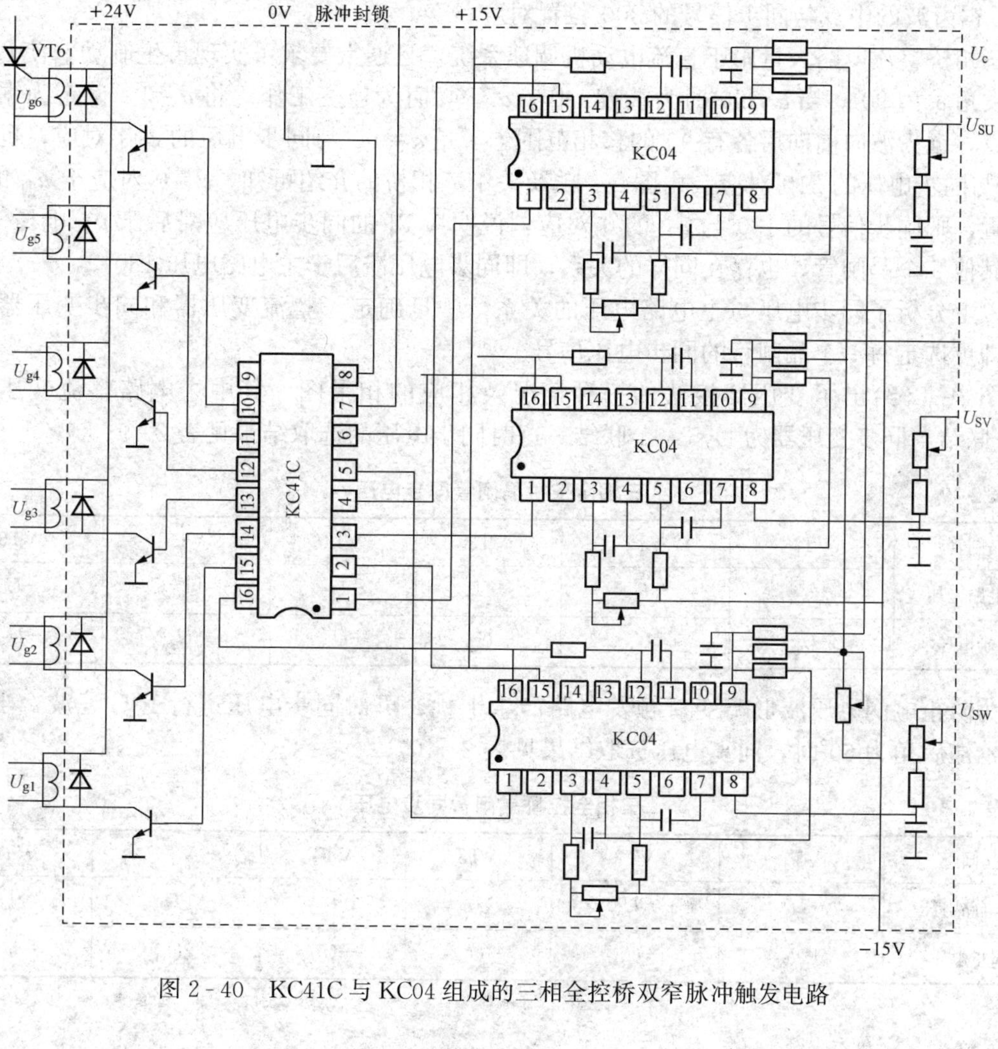

图 2 - 40　KC41C 与 KC04 组成的三相全控桥双窄脉冲触发电路

2.8.4 触发电路的定相

在三相晶闸管整流装置中，如何选择触发电路的同步信号是很重要的问题。必须根据被触发晶闸管阳极电压的相位，正确供给各触发电路特定相位的同步电压，才能使触发电路分别在各晶闸管需要触发脉冲的时刻输出脉冲。这种选择同步电压相位以及获取不同相位同步电压的方法称为触发电路的定相。现以三相全控桥为例说明定相的方法，图 2-41 给出了主电路电压与同步电压的关系示意图。

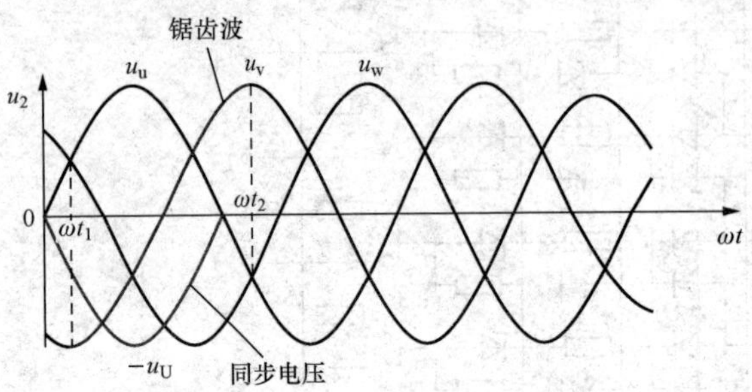

图 2-41 三相全控桥中同步电压与主电路电压关系示意图

对于晶闸管 VT1，其阳极与交流侧电压 u_U 相接，可简单表示为 VT1 所接主电路电压为 $+u_U$，VT1 的触发脉冲从 0°～180°对应的范围为 ωt_1～ωt_2。

采用锯齿波同步的触发电路时，同步信号负半周的起点对应于锯齿波的起点，通常使锯齿波的上升段为 240°，上升段起始的 30°和终了的 30°线性度不好，舍去不用，使用中间的 180°。锯齿波的中点与同步信号的 300°位置对应。

三相桥整流电路大量用于直流电动机调速系统，且通常要求可实现再生制动，使 $U_d=0$ 的触发角 α 为 90°。当 $\alpha<90°$时为整流工作，$\alpha>90°$时为逆变工作。将 $\alpha=90°$确定为锯齿波的中点，锯齿波向前向后各有 90°的移相范围。于是 $\alpha=90°$与同步电压的 300°对应，也就是 $\alpha=0°$与同步电压的 210°对应。由图 2-41 及关于三相桥的介绍可知，$\alpha=0°$对应于 u_U 的 30°的位置，则同步信号的 180°与 u_U 的 0°对应，说明 VT1 的同步电压应滞后于 u_U 电压 180°。对于其他 5 个晶闸管，也存在同样的关系，即同步电压滞后于主电路电压 180°。

以上分析了同步电压与主电路电压的关系，一旦确定了整流变压器和同步变压器的接法，即可选定每一个晶闸管的同步电压信号。

图 2-42 给出了变压器接法的一种情况及相应的相量图，其中主电路整流变压器为 Dy11 联结，同步变压器为 Dy5-11 联结。这时同步电压的选取结果见表 2-9。

表 2-9 **三相全控桥晶闸管同步电压**

晶闸管	VT1	VT2	VT3	VT4	VT5	VT6
主电路电压	$+U_u$	$-U_w$	$+U_v$	$-U_u$	$+U_w$	$-U_v$
同步电压	$-U_{su}$	$+U_{sw}$	$-U_{sv}$	$+U_{su}$	$-U_{sw}$	$+U_{sv}$

为防止电网电压波形畸变对触发电路产生干扰，可对同步电压进行 R-C 滤波，当 R-C 滤波器滞后角为 60°时，同步电压选取结果见表 2-10。

表 2-10 **三相全控桥晶闸管同步电压**

晶闸管	VT1	VT2	VT3	VT4	VT5	VT6
主电路电压	$+U_U$	$-U_w$	$+U_v$	$-U_U$	$+U_w$	$-U_v$
同步电压	$+U_{sv}$	$-U_{sU}$	$+U_{sw}$	$-U_{sv}$	$+U_{sU}$	$-U_{sw}$

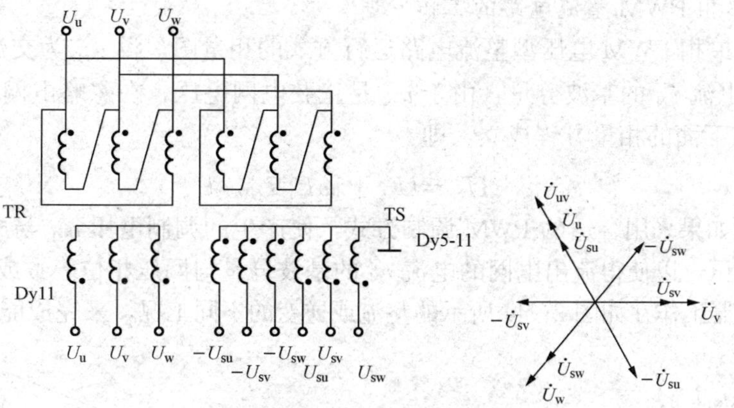

图 2-42　同步变压器和整流变压器的接法及相量图

2.9　PWM　整　流　器

采用不可控整流或相控整流方式的传统整流技术，会给电网带来大量的谐波和无功功率，对电网造成严重的污染。最新的治理方法是采用脉宽调制技术（PWM），该技术起初主要应用在逆变电路，如今也广泛应用于整流电路中。采用脉宽调制技术的 PWM 整流器除了整流侧直流输出满足一定指标要求外，同时它还能满足网侧电压、电流波形正弦，甚至可使网侧和直流侧的电能能够双向流动，是真正的绿色电能转换装置。采用脉宽调制技术的整流器从根本上降低了电网的污染，因此能更好地对谐波进行抑制并对无功功率进行补偿。

2.9.1　电压型 PWM 整流器原理分析

2.9.1.1　电压型单相 PWM 整流器

1. 电压型单相 PWM 整流器的电路组成

电路结构如图 2-43 所示，每个桥臂由一个全控器件和反并联的整流二极管组成；L_N 为交流侧附加电抗器，起平衡电压，支撑无功功率和储存能量的作用；u_N 是正弦电网电压；u_s 是交流侧输入电压，为 PWM 控制方式下的脉冲波，其基波与电网电压同频率，幅值和相位可控；i_N 是 PWM 整流器从电网吸收的电流；U_d 是整流器的直流侧输出电压；C 为直流侧滤波电容（电压型），理想状态下使输出电压恒定。PWM 整流器的能量变换是可逆的，能量传递的趋势是整流还是逆变，主要视 VT1～VT4 的脉宽调制方式而定；因为输入端功率脉动是电网频率的两倍，所以输出电流 i_d 与输入功率一样也是电网频率的两倍，L_2C_2 为设置的串联型谐振滤波器，从而短路掉交流侧的 2 倍频谐波。

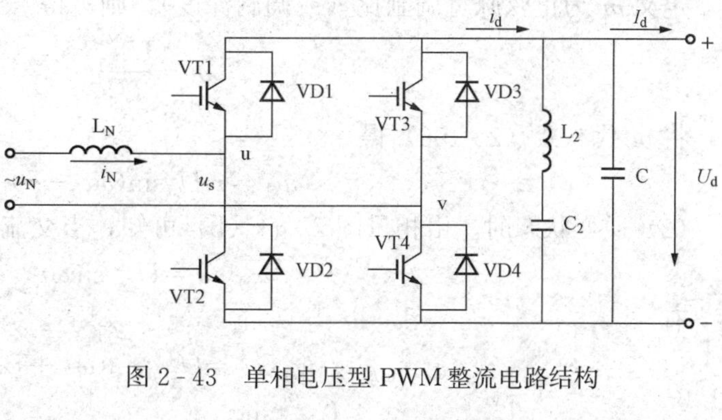

图 2-43　单相电压型 PWM 整流电路结构

2. 电压型单相PWM整流电路的工作原理

图2-44是单相PWM电压型整流电路运行方式的相量图，设u_{s1}为交流侧电压u_s的基波分量，i_{N1}为电流i_N的基波分量，由于u_N是正弦电网电压，在忽略电网电阻情况下，对于基波分量，有下面的相量方程成立，即

$$\dot{U}_N=\dot{U}_{s1}+j\omega L_N\dot{I}_{N1} \tag{2-104}$$

可以看出，如果采用合适的PWM调制方式，使产生的调制电压u_{s1}与电网电压同频率，并且调节调制电压，以使得流出电网的电流i_N的基波分量与网压相位一致或正好相反，则可使得PWM整流器工作在如图2-44所示的整流或逆变的不同工况，来完成能量的双向流动。

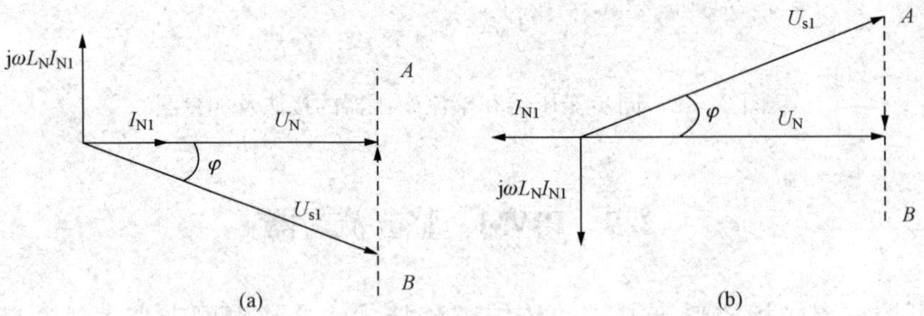

图2-44 单相电压型PWM整流电路运行方式相量图
（a）整流状态时相量图；（b）逆变状态时相量图

（1）整流状态时。当交流电源电压

$$u_N(t)=U_{Nm}\sin\omega t \tag{2-105}$$

由相量图2-44（a）可知，有

$$u_{s1}(t)=U_{s1m}\sin(\omega t-\varphi) \tag{2-106}$$

同时，从相量图2-44（a）的三角形关系可知

$$U_{s1m}=\frac{U_{Nm}}{\cos\varphi},\ I_{N1m}=\frac{U_{Nm}\tan\varphi}{\omega L_N}$$

定义m为正弦脉宽调制比（或调制深度），则可得

$$m=\frac{U_{s1m}}{U_d} \tag{2-107}$$

将m代入式（2-106）得

$$u_{s1}=mU_d\sin(\omega t-\varphi)$$

（2）逆变状态时。由相量图2-44（b）可知，当交流电源电压

$$u_N(t)=U_{Nm}\sin\omega t$$

有

$$u_{s1}(t)=U_{s1m}\sin(\omega t+\varphi) \tag{2-108}$$

同时，$U_{s1m}=\dfrac{U_{Nm}}{\cos\varphi}$，$I_{N1m}=\dfrac{U_{Nm}\tan\varphi}{\omega L_N}$

同理，定义m为正弦脉宽调制比（或调制深度）。

将α代入式（2-108）得

$$u_{s1}(t)=mU_d\sin(\omega t+\varphi)$$

从图 2-44 的相量关系可以看出，为保持单位功率因数（网压 u_N 与网流 i_{N1} 相位相同或相反），在不同负载电流情况下，通过恰当地对脉宽进行调制，使得调制电压相量 $\dot{U}_{s1}$ 的端点沿着 $\overrightarrow{BA}$ 或 $\overrightarrow{AB}$ 直线移动。如果电网电流的基波分量与电网电压的相位相同，那么 PWM 整流器工作在整流状态；如果相位相反，则 PWM 整流器工作逆变状态。整流电路就能实现能量的双向流动。

3. 电压型单相 PWM 整流电路的工作过程

为简单起见，不考虑换相过程，认为 PWM 整流电路 H 桥的每一个桥臂是一个简单的开关。正常工作时，H 桥的四个桥臂中有两个桥臂导通，但 1、2 桥臂（或 3、4 桥臂）不允许同时导通，避免输出端短路。PWM 整流电路可分为 4 种工作形式，依据交流侧电流 i_N 流向的不同，每种工作形式又可细分为 2 种具体的工作状态。下面以交流电源电压 u_N 正半周为例，对 4 种形式的工作情况描述如下：

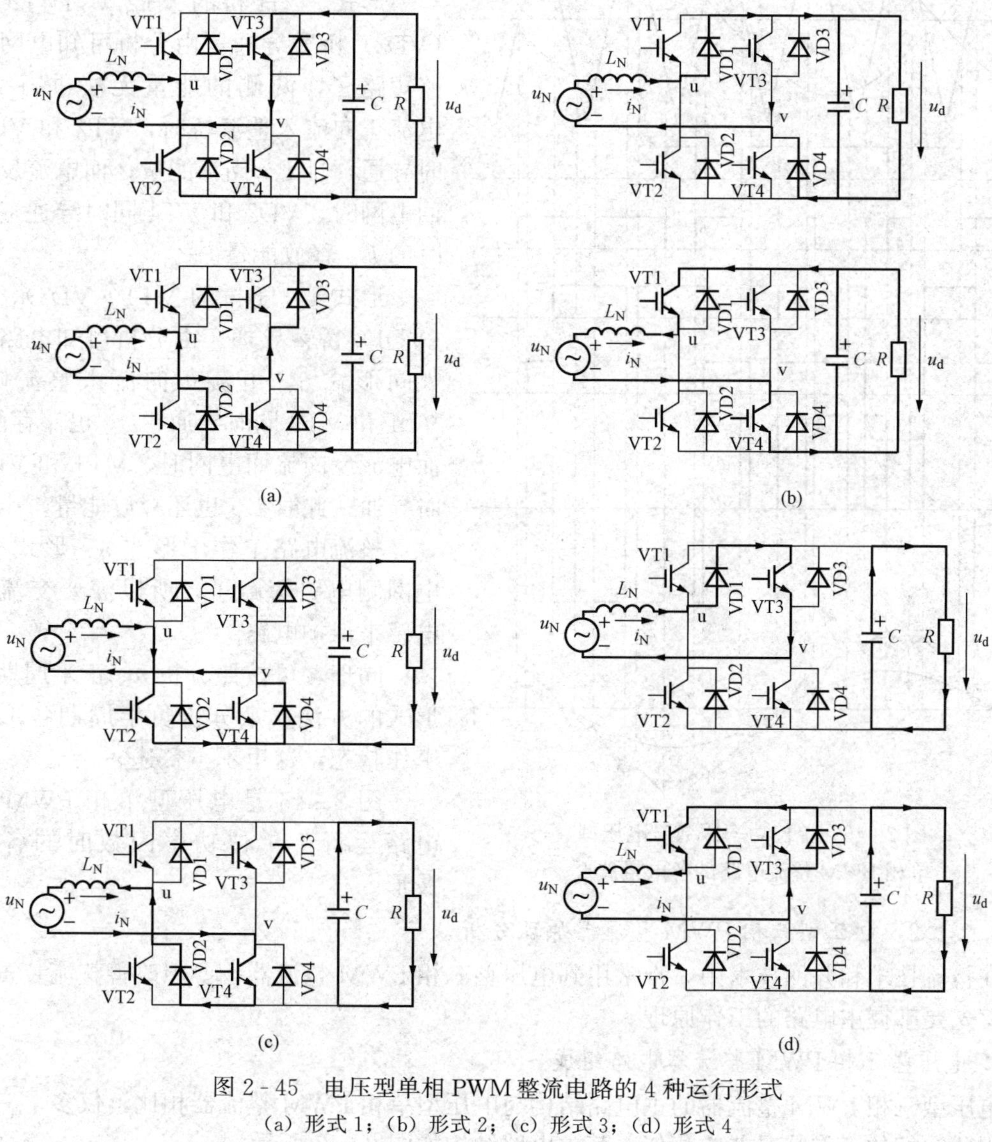

图 2-45　电压型单相 PWM 整流电路的 4 种运行形式

（a）形式 1；（b）形式 2；（c）形式 3；（d）形式 4

形式 1：H 桥的 VT2、VT3 桥臂导通。当电流 i_N 正向流入整流桥时［如图 2-45（a）所示上图所示］，全控器件 IGBT 的 VT2 和 VT3 同时导通，交流侧与直流侧电源同时释放能量，此时 L_N 储存能量；当电流反向流回电网时［如图 2-45（a）中下图所示］，二极管 VD2 和 VD3 同时导通，电流的流向与电流正向流入时正好相反。

形式 2：H 桥的 VT1、VT4 桥臂导通。当电流 i_N 正向流入整流桥时，VD1 和 VD4 同时导通，电路处于整流状态，能量从交流侧输出，直流侧吸收来自交流侧的能量；当电流反向流回电网时，VT1 和 VT4 同时导通，交流侧吸收回馈的能量，而直流侧向负载输出能量。

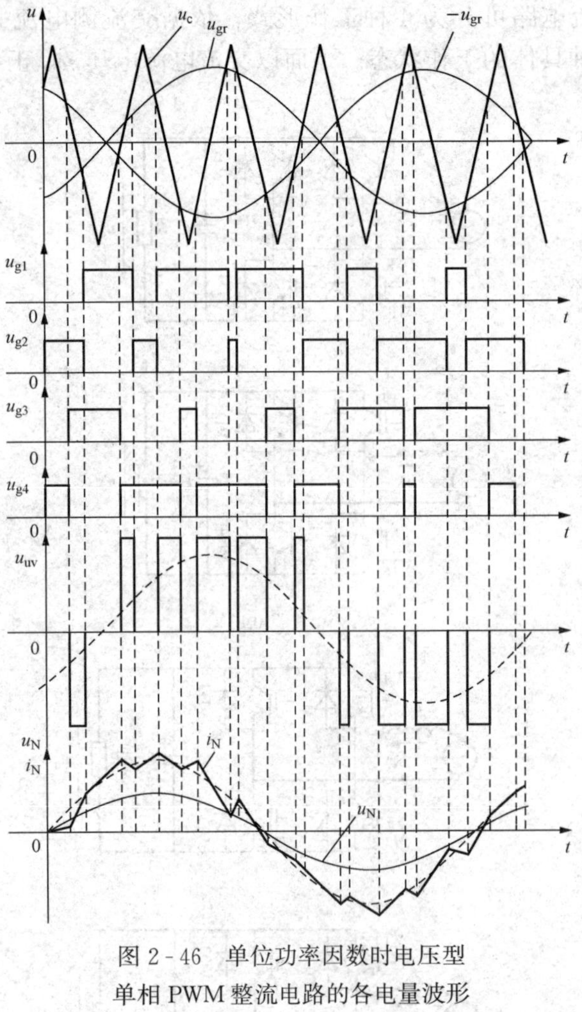

图 2-46 单位功率因数时电压型单相 PWM 整流电路的各电量波形

在形式 1 与形式 2 中电流既可以正向流动也可以反向流动，所以该电路能实现能量的双向流动。

形式 3：H 桥的 VT2（VD4）、VT4（VD2）桥臂导通。由分析可知电网侧电路短路了，两侧的能量无法进行交换。电流正向流入整流桥时，VT2 和 VD4 同时导通，且 L_N 储存能量；而电流反向流回电网时，VD2 和 VT4 同时导通，而此时的 L_N 释放能量。

形式 4：H 桥的 VT1（VD3）、VT3（VD1）桥臂导通。由分析可知电路情况如同形式 3。电流正向流入整流侧时，VD1 和 VT3 同时导通，L_N 也储存能量；而电流反向流回电网时，VT1 和 VD3 同时导通，此时 L_N 也还释放能量。

整流电路工作于形式 3、形式 4 下，电网侧电路短路了，所以需要交流侧的电感来保护电路。

同理，可按照分析 u_N 正半周期时各形式的方法，来分析负半周期各形式的工作状态，这里不再赘述。

图 2-46 是电压型单相 PWM 整流电路运行于单位功率因数时的各电量波形。

2.9.1.2 电压型三相 PWM 整流器原理分析

在整流技术和并网技术中，常常用到电压型三相 PWM 整流器，要想改善整流装置的性能，首先要掌握主电路的工作原理。

1. 电压型三相 PWM 整流器电路组成

电压型三相 PWM 整流器的主电路结构与电压型单相 PWM 整流器相比，仅多了一相桥臂。因此它们的工作状况非常相似，其主电路结构如图 2-47 所示。

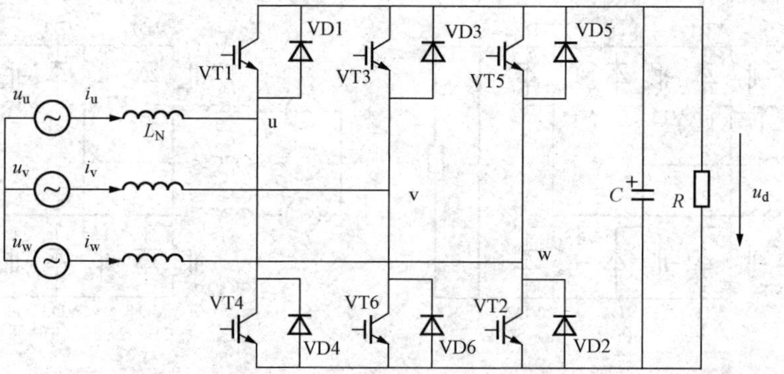

图 2-47　电压型三相 PWM 整流器主电路结构图

该整流装置主电路由 3 部分组成：交流回路、直流回路、功率开关管整流桥（6 个全控器件和 6 个二极管）。交流回路又由 3 部分组成：交流侧电压 u、电网侧电感 L_N、电网侧等效电阻 R；直流回路也由 3 部分组成：直流电容 C、负载电阻 R 和直流电压 U_d。

对于电压型单相 PWM 整流器，只要给 H 桥的两相桥臂施加幅值、频率相等，相位互差 180°的正弦波调制信号即可。同样对于电压型三相 PWM 整流装置，则要给三相桥臂施加幅值频率相等、相位互差 120°的三相对称正弦波调制信号。

2. 电压型三相 PWM 整流器电路的工作过程

电压型三相 PWM 整流器共有三个桥臂，每一个桥臂中的两个开关器件每次只有一个导通（上桥臂导通或下桥臂导通），因此每相有 2 种开关方式；所以电压型三相 PWM 整流器共有 8 种开关方式。利用简单的开关函数 $s_i(i=u, v, w)$ 表示如下

$$s_i=\begin{cases}1 & \text{VT}i\text{，VD}i\text{ 导通}\\ 0 & \text{VT}i'\text{，VD}i'\text{ 导通}\end{cases}\quad (i=u, v, w)$$

式中：VTi，VDi $(i=u, v, w)$ 为上桥臂开关器件、二极管；VTi'，VDi' $(i=u, v, w)$ 为下桥臂开关器件、二极管。电压型三相 PWM 整流器的 8 种开关方式见表 2-11。

表 2-11　电压型三相 PWM 整流器的 8 种开关方式

开关方式	1	2	3	4	5	6	7	8
导通器件	VT1 或 VD1	VT4 或 VD4	VT1 或 VD1	VT4 或 VD4	VT1 或 VD1	VT4 或 VD4	VT1 或 VD1	VT4 或 VD4
	VT6 或 VD6	VT3 或 VD3	VT3 或 VD3	VT6 或 VD6	VT6 或 VD6	VT3 或 VD3	VT3 或 VD3	VT6 或 VD6
	VT2 或 VD2	VT2 或 VD2	VT2 或 VD2	VT5 或 VD5	VT5 或 VD5	VT5 或 VD5	VT5 或 VD5	VT2 或 VD2
开关函数	001	010	011	100	101	110	111	000

图 2-48 是假设三相交流侧的电流 $i_u>0$，$i_v<0$，$i_w>0$ 时，所对应的电压型三相 PWM 整流器的 8 种开关方式，它的电路图如图 2-48 所示，它与单相 PWM 整流器相似，但比单相的稍微复杂些。

（1）模式 1：VD1、VD6、VT2 导通，电网通过 VD1 和 VD6 向负载供电；桥侧线电压 $u_{vw}=0$。V、W 两相沿 L_v 和 L_w 短路并按图示的电流方向流过内部环流。

（2）模式 2：VT3、VT4、VT2 导通，直流侧电容 C 通过 VT3、VT4、VT2 向电网输出能量。

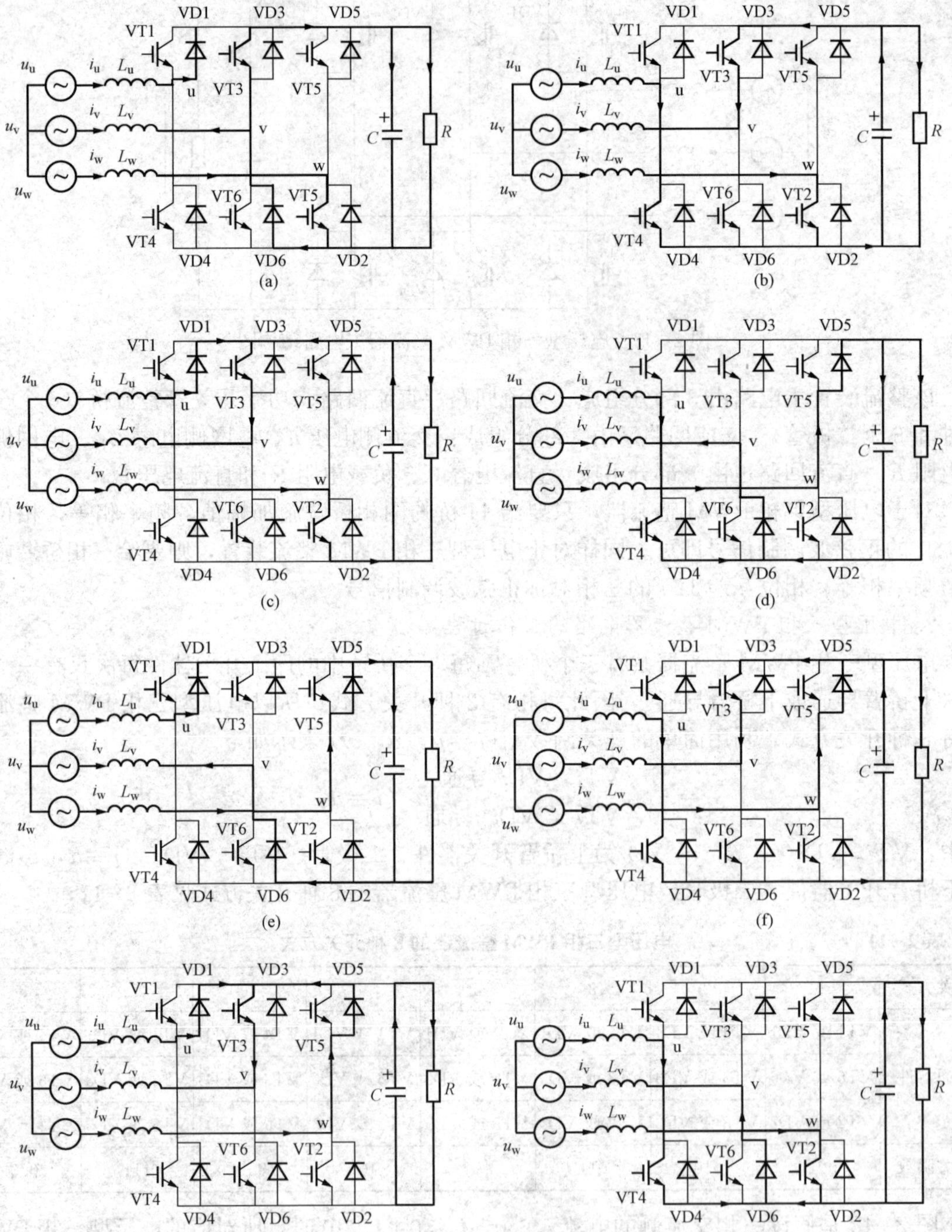

图 2-48　电压型三相 PWM 整流器 8 种开关模式下的电路图

(a) 模式 1 (001)；(b) 模式 2 (010)；(c) 模式 3 (011)；(d) 模式 4 (100)；
(e) 模式 5 (101)；(f) 模式 6 (110)；(g) 模式 7 (111)；(h) 模式 8 (000)

(3) 模式 3：VD1、VT3、VT2 导通，直流侧电容 C 通过 VT3、VT2 向电网输出能量；桥侧线电压 $u_{uv}=0$，U、V 两相沿 L_u 和 L_v 短路并按图示的电流方向流过内部环流。

（4）模式 4：VT4、VD6、VD5 导通，电网通过 VD5 和 VD6 向负载供电；桥侧线电压 $u_{uv}=0$，U、V 两相沿 L_u 和 L_v 短路并按图示的电流方向流过内部环流。

（5）模式 5：VD1、VD6、VD5 导通，电网通过 VD1、VD6 和 VD5 向负载供电。

（6）模式 6：VT4、VT3、VD5 导通，直流侧电容 C 通过 VT4、VT3 向电网输出能量；桥侧线电压 $u_{vw}=0$，V、W 两相沿 L_v 和 L_w 短路并按图示的电流方向流过内部环流。

（7）模式 7：VD1、VT3、VD5 导通，各相电网电压经输入电感通过每相上桥臂短路，$u_{uv}=u_{vw}=u_{wu}=0$，L_u、L_v 和 L_w 按图示的电流方向流过内部环流；整流桥与负载脱离，负载电流由 C 放电来维持。

（8）模式 8：VT4、VD6、VT2 导通，各相电网电压经输入电感通过每相下桥臂短路，$u_{uv}=u_{vw}=u_{wu}=0$，L_u、L_v 和 L_w 按图示的电流方向流过内部环流；整流桥与负载脱离，负载电流由 C 放电来维持。

图中模式 7 和模式 8 为“零方式”：使电压型三相 PWM 整流器交流侧三相线电压为零，该模式一般遵循开关切换次数最少原则。

2.9.2　电流型 PWM 整流器原理分析

电流型 PWM 整流器与电压型相比较，它不用担心上下两组桥臂直接导通而导致电路过电流的问题，也不用担心它的输出端短路。并且它的控制相对电压型而言更加简单。下面主要分析电流型 PWM 整流器主电路结构，并对它的工作原理给予简要的说明。

2.9.2.1　电流型单相 PWM 整流器结构

电流型 PWM 整流装置与电压型相似，主电路也常有单相、三相两种。但是最能体现电流型 PWM 整流器与电压型不同的地方在于电流型 PWM 整流装置直流侧采用串联电感 L 进行直流储能。

图 2-49 是电流型单相 PWM 整流器的主电路结构图，与电压型单相相比，除了有用于直流储能的电感 L_{dc} 外，电流型的电网侧增加了一个与电网侧电感 L 并联的电容 C，它们一起构成了 LC 滤波器，该滤波器用来过滤电流型整流器网侧电流的谐波，同时又可以抑制交流侧的电压谐波。

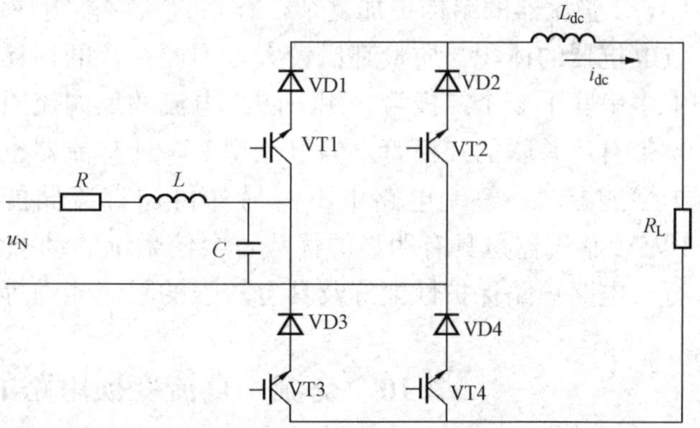

图 2-49　电流型单相 PWM 整流器电路结构

电压型 PWM 整流装置都会在全控型功率开关器件两侧并联反向的二极管。而在电流型 PWM 整流装置中，为了彻底阻断反向流动的电流并提高全控型功率开关器件的耐反压能力，需要在电流型 PWM 整流器的每个功率开关器件上顺向串联二极管，具体串联方法如图 2-49 所示。

2.9.2.2　电流型三相 PWM 整流器原理分析

1. 电流型三相 PWM 整流器电路结构

图 2-50 是电流型三相 PWM 整流器的主电路结构图，它的整流侧与电流型单相 PWM 整流器一样，都采用串联电感 L 进行储能。电流型三相 PWM 整流器交流侧的 LC 滤波电路是三相对称的，没有中性线。与电流型单相 PWM 整流器一样，为了不让整流电路中的电流

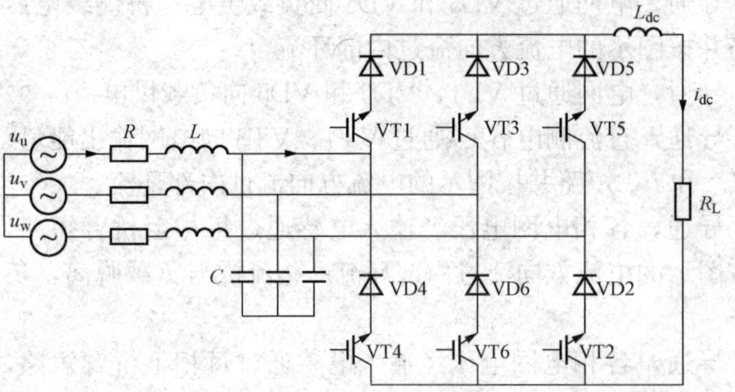

图 2-50　三相电流型 PWM 整流电路

反向流动，在三相中串联了整流二极管 VD1～VD6，6 个二极管分别串在了 6 个全控型功率开关元件 VT1～VT6 的漏极。由于电路中串联了二极管，所以电路无法实现电流的回馈，但是电路能量还是可以实现双向流动，这就要求直流侧电压可以改变极性。

2. 电流型三相 PWM 整流器工作过程

电流型三相 PWM 整流器主电路在工作过程中，假设 2π 为一个周期，在每个 $\pi/3$ 的时间内，上桥臂（VT1、VT3、VT5）或者下桥臂（VT4、VT6、VT2）的三个开关元件中有一个且只有一个在这个时期内是一直处于导通的状态，而另外两个开关元件则一直处于关断的状态，上桥臂（VT1、VT3、VT5）或者下桥臂（VT4、VT6、VT2）的三个开关元器件依次导通。比如在一个 $\pi/3$ 时间里，上桥臂 VT1 一直导通而 VT3 与 VT5 则处于常闭状态，下桥臂的 VT4、VT6 与 VT2 依次轮流导通。当 VT4 导通时，上下两个桥臂就直接导通，U、V、W 三相的电流均为 0，为 i_{dc} 提供续流通路；当 VT6、VT2 分别导通时，V、W 相电流均为 i_{dc}。由于三相电流中的一相电流由另外两相电流决定，所以各相输入电流的波形与幅值的大小可以通过各个开关元器件的导通时间来进行相应的控制。

电流型 PWM 整流器与电压型相比，它没有电压型应用广泛，主要原因有：①电流型 PWM 整流器的结构更加复杂，存在直流储能电感 L 与交流侧滤波电路 LC。而滤波器与平波电抗器的体积与质量都比较大，因此系统的损耗也大大增加了；②电流型 PWM 整流电路中多串联了 6 个二极管，用来防止电流的反向流通，而其他整流电路中常用的整流器件内部自带有反并联的二极管。但电流型 PWM 整流器也有比电压型优越的地方，例如，在电流防护性能方面，整流电路中不需另外再加直流储能电感 L。在电动机驱动应用中，电流型 PWM 整流器也具有明显的优势：会使系统的动态响应迅速，方便实现再生制动与四象限运行，电路短路保护性能好及具有较强的限流能力等。

2.10　交流—直流变换电路的 MATLAB 仿真研究

晶闸管单相和三相可控整流器是典型的“交流—直流”变换器，应用较广泛。在讨论晶闸管整流器的建模与仿真之前，首先介绍仿真中要用到的一些基本环节的仿真模型。

2.10.1　电力电子变流器中典型环节的仿真模型

1. 同步 6 脉冲触发器的仿真模型

(1) 同步 6 脉冲触发器仿真模块的功能和图标。同步 6 脉冲触发器模块用于触发三相全控整流器桥的 6 个晶闸管，模块的图标如图 2-51 所示。

同步 6 脉冲触发器可以给出双脉冲，双脉冲间隔为 60°，触发器输出的 1～6 号脉冲依次送给三相全控整流器桥对应编号的 6 个晶闸管。如果三相整流器桥模块使用 SimPower System 模块库中的“Universal Bridge”模块（功率器件选用晶闸管），则同步 6 脉冲触发器的输出端直接与三相整流器桥的脉冲输入端相连接，如图2-52 所示。

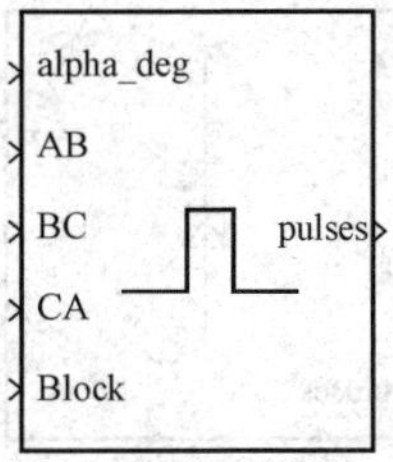

图 2-51　同步 6 脉冲触发器模块图标

如果用单个晶闸管元件自建三相晶闸管整流器桥，则同步 6 脉冲触发器输出端输出的 6 维脉冲向量依次送给相应的 6 个晶闸管。

（2）同步 6 脉冲触发器的输入和输出。该模块有 5 个输入端，如图 2-51 所示。

1）输入 alpha-deg 是移相控制角信号输入端，单位为°。该输入端可与“常数”模块相连，也可与控制系统中的控制器输出端相连，从而对触发脉冲进行移相控制。

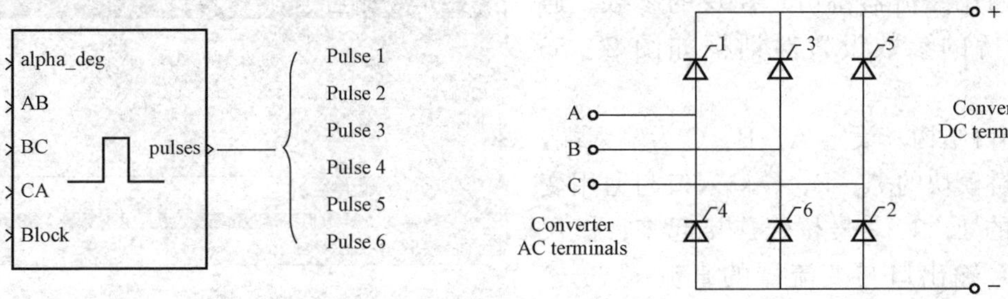

图 2-52　同步 6 脉冲触发器和晶闸管整流器桥

2）输入 AB、BC、CA 是同步电压 U_{AB}、U_{BC} 和 U_{CA} 输入端，同步电压就是连接到整流器桥的三相交流电压的线电压。

3）输入 Block 为触发器模块的使能端，用于对触发器模块的开通与封锁操作。当施加大于 0 的信号时，触发脉冲被封锁；当施加等于 0 的信号时，触发脉冲开通。

4）输出为一个 6 维脉冲向量，它包含 6 个触发脉冲。

移相控制角的起始点为同步电压的零点。

（3）同步 6 脉冲触发器的参数。同步 6 脉冲触发器的参数设置对话框如图 2-53 所示。

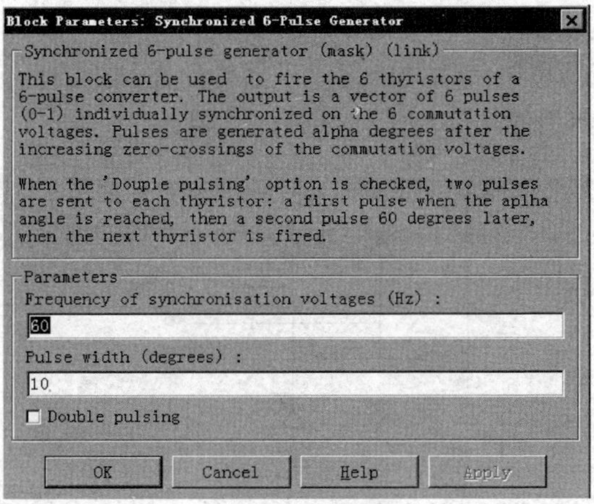

图 2-53　同步 6 脉冲触发器的参数设置对话框

1）同步电压频率，单位为 Hz　通常就是电网频率；

2）脉冲宽度，单位为°；

3）双脉冲，这是个复选框，如果进行了勾选，触发器就能给出间隔 60°的双脉冲。

2. 通用变流器桥的仿真模型

（1）通用变流器桥仿真模块的功能。通用变流器桥模块是由六个功率开关元件组成的三相桥式通用变流器模块。功率开关的类型和变流器的结构可通过对话框进行选择。功率开关和变流器的类型有：Diode 桥、Thyristor 桥、GTO-Diode 桥、MOSFET-Diode 桥、IGBT-Diode 桥、Ideal switch 桥；桥的结构有单相、

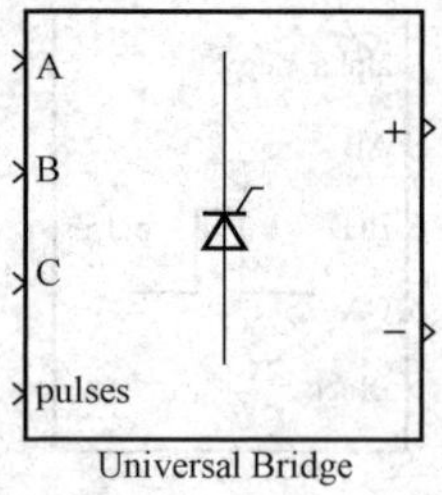

图 2-54　通用变流器桥的图标

两相和三相。

（2）通用变流器桥仿真模块的图标、输入和输出。通用变流器桥的图标如图 2-54 所示。

模块的输入和输出端取决于所选择的变流器桥的结构：

当 A，B，C 被选择为输入端，则直流 dc（+−）端就是输出端。

当 A，B，C 被选择为输出端，则直流 dc（+−）端就是输入端。

除二极管桥外，其他桥的“Pulses”输入端可接受来自外部模块用于触发变流器桥内功率开关的触发信号。

（3）通用变流器桥仿真模块的参数。通用变流器桥的参数设置对话框如图 2-55 所示。

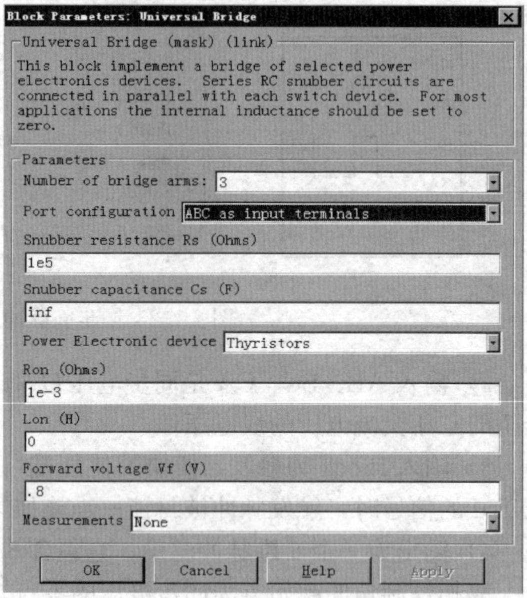

图 2-55　通用桥的参数设置对话框

1）端口结构。设定 A、B、C 为输入端，即将通用桥模块的 A、B、C 输入口与通用变流器桥内的 1、2、3 号桥臂连接起来；模块的（+−）输出口与变流器的直流（+−）端相连接。设定 A、B、C 为输出端，即将通用变流器模块的 A、B、C 输出口与通用变流器桥内 3、2、1 号桥臂连接起来；（+−）输入口和直流端相连接，如图 2-56 所示。

2）缓冲电阻 R_s，单位为 Ω。为了消除模块中的缓冲电路，可将缓冲电阻 R_s 的参数设定为 inf。

3）缓冲电容 C_s，单位为 F。为了消除模块中的缓冲电路，可将缓冲电容 C_s 参数设定为 0；为了得到纯电阻缓冲电路，可将缓冲电容 C_s 参数设定为 inf。

4）电力电子器件类型的选择。选择通用变流器桥中使用的电力电子器件的类型。

5）内电阻 R_{on}，单位为 Ω。通用变流器桥中使用的功率电子元件的内电阻。

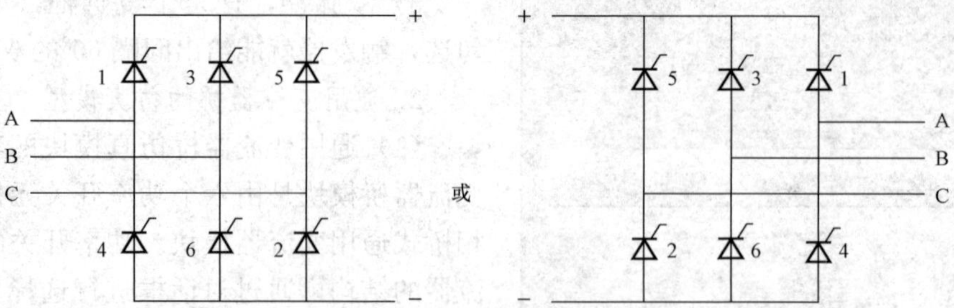

图 2-56　输入、输出口与变流器桥臂的连接

6）内电感 L_{on}，单位为 H。变流器桥中使用的二极管、晶闸管、MOSFET 等功率元件

的内电感。

7）T_f、T_t，单位为 s。T_f 和 T_t 分别为 GTO、IGBT 元件的电流下降时间和拖尾时间。

2.10.2　晶闸管单相半波和双半波可控整流电路的仿真

2.10.2.1　单相半波可控整流电路（电阻性负载）

本节采用基于电气原理结构图的仿真方法对本章前面介绍的各种交流—直流变换电路进行仿真。

1. 电气原理结构图

为了便于与仿真模型对比，将电气原理结构图重画于此，而原理分析则不再重复。其他变流电路的仿真建模方法类似。单相半波可控整流电路带电阻性负载电气原理结构图如图 2-57 所示。

2. 电路的建模

从电气原理结构图可知，该系统由电压源、晶闸管、同步脉冲发生器、电阻负载等部分组成。图 2-58 是根据电气原理结构图搭建的仿真模型。

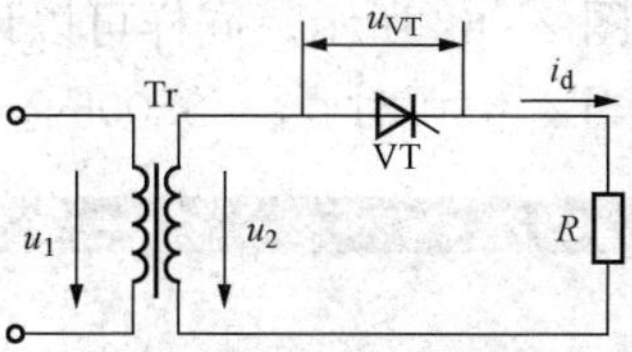

图 2-57（原图 2-1）　单相半波可控整流电路电气原理结构图（电阻性负载）

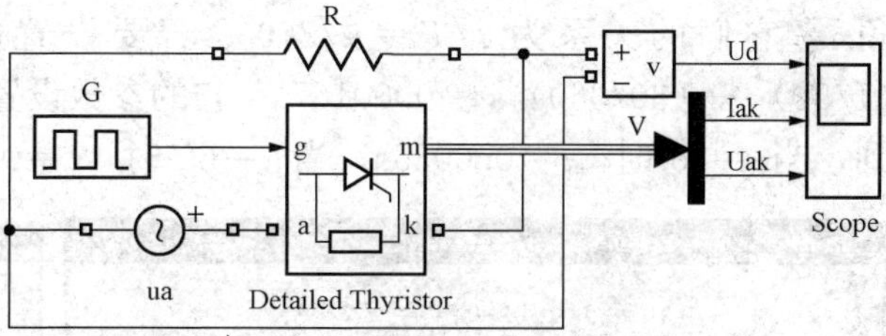

图 2-58　单相半波可控整流电路（电阻性负载）的仿真模型

（1）仿真模型中使用的主要模块、提取途径和作用。

1）交流电压源模块：SimPower System/Electrical Source/AC Voltage Source，提供一个交流电压源，相当于变压器二次测电源。

2）晶闸管模块：SimPower System/Power Electronics /Detailed Thyristor，作为可控开关元件。

3）脉冲信号发生器模块：Simulink/Sources/Pulse Generator，产生脉冲信号，控制晶闸管的开通。

4）负载电阻模块：SimPower System/Elements/Series RLC Branch，电路所带的电阻负载。

5）电压测量模块：SimPower System/Measurements/Voltage Measurement，检测电压的大小。

6）示波器模块：Simulink/Sinks/Scope，观察输入、输出信号的仿真波形。

7）信号分解模块：Simulink/Commonly Used Block/Demux，将总线信号分解后输出。

（2）典型模块的参数设置。双击相关模块的图标，这是打开该模块参数设置对话框的方法，后面不再赘述。

1）交流电源和负载电阻模块的参数设置。参数设置对话框和参数设置如图 2-59、图 2-60 所示。

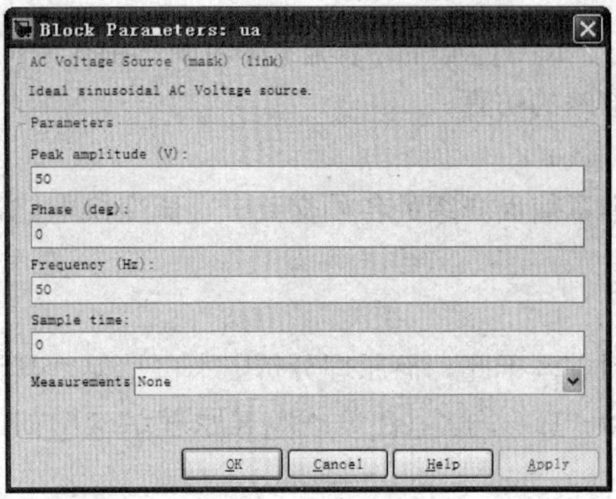

图 2-59　交流电源模块的参数设置

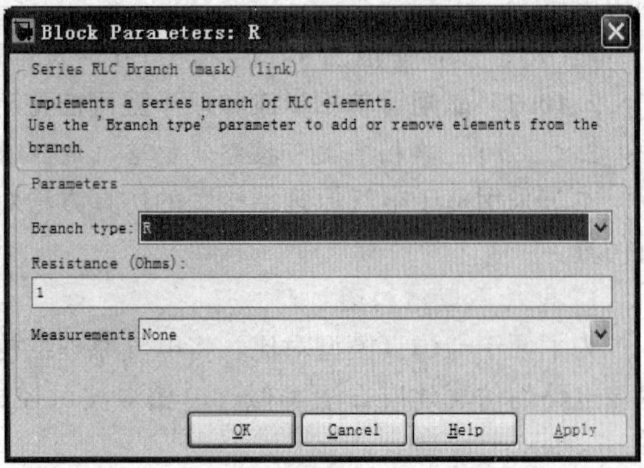

图 2-60　负载电阻模块的参数设置

2）晶闸管模块的参数设置。参数设置对话框和参数设置如图 2-61 所示。

3）脉冲信号发生器的参数设置。相位延迟 t 在所搭建的仿真模型里就是晶闸管的控制角α，它们的关系为 $t/T=\alpha/360°$。若要设置电路的触发角 $\alpha=30°$，可以计算 t 为 (1/50) × (30/360) s= 0.00167s，它的参数设置对话框如图 2-62 所示。同样可以计算得到，当$\alpha=45°$时，$t=0.0025$s；当 $\alpha=60°$时，$t=0.00333$s；当 $\alpha=90°$时，$t=0.005$s。

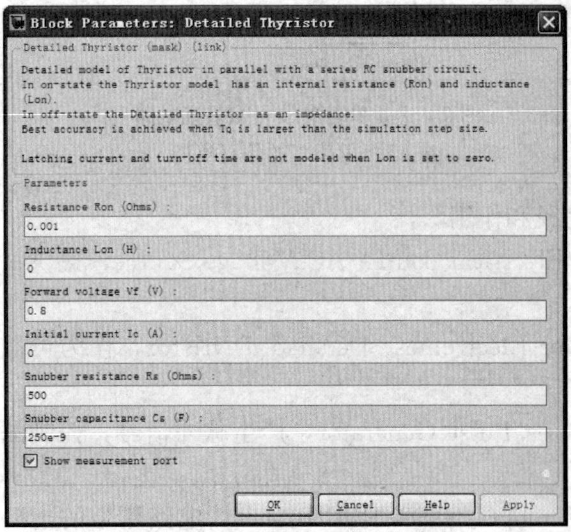

图 2-61　晶闸管模块的参数设置

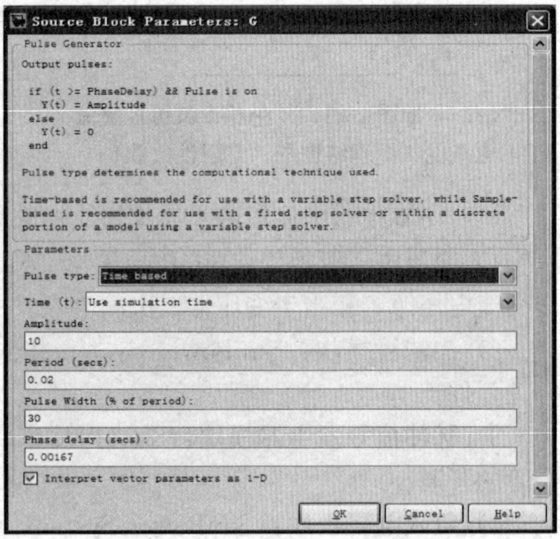

图 2-62　脉冲信号发生器的参数设置

4）示波器模块和信号分解模块的参数设置分别如图 2-63、图 2-64 所示。

将上述模块按照单相半波可控整流电路的连接关系进行模型的搭建，即可得到图 2-58 所示的系统仿真模型图。

3. 系统的仿真参数设置

在 MATLAB 的模型窗口中点开“Simulation”菜单，进行“Simulation Parameters”设置，如图 2-65 所示。

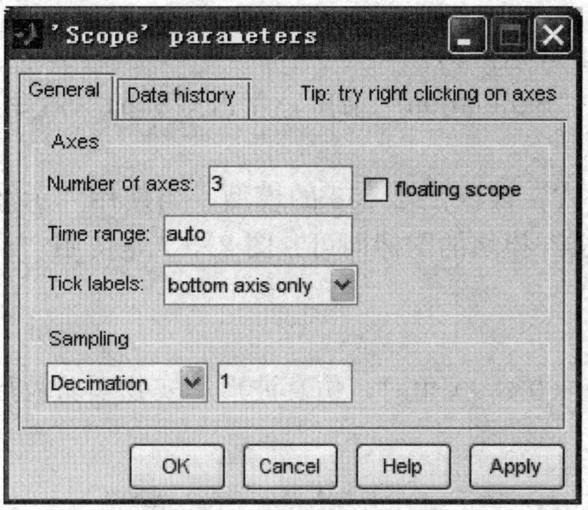

图 2-63　示波器模块的参数设置

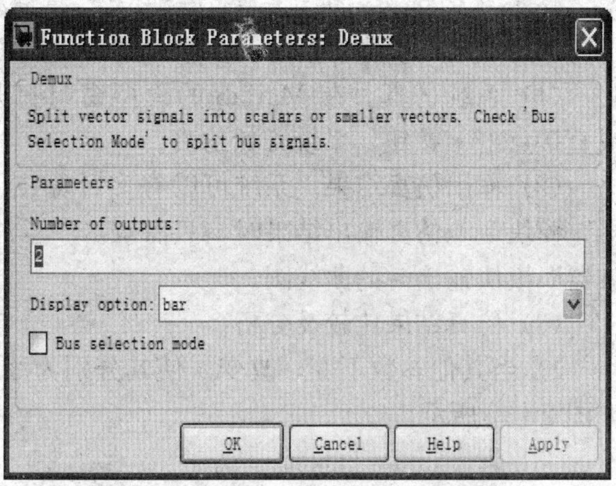

图 2-64　信号分解模块的参数设置

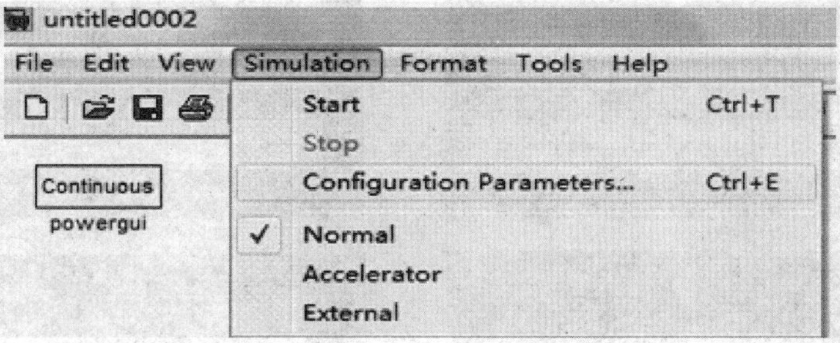

图 2-65　仿真参数设置

点击图 2-65 中“Configuration Parameters…”后，得到有关仿真参数设置的情况，如图 2-66 所示，此仿真中所选择的算法为 ode23tb。现实中由于系统的多样性，使得不同的系统需要采用不同的算法，最终使用的算法，可通过仿真实践比较选择，相对误差设为 1e-3。仿真 Start time 一般设为 0，Stop time 一般根据实际需要而定，这里设置为 0.08s。

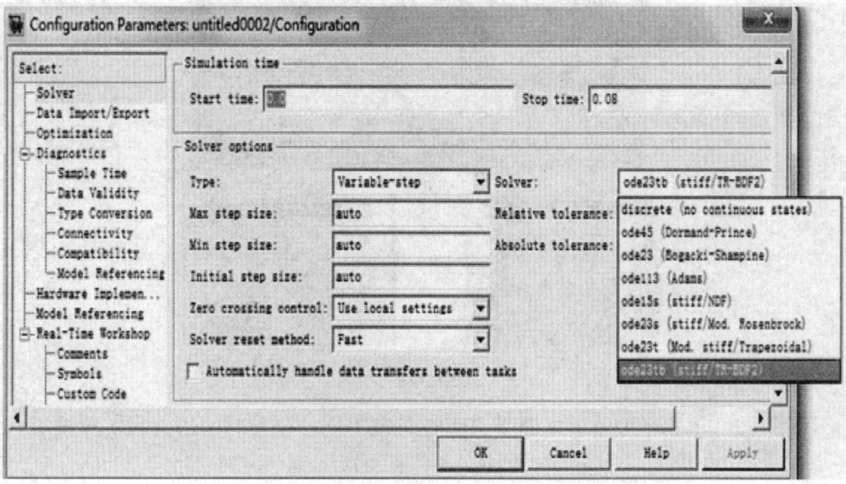

图 2-66　仿真参数设置对话框及参数设置

4．系统的仿真、仿真结果的输出及结果分析

当完成电路模型的搭建和参数设置后，则可以开始仿真。

（1）系统仿真。在Matlab的模型窗口打开“Simulation”菜单，点击“Start”命令，或直接点击▸按钮，系统开始仿真。

（2）输出仿真结果。系统可以有多种输出方式，根据图2-58的模型，当使用“示波器”模块观测仿真输出结果时，只需双击“示波器”模块的图标即可。图2-67是使用“示波器”模块输出时的曲线图。

（3）仿真结果比较及分析。

1）当其他参数不变，改变α使其分别为30°、60°、90°角时，仿真波形和实物实验波形如图2-67所示。

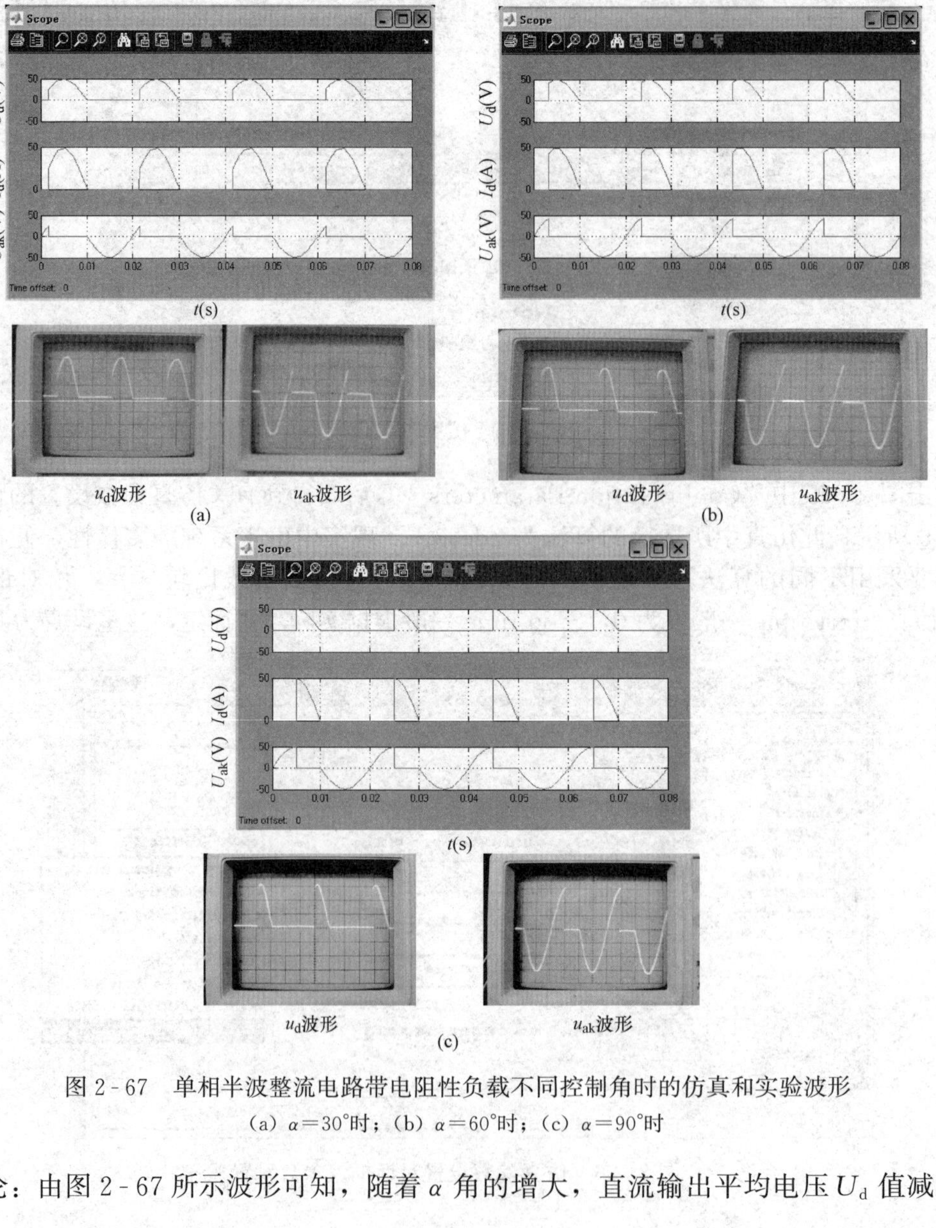

图2-67　单相半波整流电路带电阻性负载不同控制角时的仿真和实验波形

（a）$\alpha=30°$时；（b）$\alpha=60°$时；（c）$\alpha=90°$时

结论：由图2-67所示波形可知，随着α角的增大，直流输出平均电压U_d值减小，输

出电流平均值 I_d 也相应减小。

2）当 $\alpha=30°$不变时，若改变负载参数时，波形的变化情况如图 2-68 所示。

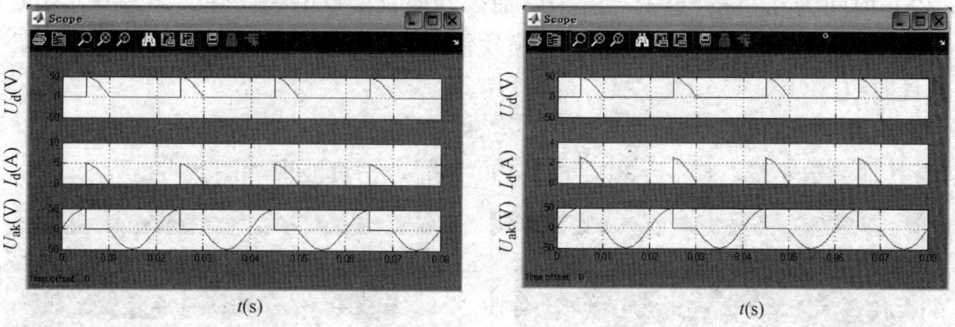

(a)　　(b)

图 2-68　控制角相同、不同负载时的单相半波整流电路电阻性负载的仿真波形

(a) $R=10\Omega$；(b) $R=20\Omega$

结论：带不同负载电阻 R，在 U_2 不变时，U_d 的值只与 α 角的大小有关。而负载电流随着电阻增大成比例减小。

2.10.2.2　单相半波可控整流电路（阻—感性负载）

1. 电气原理结构图

单相半波可控整流电路带阻感性负载电气原理图如图 2-69 所示。

2. 电路的建模

图 2-70 是根据原理结构图搭建的仿真模型。

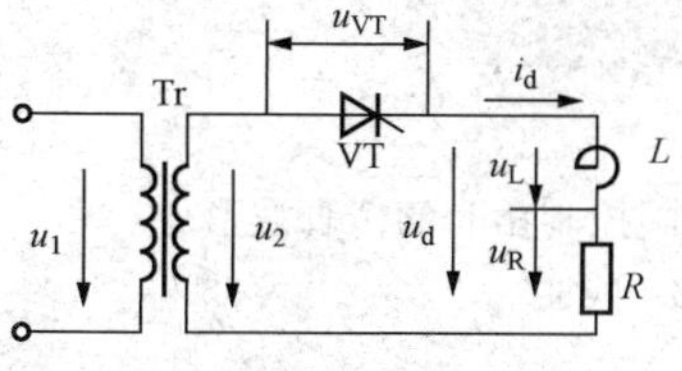

图 2-69　单相半波可控整流电路（阻—感性负载）

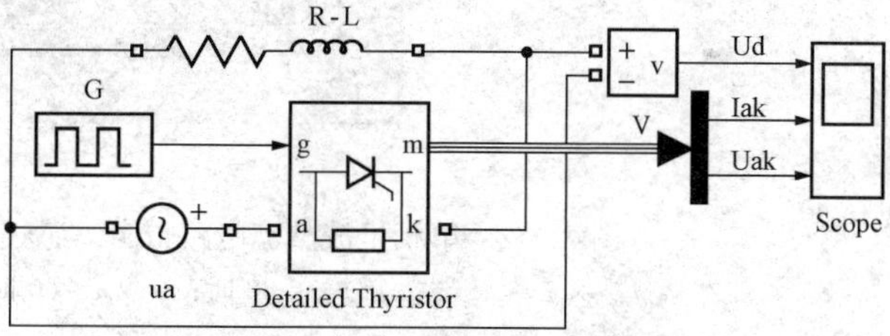

图 2-70　单相半波可控整流电路（阻—感性负载）的仿真模型

大部分模块的提取途径、作用及参数设置在电阻性负载电路中已经详细介绍过，此处只补充前面没有涉及的其他模块。

（1）模型中使用的模块、提取途径及作用。阻—感性负载模块：SimPower System/Elements/Series RLC Branch，电路所带的阻—感负载。

（2）模块的参数设置。负载模块的参数设置如图 2-71 所示，其他模块的参数设置与电阻性负载相同。

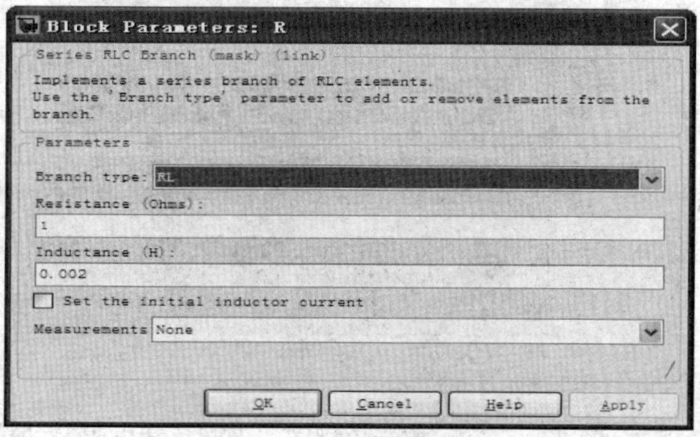

图 2-71　负载模块的参数设置

3. 模型仿真、仿真结果的输出及结果分析

（1）系统仿真。打开仿真参数窗口，选 ode23tb 算法，相对误差设为 1e-3，仿真开始时间为 0，停止时间为 0.08s；点击“Start”命令，或直接点击 ▶ 按钮，系统开始仿真。

（2）输出仿真结果。采用“示波器”模块输出方式，图 2-72 是双击“示波器”模块后显示的仿真曲线。

（3）输出结果分析。

1）当其他参数不变，使 $\alpha=30°$、$60°$、$90°$角时，仿真波形如图 2-72 所示。

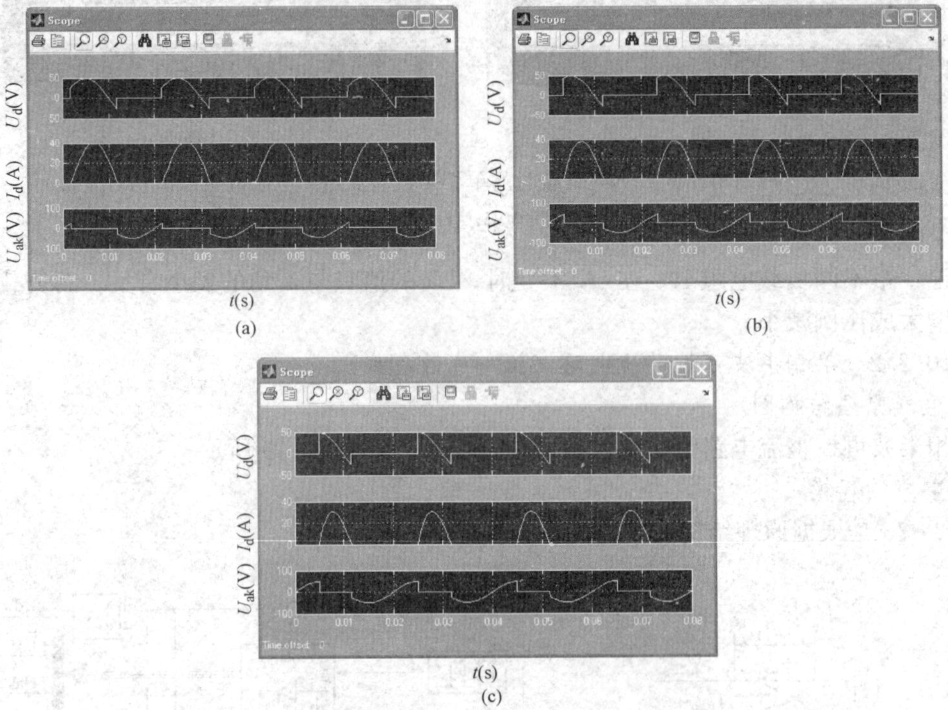

图 2-72　单相半波整流电路带阻—感性负载不同控制角时的仿真波形

（a）$\alpha=30°$时；（b）$\alpha=60°$时；（c）$\alpha=90°$时

2）当 $\alpha=30°$和电感 $L=0.002\text{H}$ 不变，改变负载电阻 R 时，仿真波形的变化情况如图 2-73 所示。

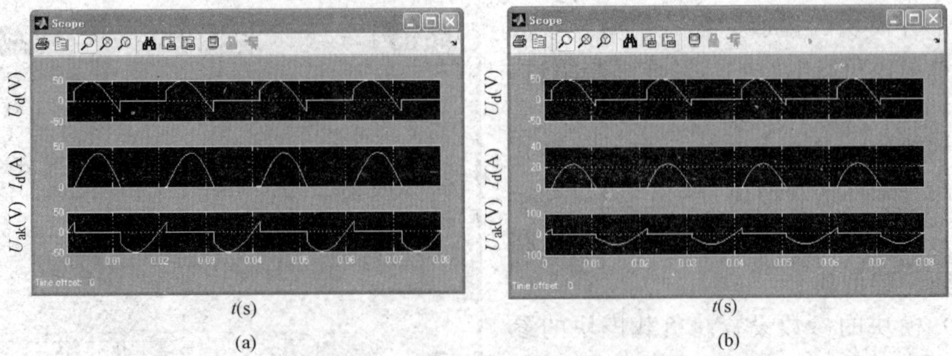

图 2-73　控制角相同、不同负载电阻时的单相半波整流电路阻—感性负载的仿真波形

（a）$R=1\Omega$；（b）$R=2\Omega$

3）当 $\alpha=60°$ 和电阻 $R=1$ 不变，而改变负载电感 L 时，波形的变化情况如图 2-74 所示。

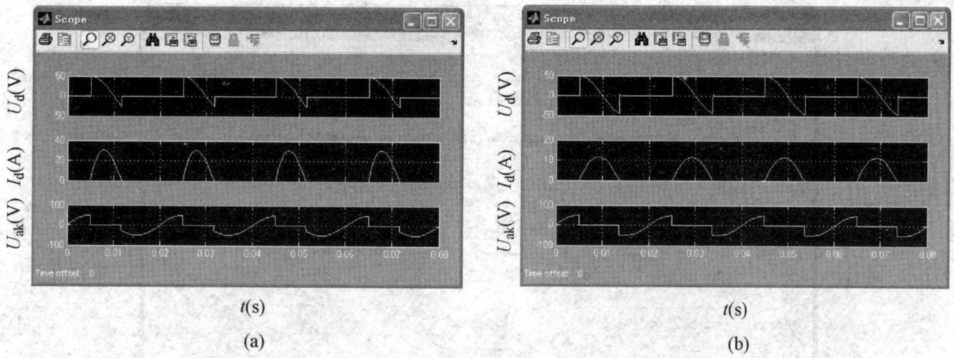

图 2-74　控制角相同、不同负载电感时的单相半波整流电路阻—感性负载的仿真波形

（a）$L=0.01$H；（b）$L=0.02$H

结论：改变负载电感 L 的大小，会直接影响到负载平均电压 U_d，随着电感 L 的增大，负载电压的波形在负半周所占的面积越大，这使得 U_d 的值越小。

在上述分析的基础上，将单相半波整流电路带电阻性与阻—感性负载进行比较可得知，与电阻性负载相比，电路中所出现的负载电感 L，会使得晶闸管的导通时间加长，当 u_2 由正到零时，晶闸管并没有关断，使输出电压出现了负的部分，从而输出电压平均值 U_d 减小。

2.10.2.3　单相半波可控整流电路（阻—感性负载加续流二极管）

1. 电气原理结构图

为了解决电感性负载存在的问题，必须在负载两端并联续流二极管，把输出电压的负向波形去掉。阻—感性负载加续流二极管的电路如图 2-75 所示。

2. 电路的建模

图 2-76 是根据电气原理结构图搭建的仿真模型。

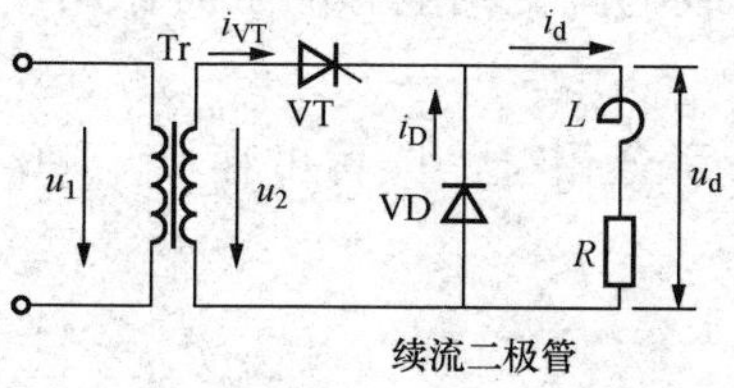

图 2-75　单相半波可控整流电路（阻—感性负载加续流二极管）

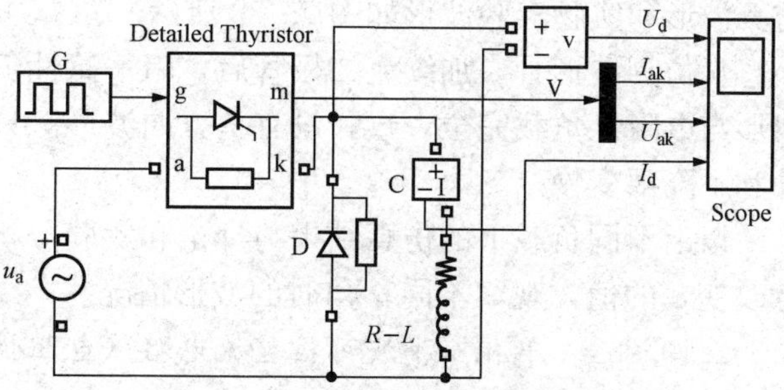

图 2-76　单相半波可控整流电路（阻—感性负载加续流二极管）的仿真模型

此处只补充新增模块。

（1）模型中使用的模块、提取途径及作用。

1）二极管模块：SimPower System/Power Electronics /Diode，作为续流二极管元件。

2）电流测量模块：SimPower System/Measurements/Current Measurement，用于检测电流的大小。

（2）模块的参数设置。续流二极管模块的参数设置如图 2-77 所示。

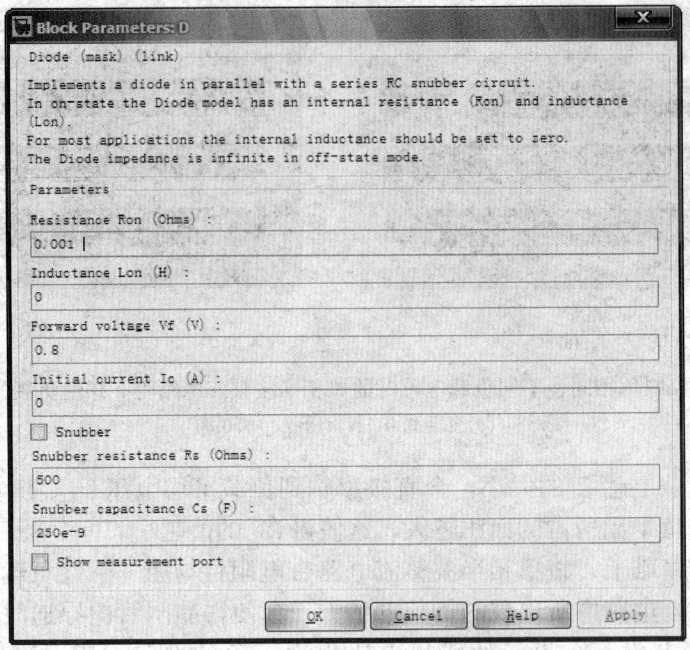

图 2-77　续流二极管模块的参数设置

3. 模型仿真、仿真结果的输出及结果分析

（1）系统仿真。打开仿真参数窗口，选 ode23tb 算法，相对误差设为 1e-3，仿真开始时间为 0，停止时间为 0.08s；点击“Start”命令，或直接点击 ▸ 按钮，系统开始仿真。

（2）输出仿真结果。采用“示波器”模块输出方式，图 2-78 是双击“示波器”模块后显示的仿真曲线以及实物实验波形。

（3）输出结果分析。当 $R=1\Omega$、$L=0.02$H 时，使 $\alpha=30°$、60°、90°、120°、150°角时，仿真波形和实物实验波形如图 2-78 所示。

从仿真波形看，加续流二极管后，阻—感性负载的负载电压 U_d、晶闸管两端的电压 U_{ak} 波形与电阻性负载完全一致，没有负方向波形。只是负载电流受到电感的阻碍作用，波形上升和下降都变慢。

以上不同负载下的仿真结果与理论和实验分析结果完全相符。读者可在 0～180°之间任意改变 α 的值，观察不同 α 角时的波形情况。

2.10.2.4　单相双半波可控整流电路（电阻性负载）

1. 电气原理结构图

单相双半波可控整流电路电气原理结构图如图 2-79 所示。

单相双半波可控整流与单相半波可控整流电路相比，不同之处在于，当在电源电压负半周时，晶闸管 VT1 过零关断，但此时若有触发脉冲到来（即到达 $\pi+\alpha$ 处），会使得晶闸管 VT2 导通，给负载电阻 R 供电，直到电源电压过零变正时，晶闸管 VT2 关断。这样，随着电源电压的正负半周触发脉冲在不同时刻到来，晶闸管 VT1、VT2 轮流导通，如此反复。

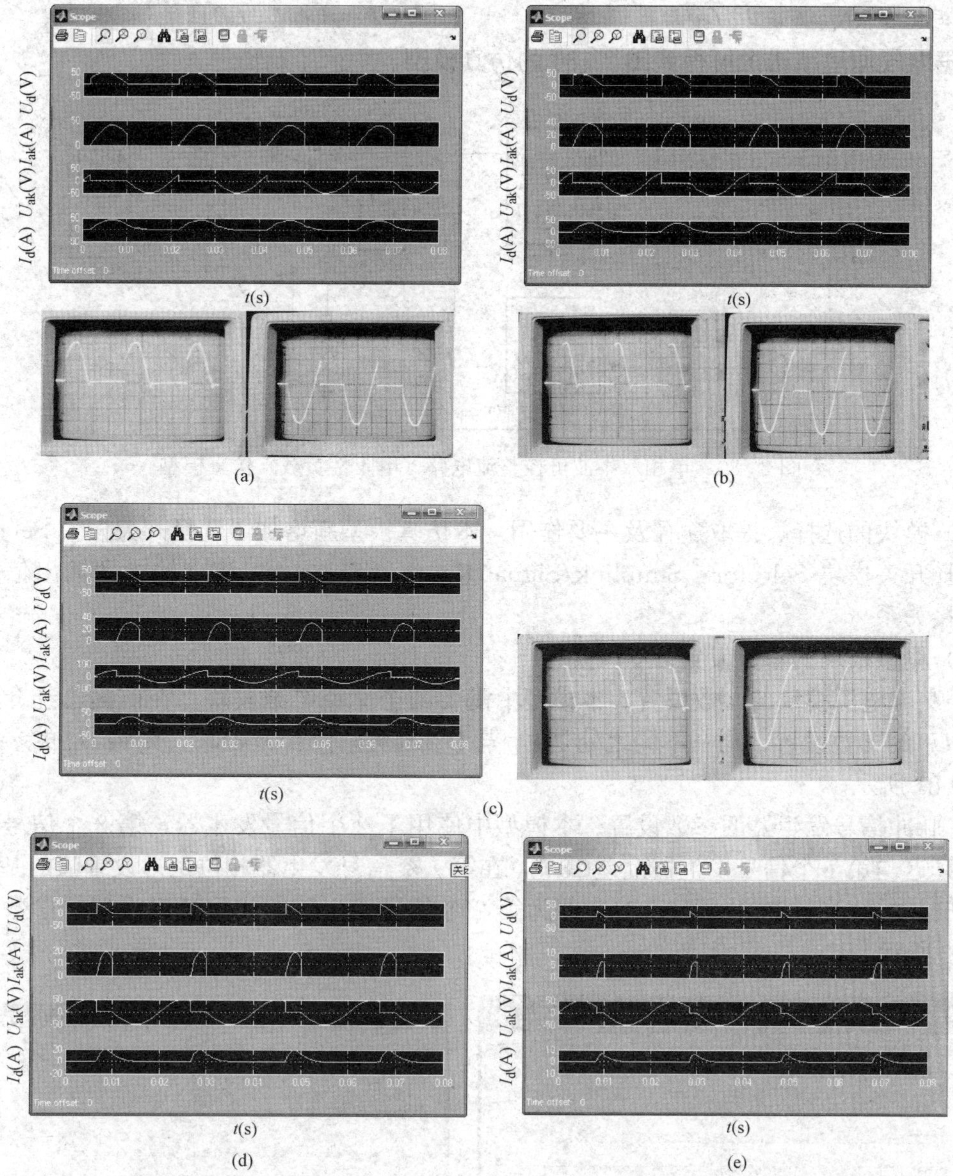

图 2 - 78　不同控制角时单相半波整流电路阻—感性负载接续流二极管的仿真和实验波形

（a）$\alpha=30°$时；（b）$\alpha=60°$时；（c）$\alpha=90°$时；（d）$\alpha=120°$时；（e）$\alpha=150°$时

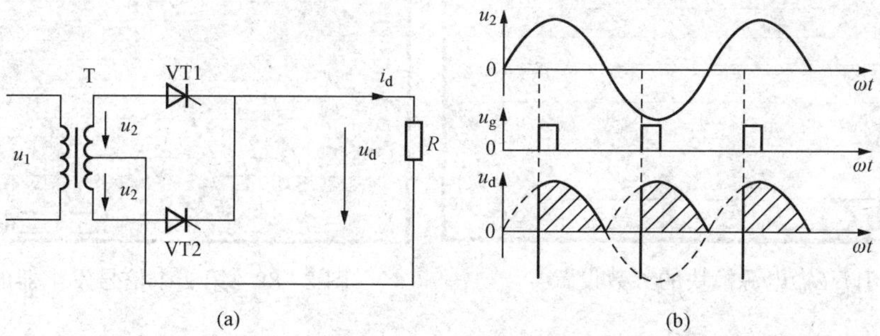

图 2 - 79　单相双半波可控整流电路结构图（电阻性负载）

（a）电路图；（b）波形图

2. 电路的建模

根据电气原理结构图可得到图 2-80 的仿真模型。

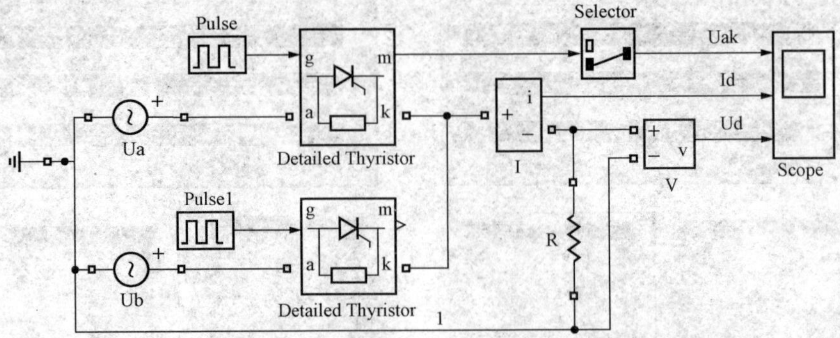

图 2-80　单相双半波可控整流电路（电阻性负载）仿真模型

（1）模块的选择、提取途径及主要作用。本仿真模型新增加了选择开关模块 Selector。

选择开关模块 Selector：Simulink/Signal Routing/Selector，建立输入和输出信号间的匹配连接关系。

（2）典型模块的参数设置。

1）交流电源模块的参数设置。本模型中需要两个交流电源模块，在前面已经介绍过电源模块 U_a 的参数设置，唯一不同之处是 U_b 与 U_a 的初相位互差 180°，则将 U_b 的参数设置成图 2-81 所示。

2）脉冲信号发生器的参数设置。本模型中使用了 2 个信号发生器，第 2 个信号发生器的相位延迟与第 1 个信号发生器互差 180°，在第 1 个信号发生器相位延迟设置值的基础上加上（1/50）×（180/360）s=0.01s，即为第 2 个信号发生器的相位延迟设置，参数设置如图 2-82 所示。

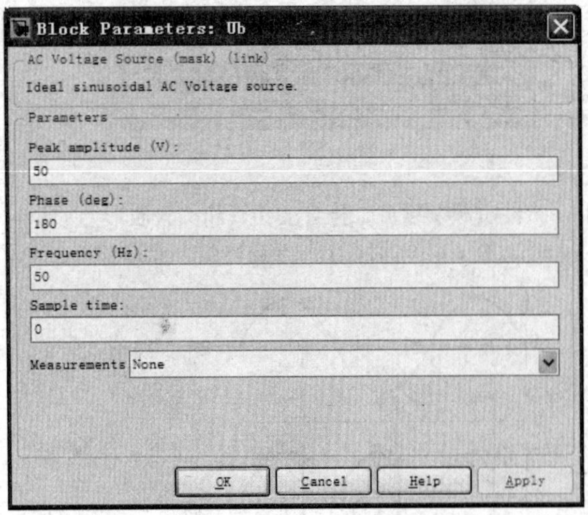

图 2-81　U_b 电源模块的参数设置

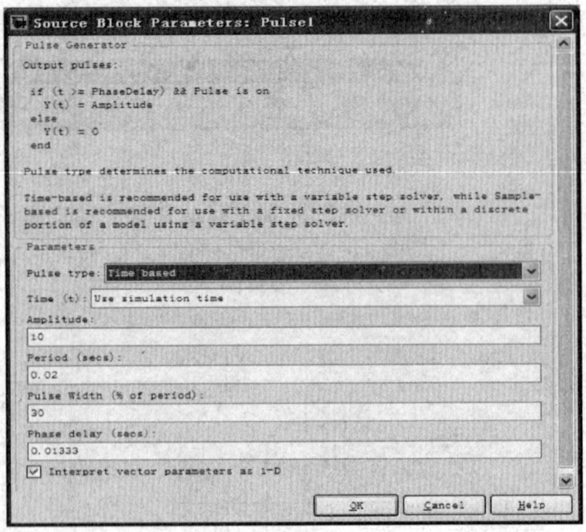

图 2-82　第 2 个信号发生器的参数设置

3. 模型仿真、仿真结果的输出及结果分析

（1）系统仿真。打开仿真参数窗口，选 ode23tb 算法，相对误差设为 1e-3，仿真开始时

间为 0，停止时间为 0.08s；点击“Start”命令，或直接点击▶按钮，系统开始仿真。

（2）输出仿真结果。采用“示波器”模块输出方式，图 2-83 是 $R=2\Omega$，$\alpha=30°$、$60°$、$90°$时的负载电压、负载电流和晶闸管上的电压仿真波形。

（3）输出结果分析。

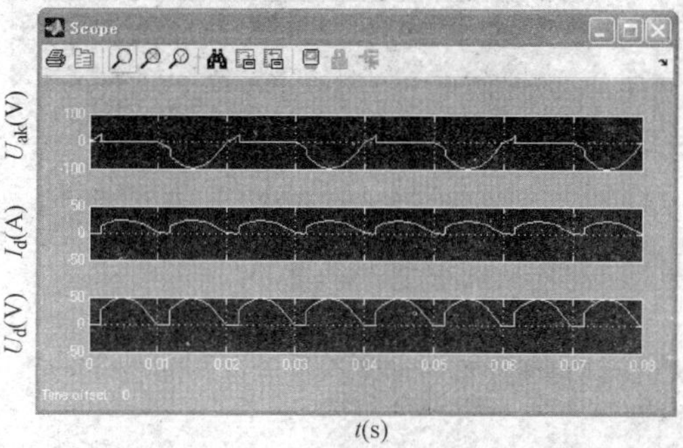

(a)

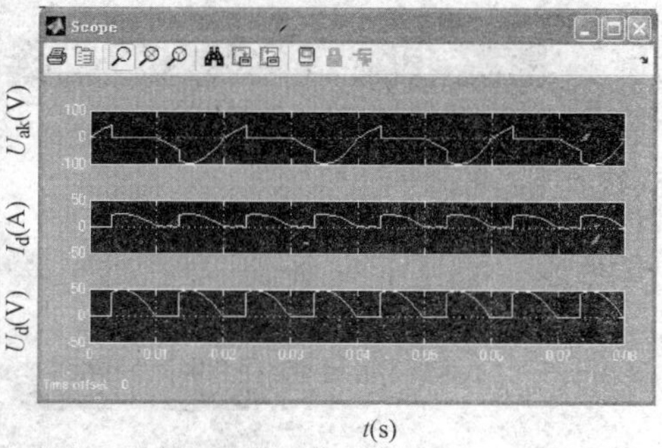

(b)

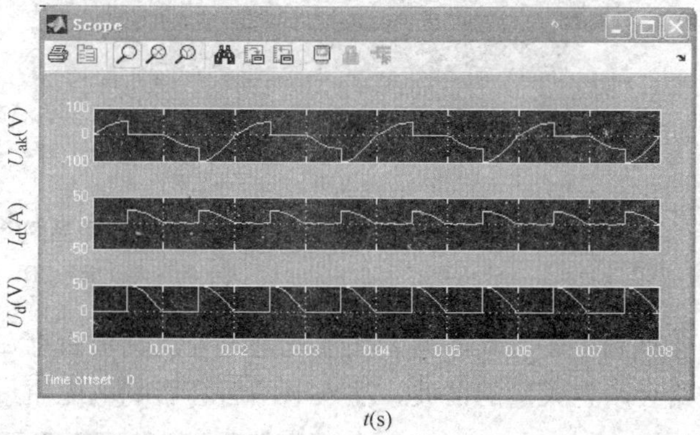

(c)

图 2-83　$R=2\Omega$ 不同 α 时的负载电压、负载电流和晶闸管电压仿真波形

（a）$R=2\Omega$，$\alpha=30°$；（b）$R=2\Omega$，$\alpha=60°$；（c）$R=2\Omega$，$\alpha=90°$

在上述分析的基础上，将单相半波与单相双半波整流电路进行比较，可得出以下结论：

单相双半波整流电路的负载平均电压 U_d 的值比半波时大，因为晶闸管 VT1、VT2 轮流导通，电压波形在一个周期内脉动两次，而单相半波输出电压波形每个周期脉动一次，且整流电压脉动大。

2.10.2.5　单相双半波可控整流电路（阻—感性负载）

将电阻负载改为阻—感性负载，即得到了单相双半波可控整流电路（阻—感性负载）。图 2-84 是 $R=2\Omega$，$L=0.02H$，$\alpha=30°$、$60°$、$90°$时的负载电压、负载电流和晶闸管上的电压仿真波形。

结论：在本电路的阻感性负载中，负载电压 u_d 出现了负半波，与电阻性负载相比，负载电流 i_d 从零按指数规律逐渐上升，波形变得平滑，且随着 α 角的增加，输出平均电压 U_d 减小。

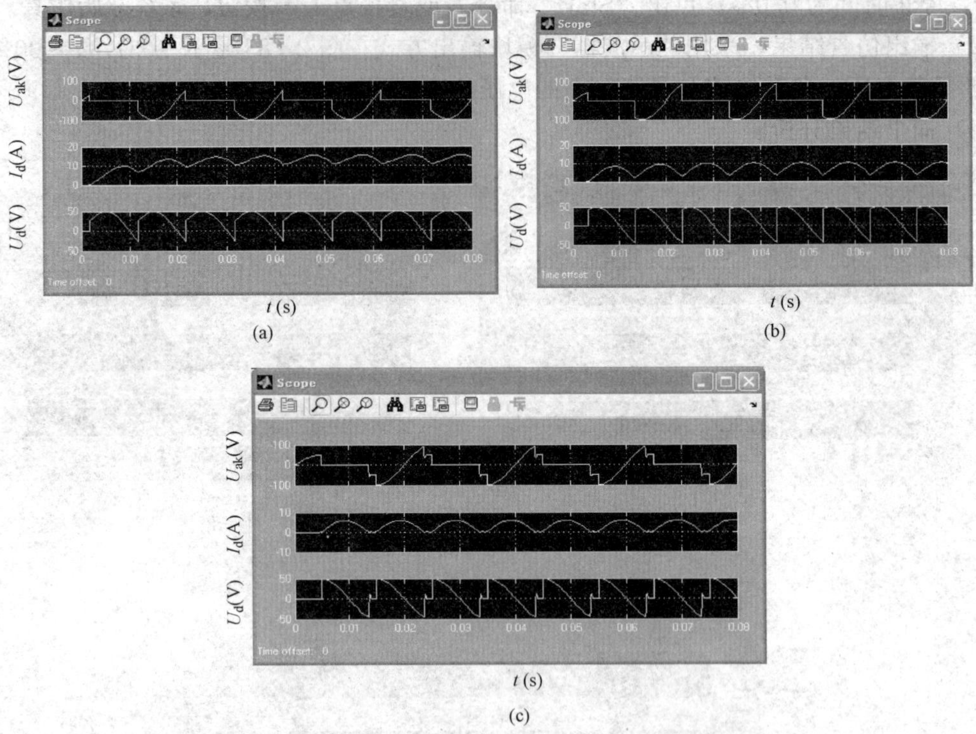

图 2-84　$R=2\Omega$，$L=0.02\text{H}$ 不同 α 时的负载电压、负载电流和晶闸管电压仿真波形

(a) $R=2\Omega$，$L=0.02\text{H}$，$\alpha=30°$；(b) $R=2\Omega$，$L=0.02\text{H}$，$\alpha=60°$；(c) $R=2\Omega$，$L=0.02\text{H}$，$\alpha=90°$

2.10.2.6　晶闸管单相半波和双半波可控整流电路直流侧输出电压的谐波分析

电力电子变流电路会产生大量的谐波，注入电网后会影响电能质量，所以进行谐波分析非常必要。

谐波可以通过傅里叶级数分解进行分析，也可以使用 MATLAB 中的 Powergui 模块进行分析。在用 Powergui 模块分析之前，先双击示波器，将示波器的 Format 一栏勾选为 Structure with time，如图 2-85 所示，勾选完后所保存的数据就可以用 Powergui 模块进行分析了。

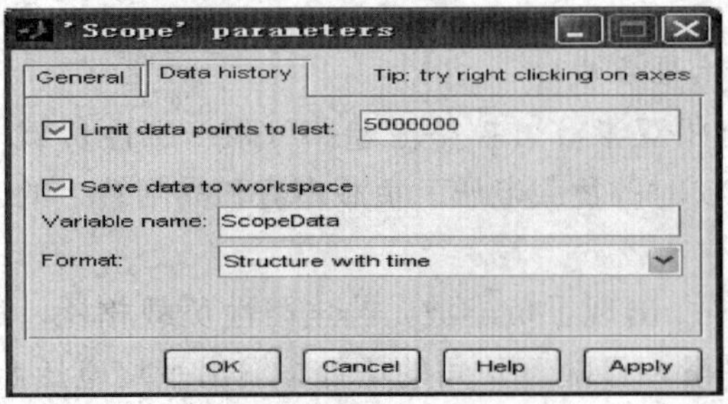

图 2-85　示波器的参数设置

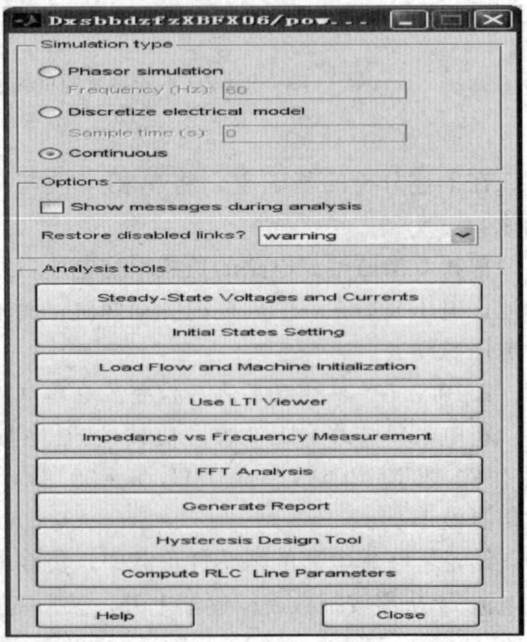

图 2-86　Powergui 模块属性参数对话框

点击 Powergui 模块，弹出它的属性参数对话框如图 2-86 所示，点击其中的 FFTAnalysis 按钮，弹出 Powergui 的 FFTTools 对话框，如图 2-87 所示。

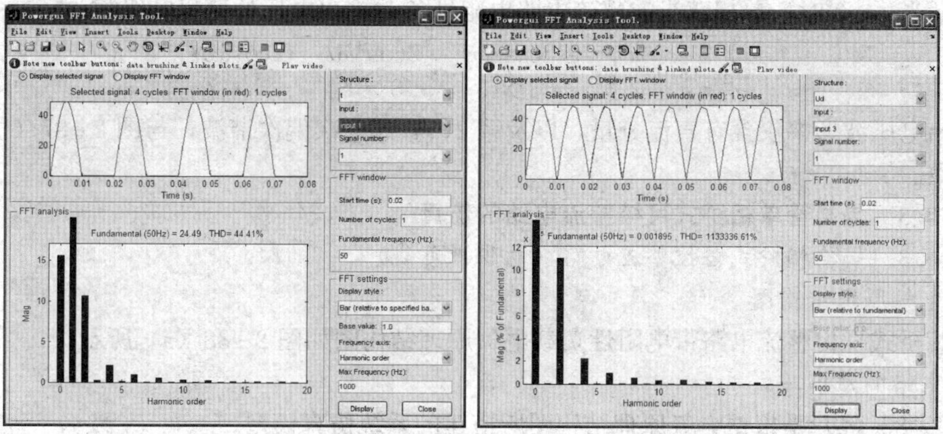

(a)　　(b)

图 2-87　FFTTools 的对话框和谐波分析结果

(a) 单相半波 FFTTools 的对话框；(b) 单相双半波 FFTTools 的对话框

关于 FFTTools 对话框的说明：

(1) Fundamental frequency (Hz) 是指基波频率，本系统中为 50Hz。

(2) Max Frequency (Hz) 是指最大频率，就是要分析的波形的谐波范围。

(3) Frequency axis 是指频率坐标轴，有两种输出方式，其一为 Hertz，表示以 Hz 来显示 FFT 的分析结果；其二为 Harmonic order（谐波次数），表示以相对于基波频率的谐波次数来显示 FFT 分析结果。

(4) 在 Disply style 中，可由傅里叶分析得到直流侧输出电压的谐波波形，该波形有四种显示方式：Bar (relative to fundamental)，指相对于基波而言的条形图，如图 2-86 所示；List (relative to fundamental)，指相对于基波而言的高次谐波所占的百分比；Bar (relative to specified base)，指相对于某个基础值而言的条形图，但此时需要在 Base value 中输入基础值；List (relative to specified base)，指相对于某个基础值而言的高次谐波所占的百分比，需要在 Base value 栏中输入基础值。

(5) 总谐波畸变率（THD），表示波形相对于正弦波畸变程度的一个性能参数，将其定义为全部谐波含量的方均根值与基波含量的方均根值之比。以电压信号来说明，如基波电压的有效值为 U_1，二次谐波电压的有效值为 U_2，……，这样如此下去，则记 h 次谐波的有效值为 U_H。

则电压的总谐波含量（电压所有畸变分量有效值）$U_H=\sqrt{\sum_{h=2}^{\infty}U_h^2}$。

则电压总谐波畸变率为 $THD=\frac{U_H}{U_1}\times 100$（%）。

由傅里叶谐波分析得到下列结果：

(1) 当 $\alpha=0°$时，单相半波整流电路电阻性负载输出电压的傅里叶级数为

$$u_{\mathrm{d}}=\frac{\sqrt{2}U_2}{\pi}\left(1+\frac{\pi\cos\omega t}{2}+\frac{2\cos2\omega t}{3}-\frac{2\cos4\omega t}{15}+\frac{2\cos5\omega t}{35}-\cdots\right)$$

输出电压波形中含有直流分量，以及第1、2、4…次谐波，与图2-87（a）分析结果一致。

（2）当$\alpha=0°$时，单相双半波整流电路电阻性负载输出电压的傅里叶级数为

$$u_{\mathrm{d}}=\sqrt{2}U_2\frac{2}{\pi}\sin\frac{\pi}{2}\left(1+\frac{2\cos2\omega t}{1\times3}-\frac{2\cos4\omega t}{3\times5}+\frac{2\cos6\omega t}{5\times7}+\cdots\right)$$

输出电压波形中仅含有直流分量，以及第2、4、6…次偶次谐波，与图2-87（b）分析结果一致。

2.10.3　晶闸管单相桥式可控整流电路的仿真

2.10.3.1　单相桥式全控整流电路（电阻性负载）

1. 电气原理结构图

单相桥式全控整流电路带电阻性负载电气原理结构图如图2-88（a）所示。

2. 电路的建模

图2-88（b）是根据电气原理结构图所搭建的系统仿真模型。

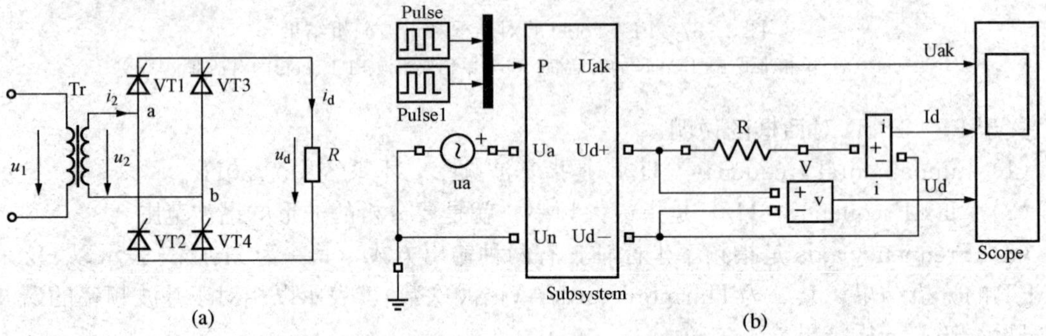

图2-88　单相全控桥式整流电路和仿真模型

（a）单相全控桥式整流电路（电阻性负载）；（b）单相全控桥式整流电路（电阻性负载）仿真模型

（1）模型中子系统的建立。本系统中主要是添加了单相桥式全控整流器子系统模型，它的具体模型及封装后的符号图如图2-89所示。

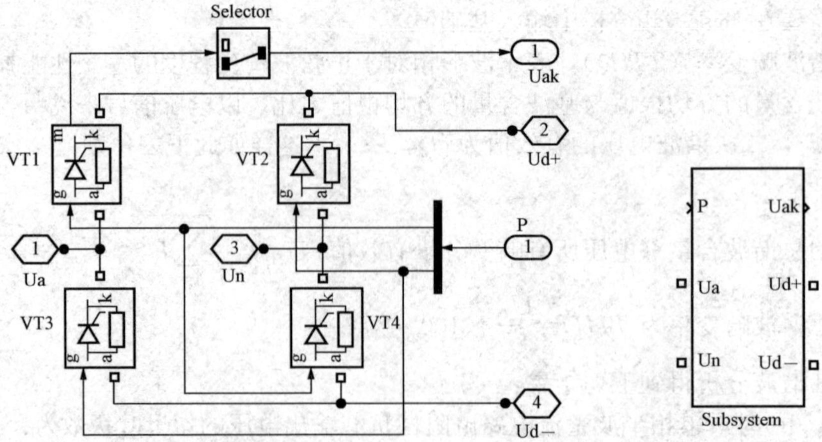

图2-89　单相桥式全控整流器子系统模型及封装后的符号图

（2）模块的提取途径及作用。

1）子系统的输出模块：Simulnk/Commmonly Used Blocks/Out1，子系统输出端子。

2）子系统的输入模块：Simulnk/Commmonly Used Blocks/In1，子系统输入端子。

3. 模型仿真、仿真结果的输出及结果分析

（1）系统仿真。打开仿真参数窗口，选 ode23tb 算法，相对误差设为 1e-3，仿真开始时间为 0，停止时间为 0.08s；点击“Start”命令，或直接点击 ▸ 按钮，系统开始仿真。

（2）输出仿真结果。采用“示波器”模块输出方式，图 2-90 是 $\alpha=30°$、60°、90°、120°时的负载电压、负载电流和晶闸管上的电压仿真波形和实验波形。

（3）输出结果分析。

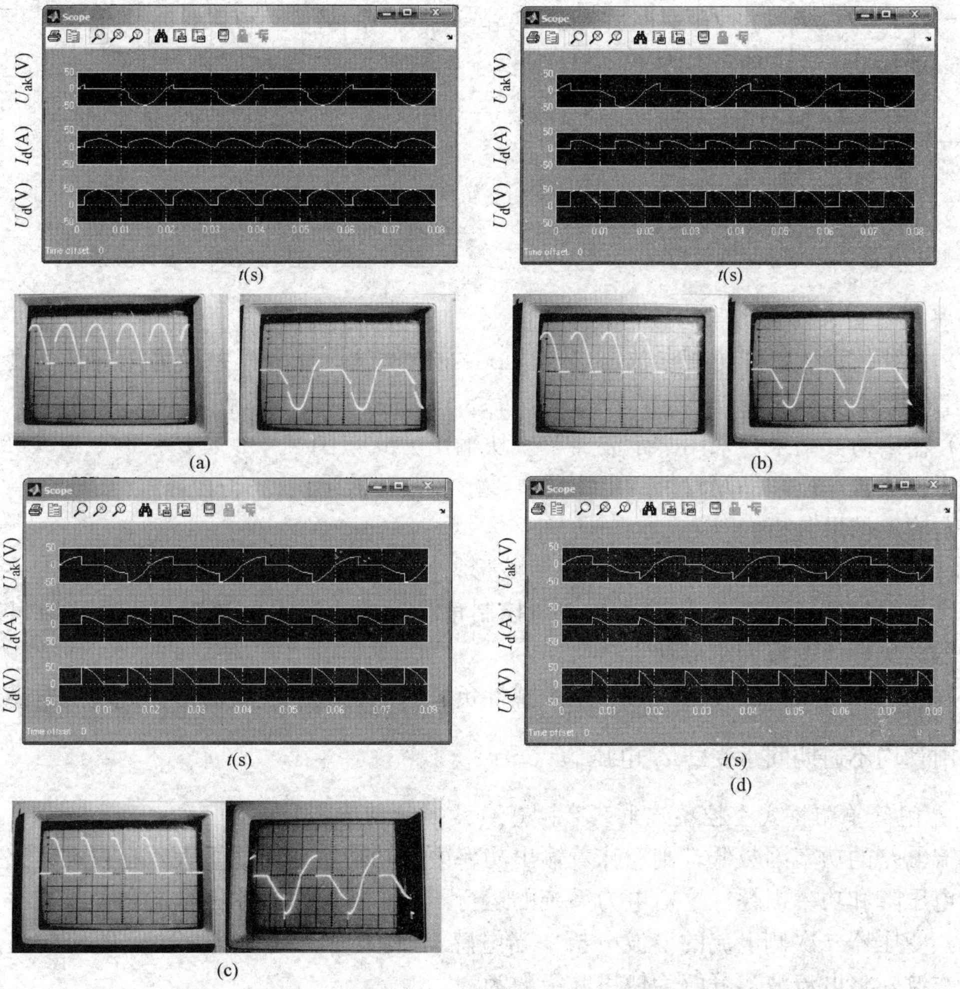

图 2-90　不同控制角时单相全控桥式整流电路电阻性负载的仿真和实验波形

（a）$\alpha=30°$；（b）$\alpha=60°$；（c）$\alpha=90°$；（d）$\alpha=120°$

结论：本电路输出电压 U_d 的值随着控制角 α 的增加而减小。

与单相双半波整流电路相比，从仿真波形图不难看出，两电路的输出电压 u_d 波形是相同的，但两者的区别在于，单相双半波中的变压器二次绕组是带中心抽头的，这种结构较单相桥式全控电路复杂。单相双半波比单相桥式全控少用 2 个晶闸管，这样使门极驱动电路也

少了 2 个，且其晶闸管能承受的最大电压是单相桥式全控的 2 倍。

2.10.3.2　单相桥式全控整流电路（阻—感性负载）

1. 电气原理结构图

单相桥式全控整流电路（阻—感性负载）电气原理结构图如图 2-91 所示。

2. 电路的建模

此系统的模型只需将图 2-88 中的电阻负载改为阻—感性即可，如图 2-92 所示。

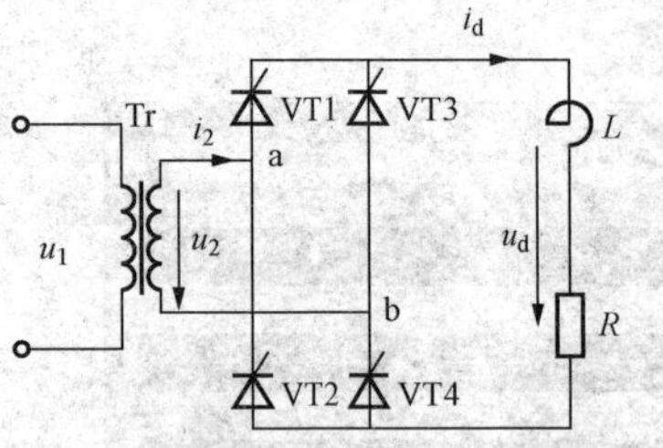

图 2-91（原图 2-6）　单相全控桥式整流电路（阻—感性负载）

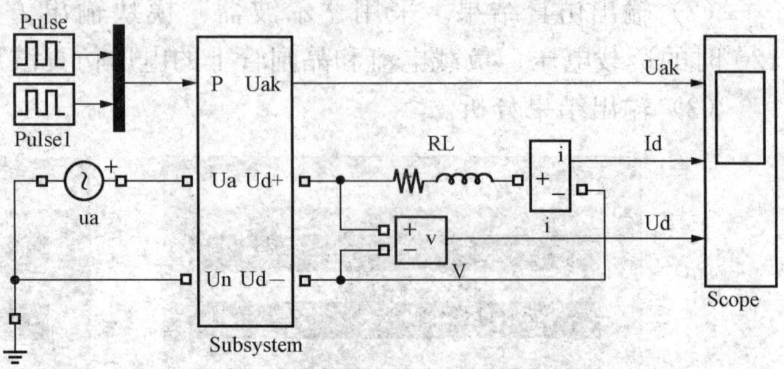

图 2-92　单相全控桥式整流电路（阻—感性负载）仿真模型

3. 模型仿真、仿真结果的输出及结果分析

（1）系统仿真。打开仿真参数窗口，选 ode23tb 算法，相对误差设为 1e-3，仿真开始时间为 0，停止时间为 0.08s；点击“Start”命令，或直接点击 ▶ 按钮，系统开始仿真。

（2）输出仿真结果。采用“示波器”模块输出方式，图 2-93 是 $\alpha=30°$、60°、90°时的负载电压、负载电流和晶闸管上的电压仿真波形和实验波形。

（3）输出结果分析。

1）由于电感的作用，输出电压出现负波形；当电感无限大时，控制角 α 在 0～90°之间变化时，晶闸管导通角 $\theta=\pi$，导通角 θ 与控制角 α 无关。输出电流近似平直，流过晶闸管和变压器二次侧的电流为矩形波。

2）图 2-93 是 $\alpha=30°$、60°、90°阻—感性负载时的仿真和实验波形；此时的电感为有限值，晶闸管均不通期间承受 $\frac{1}{2}u_2$ 电压。

4. 晶闸管单相桥式全控整流电路带阻感负载时的功率因数分析

整流电路的功率因数低，则意味着输出功率中无功功率所占比重大，在供电线路上会有大量的电压降和功率损耗，这对电力系统的运行不利，所以对功率因数的研究很有必要。

（1）变压器二次侧电流的谐波分析。当电感 L 很大时，变压器二次侧电流的波形可以看作是方波，将电流波形分解为傅里叶级数为

$$i_2=\frac{4}{\pi}I_d\left(\sin\omega t+\frac{1}{3}\sin 3\omega t+\frac{1}{5}\sin 5\omega t+\cdots\right)$$

$$=\frac{4}{\pi}I_d\sum_{n=1,3,5\cdots}^{\infty}\frac{1}{n}\sin\omega t=\sum_{n=1,3,5\cdots}^{\infty}\sqrt{2}I_n\sin n\omega t。$$

最终的功率因数 $\lambda=0.9\cos\alpha$。

由以上谐波和功率因数分析可知，电流中只含有奇次谐波，且随着 α 角的增加，功率因

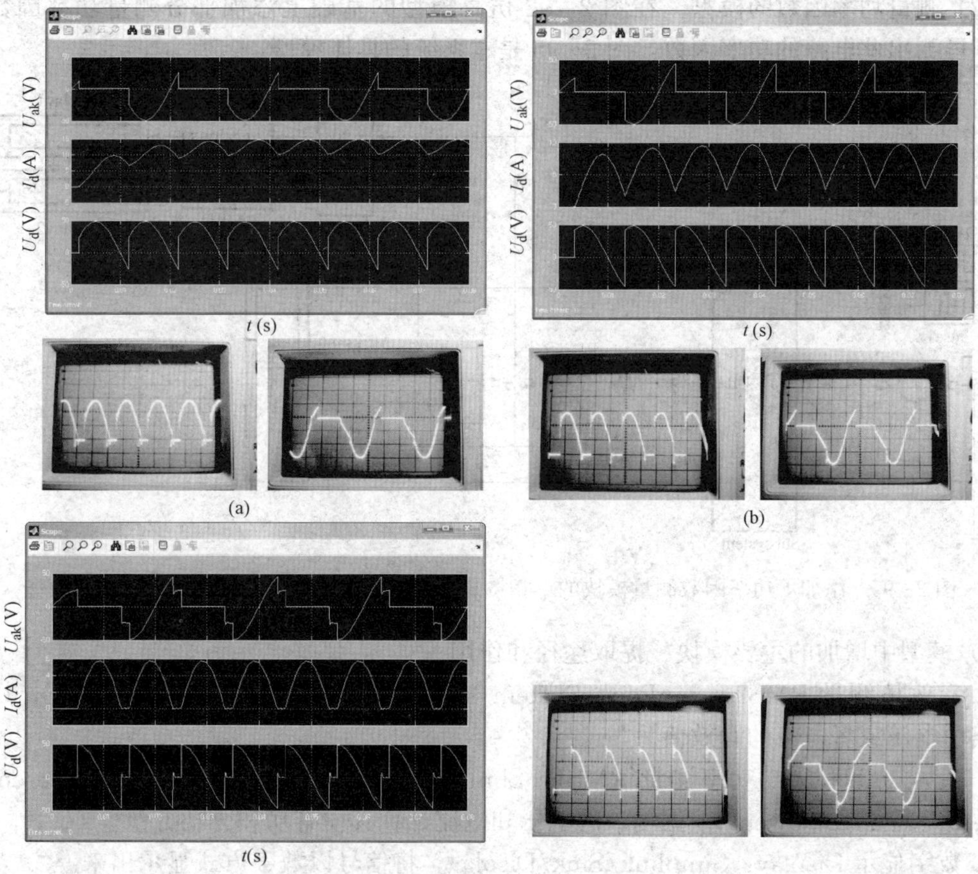

(c)

图 2-93　不同控制角时单相全控桥式整流电路阻—感性负载的仿真和实验波形

（a）$\alpha=30°$；（b）$\alpha=60°$；（c）$\alpha=90°$

数 λ 的值减小。

变压器二次侧电流的谐波分析结果如图 2-94 所示，与傅里叶级数的理论分析结果一致。

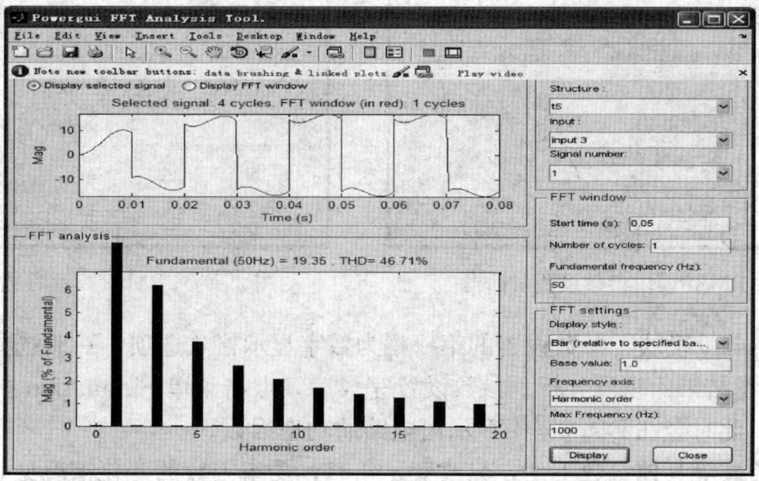

图 2-94　变压器二次侧电流的谐波分析结果

（2）测量功率因数的模型。在图 2-92 仿真模型的基础上添加部分测量功率因数的模块，即可测出此电路的功率因数，图 2-95 是本系统的具体模型。

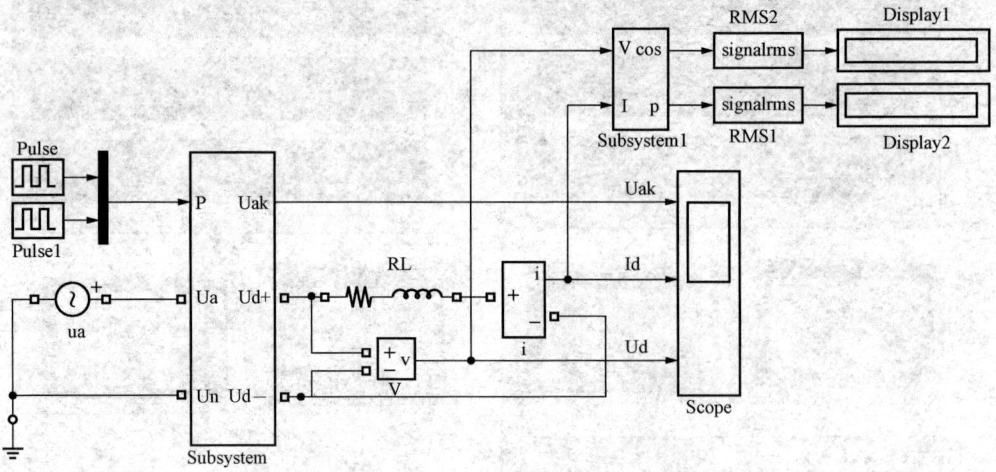

图 2-95　添加了功率因数测量模块的单相桥式全控整流电路（阻—感性负载）仿真模型

1）模型中增加的主要模块、提取途径和作用。

a. 有效值测量 RMS2：SimPowerSystem/Extra Library/Measurements/RMS，用于测量电路中电压或者电流的有效值。

b. 有功功率和无功功率测量 RMS1：SimPowerSystem/Extra Library/Measurements/Active & Reactive Power，根据输入的电压和电流计算其中有功和无功分量。

c. 数字显示 Display：Simulink/Sink/Display，将信号以数字方式显示出来。

2）模型中主要模块的参数设置。

a. 双击 RMS1 和 RMS2 模块，将其频率都设置为 50Hz，参数设置对话框如图 2-96、图 2-97 所示。

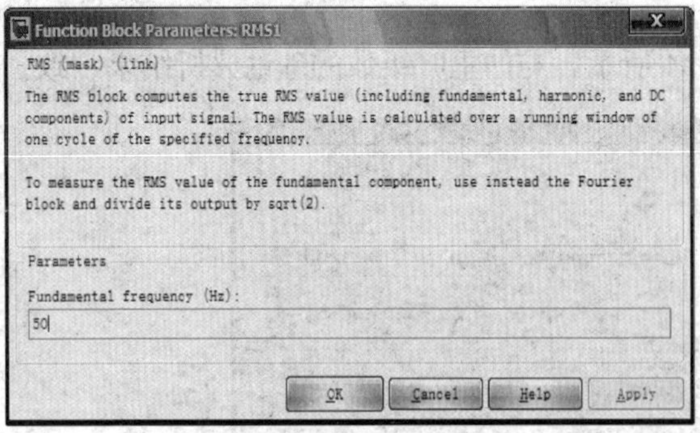

图 2-96　RMS1 模块参数设置对话框

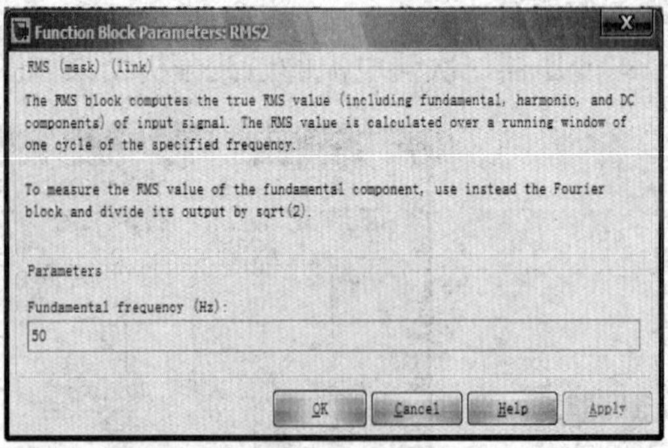

图 2-97　RMS2 模块参数设置对话框

b. 对于 Display 模块，参数设置的第一栏为数字显示格式选项，一般选择 short。

3）功率测量结果比较及分析。参数设置完成后，点击菜单 Simulation 栏下的“Start”，仿真立即开始，此时会在 Display 中显示出电路的功率因数。

若电路中负载等其他参数不变，只改变 α 角时，功率因数的变化情况见表 2-12。

结论：由表 2-12 可知，随着 α 角的增大，功率因数下降，这与理论分析的结果相符合。

表 2-12　α 角与 λ 的关系

α	λ
30°	0.7366
60°	0.6344
90°	0.5444

2.10.3.3　单相桥式全控整流电路（带反电动势负载）

1. 电气原理结构图

单相桥式全控整流电路带反电动势负载的电气原理结构图如图 2-98 所示。

2. 电路的建模

单相桥式全控整流电路带反电动势负载的仿真模型如图 2-99 所示。

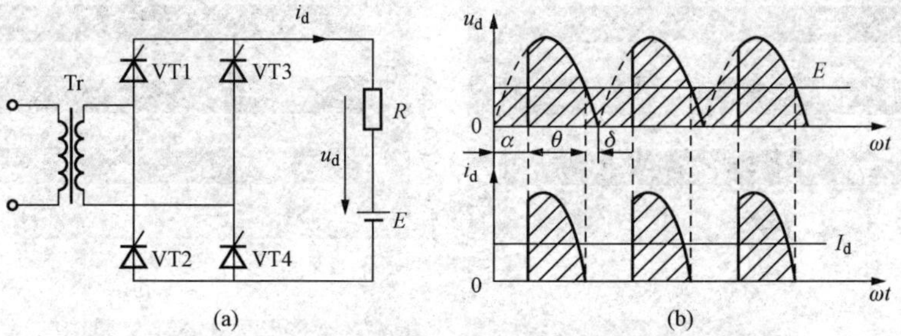

图 2-98（原图 2-7）　单相桥式全控整流电路带反电动势负载（$L=0$）

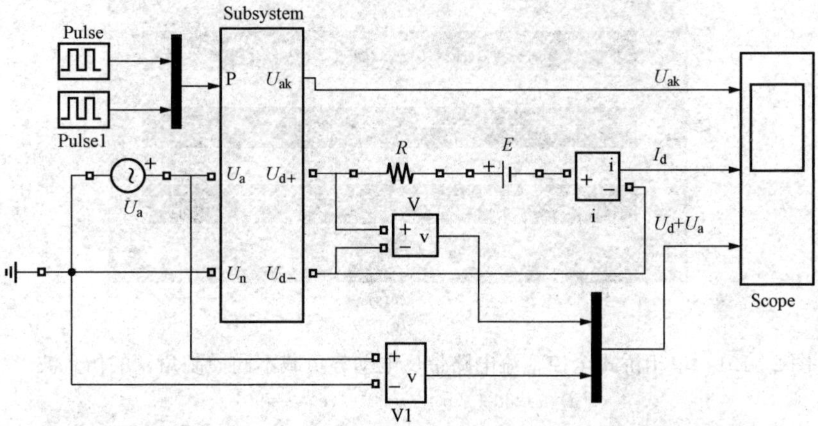

图 2-99　单相桥式全控整流电路带反电动势负载仿真模型

图中所增加的反电动势 E 的参数设置情况，如图 2-100 所示。

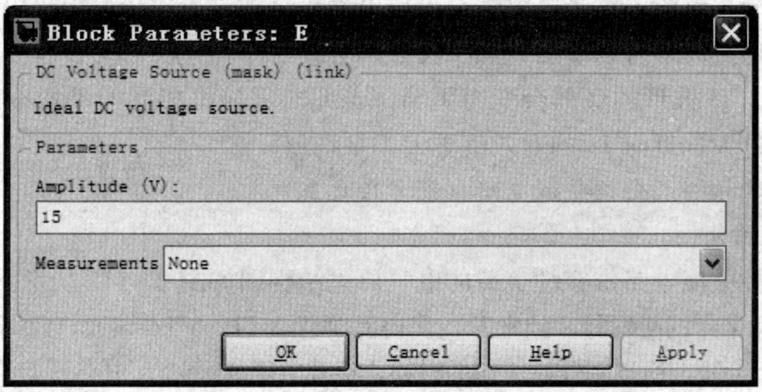

图 2-100　反电动势 E 的参数设置

3. 模型仿真、仿真结果的输出及结果分析

（1）系统仿真。打开仿真参数窗口，选 ode23tb 算法，相对误差设为 1e-3，仿真开始时间为 0，停止时间为 0.08s；点击“Start”命令，或直接点击 ▸ 按钮，系统开始仿真。

（2）输出仿真结果。采用“示波器”模块输出方式，不同控制角 α 时的仿真波形如图 2 - 101 所示。

（3）输出结果分析。

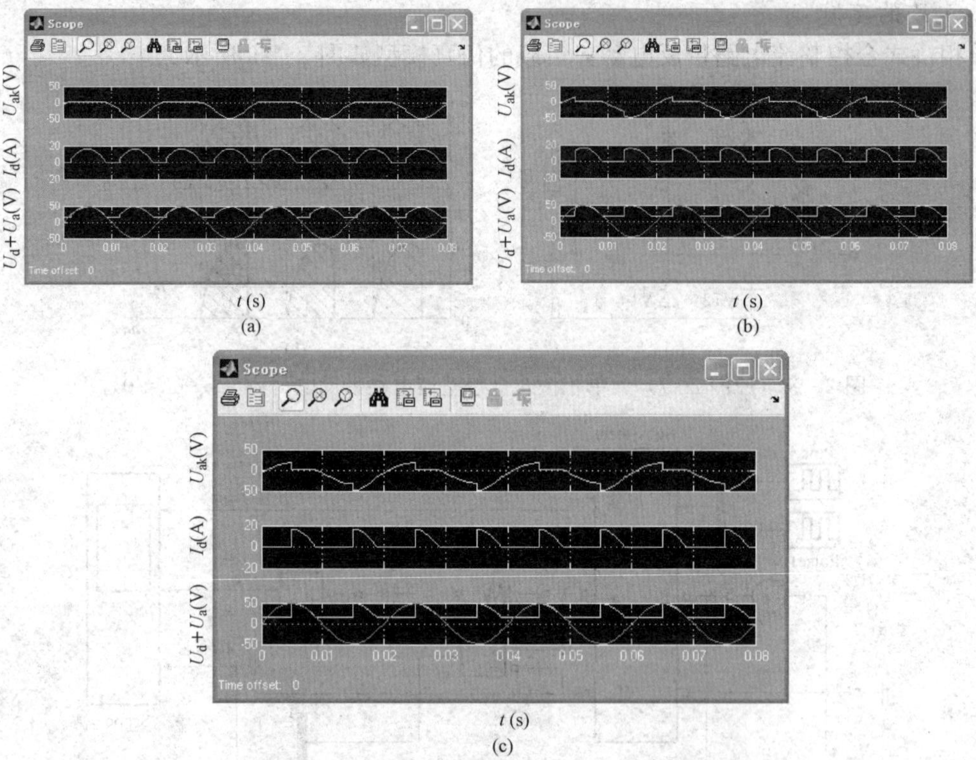

图 2 - 101 单相桥式全控整流电路带反电动势负载不同控制角 α 的仿真波形

（a）$\alpha=30°$；（b）$\alpha=60°$；（c）$\alpha=90°$

随着 α 角的增大，平均电压 U_d 减小，在反电动势 E 一定的情况下，输出电流 I_d 相应地减小。

将单相桥式全控整流电路带电阻性与带反电动势负载进行比较可得出以下结论：

从两电路的仿真波形可以看出，加了反电动势 E 后，电流 i_d 波形近似为脉冲状，且随着电动势 E 增大，i_d 波形的底部会变得更窄。若此时需输出相同的平均电流，则加反电动势电路的峰值会越大，近而 I_d 的有效值更大于平均值。

2.10.3.4 单相桥式全控整流电路（带容性负载）

1. 电气原理结构图

单相桥式全控整流电路带容性负载的电气原理结构图如图 2 - 102 所示。

在电源电压正半周的触发脉冲到来时，使得晶闸管 VT1、VT4 导通，此时因为电容两端的电压为零，相当于导线，所以刚开始工作的时候，负载电压 $u_d=u_2$。电路开始给电容充电，随着充电时间的增加，电容器两端的电压增大，当电源电压过零时使得晶闸管 VT1、VT4 截止。

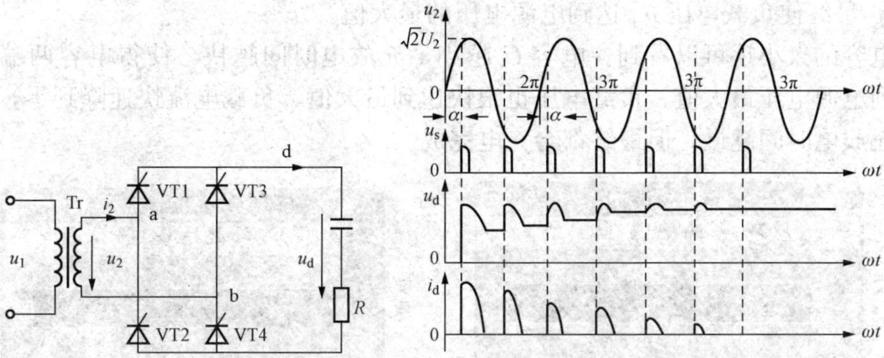

图 2 - 102　单相桥式全控整流电路带容性负载的电气原理结构图

因为电容两端的电压不能发生突变，所以在电源负半周的触发脉冲到来（即 $\pi+\alpha$）之前，由于时间很短，此期间电容电压基本维持不变。当触发脉冲到来时，使得晶闸管 VT2、VT3 导通，将 u_2 加到负载上，继续给电容进行充电，电容两端电压又继续上升，当电源电压过零时，使得 VT2、VT3 截止，如此反复下去，最终电容充电完成。

负载两端的电流 $i_d=\dfrac{u_d-u_c}{R}$，由于 u_c 逐渐增加，i_d 逐渐减小。当最后充电完成后，电容相当于开路状态，使得负载电流 i_d 为零。

2. 电路的建模

将图 2 - 92 模型中的阻—感性负载改为阻—容性负载即可，仿真模型如图 2 - 103 所示。

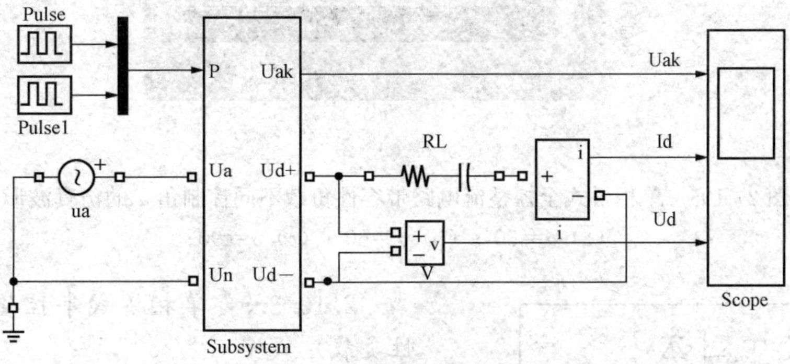

图 2 - 103　单相桥式全控整流电路带阻容性负载的仿真模型

上图中容性负载的参数设置如图 2 - 104 所示。

3. 电路的仿真及仿真结果分析

当系统的建模及各参数设置完成后，按下“Start”按钮，系统开始仿真。其他参数不变，改变 α 角时的仿真波形如图2 - 105 所示。

结论：与前几节所讲的整流电路相比，可以看出，此电路减小了负载电压

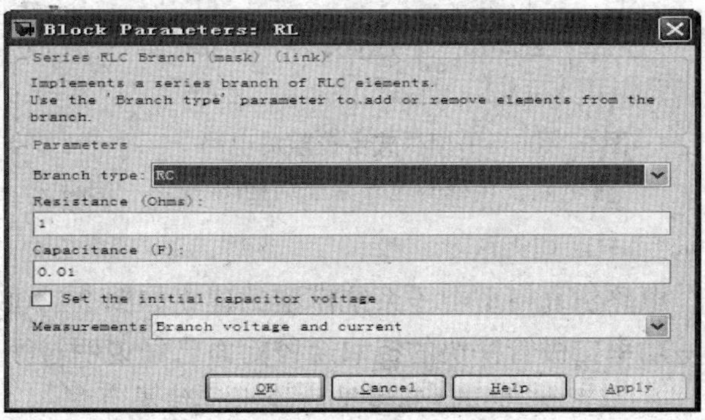

图 2 - 104　容性负载的参数设置

u_d 的波动，最终使负载电压 u_d 达到电源电压的最大值。

改变电容的大小还可以看到，电容 C 越小，充放电时间越快，使得电容两端的电压快速充电达到电源电压最大值，负载电压也很快达到最大值，负载电流快速降到零，反之电容 C 越大，充放电时间越慢，但最终都会充电完成。

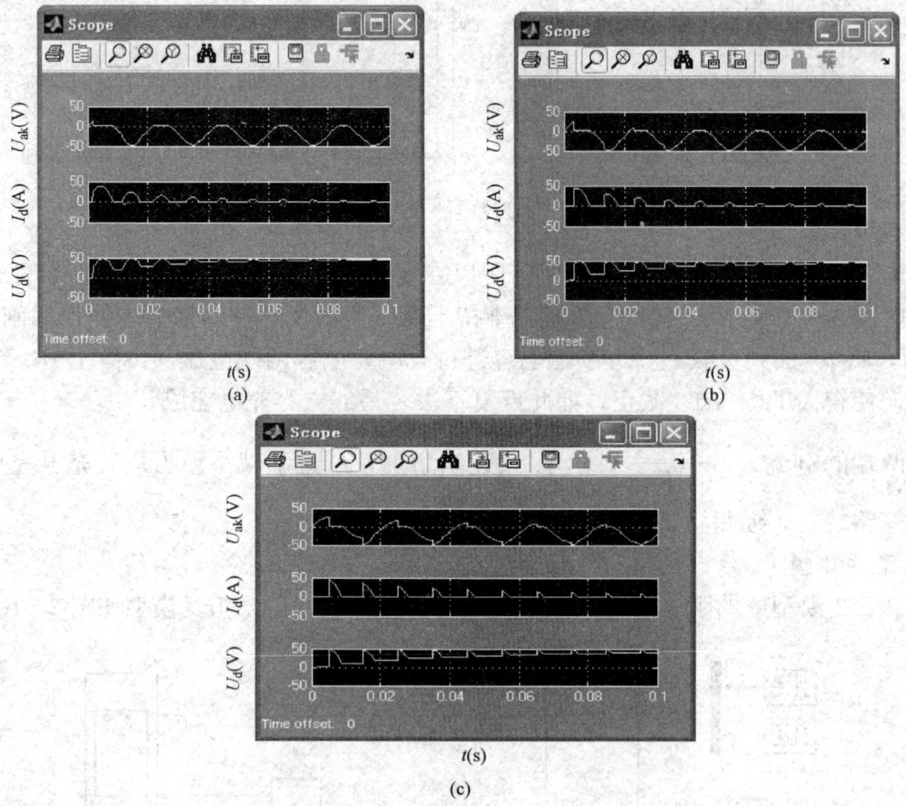

图 2-105　单相桥式全控整流电路带容性负载不同控制角 α 的仿真波形

(a) $\alpha=30°$；(b) $\alpha=60°$；(c) $\alpha=90°$

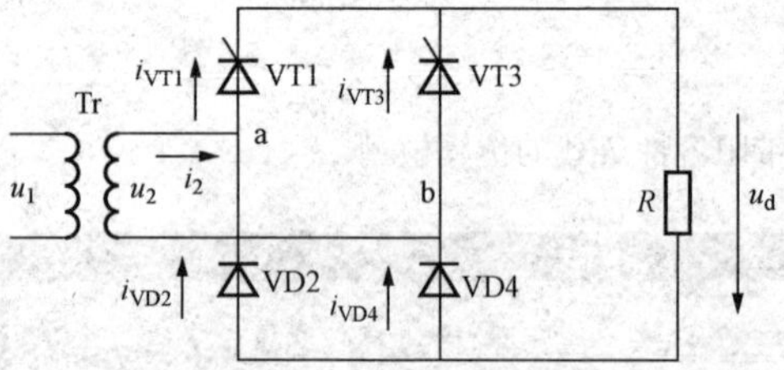

图 2-106　单相桥式半控整流电路带电阻性负载的电气原理结构图

2.10.3.5　单相桥式半控整流电路（电阻性负载）

1. 电气原理结构图

单相桥式半控整流电路带电阻性负载的电气原理结构图如图 2-106 所示。

2. 电路的建模

根据电气原理结构图建立的单相桥式半控整流电路带电阻性负载的仿真模型如图 2-107 所示。

电路仿真模型中子系统模型的建立如图 2-108 所示。

功率二极管模块的提取途径前面已经说明过。

3. 模型仿真、仿真结果的输出及结果分析

(1) 系统仿真。打开仿真参数窗口，选 ode23tb 算法，相对误差设为 1e-3，仿真开始时

间为 0，停止时间为 0.08s；点击“Start”命令，或直接点击 ▸ 按钮，系统开始仿真。

（2）输出仿真结果。采用“示波器”模块输出方式。当其他参数不变，不同控制角 α 时的仿真波形如图 2-109 所示。

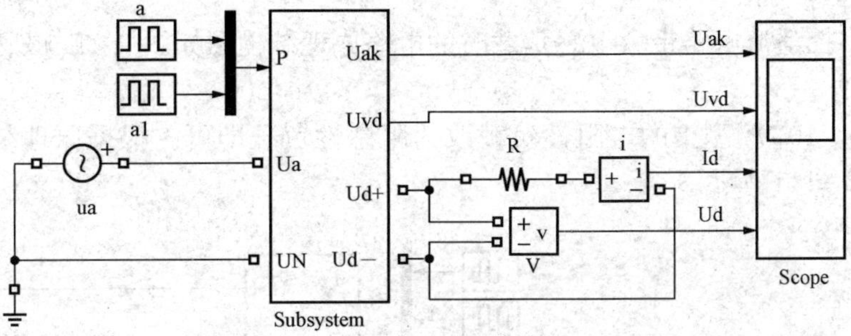

图 2-107　单相桥式半控整流电路带电阻性负载的仿真模型

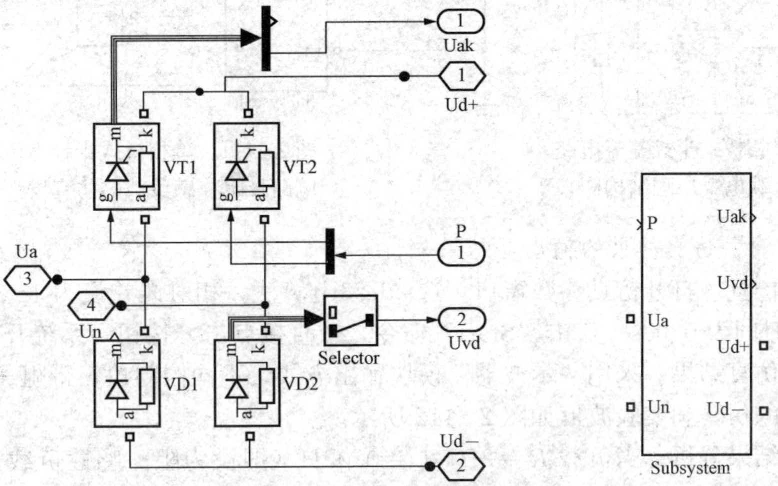

图 2-108　仿真模型中子系统模型及子系统符号

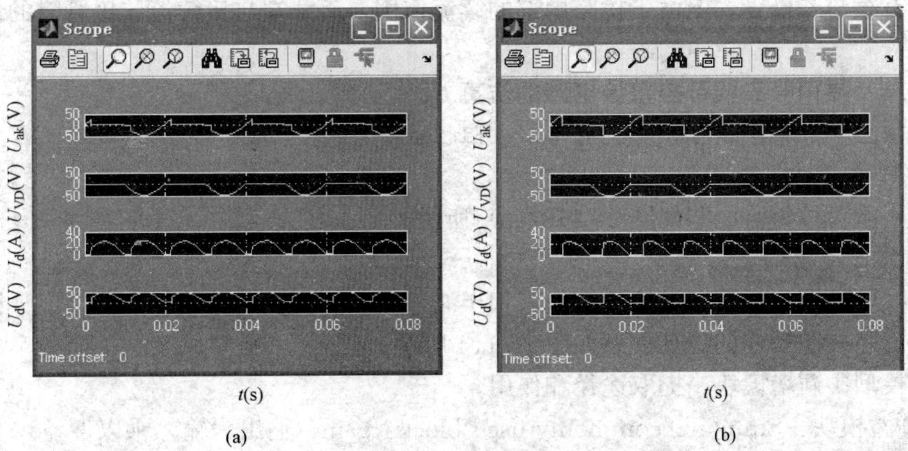

图 2-109　改变 α 角时单相桥式半控整流电路带电阻性负载的仿真波形

（a）$\alpha=30°$；（b）$\alpha=60°$

（3）输出结果分析。从波形图可以看出，此电路的输出电压 u_d 和输出电流 i_d 的波形与单相桥式全控整流电路带电阻性时相同，输出电压随着控制角 α 的增大而减小。

2.10.3.6　单相桥式半控整流电路（阻—感性负载、不带续流二极管）

1. 电气原理结构图

单相桥式半控整流电路带大电感负载时的电路原理结构图如图 2-110 所示。

2. 建模方法

只要将图 2-107 模型中的电阻性负载改为阻感性负载即可。根据原理结构图所搭建的仿真模型如图 2-111 所示。

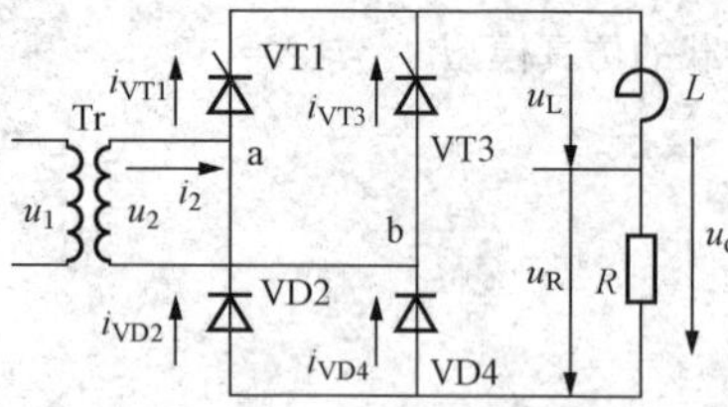

图 2-110　单相桥式半控整流电路带大电感负载电气原理结构图

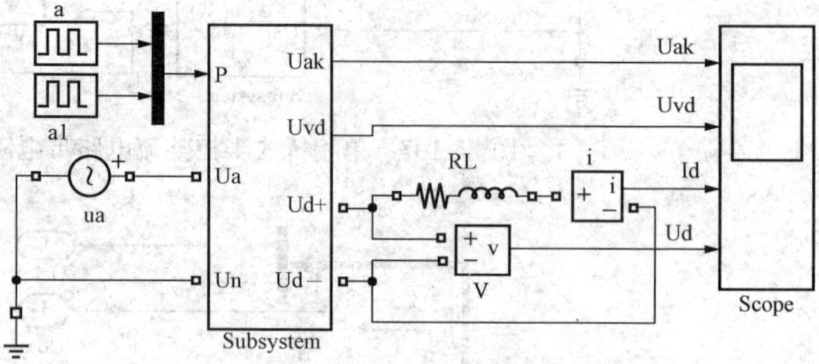

图 2-111　单相桥式半控整流电路带阻—感负载的仿真模型

3. 模型仿真、仿真结果的输出及结果分析

（1）系统仿真。打开仿真参数窗口，选 ode23tb 算法，相对误差设为 1e-3，仿真开始时间为 0，停止时间为 0.08s；点击“Start”命令，或直接点击▸按钮，系统开始仿真。

（2）输出仿真结果。采用“示波器”模块输出方式，不同控制角 α 带阻—感性负载且电感为有限值时的仿真和实验波形如图 2-112 所示。

（3）输出结果分析。当负载 $R=2\Omega$，$L=0.02\text{H}$（即设为阻—感性负载）时，$\alpha=30°$、60°、90°、120°时阻—感性负载且电感为有限值时的仿真和实验波形如图 2-112 所示。

从上图分析可知，该电路与电阻性负载时输出的 u_d 波形是一样的。该电路即使直流输出端不接有续流二极管，但由于桥路内部的续流作用，负载端与接续流二极管时的情况还是一样的。

2.10.4　晶闸管三相可控整流电路的仿真

2.10.4.1　三相半波可控整流电路（电阻性负载）

1. 电气原理结构图

三相半波可控整流电路如图 2-113（a）所示。

2. 电路的建模

从电气原理图分析可知，该系统由三相半波整流器、同步六脉冲触发器等部分组成。根据电气原理结构图搭建的仿真模型如图 2-114 所示。

（1）模型中新增模块、提取途径和作用。

1）增益模块：Simulink/commonly used blocks/gain，输出为输入乘以增益。

2）同步六脉冲触发器模块：Simpower system/controlblocks/Synchronized 6-Pulse generator，用于产生触发脉冲。

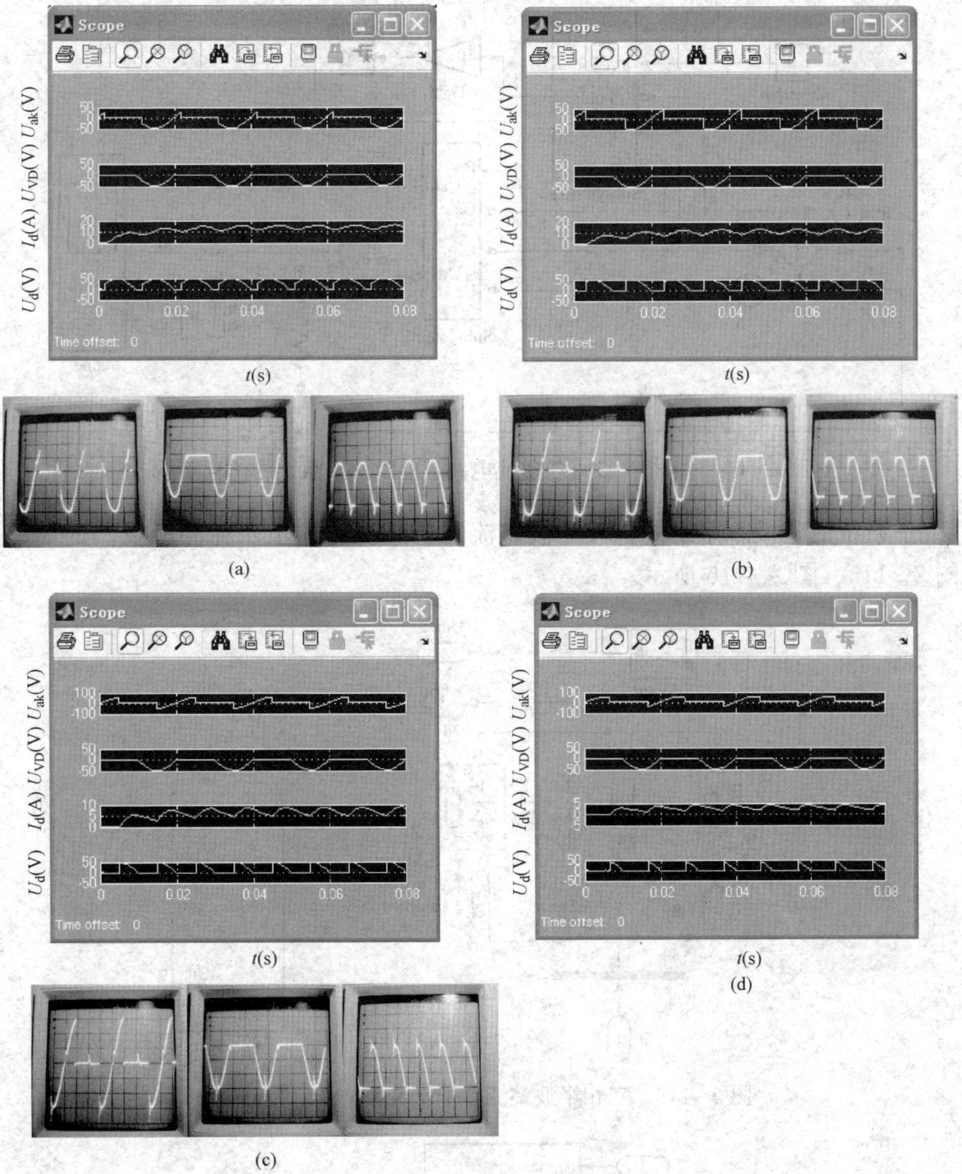

图 2-112　不同控制角 α 带阻—感性负载且电感为有限值时的仿真和实验波形

（a）$\alpha=30°$；（b）$\alpha=60°$；（c）$\alpha=90°$；（d）$\alpha=120°$

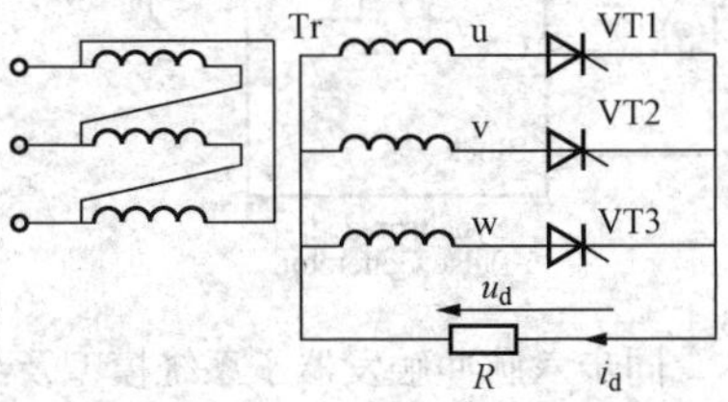

图 2-113　三相半波可控整流电路（电阻性负载）电气原理结构图

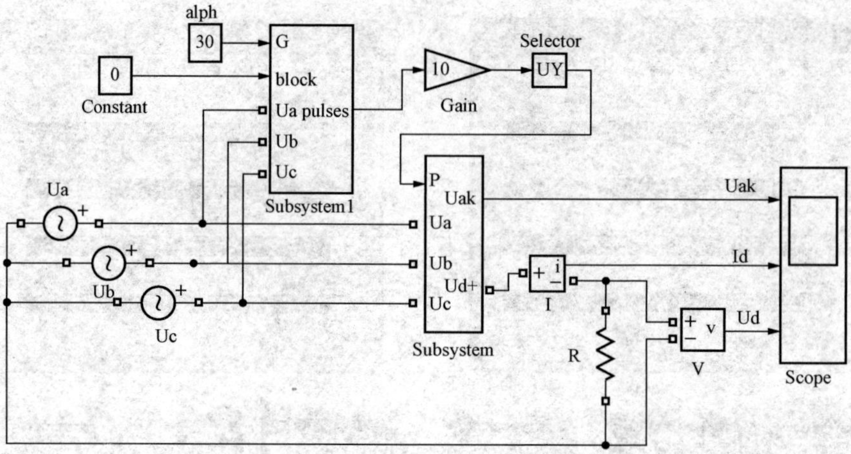

图 2 - 114　三相半波可控整流电路（电阻性负载）的仿真模型

（2）子系统的建模。系统中三相半波整流器子系统和同步六脉冲触发器的模型及封装符号如图 2 - 115、图 2 - 116 所示。

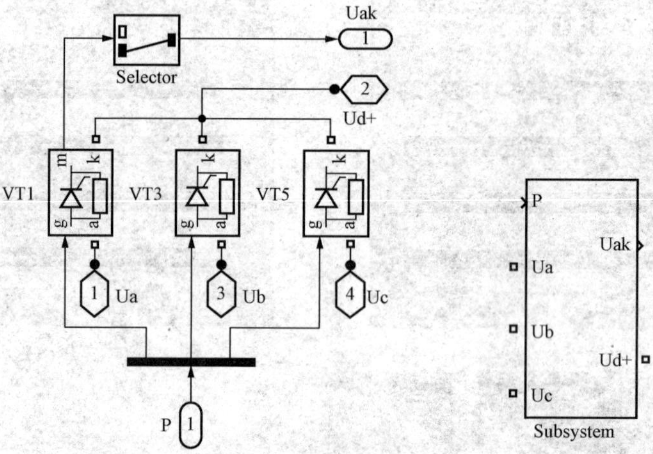

图 2 - 115　三相半波整流器子系统模型及封装符号

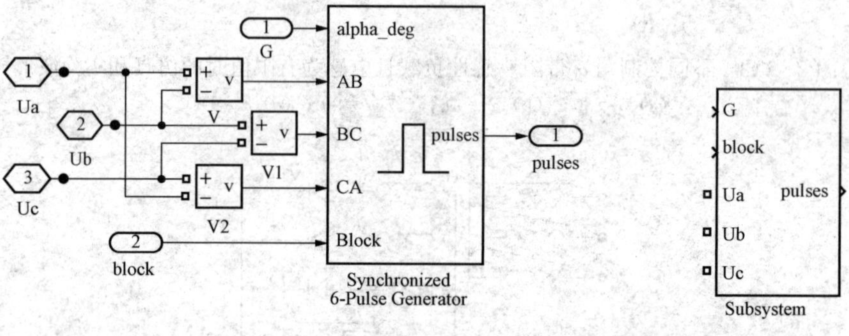

图 2 - 116　同步六脉冲触发器子系统模型及封装符号

3. 典型模块的参数设置

（1）增益模块的参数设置。参数设置情况如图 2 - 117 所示。

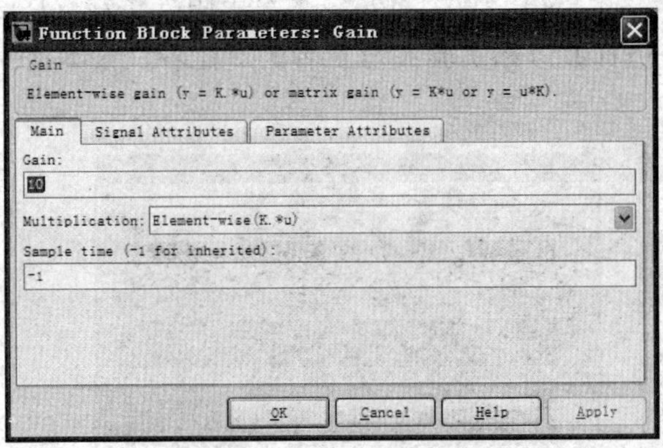

图 2-117　增益模块的参数设置

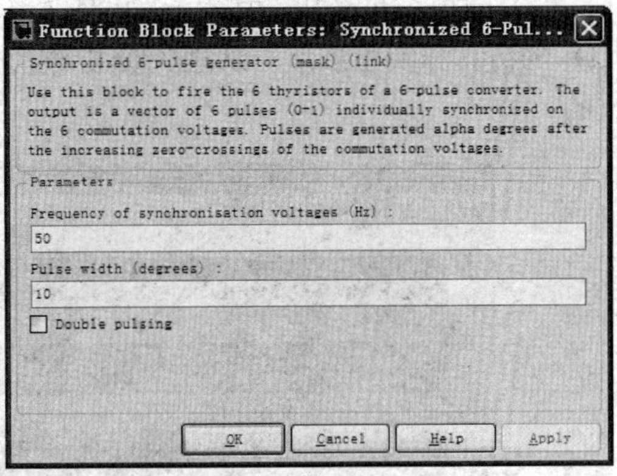

图 2-118　同步 6 脉冲触发器的参数设置

（2）同步 6 脉冲触发器的参数设置。参数设置情况如图 2-118 所示。

（3）三相电源为对称的正弦交流电源，其幅值设为 50V，频率设为 50Hz，U_a、U_b、U_c 相的初相位分别设置为 0°、−120°、−240°。其具体设置过程在前面已经介绍过，此处不再重复。

（4）信号选择器（YU）Selector：Index vector 的参数改成［1 3 5］，即选择了第 1、3、5 信号作为输出信号；input port size 参数设置为 6，即信号总共是有 6 路，图 2-119 是其具体设置情况。

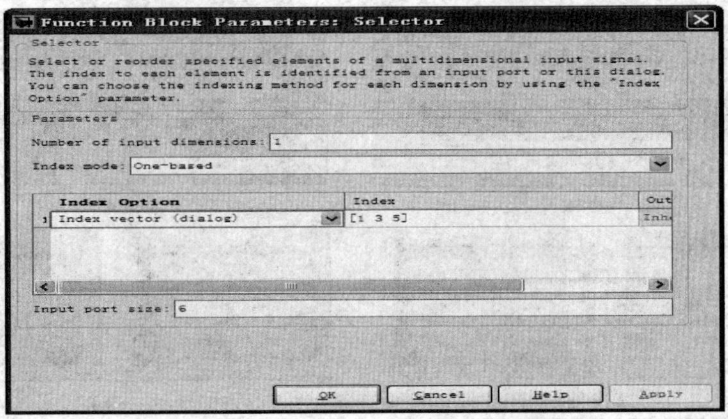

图 2-119　信号选择器参数设置

（5）增益模块 Gain 的参数设置为 10，这是为了使触发脉冲的功率满足晶闸管触发要求，所以才将脉冲触发器产生的 6 路脉冲采用放大器放大了 10 倍。

（6）constant 的参数设置为 0，这用作同步六脉冲触发器的开关使能信号。

（7）alph 的参数设置为 30 或其他数值，即触发脉冲 $\alpha=30°$ 或其他数值。

4. 系统的仿真、仿真结果的输出及结果分析

（1）系统仿真。打开仿真参数窗口，选 ode23tb 算法，相对误差设为 1e-3，仿真开始时间为 0，停止时间为 0.1s；点击“Start”命令，或直接点击 ▸ 按钮，系统开始仿真。

（2）输出仿真结果。采用“示波器”模块输出方式，不同控制角 α 时的仿真和实验波形如图 2-120 所示。

（3）输出结果分析。图 2-120 是 $\alpha=0°$、$30°$、$60°$、$90°$、$120°$、$150°$电阻性负载（$R=2\Omega$）的仿真和实验波形。从理论分析波形、仿真波形和实验波形三者的对比看，基本是一致的。

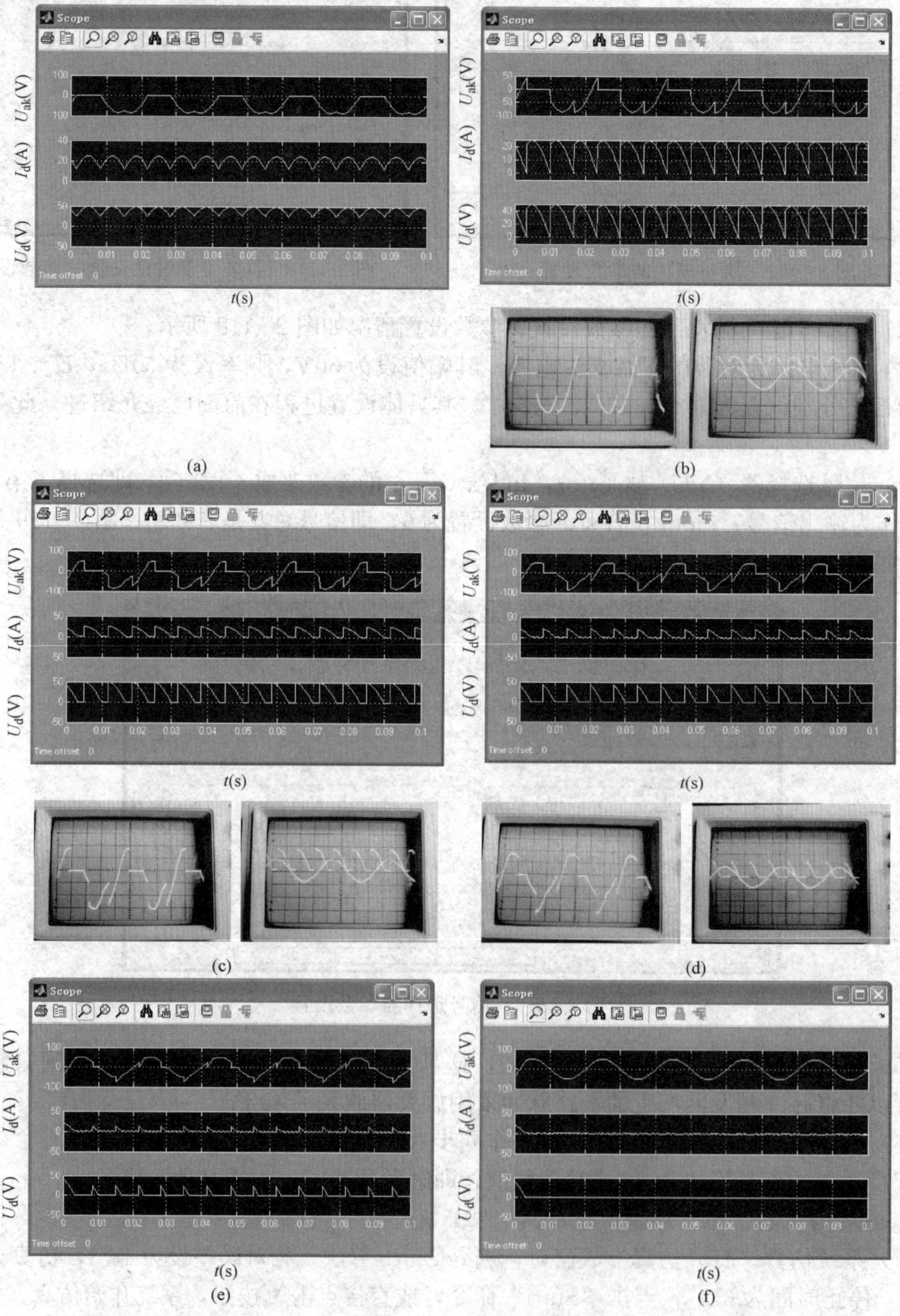

图 2-120　不同控制角时三相半波整流电路电阻性负载的仿真和实验波形

(a) $\alpha=0°$；(b) $\alpha=30°$；(c) $\alpha=60°$；(d) $\alpha=90°$ (e) $\alpha=120°$；(f) $\alpha=150°$

从图中还可以看出，电阻性负载 $\alpha=0°$ 时，VT1 在 VT2、VT3 导通时仅受反压，随着 α 的增加，晶闸管承受正向电压增加；增大 α，则整流电压相应减小；$\alpha=150°$ 时，晶闸管不导通，承受电源电压。

2.10.4.2　三相半波可控整流电路（阻—感性负载）

1. 电气原理结构图

三相半波共阴极阻—感性负载电路如图 2-121 所示。

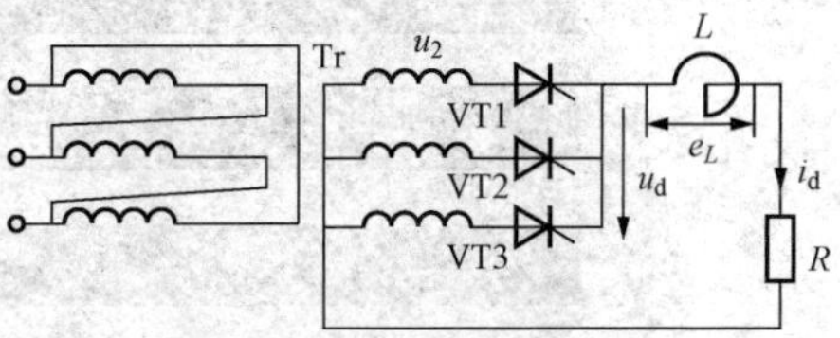

图 2-121　三相半波可控整流电路（阻感性负载）

2. 电路的建模

本系统的模型只需将图 2-114 中电阻负载改为阻感性负载即可，具体模型如图 2-122 所示。

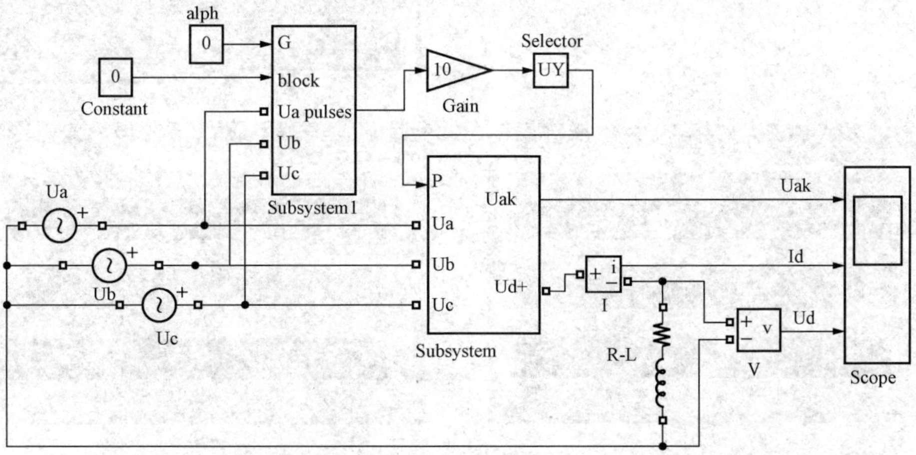

图 2-122　三相半波可控整流电路（阻—感性负载）仿真模型

3. 模型仿真、仿真结果的输出及结果分析

（1）系统仿真。打开仿真参数窗口，选 ode23tb 算法，相对误差设为 1e-3，仿真开始时间为 0，停止时间为 0.1s；点击“Start”命令，或直接点击 ▸ 按钮，系统开始仿真。

（2）输出仿真结果。采用“示波器”模块输出方式，不同控制角 α 时的仿真和实验波形如图 2-123 所示。

（3）输出结果分析。图 2-123 是 $\alpha=0°$、30°、60°、90°阻—感性负载（$R=2\Omega$、$L=0.02H$）时的仿真和实验波形。从理论分析波形、仿真波形和实验波形三者的对比看，基本是一致的。

由波形图可以看出，当 $\alpha\leqslant30°$时，由于电感的储能作用，使得电流 i_d 的波形接近水平线，其他波形情况与电阻性负载时相同。当 $\alpha>30°$时，由于电感的作用，负载电压出现了负半波，使得其平均值减小，当 $\alpha=90°$时，$U_d=0$。所以该电路控制角 α 的取值范围是 0°～90°。

2.10.4.3　三相桥式全控整流电路（电阻性负载）

1. 电气原理结构图

本系统实际可以看作是共阴极接法的三相半波（VT1、VT3、VT5）和共阳极接法的三相半波（VT4、VT6、VT2）的串联组合，如图 2-124 所示。

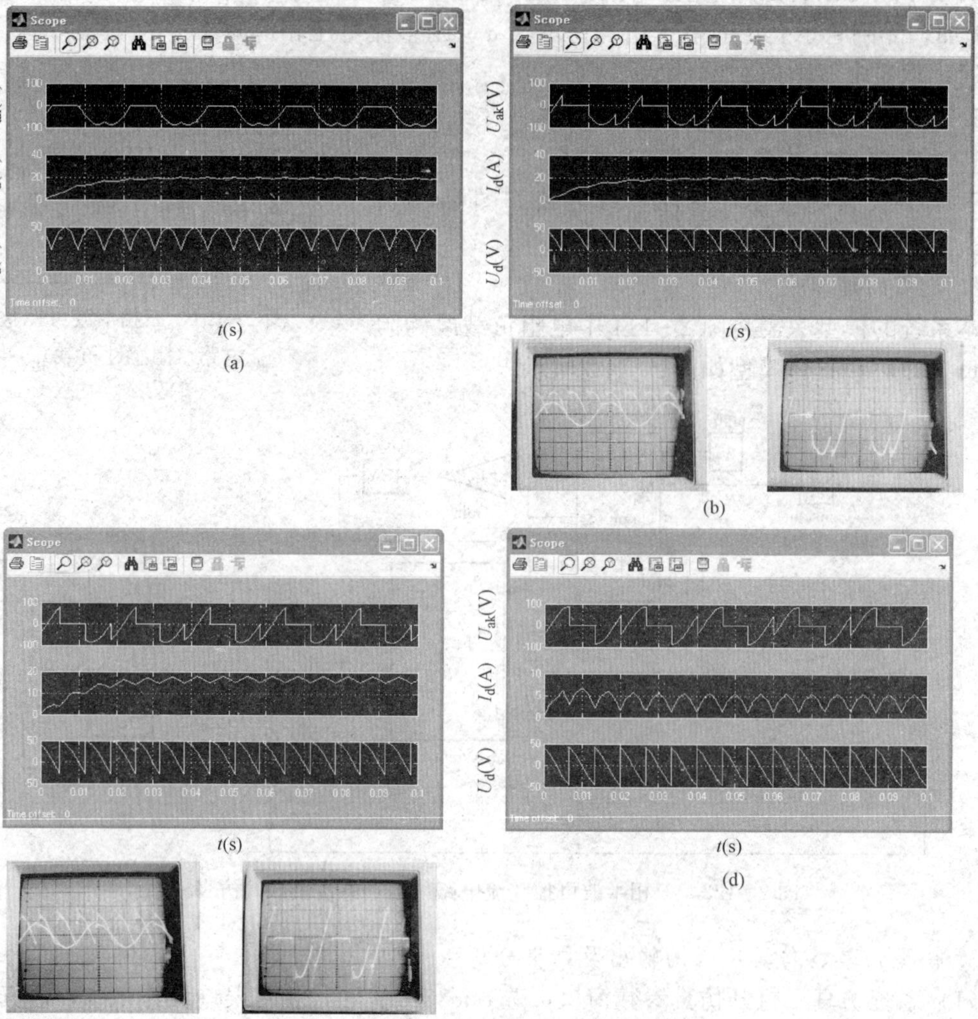

(c)

图 2-123　不同控制角时三相半波整流电路阻—感性负载时的仿真和实验波形

（a）$\alpha=0°$；（b）$\alpha=30°$；（c）$\alpha=60°$；（d）$\alpha=90°$

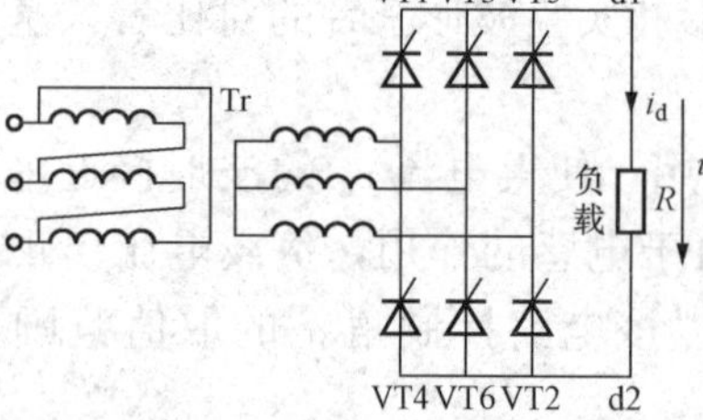

图 2-124（原图 2-15）　三相桥式全控整流电路结构图

2. 电路的建模

此系统的模型是将图 2-114 中的三相半波整流器模块换成通用变换器桥模块即可，具体模型如图 2-125 所示。

（1）模块的提取途径和作用。

1）通用变换器桥：Sim Power System/Power Electronics/Universal Bridge，它可以设置为单相和三相，可以选择多种电力电子器件中的任意一种，并且可以作为整流器或逆变器使用。

2）万用表：Sim Power System/Measurement/Mulimeter，用于测量有关物理量。

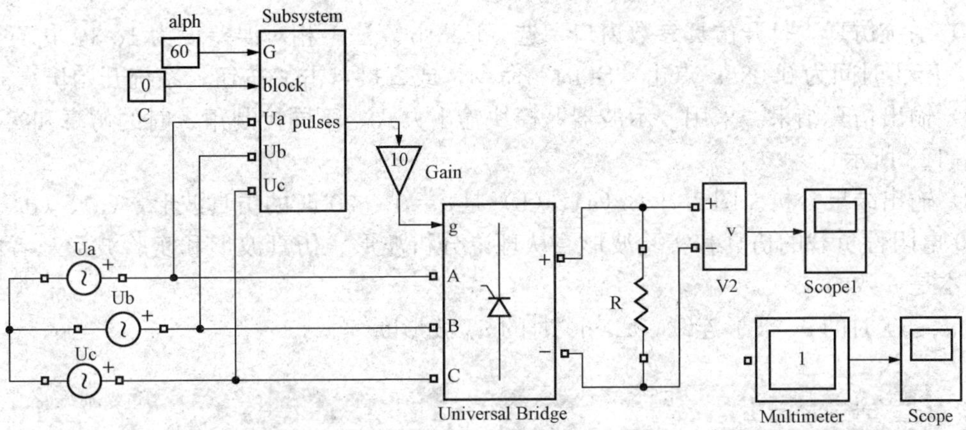

图 2-125　三相桥式全控整流电路带电阻性负载仿真模型

（2）模块的参数设置。

1）通用变换器桥的参数设置如图 2-126 所示。图 2-126 中第一栏是选择模块桥臂的相数，本模型中选择“3”，它对应三相全控桥式。第四栏可以选择整流器所使用的电力电子开关种类，这里选择晶闸管“Thyristors”。

2）万用表模块的参数选择。利用万用表模块可以显示仿真过程中所需观察的测量量。万用表的参数设置如图 2-127 所示，图 2-127 对话框中左边一列为在图 2-127 中所有选中测量（Measurements）功能的参数，右边一列为选择进行输出处理（例如显示等）的参数。本例中选择了测量晶闸管的电压量，所以在左边一列有 6 个晶闸管的电压参数，选中 1 号晶闸管后鼠标左键单击最上一个按钮圈可以将选定的参数添加到右边一栏。中间的其他几个按钮分别为向上（Up），向下（Down），移除（Remove）和正负（+/−）调整功能。下面左侧的按钮为更新（Update）左侧备选测量参数功能。

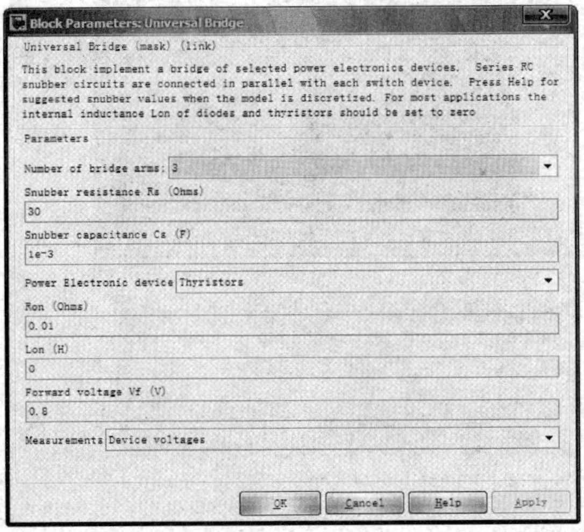

图 2-126　通用变换器桥的参数设置

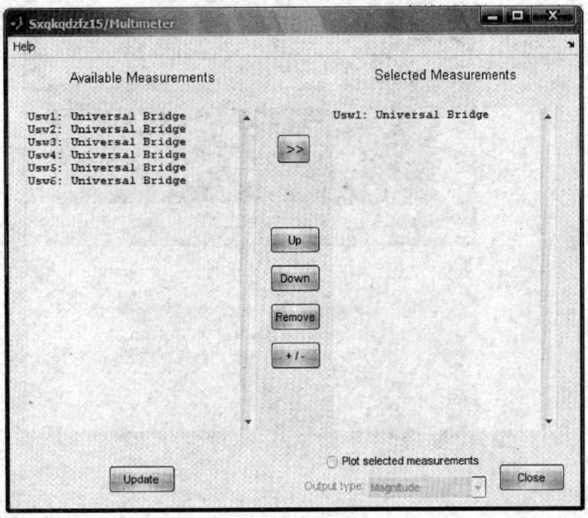

图 2-127　万用表的参数设置

3. 系统的仿真、仿真结果的输出及结果分析

（1）系统仿真。打开仿真参数窗口，选 ode23tb 算法，相对误差设为 1e-3，仿真开始时间为 0，停止时间为 0.08s；点击“Start”命令，或直接点击 ▸ 按钮，系统开始仿真。

（2）输出仿真结果。采用“示波器”模块输出方式，不同控制角 α 时的仿真和实验波形如图 2-128 所示。

（3）输出结果分析。图 2-128（a）、（b）是 $\alpha=0°$、90°时的仿真波形，（c）、（d）是 $\alpha=30°$、60°电阻性负载的仿真和实验波形。从理论分析波形、仿真波形和实验波形三者的对比看，基本是一致的。

当 $\alpha \leqslant 60°$ 时的 u_d 波形连续；$\alpha > 60°$ 时的 u_d 波形断续。

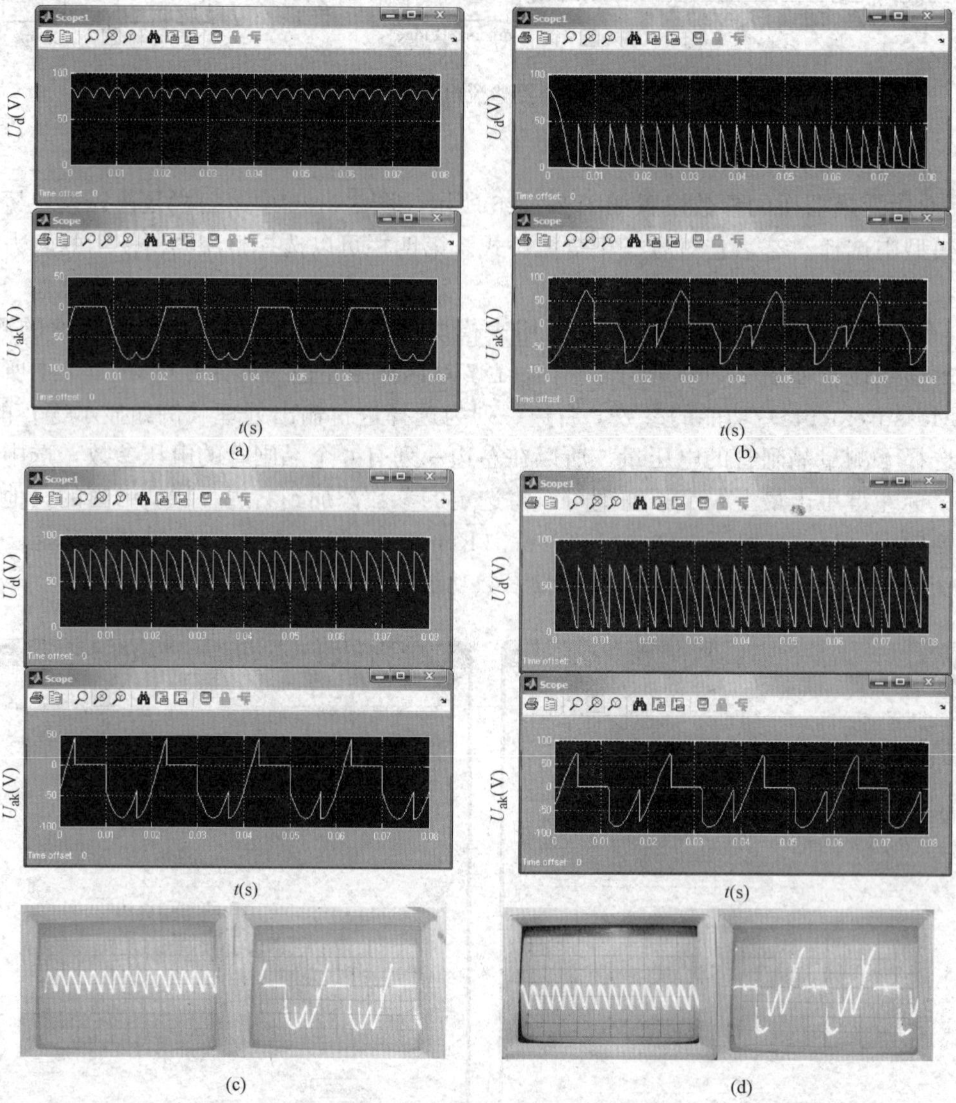

图 2-128　不同控制角时三相全控桥整流电路带电阻性负载时的仿真和实验波形

（a）$\alpha=0°$；（b）$\alpha=90°$；（c）$\alpha=30°$；（d）$\alpha=60°$

2.10.4.4　三相桥式全控整流电路（阻—感性负载）

1. 电气原理结构图

三相桥式全控整流电路带阻—感性负载的电气原理结构图只要将图 2-124 的电阻负载换成阻感负载就可以了。

2. 电路的建模

将电阻负载改为阻感性负载后的仿真模型如图 2-129 所示。

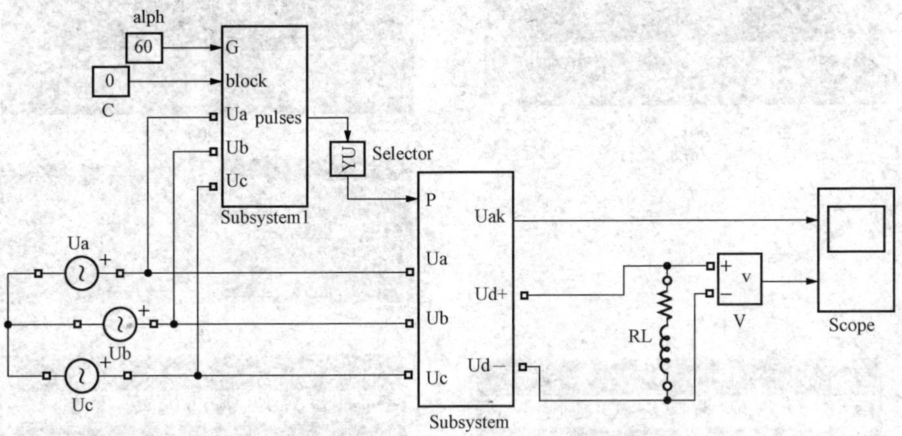

图 2-129　三相桥式全控整流电路带阻—感性负载的仿真模型

模型中模块的选择和参数设置情况除 $L=0.02$H 外，其他的都与电阻性负载相同。

3. 系统的仿真、仿真结果的输出及结果分析

（1）系统仿真。打开仿真参数窗口，选 ode23tb 算法，相对误差设为 1e-3，仿真开始时间为 0，停止时间为 0.08s；点击“Start”命令，或直接点击 ▸ 按钮，系统开始仿真。

（2）输出仿真结果。采用“示波器”模块输出方式，不同控制角 α 时的仿真和实验波形如图 2-130 所示。

（3）输出结果分析。图 2-130（a）是 $\alpha=0°$时的仿真波形，(b)、(c)、(d) 是 $\alpha=30°$、60°、90°阻—感性负载的仿真和实验波形。从理论分析波形、仿真波形和实验波形三者的对比看，基本是一致的。

结论：当 $\alpha\leqslant 60°$时，u_d 波形均为正值，主要不同点在于电感的存在；当 $60°<\alpha<90°$时，由于电感的作用，u_d 的波形会出现负的部分，但是正的部分还是大于负的部分，平均电压 u_d 仍然为正值；当 $\alpha=90°$时，仿真出来的图形正负半周所占的面积基本一样，此时 $U_d=0$。以此可得出，随着 α 角的增大平均电压 U_d 的值减小。

4. 电路的功率因数和谐波分析

（1）带功率因数测量模块的仿真模型。带功率因数测量模块的三相桥式全控整流电路仿真模型如图 2-131 所示，模型的其他参数与阻—感负载相同。

（2）负载功率因数仿真结果分析。若电路中负载等其他参数不变，改变 α 角时，功率因数的变化情况见表 2-13。

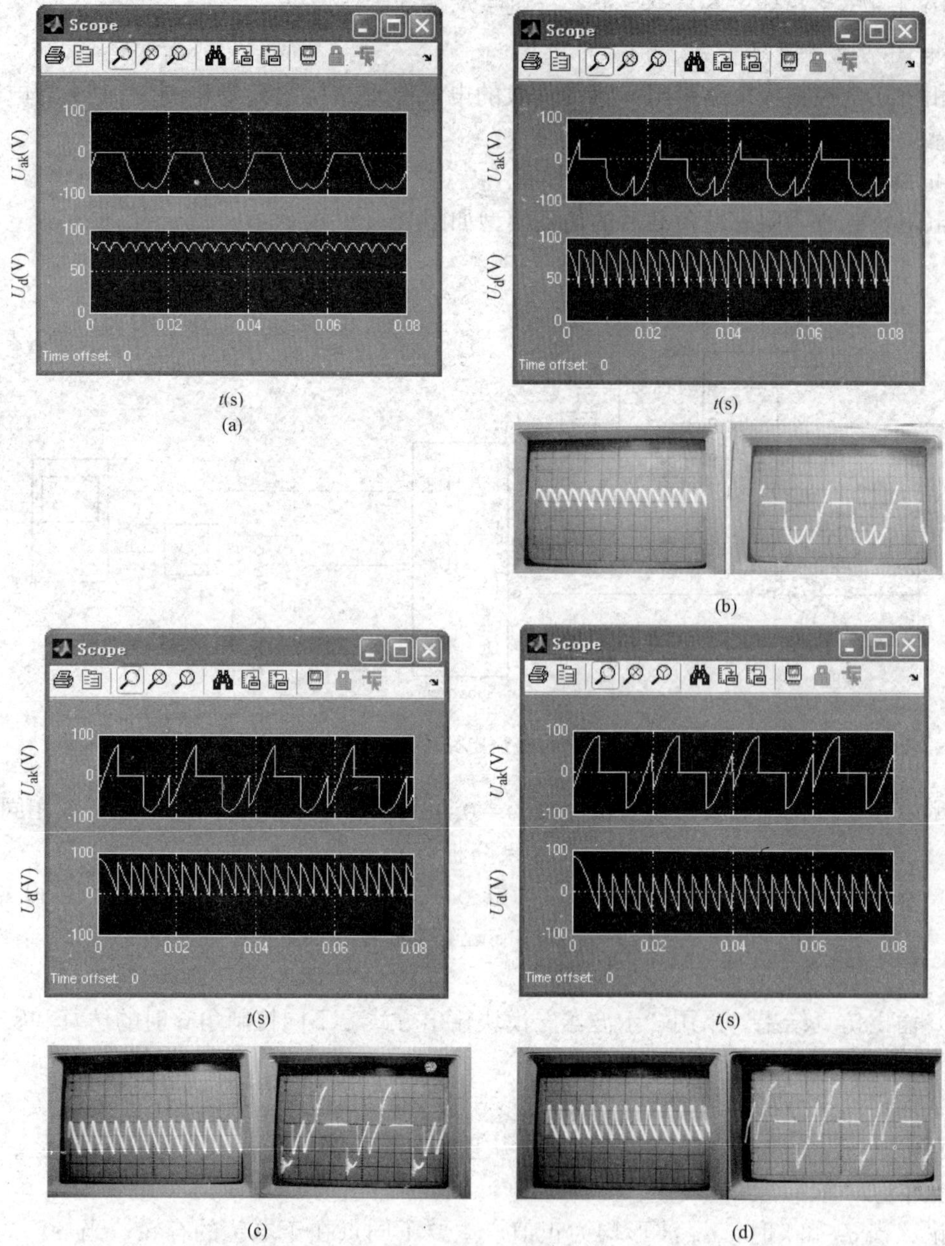

图 2-130　不同控制角时三相全控桥整流电路带阻—感性负载时的仿真和实验波形

（a）$\alpha=0°$；（b）$\alpha=30°$；（c）$\alpha=60°$；（d）$\alpha=90°$

表 2-13　　α 与 λ 的关系

α	λ
0°	0.7359
30°	0.6755
60°	0.5960

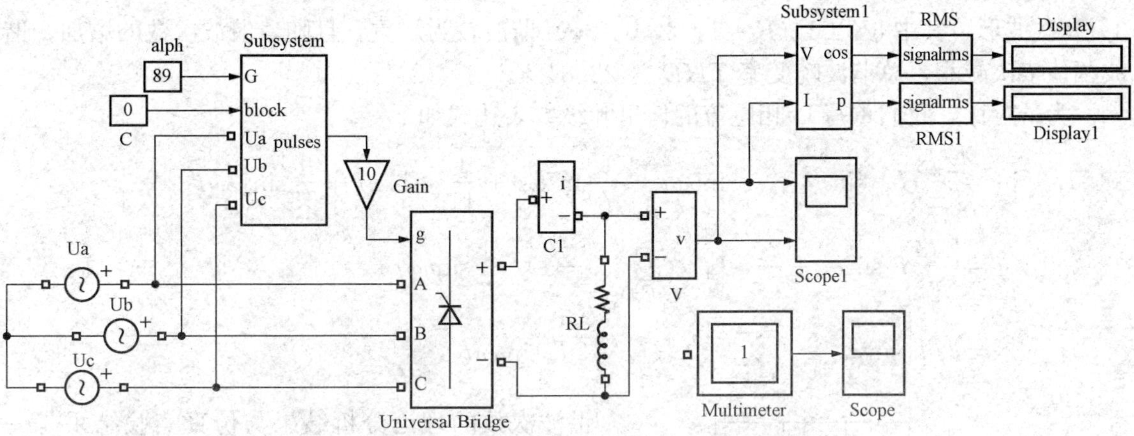

图 2 - 131　带功率因数测量模块的三相桥式全控整流电路阻—感性负载仿真模型

结论：从表 2 - 13 可以看出，随着 α 角的增大，功率因数下降，这与理论分析的结果相同。

(3) 整流变压器二次侧电流的谐波仿真结果。研究谐波所需的具体模块及各部分含义在前面已经介绍过，按同样的方法，点击 FFT Analysis 按钮后，得到了图 2 - 132 所示的对话框。

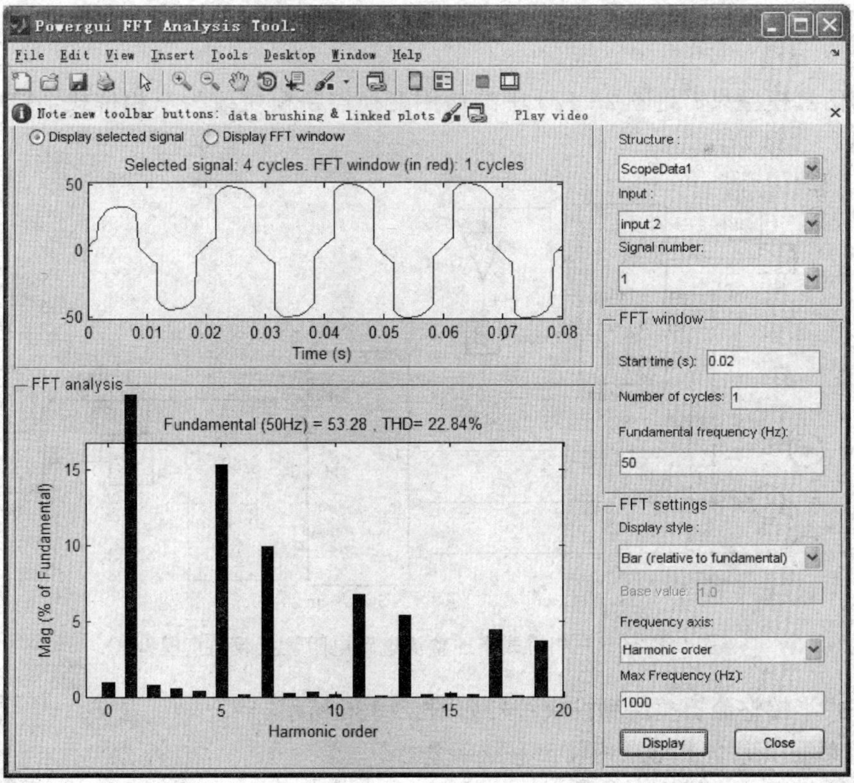

图 2 - 132　整流变压器二次侧电流的谐波分析结果对话框

以整流变压器 U 相电流为例，从图 2 - 132 可以看出，波形包括 $6K\pm1$（$K=0$，1，2，3…）次波形，其中 $6K\pm1$（$K=1$，2，3，…）谐波较为严重，且随着谐波次数的增加，谐波幅值依次减小，总谐波畸变率 *THD* 为 22.84%。

为了对比，我们重写 U 相电流的傅里叶级数表达式如下

$$\begin{aligned} i_{\mathrm{U}} &= \frac{2\sqrt{3}}{\pi}I_{\mathrm{d}}\left[\sin\omega t-\frac{1}{5}\sin5\omega t-\frac{1}{7}\sin7\omega t+\frac{1}{11}\sin11\omega t+\frac{1}{13}\sin13\omega t-\cdots\right] \\ &= \frac{2\sqrt{3}}{\pi}I_{\mathrm{d}}\sin\omega t+\frac{2\sqrt{3}}{\pi}I_{\mathrm{d}}\sum_{\substack{n=6k\pm1\\k=1,2,3\cdots}}(-1)^{k}\frac{1}{n}\sin n\omega t \\ &= \sqrt{2}I_{1}\sin\omega t+\sum_{\substack{n=6k\pm1\\k=1,2,3\cdots}}(-1)^{k}\sqrt{2}I_{n}\sin n\omega t \end{aligned}$$

谐波次数的理论分析结果与仿真实验结果是一致的。

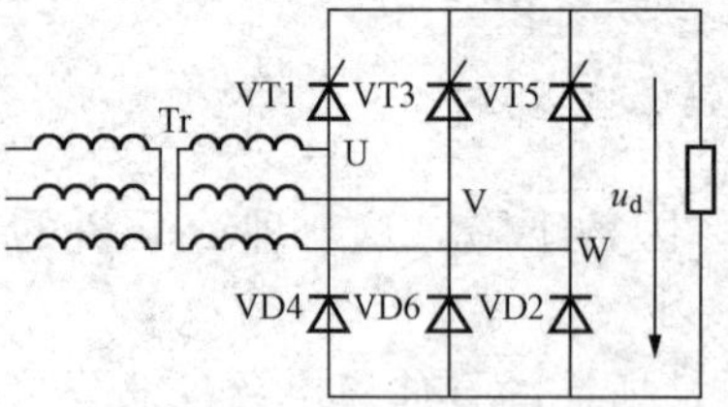

图 2 - 133　三相桥式半控整流电路电气原理结构图

2.10.4.5　三相桥式半控整流电路（电阻性负载）

1. 电气原理结构图

三相桥式半控整流电路，它由共阴极接法的三相半波可控整流电路与共阳极接法的三相半波不可控整流电路串联而成，如图 2 - 133 所示，因此这种电路兼有可控与不可控两者的特性。

2. 电路的建模

电路的仿真模型只需将图 2 - 125 中的通用变换器桥模块改为三相桥式半控整流器模块即可，如图 2 - 134 所示。

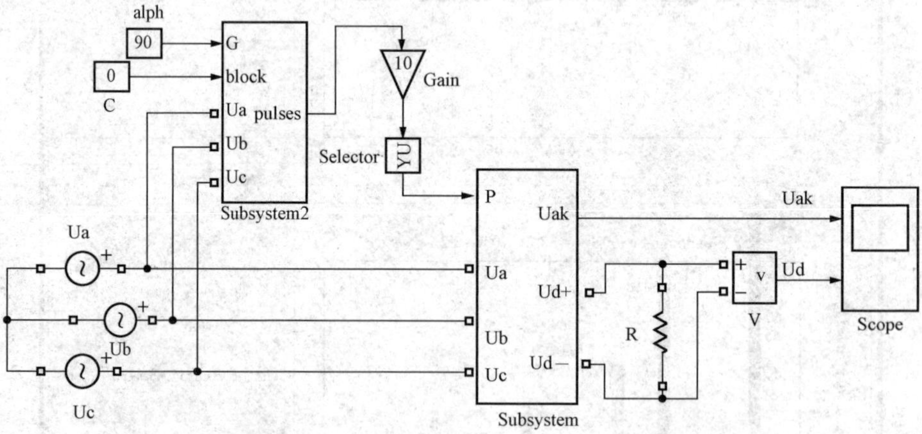

图 2 - 134　三相桥式半控整流电路电阻性负载仿真模型

三相桥式半控整流器模块和模块符号如图 2 - 135 所示。

3. 系统的仿真、仿真结果的输出及结果分析

(1) 系统仿真。打开仿真参数窗口，选 ode23tb 算法，相对误差设为 1e-3，仿真开始时间为 0，停止时间为 0.08s；点击“Start”命令，或直接点击 ▸ 按钮，系统开始仿真。

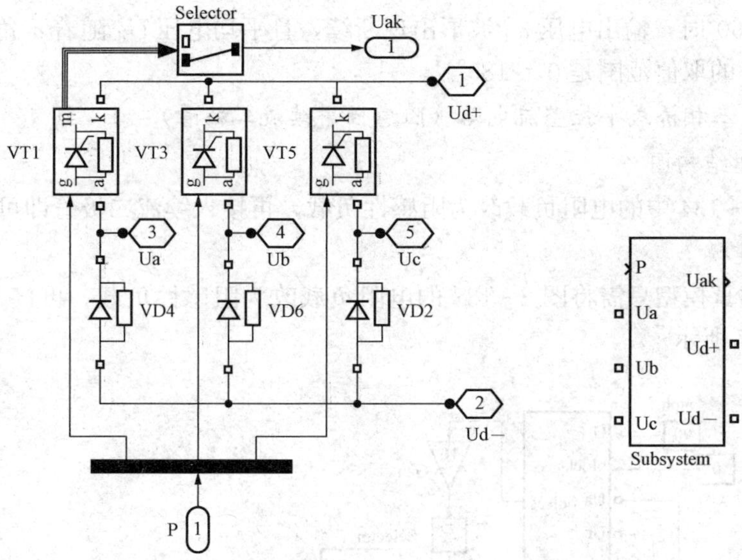

图 2-135　三相桥式半控整流器模块和模块符号

（2）输出仿真结果。采用“示波器”模块输出方式，图 2-136 分别给出了 $\alpha=0°$、30°、60°、90°电阻性负载时的仿真波形。

（3）输出结果分析。

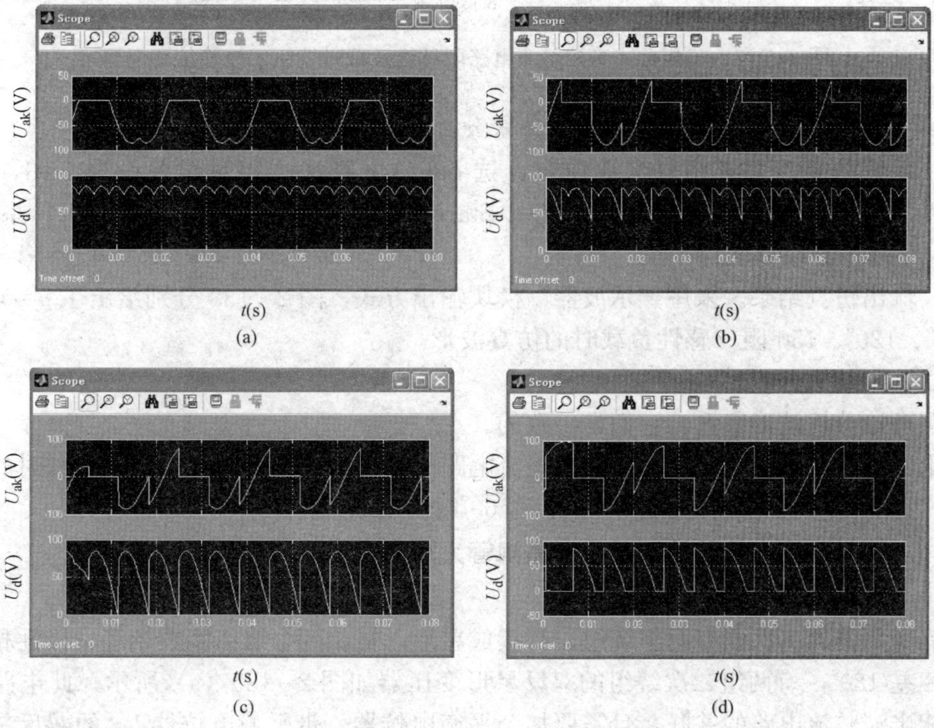

图 2-136　不同控制角时三相半控桥整流电路带电阻性负载时的仿真波形

（a）$\alpha=0°$；（b）$\alpha=30°$；（c）$\alpha=60°$；（d）$\alpha=90°$

对照理论分析波形来看，它们是一致的。由波形可知，当 $\alpha=60°$ 时，电路刚好维持电流连续；当 $\alpha>60°$ 时，输出电压 u_d 波形出现断续，且平均电压 U_d 随着 α 角的增加而减小。此电路控制角 α 的取值范围是 0°～180°。

2.10.4.6　三相桥式半控整流电路（阻感性＋续流二极管）

1. 电气原理结构图

只要将图 2－134 中的电阻负载改为阻感性负载，再接入续流二极管即可。

2. 电路的建模

本系统的仿真模型只需将图 2－133 的电阻负载改为阻感性负载，再接入续流二极管即可，如图 2－137 所示。

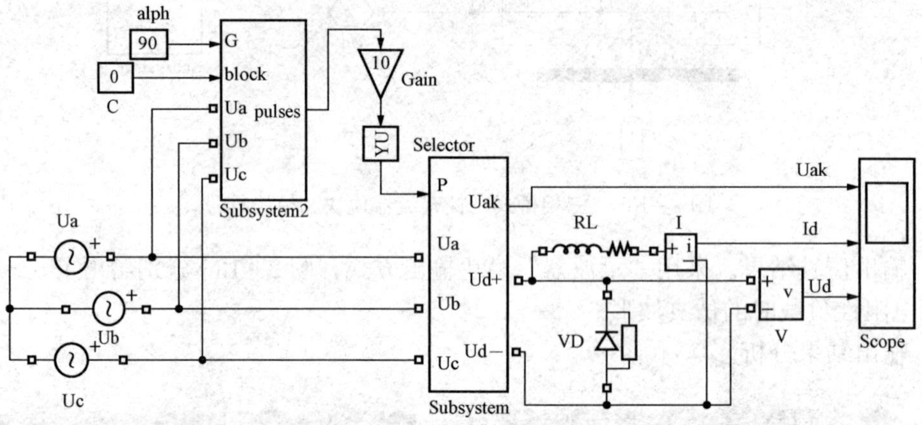

图 2－137　三相桥式半控整流电路阻感性负载带续流二极管仿真模型

3. 系统的仿真、仿真结果的输出及结果分析

（1）系统仿真。打开仿真参数窗口，选 ode23tb 算法，相对误差设为 1e-3，仿真开始时间为 0，停止时间为 0.08s；点击"Start"命令，或直接点击 ▶ 按钮，系统开始仿真。

（2）输出仿真结果。采用"示波器"模块输出方式，图 2－138 分别给出了 $\alpha=0°$、30°、60°、90°、120°、150°阻—感性负载时的仿真波形。

（3）输出结果分析。

对照理论分析波形来看，它们是一致的。

结论：接续流二极管的三相半控桥整流电路的输出电压波形与接电阻性负载时的波形是一样的，在 $\alpha\leqslant60°$ 时电压波形连续，当 $\alpha>60°$ 时出现断续。

2.10.5　带平衡电抗器的双反星形晶闸管大功率整流电路的仿真

1. 电气原理结构图

整流变压器的二次侧有两组绕组，都接成星形，每相两个绕组匝数相等、极性相反，电压相位相差 180°，有两组二次绕组的双反星形变压器如图 2－139（a）所示；此电路实质为两组三相半波整流电路的并联，且需要加个平衡电抗器。带平衡电抗器 L_B 的双反星形可控整流电路如图 2－139（b）所示。

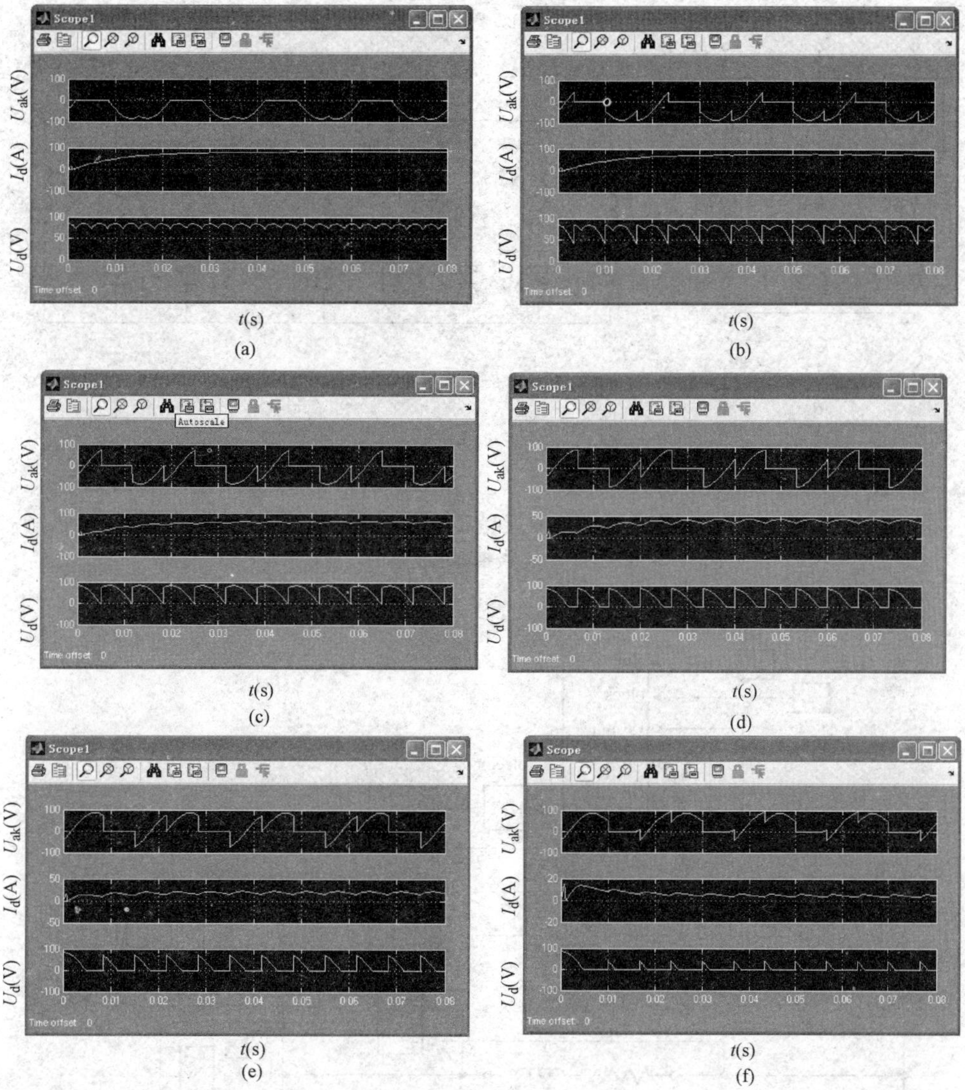

图 2-138　不同控制角时三相半控桥整流电路带阻感性负载时的仿真波形

(a) $\alpha=0°$；(b) $\alpha=30°$；(c) $\alpha=60°$；(d) $\alpha=90°$；(e) $\alpha=120°$；(f) $\alpha=150°$

2. 电路的建模

（1）系统模型。此电路的建模是在三相半波可控整流电路的前提下进行的，只需将三相半波可控整流电路进行并联，再加上一个平衡电抗器即可，如图 2-140 所示。

（2）子系统模型。三相半波可控整流电路子系统模型及其模型符号如图 2-141 所示。

3. 参数设置

（1）在三相半波电路电源设置的基础上，将与其并联的另一个三相半波电路中的三相电源的相位设置为互差 120°，即分别设置为 180°、60°、−60°。

（2）三相半波电路中晶闸管的参数设置如图 2-142 所示。

（3）将 1/2 平衡电抗器的参数设置如图 2-143 所示。

（4）负载电阻 $R=0.05\Omega$，电感 $L=0.01\text{H}$。

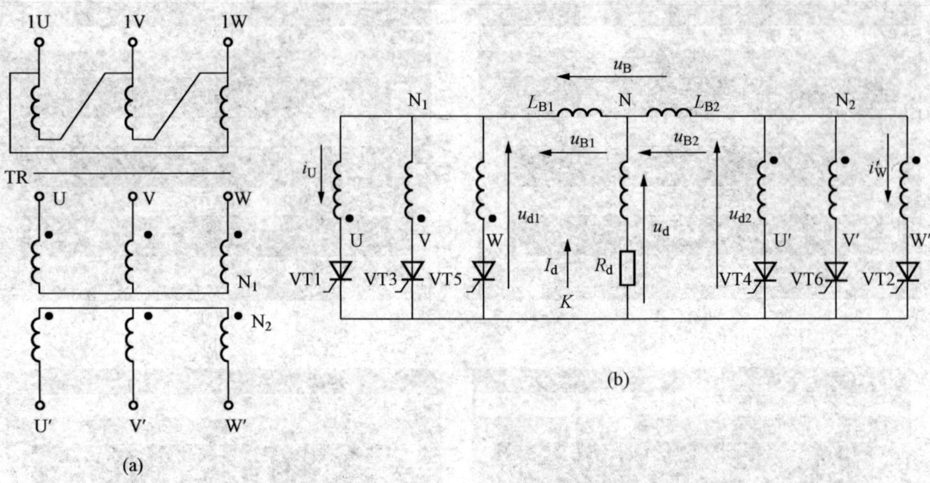

图 2-139　带平衡电抗器的双反星形整流电路结构图（阻感性负载）

（a）双反星形三相变压器；（b）带平衡电抗器的双反星形可控整流电路

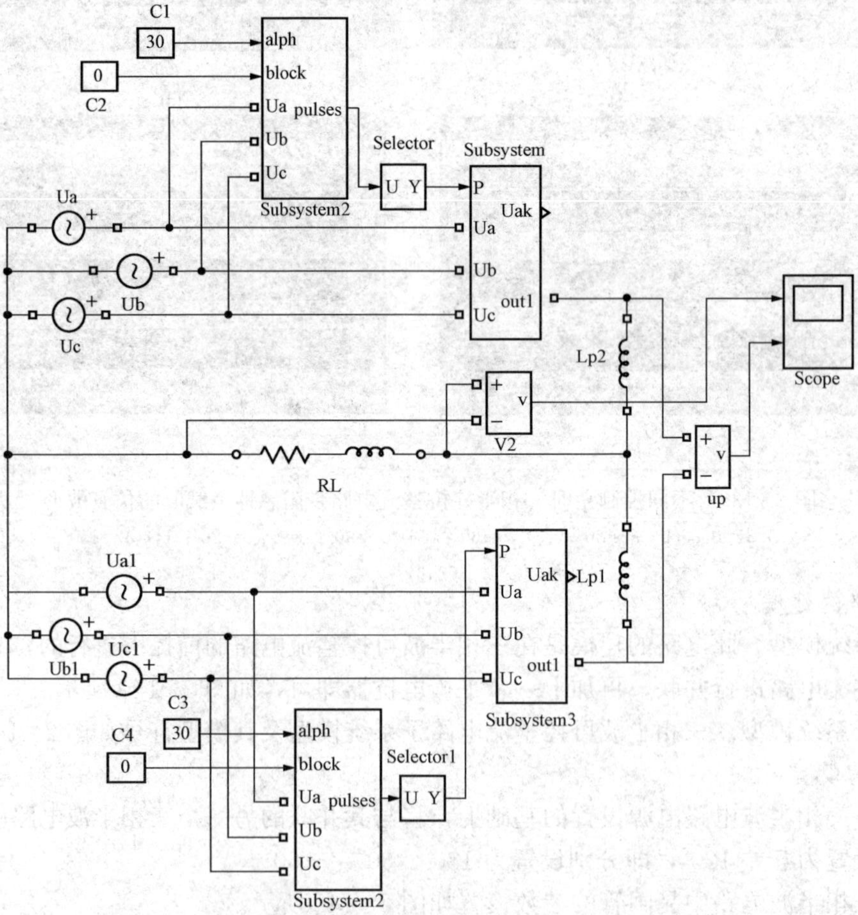

图 2-140　带平衡电抗器的双反星形整流电路阻感性负载仿真模型

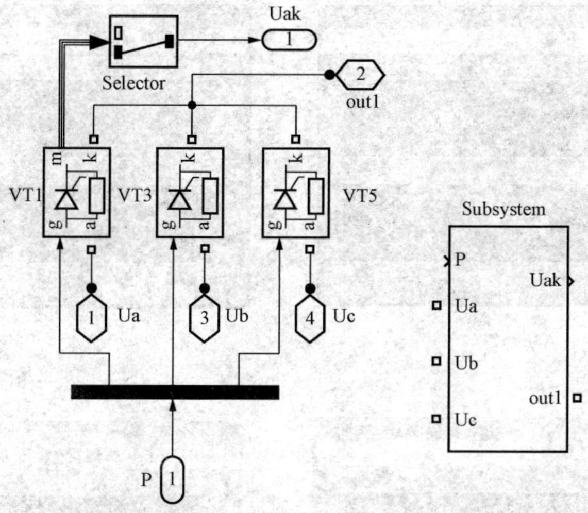

图 2 - 141　三相半波可控整流电路子系统模型及其模型符号

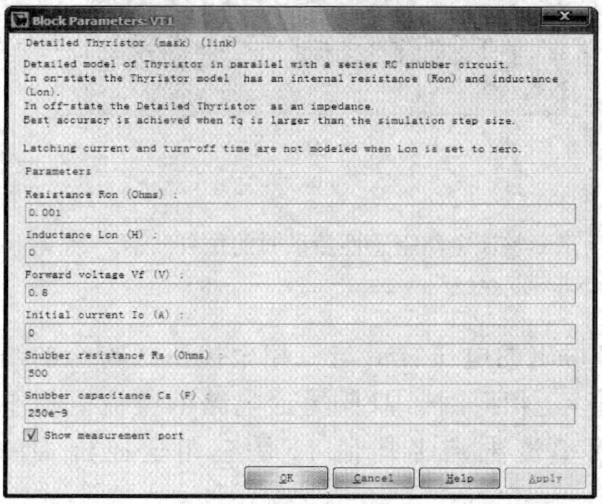

图 2 - 142　三相半波电路中晶闸管的参数设置

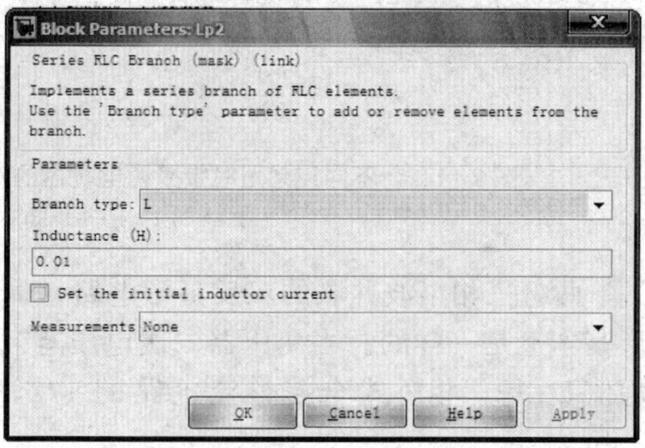

图 2 - 143　1/2 平衡电抗器的参数设置

4. 系统的仿真、仿真结果的输出及结果分析

(1) 系统仿真。打开仿真参数窗口，选 ode23tb 算法，相对误差设为 1e-3，仿真开始时间为 0，停止时间为 0.08s；点击“Start”命令，或直接点击 ▸ 按钮，系统开始仿真。

(2) 输出仿真结果。采用“示波器”模块输出方式，图 2 - 144 分别给出了 $\alpha=0°$、30°、60°、90°阻—感性负载时的仿真波形。

(3) 输出结果分析。

对照理论分析波形和仿真实验波形，它们是一致的。

结论：从仿真波形图可以看出，当 $\alpha=90°$时，输出负载电压的波形在正负半周所占的面积相等，此时平均电压 $U_d=0$，所以该电路的 α 角的取值范围是 0°～90°。

将双反星形电路与三相全控桥式和三相半波可控电路相比较可得出以下的结论。

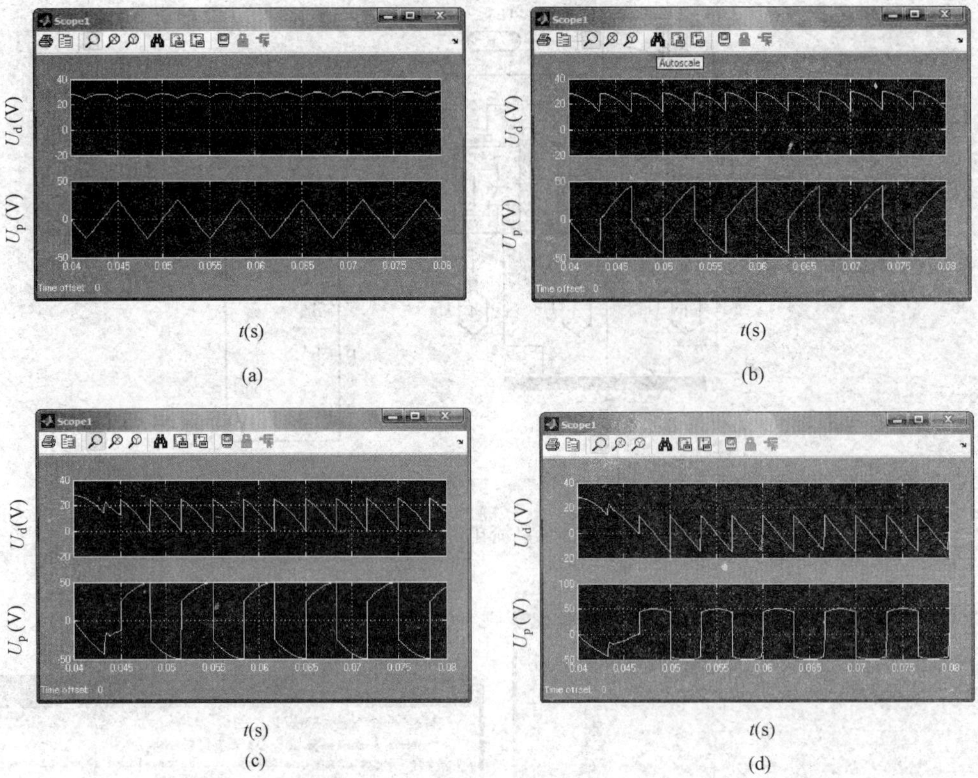

图 2-144 不同控制角时带平衡电抗器的双反星形整流电路阻感性负载时的仿真波形

（a）$\alpha=0°$；（b）$\alpha=30°$；（c）$\alpha=60°$；（d）$\alpha=90°$

两组三相半波并联的双反星形电路，最终得出的电压波形与三相全控桥式整流的波形基本上是一样的。当变压器二次电压有效值 U_2 相等时，双反星形电路的整流电压平均值 U_d 是三相桥式全控整流电路的 1/2，而整流电流平均值 I_d 是三相全控桥式的 2 倍。

双反星形电路的整流电压的脉动情况要比三相半波时小很多，脉动频率加大一倍。而且同一时刻有两相导电，变压器的磁路是平衡的，所以没有直流磁化问题，变压器的利用率比三相半波时高。

2.10.6 三相半波、三相桥式全控和带平衡电抗器的双反星形整流电路谐波分析仿真

2.10.6.1 三种晶闸管整流电路输出直流电压的谐波仿真结果

为了比较上述三种整流电路的整流效果，我们对其进行谐波分析。为使仿真结果具有可比性，将三种电路中相应参数统一。有关参数如下：

（1）三种电路均讨论控制角 0°时的整流输出电压 U_d 谐波情况。

（2）讨论电阻性负载，$R=2\Omega$。

（3）交流电源幅值 50V，频率 50Hz。

（4）仿真中的晶闸管和晶闸管桥参数选择如图 2-145、图 2-146 所示。

（5）谐波分析时的示波器采样时间（Sample time）设置为 0.0005。

（6）仿真参数选 ode23tb 算法，相对误差为 1e-3，仿真区间为 0～0.08s。

三相半波、三相全控桥和双反星形整流电路直流输出电压的谐波分析结果如图 2-147 所示。

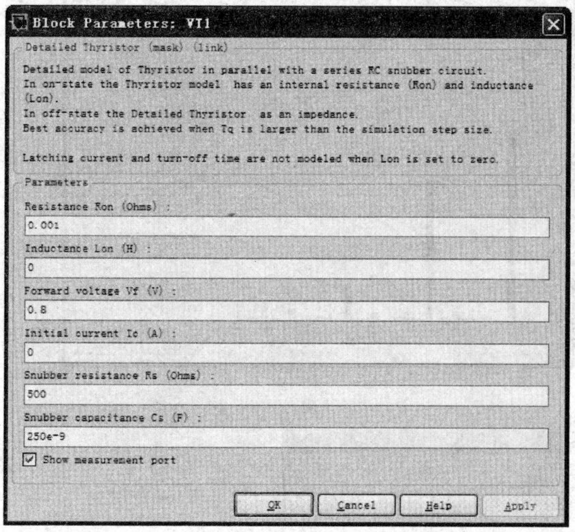

图 2-145　仿真中的晶闸管参数设置

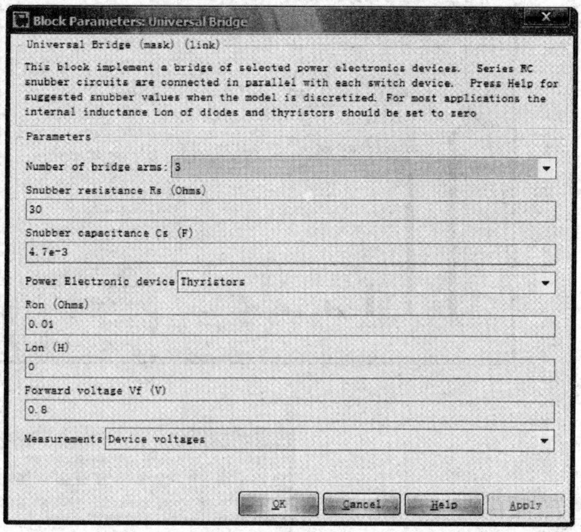

图 2-146　仿真中的晶闸管桥参数设置

2.10.6.2　三种晶闸管整流电路直流输出电压的傅里叶分析结果

（1）三相半波整流电路直流输出电压的傅里叶分析结果。三相半波整流电路直流输出电压的傅里叶级数表达式为

$$u_{d0}=\sqrt{2}U_2\frac{3}{\pi}\sin\frac{\pi}{3}\left(1+\frac{2\cos 3\omega t}{2\times 4}-\frac{2\cos 6\omega t}{5\times 7}+\frac{2\cos 9\omega t}{8\times 10}-\frac{2\cos 12\omega t}{11\times 13}+\cdots\right)$$

（2）三相桥式全控整流电路直流输出电压的傅里叶分析结果。三相桥式全控整流电路直流输出电压的傅里叶级数表达式为

$$u_{d0}=\sqrt{2}U_2\frac{6}{\pi}\sin\frac{\pi}{6}\left(1+\frac{2\cos 6\omega t}{5\times 7}-\frac{2\cos 12\omega t}{11\times 13}+\frac{2\cos 18\omega t}{17\times 19}-\cdots\right)$$

（3）带平衡电抗器的双反星形整流电路直流输出电压的傅里叶分析结果。首先将双反星形电路中负载上半部分的三相半波电路 u_{d1} 的波形用傅里叶级数展开，若此时 $\alpha=0°$，则有

$$u_{d1}=\frac{3\sqrt{6}U_2}{2\pi}\left(1+\frac{1}{4}\cos 3\omega t-\frac{2}{35}\cos 6\omega t+\frac{1}{40}\cos 9\omega t-\frac{2\cos 12\omega t}{143}+\cdots\right)$$

而负载下半部分的三相半波电路 u_{d2} 的波形用傅里叶级数展开为

$$u_{d2}=\frac{3\sqrt{6}U_2}{2\pi}\left(1-\frac{1}{4}\cos 3\omega t-\frac{2}{35}\cos 6\omega t-\frac{1}{40}\cos 9\omega t-\frac{2}{143}\cos 12\omega t-\cdots\right)$$

最终可得出带平衡电抗器的双反星形整流电路直流输出电压的傅里叶级数表达式为

$$u_d=\frac{u_{d1}+u_{d2}}{2}=\frac{3\sqrt{6}U_2}{2\pi}\left(1-\frac{2}{35}\cos 6\omega t-\frac{2}{143}\cos 12\omega t-\cdots\right)$$

从上式可以看出，输出电压中的谐波阶次 n 为 $6k$，$k=1$，2，3…，则 $n=6$，12，18…最低次谐波应该为六次谐波。

将图 2-147 的谐波分析结果与三种电路直流输出电压的傅里叶级数表达式相比较可以看出，仿真实验结果与理论分析结果是一致的。

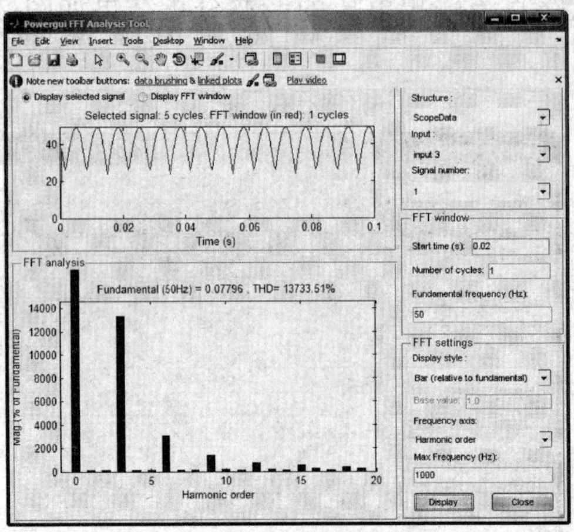

(a)

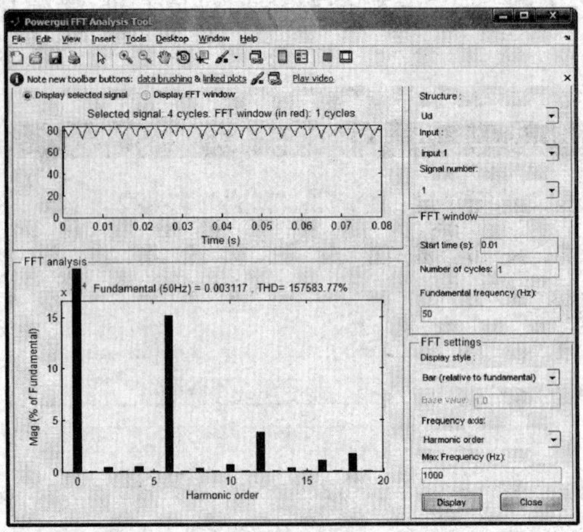

(b)

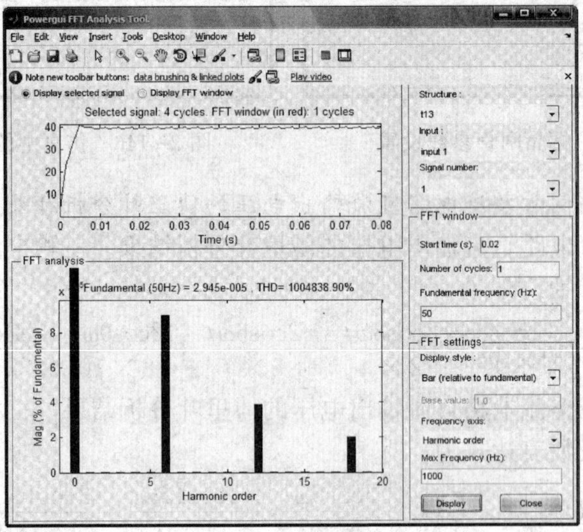

(c)

图 2-147　三种晶闸管整流电路输出电压的谐波分析结果

（a）三相半波整流输出电压谐波分析结果；（b）三相桥式全控整流输出电压谐波分析结果；

（c）带平衡电抗器的双反星形整流输出电压谐波分析仿真

习　题

一、填空题

1. 从晶闸管开始承受正向电压起到晶闸管导通之间的电角度称为________角，用________表示。

2. 单相双半波可控整流电路中，晶闸管承受的最大反向电压为________。三相半波可控整流电路中，晶闸管承受的最大反向电压为________（电源相电压为U_2）。

3. 三相半波可控整流电路，输出平均电压波形脉动频率为________Hz；而三相全控桥整流电路，输出平均电压波形脉动频率为________Hz。这说明________电路的纹波系数比

________电路要小。

4. 要使三相全控桥式整流电路正常工作，对晶闸管触发方法有两种，一是用________触发；二是用________触发。

5. 三相桥式全控整流电路是由一组共________极三只晶闸管和一组共________极的三只晶闸管串联后构成的，晶闸管的换相是在同一组内的元件进行的。每隔________换一次相，在电流连续时每只晶闸管导通________°。要使电路工作正常，必须任何时刻要有________只晶闸管同时导通，一个是共________极的，另一个是共________极的元件，且要求不是________的两个元件。

6. 当晶闸管可控整流的负载为大电感负载时，负载两端的直流电压平均值会________，解决的办法就是在负载的两端________接一个________。

7. 带平衡电抗器的双反星形电路，变压器绕组同时有________相导电；晶闸管每隔________度换一次流，每只晶闸管导通________°，变压器同一铁芯柱上的两个绕组同名端________，所以以两绕组的电流方向也________，因此变压器的铁芯不会被________。

8. 锯齿波触发电路的主要是由________、________、________、________、________环节组成。

二、问答题

1. 单相半波可控整流电路，如果①晶闸管内部短路，②晶闸管内部开路，在下面的坐标中画出其直流输出电压 U_d 和晶闸管两端电压 U_T 的波形。

2. 单相桥式半控整流电路，电阻性负载。当控制角 $\alpha=90°$时，画出负载电压 u_d、晶闸管 VT1 电压 u_{VT1}、整流二极管 VD2 电压 u_{VD2} 在一个周期内的电压波形图。

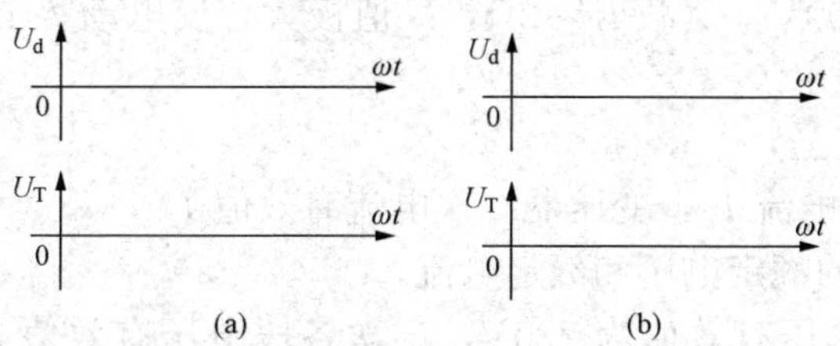

图 2-148　题二-1 图

(a) 晶闸管内部开路；(b) 晶闸管内部短路

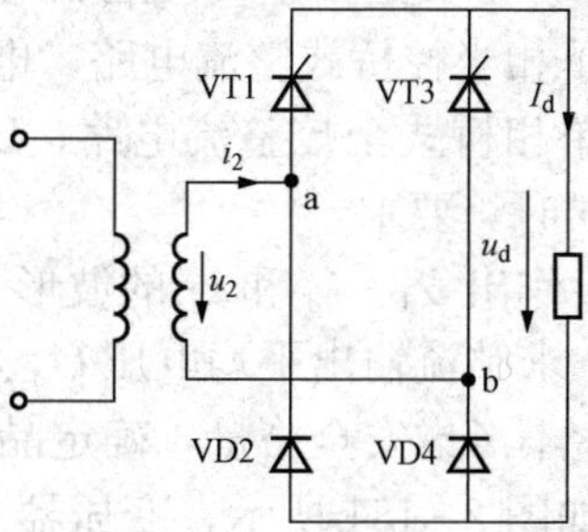

图 2-149　题二-2 图

3. 相控整流电路带电阻性负载时，负载电阻上的 U_d 与 I_d 的乘积是否等于负载有功功率，为什么？带大电感负载时，负载电阻 R_d 上的 U_d 与 I_d 的乘积是否等于负载有功功率，为什么？

4. 带电阻性负载三相半波可控整流电路，如触发脉冲左移到自然换流点之前 15°处，分析电路工作情况，画出触发脉冲宽度分别为 10°和 15°时负载两端的电压 u_d 波形。

5. 请利用六块锯齿波同步触发电路的 X、Y 控制端，来组成六路互相相差 60°的双窄脉冲触发系统图，并画出其脉冲输出波形的相互关系图。

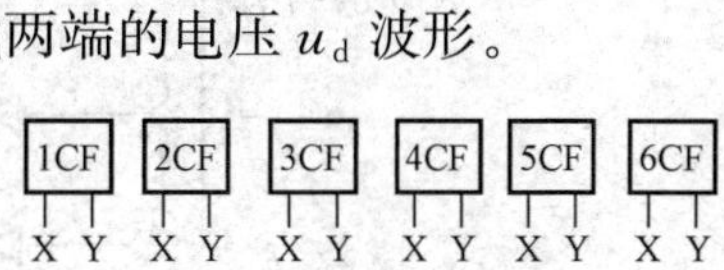

图 2-150　题二-5 图

6. 三相半波整流电路的共阴极接法与共阳极接法，U、

V 两相的自然换相点是同一点吗？如果不是，它们在相位上差多少度？

7. 具有变压器中心抽头的单相双半波可控整流电路，问该变压器还有直流磁化问题吗？试说明：①晶闸管承受的最大反向电压为 $2\sqrt{2}U_2$；②当负载是电阻或电感时，其输出电压和电流的波形与单相全控桥时相同。

8. 带平衡电抗器的双反星形可控整流电路与三相桥式全控整流电路相比有何主要异同？

9. 三相桥式全控整流电路，其整流输出电压中含有哪些次数的谐波？其中幅值最大的是哪一次？变压器二次侧电流中含有哪些次数的谐波？其中主要的是哪几次？

三、计算题

1. 某电阻性负载要求 0～24V 直流电压，最大负载电流 $I_d=30A$，如采用 220V 交流直接供电和由变压器降压到 60V 供电的单相半波相控整流电路，是否两种方案都能满足要求？试比较两种供电方案的晶闸管的导通角、额定电压、额定电流、电源侧功率因数。

2. 单相半波可控整流电路对电感负载供电，$L=20mH$，$U_2=100V$，求当 $\alpha=0°$、60°时的负载电流 I_d，并画出 U_d 与 I_d 波形。

3. 阻感负载电感极大，电阻 $R_d=5\Omega$，电路采用有续流二极管的单相桥式半控整流电路，输入电压 $U_2=220V$，当控制角 $\alpha=60°$时，求流过晶闸管的平均电流值 I_{dT}、有效值 I_T，流过续流二极管的电流平均值 I_{dD} 有效值 I_D。

4. 单相桥式全控整流电路，$U_2=100V$，负载中 $R=2\Omega$，L 值极大 当 $\alpha=30°$时，要求：

(1) 作出 u_d、i_d 和 i_2 的波形。

(2) 求整流输出平均电压 U_d、电流 I_d，变压器二次电流有效值 I_2。

(3) 考虑安全裕量，确定晶闸管的额定电压和额定电流。

5. 单相半控桥式整流电路，电阻性负载，画出整流二极管在一周内承受的电压波形。

6. 单相桥式全控整流电路，$U_2=100V$，负载 $R=2\Omega$，L 值极大，反电动势 $E=60V$，当 $\alpha=30°$时，要求：

(1) 作出 u_d、i_d 和 i_2 的波形。

(2) 求整流输出平均电压 U_d、平均电流 I_d，变压器二次电流有效值 I_2。

(3) 不考虑安全裕量，确定晶闸管的额定电压和额定电流。

7. 如图 2-151 所示，变压器一次电压有效值为 220V，二次各段电压有效值为 100V，电阻性负载，$R=10\Omega$，当控制角 $\alpha=90°$时，求输出整流电压的平均值 U_d，负载电流 I_d，并绘出晶闸管、整流二极管和变压器一次绕组电流的波形。

8. 整流变压器二次侧中间抽头的双半波相控整流电路如图 2-152 所示。

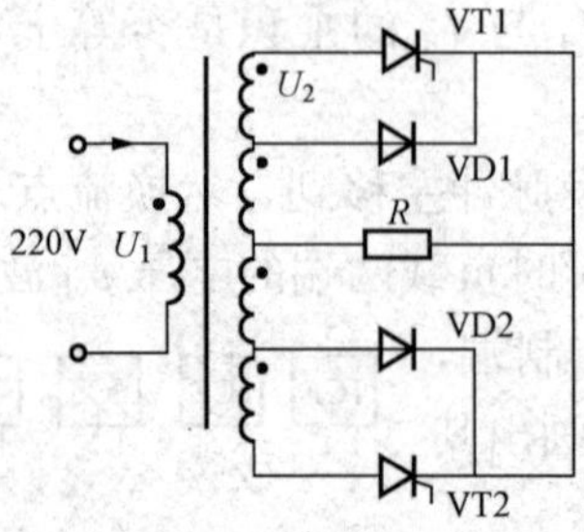

图 2-151 题三-7图

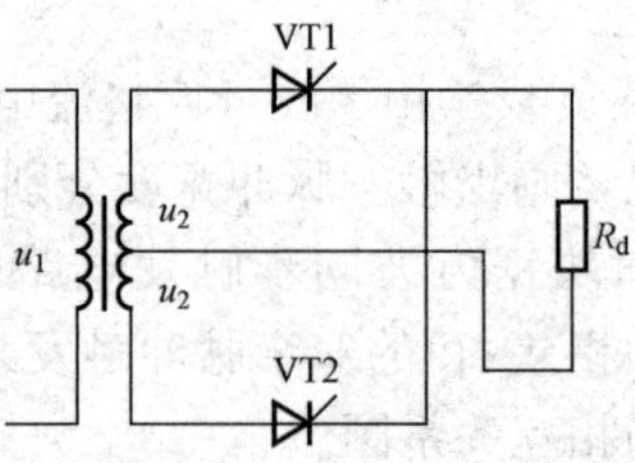

图 2-152 题三-8图

（1）说明整流变压器有无直流磁化问题。

（2）分别画出电阻性负载和大电感负载在 $\alpha=60°$ 时的输出电压 u_d 和电流 i_d 的波形，比较与单相全控桥式整流电路是否相同。若已知 $U_2=220V$，分别计算其输出直流电压值 U_d。

（3）画出电阻性负载 $\alpha=60°$ 时晶闸管两端的电压 u_T 波形，说明该电路晶闸管承受的最大反向电压为多少？

9. 在三相半波整流电路中，如果 U 相的触发脉冲消失，试绘出在电阻性负载和电感性负载下整流电压 u_d 的波形。

10. 三相半波可控整流电路，$U_2=100V$，带阻感负载，$R=5\Omega$，L 值极大，当 $\alpha=60°$ 时，要求：

（1）画出 u_d、i_d 和 i_{T1} 的波形。

（2）计算 U_d、I_d 和 I_T。

11. 三相半波可控整流电路，电感极大，电阻 $R_d=2\Omega$，$U_2=200V$，当 $\alpha=60°$，求出接续流二极管和不接续流二极管两种电路结构下的整流电压和整流电流和流过晶闸管的电流有效值。

12. 三相桥式全控整流电路，$U_2=100V$，带阻感性负载，$R=5\Omega$，L 极大。当控制角 $\alpha=60°$ 时，求：

（1）画出 u_d、i_d 和 i_{T1} 的波形。

（2）计算负载直流平均电压 U_d、平均电流 I_d；流过晶闸管的平均电流 I_{dT} 和有效电流 I_T 的值。

13. 三相桥式全控整流电路，L_d 极大，$R_d=4\Omega$，要求 U_d 从 0～220V 之间变化。试求：

（1）不考虑控制角裕量时，整流变压器二次相电压。

（2）计算晶闸管电压、电流平均值，如电压、电流裕量取 2 倍，请选择晶闸管型号。

（3）变压器二次电流有效值 I_2。

14. 在图三 - 14 所示电路中，当 $\alpha=60°$ 时，画出下列故障情况下的 u_d 波形。

（1）熔断器 1FU 熔断。

（2）熔断器 2FU 熔断。

（3）熔断器 2FU、3FU 同时熔断。

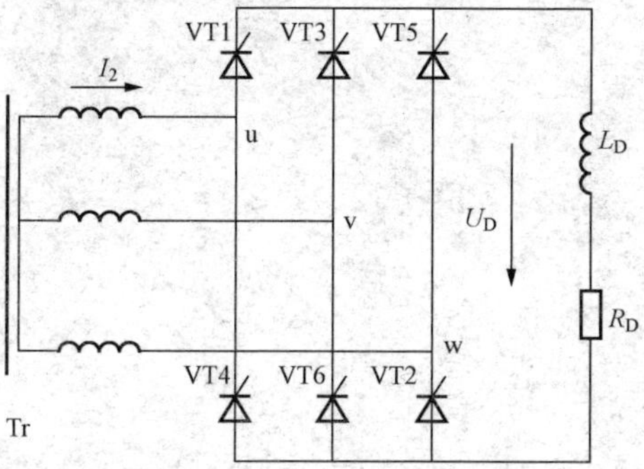

图 2 - 153　题三 - 13 图

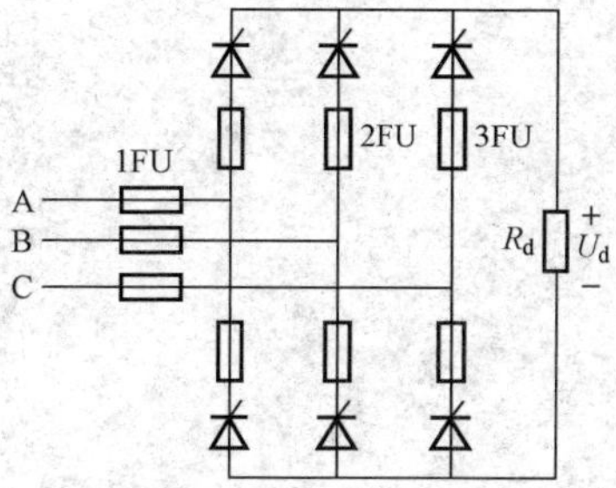

图 2 - 154　题三 - 14 图

15. 已知三相桥式全控整流电路，整流变压器为 Δ/Y - 7 接法，如图 2 - 155 所示。采用锯齿波同步触发电路，电路要求工作在整流和逆变状态，试求：

（1）画出同步电压与对应阳极电压的波形图，确定相位关系。

（2）画出矢量图，确定同步变压器 TS 的接法与钟点数。

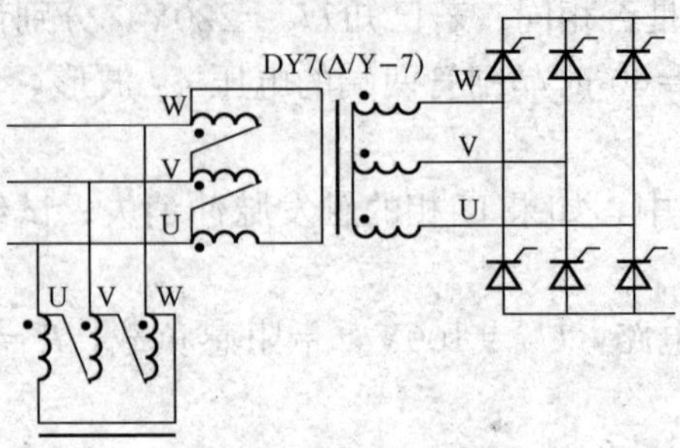

图 2-155　题三-15 图

16. 在三相桥式全控电阻负载整流电路中，如果有一个晶闸管不能导通，此时的整流电压 u_d 波形如何？如果有一个晶闸管被击穿而短路，其他晶闸管会受到什么影响？

第3章　直流—交流变换电路及其仿真

本章重点讨论有源逆变电路及其相关问题；分析电压型和电流型无源逆变电路以及180°和120°变频器；对PWM逆变技术也展开了讨论；最后进行了直流—交流变换电路的仿真。

3.1　逆变的概念

将交流电能变换成直流电能的过程称为整流，而把直流电能变换成交流电能的过程称之为逆变，它是整流的逆过程。在逆变电路中，按照负载性质的不同，逆变分为有源逆变和无源逆变。如果把逆变电路的输出接到交流电源上，把经过逆变得到的与交流电源同频率的交流电能返送到该电源中，这样的逆变称作有源逆变，相应的装置称为有源逆变器。而把直流电能变换为交流电能，直接向非电源负载供电的电路，称之为无源逆变电路，又称为变频器。

整流和逆变密切相关，同一套变流装置既可以工作在整流状态，在一定条件下，又可以工作在逆变状态，这样的变换装置又称为变流器。

3.2　有源逆变电路

3.2.1　单相双半波有源逆变电路

1. 电路结构

电路如图3-1所示，它是一个单相双半波可控整流电路，该电路实际上是两个单相半波可控整流电路经过适当连接而成的。为保持逆变电流的连续，电路串接了大电感L。下面讨论该电路是如何从整流状态转变为有源逆变状态的。

2. 工作原理

（1）整流状态（$0\leqslant\alpha<90°$）。当α等于零时，输出电压瞬时值u_d在整个周期内全部为正；当$90°>\alpha>0$时，u_d在整个周期内有正有负，但其正面积总是大于负面积，故平均值U_d为正值，其极性是上正下负，如图3-1（a）所示。通常U_d略大于E，此时电流i_d从U_d的正端流出，从E的正端流进。因此电机M吸收电能，作电动运行，电路把从电网吸收的交流电能转变成直流电能输送给电动机，电路工作在整流状态，电机M工作在电动状态。这是在整流电路中大家熟悉的内容。

（2）逆变状态（$90°<\alpha\leqslant180°$）。逆变就是要求电路把负载（电机）吸收的直流电能转变成交流电能反馈回电网。由于晶闸管的单向导电性，负载电流i_d不能改变方向，为此只有将E反向，即电机输出电能作发电运行才能回馈电能；为避免U_d与E顺接，此时要求将U_d的极性也反过来，如图3-1（b）所示。从$U_d=0.9U_2\cos\alpha$可知，要使U_d反向，α应该大于90°。

当α在$90°<\alpha\leqslant180°$范围内变动时，输出电压瞬时值u_d在整个周期内有正有负，但其负面积总是大于正面积的，故平均值U_d为负值，其极性是上负下正，见图3-1（b）所示

波形。此时 E 略大于 U_d，电流 i_d 的流向是从 E 的正端流出，从 U_d 的正端流入，电机输出电能，逆变电路吸收从电机反送来的直流电能，并将其转变成交流电能反馈回电网，这就是单相双半波电路的有源逆变工作状态。

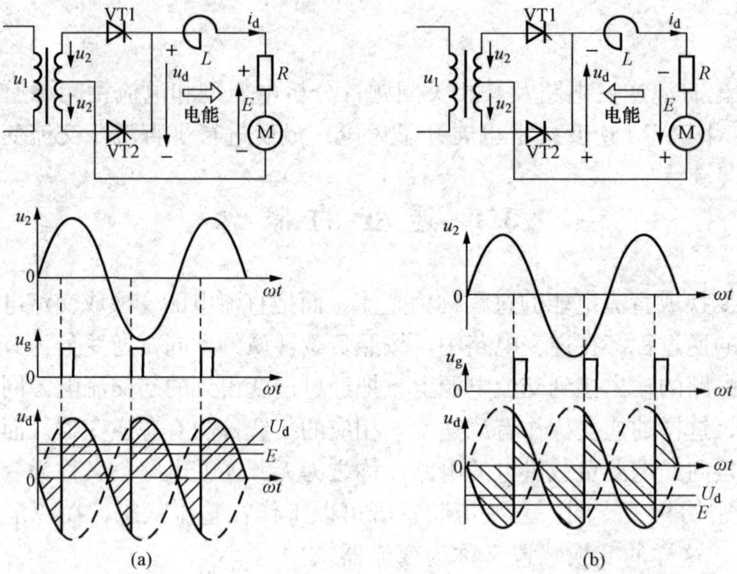

图 3-1　单相双半波电路工作于整流和逆变状态时的电路及电压波形
(a) 整流状态；(b) 逆变状态

从上述分析可以看出，要使整流电路工作在逆变状态，必须满足两个条件：

1）变流器的输出 U_d 能够改变极性（内部条件）。由于晶闸管的单向导电性，电流 i_d 不能改变方向，为实现有源逆变，必须改变 U_d 的极性。为此，变流器的控制角 α 应该大于 90°。因此，所有的半控和接有续流二极管的整流电路都不能实现有源逆变。

2）必须有外接的提供直流电能的电源 E。电源 E 也要能改变极性，且有 $|E|>|U_d|$（外部条件）。

上述条件必须同时满足，才能实现有源逆变。

3. 逆变角 β

当变流器工作在逆变状态时，常将控制角 α 改用 β 表示，β 称为逆变角，规定以 $\alpha=\pi$ 处作为计量 β 角的起点，β 角的大小由计量起点向左计算。α 和 β 的关系满足 $\alpha+\beta=\pi$。例如，$\beta=30°$时，对应 $\alpha=150°$。

按照整流时规定的参考方向或极性，将在逆变状态时的各电量的计算归纳为：逆变状态时的控制角称为逆变角 β，满足关系 $\beta=\pi-\alpha$。

3.2.2　逆变失败与最小逆变角的限制

1. 逆变失败

可控整流电路运行在逆变状态时，一旦发生换相失败，电路又重新工作在整流状态，外接的直流电源就会通过晶闸管电路形成短路，使变流器的输出平均电压 U_d 和直流电动势 E 变成顺向串联，由于变流电路的内阻很小，将出现很大的短路电流流过晶闸管和负载，这种情况称为逆变失败，或称为逆变颠覆。

造成逆变失败的原因很多，主要有以下几种情况：

（1）触发电路工作不可靠，不能适时、准确地给各晶闸管分配脉冲，如脉冲丢失、脉冲延时等，致使晶闸管不能正常通断。

（2）晶闸管发生故障。在应该阻断期间，器件失去阻断能力，或在应该导通期间器件不能正常导通，造成逆变失败。

（3）交流电源异常。在逆变工作时，电源发生缺相或突然消失，由于直流电动势 E_m 的存在，晶闸管仍可导通，此时可控整流电路的直流侧由于失去了同直流电动势极性相反的直流电压，因此直流电动势 E_m 将经过晶闸管电路而短路。

（4）换相的裕量角不足，引起换相失败。实际中应考虑变压器漏抗引起的换相重叠角对逆变电路换相的影响。以三相半波电路为例，如图 3-2 所示，如果 $\beta<\gamma$（如图 3-2 右下角的波形，VT3 向 VT1 换相），换相尚未结束，电路的工作状态到达自然换相点 p 点后，参加换相的 W 相电压 u_w 已经高于 U 相电压 u_u，应该导通的晶闸管 VT1 反而关断，而应关断的晶闸管 VT3 继续导通。这样会使得 u_d 波形中正的部分大于负的部分，从而使得 u_d 和 E_M 顺向串联，最终导致逆变失败。当 $\beta>\gamma$ 时（如图 3-2 左下角的波形；VT3 与 VT1 换相），经过换相过程后 U 相电压 u_U 仍然高于 W 相电压 u_w，在换相结束时，晶闸管 VT3 仍然承受反压而关断。

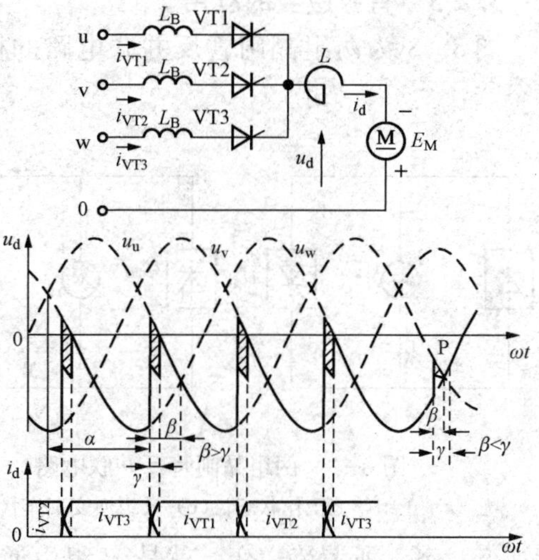

图 3-2　交流侧电抗对逆变换相过程的影响

为了防止换相失败，要求逆变电路有可靠的触发电路，选用可靠的晶闸管元件，设置快速的电流保护环节，同时还应对逆变角 β 进行严格的限制。

2. 最小逆变角 β 的确定方法

为防止逆变颠覆，必须限制最小逆变角。确定最小逆变角 β 的大小要考虑以下因素：

（1）换相重叠角 γ。此值随电路形式、工作电流大小的不同而不同。可按照下式计算，即

$$\cos\alpha-\cos(\alpha+\gamma)=\frac{I_d X_B}{\sqrt{2}U_2\sin\frac{\pi}{m}} \tag{3-1}$$

式中：m 为一个周期内的波头数（换相次数），在三相半波电路中 $m=3$，对于三相桥式全控电路 $m=6$。其他参数见 2.7 所示。

根据逆变工作时 $\alpha=\pi-\beta$，并设 $\beta=\gamma$，上式可改写成

$$\cos\gamma=1-\frac{I_d X_B}{\sqrt{2}U_2\sin\frac{\pi}{m}} \tag{3-2}$$

γ 约为 15°～20°电角度。

（2）晶闸管关断时间 t_q 所对应的电角度 δ。折算后的电角度约为 4°～5°。

（3）安全裕量角 θ'。考虑到脉冲调整时不对称、电网波动、畸变与温度等影响，还必须留一个安全裕量角，一般取 θ' 为 10°左右。

综上所述，最小逆变角为

$$\beta_{min}=\delta+\gamma+\theta'\approx 30^\circ\sim 35^\circ \tag{3-3}$$

3.2.3 有源逆变的应用

图 3-3 为两组晶闸管反并联电路的框图，设 P 为正组，N 为反组，电路有四种工作状态。

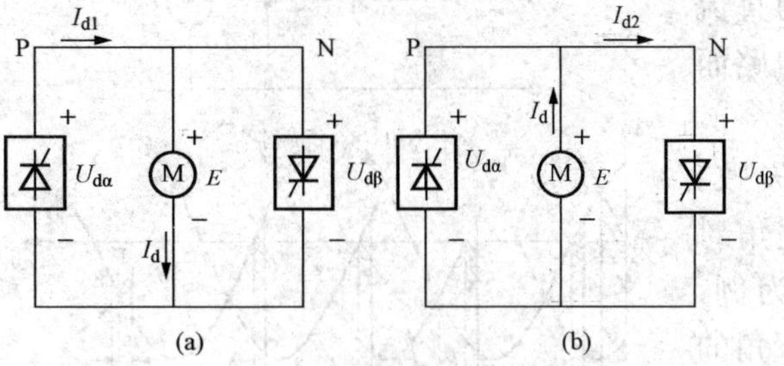

图 3-3 两组晶闸管反并联电路

(a) 正组整流工作状态；(b) 反组逆变工作状态

（1）正组整流。图 3-3（a）为正组整流工作状态。在控制角 α 作用下，P 组整流输出电压 $U_{d\alpha}$，加于电动机 M 使其正转。当 P 组整流时，反组 N 绝对不能也工作在整流状态，否则将使电流 I_{d1} 不经过负载 M，而只在两组晶闸管之间流通，这种电流称为环流，环流实质上是两组晶闸管电源之间的短路电流。因此，当正组整流时，反组应关断或处于待逆变状态。所谓待逆变，就是 N 组由逆变角 β 控制处于逆变状态但无逆变电流。要做到这一点，可使 $U_{d\beta}$（$=U_{d0}\cos\beta$）$\geqslant U_{d\alpha}$（$=U_{d0}\cos\alpha$）。这样，正组 P 的平均电流供电动机正转，反组 N 处于待逆变状态，极性如图 3-3（a）所示。由于 $U_{d\beta}\geqslant U_{d\alpha}$，故没有电流流过反组，不产生真正的逆变。

（2）反组逆变。当要求正向制动时，流过电动机 M 的电流 I_d 必须反向才能得到制动力矩，由于晶闸管的单向导电性，这只有利用反组 N 的逆变。为此，只要降低 $U_{d\beta}$ 且使 $E>U_{d\beta}$（$=U_{d\alpha}$），则 N 组产生逆变，流过电流 I_{d2}，电动机的电流 I_d 反向，反组有源逆变将电动势能 E 通过反组 N 送回电网，实现回馈制动。

（3）反组整流。N 组整流，使电动机反转，其过程与正组整流类似。

（4）正组逆变。P 组逆变，产生反向制动转矩，其过程与反组逆变类似。

由此可见，变流器的整流和逆变状态对应于电动机的电动和回馈制动状态。两组晶闸管装置反并联的可逆线路可实现直流电动机的可逆运行和快速回馈制动，它是晶闸管变流装置工作于整流和有源逆变状态的典型例子。

在该可逆系统中，正组作为整流供电，反组提供有源逆变制动。正转时可以利用反组晶闸管实现回馈制动，反转时可以利用正组晶闸管实现回馈制动，正反转和制动的装置合二为一。

3.3 无源逆变（变频）电路

与有源逆变相比，无源逆变不是把变换后的交流电反馈到交流电网中去，而是供给无源的负载使用。当用晶闸管等半控型电力电子器件构成无源逆变器且带感性负载时，就不可能像有源逆变那样，借助电网电压实现换流，而必须另设强迫换流电路来实现换流。当采用全控型器件构成逆变器主电路则相对简单得多。采用不同的全控型电力电子器件时（如采用

P-MOSFET、GTR、GTO、IGBT等不同器件)，其主电路之间没有原则差别，差别主要在于门极（栅极）控制电路的不同。

3.3.1　无源逆变概述

用于逆变的直流电通常是由电网提供的交流电整流而来。为了实现把“变压变频交流电供给无源负载”，我们首先把交流电整流为直流电，经过中间滤波环节后，再把直流电逆变成变压变频的交流电，这一过程称为交—直—交变频，实现变频的装置叫交—直—交变频器，又称为间接变频器。无源逆变是交—直—交变频的后面部分。

1. 电压型和电流型交—直—交变频器

交—直—交变频器就是把工频交流电先通过整流器整成直流，然后再通过无源逆变器，把直流电逆变成频率可调的交流电。根据交—直—交变压变频器的中间滤波环节是采用电容性元件或是电感性元件，可以将交—直—交变频器分为电压型变频器和电流型变频器两大类。

当中间直流环节采用大电容滤波时，直流电压波形比较平直，在理想情况下是一个内阻抗为零的恒压源，输出交流电压是矩形或阶梯波，这类变频装置称为电压型变频器，如图3-4所示。图示的交—直—交变频器输入采用了二极管不可控整流，输出为采用GTR的六拍逆变。

当交—直—交变压变频装置的中间直流环节采用大电感滤波时，直流电流波形比较平直，因而电源内阻抗很大，对负载来说基本上是一个恒流源，输出交流电流是矩形波或阶梯波，这类变频装置称为电流型变频器，如图3-5所示。

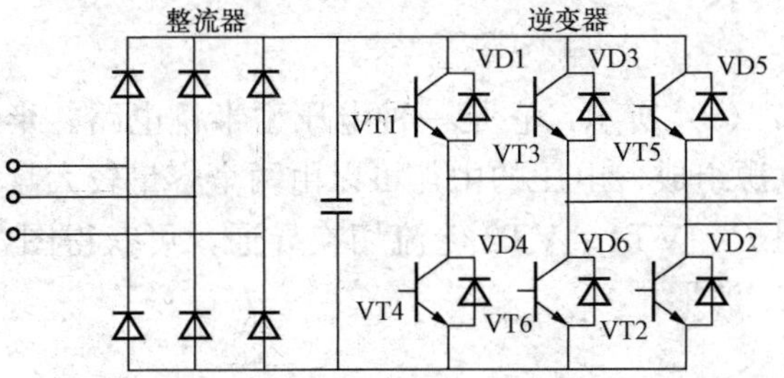

图3-4　三相桥式电压型交—直—交变频器

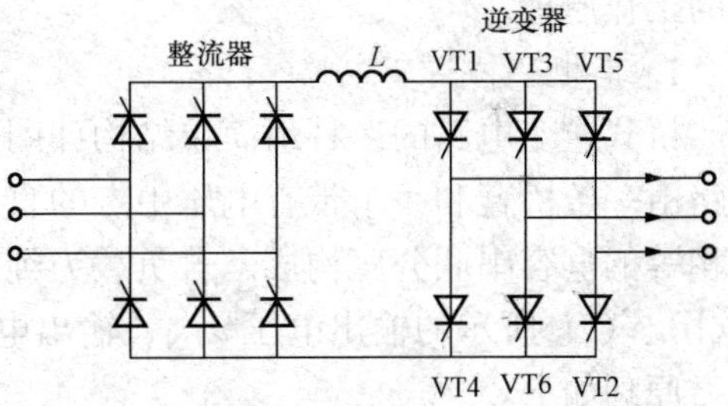

图3-5　三相桥式电流型交—直—交变频器

2. 电流型和电压型交—直—交变频器在电动机回馈制动时的工作状态

用电流型变频器给异步电动机供电的变压变频调速系统，其显著特点是容易实现回馈制动。图3-6绘出了电流型变压变频调速系统的电动和回馈制动两种运行状态。以由晶闸管可控整流器UR和六拍电流型逆变器（Current Source Inverter，CSI）构成的交—直—交变压变频装置为例，当可控整流器UR工作在整流状态（$\alpha<90°$）、逆变器工作在逆变状态时，电机在电动状态下运行，如图3-6（a）所示。这时，直流回路电压的极性为上正下负，电流由U_d的正端流入逆变器，电能由交流电网经变频器传送给电机，电机处于电动状态；如果降低变频器的输出频率，使同步转速降低，同时使可控整流器的控制角$\alpha>90°$，则异步电动机进入发电状态，且直流回路电压U_d立即反向，而电流I_d方向不变。于是，逆变器变成整流器，而可控整流器UR转入有源逆变状态，电能由电机回馈给交流电网，如图3-6（b）所示。

由此可见，虽然电力电子器件具有单向导电性，电流I_d不能反向，而可控整流器的输出电压U_d是可以迅速反向的，电流型变压变频调速系统容易实现回馈制动。与此相反，采

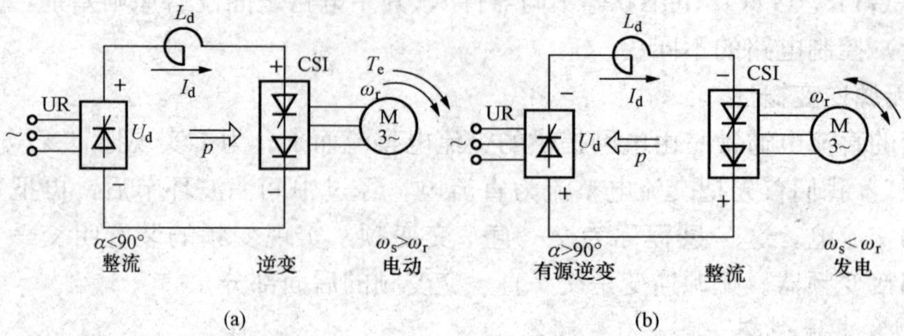

图 3-6　电流型变压变频调速系统的电动和回馈制动两种运行状态

(a) 电动；(b) 回馈制动

用电压型变频器的调速系统要实现回馈制动和四象限运行却比较困难，因为其中间直流环节大电容上的电压极性不能反向，所以在原装置上无法实现回馈制动。若确实需要制动时，只有采用在直流环节中并联电阻的能耗制动，或者与可控整流器反并联设置另一组反向整流器，并使其工作在有源逆变状态，以通过反向的制动电流，实现回馈制动。这样做，设备就要复杂多了。

3.3.2　无源逆变（变频）电路的原理

无源逆变电路种类很多，最常见的有单相半桥逆变电路、单相全桥逆变电路、三相全桥逆变电路等，而这些电路又各有电压型和电流型两种形式。下面以电压型逆变电路为例说明它的工作原理。

1. 单相半桥逆变电路

桥式逆变电路的一种最简单结构如图 3-7（a）所示，它是一种电压型半桥电路。半桥电路由一条桥臂和一个带有电压中点的直流电源组成，电压的中点可以由两个容量较大且数值相等的电容串联分压构成。若负载为纯电阻 R，VT1、VT2 轮流切换导通，可获得图 3-7（b）、（c）所示的输出电压 u_{UN}、输出电流 i_0 波形。

原理如下：

（1）如果在 $0\leqslant t<T/2$ 期间，VT1 有触发信号，则 VT1 导通 VT2 截止，这时 $u_{UN}=+U_d/2$。

（2）如果在 $T/2\leqslant t<T$ 期间，VT2 有触发信号，则 VT2 导通而 VT1 截止，这时 $u_{UN}=-U_d/2$。则逆变器输出电压 u_{UN} 的幅值为 $U_d/2$，宽度为 180°（$T/2$）的方波，如图 3-7（b）所示。

改变开关管的门极驱动信号的频率，输出电压的频率也随着改变。值得注意的是，为保证逆变电路的正常工作，必须保证 VT1 和 VT2 两个开关管不同时导通，否则将出现直流电源短路的情况，这种情况被称为逆变器的贯穿短路。实际的控制电路应采取有效的措施避免这种情况的发生，如对在同一桥臂上的两个开关元件，在一个开关关断后另一开关开通之前设置一个驱动脉冲封锁时间，以保证同一桥臂的两个开关管不同时导通，从而避免发生贯穿短路的情况。

当负载为纯电感 L 时，

（1）在 $0\leqslant t<T/2$ 期间，$u_{UN}=\dfrac{U_d}{2}=L\dfrac{di_0}{dt}$，$i_0$ 线性上升；

（2）在 $T/2 \leqslant t < T$ 期间，$u_{UN} = -\dfrac{U_d}{2} = -L\dfrac{di_0}{dt}$，$i_0$ 线性下降，如图 3-7（d）所示。

在图 3-7（d）中第一个 $T/4$ 期间，若 VT2 管关断，由于电感中电流不能突然改变方向，此时即使 VT1 管加上驱动信号，负载电流 i_0 也必须通过 VD1 管流通，直到 $i_0=0$ 时，VT1 管才导通，负载电流开始反向。同样，VT1 管关断时，负载电流先要通过 VD2 管流通，直至 $i_0=0$ 时，VT2 管才导通，负载电流开始又一次反向。当 VD1 或 VD2 管导通时，能量返回电源，故称此二极管为反馈二极管。

如果负载为 RL 负载，则电流波形如图 3-7（e）所示。

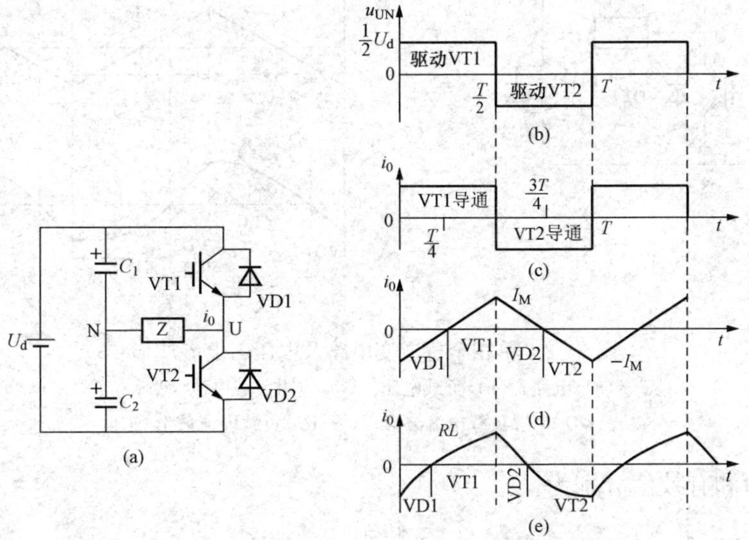

图 3-7　单相半桥逆变电路及电压电流波形

（a）电路；（b）电压波形；（c）电阻负载电流波形；

（d）电感负载电流波形；（e）RL 负载电流波形

2. 单相全桥逆变电路

半桥电路的特点是结构简单，所应用的管子比全桥电路少一半，相应地减少了管压降损耗，但输出电压幅值降低一半，若要获得相同的输出电压，需要带有中间抽头的 $2U_d$ 的直流电源；因此在实际应用中，特别是容量较大的场合，全桥逆变电路使用更为普遍，电压型单相全桥逆变电路如图 3-8（a）所示。

（1）在 $0 \leqslant t < T/2$ 期间，VT1、VT4 导通而 VT2、VT3 截止，这时 $u_{UV} = +U_d$；

（2）在 $T/2 \leqslant t < T$ 期间，VT1、VT4 截止而 VT2、VT3 导通，这时 $u_{UV} = -U_d$。

逆变器输出电压 u_{UV} 幅值为 U_d，宽度为 180°（$T/2$）的方波，如图 3-8（b）所示。带电阻、纯电感和阻—感负载时的电流波形分别示于图 3-8（c）、（d）、（e）。其电路工作原理同半桥逆变电路一样。

单相全桥逆变电路是单相逆变电路中应用最多的，下面对其电压波形作定量分析。把幅值为 U_d 的矩形波利用傅里叶级数展开得

$$u_{UV}(t) = \frac{4}{\pi}U_d\left(\sin\omega t + \frac{1}{3}\sin 3\omega t + \frac{1}{5}\sin 5\omega t + \cdots\right) \quad (3-4)$$

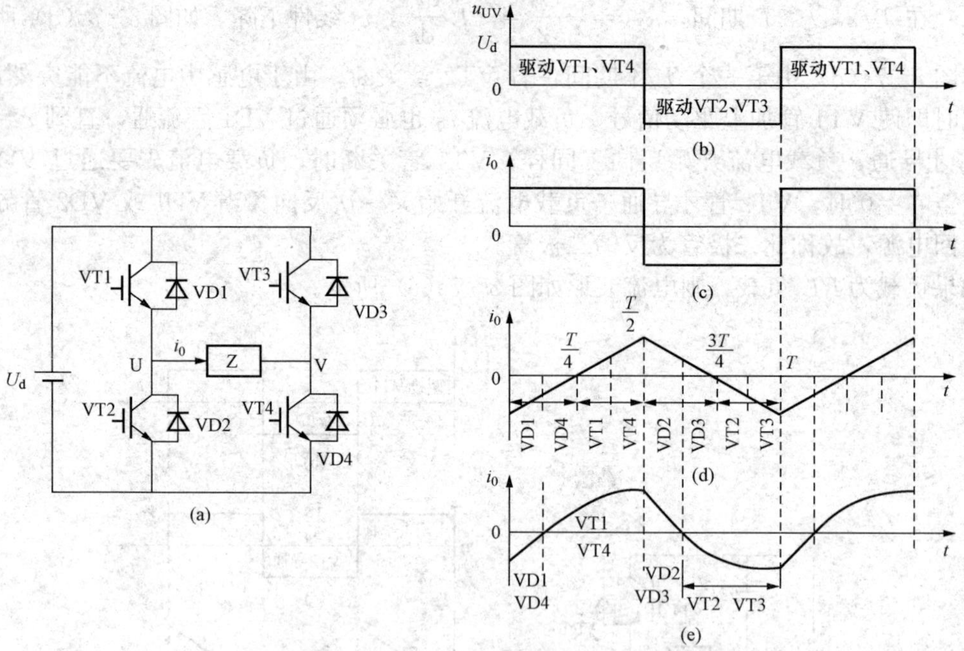

图 3 - 8　单相全桥逆变电路及电压、电流波形

（a）电路；（b）负载电压；（c）电阻负载电流波形；

（d）电感负载电流波形；（e）*RL* 负载电流波形

其中基波的幅值和有效值分别为

$$U_{UV1m}=\frac{4U_d}{\pi}=1.27U_d \tag{3-5}$$

$$U_{UV1}=\frac{4U_d}{\sqrt{2}\pi}=0.9U_d \tag{3-6}$$

上述公式对于半桥式逆变器也是适用的，只是将式中的 U_d 换成（1/2）U_d 即可。

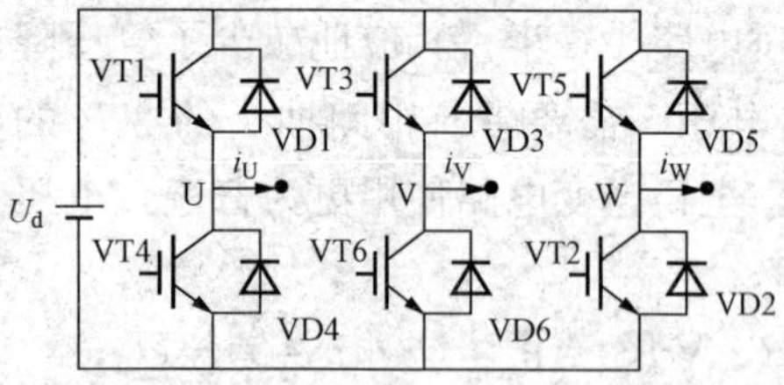

图 3 - 9　三相桥式逆变电路

3. 三相桥式逆变电路

在需要进行大功率变换或者负载要求提供三相电源时，可采用三相桥式逆变电路，其主电路形式如单相全桥逆变电路，只是较其多了一条桥臂。电压型三相桥式逆变电路原理如图 3 - 9 所示。当对波形有较高要求时，可采用 PWM 控制方法，以抑制较大的高次谐波。

三相桥式逆变电路主要有 180°导电型的电压型变频器和 120°导电型的电流型变频器，下面给予具体分析。考虑到学生是初学者以及现行的教学设备情况，以讨论晶闸管交—直—交变频器为主。

3.3.3　180°导电型的交—直—交电压型变频器

1. 主电路组成

变频器的主电路由整流器、中间滤波电容及晶闸管逆变器组成，图 3 - 10 是串联电感式电压型变频器逆变部分的电路，图中只画出了滤波电容及晶闸管逆变器部分。整流器可采用单相或三相整流电路。C_d 为滤波电容，逆变器中 VT1～VT6 为主晶闸管，VD1～VD6 为反馈二极管，提供续流回路，R_U、R_V、R_W 为衰减电阻，L_1～L_6 为换流电感，C_1～C_6 为换流电容，Z_U、Z_V、Z_W 为变频器的三相对称负载。

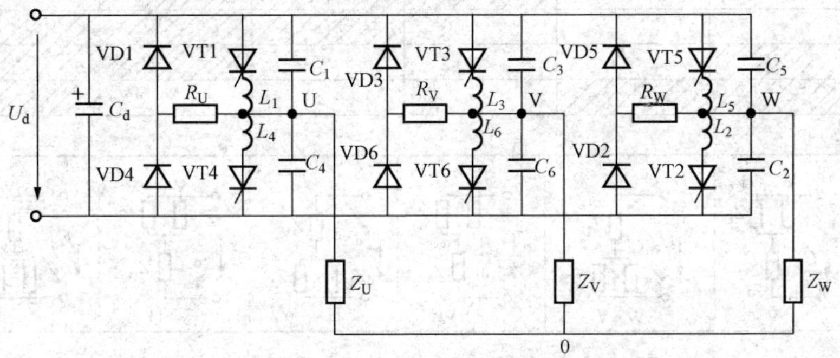

图 3-10　三相串联电感式电压型变频器逆变部分主电路

该逆变器部分没有调压功能，只要将 6 个晶闸管按一定的导通规则通断，就可以将滤波电容 C_d 送来的直流电压 U_d 逆变成频率可调的交流电。调压靠前级的可控整流电路完成。

2. 晶闸管导通规则及输出波形分析

逆变器中 6 个晶闸管的导通顺序为 VT1→VT2→VT3→VT4→VT5→VT6→VT1，各晶闸管的触发间隔为 60°。电压型逆变器通常采用 180°导电型，即每个晶闸管导通 180°电角度后被关断，由同相的另一个晶闸管换流导通。每组晶闸管导电间隔为 120°。按照每个晶闸管触发间隔为 60°，触发导通后维持 180°才被关断的特征（180°导电型），可以得到 6 个晶闸管在 360°区间里的导通情况，见表 3-1。

表 3-1　　逆变器中晶闸管的导通情况（180°电压型）

区间 / 晶闸管	0°～60°	60°～120°	120°～180°	180°～240°	240°～300°	300°～360°
VT1	导通	导通	导通	×	×	×
VT2	×	导通	导通	导通	×	×
VT3	×	×	导通	导通	导通	×
VT4	×	×	×	导通	导通	导通
VT5	导通	×	×	×	导通	导通
VT6	导通	导通	×	×	×	导通

根据每 60°间隔中晶闸管的导通情况，可以作出每个 60°区间内负载连接的等效电路，如图 3-11 所示。由此可求出输出相电压和线电压，而线电压等于相电压之差。

例：由表 3-1 知，在 0°～60°区间，VT5、VT6、VT1 同时导通，等效电路如图 3-11 所示，三相负载分别为 Z_U、Z_V、Z_W，且 $Z_U=Z_V=Z_W=Z$，则

输出相电压为

$$U_{U0}=U_d\frac{Z_U//Z_W}{(Z_U//Z_W)+Z_V}=\frac{1}{3}U_d$$

输出线电压为

$$U_{UV}=U_{U0}-U_{V0}=U_d$$

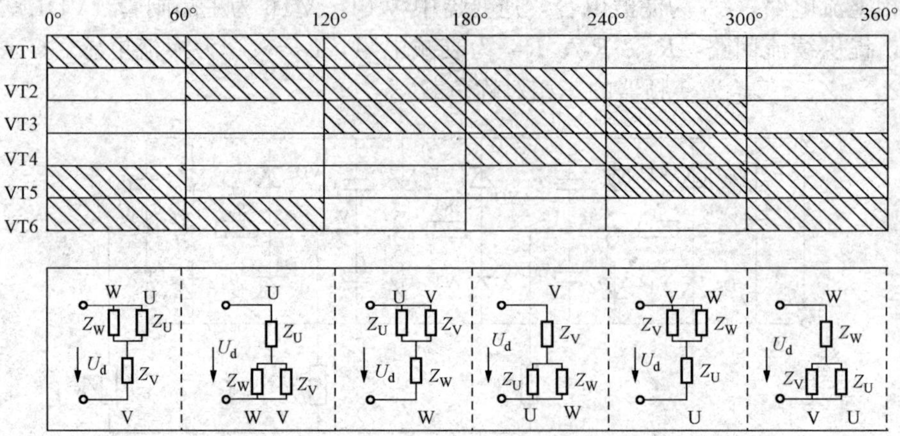

图3-11　每个60°区间内的负载等效电路

$$U_{V0}=-U_d\frac{Z_V}{(Z_U//Z_W)+Z_V}=-\frac{2}{3}U_d \qquad U_{VW}=U_{V0}-U_{W0}=-U_d$$

$$U_{W0}=U_{U0}=\frac{1}{3}U_d \qquad U_{WU}=U_{W0}-U_{U0}=0$$

在60°～120°区间，有VT6、VT1、VT2同时导通，该区间相、线电压计算值为

$$U_{U0}=\frac{2}{3}U_d \qquad U_{UV}=U_d$$

$$U_{V0}=-\frac{1}{3}U_d \qquad U_{VW}=0$$

$$U_{W0}=-\frac{1}{3}U_d \qquad U_{WU}=-U_d$$

同理，可求出后四个区间的相电压和线电压计算值，见表3-2。

表3-2　逆变器的相电压和线电压计算值（180°电压型）

区间 相、线电压	0°～60°	60°～120°	120°～180°	180°～240°	240°～300°	300°～360°
U_{U0}	$1/3U_d$	$2/3U_d$	$1/3U_d$	$-1/3U_d$	$-2/3U_d$	$-1/3U_d$
U_{V0}	$-2/3U_d$	$-1/3U_d$	$1/3U_d$	$2/3U_d$	$1/3U_d$	$-1/3U_d$
U_{W0}	$1/3U_d$	$-1/3U_d$	$-2/3U_d$	$-1/3U_d$	$1/3U_d$	$2/3U_d$
U_{UV}	U_d	U_d	0	$-U_d$	$-U_d$	0
U_{VW}	$-U_d$	0	U_d	U_d	0	$-U_d$
U_{WU}	0	$-U_d$	$-U_d$	0	U_d	U_d

按表3-2，将各区间的电压连接起来后即可得到交—直—交电压型变频器输出的相电压波形和线电压波形，如图3-12所示。

由图3-12可见，三个相电压是相位互差120°电角度的阶梯状交变电压波形，三个线电压波形则为矩形波，三相交变电压为对称交变电压。图3-12所示相、线电压波形的有效

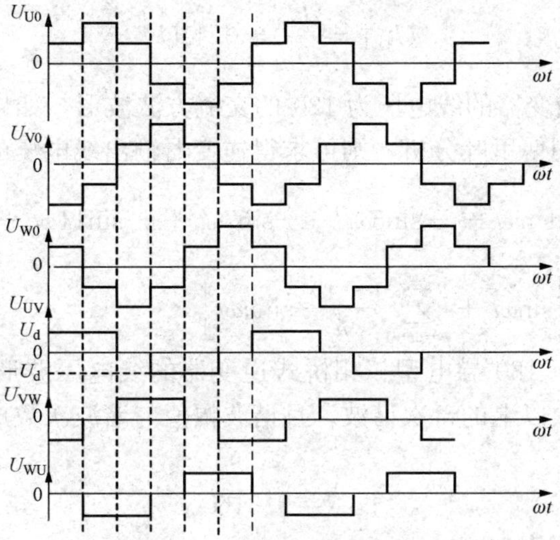

图 3-12　180°导电型逆变器输出的相电压、线电压波形分析

值为

$$U_{U0}=U_{V0}=U_{W0}$$
$$=\sqrt{\frac{1}{2\pi}\int_0^{2\pi}u_{U0}^2\,d\omega t}=\frac{\sqrt{2}}{3}U_d$$
$$U_{UV}=U_{VW}=U_{WU}=\sqrt{\frac{1}{2\pi}\int_0^{2\pi}u_{UV}^2\,d\omega t}$$
$$=\sqrt{\frac{2}{3}}U_d$$
$$U_l=\sqrt{3}U_p$$

即线电压为$\sqrt{3}$倍相电压。由上分析可知，线电压、相电压及二者关系的结论与正弦三相交流电是相同的。

180°导电型逆变器的相电压为交流六阶梯状波形，如果取时间坐标轴原点为相电压阶梯状波形的起点，利用傅里叶分析，可求得逆变器输出 U 相电压的瞬时值 u_{U0} 为

$$u_{U0}(t)=\frac{2}{\pi}U_d\left(\sin\omega t+\frac{1}{5}\sin5\omega t+\frac{1}{7}\sin7\omega t+\frac{1}{11}\sin11\omega t+\frac{1}{13}\sin13\omega t+\cdots\right)$$
$$=\frac{2U_d}{\pi}\left(\sin\omega t+\sum_{n=6k\pm1}^{\infty}\frac{\sin n\omega t}{n}\right)\tag{3-7}$$

从式（3-7）可知，180°导电方式的电压型三相桥式逆变器的相电压波形中不包含偶次和 3 次谐波，而只含有 5 次及 5 次以上的奇次谐波，且谐波幅值与谐波次数成反比。

相电压有效值

$$U_{U0}=0.471U_d\tag{3-8}$$

其中，基波的幅值

$$u_{U01m}=\frac{2U_d}{\pi}=0.637U_d\tag{3-9}$$

基波有效值为

$$U_{U01}=\frac{2U_d}{\sqrt{2}\pi}=0.45U_d \tag{3-10}$$

同样，180°导电型逆变器的线电压为120°的交流方波波形，如果取时间坐标轴原点为线电压零电平的中点，利用傅里叶分析，则可求得逆变器输出线电压的瞬时值 u_{UV} 为

$$u_{UV}(t)=\frac{2\sqrt{3}}{\pi}U_d\left(\sin\omega t-\frac{1}{5}\sin5\omega t-\frac{1}{7}\sin7\omega t+\frac{1}{11}\sin11\omega t+\frac{1}{13}\sin13\omega t-\cdots\right)$$

$$=\frac{2\sqrt{3}}{\pi}U_d\left[\sin\omega t+\sum_{n=6k\pm1}^{\infty}\frac{(-1)^k}{n}\sin n\omega t\right] \tag{3-11}$$

从式（3-11）可知，180°导电型三相桥式逆变器的线电压波形中不包含偶次和3次谐波，而只含有5次及5次以上的奇次谐波，且谐波幅值与谐波次数成反比。

输出线电压有效值

$$U_{UV}=0.816U_d \tag{3-12}$$

其中，线电压基波幅值为

$$u_{UV1m}=\frac{2\sqrt{3}U_d}{\pi}=1.1U_d \tag{3-13}$$

线电压基波有效值为

$$u_{UV1}=\frac{\sqrt{6}U_d}{\pi}=0.78U_d \tag{3-14}$$

现将180°导电型逆变器工作规律总结如下：

（1）每个脉冲间隔60°区间内有3个晶闸管元件导通，它们分属于逆变桥的共阴极组和共阳极组。

（2）在3个导通元件中，若属于同一组的有2个元件，则元件所对应相的相电压为 $1/3U_d$，另1个元件所对应相的相电压为 $2/3U_d$。

（3）共阳极组元件所对应相的相电压为正，共阴极组元件所对应相的相电压为负。

（4）三个相电压相位互差120°；相电压之和为0。

（5）线电压等于相电压之差；三个线电压相位互差120°；线电压之和为0。

（6）线电压为 $\sqrt{3}$ 倍相电压。

3. 晶闸管换流过程

交—交变频器中晶闸管的换流同普通整流电路一样是采用电网电压自然换流，而交—直—交变频器的逆变部分则无法采用电网电压换流，又由于逆变器的负载一般为三相异步电动机，属电感性负载，也无法采用适用于容性负载的负载换流方式，故逆变器中晶闸管只能采用强迫换流方式。

为便于分析换流原理，特作如下假定：

- 假设逆变器所输出交流电的周期 T 远大于晶闸管的关断时间。
- 在换流过程的短时间内，认为负载电流 I_L 不变。
- 上、下两个换流电感 L_1 和 L_4、L_3 和 L_6、L_5 和 L_2 耦合紧密。
- 晶闸管的触发时间近似认为等于零，反向关断电流也近似为零。
- 忽略各晶闸管及二极管的正向压降。

从表3-1可以看出，VT1经180°导电后换流至VT4，下面就以这个时刻为例说明其换

流原理：

（1）换流前的初始状态。换流之前，逆变器工作于120°～180°区间，这时VT1、VT2、VT3三只管子导通，与负载形成初始的闭合回路，U相负载电流 I_L 如图3-13（a）中虚线箭头所示。稳态时VT1、L_1 上无压降，C_4 上充有电压 U_d，极性上正下负，VT4上承受正压。

（2）触发VT4后的 C_4 放电阶段。VT1导电180°后触发VT4，电路主要有以下三个方面的变化：

首先，由于 C_4 上原来充有电压 $U_{C4}=U_d$，VT4触发后立即导通，C_4 会通过VT4释放能量。C_4 的放电回路为 C_4（+）→L_4→VT4→C_4（−），设放电电流为 i_4 如图3-13（b）所示。

另一方面，触发VT4后，由于 i_4 放电回路使 L_4 两端感应电压立即变为 $u_{L4}=u_{C4}=U_d$，又由于 L_1 和 L_4 紧密耦合，故 L_1 上也必然感应出 $u_{L1}=U_d$，于是b点电位被抬高至 $2U_d$，VT1承受反压而关断。

再一方面，电容上的电压 u_{C4} 随着放电的进行而降低，换向电容 C_1 同时开始充电，为下次换流作好准备。

这一阶段，负载U相电流 I_L 不变，它由 C_1 和 C_4 的充放电电流提供，I_L 的方向也示于图3-13（b）。

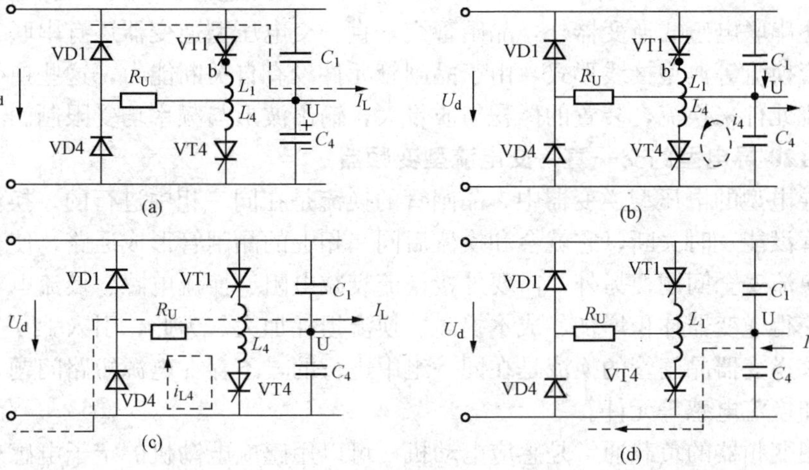

图3-13　U相电路的换流过程

（a）换流前的初始状态；（b）C_4 放电前阶段；（c）电感释放储能；（d）换流后的状态

当这一阶段结束时，u_{C4} 放电到零，电容 C_4 流向 L_4 的振荡放电电流 i_4 达到最大值 I_{4m}。各物理量的变化可表示为

电容 C_4 上的电压 u_{c4}：$U_d\downarrow\rightarrow 0$　　　b点电位：$2U_d\downarrow\rightarrow U_d\downarrow\rightarrow 0$

电容 C_1 上的电压 u_{c1}：$0\uparrow\rightarrow U_d$　　　VT1上电压：$-U_d\uparrow\rightarrow 0\uparrow\rightarrow U_d$

由于 C_4 放电阶段，b点电位由 $2U_d$ 连续降至零，可见b点电位必然要经历 U_d 这一时刻，而在这一时刻以前，VT1承受的是反偏压，这时刻之后又恢复正偏。因此，应保证VT1承受反偏电压的时间大于VT1元件的关断时间，以确保其可靠关断。

（3）电感释放储能阶段。当电容 C_4 放电完毕后，不能再提供给电感（包括 L_4 及 $L_{负载}$）能量了，于是电路中电感储能开始释放。

电感 L_4 上储能为$\frac{1}{2}L_4 I_{4m}^2$，通过 VT4→VD4→R_U→L_4→VT4 构成闭合回路放电，放电电流为 i_{L4} 如图 3-13（c）所示，电感能量在 R_U 中消耗掉。VD4 是本段才开始导通的，由于在第（2）阶段中 C_4 上有正向电压，故 VD4 上承受反压，在 C_4 放电结束之后，VD4 才承受 u_{L4} 正压而导通。

负载电感中储能为$\frac{1}{2}L_{负载} I_L^2$，负载放电回路为 Z_U→Z_V→VT3→U_d→VD4→R_U→Z_U，回路可参考图 4-13（c）自己作出，该回路经过直流电源 U_d，可见换流时负载能量回馈电网。

当换流电感 L_4 及负载电感中的能量都释放完毕后，换流过程结束，接着 VT4 导通，进入新的换流后状态。

（4）换流后状态。VT1 与 VT4 换流后，逆变器进入 180°～240°区间，该区间 U 相负载电流如图 3-13（d）所示。值得注意的是，这种逆变器必须具有足够的脉冲宽度去触发晶闸管。原因是：如果负载电感较大，在第（3）阶段中 L_4 电感中的电能先释放完，而 $L_{负载}$ 中的储能后释放完，即 i_{L4} 先从 I_{L4m} 变到 0，这时 VT4 就会因放电电流到零而关断，待负载电流 i_L 从 I_L 变到零再反向为 $-I_L$ 时，VT4 已先关断了，为了防止 VT4 先关断而影响换流，触发脉冲应采用宽脉冲（一般取 120°）或脉冲列，以保证 VT4 在负载电感量较大时的再触发。

除了上述串联电感式逆变器外，晶闸管交—直—交电压型逆变器还有串联二极管式、采用辅助晶闸管换流等典型接线形式，由于晶闸管元件没有自关断能力，这些逆变器都需要配置专门的换流元件来换流，装置的体积与质量大，输出波形与频率均受限制。

3.3.4 120°导电型的交—直—交电流型变频器

在 180°导电型的电压型逆变器中，晶闸管的换流是在同一相中进行的。换流时，若应该关断的晶闸管没能及时关断，它就会和换流后同一相上的晶闸管形成通路，使直流电源发生短路，带来换流安全问题；另外，需要外接换流衰减电阻、换流电感、换流电容等元件才能完成换流，使得逆变器体积增加、成本提高、换流损耗加大。为此，引入 120°导电型的电流型逆变器，该逆变器晶闸管的换流是在同一组中进行的，不存在电源短路问题，也不需要换流衰减电阻和换流电感等元件。

因为三相变频器的负载通常是感应电动机，可以用感应电动机的定子电感来代替换流电路中的换流电感，并且省去衰减电阻。

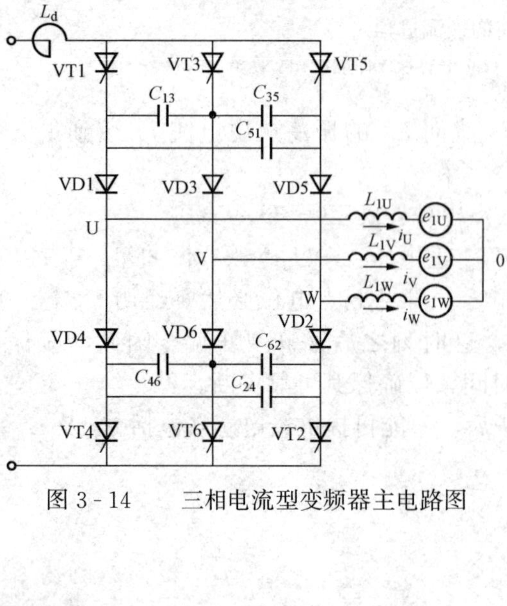

图 3-14　三相电流型变频器主电路图

经过对电动机等效电路的分析化简，电动机各相等效电压表达式可以写成

$$u_{相} = L_1 \frac{di}{dt} + e_1$$

式中，$L_1 = L_{ls} + L'_{lr}$，为定子相漏感 L_{ls} 与折合到定子侧的转子相漏感 L'_{lr}之和，e_1 表示定子各相基波电流感应电动势。

1. 主电路的组成

三相串联二极管式电流型变频器的主电路如图 3-14 所示。图中 L_d 为整流与逆变两部分电路的中间滤波环节——直流平波电抗器，

VT1～VT6为主晶闸管，C_{13}、C_{35}、C_{51}、C_{46}、C_{62}、C_{24}为换流电容，VD1～VD6为隔离二极管。电动机的电感和换流电容组成换流电路。

图中负载电动机采用上述简化后的各相等效电路作出。以e_{1U}、e_{1V}、e_{1W}分别表示各相基波电流感应电动势，L_{lU}、L_{lV}、L_{lW}表示各相漏电感，则

$$u_U = L_{lU}\frac{di_U}{dt} + e_{1U}$$

$$u_V = L_{lV}\frac{di_V}{dt} + e_{1V}$$

$$u_W = L_{lW}\frac{di_W}{dt} + e_{1W}$$

2. 晶闸管导通规则及输出波形分析

逆变器中6个晶闸管的导通顺序为VT1→VT2→VT3→VT4→VT5→VT6→VT1，各晶闸管的触发间隔为60°。电流型逆变器通常采用120°导电型，即每个晶闸管导通120°电角度后被关断，由同一组的另一个晶闸管换流导通。按照每个晶闸管触发间隔为60°，触发导通后维持120°才被关断的特征（120°导电型），可以得到6个晶闸管在360°区间里的导通情况，见表3-3。

表3-3　逆变器中晶闸管的导通情况（120°电压型）

晶闸管 \ 区间	0°～60°	60°～120°	120°～180°	180°～240°	240°～300°	300°～360°
VT1	导通	导通	×	×	×	×
VT2	×	导通	导通	×	×	×
VT3	×	×	导通	导通	×	×
VT4	×	×	×	导通	导通	×
VT5	×	×	×	×	导通	导通
VT6	导通	×	×	×	×	导通

根据每60°间隔中晶闸管的导通情况，可以作出每个60°区间内负载连接的等效电路，如图3-15所示。由此可求出输出的相电流和线电流。从表3-3和图3-15的等效电路可以很容易得到表3-4的逆变器相电流计算值。

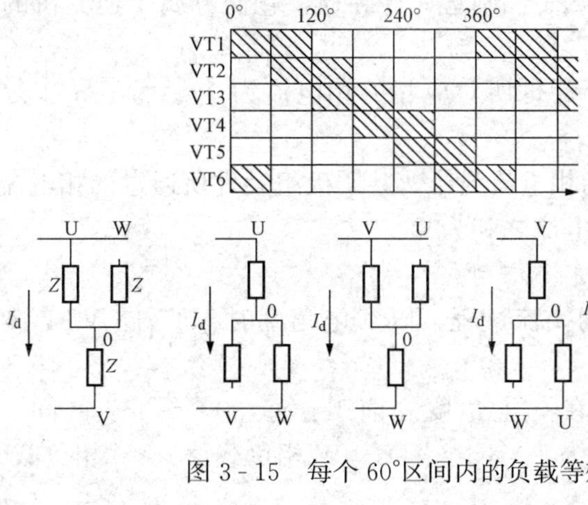

图3-15　每个60°区间内的负载等效电路

表 3-4　　逆变器的相电流计算值（120°电流型）

区间 相、线电压	0°～60°	60°～120°	120°～180°	180°～240°	240°～300°	300°～360°
I_{UN}	I_d	I_d	0	$-I_d$	$-I_d$	0
I_{VN}	$-I_d$	0	I_d	I_d	0	$-I_d$
I_{WN}	0	$-I_d$	$-I_d$	0	I_d	I_d

按表 3-4，将各区间的相电流连接起来后即可得到电流型变频器输出的相电流波形，如图 3-16 所示，三个相电流是相位互差 120°电角度的矩形交变电流波形。

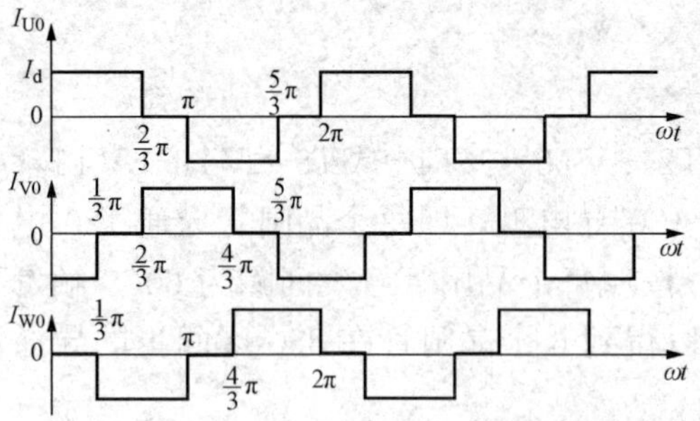

图 3-16　120°导电型逆变器输出的相电流波形

在星形对称负载中，线电流等于相电流；若是三角形对称负载，其线电流与相电流关系的分析与正弦电路类似。

从图 3-16 波形可知，输出电流波形和三相桥式可控整流电路在大电感负载下的交流输入电流（变压器二次侧电流）波形形状相同，也和电压型三相桥式逆变电路中输出线电压波形形状相同，仿照线电压的谐波分析表达式，可写出相电流波形的谐波分析表达式

$$
\begin{aligned}
i_{U0}(t) &= \frac{2\sqrt{3}}{\pi} I_d \left(\sin\omega t - \frac{1}{5}\sin 5\omega t - \frac{1}{7}\sin 7\omega t + \frac{1}{11}\sin 11\omega t + \frac{1}{13}\sin 13\omega t - \cdots\right) \\
&= \frac{2\sqrt{3}}{\pi} I_d \left[\sin\omega t + \sum_{n=6k\pm1}^{\infty} \frac{(-1)^k}{n}\sin n\omega t\right]
\end{aligned} \tag{3-15}
$$

从式（3-15）可知，120°导电方式电流型三相桥式逆变器的相电流波形中不包含偶次和 3 次谐波，而只含有 5 次及 5 次以上的奇次谐波，且谐波幅值与谐波次数成反比。

输出相电流的基波有效值为

$$
i_{U01} = \frac{\sqrt{6} I_d}{\pi} = 0.78 I_d \tag{3-16}
$$

与 180°导电型类似，我们将 120°导电型导电规律总结如下：

（1）每个脉冲间隔 60°内，有 2 个晶闸管元件导通，它们分属于逆变桥的共阴极组和共阳极组。

（2）在 2 个导通元件中，每个元件所对应相的相电流为 I_d。而不导通元件所对应相的电流为 0。

（3）共阳极组中元件所通过的相电流为正，共阴极组元件所通过的相电流为负。

（4）每个脉冲间隔 60°内的相电流之和为 0。

3. 120°导电型逆变器晶闸管的换流原理

串联二极管式电流型逆变器的换流过程，以 0°电角度时 VT5 向 VT1 换流为例进行分析，它可分为以下几个阶段：

（1）原始导通阶段。逆变器在 0°电角度之前工作于 300°～360°区间，晶闸管 VT5、VT6 导通，负载电流 $I_L = I_d$ 流向为：VT5→VD5→W 相负载→0→V 相负载→VD6→VT6，

电容 C_{35}、C_{51} 上均充有左负右正的电压 u_C，因为 C_{35}、C_{51} 的右端均为最高电位，C_{13} 上无充电电压，该区间电流流通情况如图 3-17（a）所示。

（2）电容器恒流充电阶段。在 0°电角度处触发 VT1，则 VT1 由于 C_{51} 与 VT5 回路所施加的正电压而立即导通，VT1 导通后又与 C_{51} 一起对 VT5 施加反压，于是 VT5 立即关断。这时负载电流 $I_L=I_d$ 不能突变，暂时保持恒定，流向变为：VT1→C_{13} 与 C_{35} 串，再并 C_{51} 的等效支路→VD5→W 相→0→V 相→VD6→VT6，使三只电容接受恒流充电，由于电流 I_d 很大，C_{51} 上电压将立即由左负右正转为左正右负，随着 C_{51} 上充电电压的不断反向升高，当 u_{51} 达到 $u_{51}=e_{1U}-e_{1W}$ 时，将使 VD1 导通，进入二极管换流阶段。恒流充电阶段电流流通路径如图 3-17（b）所示。

（3）二极管换流阶段。VD1 导通后，等效电容支路立即通过 VD1 放电，放电具体路径为：C_{13} 串 C_{35} 再并 C_{51} 等效支路→VD1→U 相→0→W 相→VD5，此外，负载电流 $I_L=I_d$ 仍由恒流充电段的路径沿 W、V 相通过。本阶段中，U 相只流过放电电流 $i_U=i_{放}$，VD5 中流过的电流为 I_d-i_U，W 相电流 $i_W=I_d-i_U$，V 相电流同前一阶段。由于电容放电是振荡放电，由三个放电电容（3/2）C 与电机的两相电感（$2L_1$）组成振荡电路，于是放电电流为

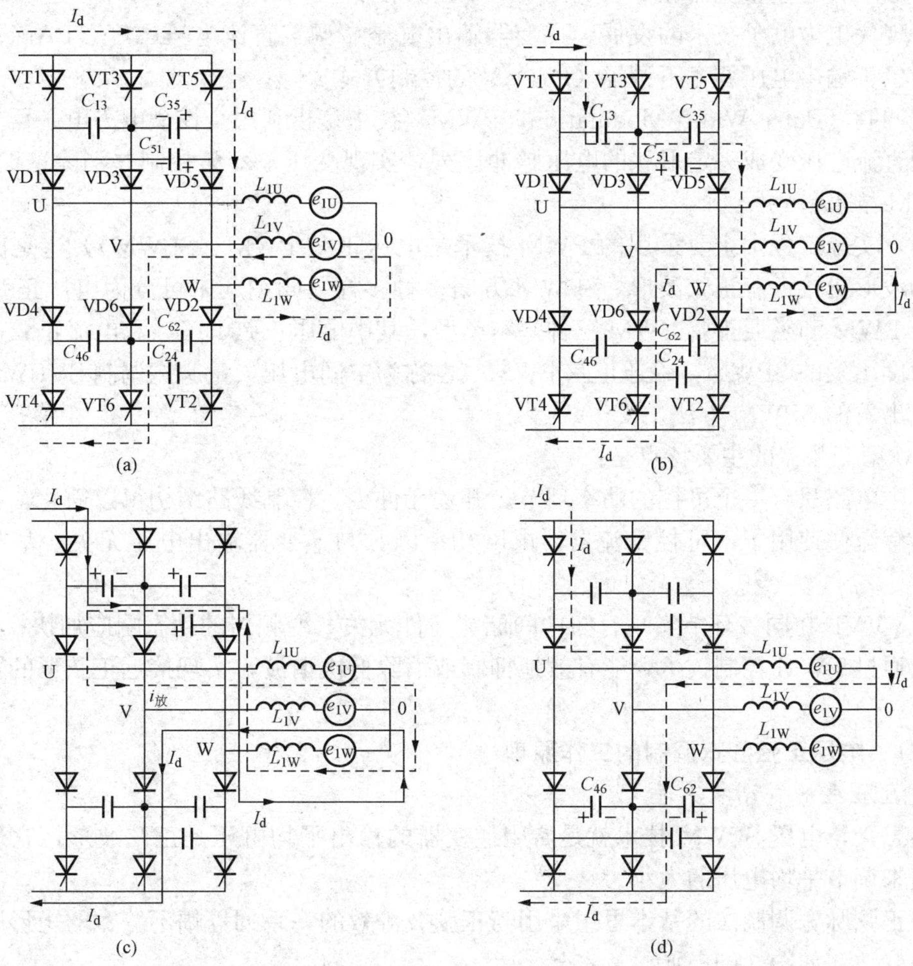

图 3-17　串联二极管式电流型逆变器的换流过程

（a）原始导通阶段；（b）电容器恒流充电阶段；（c）二极管换流阶段；（d）换流后状态

一谐振电流，电流 $i_U=i_放$从零上升，而电容电压下降，当 $i_U=i_放$上升到 I_d 时，VD5 截止，这时 $i_U=I_d$，$i_W=I_d-i_U=0$，实质上电流从 W 相恰好换流至 U 相。该阶段的 $i_放$与 I_d 各自的电流流向如图 3 - 17（c）所示。

（4）换流后的状态。

二极管换流阶段结束时，VD5 已被切断，不再存在振荡回路，只有 I_d 流通，其流通回路为：I_d→VT1→VD1→U 相→0→V 相→VD6→VT6，进入 0°～60°稳定运行区段，换流电容 C_{46} 充电极性为左正右负，C_{62} 极性为左负右正，为 VT6 向 VT2 换流作好准备，如图 3 - 17（d）所示。

3.4 脉宽调制（PWM）逆变器技术

晶闸管交—直—交变频器存在着下列问题：

（1）晶闸管逆变器输出的阶梯波形中交流谐波成分较大；

（2）晶闸管可控整流器在低频低压下功率因数较低。

随着现代电力电子技术的发展，逆变器输出电压靠调节直流电压幅度（PAM）的控制方式已让位于输出电压调宽不调幅（PWM）的控制方式。

脉宽调制（Pulse Width Modulation，PWM）技术是指利用全控型电力电子器件的导通和关断把直流电压变成一定形状的电压脉冲序列，实现变压、变频控制并消除谐波的技术，简称 PWM 技术。

目前，实际工程中主要采用的 PWM 技术是电压正弦 PWM（SPWM），这是因为逆变器输出的波形更接近于正弦波形。SPWM 方案多种多样，归纳起来可分为电压正弦 PWM、电流正弦 PWM 和磁通正弦 PWM 三种基本类型，其中电压正弦 PWM 和电流正弦 PWM 是从电源角度出发的 SPWM，磁通正弦 PWM（也称为空间电压矢量脉宽调制 SVPWM）是从电机角度出发的 SPWM 方法。

PWM 型变频器的主要特点是：

（1）主电路只有一个可控的功率环节，开关元件少，控制线路结构得以简化；

（2）整流侧使用了不可控整流器，电网功率因数与逆变器输出电压无关，基本上接近于 1；

（3）VVVF 在同一环节实现，与中间储能元件无关，变频器的动态响应加快；

（4）通过 PWM 控制技术，能有效地抑制或消除低次谐波，实现接近正弦形的输出交流电压波形。

3.4.1 电压正弦脉宽调制的工作原理

1. 电压正弦脉宽调制原理

顾名思义，电压 SPWM 技术就是希望逆变器的输出平均电压是正弦波形，它通过调节脉冲宽度来调节平均电压的大小。

电压正弦脉宽调制法的基本思想是用与正弦波等效的一系列等幅不等宽的矩形脉冲波形来等效正弦波，如图 3 - 18 所示。

具体是把一个正弦半波分作 n 等分［在图 3 - 18（a）中 $n=12$］，然后把每一等分正弦曲线与横轴所包围的面积都用一个与之面积相等的矩形脉冲来代替，矩形脉冲的幅值不变，各脉冲的中点与正弦波每一等分的中点相重合，如图3-18（b）所示。这样，由n个等幅不等宽的矩形脉冲所组成的波形就与正弦波的半周波形等效，称作SPWM波形。同样，正弦波的负半周也可用相同的方法与一系列负脉冲等效。这种正弦波正、负半周分别用等幅不等宽的正、负矩形脉冲等效的SPWM波形称作单极式SPWM。

图3-18（b）所示的一系列等幅不等宽的矩形脉冲波形，就是所希望的逆变器输出的SPWM波形。由于每个脉冲的幅值相等，因此逆变器可由恒定的直流电源供电，也就是说，这种交—直—交变频器中的整流器采用不可控的二极管整流器就可以了。当逆变器各功率开关器件都是在理想状态下工作时，驱动相应功率开关器件的信号也应为与图3-18（b）形状一致的一系列脉冲波形。

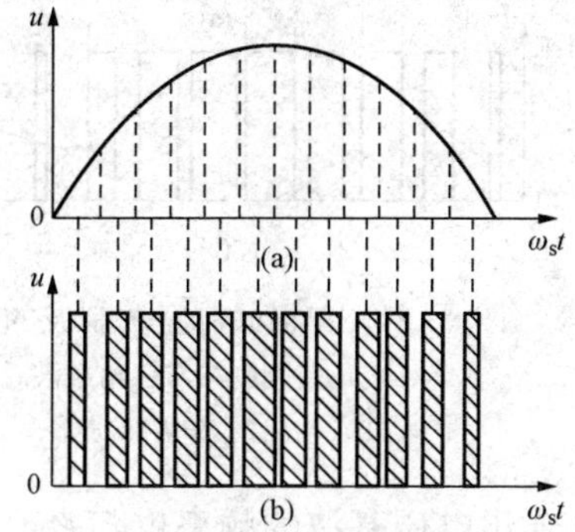

图3-18　与正弦波等效的等幅不等宽的矩形脉冲波形
（a）正弦波形；（b）等效的SPWM波形

图3-19是SPWM变频器主电路的原理图。

图3-19中VT1～VT6是逆变器的6个全控型功率开关器件，它们各有一个续流二极管反并联连接。整个逆变器由三相不可控整流器供电，所提供的直流恒值电压为U_d，电容上所获得的相电压为$U_d/2$。

图3-20绘出了单极式SPWM波形，其等效正弦波为$U_m\sin\omega_s t$，而SPWM脉冲序列波的幅值为$U_d/2$，各脉冲不等宽，但中心间距相同，都等于π/n，n为正弦波半个周期内的脉冲数。

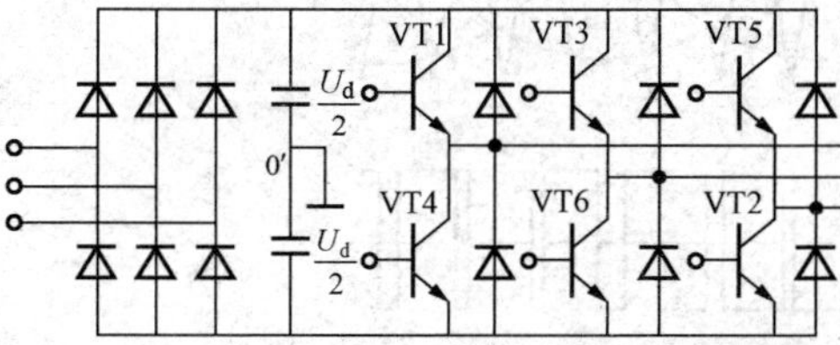

图3-19　SPWM变压变频器主电路原理图

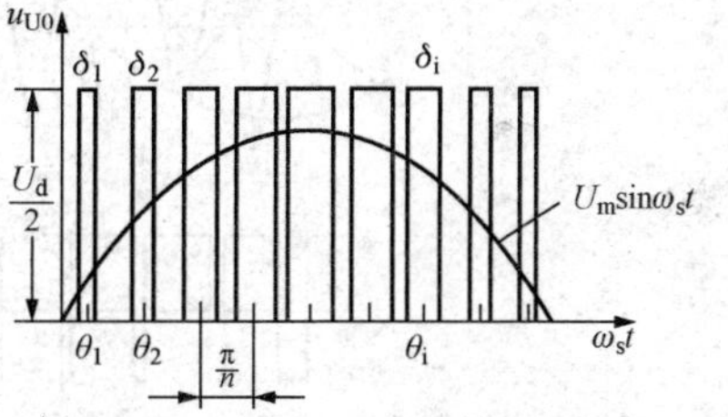

图3-20　单极式SPWM电压波形

令第i个脉冲的宽度为δ_i，其中心点相位角为θ_i，则根据面积相等的等效原则，可写成

$$\begin{aligned}\delta_i\frac{U_d}{2}&=U_m\int_{\theta_i-\frac{\pi}{2n}}^{\theta_i+\frac{\pi}{2n}}\sin\omega_s t\,d(\omega_s t)\\&=U_m\left[\cos(\theta_i-\frac{\pi}{2n})-\cos\left(\theta_i+\frac{\pi}{2n}\right)\right]\\&=2U_m\sin\frac{\pi}{2n}\sin\theta_i\end{aligned}$$

当n的数值较大时，$\sin\pi/(2n)\approx\pi/(2n)$于是

$$\delta_i\approx\frac{2\pi U_m}{nU_d}\sin\theta_i \tag{3-17}$$

这就是说，第i个脉冲的宽度与该处正弦波值近似成正比。因此，与半个周期正弦波等效的SPWM波是两侧窄、中间宽、脉宽按正弦规律逐渐变化的脉冲序列。

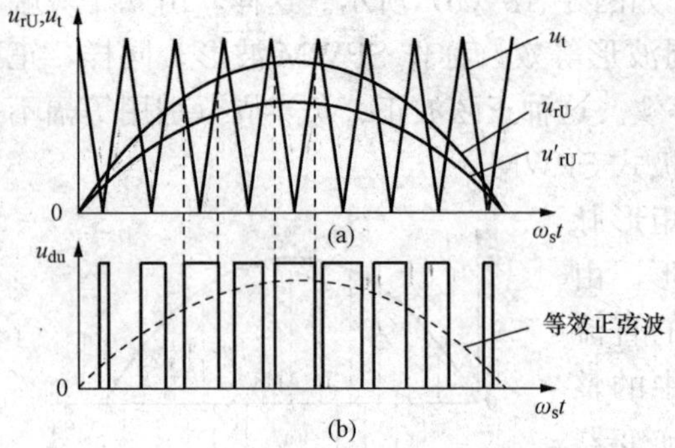

图 3-21 单极式脉宽调制波的形成
(a) 正弦调制波与三角载波；
(b) 输出的 SPWM 波形

原始的脉宽调制方法是利用正弦波作为基准的调制波（Modulation Wave），受它调制的信号称为载波（Carrier Wave），在 SPWM 中常用等腰三角波当作载波。当调制波与载波相交时（如图 3-21 所示），由它们的交点确定逆变器开关器件的通断时刻。具体的做法是，当 U 相的调制波电压 u_{ru} 高于载波电压 u_t 时，使相应的开关器件 VT1 导通，输出正的脉冲电压，如图 3-21（b）所示；当 U_{rU} 低于 u_t 时使 VT1 关断，输出电压为零。在 u_{rU} 的负半周中，可用类似的方法控制下桥臂的 VT4，输出负的脉冲电压序列。改变调制波的频率时，输出电压基波的频率也随之改变；降低调制波的幅值时，如 u'_{rU}，各段脉冲的宽度都将变窄，从而使输出电压基波的幅值也相应减小。

上述的单极式 SPWM 波形在半周内的脉冲电压只在“正”或“负”和“零”之间变化，主电路每相只有一个开关器件反复通断。如果让同一桥臂上、下两个开关器件交替地导通与关断，则输出脉冲在“正”和“负”之间变化，就得到双极式的 SPWM 波形。图 3-22 绘出了三相双极式的正弦脉宽调制波形，其调制方法和单极式相似，只是输出脉冲电压的极性

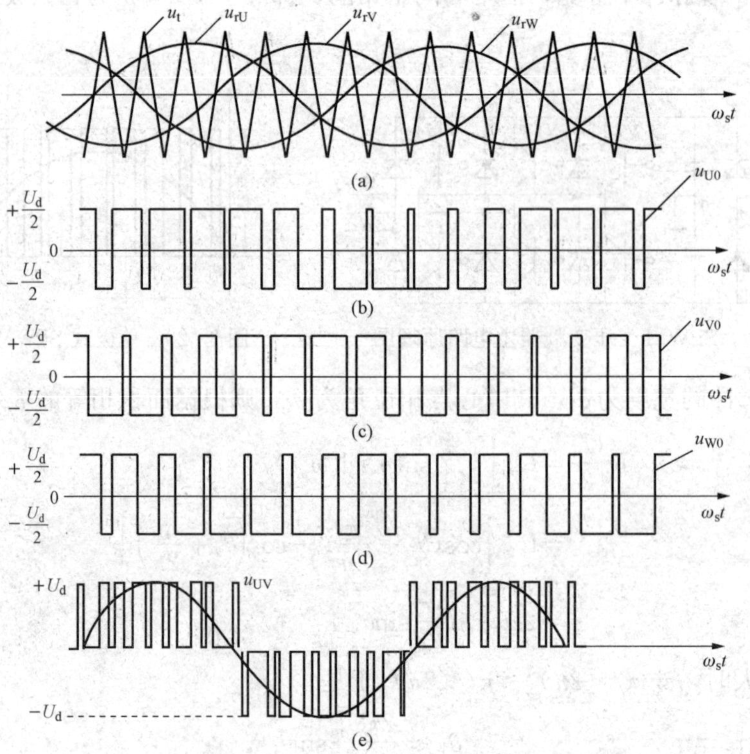

图 3-22 三相双极式 SPWM 波形
(a) 三相调制波与双极性三角载波；(b) $u_{U0}=f(t)$；(c) $u_{V0}=f(t)$；(d) $u_{W0}=f(t)$；(e) $u_{UV}=f(t)$

不同。

当U相调制波 $u_{rU}>u_t$ 时，VT1导通，VT4关断，使负载上得到的相电压为 $u_{U0}=+U_d/2$；当 $u_{rU}<u_t$ 时，VT1关断而VT4导通，则 $u_{U0}=-U_d/2$。所以U相电压 $u_{U0}=f(t)$ 是以 $+U_d/2$ 和 $-U_d/2$ 为幅值作正、负跳变的脉冲波形。同理，图3-22（c）的 $u_{V0}=f(t)$ 是由VT3和VT6交替导通得到的，图3-22（d）的 $u_{W0}=f(t)$ 是由VT5和VT2交替导通得到的。由 u_{U0} 和 u_{V0} 相减可得逆变器输出的线电压波形 $u_{UV}=f(t)$，如图3-22（e）所示，其脉冲幅值为 $+U_d$ 和 $-U_d$。

双极性SPWM和单极性SPWM方法一样，对输出交流电压的大小调节要靠改变控制波的幅值来实现，而对输出交流电压的频率调节则要靠改变控制波的频率来实现。

2. SPWM逆变器的同步调制和异步调制

SPWM逆变器有一个重要参数——载波比 N，它被定义为载波频率 f_t 与调制波频率 f_r 之比，用 N 表示，即

$$N=\frac{f_t}{f_r}$$

视载波比的变化与否，有同步调制与异步调制之分。

（1）同步调制。在改变 f_r 的同时成正比地改变 f_t，使载波比 N 等于常数，这就是同步调制方式。采用同步调制的优点是可以保证输出电压半波内的矩形脉冲数是固定不变的，如果取 N 等于3的倍数，则同步调制能保证输出波形的正、负半波始终保持对称，并能严格保证三相输出波形之间具有互差120°的对称关系。但是，当输出频率很低时，由于相邻两脉冲间的间距增大，谐波会显著增加，这是同步调制方式在低频时的主要缺点。

（2）异步调制。采用异步调制方式是为了消除上述同步调制的缺点。在异步调制中，在变频器的整个变频范围内，载波比 N 不等于常数。一般在改变调制波频率 f_r 时保持三角载波频率 f_t 不变，因而提高了低频时的载波比。这样，输出电压半波内的矩形脉冲数可随输出频率的降低而增加，相应地可减少负载电机的转矩脉动与噪声，改善了系统的低频工作性能。但异步调制方式在改善低频工作性能的同时，又失去了同步调制的优点。当载波比 N 随着输出频率的降低而连续变化时，它不可能总是3的倍数，必将使输出电压波形及其相位都发生变化，难以保持三相输出的对称性，因而引起电机工作不平稳。

（3）分段同步调制。为了扬长避短，可将同步调制和异步调制结合起来，成为分段同步调制方式，实用的SPWM变频器多采用此方式。即在一定频率范围内采用同步调制，以保持输出波形对称的优点，当频率降低较多时，如果仍保持载波比 N 不变的同步调制，输出电压谐波将会增大。为了避免这个缺点，可使载波比 N 分段有级地加大，以采纳异步调制的长处，这就是分段同步调制方式。具体地说，把整个变频范围划分成若干频段，每个频段内都维持载波比 N 恒定，而对不同的频段取不同的 N 值，频率低时，N 值取大些，一般大致按等比级数安排。

分段同步调制虽比较麻烦，但在微电子技术迅速发展的今天，这种调制方式是很容易实现的。

3. SPWM的实现方法

SPWM的控制就是根据三角载波与正弦调制波比较后的交点来确定逆变器功率器件的开关时刻，这个任务可以用模拟电子电路、数字电路或专用的大规模集成电路芯片等硬件电

路来完成，也可以用微型计算机通过软件生成SPWM波形。在计算机控制的SPWM变频器中，SPWM信号一般由软件加接口电路生成。如何计算SPWM的开关点，是SPWM信号生成中的一个难点，也是当前人们研究的一个热门课题。下面讨论几种常用的算法。

（1）自然采样法。自然采样法是按照正弦波与三角形波交点进行脉冲宽度与间隙时间的采样，从而生成SPWM波形。在图3-23中，截取了任意一段正弦波与三角载波的一个周期长度内的相交情况。A点为脉冲发生时刻，B点为脉冲结束时刻，在三角波的一个周期T_t内，t_2为SPWM波的高电平时间，称为脉宽时间，t_1与t_3则为低电平时间，称为间隙时间，显然$T_t=t_1+t_2+t_3$。

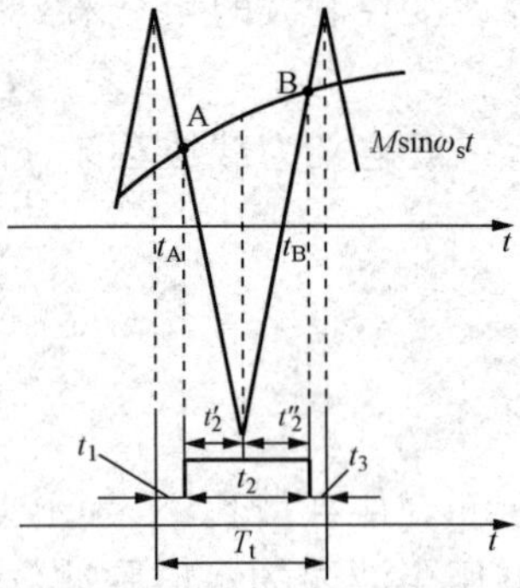

图3-23 自然采样法

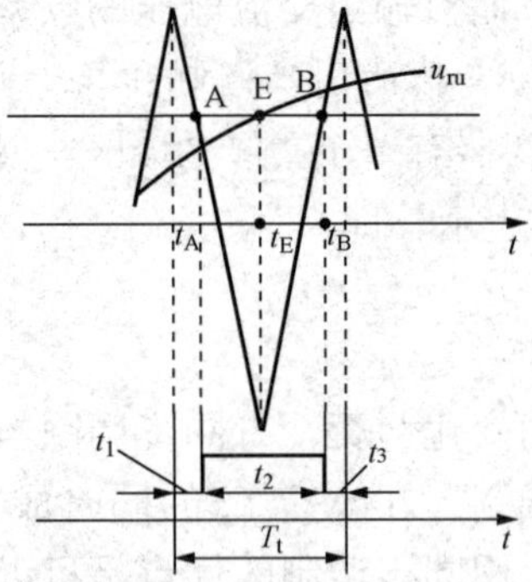

图3-24 规则采样Ⅱ法

定义正弦控制波与载波的幅值比为调制度，用$M=U_{rm}/U_{tm}$表示，设三角载波幅值$U_{tm}=1$，则正弦调制波

$$u_{ru}=M\sin\omega_s t$$

式中：ω_s为正弦调制波角频率，即输出角频率。

AB两点对三角波的中心线来说是不对称的，因此脉宽时间t_2是由t'_2与t''_2两个不等的时间段组成。这两个时间可由图3-23根据两对相似直角三角形高宽比列出方程为

$$\frac{2}{T_t/2}=\frac{1+M\sin\omega_s t_A}{t'_2}$$

$$\frac{2}{T_t/2}=\frac{1+M\sin\omega_s t_B}{t''_2}$$

得

$$t_2=t'_2+t''_2=\frac{T_t}{2}\left[1+\frac{M}{2}(\sin\omega_s t_A+\sin\omega_s t_B)\right]$$

自然采样法中，t_A、t_B都是未知数，$t_1\neq t_3$，$t'_2\neq t''_2$，这使得实时计算与控制相当困难。即使事先将计算结果存入内存，控制过程中通过查表确定时间，也会因参数过多而占用计算机太多内存和时间，此法仅限于频率段数较少的场合。

（2）规则采样法。由于自然采样法的不足，人们一直在寻找更实用的采样方法来尽量接近于自然采样法，希望更实用的采样方法要比自然采样法的波形更对称一些，以减少计算工作量，这就是规则采样法。规则采样法有多种，常用的方法有：规则采样Ⅰ法、规则采样Ⅱ法，计算机实时产生SPWM波形也是基于其采样原理及计算公式。这里只介绍其中的规则采样Ⅱ法。

图3-24所示的规则采样Ⅱ法是将三角波的负峰值对应的正弦控制波值（E点）作为采

样电压值，由 E 点水平截取 A、B 两点，从而确定脉宽时间 t_2。

在这种采样法中，每个周期的采样点 E 对时间轴都是均匀的，这时 AE＝EB，$t_1=t_3$，简化了脉冲时间与间隙时间的计算，为此有

$$t_2=\frac{T_t}{2}(1+M\sin\omega_s t_e)$$

$$t_1=t_3=\frac{1}{2}(T_t-t_2)$$

（3）特定谐波消除法。特定谐波消除法是 SPWM 控制模式研究中一种比较有意义的开关点确定法。在这种方法中，脉冲开关时间不是由三角载波与正弦控制波的交点确定的，而是从消除某些特定次谐波的目的出发，通过解方程组解出来的，下面对此进行简单说明。

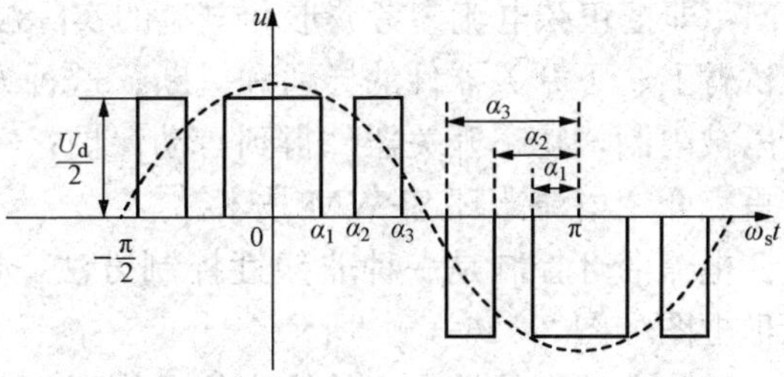

图 3-25　三脉冲波的单极式 SPWM 波形

图 3-25 所示的是半个周期内只有三个脉冲的单极式 SPWM 波形。

在图示的坐标系中，SPWM 电压波形展开成傅氏级数后为

$$u(\omega t)=\frac{2U_d}{\pi}\sum_{k=1}^{\infty}\frac{1}{k}(\sin k\alpha_1-\sin k\alpha_2+\sin k\alpha_3)\cos k\omega_s t$$

式中，k 为奇数，由于 SPWM 波形的对称性，展开式中不存在偶数次谐波。

设要求逆变器输出的基波电压幅值为 U_{1m}，并要求消除 5 次、7 次谐波（三相异步电动机无中线情况下不存在 3 次及 3 的倍数次谐波），按上述要求，可列出下列方程组

$$U_{1m}=\frac{2U_d}{\pi}(\sin\alpha_1-\sin\alpha_2+\sin\alpha_3)$$

$$U_{5m}=\frac{2U_d}{5\pi}(\sin 5\alpha_1-\sin 5\alpha_2+\sin 5\alpha_3)=0$$

$$U_{7m}=\frac{2U_d}{7\pi}(\sin 7\alpha_1-\sin 7\alpha_2+\sin 7\alpha_3)=0$$

求解方程组即可得到合适的开关时刻 α_1、α_2 与 α_3 数值。当然，要消除更高次谐波，则需要用更多的方程来求解更多的开关时刻，即要在一个周期内有更多的脉冲才能更好地抑制和消除输出电压中的谐波成分。

当然，利用指定谐波消除法来确定一系列脉冲波的开关时刻是能够有效地消除所指定次数的谐波的，但是指定次数以外的谐波却不一定能减少，有时甚至还会增大。不过它们已属于高次谐波，对电动机的工作影响不大。

在控制方式上，这种方法并不依赖于三角载波与正弦调制波的比较，因此实际上已经离开了脉宽调制概念，只是由于其效果和脉宽调制一样，才列为 SPWM 控制模式的一类。另外，这种方法在不同的输出频率下有不同的 α_1、α_2 与 α_3 开关时刻配合，因此，求解工作量相当大，难以进行实时控制，一般采用离线方法求解后将结果存入数字信号处理器（DSP）内存，以备查表取用。

3.4.2 电流正弦脉宽调制的工作原理

SPWM 变频器通常用于交流电动机的变频调速，而交流电动机的控制性能主要取决于转矩或者电流的控制质量（在磁通恒定的条件下），为了满足电动机控制的良好动态响应，经常采用电流正弦 PWM 技术。电流正弦 PWM 技术本质上是电流闭环控制，实现方法很多，主要有 PI 控制、滞环控制及无差拍预测控制等几种，都具有控制简单、动态响应快和电压利用率高的特点。

目前，实现电流正弦 PWM 控制的常用方法是 A·B·Plunkett 提出的电流滞环 SPWM，即把正弦电流参考波形和电流的实际波形通过滞环比较器进行比较，其结果决定逆变器桥臂上、下开关器件的导通和关断；这种方法的主要优点是控制简单、响应快、瞬时电流可以被限制，功率开关器件得到自动保护；这种方法的主要缺点是相对的电流谐波较大。本节重点介绍电流滞环 SPWM 技术。

电流滞环控制是一种非线性控制方法，电流滞环控制型逆变器一相（U 相）电流控制原理框图如图 3-26（a）所示。

正弦电流信号发生器的输出信号作为相电流给定信号，与实际的相电流信号相比较后送入电流滞环控制器。设滞环控制器的环宽为 2ε，t_0 时刻，$i_U^*-i_U\geqslant\varepsilon$，则滞环控制器输出正电平信号，驱动上桥臂功率开关器件 VT1 导通，使 i_U 增大。当 i_U 增大到与 i_U^* 相等时，虽然 $\Delta i_U=0$，但滞环控制器仍保持正电平输出，VT1 保持导通，i_U 继续增大，直到 t_1 时刻，$i_U=i_U^*+\varepsilon$，滞环控制器翻转，输出负电平信号，关断 VT1，并经保护延时后驱动下桥臂器

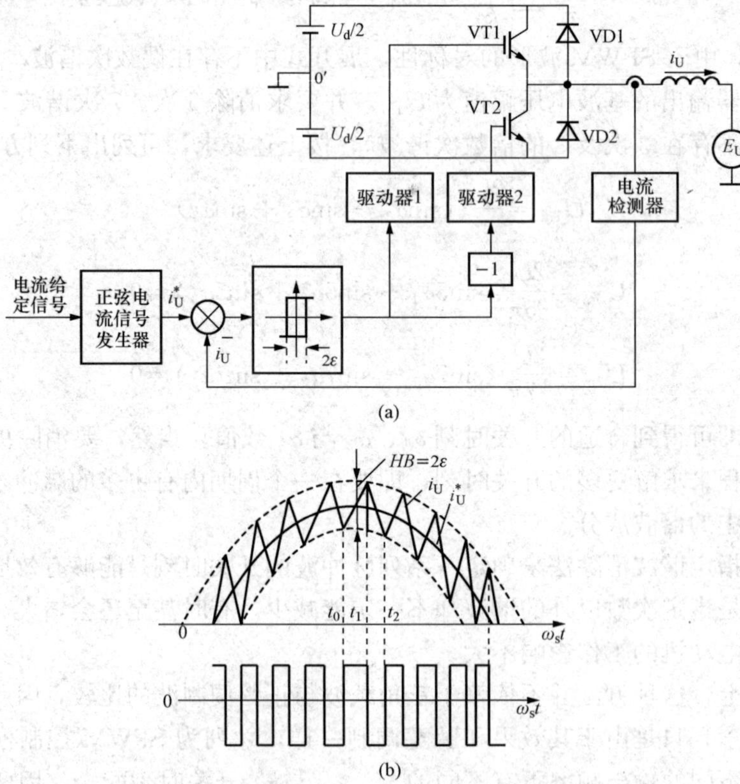

图 3-26 电流滞环控制逆变器一相电流控制框图及波形图

（a）滞环电流跟踪型 PWM 逆变器一相结构示意图；（b）滞环电流跟踪型 PWM 逆变器输出电流、电压波形图

件 VT2。但此时 VT2 未必导通，因为电流 i_U 并未反向，而是通过续流二极管 VD2 维持原方向流通，其数值逐渐减小。直到 t_2 时刻，i_U 降到滞环偏差的下限值，又重新使 VT1 导通。VT1 与 VD2 的交替工作使逆变器输出电流与给定值的偏差保持在 $\pm\varepsilon$ 范围之内，在给定电流上、下作锯齿状变化。当给定电流是正弦波时，输出电流也十分接近正弦波，如图 3-26（b）所示。与此类似，负半周波形是 VT2 与 VT1 交替工作形成的。

显然，滞环控制器的滞环宽度越窄，则开关频率越高，可使定子电流波形更逼近给定基准电流波形，从而将有效地使电动机定子绕组获得正弦电流源供电效果。

了解一相电流滞环控制型 SPWM 逆变器原理之后便可以组成三相电流滞环控制型 SPWM 变频调速系统，如图 3-27 所示。

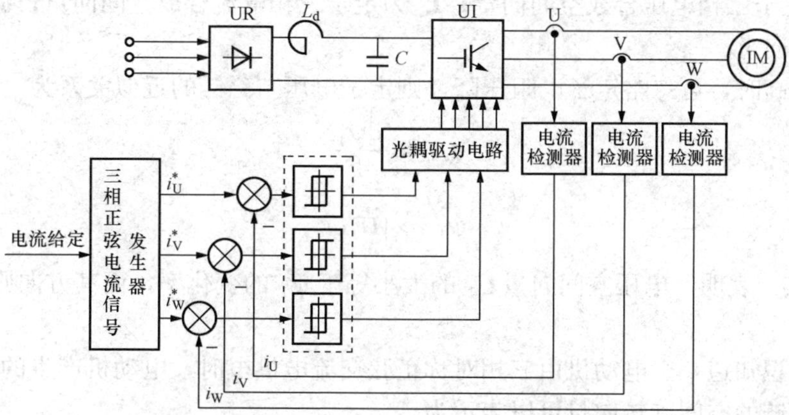

图 3-27　异步电动机电流滞环控制变频调速

需要指出的是，电流滞环控制对于给定的滞环宽度，其开关频率随电机运行状态的变化而变化。当开关频率超过功率器件的允许开关频率，将不利于功率器件的安全工作；当开关频率过低时会造成电流波形畸变，导致电流谐波成分加大。因此，最好能使逆变器的开关频率在一个周期内基本保持一定。

3.4.3　电压空间向量 SVPWM 的工作原理

电压 SPWM 控制的目的是使逆变器的输出电压接近正弦波；电流跟踪控制 SPWM 的目的是使输出电流按正弦规律变化，它比电压正弦进了一步。然而，从电机学知识知道，感应电动机输入正弦电流的最终目的是想在空间产生圆形旋转磁场。如果能够直接按照跟踪圆形旋转磁场来控制 PWM 的逆变电压，其控制效果一定会更好，这样的模式称为“磁链跟踪控制”，SVPWM 就是基于这一原理的 PWM 方法。

为了弄清楚 SVPWM 的原理，首先分析感应电动机的圆形旋转磁场与电机定子三相电压的关系。在图 3-28 中，U、V、W 分别表示在空间静止不动的电机定子三相绕组的轴线，它们在空间互差 120°，三相定子相电压 $\boldsymbol{U}_{U0}$，$\boldsymbol{U}_{V0}$，$\boldsymbol{U}_{W0}$ 分别加在三相绕组上。定义三个电压空间向量 $\boldsymbol{U}_{U0}$、$\boldsymbol{U}_{V0}$ 和 $\boldsymbol{U}_{W0}$，它们的方向始终在各相的轴线上，而大小则随时间按正弦规律做脉动式变化，时间相位互差 120°，与电机原理中三相脉动磁势相加产生的合

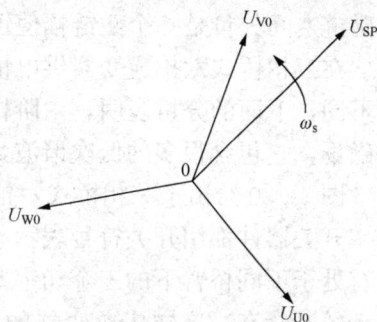

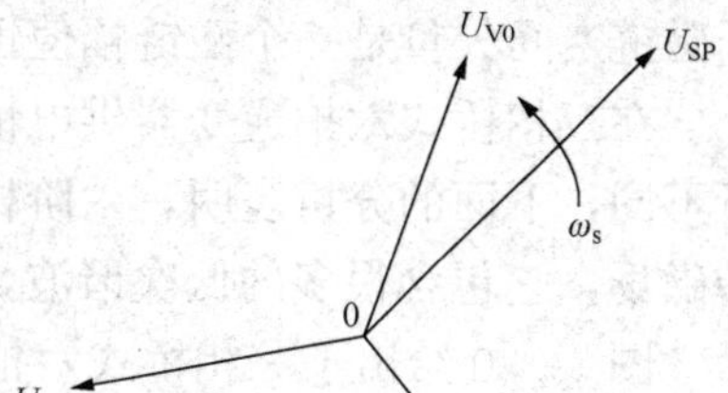

图 3-28　电压空间向量

成旋转磁势相仿，可以证明，三相电压空间向量相加的合成空间向量$\boldsymbol{U}_{SP}$是一个旋转的空间向量，它的幅值不变，是每相电压值的3/2倍；当频率不变时，它以电源角频率ω_s为电气角速度作恒速同步旋转，用公式表示，则有

$$\boldsymbol{U}_{SP}=\boldsymbol{U}_{U0}+\boldsymbol{U}_{V0}+\boldsymbol{U}_{W0} \tag{3-18}$$

同理，可以定义电流和磁链的空间向量$\boldsymbol{I}$和$\boldsymbol{\psi}$。

异步电动机的三相对称绕组由三相对称正弦电压供电时，对每一相都可以写出它的电压方程式。三相合起来，可用合成空间向量表示定子的电压方程式

$$\boldsymbol{U}_1=\boldsymbol{R}_1\boldsymbol{I}_1+\frac{\mathrm{d}\boldsymbol{\psi}_1}{\mathrm{d}t} \tag{3-19}$$

式中：$\boldsymbol{U}_1$为定子三相电压合成空间向量；$\boldsymbol{I}_1$为定子三相电流合成空间向量；$\boldsymbol{\psi}_1$为定子三相磁链合成空间向量。

当转速较高时，可忽略定子电阻压降，则定子电压与磁链的近似关系为

$$\boldsymbol{U}_1\approx\frac{\mathrm{d}\boldsymbol{\psi}_1}{\mathrm{d}t} \tag{3-20}$$

或

$$\boldsymbol{\psi}_1\approx\int\boldsymbol{U}_1\mathrm{d}t \tag{3-21}$$

式（3-20）表明，电压空间向量$\boldsymbol{U}_1$的大小等于$\boldsymbol{\psi}_1$的变化率，而其方向则与$\boldsymbol{\psi}_1$的运动方向一致。

从电机知识知道，当电动机由三相对称正弦交流电供电时，电动机产生的是圆形的空间旋转磁场，磁链的空间旋转向量可以表示为

$$\boldsymbol{\psi}_1=\psi_m e^{\mathrm{j}\omega_s t} \tag{3-22}$$

式中：ψ_m为$\boldsymbol{\psi}_1$的幅值，ω_s为其旋转角速度。

它是一个半径为ψ_m，旋转角速度为ω_s的运动轨迹。

由式（3-20）和式（3-22）可得

$$\boldsymbol{U}_1=\frac{\mathrm{d}}{\mathrm{d}t}(\psi_m e^{\mathrm{j}\omega_s t})=\mathrm{j}\omega_s\psi_m e^{\mathrm{j}\omega_s t}=\omega_s\psi_m e^{\mathrm{j}(\omega_s t+\pi/2)} \tag{3-23}$$

由式（3-23）可见，当磁链幅值ψ_m一定时，$\boldsymbol{U}_1$的大小与ω_s成正比，其方向为磁链圆形轨迹的切线方向。当磁链向量在空间旋转一周时，电压向量也连续地按磁链圆的切线方向运动2π弧度，其轨迹与磁链圆重合，如图3-29所示。这样，电机旋转磁场的形状问题就可转化为电压空间向量运动轨迹的形状问题。也就是说，由三相对称正弦电压供电产生的定子磁链空间矢量是一个磁链幅值恒定的圆形轨迹。

在三相桥式六拍逆变器供电情况下，感应电动机的定子输入电压和三相对称正弦电压有所不同，下面的分析表明，六阶梯波逆变器供电方式下电机中形成的是步进磁场而非圆形旋转磁场，它包含很多的低次谐波，将导致电机运行性能变坏。

图3-30给出了三相桥式六拍逆变器供电给异步电动机的原理图。为了简单起见，六个功率开关器件都用开关符号表示。为使电机对称工作，必须三相同时供电，即在任一时刻一定有处于不同桥臂下的三个功率开关器件同时导通，而相应桥臂的另外三个功率开关器件则处于关断状态。这样从逆变器的拓扑结构看，逆变器器件共有：VT6、VT1、VT2导通；VT1、VT2、VT3导通；VT2、VT3、VT4导通；VT3、VT4、VT5导通；VT4、VT5、

VT6 导通；VT5、VT6、VT1 导通以及 VT1、VT3、VT5 导通；VT2、VT4、VT6 导通等八种工作状态。

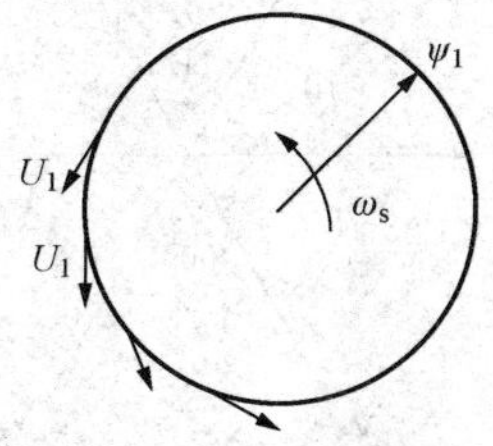

图 3 - 29　旋转磁场与电压空间向量运动轨迹的关系

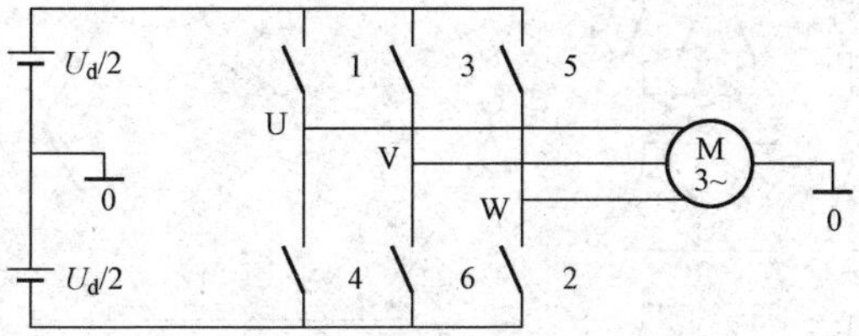

图 3 - 30　三相 PWM 逆变器—异步电动机原理图

如把上桥臂器件导通用“1”表示，下桥臂器件导通用“0”表示，并依 UVW 相序依次排列，则上述八种工作状态可相应表示为 100、110、010、011、001、101 与 111、000 八组数字，八种工作状态见表 3 - 5。

表 3 - 5　　逆变器的 8 种工作状态

导通的开关管（按 UVW 相序排列）	工作状态（数字量）			向量
	S_U	S_V	S_W	
VT1、VT6、VT2	1	0	0	V_1
VT1、VT3、VT2	1	1	0	V_2
VT4、VT3、VT2	0	1	0	V_3
VT4、VT3、VT5	0	1	1	V_4
VT4、VT6、VT5	0	0	1	V_5
VT1、VT6、VT5	1	0	1	V_6
VT1、VT3、VT5	1	1	1	V_7
VT4、VT6、VT2	0	0	0	V_8

从逆变器的正常工作看，前六个工作状态是有效的，后两个工作状态是无电压/功率输出。逆变器每工作一个周期，六个有效工作状态各出现一次。逆变器每隔 $2\pi/6=\pi/3$ 转角就改变一次工作状态，而在这 $\pi/3$ 转角内则保持不变。

对于每一个工作状态，逆变器供给交流电动机的三相电压都可用一个空间向量表示。由于逆变器直流侧输入电压恒定，且三相对称工作，因此三相相电压的幅值相等，在空间相位上互差 $\pi/3$。由此可知在任一工作状态下电压空间向量的大小都一样，仅是相位不同而已。如以 $\mathbf{V}_1$、$\mathbf{V}_2$、…、$\mathbf{V}_6$ 依次表示 100、110、…、101 六个有效工作状态的电压空间向量，它们的相互关系如图 3 - 31 所示。如果把六个空间向量首尾相接地画在一起，恰好形成一个封闭的正六边形，如图 3 - 31（b）所示，或者让六个向量都从原点出发，则形成一个正六角星，如图 3 - 31（c）所示。至于 111 和 000 两个无意义的状态，可分别冠以 V_7 和 V_8，称作零向量。它们的大小为零，也无相位，则可认为坐落在正六边形的中心点或六角星的原点上。

如果感应电动机由常规的六拍逆变器供电，功率开关器件每隔 $\pi/3$ 时间才切换一次，而在这 $\pi/3$ 时间内电压空间向量停止不动，那么，图中由正六边形表示的电压空间向量运动轨

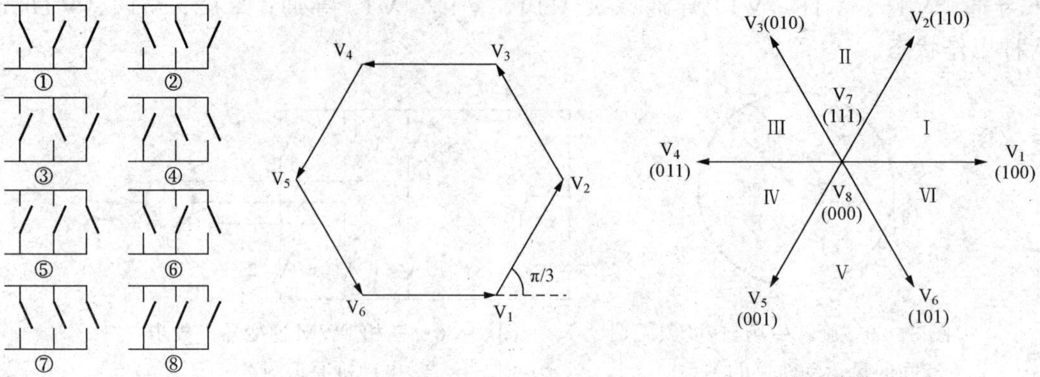

(a)　　(b)　　(c)

图 3-31　PWM逆变器供电时三相电动机的电压空间向量

（a）功率开关器件的不同工作状态；（b）正六边形电压空间向量；（c）六角星形电压空间向量

—1；—0

迹，也可看成是在六拍逆变器供电下定子磁链向量端点的运动轨迹。也就是说，这时的旋转磁场是正六边形的，不是圆形的，电机将不能产生恒定转矩，这正反映电压谐波的影响。从空间向量图上看，如果要使旋转磁场逼近圆形，逆变器就得有更多的开关工作状态，以形成更多的电压空间向量，这就是电压空间向量控制或磁链跟踪控制PWM的出发点。虽然功率开关器件只有6个，只能形成 $V_1 \sim V_8$ 共8种电压空间向量，但可以设想利用它们的线性组合可以获得更多的与 $V_1 \sim V_8$ 相位不同的新向量，最终构成尽量逼近圆形的旋转磁场。下面的任务就是，寻找能达到这个目的的电压空间向量的线性组合规律。

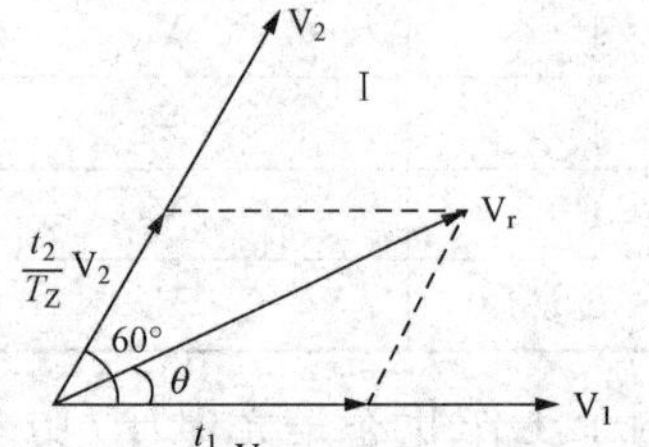

图 3-32　电压空间向量的线性组合

图 3-31 的 6 个电压空间向量把整个平面分成 6 个扇区，每个扇区所占的时间相位为 $\pi/3$。现在就要在每个扇区内利用某些电压空间向量线性组合的方法产生一些新的电压向量，它们的幅值都和原有向量的幅值相等，而相位却不一样。例如，在图 3-31（c）的扇区 1 中，希望过 T_Z 时间后能获得一个新的电压空间向量 V_r，且 $|V_r| = |V_1|$，如图 3-32 所示。图中，时间 T_Z 用 θ 电角度表示。V_r 可以由部分 V_1 和部分 V_2 的矢量和得到。从物理意义上说，"部分 V_1"表示 V_1 作用的时间 t_1 小于 $\pi/3$，因而积分后产生的磁链较小。同样，V_2 作用的时间 t_2 也小于 $\pi/3$。

按式（3-21），根据磁链不变的要求，可写出以下关系式

$$\int_0^{T_Z} V_r \mathrm{d}t = \int_0^{t_1} V_1 \mathrm{d}t + \int_{t_1}^{t_1+t_2} V_2 \mathrm{d}t + \int_{t_1+t_2}^{T_Z} V_0 \mathrm{d}t \tag{3-24}$$

上式表明，V_1 只作用 t_1 时间，V_2 作用 t_2 时间，希望在 T_Z 时间后能获得 V_r，但 $t_1 + t_2$ 不一定等于 T_Z，所剩余的时间就由零矢量所代表的工作状态来补足。此处以 V_0 代表 V_7 或 V_8。

在式（3-24）中，$|V_1|$、$|V_2|$ 都为恒值，$|V_0| = 0$。故可得

$$V_1 t_1 + V_2 t_2 = V_r T_Z \tag{3-25}$$

变换到直角坐标系上来表示，得

$$t_1U_s\begin{bmatrix}1\\0\end{bmatrix}+t_2U_s\begin{bmatrix}\cos\pi/3\\\sin\pi/3\end{bmatrix}=T_Z\cdot A\begin{bmatrix}\cos\theta\\\sin\theta\end{bmatrix}\tag{3-26}$$

式中 $A=|V_r|$，并令 $A=\frac{\sqrt{3}}{2}U_SM$。在这里，M 为调制度。

求解式（3-26），可得 V_1 的作用时间：$t_1=T_ZM\sin\left(\frac{\pi}{3}-\theta\right)$；$V_2$ 的作用时间：$t_2=T_ZM\sin\theta$，其中$\left(0<\theta<\frac{\pi}{3}\right)$；而 V_0 的作用时间：$t_7+t_8=\frac{1}{2}(T_Z-t_1-t_2)$。一般取 $t_7=t_8=\frac{1}{2}(T_Z-t_1-t_2)$。

由此形成了在Ⅰ扇区内第一个小区间逆变器各开关器件的工作状态序列，以及其相应的持续作用时间，如图3-33（a）所示。

图3-33中给出了在这一小区间内逆变器输出的三相电压波形，相当于PWM波中的一个脉冲波。形成这样波形的电压空间向量序列为81277218（8表示 V_8，1表示 V_1，依此类推）。为了使 T_Z 时间内的脉冲波形对称，每个电压空间向量的作用时间都一分为二，放在

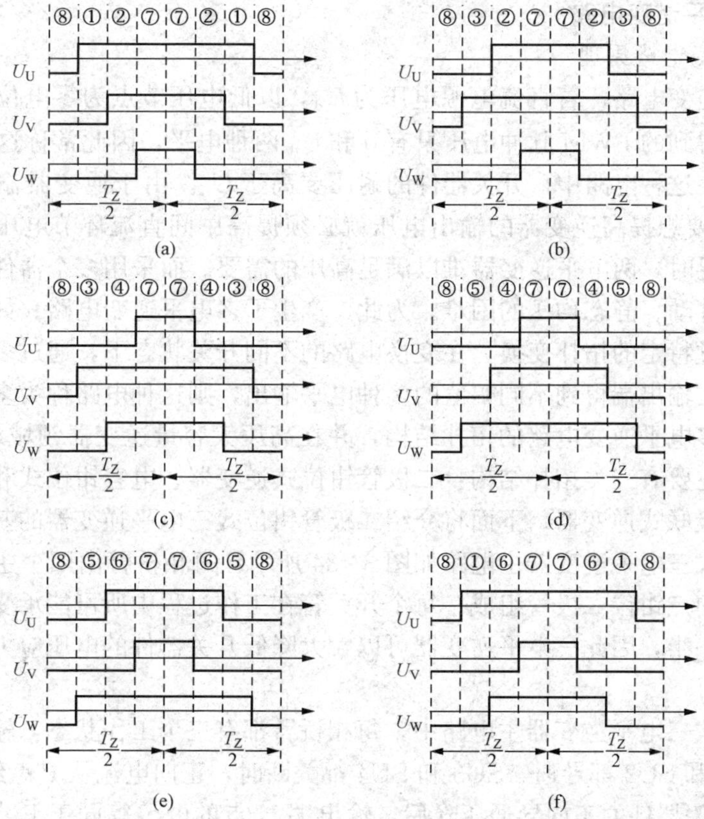

图3-33　6个扇区电压空间向量的工作序列与逆变器输出PWM电压波形

（a）V_r 在Ⅰ扇区；（b）V_r 在Ⅱ扇区；（c）V_r 在Ⅲ扇区；

（d）V_r 在Ⅳ扇区；（e）V_r 在Ⅴ扇区；（f）V_r 在Ⅵ扇区

一头一尾。上述空间向量序列所表示的开关器件工作状态次序为 000、100、110、111、111、110、100、000，可以看出，这与图 3-33（a）中的三相波形一致。

图 3-33（b）～图 3-33（f）还给出了在其他扇区内对电压空间向量的选择及其向量序列与 PWM 电压波形。必须指出，在同一扇区内还可有若干个小区间，它们的电压空间向量作用序列是相同的，但每种状态所作用的时间不一样。

电压空间向量控制方法有以下特点：

（1）每个小区间均以零电压向量开始与结束。

（2）在每个小区间内虽有多次开关状态切换，但每次切换都只牵涉到一个功率开关器件，因而开关损耗较小。

（3）利用电压空间向量直接生成三相 PWM 波，计算简便。

（4）电机旋转磁场逼近圆形的程度取决于小区间时间 T_Z 的长短。T_Z 越小，旋转磁场越接近圆形。但 T_Z 的减小也受到所用开关器件允许开关频率的限制。

（5）逆变器输出线电压基波最大幅值为直流侧电压，这比一般的 SPWM 逆变器输出电压高 15%。

最后，应该指出，上述的电压空间向量控制方法并不是唯一的，还有三段逼近式方法、比较判断式方法等。

3.4.4 三电平逆变电路

1. 三电平逆变电路原理

前面所述的逆变电路，若直流电源电压为 U_d，以低电压节点为零电位点，则经电力电子变换电路后，得到的 PWM 脉冲电压只有 0 和 U_d 两种电平，因此常称这类变换电路为两电平逆变电路。在这种电路中，开关器件的耐压要高于 U_d。由于逆变器输出线电压峰值与 U_d 成正比，因此要想提高逆变器的输出电压就必须提高中间直流环节电压。当逆变电路用于高压大容量情况时，两电平逆变器难以满足高压的需要。而采用多个器件串联以提高耐压水平需要解决器件动、静态均压的困难。为此，产生了多电平逆变电路。如果多个直流源和电力电子器件经过特定的拓扑变换，在变换电路的不同开关状态下，通过多个直流电源之间的不同组合可以在输出端得到不同幅值的多种电平输出，则这种电路称为多电平电路。近年来，提出了多种多电平逆变电路的拓扑结构，并在高压大容量逆变器领域逐步得到了应用。多电平逆变电路主要有三类拓扑结构：二极管钳位式逆变器、电容钳位式和具有独立直流电源的单元逆变桥级联式逆变器。下面将介绍二极管钳位式三电平逆变器的基本原理。

二极管钳位式三电平逆变器主电路如图 3-34 所示，每相桥臂由四个主开关管、四个续流二极管和两个中点钳位二极管组成。每个开关管在工作过程中所可能承受的最高电压只有两电平逆变器的一半，因此三电平逆变器可以大大降低开关器件的电压应力，满足高压逆变的要求。

二极管钳位式三电平逆变器主电路中，每相桥臂都有三个工作状态，输出三种电平。

（1）当 SU1 和 SU2 都导通，SU3 和 SU4 都关断时，正向电流从 P 点经 SU1 和 SU2 到达 U 点，忽略开关器件的正向导通压降后，输出端 U 点的电位等同于 P 点电位，即 $U_d/2$；若电流方向为负，则电流从 U 点经过续流二极管 VDU1 和 VDU2 流进 P 点，此时输出端 U 点电位仍等同于 P 点电位。

（2）当 SU3 和 SU4 同为导通，SU1 和 SU2 同为关断时，正向电流从 N 点经 VDU3 和

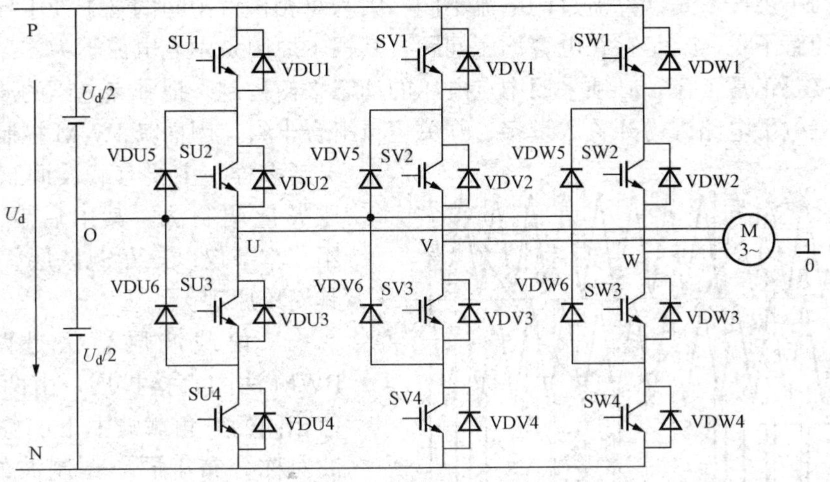

图 3-34　二极管钳位式三电平逆变器主电路

VDU4 到达 U 点，输出端 U 点的电位等同于 N 点电位，即$-U_d/2$；若电流方向为负，则电流从 U 点经过开关管 SU3 和 SU4 流进 N 点，此时输出端 U 点电位仍等同于 N 点电位。

（3）当 SU2 和 SU3 同为导通，SU1 和 SU4 同为关断时，若电流方向为正，则电流从中性点 O 点经钳位二极管 VDU5 和开关管 SU2 到达 U 点，输出端 U 点的电位等同于 O 点电位，即 0 电位；若电流方向为负，则电流从 U 点经过 SU3 和 VDU6 流进 O 点，此时输出端 U 点电位仍等同于 O 点电位。

表 3-6 列出了上述分析的结果。主开关管 SU1 和 SU3、SU2 和 SU4 的工作状态相反，即工作在互补状态，并且 SU1 和 SU4 不能同时导通。虽然二极管钳位式三电平逆变器仍存在两个器件的阻态串联耐压问题，例如在表 3-6 中的第一种工作状态下，SU3 和 SU4 同为关断时承受的耐压为U_d，但是由于控制上不存在 SU3 和 SU4 两个器件同时由关断状态变为导通状态的现象，即逆变器不会在表 3-6 的第一和第三种工作状态之间直接切换，因此对器件参数的要求不是非常严格，系统的安全系数较高。

表 3-6　　二极管钳位式三电平逆变器开关状态和输出电平的关系（以 U 相为例）

输出电平	SU1	SU2	SU3	SU4
P	导通	导通	关断	关断
O	关断	导通	导通	关断
N	关断	关断	导通	导通

二极管钳位式三电平逆变器能够很好地解决电力电子器件耐压不够高的问题。每相输出电压在 P-O 或者 O-N 之间，因此器件承受的关断电压就是直流电压的一半。而在两电平拓扑中，开关器件承受的电压为 P-N 之间的电压。三电平拓扑使得相同耐压水平的开关器件，可以应用于中高电压的大容量逆变器。由于没有两电平逆变器中串联器件的同时导通和同时关断问题，对器件的动态性能要求低，器件受到的电压应力小，系统可靠性有所提高。

三电平逆变器输出为三电平阶梯波，线电压为五电平阶梯波，而负载相电压为九电平阶梯波，形状更接近正弦，在同样的开关频率下，谐波比两电平要低得多。但这种三电平电路也有其固有的不足。一是器件流过的电流不同，因为每相桥臂中间的管子处于导通状态的时间要比两侧的管子长。二是存在电容均压问题，其根本原因是中点电流不为零。二极管钳位式三电平电路要正常工作，必须采用中点电压的动态平衡控制来把中点电压的波动控制在允许范围内。三电平电路因为开关数量多，开关逻辑组合丰富，因而其 PWM 控制方法也更为灵活多样。主要有载波调制法和空间电压矢量调制法，其中后者目前更为常用。本节仅以三角载波层叠法为例介绍其简单原理。

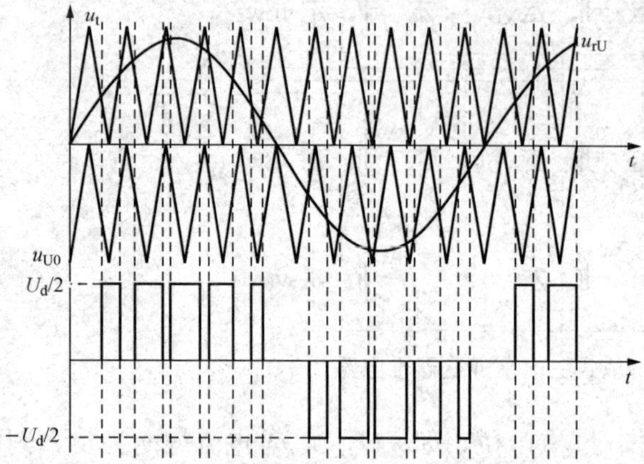

图 3 - 35　三角载波层叠法 PWM 原理

三角载波层叠法是两电平载波 PWM 法的直接扩展，由两组频率和幅值相同的三角载波上下层叠，且两组载波对称分布于同一调制波的正负半波，如图 3 - 35 所示。

设逆变器输出的三个电平从高到低依次为 P、0 和 N，当调制波的正半波大于上层载波时，输出电平为 P；而调制波的负半波小于下层载波时输出电平为 N；其余情况输出为 0。图 3 - 35 画出了一相桥臂的调制原理，三相时只需将调制波改为三相对称正弦波形即可。

三角载波法的电压利用率低，对中点电压控制问题也未作特殊处理，因此需要对其进行优化，或采用 SVPWM 方法。

2. 三电平逆变电路的输出波形

三电平逆变器和两电平逆变器一样，可以按方波方式工作，也可以按 PWM 方式工作。考虑到消除低次谐波（5 次和 7 次）目的，下面仅阐述 PWM 工作方式。图 3 - 36 给出了逆变器按 PWM 控制方式工作时相电压 u_{U0} 的波形和相应的门极驱动电压波形。这里中性点电压的波动能确保每个 IGBT 器件承受的电压值为 $0.5U_d$，当辅助二极管 VDU5 或 VDU6 导通时，主开关管的电压被钳位在 $0.5U_d$。例如，当下管导通时，其母线电压 U_d 加在上面串联的两个 IGBT 上，换句话说，每个 IGBT 承受的电压为 $0.5U_d$。

总之，每个半桥逆变器都有下面三种开关状态：

（1）状态 A：上管导通。

（2）状态 B：下管导通。

（3）状态 0：辅助二极管导通。

因此，三相三电平逆变器有 $3^3=27$ 种开关状态，而两电平逆变器只有 8 种开关状态。所有开关状态的矢量图如图 3 - 37 所示。从该图可以看出开关矢量可分为 4 类。第一类幅值最大，其大小为$\sqrt{2/3}U_d$，包括 PPN、PNN、PNP、NNP、NPP、NPN，统称大开关矢量；第二类幅值为$U_d/\sqrt{2}$，包括 P0N、PN0、0NP、N0P、NP0、0PN，统称中开关矢量；第三类幅值为$U_d/\sqrt{6}$，包括 PP0、P00、P0P、00P、0PP、0P0 和 00N、0NN、0N0、NN0、N00、N0N，它们均匀分布在 6 个扇区的边界线上，统称小开关矢量；第四类幅值为零的零开关矢量，包括 000、PPP、NNN。

系统在某一时刻选择到六边形空间矢量图中的某一矢量，它就决定了这一时刻逆变器的输出状态，即这一时刻IGBT的ON，OFF组合方式，同时还决定了这一时刻逆变器三相输出电压的瞬时值，也就严格地确定了这一时刻三相电压的瞬时相位关系。所以，直接利用六边形空间电压矢量图，恰当的选择并执行图中的某些基本电压矢量，就能方便地对逆变器的输出电压幅值和频率进行控制。

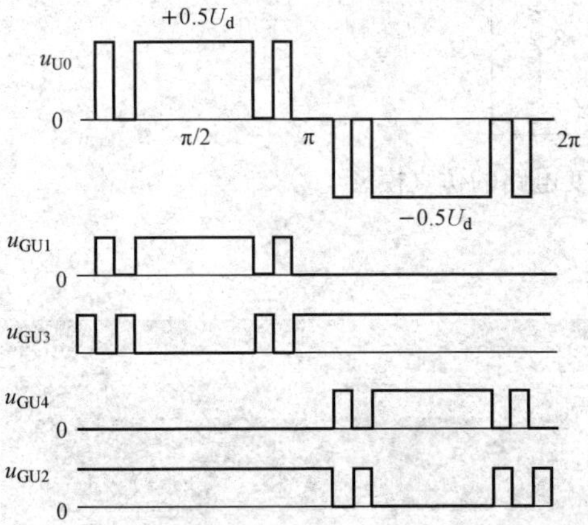

图3-36　相电压u_{U0}的波形和相应的门极驱动电压波形

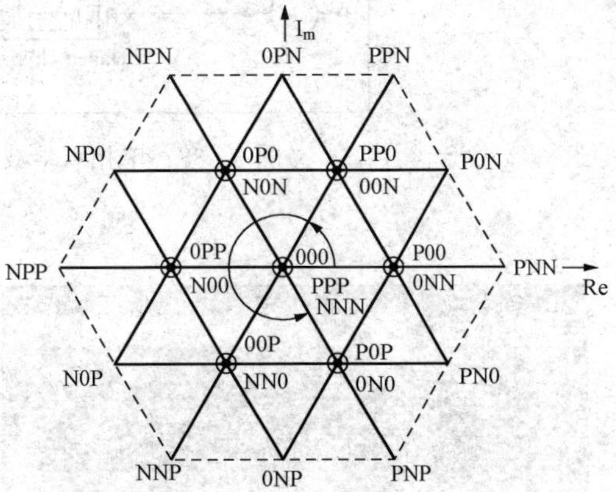

图3-37　三电平逆变器的空间矢量图

3.5　直流—交流变换电路的MATLAB的仿真研究

晶闸管有源逆变是典型的“直流—交流”变换电路形式之一，晶闸管有源逆变电路与整流电路相似，而区别在于，逆变电路要求触发角$\alpha>90°$和有一个电压大于U_d的外加直流电源这两个条件。满足这两个条件，电路才能工作于逆变状态，若$\alpha<90°$电路则为整流电路。本节讨论几种晶闸管有源逆变电路的建模与仿真，讨论的方法就是在第二章整流电路建模的基础上，在模型中增加一个直流电源，并且将触发角α工作在大于90°的区域。下面具体建模时，与整流电路相同部分的就不再重复了。

3.5.1　晶闸管有源逆变电路的MATLAB仿真

3.5.1.1　单相双半波有源逆变电路的建模与仿真

1. 单相双半波有源逆变电路的建模及参数设置

参考单相双半波整流电路的建模及参数设置方法，在此基础上，在负载端增加一个直流电源，适当连接后得到单相双半波有源逆变电路的仿真模型如图3-38所示。

2. 单相双半波有源逆变电路的仿真

打开仿真参数窗口，选择ode23tb算法，将相对误差设置为1e-3，开始仿真时间设置为0，停止仿真时间设置为0.08s。阻—感加反电动势负载时的仿真结果如图3-39所示，图中U_d为负载电压（V），U_{ak}为晶闸管端电压（V）。负载参数为$R=2\Omega$，$L=0.02$H，直流电源$E=40$V。

3. 单相双半波有源逆变电路的仿真结果

图3-39（a）、（b）、（c）分别为$\alpha=90°$、120°、150°时阻—感加反电动势负载的仿真

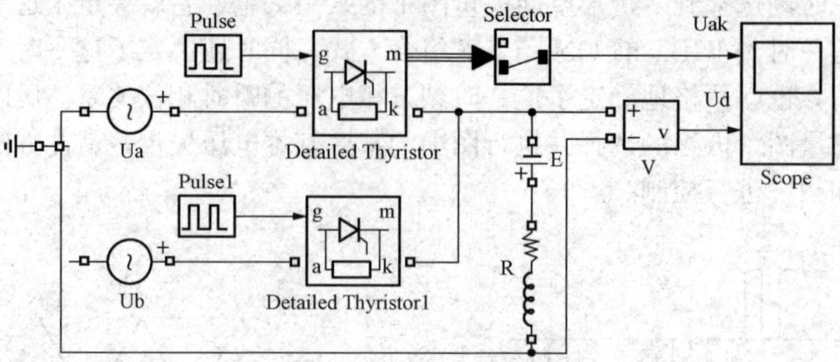

图 3-38 单相双半波有源逆变电路的仿真模型

结果。

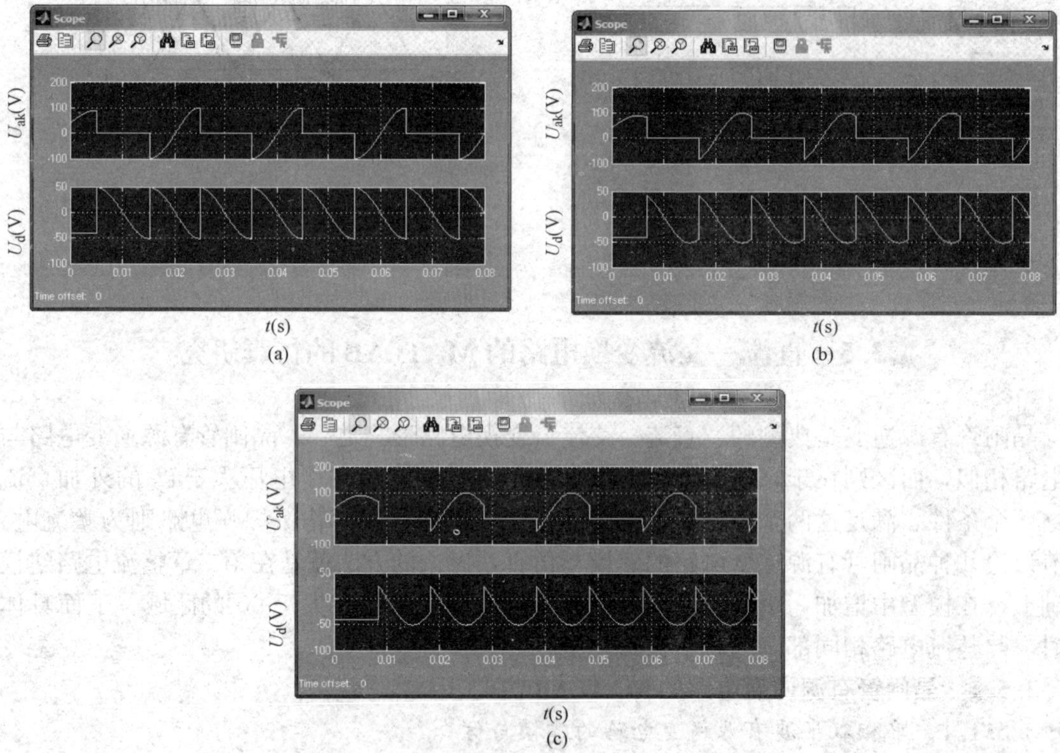

图 3-39 不同控制角时单相双半波有源逆变电路带阻—感加反电动势负载的仿真波形

(a) $\alpha=90°$；(b) $\alpha=120°$；(c) $\alpha=150°$

3.5.1.2 单相桥式全控有源逆变电路的建模与仿真

1. 单相桥式全控有源逆变电路的建模及参数设置

（1）电路的建模。参考单相全控桥整流电路的建模及参数设置方法，在此基础上，在负载端增加一个直流电源，适当连接后得到单相全控桥有源逆变电路的仿真模型如图 3-40 所示。

（2）子系统的建模。单相全控桥整流电路的主电路模型和符号与对应的整流电路相同，如图 3-41 所示。

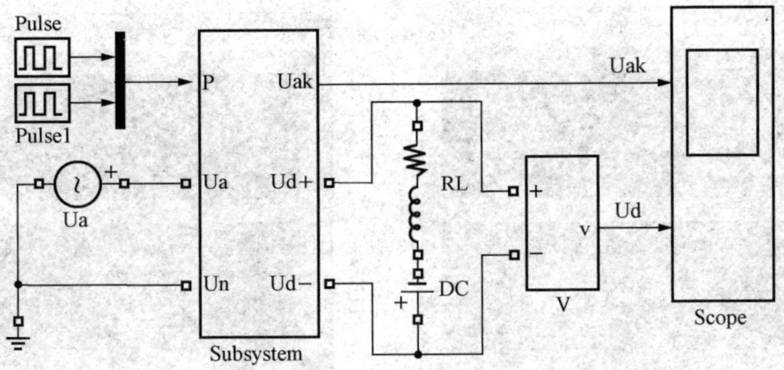

图 3-40　单相全控桥有源逆变电路的仿真模型

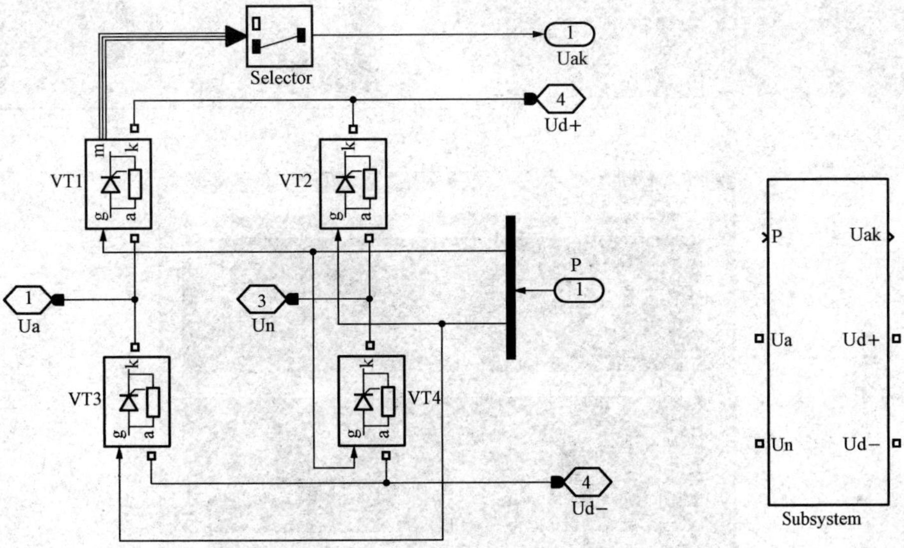

图 3-41　单相全控桥整流电路的主电路模型和符号

2. 单相桥式全控有源逆变电路的仿真

打开仿真参数窗口，选择 ode23tb 算法，将相对误差设置为 1e-3，开始仿真时间设置为 0，停止仿真时间设置为 0.08s。阻—感加反电动势负载时的仿真结果如图 3-42 所示，图中 U_d 为负载电压（V），U_{ak} 为晶闸管端电压（V）。负载参数为 $R=2\Omega$，$L=0.02$H，直流电源 $E=40$V。

3. 单相桥式全控有源逆变电路的仿真结果

图 3-42（a）、（b）、（c）分别为 $\alpha=90°$、$120°$、$150°$时阻—感加反电动势负载的仿真和实物实验波形。

从仿真结果看：当 $\alpha>90°$时，输出电压 U_d 波形的负面积大于正面积，负载向电源回馈功率，符合有源逆变的概念。读者可改变 α 的值，观察不同 α 角时的波形情况。

3.5.1.3　三相半波有源逆变电路的建模与仿真

1. 三相半波有源逆变电路的建模

在三相半波可控整流电路仿真模型的基础上，负载回路中增加直流电源，其电压为 40V，适当连接后可搭建成如图 3-43 所示的三相半波有源逆变电路的仿真模型。

(a)　(b)　(c)

图 3-42　不同控制角时单相全控桥有源逆变电路阻—感加反电动势负载的仿真和实验波形

（a）$\alpha=90°$；（b）$\alpha=120°$；（c）$\alpha=150°$

2. 三相半波有源逆变电路的仿真

打开仿真参数窗口，选择 ode23tb 算法，相对误差设为 1e-3，仿真开始时间设为 0，停止时间为 0.08s。图 3-44 为 $\alpha=90°$、120°、150°、180°时，阻—感加反电动势负载的仿真结果，其中负载 $R=2\Omega$，$L=0.02$H。图中 U_d 为负载电压（V），U_{ak} 为晶闸管的端电压（V）。

从仿真结果可以看到当 $\alpha=90°$时，变流装置工作在中间状态，平均电压 U_d 为 0；当$\alpha>90°$时，变流装置工作在逆变状态，U_d 平均电压为负值；当 $\alpha=180°$时，由于逆变角很小，

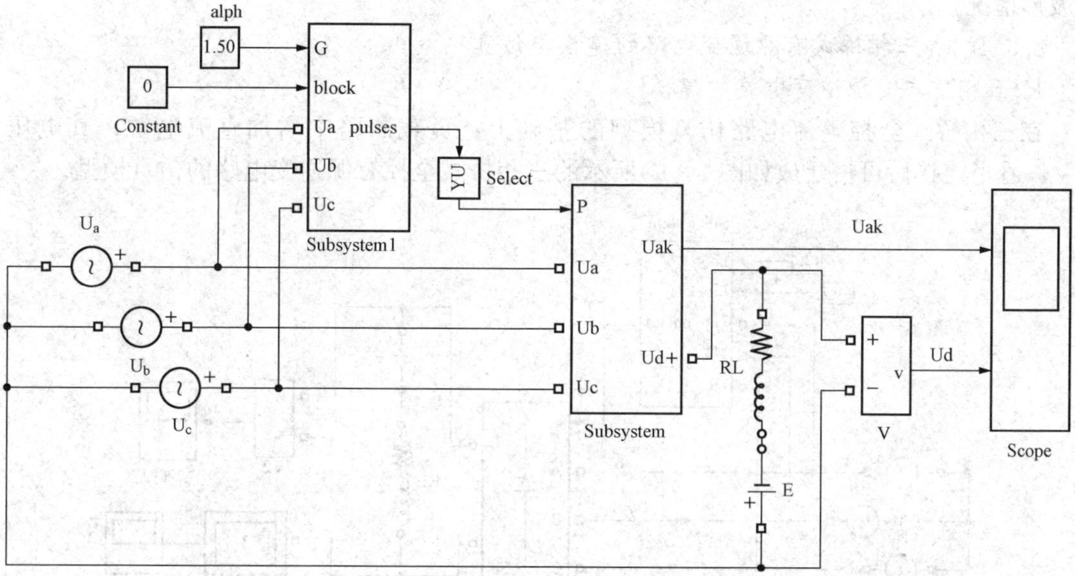

图 3-43　三相半波有源逆变电路带阻—感加反电动势负载的仿真模型

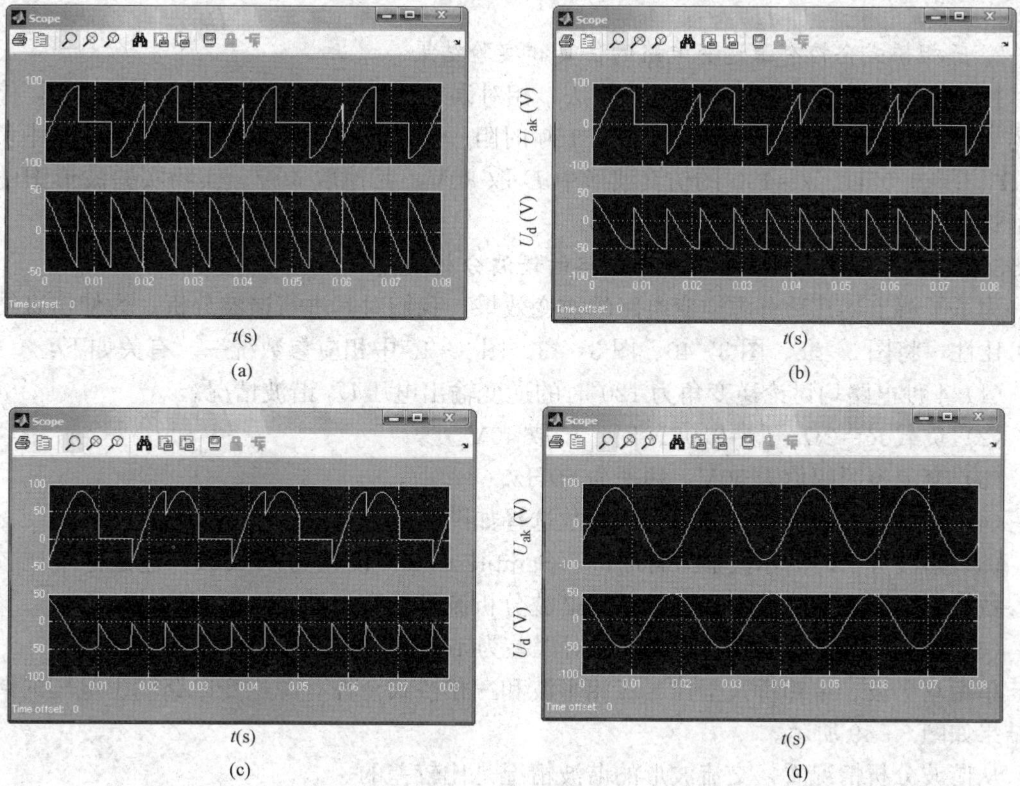

图 3-44　不同控制角时三相半波有源逆变电路仿真结果（阻—感加反电动势负载）

(a) $\alpha=90°$；(b) $\alpha=120°$；(c) $\alpha=150°$；(d) $\alpha=180°$

逆变失败，输出为交流电压。读者还可以在 90°～150°间任意改变 α 的值，观察不同 α 角时的波形情况。

3.5.1.4 三相桥式有源逆变电路的建模与仿真

1. 三相桥式有源逆变电路的建模

在三相桥式全控整流电路仿真模型的基础上，负载回路中增加直流电源，其电压为 40V，适当连接后可搭建成如图 3-45 所示的三相桥式全控有源逆变电路的仿真模型。

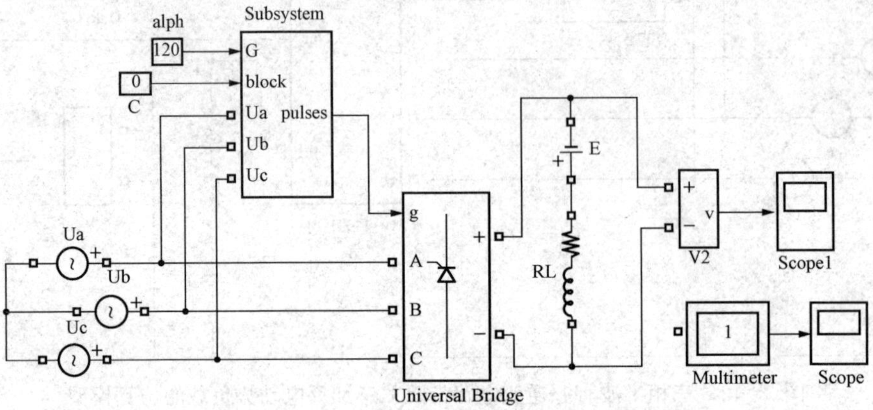

图 3-45 三相桥式有源逆变电路的仿真模型

2. 三相桥式全控有源逆变电路的仿真和实验结果

打开仿真参数窗口，选 ode23tb 算法，相对误差设为 1e-3，仿真开始时间为 0，停止时间为 0.08s。图 3-46 为 α=90°、120°、150°时阻—感加反电动势负载仿真结果，其中负载 R=2Ω，L=0.02H。α=150°的仿真波形中 E 取 80V，其他取 40V。实物实验波形图中左为晶闸管端电压波形，右为负载电压波形。

3.5.1.5 几种晶闸管有源逆变电路的谐波分析

为了了解上述几种有源逆变电路的逆变效果，我们对其进行谐波分析。为使仿真结果具有可比性，将图 3-38、图 3-40、图 3-43、图 3-45 中相应参数统一。有关如下：

(1) 4 种电路均讨论逆变角为 120°时的逆变输出电压 U_d 谐波情况。

(2) 负载 R=2Ω，L=0.02H 时；E 取 40V。

(3) 交流电源幅值为 50V，频率为 50Hz。

(4) 仿真中的晶闸管和晶闸管桥参数选择如图 3-47、图 3-48 所示。

(5) 谐波分析时的示波器采样时间（Sample time）设置为 0.0001。这是一个比较敏感的参数，它会影响显示波形，还关系到谐波分析波形的有效性。

(6) 仿真参数选 ode23tb 算法，相对误差为 1e-3，仿真区间 0～0.08s。

单相双半波、单相桥式全控、三相半波和三相桥式全控有源逆变电路输出电压的谐波分析结果如图 3-49 所示。

从谐波分析情况看，交流波形的谐波情况是比较差的。

3.5.2 方波无源逆变电路的 MATLAB 仿真

在本章 3.3.2 节主要介绍了单相全桥无源逆变电路、三相桥式逆变电路（180°导电型电压源逆变器和 120°导电型电流源逆变器），下面按照第 2 章的建模与仿真步骤进行 MATLAB 仿真分析。

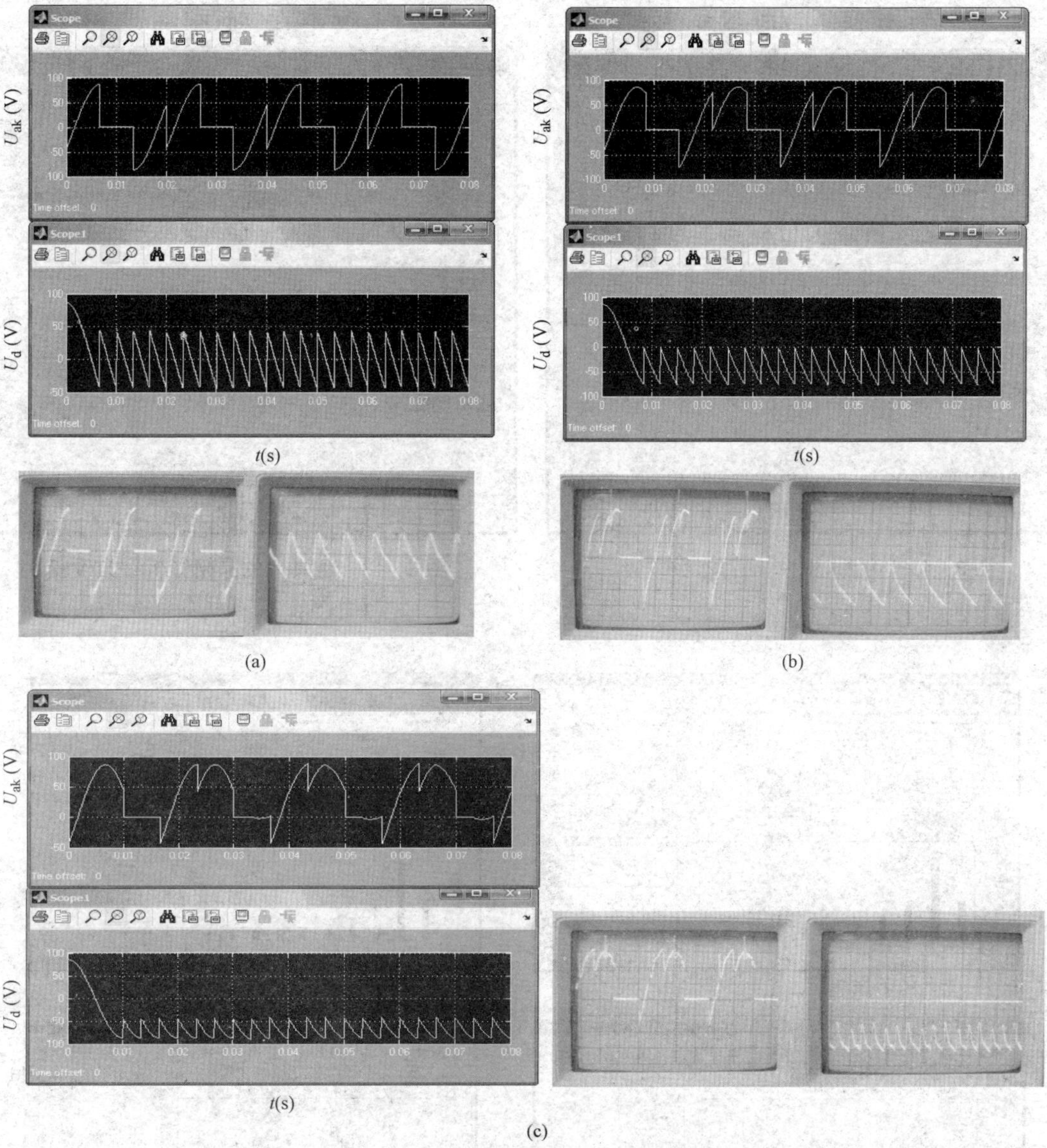

图 3-46　不同控制角时三相桥式有源逆变电路（阻—感加反电动势负载）仿真和实验波形
（a）$\alpha=90°$；（b）$\alpha=120°$；（c）$\alpha=150°$

3.5.2.1　单相全桥电压型无源逆变电路的仿真

1. 电气原理结构图

电压型单相全桥逆变电路如图 3-50（a）所示。

2. 电路的建模

图 3-51 是采用面向电气原理结构图方法构建的单相全桥无源逆变电路的仿真模型。

从电气原理图分析可知，该电路的实质性器件是直流电源、电力电子开关和负载等部分。

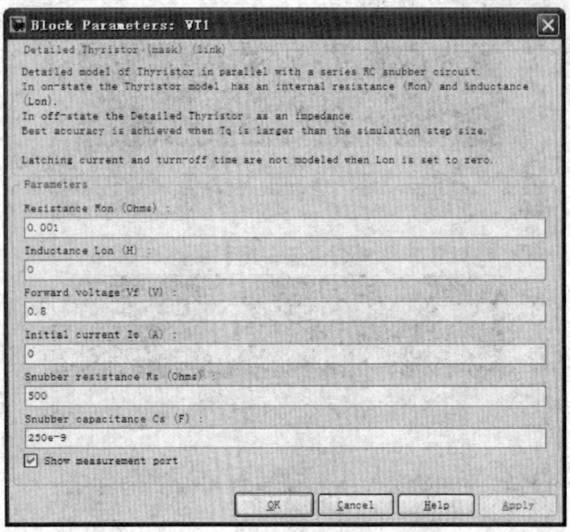

图 3-47　仿真中的晶闸管参数设置

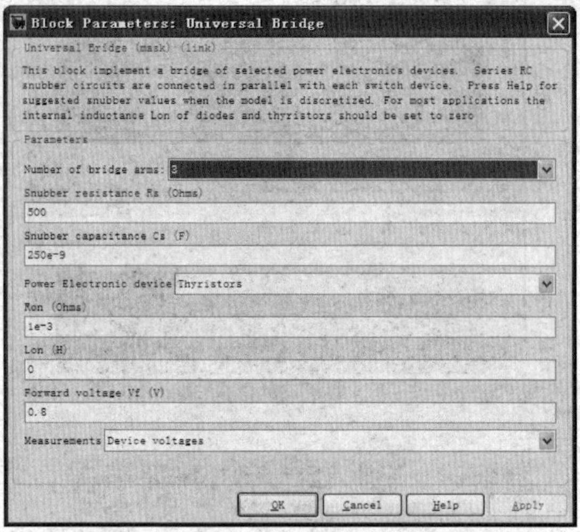

图 3-48　仿真中的晶闸管桥参数设置

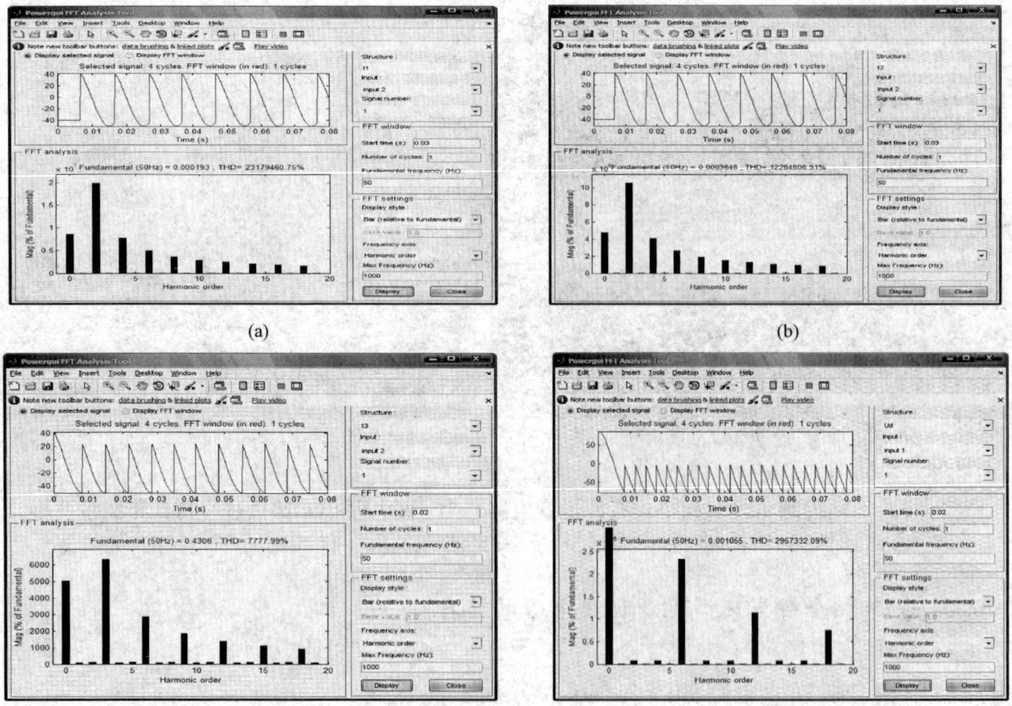

(a)　(b)　(c)　(d)

图 3-49　几种晶闸管有源逆变电路输出电压的谐波分析结果

(a) 单相双半波有源逆变输出电压谐波分析结果；(b) 单相桥式全控有源逆变输出电压谐波分析结果

(c) 三相半波有源逆变输出电压谐波分析结果；(d) 三相桥式全控有源逆变输出电压谐波分析结果

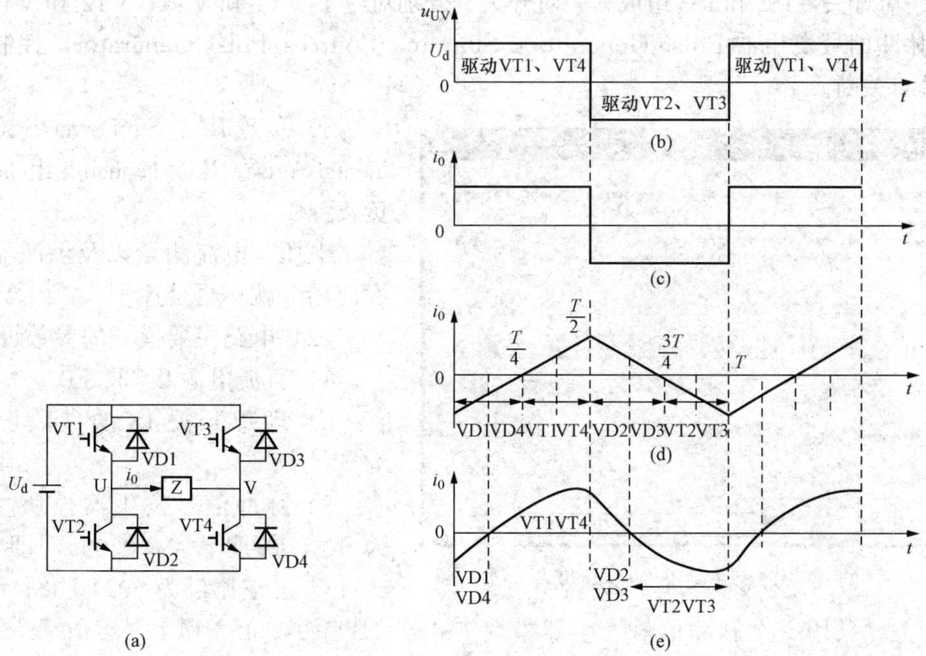

图 3-50　单相全桥逆变电路及电压、电流波形

（a）电路；（b）负载电压；（c）电阻负载电流波形；（d）电感负载电流波形；（e）RL 负载电流波形

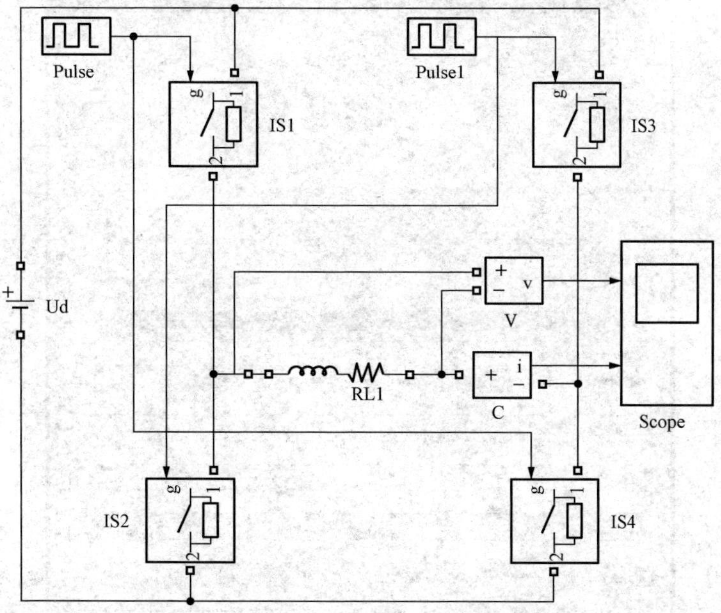

图 3-51　单相全桥无源逆变电路仿真模型

（1）电路主要元件的提取途径和作用。

1）直流电源 U_d：SimPower Systems/Electrical Sources/DC Voltage Source，无源逆变用直流电源；

2）理想开关 IS：SimPower Systems/Power Electronics/Ideal Switch，逆变用开关，IS1 和

IS4 组成一对开关，IS2 和 IS3 组成另一对开关。分别对应于 VT1 和 VT4、VT2 和 VT3。

3）脉冲信号发生器 Pulse Generator：Simulink/Sources/Pulse Generator，控制理想开关的导通与关断。

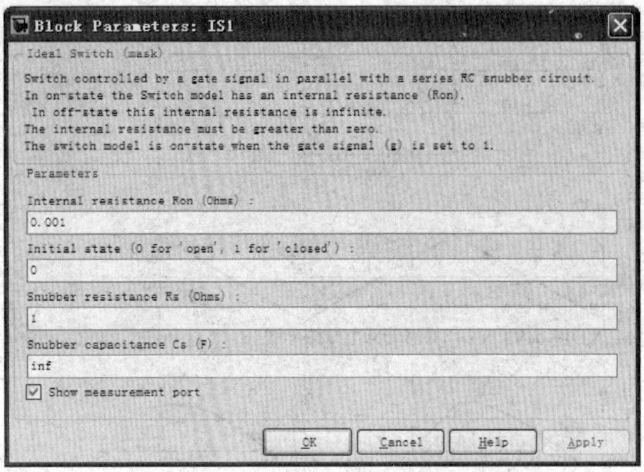

图 3-52 理想开关 IS 的参数设置

4）负载 *RL*：SimPower System/Elements/Serise RLC Branch，组成阻—感负载。

电压、电流测量以及示波器前面多次使用，就不再赘述了。

（2）电路主要模块的参数设置。

1）直流电源 U_d 取 30V。

2）理想开关 IS 的参数设置如图 3-52 所示。

3）脉冲信号发生器模块，幅值设为 10，周期设为 0.02s，即频率为 50Hz，占空比设为 50%。IS1 和 IS4 组成一对开关，共用一个脉冲信号发生器模块 Pulse，滞后 0s；IS2 和 IS3 组成另一对开关，共用脉冲信号发生器模块 Pulse1；因为占空比取 50%，Pulse 和 Pulse1 互补工作，所以 Pulse1 滞后 0.01s。如图 3-53 所示。

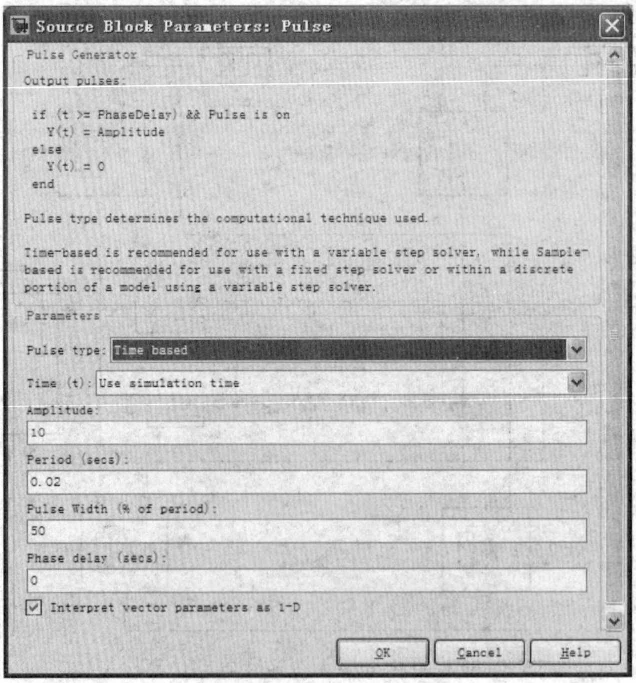

图 3-53 脉冲信号发生器参数设置

4）负载 *RL* 取 $R=2\Omega$，$L=0.02$H。

3. 电路的仿真和仿真结果分析

（1）电路的仿真。打开仿真参数窗口，选 ode23tb 算法，相对误差设为 1e-3，仿真开始时间为0，停止时间为0.1s。图3-54是其仿真结果。图3-54中自上而下为逆变器输出的交流电压u_{UV}、电阻性负载电流i_0、电感性负载电流i_0和阻—感性负载电流i_0。

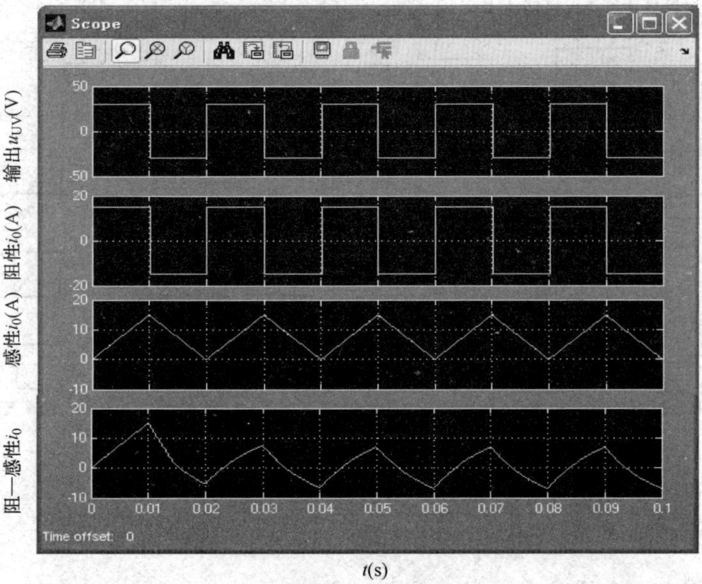

图3-54　单相全桥逆变电压和不同类型负载电流波形

（2）电路的仿真结果分析。波形与图3-50理论波形基本一致。

3.5.2.2　三相全桥电压型（180°导电型）无源逆变电路的仿真

1. 电气原理结构图

电压型三相全桥逆变电路如图3-55所示。

2. 电路的建模

图3-56是采用面向电气原理结构图方法构建的三相全桥电压型无源逆变电路的仿真模型。

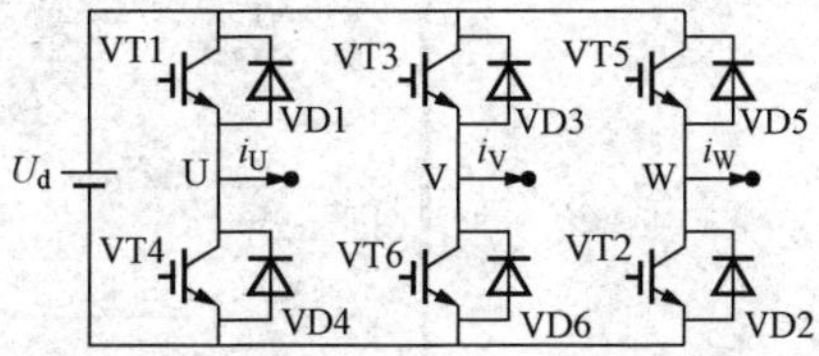

图3-55　三相桥式逆变电路

（1）电路主要元件的提取途径和作用。

1）电力电子开关IGBT：SimPower System/Power Electronics/IGBT，逆变用开关。

2）脉冲信号发生器Pulse Generator：Simulink/Sources/Pulse Generator，控制IGBT的导通与关断。

（2）电路主要模块的参数设置。

1）直流电源U_d取10V。

2）IGBT的参数设置如图3-57所示。

3）脉冲信号发生器模块，幅值设为10，周期设为0.02s，即频率为50Hz，占空比设为50%。IGBT～IGBT6分别由6个脉冲信号发生器模块Pulse1～Pulse6控制，Pulse1滞后0s，其他5个依次滞后60°。

4）负载RL取$R=2\Omega$，$L=0.02$H。

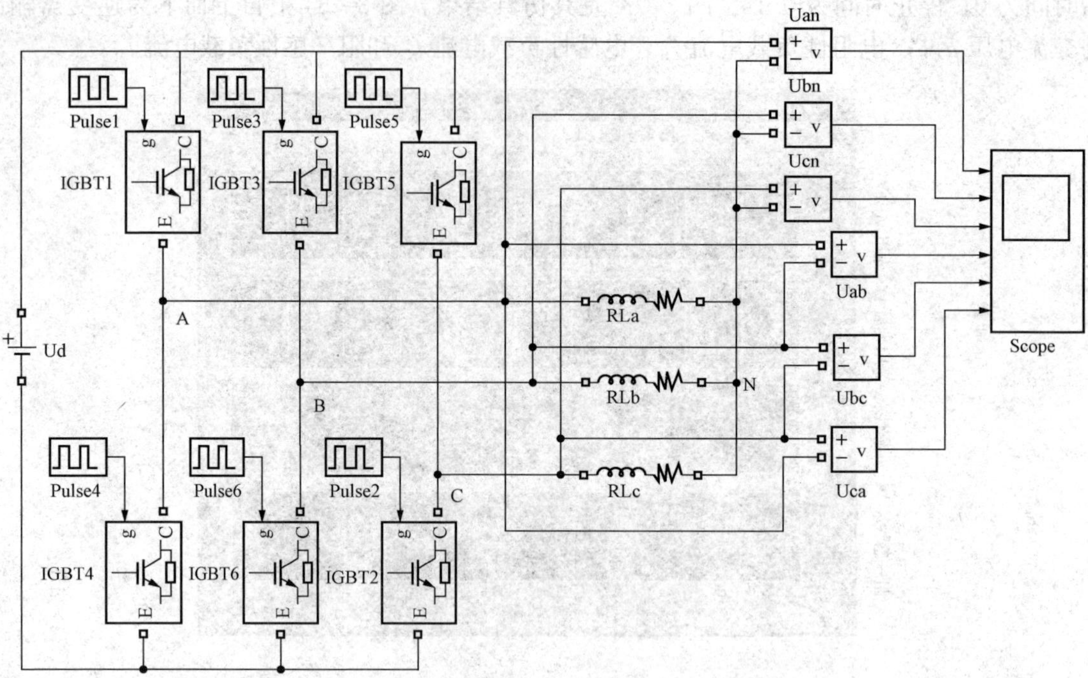

图 3 - 56　三相全桥电压型无源逆变电路仿真模型

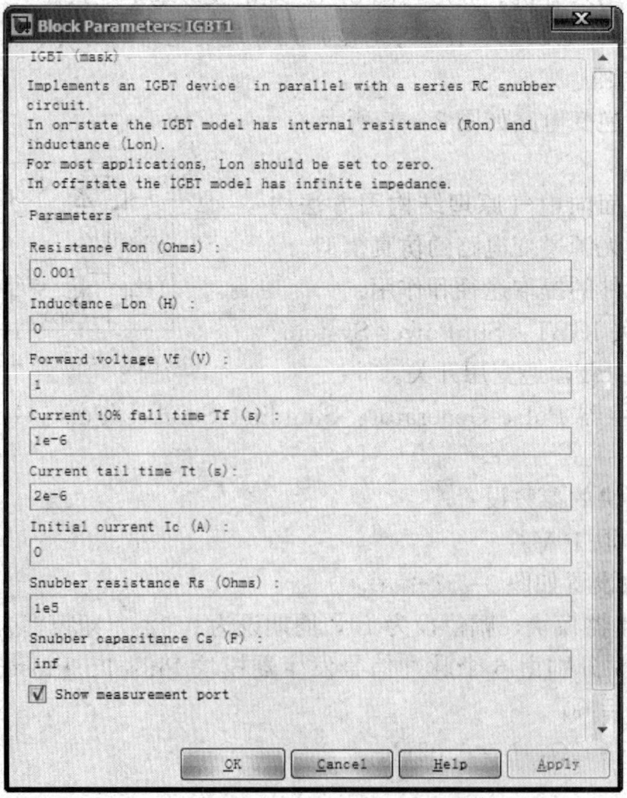

图 3 - 57　IGBT 的参数设置

3. 电路的仿真和仿真结果分析

（1）电路的仿真。打开仿真参数窗口，选 ode23tb 算法，相对误差设为 1e-6，仿真开始时间为 0.02s，停止时间为 0.12s。图 3-58 是其仿真结果。

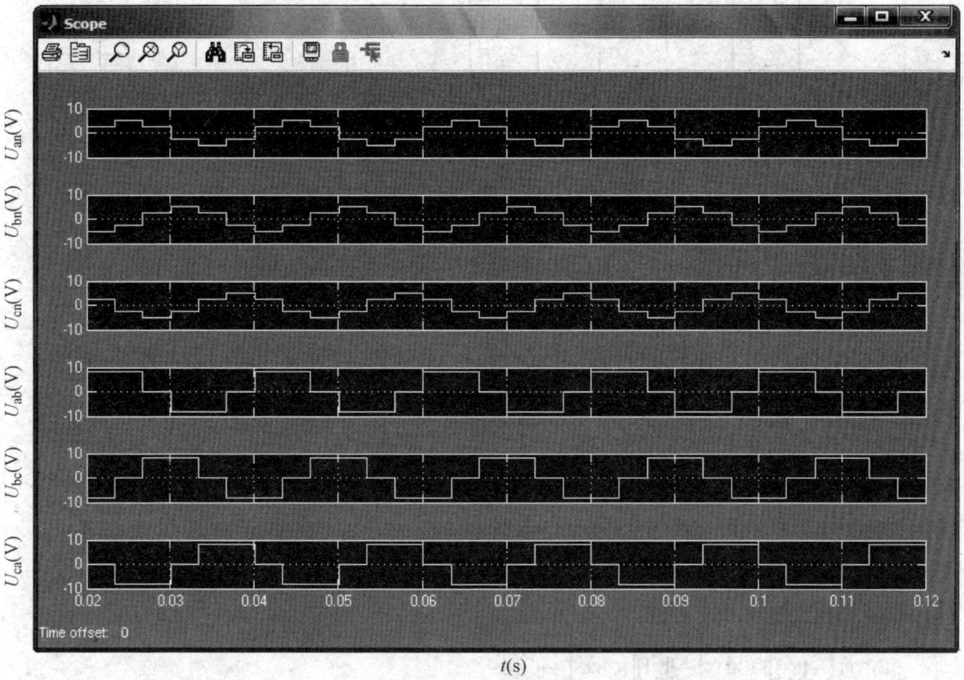

图 3-58　三相全桥逆变电路相电压和线电压波形

（2）电路的仿真结果分析。波形与图 3-12 的 180°导电型逆变器输出的相电压、线电压波形一致。

3.5.2.3　三相全桥电流型（120°导电型）无源逆变电路的仿真

1. 电气原理结构图

电流型三相全桥逆变电路可参照图 3-14。

2. 电路的建模

图 3-59 是采用面向电气原理结构图方法构建的三相全桥电流型（120°导电型）无源逆变电路的仿真模型。

（1）电路主要元件的提取途径和作用。脉冲信号发生器 Pulse Generator：Simulink/Sources/Pulse Generator，控制 IGBT 的导通与关断。

（2）电路主要模块的参数设置。

1）直流电源 U_d 取 36V。

2）IGBT 的参数设置与电压型同。

3）脉冲信号发生器模块，幅值设为 10，周期设为 0.02s，即频率为 50Hz，占空比设为 33.333%（对应 120°导电型）。IGBT～IGBT6 分别由 6 个脉冲信号发生器模块 Pulse1～Pulse6 控制，Pulse1 滞后 0s，其他 5 个依次滞后 60°。

4）负载 R 取 $R=2\Omega$。

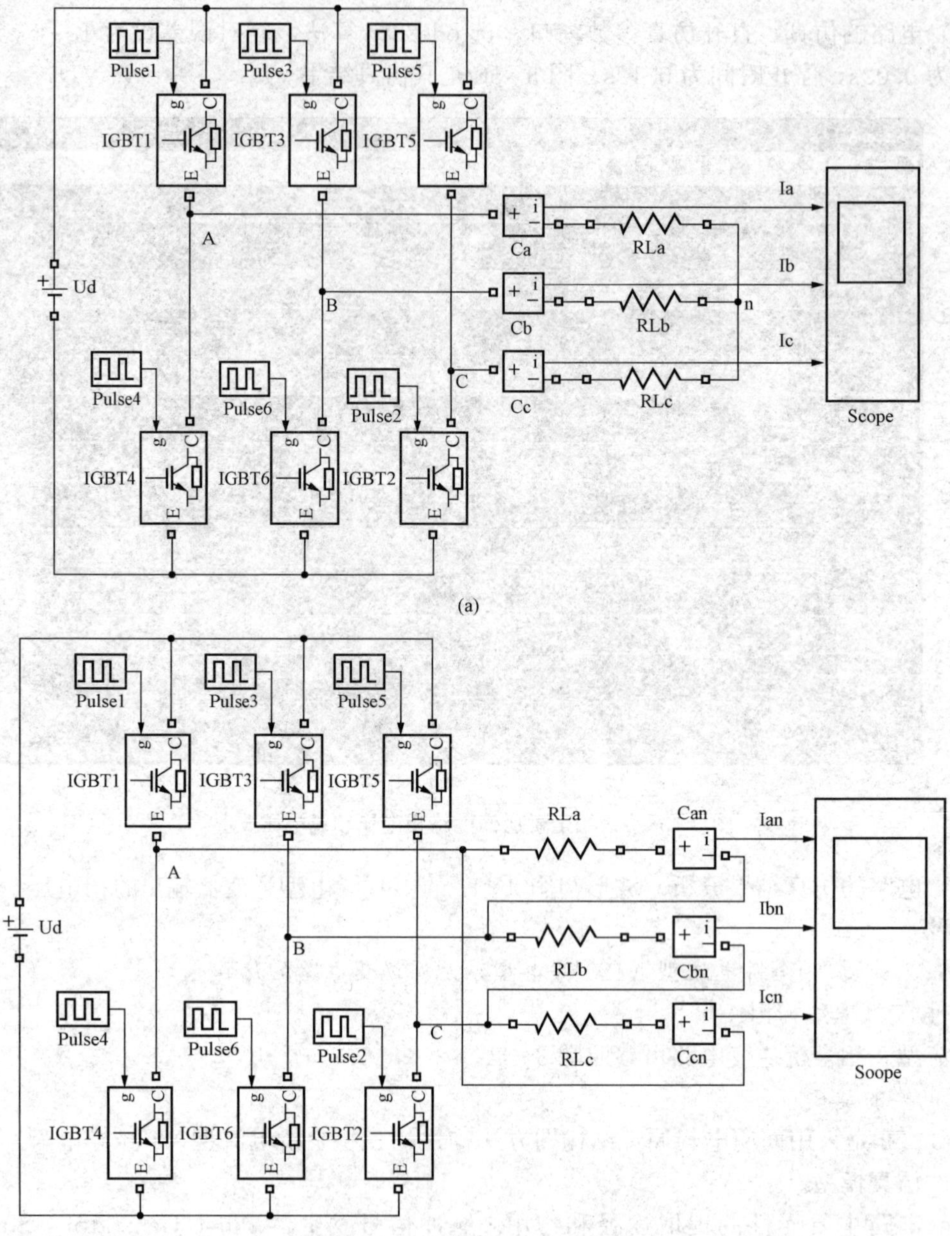

图 3-59 三相全桥电流型无源逆变电路仿真模型

(a) 星形连接；(b) 三角形连接

3. 电路的仿真和仿真结果分析

(1) 电路的仿真。打开仿真参数窗口，选 ode23tb 算法，相对误差设为 1e-6，仿真开始时间为 0.02s，停止时间为 0.12s。图 3-60 是其仿真结果。

(2) 电路的仿真结果分析。波形与图 3-16 的 120°导电型逆变器输出的相电流波形一致。

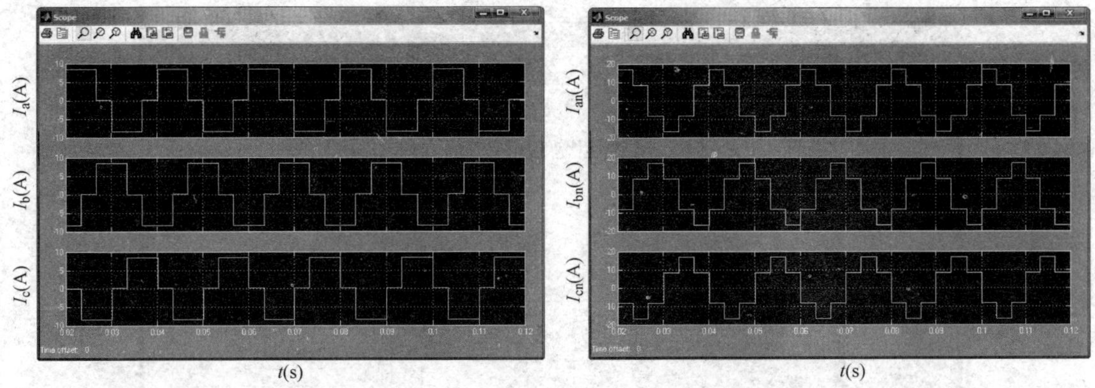

(a)　　　　(b)

图 3-60　三相全桥逆变电路相电流波形
(a) 负载星形连接相电流波形；(b) 负载三角形连接相电流波形

3.5.2.4　几种无源逆变电路的谐波分析

1. 单相全桥电压型无源逆变电路的谐波分析

(1) 参数设置与"3.5.2.1 单相全桥电压型无源逆变电路的仿真"相同，谐波分析时的示波器采样时间（Sample time）设置为 0.0001s。

(2) 谐波分析结果与分析。单相全桥电压型无源逆变电路输出电压的谐波分析结果如图 3-61 所示。图中输出电压成分主要是 1，3，5，9 次。随着谐波次数的增加，其幅值下降。

而前面理论分析得到的单相全桥逆变电路负载电压波形的傅里叶级数为

$$u_{UV}(t)=\frac{4}{\pi}U_d\left(\sin\omega t+\frac{1}{3}\sin 3\omega t+\frac{1}{5}\sin 5\omega t+\cdots\right) \quad \text{(原式 3-4)}$$

比较上式（式 3-4）和图 3-61 的谐波分析结果，两者是一致的。

2. 三相全桥电压型（180°导电型）无源逆变电路的谐波分析

(1) 参数设置与"3.5.2.2 三相全桥电压型（180°导电型）无源逆变电路的仿真"相同，谐波分析时的示波器采样时间（Sample time）设置为 0.00005s。

(2) 谐波分析结果与分析。

1) 理论分析得到的 180°导电型逆变器的相电压为交流六阶梯状波形，傅里叶分析后求得的逆变器输出 U 相电压的瞬时值 u_{U0} 为式（3-7）

$$u_{U0}(t)=\frac{2}{\pi}U_d\left(\sin\omega t+\frac{1}{5}\sin 5\omega t+\frac{1}{7}\sin 7\omega t+\frac{1}{11}\sin 11\omega t+\frac{1}{13}\sin 13\omega t+\cdots\right)$$

(原式 3-7)

从上式可知，相电压波形中不包含偶次和 3 及 3 的倍数次谐波，而只有 5 次及 5 次以上的奇次谐波，且谐波幅值与谐波次数成反比。

2) 同样，逆变器线电压为 120°的交流方波波形，傅里叶分析后得到的线电压的瞬时值 u_{UV} 为式（3-11）

$$u_{UV}(t)=\frac{2\sqrt{3}}{\pi}U_d\left(\sin\omega t-\frac{1}{5}\sin 5\omega t-\frac{1}{7}\sin 7\omega t+\frac{1}{11}\sin 11\omega t+\frac{1}{13}\sin 13\omega t-\cdots\right)$$

(原式 3-11)

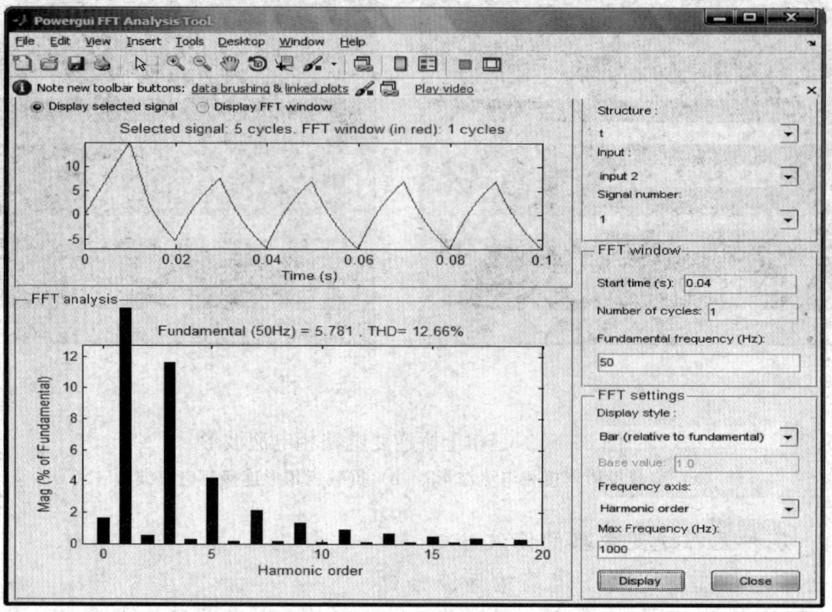

图 3-61 单相全桥电压型无源逆变电路负载电压谐波分析结果

从上式可知，线电压波形中不包含偶次和 3 的倍数次谐波，而只含有 5 次及 5 次以上的奇次谐波，且谐波幅值与谐波次数成反比。

三相全桥电压型无源逆变电路输出相电压和线电压的谐波分析结果如图 3-62 和图 3-63 所示。

比较式（3-7）和图 3-62 的谐波分析结果，两者是一致的。

比较式（3-11）和图 3-63 的谐波分析结果，两者是一致的。

3. 三相全桥电流型（120°导电型）无源逆变电路的谐波分析

（1）参数设置与“3.5.2.3 三相全桥电流型（120°导电型）无源逆变电路的仿真”相同，谐波分析时的示波器采样时间（Sample time）设置为 0.00005s。

（2）谐波分析结果与分析。

1）当负载星形连接时，理论分析得到的输出相电流波形为 120°交流方波。采用傅里叶分解后求得的 U 相电流波形的谐波表达式为式（3-15）

$$i_{U0}(t)=\frac{2\sqrt{3}}{\pi}I_d\left(\sin\omega t-\frac{1}{5}\sin5\omega t-\frac{1}{7}\sin7\omega t+\frac{1}{11}\sin11\omega t+\frac{1}{13}\sin13\omega t-\cdots\right)$$

（原式 3-15）

从上式可知，相电流波形中不包含偶次和 3 的倍数次谐波，而只含有 5 次及 5 次以上的奇次谐波，且谐波幅值与谐波次数成反比。

2）同样，当负载三角形连接时，理论分析得到的输出相电流波形为六阶梯状方波。傅里叶分解后得到的相电流谐波表达式为

$$i_{U0}(t)=\frac{2}{\pi}I_d\left(\sin\omega t+\frac{1}{5}\sin5\omega t+\frac{1}{7}\sin7\omega t+\frac{1}{11}\sin11\omega t+\frac{1}{13}\sin13\omega t+\cdots\right)$$

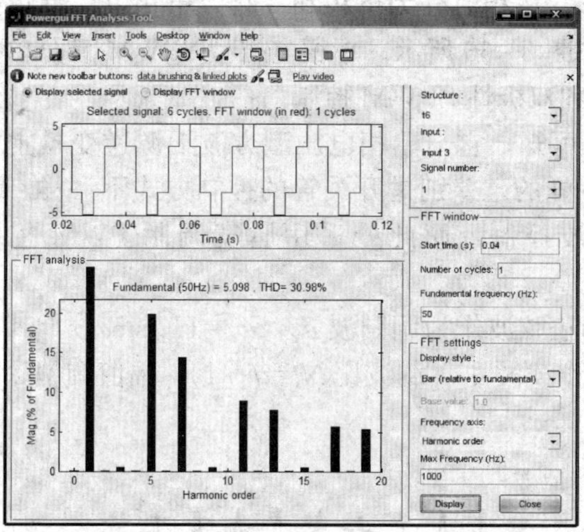

图 3-62　三相全桥电压型逆变电路相电压谐波分析结果

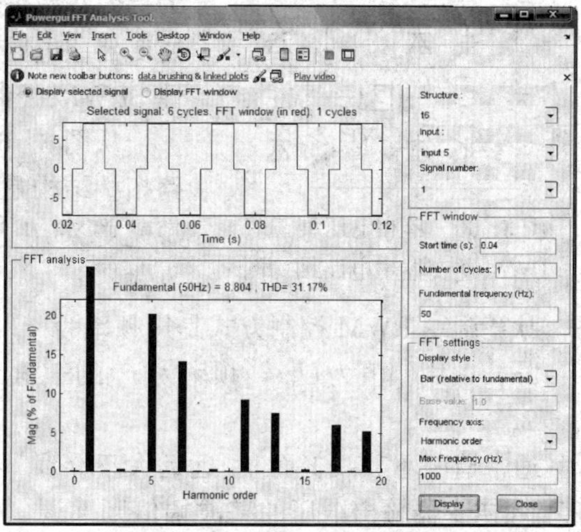

图 3-63　三相全桥电压型逆变电路线电压谐波分析结果

从上式可知，相电流波形中不包含偶次和 3 的倍数次谐波，而只含有 5 次及 5 次以上的奇次谐波，且谐波幅值与谐波次数成反比。

三相全桥电流型无源逆变电路负载星形连接输出相电流的谐波分析结果如图 3-64 所示，负载三角形连接输出相电流的谐波分析结果如图 3-65 所示。

比较式（3-15）和图 3-64 的谐波分析结果，两者是一致的。

比较负载三角形式连接相电流表达式和图 3-65 的谐波分析结果，两者是一致的。

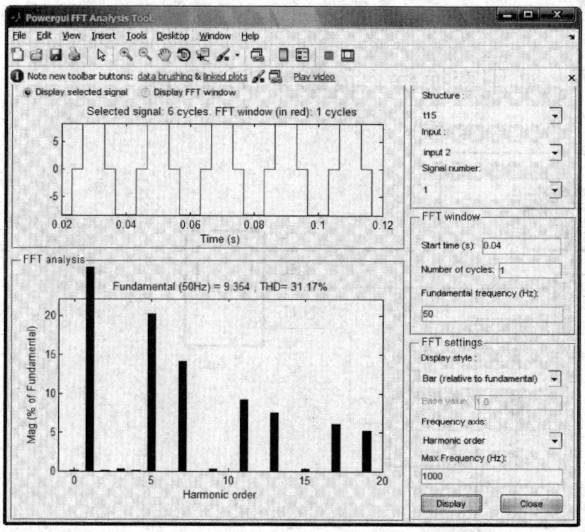

图 3-64　三相全桥电流型逆变电路星形负载相电流谐波分析结果

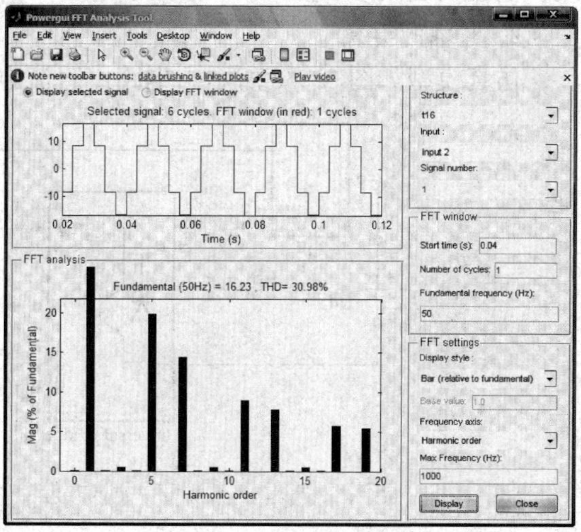

图 3-65　三相全桥电流型无源逆变电路三角形负载相电流谐波分析结果

3.5.3　PWM 逆变电路的 MATLAB 仿真

3.5.3.1　电压正弦脉宽调制（SPWM）逆变器

1. 单相单极性电压型 SPWM 逆变电路结构

电压 SPWM 技术就是通过调节脉冲宽度来调节输出电压的大小，使逆变器的输出电压

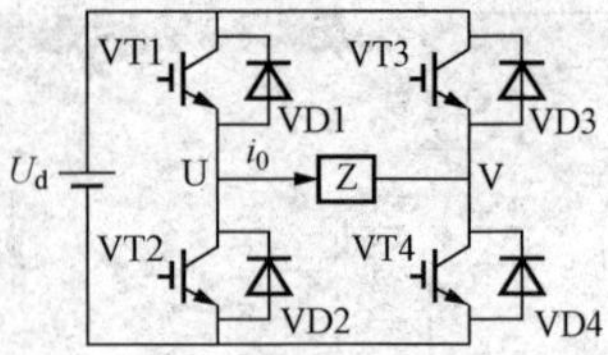

图 3-66 单相电压型正弦PWM逆变器主电路结构图

为等效正弦波形，按相数分为单相和三相。单相电压型正弦逆变器主电路如图 3-66 所示。单相电压型 SPWM 又分单极性 SPWM 控制和双极性 SPWM 控制。

从图 3-66 可知，它与单相电压型方波无源逆变器主电路拓扑结构是一样的，差别是开关管的控制方式不一样。无源逆变采用方波控制，而此处采用脉宽调制 PWM 控制方式。

脉宽调制 PWM 控制方式是用频率为 f_r 的正弦波作为调制波 u_r，$u_r=U_{rm}\sin\omega_s t$，其中 $\omega_s=2\pi f_r$；用幅值为U_{tm}，频率为 f_t 的三角形作载波 u_t。载波比 $N=f_t/f_r$，幅值调制深度 $m=U_{rm}/U_{tm}$。

通常情况下 $m\leqslant 1$ 而 f_t 远远大于 f_r，SPWM 逆变器输出电压的基波幅值则随调制深度 m 线性变化。当 m 不变时，提高载波频率 f_t，则输出电压的最低次谐波也增加。

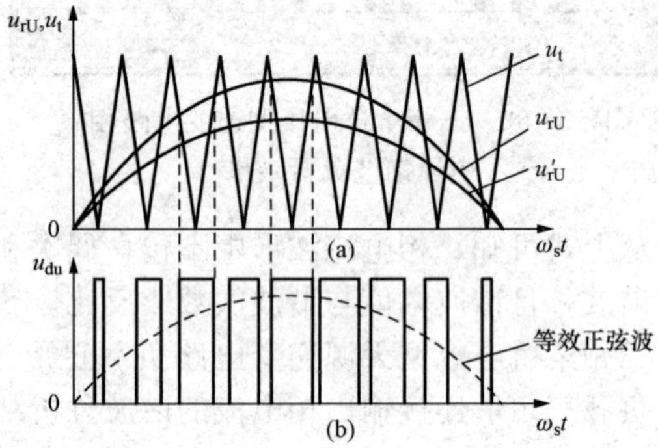

图 3-67 单极式脉宽调制波的形成
（a）调制波与载波；（b）输出波形

单极性 SPWM 控制是指逆变器的输出脉冲具有单极性特性。当输出正半周时，输出脉冲全为正极性脉冲；输出负半周时，输出全为负极性脉冲，因此采用单极性的三角载波调制。单极性调制波和载波、输出调制波形如图 3-67 所示。

2. 电路的建模

仿真模型如图 3-68 所示，电路由直流电源、通用变换桥、负载等部分组成。

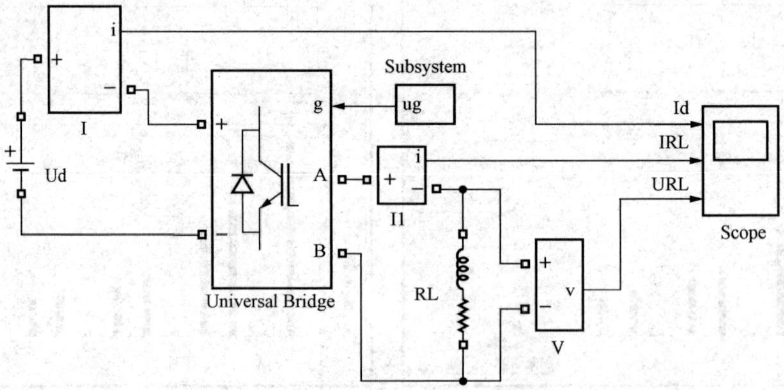

图 3-68 单相单极性电压型 SPWM 逆变电路仿真模型

3. 仿真模型中使用的主要模块的参数设置

各部分建模与参数设置如下：

（1）通用变流器桥参数设置如图 3-69 所示。

（2）ug 是单极性 SPWM 信号发生器电路的封装模块，信号发生器仿真模型如图 3-70 所示。

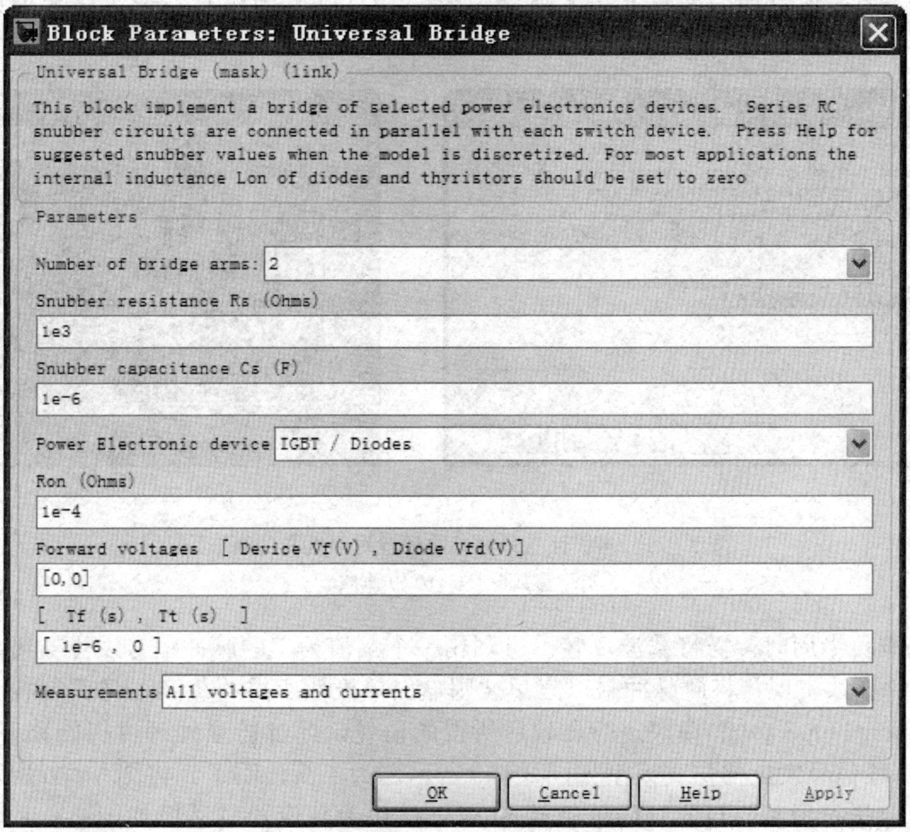

图 3-69 通用变流器桥参数设置

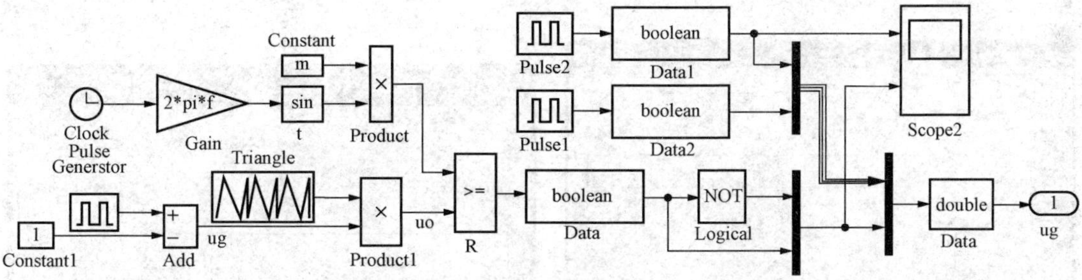

图 3-70 单极性 SPWM 信号发生器仿真模型

图中模块提取途径和作用：

1）时钟信号 Clock：Simulink/ Source/Clock，用作产生时间信号。

2）三角波信号：Simulink/ Source/ Repeating Sequence，用作产生载波信号。

3）比较器：Simulink/ Logic and Bit Operations/ Relational Operator。

4）Boolean、double：Simulink/ Signal Attributes/ Data Type Conversion。

5）非门 NOT：Simulink/ Logic and Bit Operations/Logical Operator，逻辑非信号。

6）与门 Potduct：Simulink/Commonly Used Block/Potduct，逻辑与信号。

图 3-70 仿真模型中，“Clock”模块提供时间 t，乘以 $2\pi f$ 后通过“sin”模块得到 $\sin\omega t$，再乘以调制深度 m 后可得所需的正弦调制信号；“Repeating Sequence”模块产生三

角波信号，参数设置如图 3-71（a）所示，图 3-71（b）为仿真波形，显示为单极性三角波。

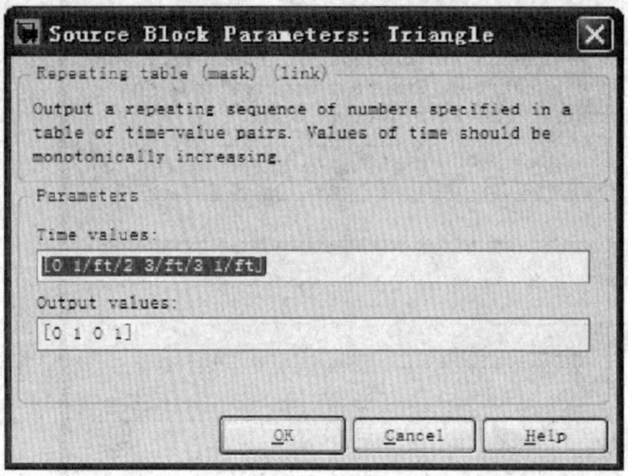

(a)

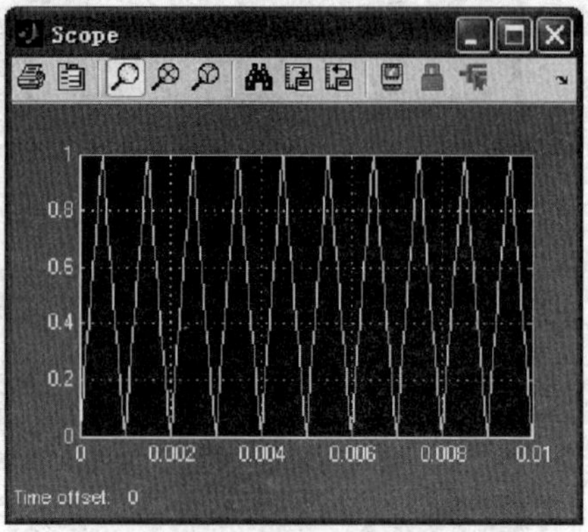

(b)

图 3-71　单极性三角波参数设置对话框和仿真波形

（a）参数设置；（b）仿真波形

正弦波负半周时，需将载波反转。可利用一个幅值为 1 的脉冲信号发生器再加一个幅值为±1 的脉冲实现，将此脉冲乘以三角波则输出单极性所需的载波；将调制波和载波通过“Relational Operator”模块进行比较后所得的信号，经过适当处理可得四路开关信号，得到 SPWM 信号发生器仿真模型如图 3-70 所示。为了简洁明了，将图 3-70 所示的信号发生器电路进行封装。封装后的单极性 SPWM 模块参数设置对话框如图 3-72 所示，设置 m、f、f_t 三个参数后，再单击该子模块则出现图 3-73 所示 Ug 模块的参数设置对话框。

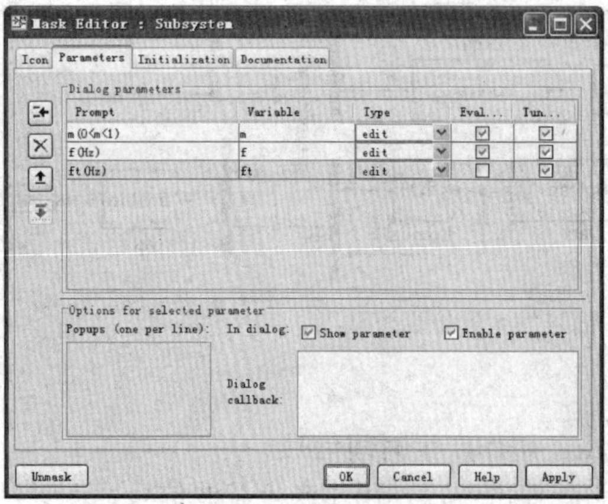

图 3-72　单极性 SPWM 模块封装设置参数对话框

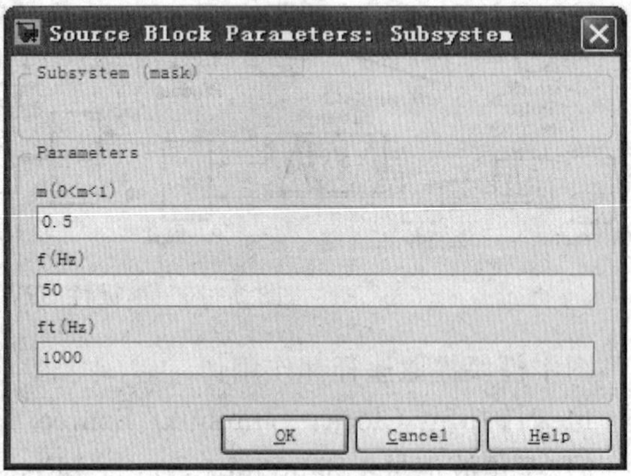

图 3-73　单极性 SPWM 模块参数设置对话框

（3）u_d 取 180V。

（4）负载 $R=1\Omega$，$L=0.002$H。

4. 模型仿真、仿真结果的输出及结果分析

（1）系统仿真。打开仿真参数窗口，选 ode23tb 算法，相对误差设为 1e-3，仿真开始

时间为0，停止时间为0.06s；输出基波频率设为50Hz，而载波频率为基波的10倍，即为500Hz。图3-74为不同调制深度m=0.5、0.8、1时的仿真结果。

（2）输出仿真结果。采用“示波器”模块输出方式，对图3-68单相单极性逆变电路的模型进行仿真，即可得图2-74所示的仿真曲线。

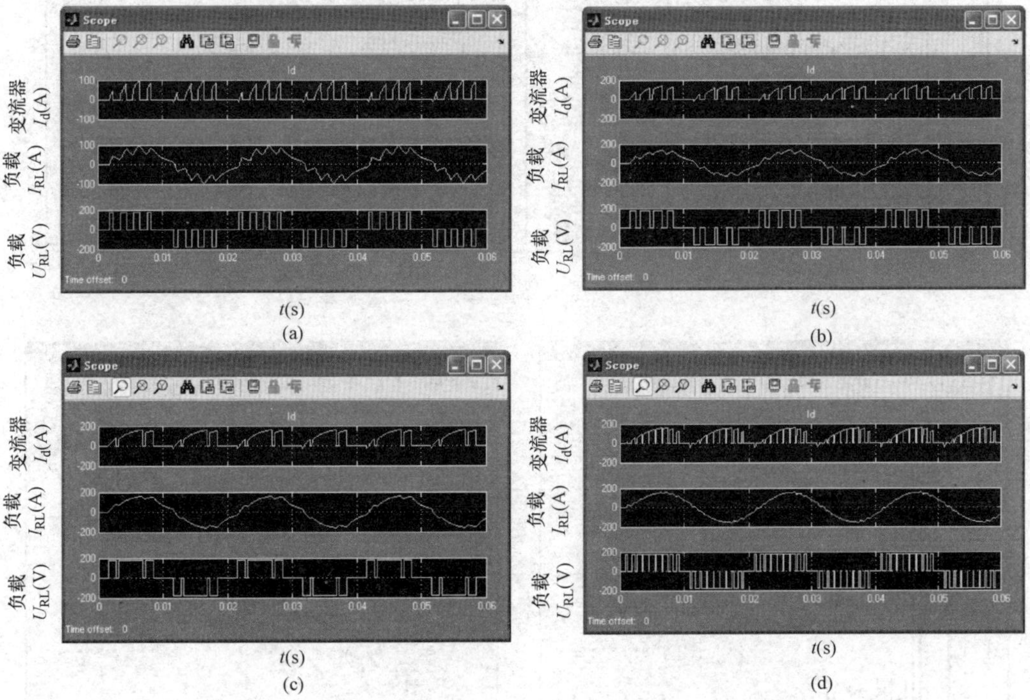

图3-74　单相单极性SPWM逆变器不同m值的仿真波形图

（a）m=0.5，f_t=500Hz；（b）m=0.8，f_t=500Hz（c）m=1，f_t=500Hz；（d）m=1，f_t=1000Hz

（3）输出结果分析。由图3-74可知，随着调制深度m的增大，负载电压的中心部分脉冲明显加宽，基波的幅值不断增加。载波频率增加，负载电流更接近正弦波。

5. 谐波分析

分析方法在方波无源逆变电路中已介绍，单相单极性电压型SPWM逆变电路的谐波分析图如图3-75所示。从图中可知，图3-75（a）中1次谐波为基波的100%，另有第9、11次谐波，达基波的75%和73.6%，即在载波比N整数倍频率（10、20…）两侧（9、11；19、21…）存在谐波；总谐波畸变THD达到124.7%。随着调制深度m的增加，基波分量百分比增加，总谐波畸变THD减小。

3.5.3.2　单相双极性电压型SPWM逆变电路

单极性SPWM控制采用单极性三角载波调制，从而使控制信号较为复杂，为此采用双极性控制。

1. 单相双极性电压型SPWM逆变电路结构

单相双极性电压型SPWM逆变器主电路与单相单极性电压型SPWM逆变器主电路一样，差别主要是PWM控制信号不同。

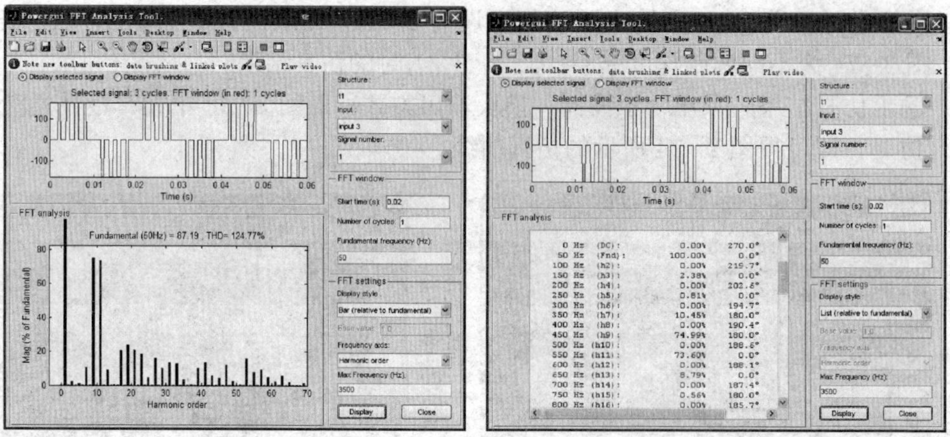

(a)

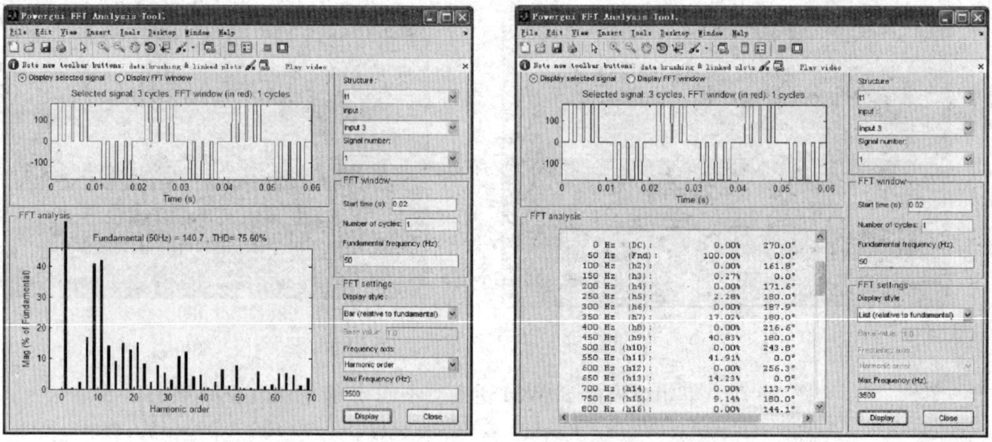

(b)

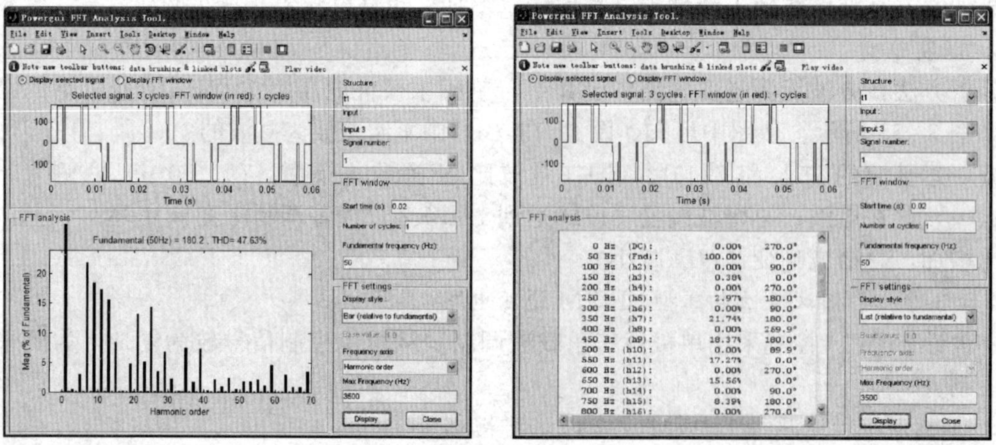

(c)

图 3-75　不同调制深度的单极性相电压的谐波分析图

(a) $m=0.5$，$f_t=500$Hz；(b) $m=0.8$，$f_t=500$Hz；(c) $m=1$，$f_t=500$Hz

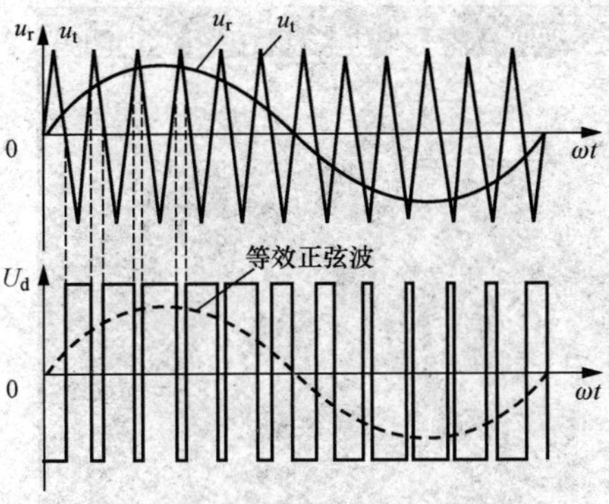

图 3-76　双极性脉宽调制波的形成

双极性调制波和载波、输出调制波形如图 3-76 所示，每个周期内输出的电压正负跳变，因此为双极性。

2. 电路的建模

双极性 SPWM 也采用正弦波调制，单相双极性电压型正弦逆变器仿真模型如图 3-77 所示。仿真模型与图 3-68 完全相同，不同的是 PWM 信号发生器。

3. 仿真模型中使用的主要模块的参数设置

(1) 通用变流器桥参数设置如图 3-69 所示。

(2) Ug 模块是双极性 SPWM 信号发生器电路的封装，仿真模型如图 3-78 所示。

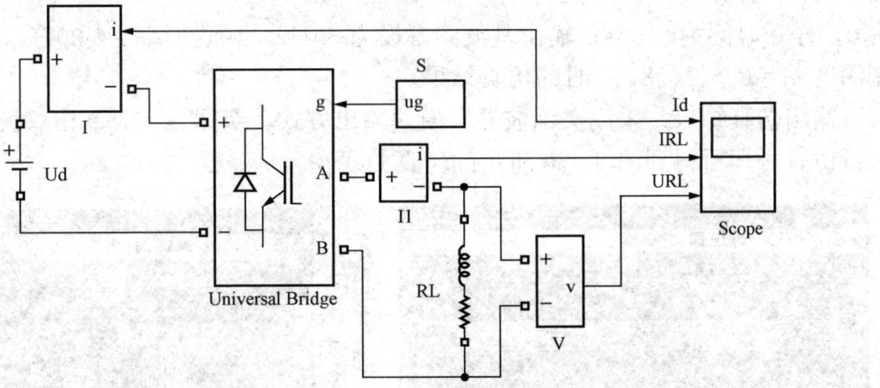

图 3-77　单相双极性电压型正弦逆变器仿真模型

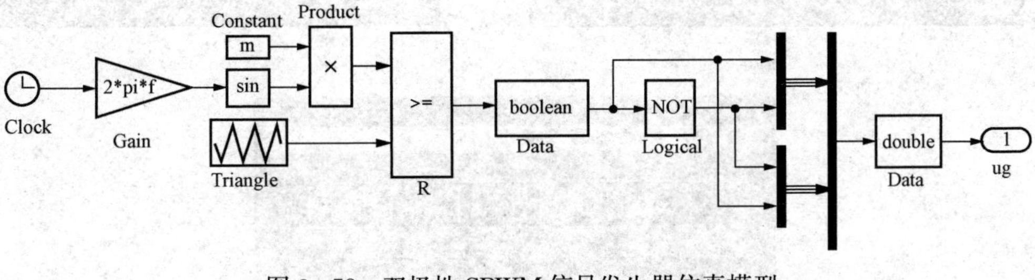

图 3-78　双极性 SPWM 信号发生器仿真模型

图 3-78 所示的双极性 SPWM 控制信号仿真模型的构建方法与单极性相同，主要区别在于三角载波的参数设置，如图 3-79 所示，三角载波为正负对称的三角波，模型较单极性简单。图 3-78 模型的封装方法与单极性相同，参数设置如图 3-79 (a) 所示，图 3-79 (b) 为仿真波形，显示为双极性三角波。

(3) U_d 取 180V。

(4) 负载 $R=1\Omega$，$L=0.002$H。

4. 模型仿真、仿真结果的输出及结果分析

(1) 系统仿真。打开仿真参数窗口，选 ode23tb 算法，相对误差设为 1e-3，仿真开始

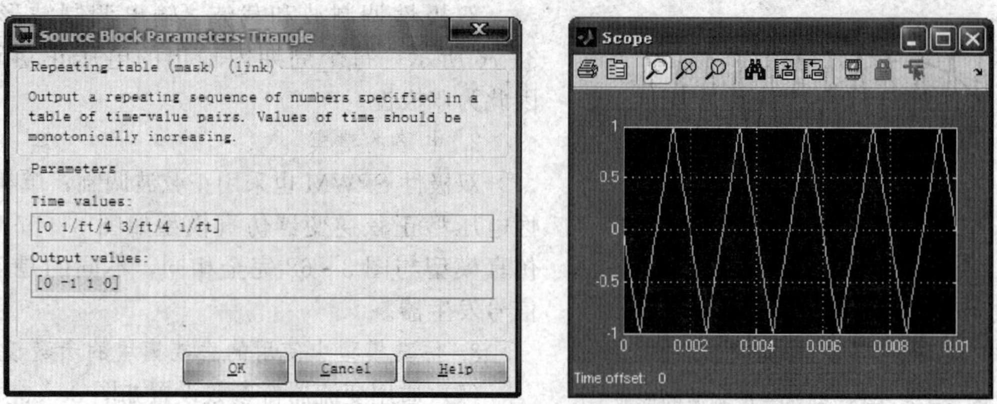

(a)　　(b)

图 3-79　双极性三角波参数设置对话框

（a）参数设置；（b）仿真波形

时间为 0，停止时间为 0.06s；输出基波频率设为 50Hz，载波频率为 500Hz。图 3-80 为不同调制深度 m=0.5、0.8、1 时的仿真结果。

（2）输出仿真结果。采用“示波器”模块输出方式，对图 3-77 单相双极性逆变电路的模型进行仿真，即可得到图 3-80 所示的仿真曲线。

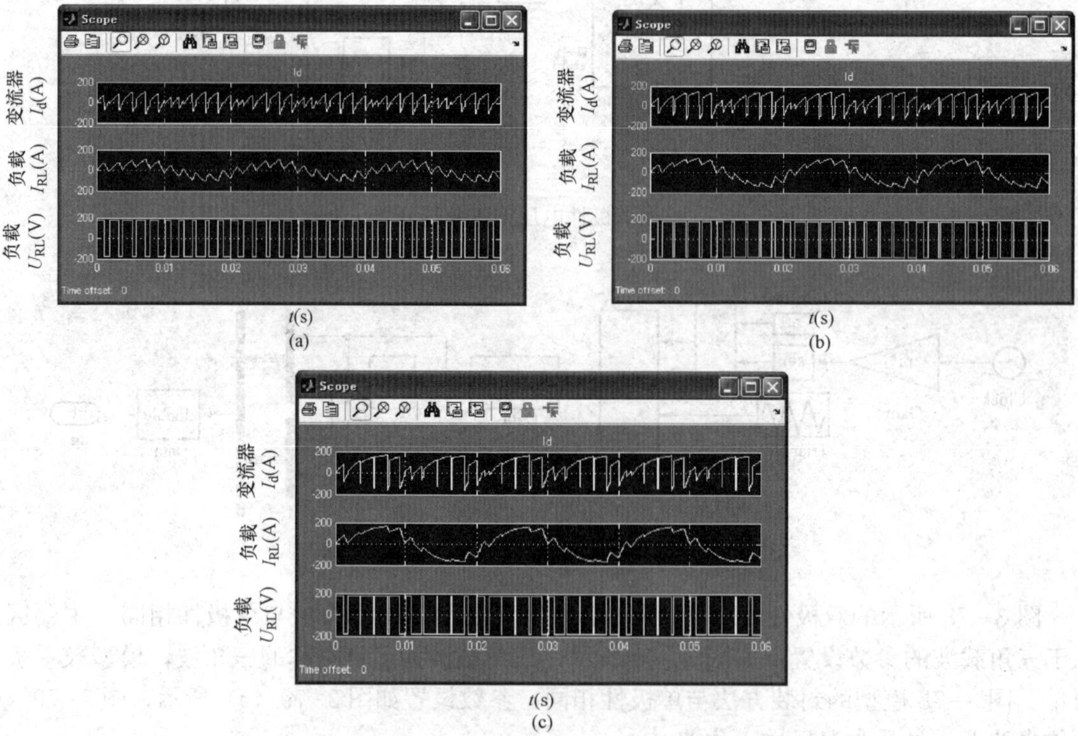

(a)　　(b)　　(c)

图 3-80　单相双极性 SPWM 逆变器不同 m 值的仿真波形图

（a）m=0.5，f_t=500Hz；（b）m=0.8，f_t=500Hz；（c）m=1，f_t=500Hz

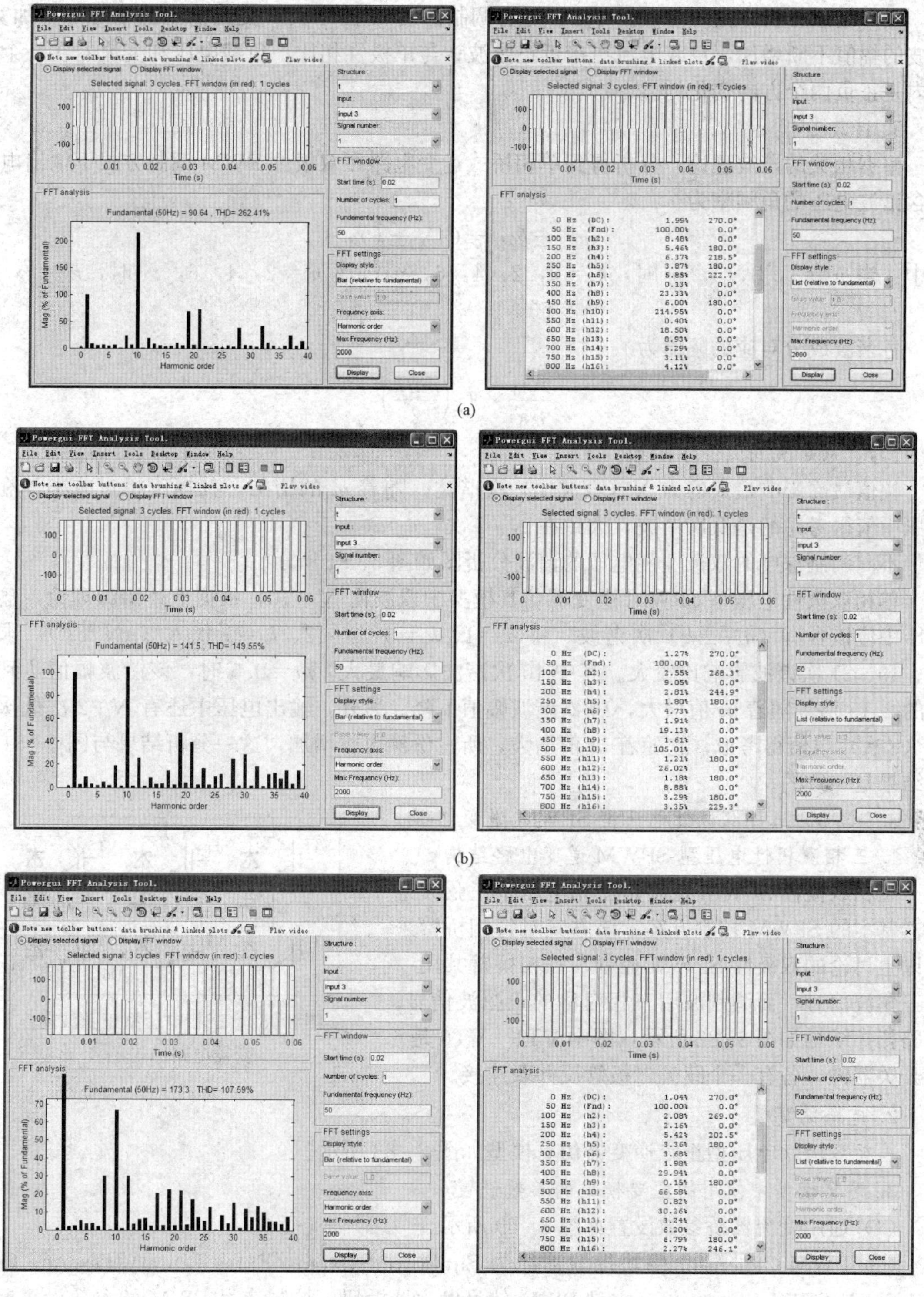

图 3-81　不同调制深度的双极性相电压的谐波分析图

(a) $m=0.5$，$f_t=500$Hz；(b) $m=0.8$，$f_t=500$Hz；(c) $m=1$，$f_t=500$Hz

（3）结果分析。由图3-80可知，随着调制深度 m 的增大，交流电压的中心部分加宽，基波的幅值不断增加，负载电流更接近正弦波；与单极性相比，负载电压和变流器在一个周期内是正负两个方向变化的。

5. 谐波分析

根据相关的谐波理论，分析得到单相桥式逆变电路在双极性PWM调制方式下输出电压包含谐波电压的角频率为

$$n\omega_{\mathrm{t}} \pm k\omega_{\mathrm{s}} = (nN \pm k)\omega_{\mathrm{s}}$$

式中：当 $n=1$，3，5，…时，$k=0$，2，4，6，…；当 $n=2$，4，6，…时，$k=1$，3，5，…。

各谐波成分对应的幅值为

$$\frac{4U_{\mathrm{d}}}{n\pi} \times J_{\mathrm{k}}\left(\frac{mn\pi}{2}\right)$$

式中：J_{k} 为 k 次的贝赛尔函数。

幅值最高影响最大的为 N（载波比）次谐波，随着 m 的增加，其幅值相对减小，输出电压中值得考虑的是低次谐波，大致在 $N-2$ 次。

不同调制深度的双极性相电压的谐波分析图如图3-81所示。

单相双极性电压型SPWM逆变器仿真模型中载波比 $N=10$，根据上述谐波理论，输出电压中应该含有（$nN \pm k$）次谐波。将 $n=1$、$k=0$；$n=2$、$k=1$ 代入（$nN \pm k$），求得10、19、21次谐波影响比较大。其中10次谐波影响最大，$m=0.5$ 时，该谐波幅值达到基波的2.15倍，随着 m 值增大，10次谐波幅值下降。另外，输出电压中还有 $N-2$ 次低次谐波（8次）也值得考虑，它随着 m 值增大，所占份额也在增加。这一分析结果与图3-81所示结果是一致的。

3.5.3.3　三相双极性电压型SPWM逆变电路

1. 三相双极性电压型SPWM逆变电路结构

三相双极性SPWM控制是三相电压型正弦波逆变器基本的SPWM控制方案，该方案对每相桥臂采用以上讨论的双极性SPWM控制，三相桥臂共用一个三角波信号，而调制波用三相对称的正弦波信号。电路拓扑结构如图3-82所示，图中VT1～VT6是6个开关器件，各有一个续流二极管反并联连接。

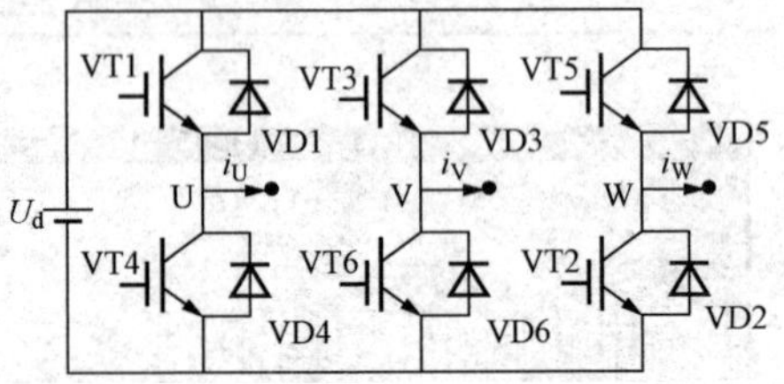

图3-82　三相电压型正弦波逆变器电路结构图

2. 电路的建模

三相双极性电压型正弦逆变器仿真模型如图3-83所示。

3. 仿真模型中使用的主要模块的参数设置

（1）通用变流器桥参数设置如图3-69所示。

（2）PWM Generator 模块提取途径为 SimPowerSystems/Extra Library/Discrete Control Block/PWM Generator；它是PWM信号发生器模块，控制信号PWM的参数设置对话框如图3-84所示。

为了保证三相之间的相位差为120°，载波比 N 应为3的整数倍；为了保证双极性调制时每相波形的正负半波对称，上述倍数须为奇数，这样在信号波的180°处，载波的正负半周

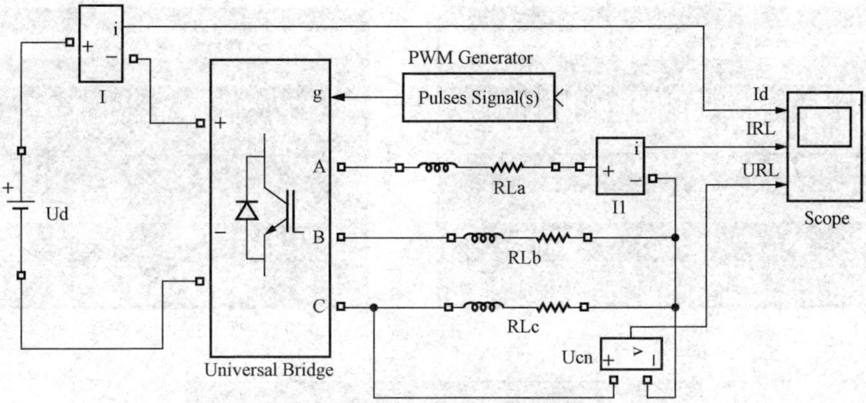

图 3 - 83　三相双极性电压型正弦逆变器仿真模型

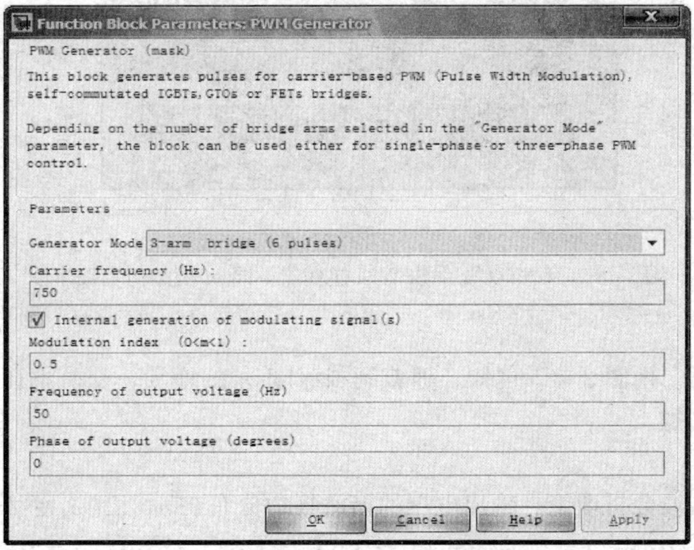

图 3 - 84　控制信号 PWM 的参数设置

恰好分布在两侧。由于波形的左右对称，就不会出现偶次谐波。但实际中载波频率往往远高于调制波频率，此时载波的不对称对输出电流的影响甚微，可忽略不计。与单相情况类似，同样可以利用贝塞尔函数推导 PWM 波的傅里叶级数。在本例中，三角载波频率设置为 750Hz，调制波频率设为 50Hz，载波比 $N=15$，PWM 参数设置如图 3 - 84 所示。

(3) U_d 取 180V。

(4) 负载 $R=1\Omega$，$L=0.002$H。

4. 模型仿真、仿真结果的输出及结果分析

(1) 系统仿真。打开仿真参数窗口，选 ode23tb 算法，相对误差设为 1e - 3，仿真开始时间为 0，停止时间为 0.06s。

(2) 输出仿真结果。采用“示波器”模块输出方式，对图 3 - 83 的三相双极性逆变电路的模型进行仿真，即可得到图 3 - 85 所示的仿真曲线。图 3 - 85 为不同调制深度 $m=0.5$、0.8、1 时的仿真结果。

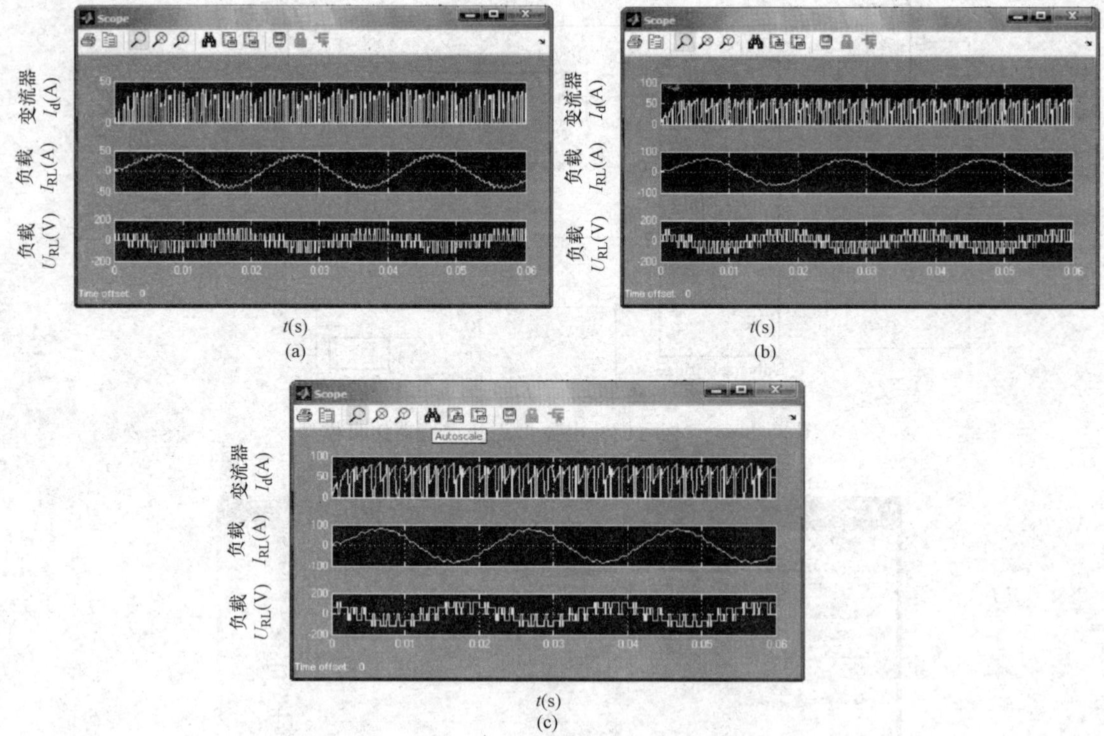

图 3-85　双相双极性 SPWM 逆变器不同 m 值的仿真波形图

(a) $m=0.5$，$f_t=750$Hz；(b) $m=0.8$，$f_t=750$Hz；(c) $m=1$，$f_t=750$Hz

(3) 结果分析。由图 3-85 可知，随着调制深度 m 的增大，交流电压的中心部分加宽，基波的幅值不断增加。

5. 谐波分析

根据相关的谐波分析理论，输出电压的谐波集中分布在 $n\omega_t \pm k\omega_s=(nN\pm k)\omega_s$ 两侧。其中 $n=1$，3，5，…时，$k=3(2m-1)\pm 1$，$m=1$，2，3，…；$n=2$，4，6，…时，$k=6m+1$，$m=0$，1，2，…或 $k=6m-1$，$m=1$，2，3，…。

由上式可知，载波频率整数倍的高次谐波不再存在，谐波分布呈“集簇”性，一组组分布在整数倍频率两侧。不同调制深度的双极性相电压的谐波分析图如图 3-86 所示。

本例中，三相双极性电压型 SPWM 逆变器仿真模型中载波比 $N=15$，根据上述谐波理论，输出电压中应该不含有 nN 次谐波，即 15、30、…，而谐波分布在 $(nN\pm k)$。将 $n=1$、$k=2$ 或 4；$n=2$、$k=1$ 或 5 代入 $(nN\pm k)$，求得 $(nN\pm k)$ 为 13、12 或 29、31 次。这一分析结果与图 3-86 所示结果是一致的。

3.5.3.4　电流跟踪型 PWM 逆变器

1. 电路结构

电流跟踪型 PWM 逆变器由 PWM 逆变器和电流控制环组成。电流跟踪型 PWM 逆变器一相（U 相）的结构图如图 3-87（a）所示，图 3-87（b）所示是输出电流、电压的波形。

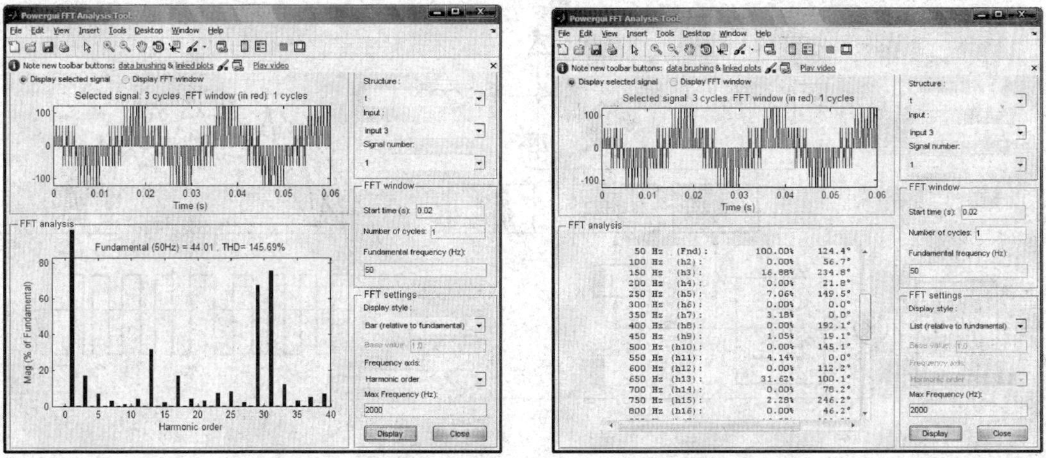

(a)

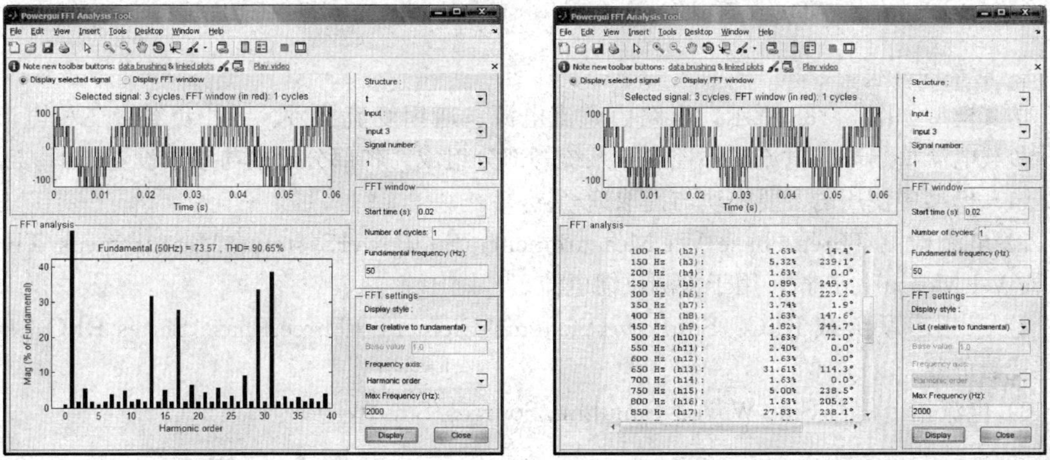

(b)

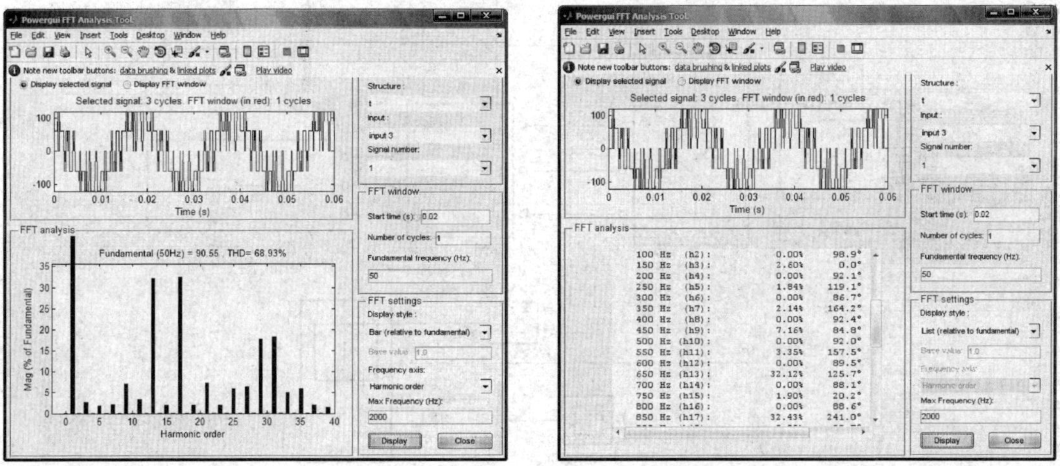

(c)

图 3-86　不同调制深度的单极性相电压的谐波分析图

（a）$m=0.5$，$f_t=750\text{Hz}$；（b）$m=0.8$，$f_t=750\text{Hz}$；（c）$m=1$，$f_t=750\text{Hz}$

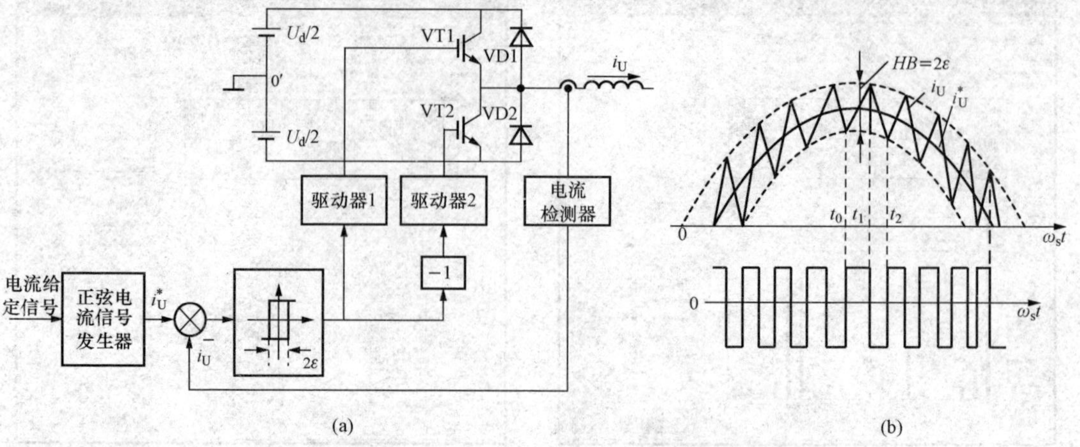

图 3-87 电流滞环控制逆变器一相电流控制框图及波形图

（a）滞环电流跟踪型 PWM 逆变器一相结构示意图；（b）滞环电流跟踪型 PWM 逆变器输出电流、电压波形图

2. 电路的建模

仿真模型如图 3-88 所示，电路由直流电源、通用变流器桥、三相负载、三相电流指令、负载电流检测环、电流滞环控制子系统等部分组成。各部分建模与参数设置如下。

（1）模型中使用的主要模块与提取途径。

1）电流检测 Three-Phase V-I Measurement：SimPowerSystems/Measuremens/Three-Phase V-I Measu-rement，用于检测反馈电流。

2）三相串联负载 RLC：SimPowerSystems/Elements/Three-Phase Series RLC Load，为逆变器负载。

3）电流指令信号 Sine Wave：Simulink/Sources/Sine Wave

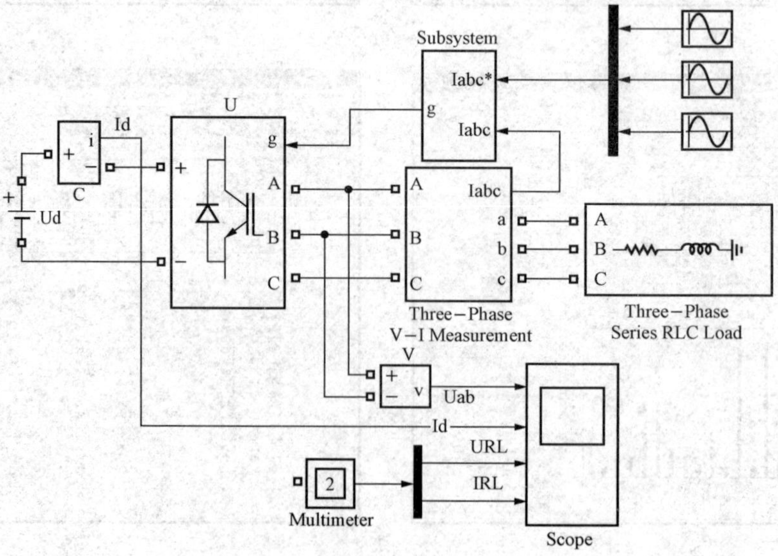

图 3-88 电流跟踪型 SPWM 逆变电路仿真模型

（2）仿真模型中使用的主要模块的参数设置。

1）电流检测环参数设置如图 3 - 89 所示。

2）电流指令信号的参数设置。

三相电流指令信号是三个幅值为 1. 12A、相位相差为 120°的正弦信号，其中之一的参数设置如图 3 - 90 所示。

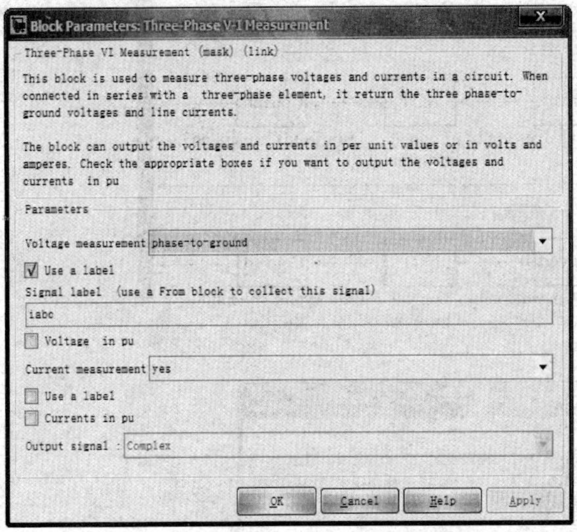

图 3 - 89　电流检测环参数设置对话框

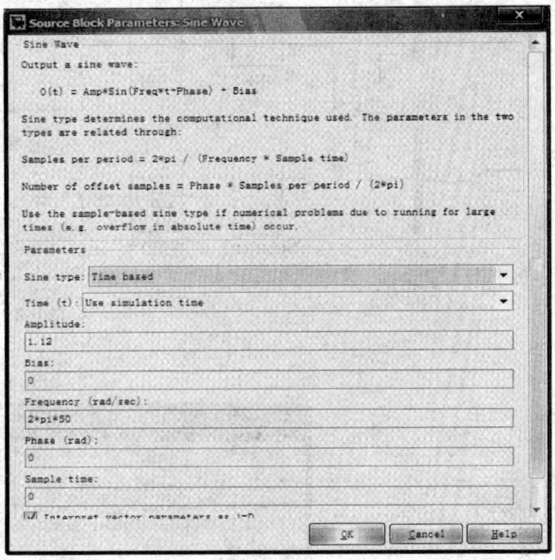

图 3 - 90　电流指令信号的参数设置对话框

3）电流滞环控制子模块内部结构及参数设置如图 3 - 91 所示。

图 3 - 91（a）是电流滞环子模块的内部结构，结构中滞环比较器是用 Simulink/Discontinuities 中的“Relay”模块，设置对话框如图 3 - 91（b）所示。

4）三相负载设置参数如图 3 - 92 所示。

5）其他模块的参数设置与上述三相半波逆变电路仿真模型中所用的模块相同。

4. 模型仿真、仿真结果的输出及结果分析

（1）系统仿真。打开仿真参数窗口，选 ode23tb 算法，相对误差设为 1e - 3，仿真开始时间为 0，停止时间为 0. 06s。

（2）输出仿真结果。采用“示波器”模块输出方式，对图 3 - 88 电流跟踪型 PWM 逆变电路的模型进行仿真，图 3 - 93 为其仿真结果。

（3）结果分析。由图 3 - 93 所示可知，负载相电压、相电流的波形与三相双极性电压型 SPWM 逆变器相似，电流波形围绕给定正弦波做锯齿波变化，近似正弦波，基本能够跟踪指令。

5. 谐波分析

电流跟踪型 PWM 逆变器谐波分析图如图 3 - 94 所示。

图中可以看出负载电流近似正弦波，与 SPWM 相比较，存在各次谐波，而不是存在特定次的谐波。

3.5.4　空间矢量 SVPWM 逆变电路的 MATLAB 仿真

1. SVPWM 逆变器电路结构

SVPWM 逆变器电路拓扑结构与三相双极性电压型 SPWM 逆变电路相同，差别是变流器桥的控制方式不一样。前者采用 SVPWM 信号发生器控制，而后者采用 PWM 信号发生

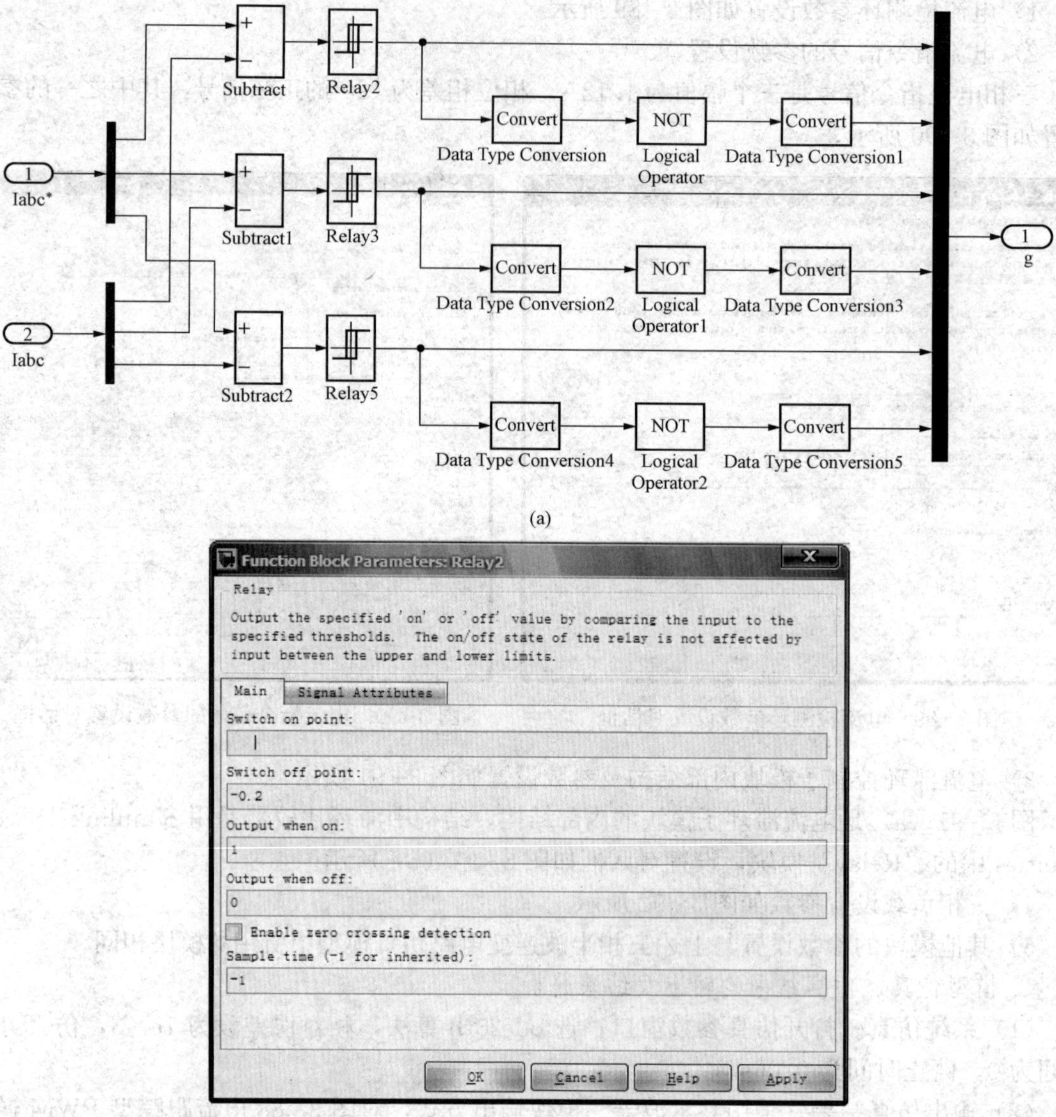

图 3 - 91　电流滞环控制子模块仿真模型

(a) 电流滞环控制子模块内部结构；(b) 滞环比较器参数设置对话框

器控制。

2. SVPWM 逆变电路的建模

SVPWM 逆变电路的仿真模型如图 3 - 95 所示，电路由直流电源、通用变流器桥、三相负载、SVPWM 控制信号发生器等部分组成。各部分建模与参数设置如下。

(1) 模型中使用的主要模块与提取途径。

SVPWM 信号发生器提取途径：SimPower Systems/Extra Library/Discrete Control Blocks/Discrete SVPWM Genertor，产生 SVPWM 逆变器控制信号。

(2) 仿真模型中使用的主要模块的参数设置。

1) 通用变流器桥参数设置与图 3 - 69 相同。

图 3-92　三相负载设置参数的对话框

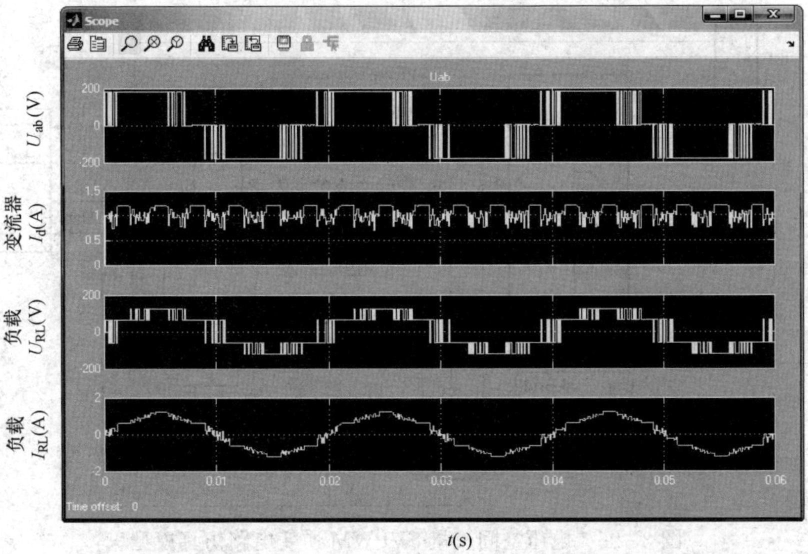

图 3-93　电流跟踪型 PWM 逆变器的仿真波形图

2）SVPWM 控制信号参数设置如图 3-96 所示。

3）其他模块的参数设置与前述电路仿真模型中所用的对应模块相同。

3. 模型仿真、仿真结果的输出及结果分析

(1) 系统仿真。打开仿真参数窗口，选 ode23tb 算法，相对误差设为 1e-3，仿真开始

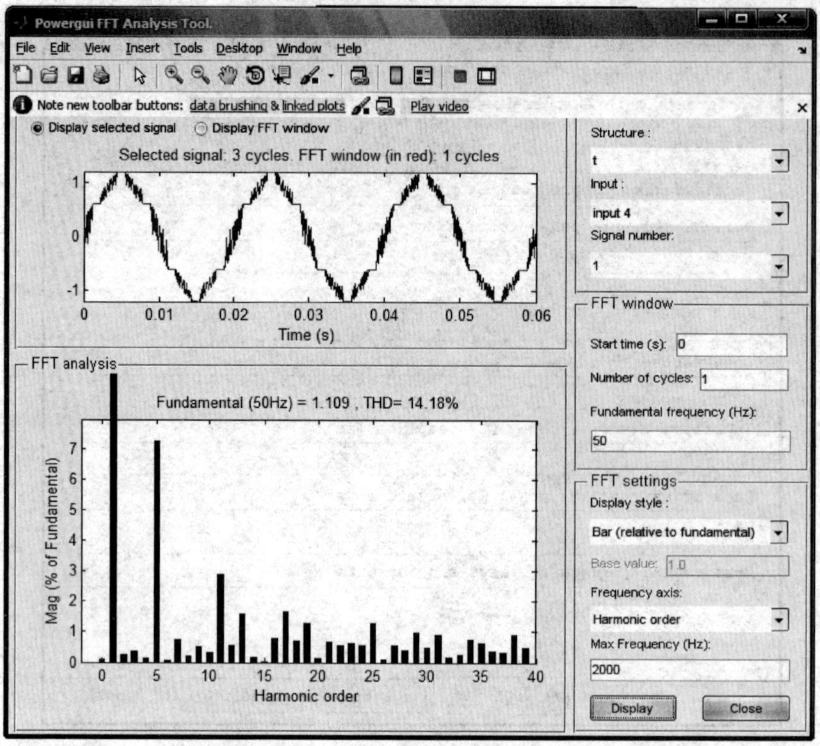

图 3 - 94　电流跟踪型 SPWM 逆变器负载电流谐波分析图

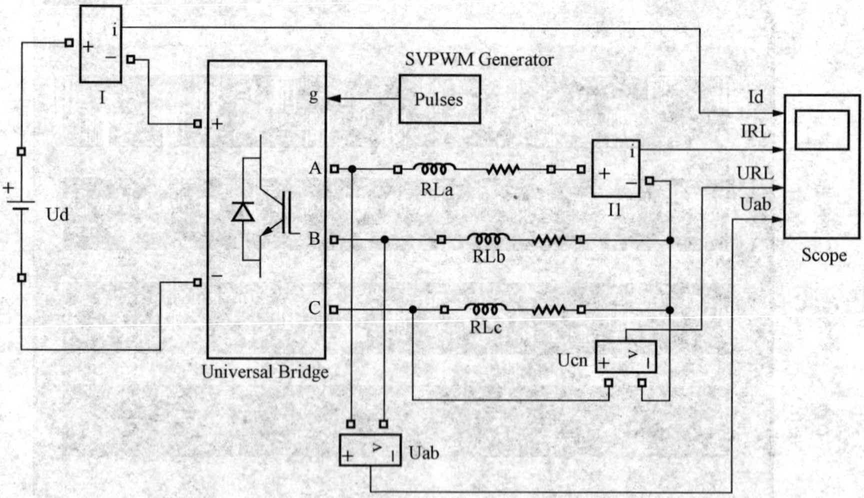

图 3 - 95　电压空间矢量 SVPWM 逆变电路仿真模型

时间为 0，停止时间为 0.06s。

（2）输出仿真结果。采用“示波器”输出方式，对图 3 - 95 的 SVPWM 逆变电路模型进行仿真，图 3 - 97 为其仿真结果。

（3）结果分析。由图 3 - 97 所示得，仿真波形与三相双极性电压型 SPWM 的仿真波形相似，区别在于电流更接近正弦波。

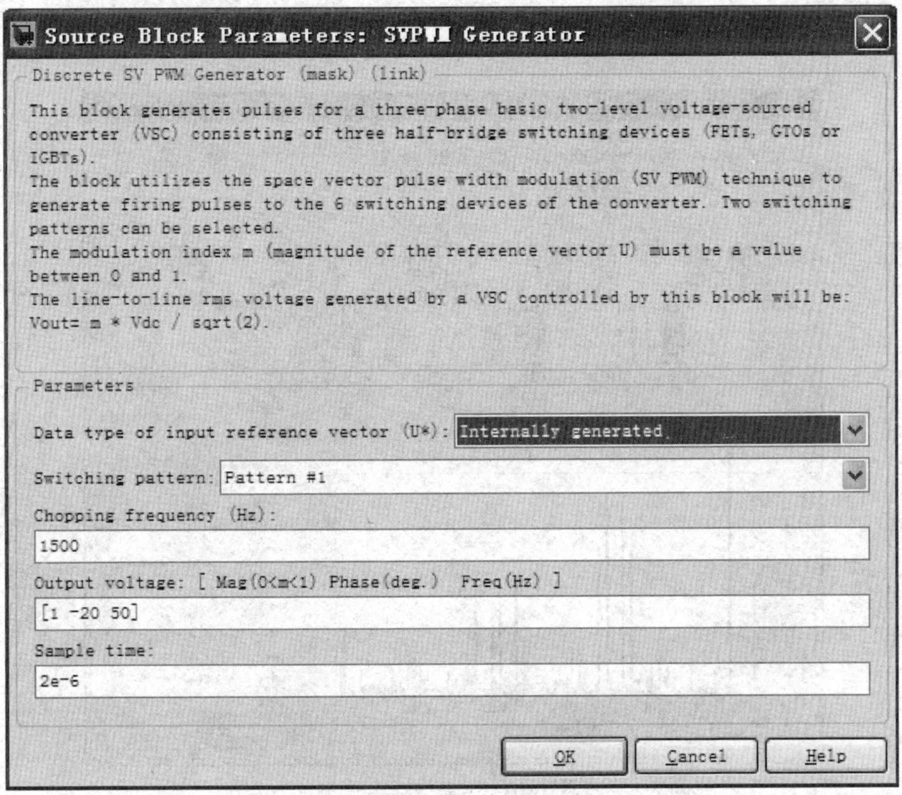

图 3 - 96　SVPWM 参数设置对话框

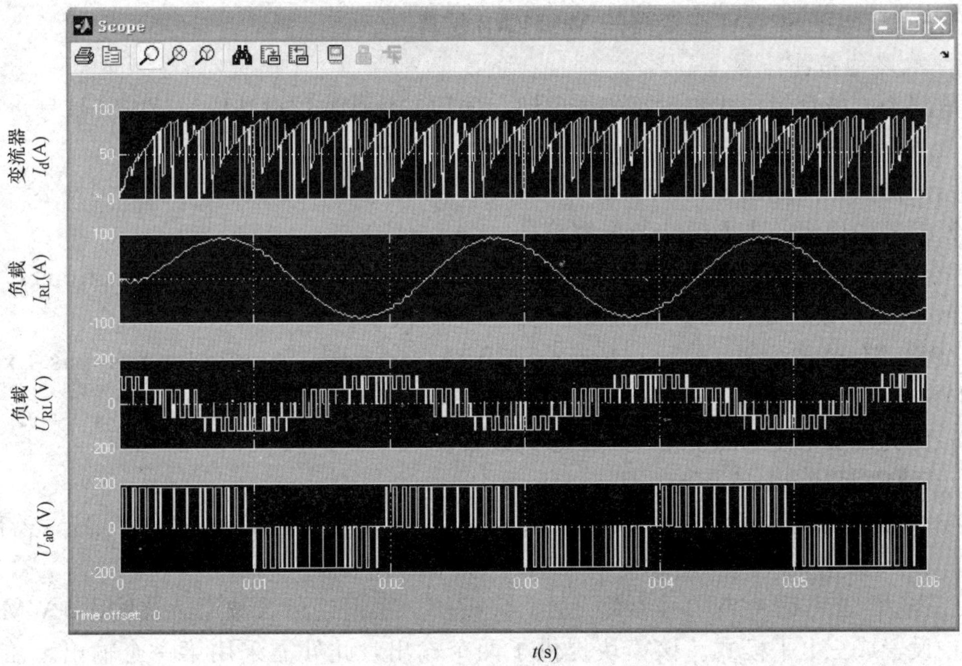

图 3 - 97　SVPWM 逆变电路的仿真波形图

4. 谐波分析

图 3 - 98 所示为 SVPWM 逆变电路的线电压谐波分析图。

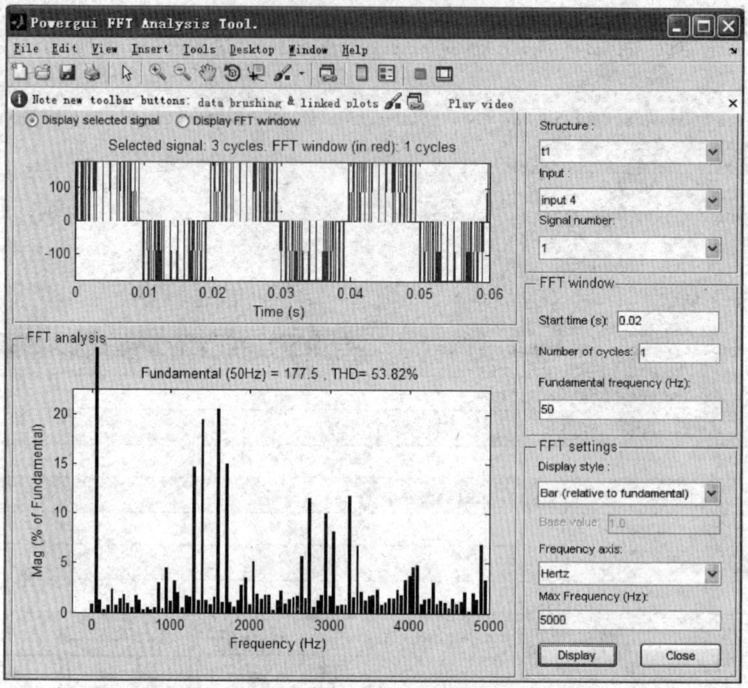

图 3 - 98　SVPWM 逆变器线电压谐波分析图

由图 3 - 98 可知，谐波分量主要分布在载波频率（1500Hz）的整数倍附近。

3.5.5　三电平 SPWM 逆变器的 MATLAB 仿真

1. 主电路的拓扑结构

主电路为二极管钳位式三电平逆变电路，采用三角载波层叠法输出 PWM 信号。

2. 电路的建模

电路的仿真模型如图 3 - 99 所示。

（1）模型中使用的主要模块与提取途径。

1）3 电平变流器桥 Three-Level Bridge：Simpower systems/Power Electronics/Three-Level Bridge，该模块是二极管钳位式逆变器主电路模块。

2）PWM 信号发生器 Discrete 3-phase PWM Generator：SimPower Systems/Extra Library/Discrete Control Blocks/Discrete，产生 3 电平 PWM 逆变器控制信号。

（2）仿真模型中使用的主要模块的参数设置。

1）直流电源 U_d 取 180V。

2）3 电平通用变流器桥参数设置如图 3 - 100 所示，在对话框中设置为三相，器件采用 IGBT。

3）三电平 SPWM 控制信号参数设置。该模块可根据三角载波层叠法输出 PWM 信号，对话框中设置成三电平模式。该模块提供了两个输出，此处需采用第一个输出。在“Discrete 3-phase PWM Generator”模块中，选择内部发生模式，并将调制深度 m 设为 1，输出基波频率设为 50Hz，初始相位为 0，载波频率为基频的 30 倍，即 1500Hz。详如图 3 - 101

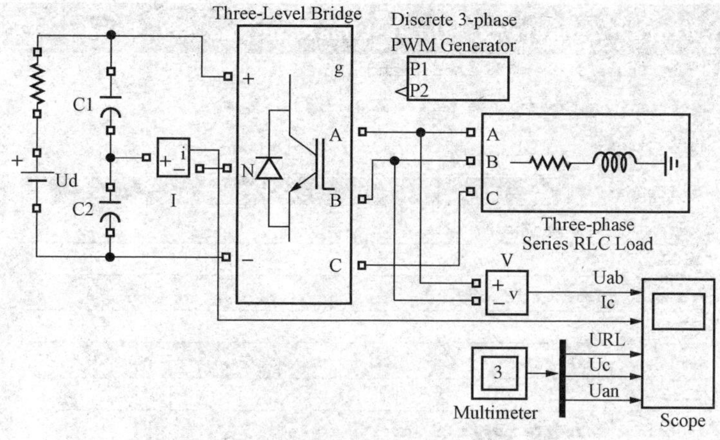

图 3 - 99　三相 SPWM 逆变电路仿真模型

所示。

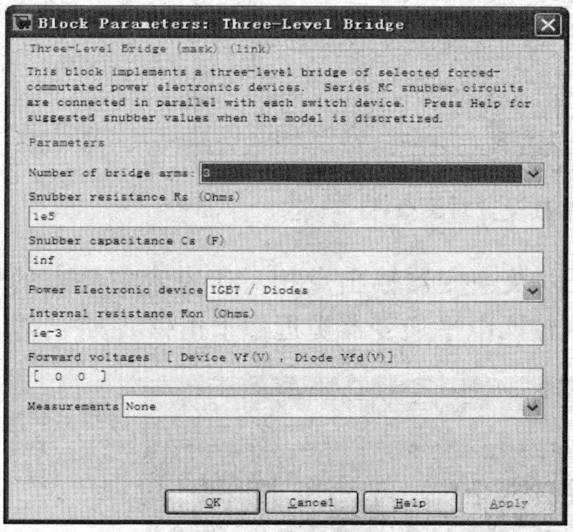

图 3 - 100　三电平通用变流器桥参数设置对话框

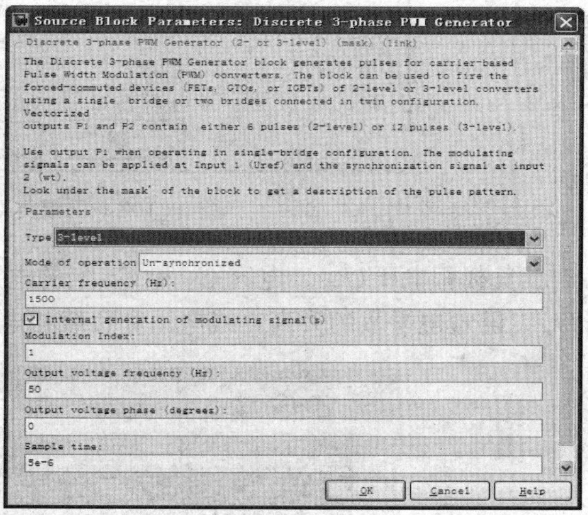

图 3 - 101　三电平 SPWM 控制信号参数设置对话框

4）电容 C_1 和 C_2 均为 560uF，初始值为 $U_d/2$。

5）由于 MATLAB 仿真时不允许电压源与电容直接相连，故在直流电压源出口串联了一个 0.01Ω 的小电阻。

6）三相负载的提取途径与前面有关内容相同，参数设置如图 3 - 102 所示。

对话框中三相负载的有功功率为 1kW，感性无功为 100Var。

3. 模型仿真、仿真结果的输出及结果分析

（1）系统仿真。在 powergui 中设置为离散仿真模式，采样时间为 5e - 7；打开仿真参数窗口，选 ode23tb 算法，相对误差设为 1e - 3，仿真开始时间为 0，停止时间为 0.06s。

（2）输出仿真结果。采用“示波器”输出方式，对图 3 - 99 的三电平 SPWM 逆变电路模型进行仿真，得到图 3 - 103 的仿真结果。

（3）结果分析。波形图中，从上至下依次为逆变器输出线电压 U_{ab}、流出电容中性点电

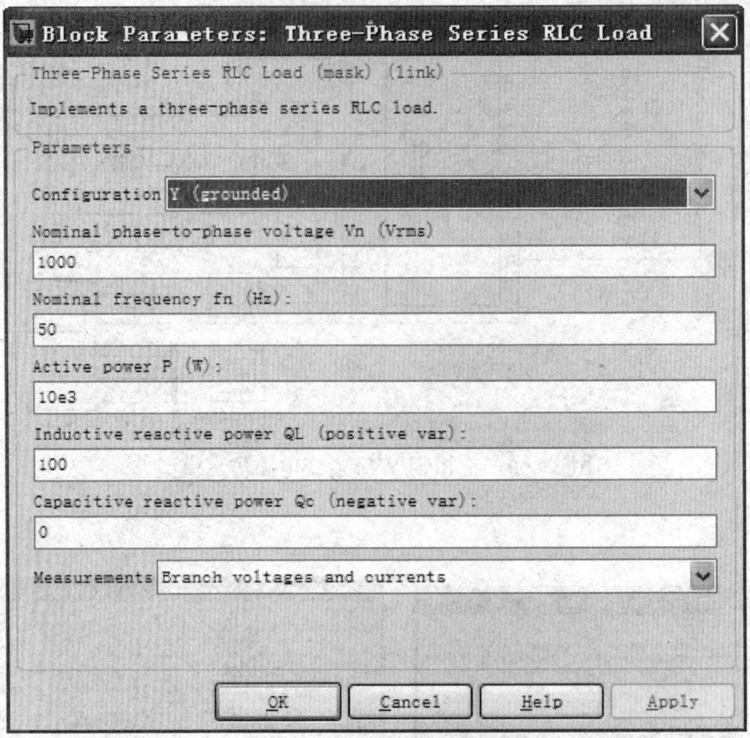

图 3-102　三相负载参数设置对话框

流 I_c、负载相电压 U_{RL}、电容 C_1 和 C_2 上的电压以及逆变器输出点相对于电容中性点的电压 U_{an}。随着电平数的升高，线电压和负载相电压较两电平逆变器更近似于正弦波。

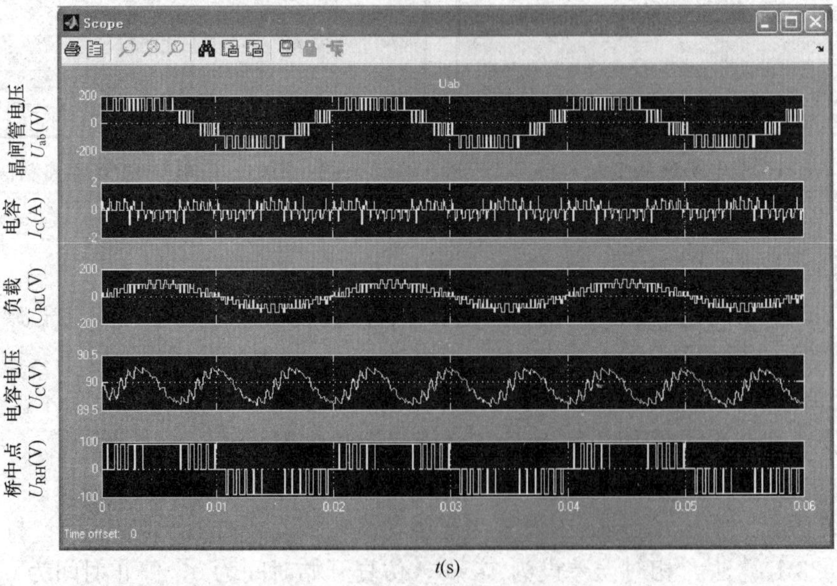

图 3-103　三电平 SPWM 逆变电路仿真波形

4. 谐波分析

图 3 - 104 所示为三电平 SPWM 逆变电路的线电压谐波分析图。

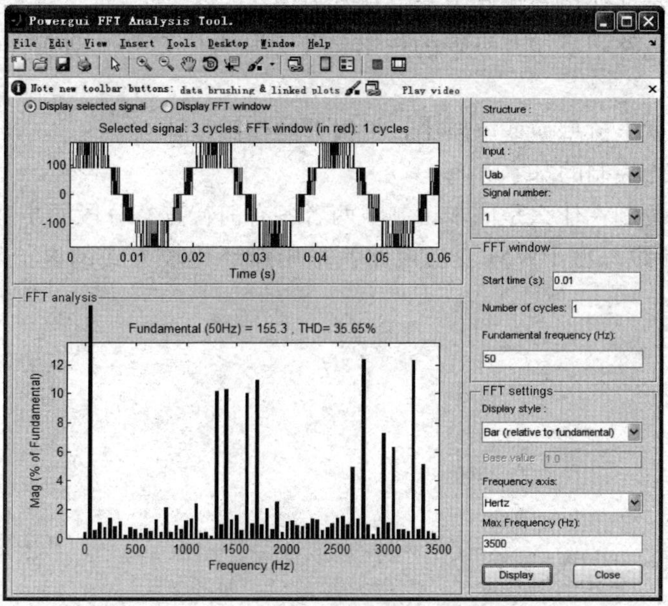

图 3 - 104　三电平 SPWM 逆变器线电压谐波分析图

由图 3 - 104 可知，谐波分量主要分布在载波频率（1500Hz）的整数倍附近。

习　题

一、填空题

1. 按逆变后能量馈送去向不同，电力电子器件构成的逆变器可分为________逆变器与________逆变器。

2. 有源逆变是把________能量转变成________能量后送给________装置。

3. 逆变器按直流侧提供的电源性质来分，可分为________型逆变器和________型逆变器，电压型逆变器直流侧是电压源，通常由可控整流输出，在最靠近逆变桥侧用________器进行滤波，电压型三相桥式逆变电路的换流是在桥路的________元件之间换流，每只晶闸管导电的角度是________°；而电流型逆变器直流侧是电流源，通常由可控整流输出在最靠近逆变桥侧用________滤波，电流型三相桥式逆变电路换流是在________元件之间换流，每只晶闸管导电的角度是________°。

4. SPWM 脉宽调制型变频电路的基本原理是：对逆变电路中开关器件的通断进行有规律的调制，使输出端得到________脉冲列来等效正弦波。

5. PWM 逆变电路的调制方式有________、________、________。

二、问答题

1. 无源逆变电路和有源逆变电路有何不同？

2. 换流方式各有那几种？各有什么特点？

3. 什么是有源逆变？有源逆变的条件是什么？有源逆变有何作用？

4. 什么是逆变失败？逆变失败后有什么后果？形成的原因是什么？

5. 有源逆变最小逆变角受哪些因素限制？为什么？

6. 电压型逆变电路中反馈二极管的作用是什么？为什么电流型逆变电路中没有反馈二极管？

7. 串联二极管式电流型逆变电路中，二极管的作用是什么？

8. 试说明PWM控制的基本原理。

9. 什么是异步调制？什么是同步调制？两者各有何特点？分段同步调制有什么优点？

10. 什么是电流跟踪型PWM变流电路？采用滞环比较方式的电流跟踪型变流器有何特点？

第4章　交流—交流变换电路及其仿真

4.1　概　　述

AC-AC变换器（AC-AC Converter）是指能把一种形式的交流电变换成另一种形式的交流电的电力电子变换装置。正弦交流电有幅值、频率和相位等参数，根据变换参数的不同，AC-AC变换电路可以分为交流调压电路、交流电力控制电路和交—交变频电路。交流调压电路一般采用相位控制，其特点是维持频率不变，仅改变输出电压的幅值，它广泛应用于灯光调节、异步电机的软启动和调速等场合；在一些大惯性环节中，例如，温度控制有时也采用通断控制，这种电路称交流调功电路。通断控制一般在交流电压的过零点接通或关断，加在负载上是整数倍周期的交流电，在接通期间负载上承受的电压与流过的电流均是正弦波，与相位控制相比，对电网不会造成谐波污染，仅仅表现为负载通断。交流电子开关一般也采用通断控制，用来替代交流电路中的机械开关. 主要用于投切交流电力电容器以控制电网的无功功率。交流调功电路和交流电子开关通称交流电力控制电路。交—交变频电路也称直接变频电路（或周波变流器），是不通过中间直流环节把电网频率的交流电直接变换成不同频率的交流电的变换电路，包括相控式交—交变频和矩阵式交—交变频，主要用于大功率交流电机调速系统。

4.2　交流调压电路

交流调压就是把固定幅值、频率的交流电变成幅值可调的交流电。利用自耦变压器可以实现这一目的，输入输出电压波形如图4-1（a）所示，但自耦变压器需要通过手动或电动机拖动调节碳刷位置来达到调节输出电压的目的，这种调压方案碳刷易损坏且有误差。从图4-1（a）看出，这种调压方式输出电压与输入电压波形形状相同，只是幅值不同。实际上，为了调节电压还可以利用电力电子器件的通断把正弦输入电压的正负半波都对称地切去一块，如图4-1（b）、（c）所示。

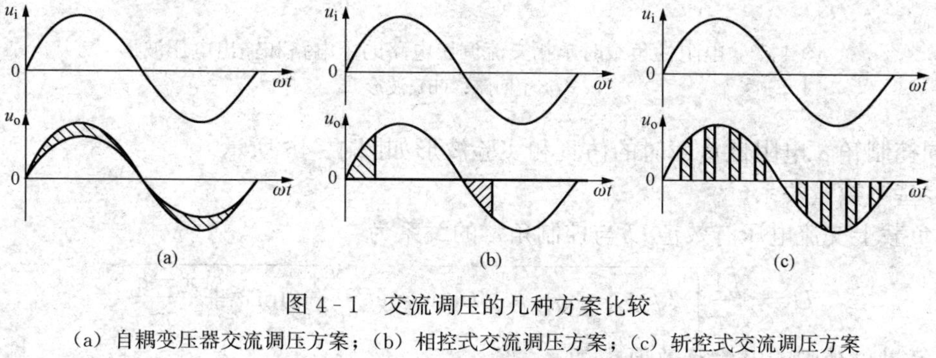

图4-1　交流调压的几种方案比较

（a）自耦变压器交流调压方案；（b）相控式交流调压方案；（c）斩控式交流调压方案

为了实现图4-1（b）、（c）所示的交流调压模式，只要在交流回路中串联一只双向可控开关，并在相应时刻控制其开通或关断即可。在图 4 - 1（b）中，用两只反并联的晶闸管或双向晶闸管实现可控双向开关，利用改变晶闸管触发脉冲的相位来调节输出电压，这种调压电路称为相控式交流调压电路。而在图 4 - 1（c）中，则用全控型器件实现可控双向开关，在图中阴影部分的时间内关断开关，在其他时间内接通开关，这种调压电路与直流斩波电路工作原理类似，故称为斩控式交流调压电路。以下就交流相控式调压电路与斩控式交流调压电路进行分析。

4.2.1　相控式交流调压电路

晶闸管交流调压器中晶闸管的控制通常有两种方法：

（1）通断控制。即把晶闸管作为开关，将负载与交流电源接通几个周期（工频 1 个周期为 20ms），然后再断开一定的周期，通过改变通断时间比值达到调压的目的。这种控制方式电路简单，功率因数高，适用于有较大时间常数的负载；缺点是输出电压或功率调节不平滑。

（2）相位控制。它是使晶闸管在电源电压每一周期内选定的时刻将负载与电源接通，改变选定的导通时刻就可达到调压的目的。

在晶闸管交流调压器中，相位控制应用较多。下面主要分析相位控制的交流调压电路，先阐述作为基础的单相交流调压器。单相交流调压器的工作情况与它所带的负载性质有关，现分别予以讨论。

1. 单相交流调压电路（电阻性负载）

（1）电路结构。如图 4 - 2（a）所示，它用两只反并联的晶闸管或一只双向晶闸管与负载电阻 R 串联组成主电路。

（2）工作原理。以反并联电路为例进行分析，正半周 α 时刻触发 VT1 管，负半周 α 时刻触发 VT2 管，输出电压波形为正负半周缺角相同的正弦波，如图 4 - 2（b）所示。

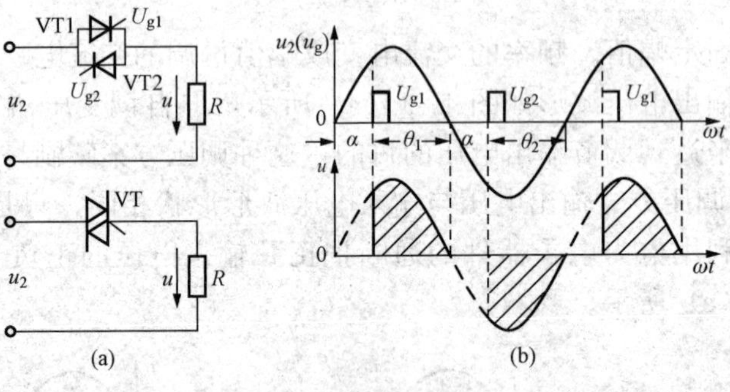

图 4 - 2　电阻性负载时单相交流调压电路的主电路和输出电压波形

（a）主回路；（b）波形

不同控制角 α 电阻性负载时的仿真和实验波形如图 4 - 46 所示。

（3）基本数量关系。

1）负载上交流电压有效值 U 与控制角 α 的关系为

$$U=\sqrt{\frac{1}{\pi}\int_{\alpha}^{\pi}(\sqrt{2}U_2\sin\omega t)^2\mathrm{d}(\omega t)}=U_2\sqrt{\frac{1}{2\pi}\sin 2\alpha+\frac{\pi-\alpha}{\pi}} \tag{4-1}$$

2）流过负载中的电流有效值 I 为

$$I=\frac{U}{R} \tag{4-2}$$

3）流过晶闸管中的电流有效值

$$I_{\mathrm{T}}=\sqrt{\frac{1}{2\pi}\int_{\alpha}^{\pi}\left(\frac{\sqrt{2}U_2\sin\omega t}{R}\right)^2\mathrm{d}(\omega t)}=\frac{U_2}{R}\sqrt{\frac{1}{4\pi}\sin 2\alpha+\frac{\pi-\alpha}{2\pi}} \tag{4-3}$$

4）输入电路的功率因数

$$\cos\varphi=\frac{P}{S}=\frac{UI}{U_2 I}=\sqrt{\frac{1}{2\pi}\sin 2\alpha+\frac{\pi-\alpha}{\pi}} \tag{4-4}$$

5）电路的移相范围为0～180°。

2. 单相交流调压电路（阻—感性负载）

（1）电路结构。当负载为电感线圈、电机或变压器绕组时，这种负载称为阻—感性负载，电路如图4-3所示。

（2）工作原理。由于负载中含有电感，当电源电压反向过零时，负载电感产生的感应电动势阻止电流变化，故电流不能立即为零，此时晶闸管导通角 θ 的大小，不但与控制角 α 有关，还与负载阻抗角 $\varphi\left(\arctan\dfrac{\omega L}{R}\right)$ 有关。原因是如果用导线把晶闸管完全短接，稳态时负载电流应是正弦波，其相位滞后于输入电压一个 φ 角。在用晶闸管调压时，很显然只能进行滞后控制，使负载电流更加滞后。为了方便，把两只晶闸管门极的起始控制点分别定在电源电压每个半周的起始点，则 α 的最大变化范围是 $\varphi\leqslant\alpha<\pi$，正负半周有相同的 α 角。

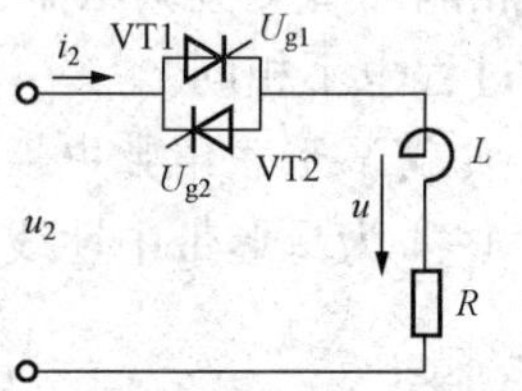

图4-3　阻—感性负载时单相交流调压电路的主电路

不同 α 角阻—感性负载时的仿真和实验波形如图4-49所示。

（3）单相交流调压电路的谐波分析。单相交流调压电路的负载电压和负载电流均不是正弦波，含有大量谐波。下面以电阻性负载为例，对负载电压 u 进行谐波分析。由于波形正负半波对称，因此不含直流分量和偶次谐波，可用傅里叶级数表示如下

$$u(t)=\sum_{n=1,3,5\ldots}^{\infty}(a_n\cos n\omega t+b_n\sin n\omega t) \tag{4-5}$$

式中，$a_1=\dfrac{\sqrt{2}U_2}{2\pi}(\cos 2\alpha-1)$，$b_1=\dfrac{\sqrt{2}U_2}{2\pi}[\sin 2\alpha+2(\pi-\alpha)]$

$$a_n=\frac{\sqrt{2}U_2}{\pi}\left\{\frac{1}{n+1}[\cos(n+1)\alpha-1]-\frac{1}{n-1}[\cos(n-1)\alpha-1]\right\}\quad(n=3,5,7\cdots)$$

$$b_n=\frac{\sqrt{2}U_2}{\pi}\left[\frac{1}{n+1}\sin(n+1)\alpha-\frac{1}{n-1}\sin(n-1)\alpha\right]\quad(n=3,5,7\cdots)$$

基波和各次谐波的有效值可按下式求出

$$u_n=\frac{\sqrt{a_n^2+b_n^2}}{\sqrt{2}}\quad(n=1,3,5,7\cdots) \tag{4-6}$$

负载电流基波和各次谐波的有效值为

$$I_n=\frac{U_n}{R} \tag{4-7}$$

在电感性负载的情况下，可以用和上面相同的方法进行分析，只是公式将复杂得多。其

中，电源电流中的谐波次数和电阻性负载相同，也只含有 3，5，7…等次谐波，同样随着谐波次数的增加，谐波含量减少。和电阻性负载相比，电感性负载的谐波含量要少一些，而且 α 角相同时，随着阻抗角 φ 的增大，谐波含量有所减少。

综上所述，单相交流调压电路的特点是：

1）带电阻性负载时，负载电流波形与单相桥式可控整流交流侧电流波形一致，改变控制角 α 可以改变负载电压有效值，达到交流调压的目的。单相交流调压的触发电路完全可以套用整流触发电路。

2）带电感性负载时，不能用窄脉冲触发，应当采用宽脉冲列。最小控制角为 $\alpha_{min}=\varphi$（负载阻抗角），所以 α 的移相范围为 φ～180°，而带电阻性负载时移相范围为 0～180°。

4.2.2 相控式三相交流调压电路

三相晶闸管交流调压器主电路有几种不同的接线形式，对于不同接线方式的电路而言，其工作过程也不相同。

1. 负载 Y 形联结带中性线的三相交流调压电路

图 4-4 为星形带中性线的晶闸管三相交流调压电路。

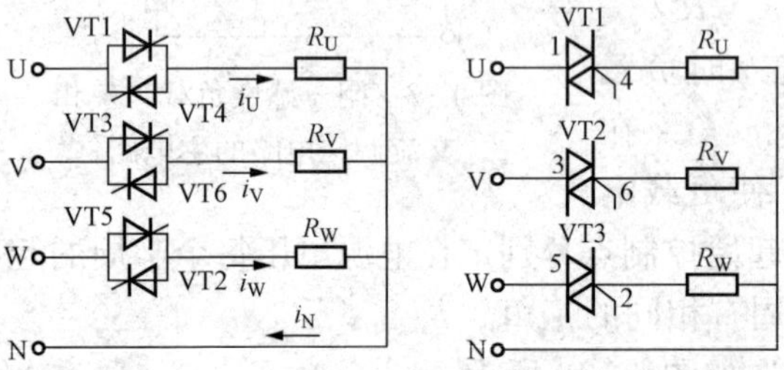

图 4-4 星形带中性线的晶闸管三相交流调压电路

它由 3 个单相晶闸管交流调压器组合而成，三相负载接成星形，其公共点为三相调压电路中线，其工作原理和波形与单相交流调压器相同。图中晶闸管触发导通的顺序为 VT1→VT2→…→VT6。由于存在中性线，每一相可以作为一个单相调压器单独分析，各相负载电压和电流仅与本相的电源电压、负载参数及控制角有关。

在三相正弦交流电路中，由于各相电流 i_U、i_V、i_W 相位互差 120°，中性线电流 $i_N=0$。而在晶闸管交流调压器中，每相负载电流为正负对称的缺角正弦波，它包含有较大的奇次谐波电流，主要是 3 次谐波电流。而三相电路中各相 3 次谐波电流的相位是相同的，中性线的电流 i_N 为一相 3 次谐波电流的三倍。该电路的缺点是电路中性线内存在 3 次谐波电流，且数值较大，因此这种电路的应用有一定的局限性。

2. 晶闸管与负载联结成内三角形的三相交流调压电路

图 4-5 为内三角形联结的三相交流调压器，是 3 个单相调压器的又一种组合。每相负载与一对反并联的晶闸管串联组成一个单相交流调压器，可采用单相交流调压器的分析方法分别对各相进行分析。

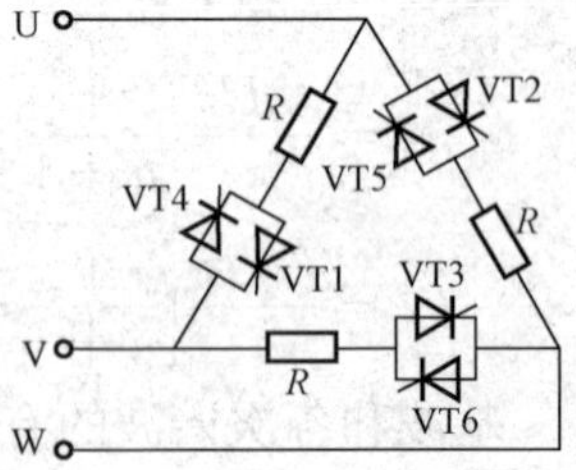

图 4-5 内三角形联结的三相交流调压电路

该电路的优点是：由于晶闸管串接在三角形内部，流过的是相电流，在同样线电流情况下，管子的容量可降低，另外线电流中无 3 的倍数次谐波分量。缺点是：只适用于负载是三个分得开的单元的情况，因而其应用范围也有一定的局限性。

3. 三相晶闸管接于 Y 形负载中性点的三相交流调压电路

电路如图 4-6 所示，它要求负载是三个分得开的单元，用三角形联结的三个晶闸管来代替 Y 形联结负载的中性点。由于构成中性点的三个晶闸管只能单向导电，因此导电情况比较特殊。该电路使用元件少，触发线路简单，但输出电流波形正负半周不对称，故存在偶次谐波，对电源干扰大；虽然输出电流正负半周波形不对称，但其面积是相等的，因此没有直流分量。

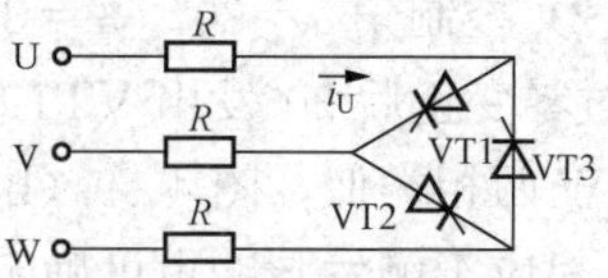

图 4-6 晶闸管接于 Y 形负载中性点的三相交流调压电路

4. 用三对反并联晶闸管联结成三相三线交流调压电路

电路如图 4-7 所示，用三对反并联晶闸管作为开关元件，分别接至负载就构成了三相全波星形联结的调压电路。通过改变触发脉冲的相位控制角 α，便可以控制加在负载上的电压的大小。负载可联结成星形也可联结成三角形，对于这种不带零线的调压电路，为使三相电流构成通路，任意时刻至少要有两个晶闸管同时导通。对触发脉冲电路的要求是：①三相正（或负）触发脉冲依次间隔 120°，而每一相正、负触发脉冲间隔 180°；②为了保证电路起始工作时能两相同时导通，以及在感性负载和控制角较大时，仍能保持两相同时导通，要求采用双脉冲或宽脉冲触发（脉宽大于 60°），为了保证输出电压对称可调，应保持触发脉冲与电源电压同步。

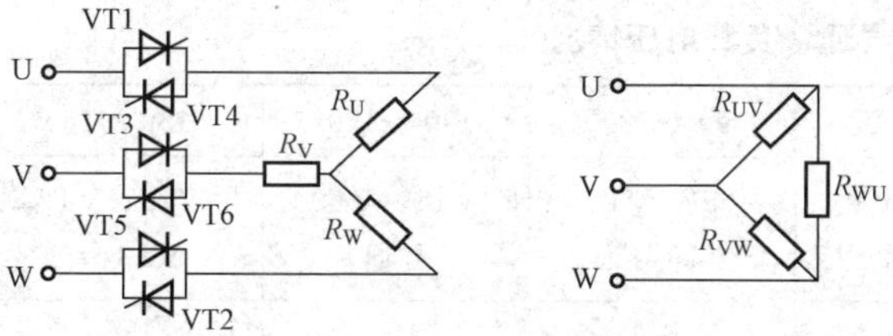

图 4-7 全波星形联结的无中线三相调压电路

这种联结方式是典型的三相调压电路联结方式，下面以星形负载为例，结合图 4-7 所示电路，具体分析触发脉冲相位与调压电路输出电压的关系。

（1）三相调压电路在纯电阻性负载时的工作情况。

1）控制角 $\alpha=0°$。$\alpha=0°$指的是在相应每相电压过零变正时触发正向晶闸管，过零变负时触发反向晶闸管（注意与三相整流电路控制角起始点定义的区别），此时晶闸管相当于二极管。

图 4-8（b）为触发脉冲分配图，脉冲间隔为 60°。对应于触发脉冲分配图可以确定各管子的导通区间。例如，VT1 在 U 相电压过零变正时导通，变负时承受反向电压而自然关断；而 VT4 在 U 相电压过零变负时导通，变正时承受反向电压而自然关断。V、W 两相导通情况与此相同。管子导通顺序为 VT1、VT2、VT3、VT4、VT5、VT6，每管导通角 $\theta=180°$，除换流点外，任何时刻都有 3 个晶闸管导通。晶闸管 VT1～VT6 的导通区间如图 4-8（c）所示。负载上获得的调压电压仍为完整的正弦波，如果忽略晶闸管的管降压，此时调压电路相当于一般的三相交流电路，加到其负载上的电压是额定电源电压，图 4-8（d）为 U 相负载电压波形。

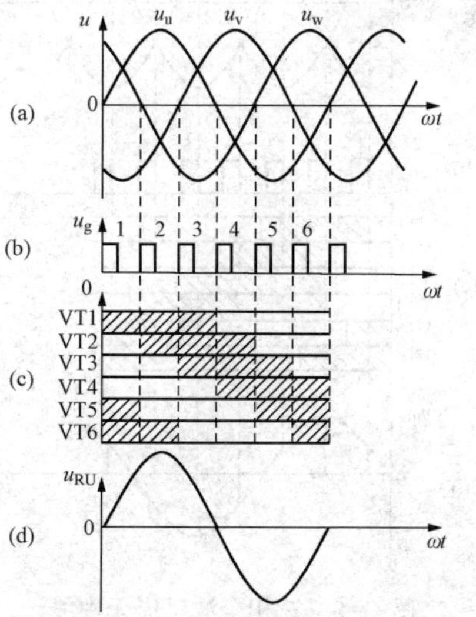

图 4-8 三相全波星形无中线调压电路 $\alpha=0°$时的波形

（a）$\alpha=0°$时波形图；（b）触发脉冲分配图；（c）晶闸管导通区间；（d）U 相负载电压波形

归纳 $\alpha=0°$时的导通特点为每管持续导通 180°；每 60°区间有 3 个晶闸管同时导通。

2）控制角 $\alpha=30°$。$\alpha=30°$意味着各相电压过零后30°触发相应晶闸管。以U相为例，u_U 过零变正后30°发出VT1的触发脉冲 U_{g1}，u_U 过零变负后30°发出VT4的触发脉冲 U_{g4}。V、W两相类似，图4-9（b）为触发脉冲分配图。

对应于触发脉冲也可确定各管导通区间。VT1从 U_{g1} 发出触发脉冲开始导通，u_U 过零变负时关断；VT4从 U_{g4} 发出触发脉冲时导通，则 u_U 过零变正时关断。V、W两相类似。图4-9（c）为晶闸管的导通区间图。

同样由导通区间可计算各相负载所获得的调压电压。以U相正半周为例，各区间晶闸管的导通情况、负载电压情况见表4-1。

表4-1　各区间晶闸管的导通、负载电压情况

ωt	0°～30°	30°～60°	60°～90°	90°～120°	120°～150°	150°～180°
晶闸管导通情况	VT5、VT6导通	VT1、VT5、VT6导通	VT1、VT6导通	VT1、VT2、VT6导通	VT1、VT2导通	VT1、VT2、VT3导通
R_U	0	u_U	(1/2) u_{UV}	u_U	(1/2) u_{UW}	u_U

各相负半周时的输出电压与正半周反向对称。V、W两相电压的分析方法同上，图4-9（d）为U相输出电压波形。

$\alpha=30°$时的导通特点为每管持续导通150°；有的区间由两个晶闸管同时导通构成两相流通回路，有的区间三个晶闸管同时导通构成三相流通回路。

3）控制角 $\alpha=60°$。$\alpha=60°$情况下的具体分析与 $\alpha=30°$相似。这里仅给出 $\alpha=60°$时的脉冲分配图、导通区间和U相负载电压波形如图4-10所示，可自行分析。

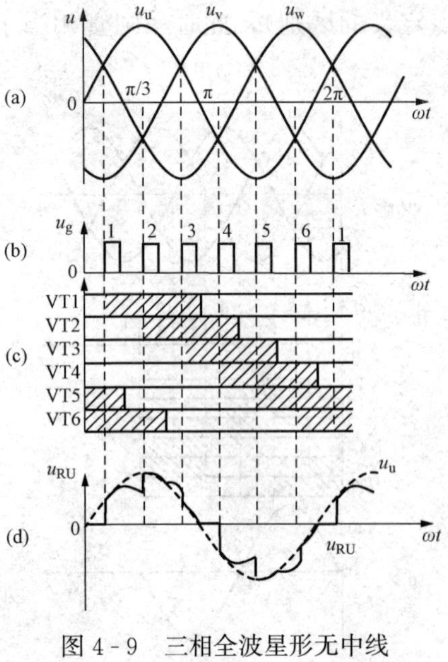

图4-9　三相全波星形无中线调压电路 $\alpha=30°$时的波形

（a）$\alpha=30°$时波形图；（b）触发脉冲分配图；（c）晶闸管的导通区间；（d）U相输出电压波形

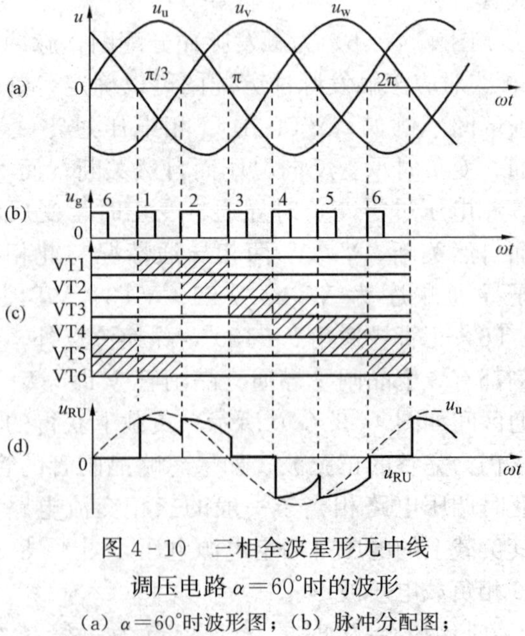

图4-10　三相全波星形无中线调压电路 $\alpha=60°$时的波形

（a）$\alpha=60°$时波形图；（b）脉冲分配图；（c）导通区间；（d）U相负载电压波形

$\alpha=60°$时的导通特点为每个晶闸管导通 120°；每个区间由两个晶闸管构成回路。

4）触发角$\alpha=90°$。图 4-11（b）为$\alpha=90°$时各晶闸管的脉冲分配图，利用这个脉冲分配图，如果仍用$\alpha=30°$、$\alpha=60°$时的导通区间分析，认为正半周或负半周结束就意味着相应晶闸管的关断，那么我们就会得到如图 4-11（c）所示的导通区间图。

事实上图 4-11（c）所示的导通区间是错误的。因为它出现了这样一种情况：有的区间只有一个管子导通，如$\omega t=0°\sim30°$只有 VT5 导通，$\omega t=60°\sim90°$只有 VT6 导通……，显然这是不可能的，因为一只晶闸管不能构成回路。

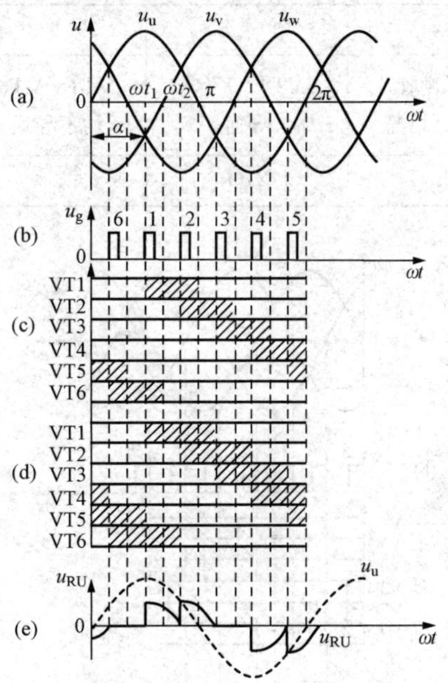

图 4-11　三相全波星形无中线调压电路$\alpha=90°$时的波形

（a）$\alpha=90°$时波形图；（b）脉冲分配图；（c）错误的导通区间；（d）正确的导通区间；（e）U 相负载电压波形

下面我们来分析$\alpha=90°$时的正确导通区间，以 VT1 的通断为例。首先假设触发脉冲U_g有足够的宽度（大于 60°），在触发 VT1 时，VT6 还有触发脉冲，由于此时（ωt_1时刻）$u_U>u_V$，VT6 可以和 VT1 一起导通，由 U、V 两相构成回路，电流流过：VT1→U 相负载→V 相负载→VT6，这种状态维持到只要$u_U>u_V$，VT1、VT6 就能随正压导通下去。一直到开始$u_U<u_V$（ωt_2时刻），VT1、VT6 才能同时关断。同样，当U_{g2}到来时，VT1 的触发脉冲U_{g1}还存在，又由于$u_U>u_W$，使得 VT2 和 VT1 能随正压一起触发导通，构成 UW 相回路，……如此下去，可以知道每个管子导通后，与前一个触发的管子一起构成回路导通 60°后关断，然后又与新触发的下一个管子一起构成回路再导通 60°后关断。图 4-11（d）即为其正确的导通区间图。

由负载电压u_{RU}可以看出，正、负半周波形是反向对称的，如图 4-11（e）所示。各区间晶闸管的导通情况、负载电压见表 4-2。

表 4-2　各区间晶闸管的导通、负载电压情况

ωt	0°～30°	30°～90°	90°～150°	150°～180°
晶闸管导通情况	VT4、VT5 导通	VT5、VT6 导通	VT1、VT6 导通	VT1、VT2 导通
u_{RU}	(1/2) u_{UW}	0	(1/2) u_{UV}	(1/2) u_{UW}

$\alpha=90°$时的导通特点为每管导通 120°，每个区间有两个晶闸管导通。

5）触发角$\alpha=120°$。同$\alpha=90°$的情况一样，我们仍然假设触发脉冲脉宽大于 60°。

从图 4-12 可知，在$\alpha=120°$（ωt_1）触发 VT1 时，VT6 的触发脉冲仍未消失，而这时（ωt_1时刻）又有$u_U>u_V$，于是 VT1 与 VT6 一起随正压导通，构成 U、V 相回路，到ωt_2时刻有$u_U<u_V$，两管子同时关断。而触发 VT2 时，由于 VT1 的触发脉冲还未消失，于是 VT2 与 VT1 一起导通，又构成 UW 回路，到$u_U<u_W$时，VT1、VT2 又同时关断，……如

此下去，每个管子与前一个触发的管子一起通30°后关断，等到下一个管子触发再与之一起构成回路并导通30°。图4-12示出了负载上的U相电压和一个周期中晶闸管的导通情况。

以U相负载电压为例，各区间晶闸管的导通情况、负载电压见表4-3。

表4-3　各区间晶闸管的导通、负载电压情况

ωt	0°～30°	30°～60°	60°～90°	90°～120°	120°～150°	150°～180°
晶闸管导通情况	VT4、VT5导通	VT1～VT6均不导通	VT5、VT6导通	VT1～VT6均不导通	VT1、VT6导通	VT1～VT6均不导通
u_{RU}	(1/2) u_{UW}	0	0	0	(1/2) u_{UV}	0

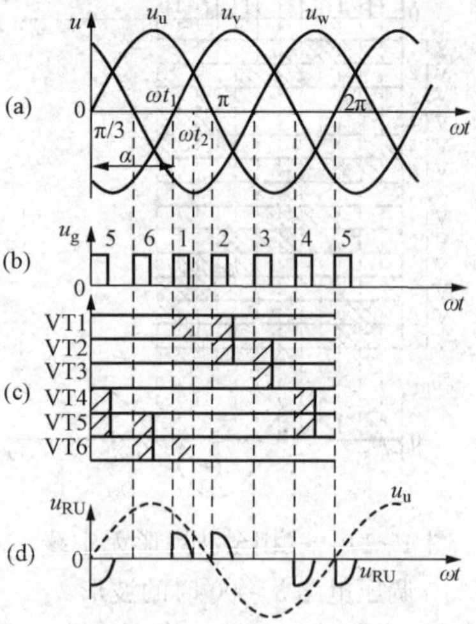

图4-12　三相全波星形无中线调压电路α=120°时的波形

(a) α=120°波形图；(b) 脉冲分配图；(c) 导通区间；(d) U相负载电压波形

图4-12 (d) 为U相负载电压u_{RU}波形。

α=120°时的导通特点为每个晶闸管触发后通30°，断30°，再触发导通30°；各区间要么由两个管子导通构成回路，要么没有管子导通。

6）控制角$\alpha \geqslant 150°$时。$\alpha \geqslant 150°$以后，负载上没有交流电压输出。以VT1的触发为例，当U_{g1}发出时，尽管VT6的触发脉冲仍存在，但电压已过了$u_U > u_V$区间，这样，VT1、VT6即使有脉冲也没有正向电压，别的管子没有触发脉冲，更不可能导通，因此从电源到负载构不成通路，输出电压为零。

图4-13是α=30°、60°、90°、120°电阻性负载时三相交流调压器的实验波形，读者可对理论分析波形和实验波形进行分析对比。仿真波形如图4-64所示。

由图4-8～图4-13可以看出，α=0°时调压电路输出全电压，α增大则输出电压减小，α=150°时输出电压为零。控制角α由0°至150°变化则输出电压从最大到零连续变化。此外，随着α角的增大，电流的不连续程度增加，每相负载上的电压已不是正弦波，但正、负半周对称。因此，调压电路输出电压中只有奇次谐波，以三次谐波所占比重最大。但由于这种线路没有零线，故无三次谐波通路，减少了三次谐波对电源的影响。

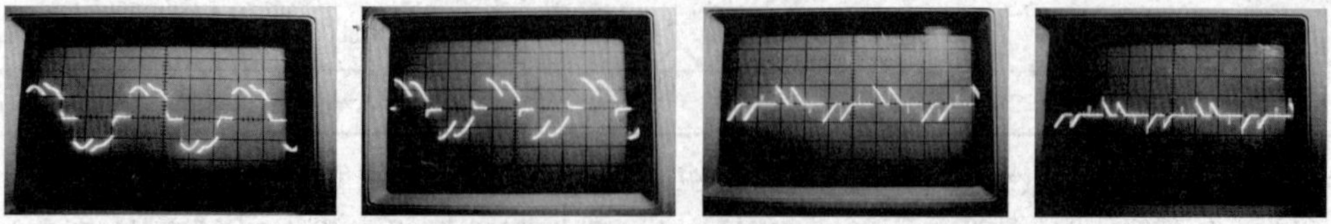

(a)　(b)　(c)　(d)

图4-13　三相交流调压器带电阻性负载不同控制角时的实验波形

(a) α=30°；(b) α=60°；(c) α=90°；(d) α=120°

(2) 三相调压电路在阻—感性负载时的工作情况。三相交流调压电路在阻—感性负载下的情况要比电阻性负载复杂得多。从实验可知，当三相交流调压电路带阻—感性负载时，同样要求触发脉冲为宽脉冲，而脉冲移相范围为：$\varphi \leqslant \alpha \leqslant 150°$。

4.2.3　晶闸管交流调功器和交流开关

1. 晶闸管交流调功器

前面介绍的各种交流调压电路都采用移相触发控制，这种触发方式使得电路中的正弦波形出现缺角，包含较大的高次谐波。为了克服这种缺点，可采用另一类触发方式即过零触发或称为零触发。交流零触发开关使电路在电压为零或零附近时刻接通，利用管子电流小于维持电流使管子自行关断，这种开关对外界的电磁干扰最小。

功率的调节方法如下：在设定的周期 T_c 内，用零电压开关接通几个周波然后断开几个周波，改变晶闸管在设定周期内的通断时间比例，可调节负载上的交流平均电压，即可达到调节负载功率的目的。因此这种装置也称为调功器或周波控制器。

图 4-14 为设定周期 T_c 内零触发输出电压波形的两种工作方式，如在设定周期 T_c 内导通的周波数为 n，每个周波的周期为 T（$f=50$Hz，$T=20$ms），则调功器的输出功率和输出电压有效值分别为

$$P=\frac{nT}{T_c}P_n \text{和} U=\sqrt{\frac{nT}{T_c}}U_n$$

式中：P_n、U_n 为设定周期 T_c 内全部周波导通时，装置输出的功率与电压有效值。

改变导通周波数 n 即可改变电压和功率。

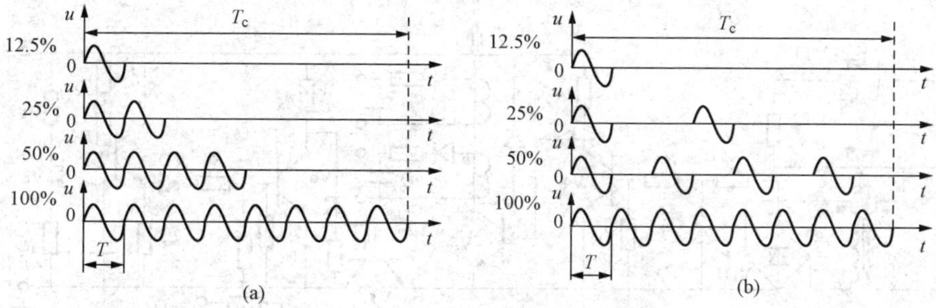

图 4-14　过零触发输出电压波形

(a) 过零触发输出电压波形方式一；(b) 过零触发输出电压波形方式二

2. 晶闸管交流开关

晶闸管交流开关是一种快速、理想的交流开关。晶闸管交流开关总是在电流过零时关断，在关断时不会因负载或线路电感储存能量而造成暂态过电压和电磁干扰，因此适用于操作频繁、有易燃气体、多粉尘的场合。

4.2.4　晶闸管交流调压应用电路

4.2.4.1　晶闸管交流调压电路

交流调压广泛用于工业加热、灯光控制、感应电动机调压调速以及电焊、电解、电镀的交流侧调压等场合。单相交流调压用于小功率调节，广泛用于民用电气控制。

(1) 触发二极管触发的交流调压电路。图 4-15 为采用触发二极管的交流调压电路。

触发二极管 VD 是三层 PNP 结构，二个 PN 结有对称的击穿特性，击穿电压通常为 30V 左右，当双向晶闸管 VT 阻断时，电容 C_1 经电位器 R_P 充电，当 u_{c1} 达到一定数值时，

触发二极管击穿导通，双向晶闸管也触发导通，改变 R_P 的阻值可改变控制角 α。电源反向时，触发管 VD 反向击穿，VT 属（I_+、III_-）触发方式，负载上得到的是正负缺角正弦波。目前生产的双向晶闸管，不少已经把 VD 与 VT 集成在一起，门极经过双向触发管引出，使用时更方便。

（2）单结晶体管触发的交流调压电路。图 4-16 为单结晶体管触发电路，电路工作在（I_-、III_-）触发状态，热敏电阻用于温度补偿。电路工作请自行分析。

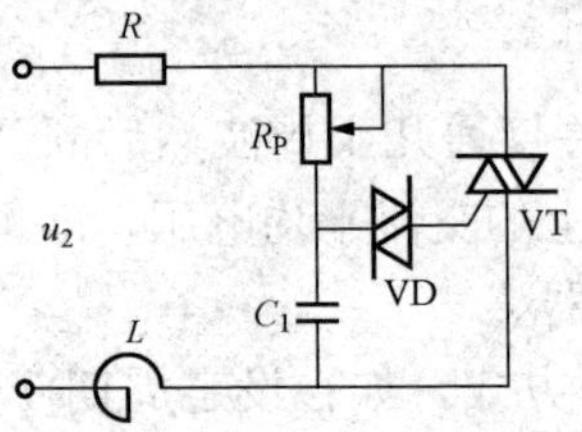

图 4-15 触发二极管触发的交流调压电路

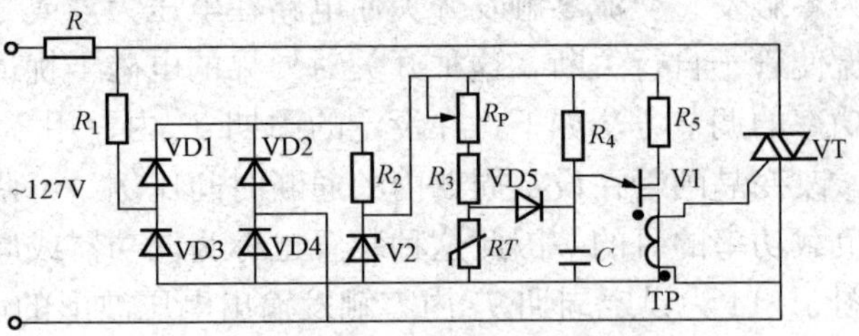

图 4-16 单结晶体管触发的交流调压电路

4.2.4.2 晶闸管交流调功器应用电路

交流调功器的主电路通常可用二只普通晶闸管反并联或双向晶闸管组成，图 4-17 为全周波连续式分立元件组成的过零触发电路控制的交流调功器，它由主电路、锯齿波产生、信号综合、直流开关、过零脉冲输出以及同步电压等部分组成，工作原理简述如下：

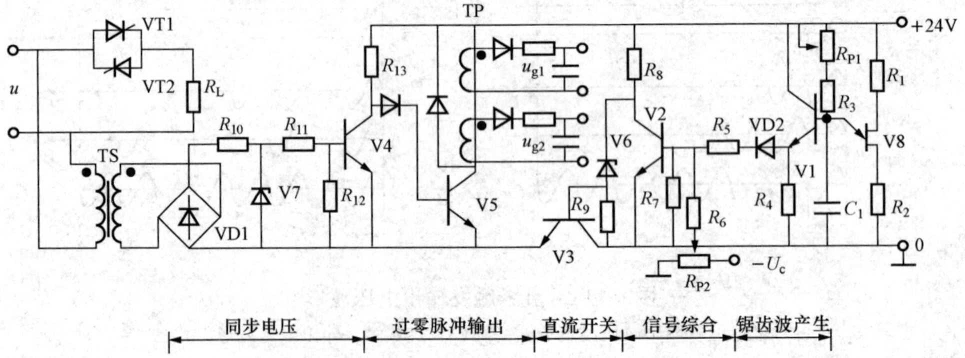

图 4-17 过零触发电路控制的交流调功器

（1）锯齿波由单结晶体管 V8 与 C_1 等组成的张弛振荡器，经射极跟随器（V1、R_4）输出，波形如图 4-18（a）所示。锯齿波底宽对应一定的时间周期 T_c。调节电位器 R_{P1} 即可改变锯齿波斜率和 T_c，由于单结晶体管的分压比一定，电容开始放电的电压也一定，斜率减小使锯齿波底宽增大，设定的周期 T_c 也增大。

（2）电位器 R_{P2} 上的控制电压 U_c 与锯齿波电压进行叠加后送至 V2 的基极，合成电压为 u_s，当 $u_s>0$ 时，V2 导通；当 $u_s<0$ 时，V2 截止，如图 4-18（b）所示。

（3）由 V3 管组成触发电路的直流开关，V2 管导通则 V3 管截止；V2 管截止则 V3 管导通，如图 4-18（c）所示。

（4）过零脉冲输出。由同步变压器 TS、整流桥 VD1 及 R_{10}、R_{11}、V7 形成削波同步电压，如图 4-18（d）所示。它与直流开关输出电压共同控制 V4、V5 管，只有当直流开关

V3 导通期间，在同步电压过零点使 V4 截止、V5 才能导通输出触发脉冲，此脉冲使晶闸管导通，如图 4-18（e）、（f）所示，增大控制电压 U_c（数值上）便可增加直流开关 V3 的导通时间，也就增加了设定周期 T_c 内的导通周波数，从而增加了输出功率。

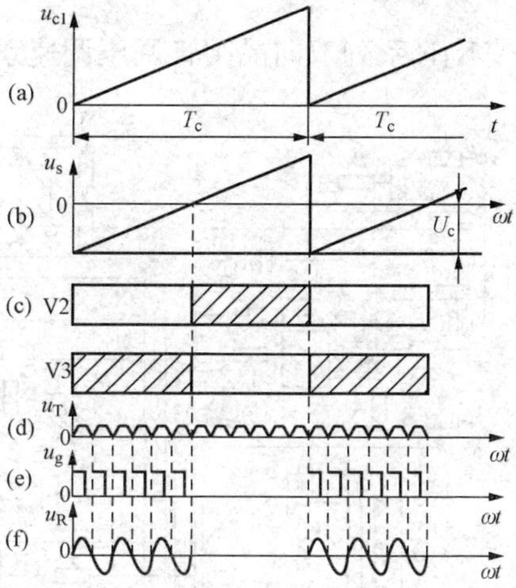

图 4-18　过零触发电路的电压波形

过零触发虽然没有移相触发时的高次谐波干扰，但其通断频率比电源频率低，特别是当通断比过小时，会出现低频干扰，使照明出现人眼能察觉到的闪烁、电表指针出现摇摆等。所以调功器通常用于热惯性较大的电热负载。

4.2.4.3　晶闸管交流开关在电动机控制中的应用

1. 电动机的正反转控制

利用晶闸管交流开关代替交流接触器，通过改变供电电压相序可以实现电动机的正反转控制。图 4-19 采用了五组反并联的晶闸管来实现无触点的切换。图中晶闸管 1～6 供给电动机定子正相序电源；而晶闸管 7～10 及 1、4 则供给电动机定子反相序电源，从而可使电动机正、反向旋转。

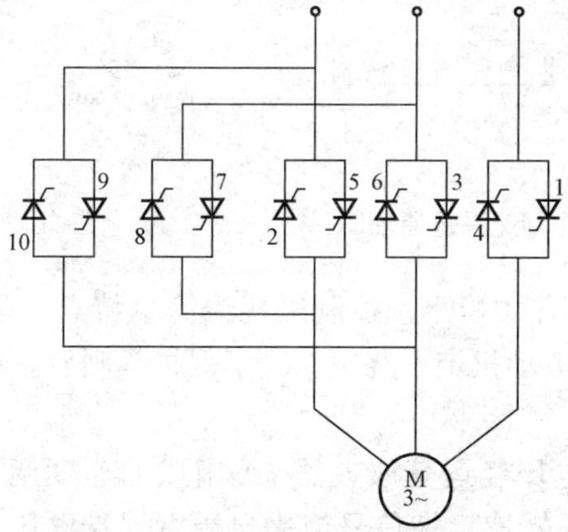

图 4-19　晶闸管交流调压调速系统可逆运行和制动原理图

2. 电动机的反接制动与能耗制动

利用图 4-19 的电路还可以进行电动机的反接制动与能耗制动。反接制动时，工作的晶闸管就是上述供给电动机定子反相序电源的 6 个元件。当电动机要进行耗能制动时，可根据制动电路的形式不对称地控制某几个晶闸管工作。如仅使 1、2、6 三个元件导通，其他元件都不工作，这样就可使电动机定子绕组中流过直流电流，而对旋转着的电动机产生制动转矩，所以调压调速系统具有良好的制动特性。

4.2.4.4　晶闸管交流调压应用实例

作为晶闸管交流调压的应用，下面介绍一个成套产品——KJF 系列双向晶闸管调压调速装置。

1. 主要技术指标

（1）控制对象：三相异步电动机、交流输入三相为 50Hz，进线电压为 380V。

（2）装置功率：小于 40kW。

（3）调速范围：5∶1 左右，对力矩电机可达 10∶1。

（4）稳态精度：静态误差的范围为 2.5%～5.5%。

（5）控制电压：0～8V。

（6）交流输出：交流三相电压连续可调。

该调压装置既能对异步电动机实现无级平滑调速，又能作为工业加热、灯光控制用的交流调压器。

2. 系统原理图

KJF 系列双向晶闸管调压调速系统原理如图 4－20 所示。

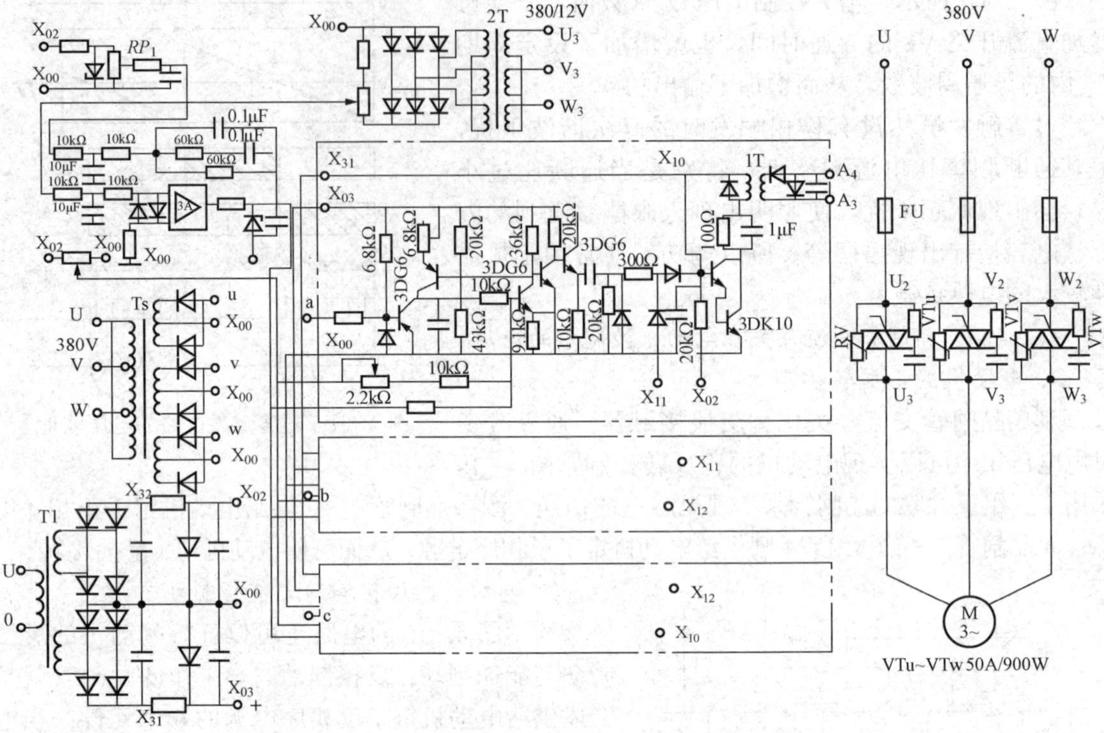

图 4－20　KJF 系列双向晶闸管调压调速系统原理图

（1）主电路。本系统采用三只双向晶闸管，它具有体积小，控制极接线简单特点。U、V、W 为交流输入端。U_3、V_3、W_3 为输出端——接电动机定子绕组。为了保护晶闸管，在晶闸管两端接有阻容吸收装置和压敏电阻。

（2）控制电路。速度给定电位器 RP_1 所给出的电压经运算放大器 3A 组成的速度调节器送入移相触发电路。3A 还可得到来自测速发电机的转速反馈信号或来自受电器端电压的电压反馈信号，以构成闭环系统。

（3）移相触发器。双向可控硅有四种触发方式，本系统中采用“Ⅰ”和“Ⅲ”方式，即要求在主电路电压正、负半波时都给出一个负脉冲，因为负脉冲触发所需要的门极电压和电流较小，可保证可靠触发。TS 是同步变压器，为保证可控硅在正、负半波电压时都能被触发，且又有足够的移相范围，所以 TS 采用 Δ/Y—11 的接线方式。

移相触发器电路采用锯齿波同步方式，可产生双脉冲并有强触发脉冲电源（＋40V）经 X_{31} 送到脉冲变压器的初级侧。

4.2.5　斩波式交流调压电路

1. 交流斩波调压原理

交流斩波调压的原理同直流斩波，它是将交流开关同负载串联和并联构成，如图 4－21（a）所示。

利用 S1 交流开关的斩波作用，在负载 R 上获得可调的交流电压 u；图中开关 S2 是续流器件，为负载提供续流回路，交流开关 S1 受控制信号 G 的控制，其中 G 定义为：S1 闭合，S2 打开时，G=1；S1 打开，S2 闭合时，G=0。G 随时间变化的波形如图 4-21（b）所示，设交流开关 S1 闭合时间为 t_{on}，关断时间为 t_{off}，则交流斩波器的导通比 α 为

$$\alpha=\frac{t_{on}}{t_{on}+t_{off}}=\frac{t_{on}}{T_c}$$

改变脉冲宽度 t_{on} 或者改变斩波周期 T_c 就可改变导通比，实现交流调压。

将 G 的波形用傅里叶级数展开，得 $G=\alpha+\frac{2}{\pi}\sum_{n=1}^{\infty}\frac{\sin\varphi_n}{n}\cos(n\omega_c t-\varphi_n)$

其中：$\varphi_n=n\pi\alpha$；$\alpha=\frac{t_{on}}{T_c}$；$\omega_c=\frac{2\pi}{T_c}$。

交流斩波调压电路的输出电压波形如图 4-21（b）所示，输出电压 u 为

$$u=GU_{2m}\sin\omega t$$

式中：U_{2m} 为输入电压峰值；ω 为输入电压角频率。

u 波形为一系列具有正弦包络线的脉冲，其级数表达式为

$$u=U_{2m}\sin\omega t\left[\alpha+\frac{2}{\pi}\sum_{n=1}^{\infty}\frac{\sin\varphi_n}{n}\cos(n\omega_c t-\varphi_n)\right]$$

$$=\alpha U_{2m}\sin\omega t+\frac{U_{2m}}{\pi}\sum_{n=1}^{\infty}\frac{\sin\varphi_n}{n}\{\sin[(n\omega_c+\omega)t-\varphi_n]-\sin[(n\omega_c-\omega)t-\varphi_n]\}$$

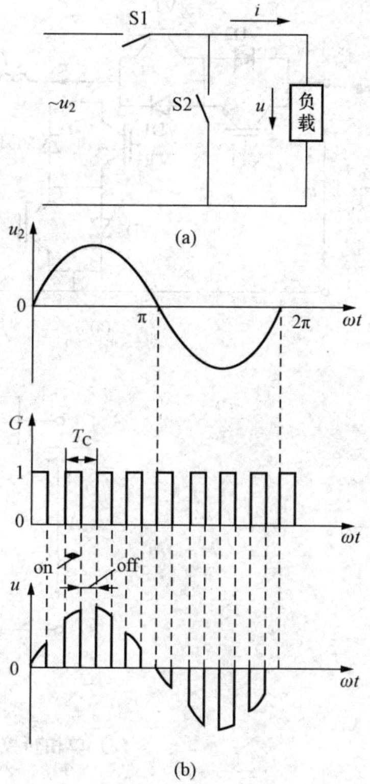

图 4-21　交流斩波调压电路原理图及其波形
（a）原理图；（b）波形图

从式中看出，u 除包含基波 $\alpha U_{2m}\sin\omega t$ 外，还含有其他谐波，改变导通比 α，即改变 t_{on} 或 T_c 就可改变基波电压幅值，实现交流调压。采用控制 t_{on} 的方法实现交流调压比控制 T_c 更为容易。

2. 交流斩波控制

交流斩波器早期用晶闸管元件作交流开关，其缺点是需要换流电路来关断晶闸管，控制电路较复杂。目前通常采用 GTO、GTR、IGBT 等全控型电力电子开关元件来构成交流斩波调压电路。电力电子开关必须能通过双向电流且可关断，如图 4-22（a）所示为 IGBT 及快速二极管组成的交流斩波调压电路；交流斩波器存在两种工作模式分别是：有源能量传输模式和续流模式。图 4-22（b）、（c）给出了电源正半波时的电路工作模式分解图，粗黑线为电流流通途径。

若负载为纯电阻，负载电流 i 的基波波形与负载电压波形同相，如图 4-23（a）所示；若为电感性负载，负载电流 i 滞后电源电压，波形如图 4-23（b）所示。

交流斩波调压与相控调压相比有明显的优点：电源电流的基波分量相位和电源电压的相位基本相同，功率因数接近 1；电源电流不含低次谐波，只含有和开关周期有关的高次谐波；功率因数高，是一种有发展前途的交流调压器。

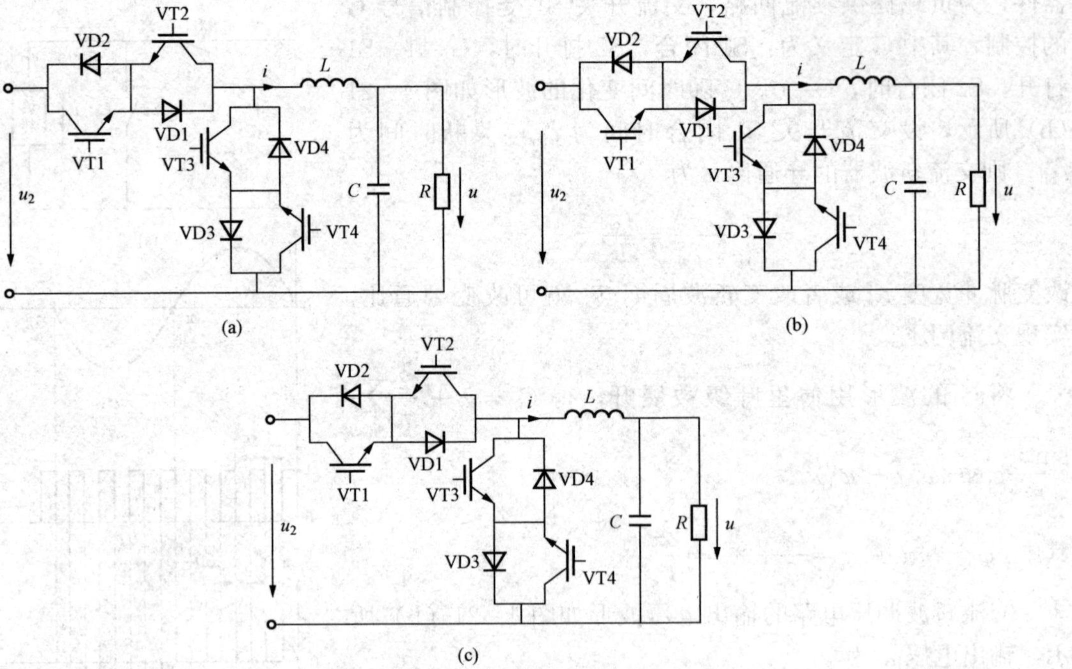

图 4-22 交流斩波调压电路
（a）单相斩控式交流调压电路；（b）能量传输阶段；（c）续流阶段

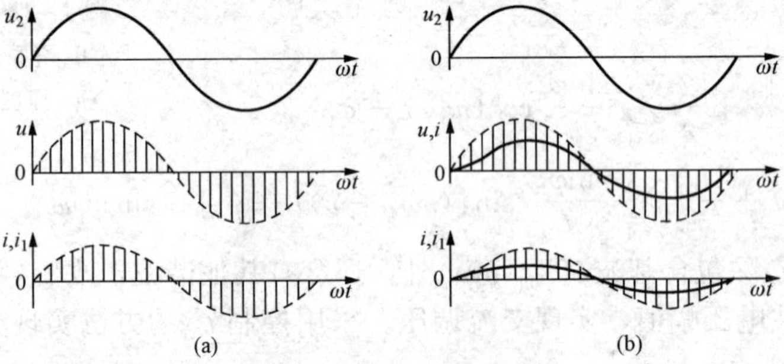

图 4-23 交流斩波时的输出电压、电流波形
（a）电阻性负载；（b）感性负载

4.3 交—交变频器

交—交变频电路是不通过中间环节而把工频交流电直接变换成不同频率交流电的变频电路，故又称为直接变频器或周波变换器（Cycloconverter）。因为没有中间直流环节，仅用一次变换就实现了变频，所以效率较高。目前，自关断型变频器受自关断器件容量的限制，功率还不能做得很大。强制关断型功率受到换相电容的换相能力限制，同样功率不能做得很大。而普通晶闸管容量大，价格便宜，电源换相可靠，所以对于大功率变频器来说，一般采用由普通晶闸管组成的、采用电源换相方式的变频器。所以，交—交变频器大多数由普通晶闸管元件构成。交—交变频器的主要构成环节如图 4-24 所示。

生产中所用的交—交变频器大多是三相交—交变频电路，但单相输出的交—交变频电路是其基础。下面首先讨论单相交—交变频电路。

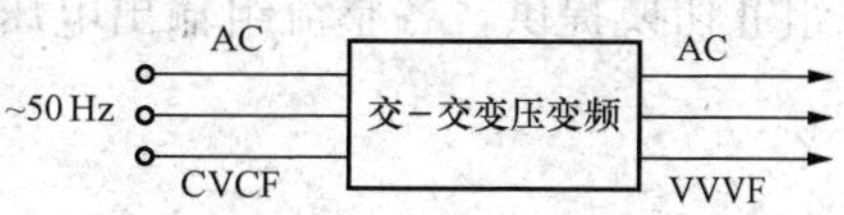

图 4-24 交—交变频器的主要构成环节

4.3.1 晶闸管单相交—交变频电路

1. 基本结构和工作原理

图 4-25 是单相交—交变频电路的原理图。电路由两组反并联的晶闸管可逆整流器构成，和直流可逆调速系统用的四象限变流器完全一样，两者的工作原理也非常相似。

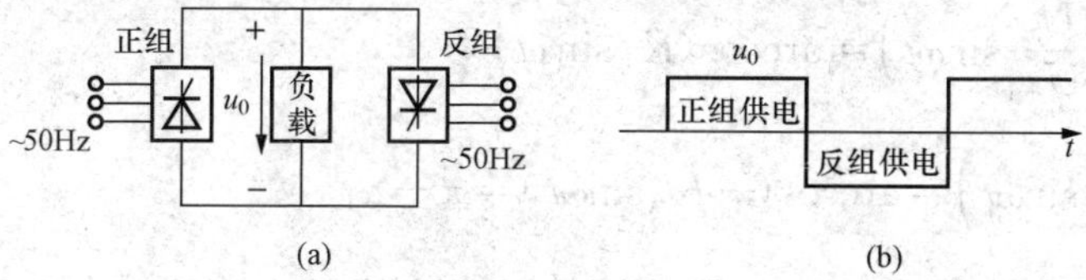

图 4-25 单相交—交变频器的主电路及输出电压波形

（a）电路原理图；（b）方波型输出平均电压波形

根据控制角 α 的变化方式的不同，有方波型交—交变频器、正弦波型交—交变频器之分。

（1）方波型交—交变频器。单相方波型交—交变频器的主电路如图 4-25（a）所示，图中负载由正组与反组晶闸管整流电路轮流供电。各组所供电压的高低由移相控制角 α 控制。当正组供电时，负载上获得正向电压；当反组供电时，负载上获得负向电压。

如果在各组工作期间 α 角不变，则输出电压 u_0 为矩形波交流电压，如图 4-25（b）所示。改变正、反组切换频率可以调节输出交流电的频率，而改变 α 的大小即可调节矩形波的幅值，从而调节输出交流电压 u_0 的大小。

（2）正弦波型交—交变频器。正弦波型交—交变频器的主电路与方波型的主电路相同，但正弦波型交—交变频器可以输出平均值按正弦规律变化的电压，克服了方波型交—交变频器输出波形高次谐波成分大的缺点，故作为变频器它比前一种更为实用。

2. 输出正弦波形的获得方法

在正组桥整流工作时，设法使控制角 α 由大到小再变大，如从 $\pi/2\to0\to\pi/2$，必然引起输出的平均电压由低到高再到低的变化，如图 4-26（a）区所示。而在正组桥逆变工作时，使控制角由小变大再变小，如从 $\pi/2\to\pi\to\pi/2$，就可以获得图 4-26（b）区所示的平均值可变的负向逆变电压。但 α 按什么规律去控制，才能使输出电压平均值的变化规律成为正弦型呢？

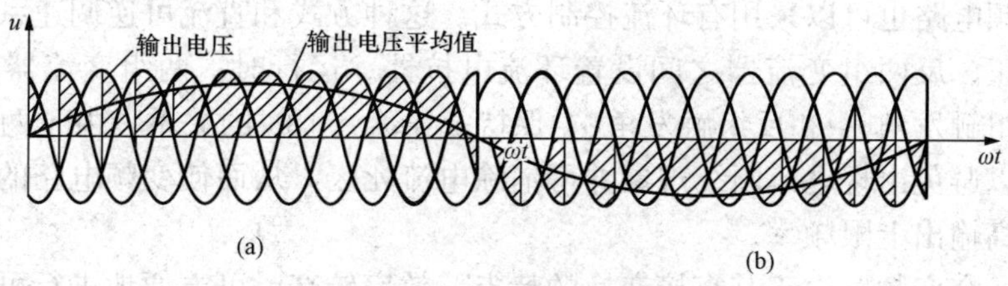

图 4-26 正弦型交—交变频器的输出电压波形

（a）整流状态波形；（b）逆变状态波形

通常采用的方法是余弦交点法。其移相控制角 α 的变化规律应使得整流输出电压的瞬时值最接近于理想正弦电压的瞬时值，即整流输出电压瞬时值与理想正弦电压瞬时值相等。

设希望的理想正弦电压瞬时值为：$u=U_m\sin\omega t$；整流输出电压瞬时值由整流组Ⅰ与整

流组Ⅱ切换提供，各整流组输出电压瞬时值为

$$u_{\mathrm{I}}=U_{\mathrm{dm}}\cos\alpha_{\mathrm{I}}$$

$$u_{\mathrm{II}}=-U_{\mathrm{dm}}\cos\alpha_{\mathrm{II}}$$

式中：U_{dm} 为整流组所能输出的最高直流电压。

当Ⅰ组开放时，$u=u_{\mathrm{I}}$，即 $U_{\mathrm{m}}\sin\omega t=U_{\mathrm{dm}}\cos\alpha_{\mathrm{I}}$；当Ⅱ组开放时，$u=u_{\mathrm{II}}$，即 $U_{\mathrm{m}}\sin\omega t=-U_{\mathrm{dm}}\cos\alpha_{\mathrm{II}}$。

于是

$$\alpha_{\mathrm{I}}=\arccos\left(\frac{U_{\mathrm{m}}}{U_{\mathrm{dm}}}\sin\omega t\right)=\arccos(K_{\mathrm{u}}\sin\omega t)$$

$$\alpha_{\mathrm{II}}=\arccos\left(-\frac{U_{\mathrm{m}}}{U_{\mathrm{dm}}}\sin\omega t\right)=\arccos(-K_{\mathrm{u}}\sin\omega t)=\pi-\alpha_{\mathrm{I}}$$

式中：K_{u} 为要求整流组输出的峰值直流电压与整流组所能输出的最大直流电压之比，称为输出电压比 $K_{\mathrm{u}}=\frac{U_{\mathrm{m}}}{U_{\mathrm{dm}}}$。

上述式子就是用余弦交点法求变流电路控制角 α 的基本公式。

3. 输出电压有效值和频率的调节

改变给定正弦波的幅值和频率，它与余弦同步信号的交点也改变，从而改变了正、反组电源周期各相中的 α，达到调压和变频的目的。

交—交变频电路的输出电压并不是平滑的正弦波形，而是由若干段电源电压拼接而成的。在输出电压的一个周期内，所包含的电源电压段数越多，其波形就越接近正弦波。交—交变频电路的正、反两组变流电路通常采用三相桥式电路，这样，在电源电压的一个周期内，输出电压将由 6 段电源电压组成。如采用三相半波电路，则电源电压一个周期内输出的电压只由 3 段电源相电压组成，波形变差，因此很少使用。从原理上看，也可以采用单相整流电路，但这时波形更差，故一般不用。

4. 无环流控制及有环流控制

前面的分析都是基于无环流工作方式进行的。为保证负载电流反向时无环流，系统必须留有一定的死区时间，这就使得输出电压的波形畸变增大。为了减小死区的影响，应在确保无环流的前提下尽量缩短死区时间。

交—交变频电路也可以采用有环流控制方式。这种方式和直流可逆调速系统中的有环流方式类似，在正、反两组变流器之间设置环流电抗器。运行时，两组变流器都施加触发脉冲，并且使正组触发角 α_{I} 和反组触发角 α_{II} 保持 $\alpha_{\mathrm{I}}+\alpha_{\mathrm{II}}=180°$ 的关系。由于两组变流器之间流过环流，可以避免出现电流断续现象并可消除电流死区，从而使变频电路的输出特性得以改善，还可提高输出上限频率。

总之，交—交变频器由于其直接变换的特点，效率较高，可方便地进行可逆运行。但主要缺点是：①功率因数低；②主电路使用晶闸管元件数目多，控制电路复杂；③变频器输出频率受到其电网频率的限制，最大变频范围在电网 1/2 以下。因此，交—交变频器一般只适用于球磨机、矿井提升机、电动车辆、大型轧钢设备等低速大容量拖动场合。

5. 三相—单相交—交变频电路

将两组三相可逆整流器反并联即可构成三相—单相变频电路。图 4 - 27 为采用两组三相

半波整流的线路，图 4 - 28 则为采用两组三相可逆桥式整流的线路。

三组三相—单相变频电路可以组合成三相—三相的交—交变频电路。具体可见图 4 - 31、图 4 - 32 的电路结构。

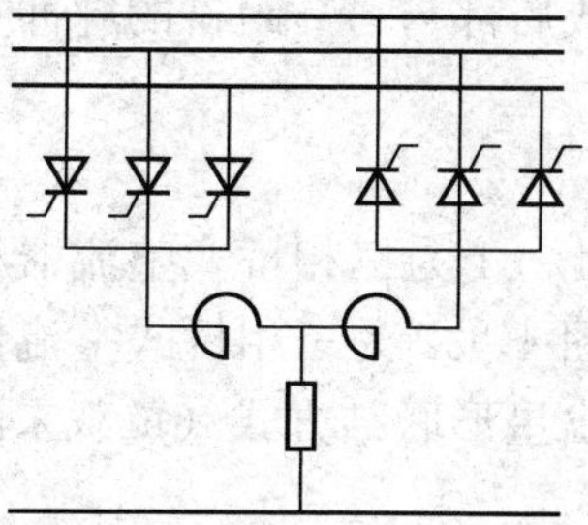

图 4 - 27　三相半波—单相交—交变频电路

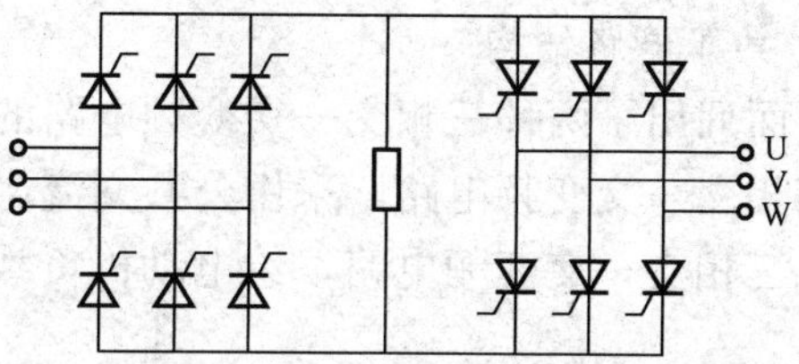

图 4 - 28　三相桥式—单相交—交变频电路

4.3.2　晶闸管三相交—交变频电路

交—交变频器主要用于交流调速系统中，因此实际使用的主要是三相交—交变频器。三相交—交变频器电路是由三组输出电压相位互差 120°的单相交—交变频电路组成的，上面的许多分析和结论对三相交—交变频电路也是适用的。

1. 电路的接线方式

三相交—交变频电路主要有两种接线方式，即公共交流母线进线方式和输出星形联结方式。

（1）公共交流母线进线方式。图 4 - 29 是采用公共交流母线进线方式的三相交—交变频电路原理图，它由三组彼此独立的、输出电压相位互相差开 120°的单相交—交变频电路组成，它们的电源进线通过电抗器接在公共的交流母线上。因为电源进线端公用，所以三组单相变频电路的输出端必须隔离。为此，交流电动机的三个绕组必须拆开，共引出六根线。公共交流母线进线三相交—交变频电路主要用于中等容量的交流调速系统。

（2）输出星形联结方式。图 4 - 30 是输出星形联结方式的三相交—交变频电路原理。三组单相交—交变频电路的输出端星形联结，电动机的三个绕组也是星形联结，电动机的中性点不和变频器的中性点接在一起，电动机只引出三根线即可。图 4 - 30 为三组单相变频器连接在一起，其电源进线就必须隔离，所以三组单相变频器分别用三个变压器供电。

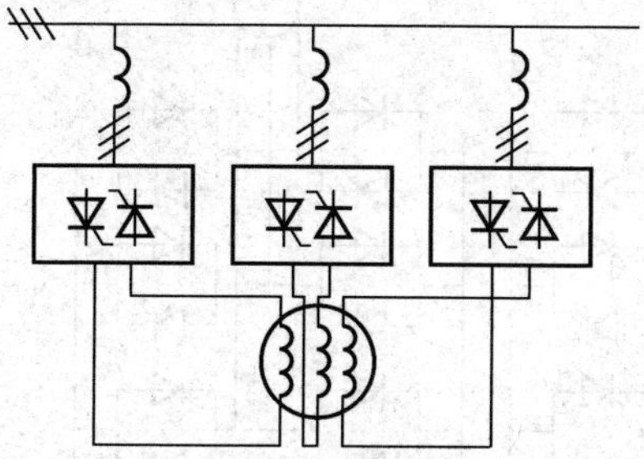

图 4 - 29　公共母线进线方式的三相交—交变频电路

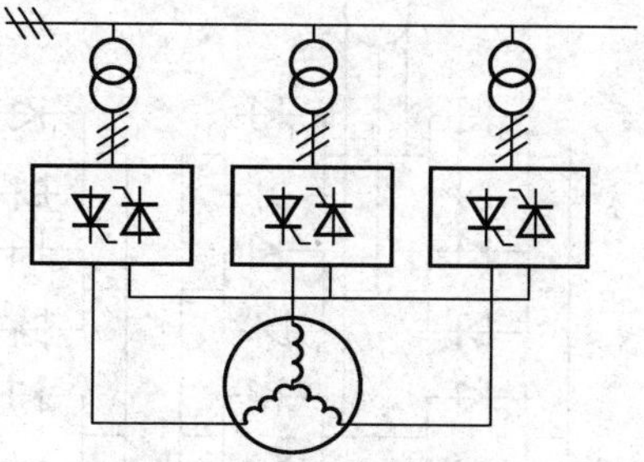

图 4 - 30　输出星形联结方式的三相交—交变频电路

由于变频器输出端中性点不和负载中性点相联结，因此在构成三相变频器的六组桥式电路中，至少要有不同相的两组桥中的四个晶闸管同时导通才能构成回路，形成电流。同一组桥内的两个晶闸管靠双脉冲保证同时导通。两组桥之间靠足够的脉冲宽度来保证同时有触发脉冲。每组桥内各晶闸管触发脉冲的间隔约为60°，如果每个脉冲的宽度大于30°，那么无脉冲的间隔时间一定小于30°，这样，如图4-30所示，尽管两组桥脉冲之间的相对位置是任意变化的，但在每个脉冲持续的时间里，总会在其前部或后部与另一组桥的脉冲重合，使四个晶闸管同时有脉冲，形成导通回路。

2. 具体电路结构

下面列出了两种三相交—交变频电路的电路结构。图4-31为三相桥式整流器组成的三相—三相交—交变频电路，采用公共交流母线进线方式；图4-32为三相桥式整流器组成的三相—三相交—交变频电路，给电动机负载供电，采用输出星形联结方式（负载未画出）。

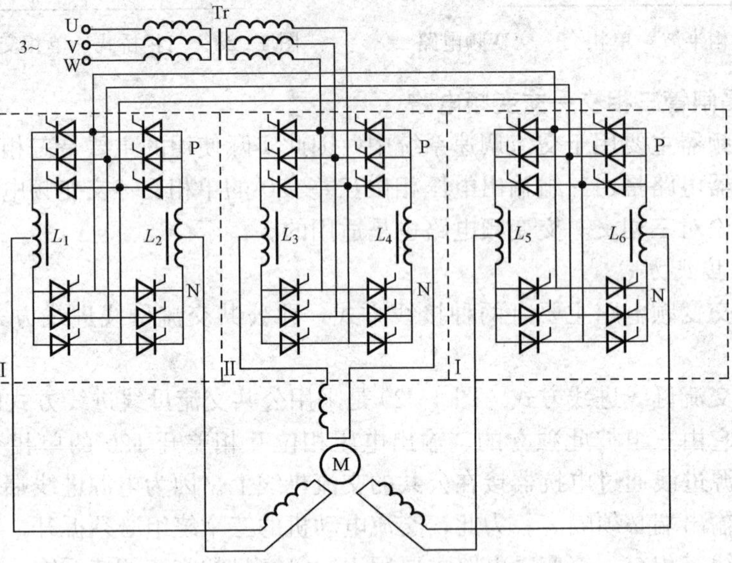

图4-31　三相—三相交—交变频电路（公共母线进线方式）

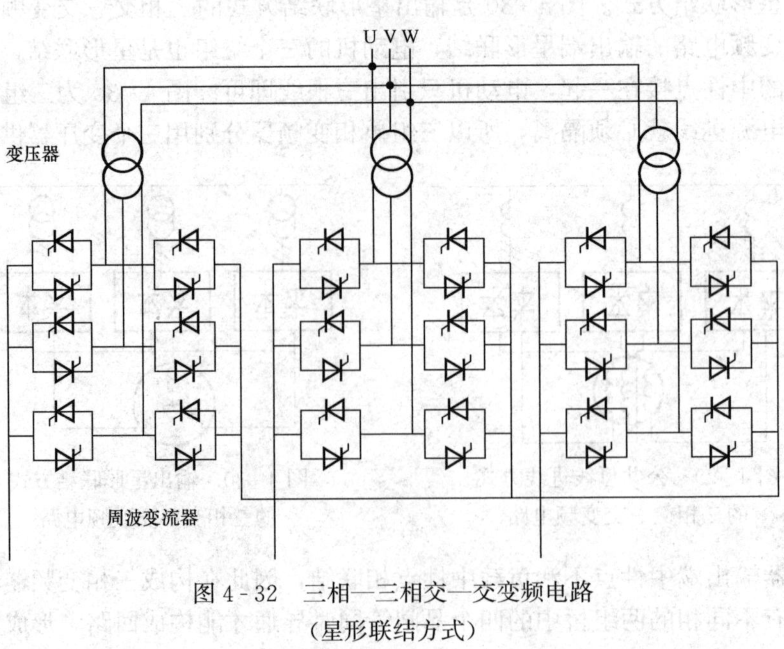

图4-32　三相—三相交—交变频电路

（星形联结方式）

4.4 矩阵变换器

4.4.1 矩阵变换器概述

在4.2.5节中介绍了斩控式交流调压电路，该电路只能对输出电压的幅值进行调节，很难对输出电压的频率进行调节。为了能对输出电压的频率进行调节，可采用三相交流电压输入，如图4-33（a）所示。

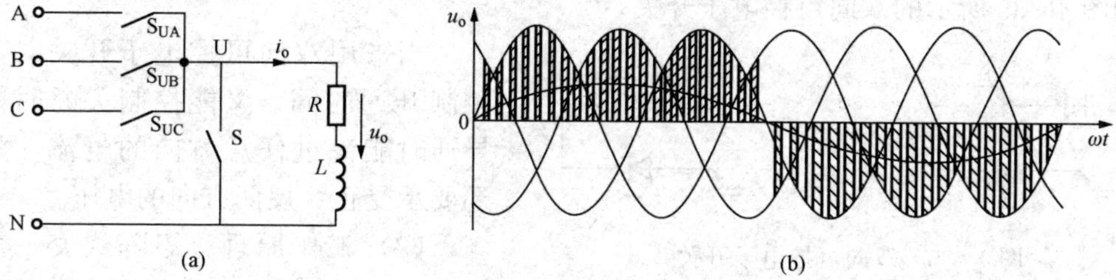

图4-33　三相交流电压输入的斩控式AC-AC变换器电路拓扑及其工作波形
（a）电路拓扑；（b）工作波形

矩阵式变换器按照“在给定电压的正半波，哪相电压最高，就对哪相电压进行斩波；在给定电压的负半波，哪相电压最低，就对哪相电压进行斩波。”的原则进行工作。

例如，在给定正弦电压的正半波，当A相电压最高时，S_{UA} 斩波；B相电压最高时，S_{UB} 斩波，C相电压最高时，S_{UC} 斩波，S续流，这样负载上就得到正向电压。在给定正弦电压的负半波，当A相电压最低时，S_{UA} 斩波，B相电压最低时，S_{UB} 斩波，C相电压最低时，S_{UC} 斩波，S续流，这样负载上就得到负向电压。从而得到图4-33（b）所示的波形。从图4-33所示的波形可以看出，每个脉冲波都是电网相电压的一部分，它是由电网电压 u_2 经斩波得到。矩阵变换器有行和列之分，分别用U、V、W和A、B、C来表示行三相和列三相。

为了减少开关器件，可将续流回路的开关器件S去掉，如图4-34（a）所示。这时，在给定电压的正半波，当某相电压最高，则该相对应开关管斩波，而电压最低的那一相的开关管作为续流管。如A相电压最高，B相电压最低，则 S_{UA} 斩波 S_{UB} 续流。把电路重画成如图4-34（b）所示的结构，由于其开关 S_{UA}、S_{UB} 和 S_{UC} 的排列就像一个3×1的矩阵，故称之为矩阵式变换器。

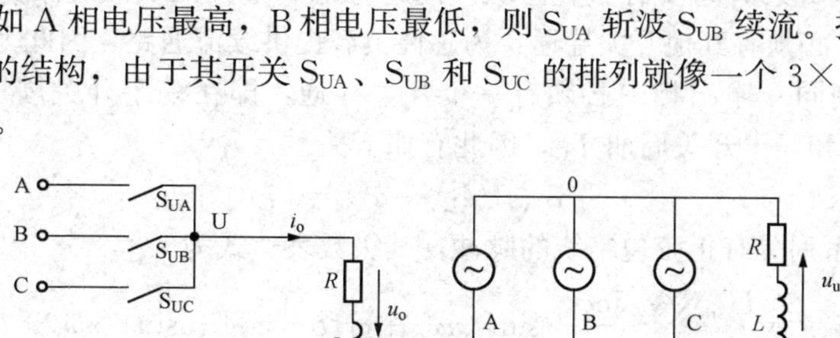

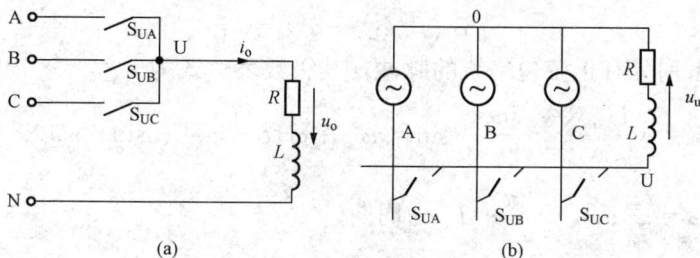

图4-34　3输入1输出的矩阵式交—交变频电路

矩阵式交—交变频电路的输入一般是三相交流电，而其输出可以是单相的也可以是三相的。前者称为单相输出矩阵式交—交变频电路，简称单相矩阵式交—交变频电路；后者称为三相输出矩阵式交—交变频电路，简称三相矩阵式交—交变频电路。

4.4.2 矩阵变换器的结构和工作原理

1. 单相矩阵式交—交变频电路

（1）电路结构。图 4-34（a）为单相矩阵式交—交变频电路的主电路拓扑结构图，三相输入电压为 u_A、u_B 和 u_C，单相输出电压为 u_0。因输入、输出通过开关器件直接相连，没有中间储能环节，也属于直接变频电路。在图 4-34 所示的电路中，S_{UA}、S_{UB} 和 S_{UC} 以及 S 均采用图 4-35 所示的双向可控电子开关。

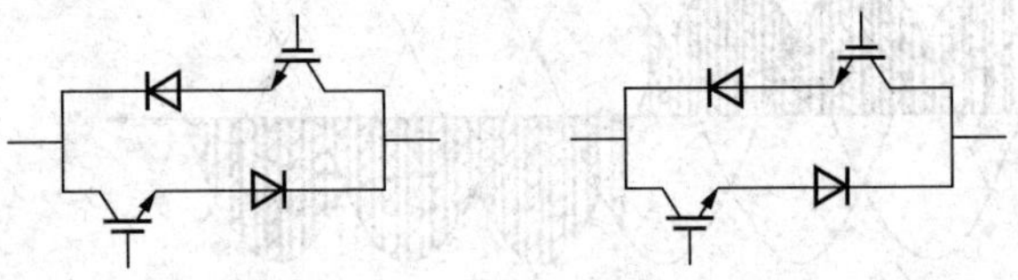

图 4-35 双向可控电子开关

当采用双向可控电子开关时，既能控制开通时间，又能控制关断时间，在导通时能流过任意方向的电流，关断时还要承受正、反两方向的电压。

（2）工作原理。矩阵式交—交变频电路的基本工作原理是通过对开关器件进行高频斩波控制，即 PWM 控制，使输出电压瞬时值在三相输入电压之间切换，从而调节输出电压的基波幅值及输出频率，以满足交流负载的需要。例如，对于 U 相输出电压 u_{U0} 来说，当开关 S_{UA} 导通时，u_{U0} 等于 u_A 的瞬时值；当 S_{UB} 导通时，u_{U0} 等于 u_B；当 S_{UC} 导通时，u_{U0} 等于 u_C。通过对 S_{UA}、S_{UB} 和 S_{UC} 导通时间的控制可以构造所需要的 u_{U0} 波形。假设在一个开关周期 T_C 内各开关的导通时间分别为 t_{onUA}、t_{onUB} 及 t_{onUC}，可定义各开关的导通占空比为

$$\alpha_{Uj}=\frac{t_{onUj}}{T_c} \quad j=A,\ B,\ C \tag{4-8}$$

因 U 相输出电压的瞬时值由导通开关及相应的输入电压决定，因此 u_{U0} 和各相输入电压的关系为

$$u_{U0}=S_{UA}u_A+S_{UB}u_B+S_{UC}u_C \tag{4-9}$$

为了防止三相输入电源之间短路，在任何时刻同一输出相中只能有一个开关导通，即 S_{UA}、S_{UB} 和 S_{UC} 的导通时间没有重叠区域。同时考虑到电路的负载通常为阻—感负载，在一个开关关断时，必须有其他开关导通，为感性负载提供续流通路，因此为了使负载不至于开路，在任何时刻同一输出相中必须有一个开关导通，即在一个开关周期中 S_{UA}、S_{UB} 和 S_{UC} 的导通时间之和等于开关周期 T_C，因此有如下关系

$$\alpha_{UA}+\alpha_{UB}+\alpha_{UC}=1 \tag{4-10}$$

u_0 波形为一系列具有正弦包络线的脉冲，其级数表达式为

$$u_0=\alpha U_{2m}\sin\omega t+\frac{U_{2m}}{\pi}\sum_{n=1}^{\infty}\frac{\sin\varphi_n}{n}\{\sin[(n\omega_c+\omega)t-\varphi_n]-\sin[(n\omega_c-\omega)t-\varphi_n]\}$$

式中：$\varphi_n=n\pi\alpha$；$\alpha=\frac{t_{on}}{T_c}$；$\omega_c=\frac{2\pi}{T_c}$；$T_c$ 为周期。

u_0 除包含基波 $\alpha U_{2m}\sin\omega t$ 外，还含有其他谐波。基波的频率随系统给定电压的频率改变而改变。

以相电压输入的单相矩阵式交—交变频电路［图 4-34（b）］为例，工作波形图如图

4-36 所示，其中粗线表示的为输出电压 u_0 的基波分量。

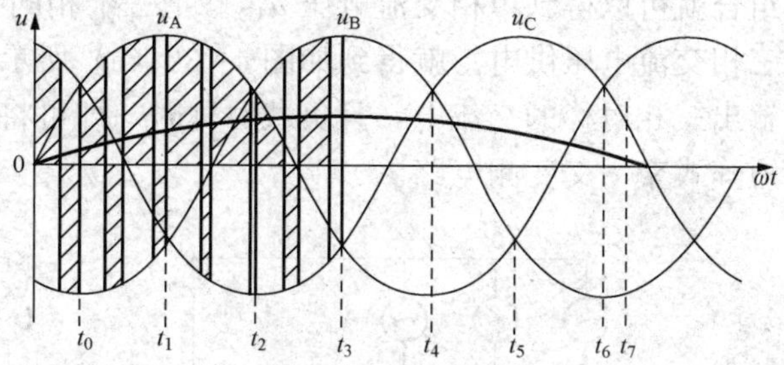

图 4-36　3 输入 1 输出矩阵式交—交变频电路的工作波形

从图 4-36 可以看出，相电压输入的矩阵式交—交变频电路的输出电压 u_0 的基波幅值不可能超过输入相电压的交点处的电压 $U_m/2$。为了提高输出电压的幅值，3 输入 1 输出的矩阵式交—交变频电路可采用线电压输入，其电路拓扑如图 4-37（a）所示。

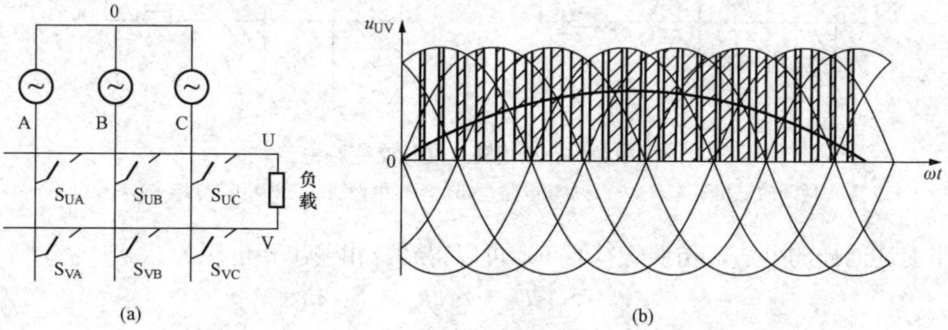

图 4-37　线电压输入单相矩阵式交—交变频电路及其工作波形

（a）电路拓扑；（b）工作波形

这时，在给定电压的正半波，若 u_{AB} 最高，则 S_{UA} 和 S_{VB} 斩波，而续流回路有两个，即 S_{UC} 和 Svc 续流以及 S_{UB} 和 S_{VA} 续流。两种续流回路得到的结果是不一样的。若采用 S_{UC} 和 Svc 续流，则在给定电压的正半波，输出脉冲波只有一种极性（S_{UA} 和 S_{VB} 导通时为正，S_{UC} 和 Svc 导通时为零），称单极性控制方式。若采用 S_{UB} 和 S_{VA} 续流，则在给定电压的正半波，输出正弦 PWM 波有两种极性（S_{UA} 和 S_{VB} 导通时为正，S_{UB} 和 S_{VA} 导通时为负），称双极性控制方式。图 4-37（b）给出单极性控制方式下的工作波形。从图 4-37（b）所示的波形看出，线电压输入的矩阵式交—交变频电路的输出电压 u_0 的基波幅值最大可达输入线电压的交点处的电压，即$\sqrt{3}U_m/2$，与相电压输入的矩阵式交—交变频电路相比，输出电压更高。

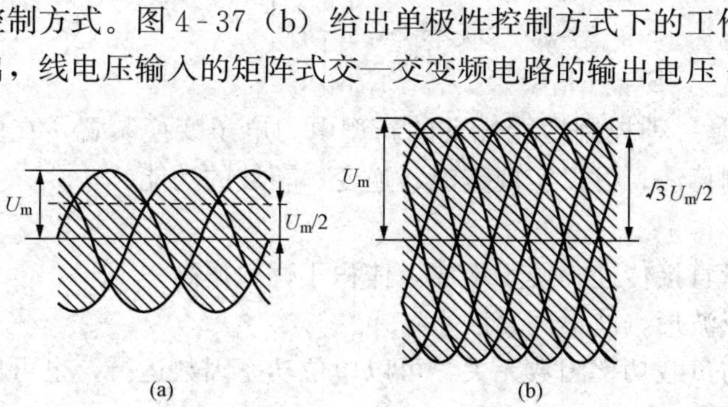

图 4-38　输出电压 u_0 的最大基波幅值与输入电压的关系

图 4-38（a）说明采用相电压输入的矩阵式交—交变频电路的输出电压 u_0 的基波幅值不可能超过输入相电压的交点处的电压 $U_m/2$。图 4-38（b）说明采用线电压输入的矩阵式交—交变频电路的输出电压 u_0 的基波幅值最大可达输入线电压的交点处的电压，即$\sqrt{3}U_m/2$。

2. 三相矩阵式交—交变频电路

对图 4-35（b）所示的单相矩阵式交—交变频电路，利用一组开关 S_{UA}、S_{UB} 和 S_{UC} 的通断组合就可以得到单相交流电压 u_{U0}。把三个相同结构的单相矩阵式交—交变频电路用同一组三相交流电压供电。就得到如图 4-39（a）所示的电路。若三个单相矩阵式交—交变频电路输出三相对称的交流电，且负载对称时，即可将中心线去掉得到如图 4-39（b）所示的三相矩阵式交—交变频电路。

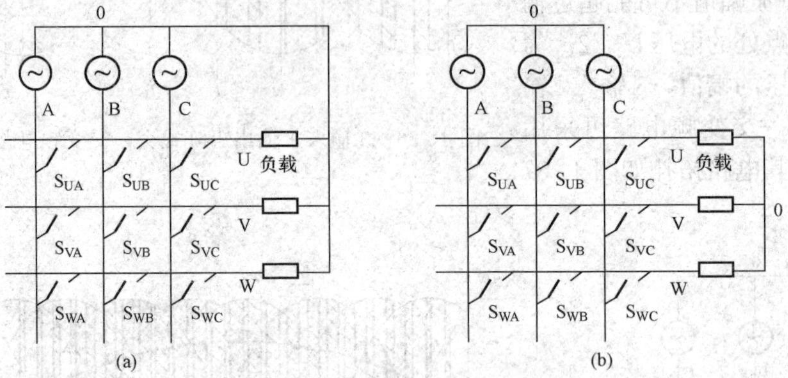

图 4-39　三相矩阵式交—交变频电路

（a）带中性线的三相矩阵式交—交变频电路；（b）不带中性线的三相矩阵式交—交变频电路

利用上述同样的办法，仿照式（4-9）可以得到三相输出相电压为

$$\begin{aligned}u_{U0}&=S_{UA}u_A+S_{UB}u_B+S_{UC}u_C\\u_{V0}&=S_{VA}u_A+S_{VB}u_B+S_{VC}u_C\\u_{W0}&=S_{WA}u_A+S_{WB}u_B+S_{WC}u_C\end{aligned}\tag{4-11}$$

根据三相输出相电压可以得到三相输出线电压为

$$\begin{aligned}u_{UV}&=u_{U0}-u_{V0}=(S_{UA}-S_{VA})u_A+(S_{UB}-S_{VB})u_B+(S_{UC}-S_{VC})u_C\\u_{VW}&=u_{V0}-u_{W0}=(S_{VA}-S_{WA})u_A+(S_{VB}-S_{WB})u_B+(S_{VC}-S_{WC})u_C\\u_{WU}&=u_{W0}-u_{U0}=(S_{WA}-S_{UA})u_A+(S_{WB}-S_{UB})u_B+(S_{WC}-S_{UC})u_C\end{aligned}\tag{4-12}$$

写成矩阵形式，即

$$\begin{bmatrix}u_{UV}\\u_{VW}\\u_{WU}\end{bmatrix}=\begin{bmatrix}S_{UA}-S_{VA} & S_{UB}-S_{VB} & S_{UC}-S_{VC}\\S_{VA}-S_{WA} & S_{VB}-S_{WB} & S_{VC}-S_{WC}\\S_{WA}-S_{UA} & S_{WB}-S_{UB} & S_{WC}-S_{UC}\end{bmatrix}\begin{bmatrix}u_A\\u_B\\u_C\end{bmatrix}\tag{4-13}$$

矩阵变换器（Matrix Converter）是一种控制性能优良的新型电力电子变换装置，在同一矩阵变换器上，通过采用不同的控制算法，可以实现整流、逆变、斩波的功能。

矩阵变换器主要有以下优点：

（1）无中间直流或交流环节，能量直接传递，便于集成，体积小，效率高；

（2）输入电流和输出电压均为正弦波形，波形失真度小；

（3）输入功率因数可任意调节，与负载功率因数无关，可以单位功率因数运行，也可以无功补偿运行或感性负载运行；

（4）由于采用双向开关，能量可双向传递，非常适合四象限运行的交流传动系统；

（5）输出电压的幅值、相位和频率可独立调节，输出频率不受输入频率的限制，控制自由度大。

当然，它也有一些缺点：输入、输出电压增益偏低（最大值只有 0.866）以及由于开关元件使用过多造成的开关损耗大、控制复杂等。

矩阵变换器由于它优越的特性而具有广阔的应用前景，其主要应用场合有：便携式电源、电动机四象限调速运行和电力系统统一潮流控制器等。但目前实际应用较少，主要的制约因素是矩阵变换器的容量偏小（目前最大10kVA）以及没有真正的双向开关器件，这是现在矩阵变换器研究领域中急需解决的难题。

4.5　交流—交流变换电路的MATLAB仿真研究

4.5.1　晶闸管单相交流调压电路的建模与仿真

4.5.1.1　晶闸管单相交流调压电路的建模与仿真（电阻性负载）

1. 电气原理结构图

晶闸管单相调压器带电阻性负载电气原理图如图4-40所示。

2. 电路的建模

从电气原理图可知，该系统由交流电源、晶闸管、脉冲发生器等部分组成。图4-41是采用电气原理结构图方法连接成的晶闸管单相交流调压电路仿真模型。下面介绍各部分的建模和参数设置。

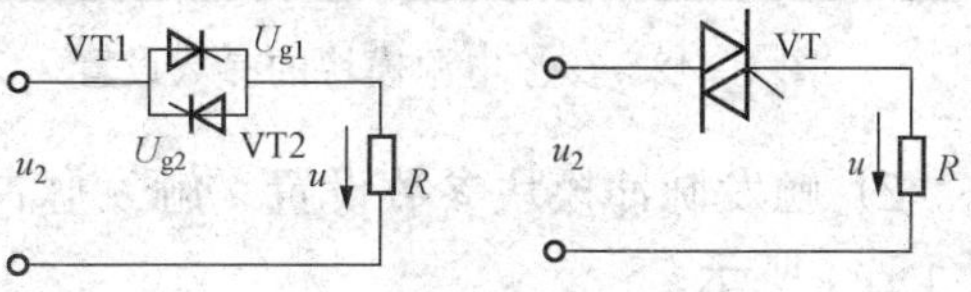

图4-40　带电阻性负载时的单相交流调压器电气原理结构图

（1）模型中使用的主要模块、提取途径和作用。

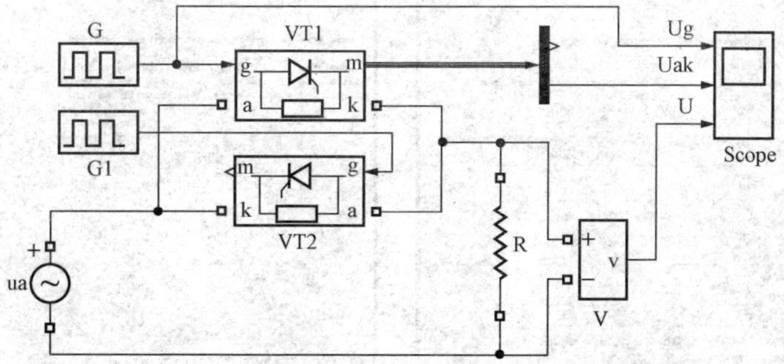

图4-41　晶闸管单相交流调压电路仿真模型

1）交流电压源模块：SimPower Systems/Electrical Sources/AC Voltage Source，作为变换电源。

2）晶闸管模块：Simpower Systems/Power Electronics/Detailed Thyristor，作为开关器件。

3）触发模块：Simulink/Sources/Pulse Generator，提供触发脉冲使晶闸管导通。

4）电阻模块：SimPower Systems/Elements/Series RLC Branch，负载。

5）测量模块：SimPower Systems/Measurements/ Current Measurement 和 Voltage Measurement，测量电压和电流。

6）示波器模块：Simulink/Sinks/Scope，用来观察信号。

（2）典型模块的参数设置。

1）交流电源和负载电阻的参数设置。参数设置对话框和参数设置分别如图 4－42 和图 4－43 所示。

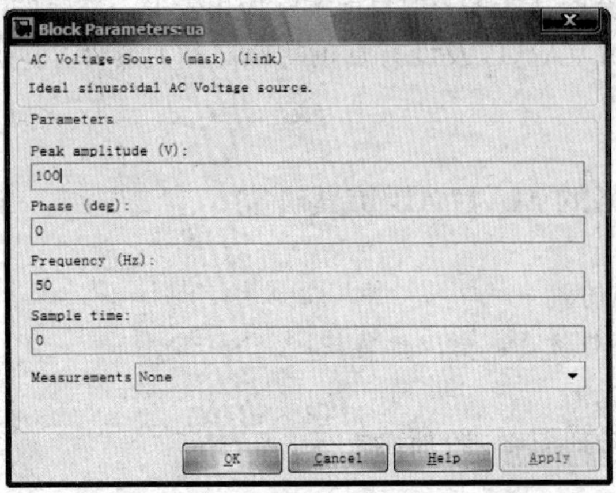

图 4－42　交流电源模块的参数设置

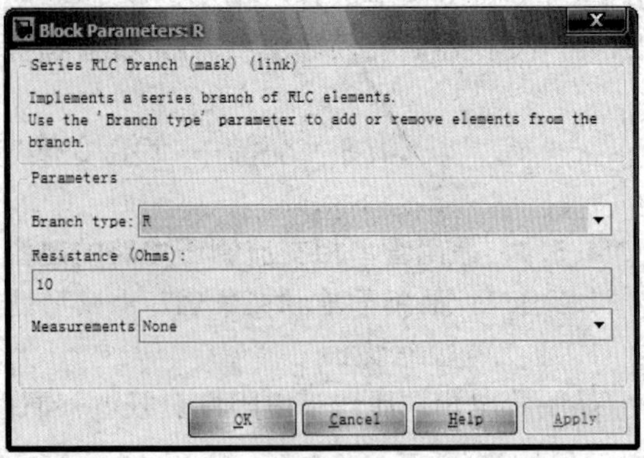

图 4－43　负载电阻模块的参数设置

2）触发脉冲模块参数设置。触发脉冲模块的参数设置对话框和参数设置（$\alpha=60°$）如图 4－44 所示。

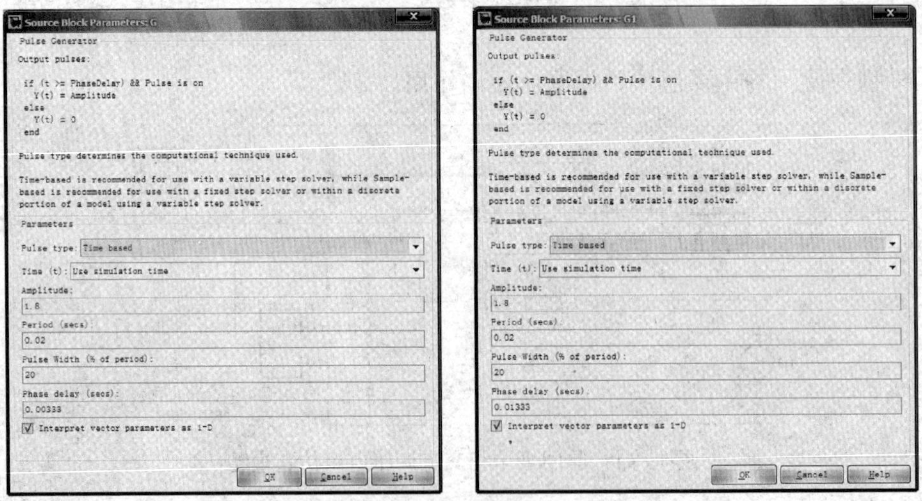

图 4－44　触发脉冲模块参数设置

3）晶闸管模块参数设置。双击晶闸管图标，打开晶闸管的参数设置对话框，晶闸管模块的参数设置如图 4－45 所示。

按照图 4－40（a）所示的电气原理结构图，将上述各个模块按照图示关系连接起来，就可得到图 4－41 所示的仿真模型。

3．系统的仿真参数设置

算法选 ode23tb。模型的开始时间设为 0；模型的停止时间设置的是 0.08s，误差为 1e－3。

4．系统的仿真、仿真结果的输出及结果分析

（1）系统仿真。打开“Simulation”菜单，单击“Start”后，系统开始仿真，在仿真时间结束后，双击示波器就可以查看到仿真结果。

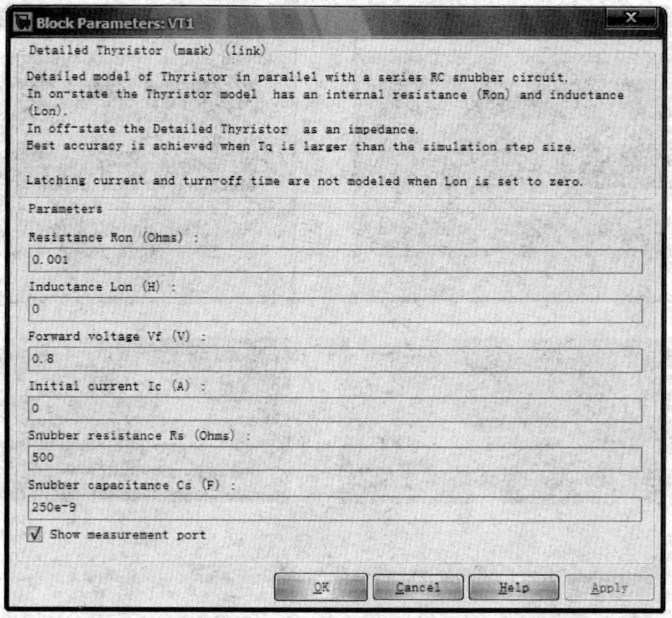

图 4-45 晶闸管模块参数设置

(2) 输出仿真结果。双击“示波器”图标得到仿真输出波形。仿真结果如图 4-46 所示，它们分别是控制角为 30°、60°、90°和 120°时触发信号 U_g、晶闸管端电压 U_{ak} 和交流输出电压 u 的仿真和实验波形。

(3) 仿真结果分析。当负载为电阻性负载时，负载电流和负载电压波形一致，随着触发角的增大，电压的有效值减小，从而达到调压的目的。当触发角为 0°时，输出波形是完整的正弦波；当触发角设为 180°时，波形为一条直线，因此可以得出晶闸管单相交流调压的触发角范围为 0°～180°。

4.5.1.2 晶闸管单相交流调压电路的建模与仿真（阻—感性负载）

1. 电气原理结构图

晶闸管单相调压器带阻—感性负载时的单相交流调压电路电气原理图如图 4-47 所示。

2. 电路的建模

该系统由交流电源、晶闸管、脉冲发生器、电压表等部分组成。图 4-48 是采用电气原理结构图方法连接成的晶闸管单相交流调压电路带阻—感负载的仿真模型。

典型模块的参数设置。

(1) 交流电源的参数设置。交流电源的参数设置与图 4-42 相同，$u_2=100\text{V}$。

(2) 阻感负载的参数设置。电阻 $R=10\Omega$、电感 $L=1\text{mH}$。

(3) 触发脉冲模块参数设置。触发脉冲模块的参数设置对话框和参数设置（$\alpha=60°$）与图 4-44 相同。

(4) 晶闸管模块参数设置。晶闸管模块的参数设置与图 4-45 相同。

按照图 4-47 (a) 所示的电气原理结构图，将上述各个模块按照图示关系连接起来，就可得到图 4-48 所示的仿真模型。

3. 系统的仿真参数设置

算法选 ode23tb。模型的开始时间设为 0；模型的停止时间设置为 0.08s，误差为 1e-3。

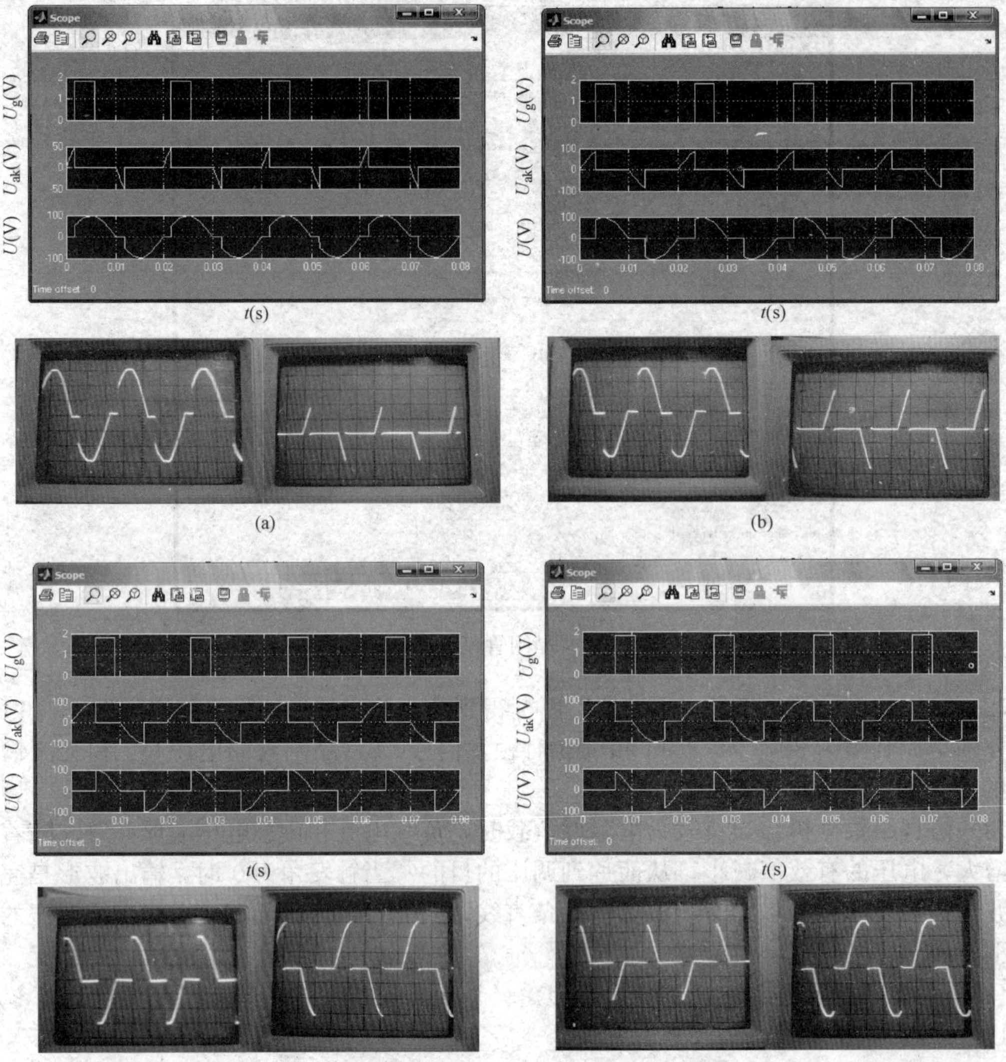

图 4-46　单相交流调压电路带电阻性负载不同控制角时的仿真和实验波形

(a) $\alpha=30°$；(b) $\alpha=60°$；(c) $\alpha=90°$；(d) $\alpha=120°$

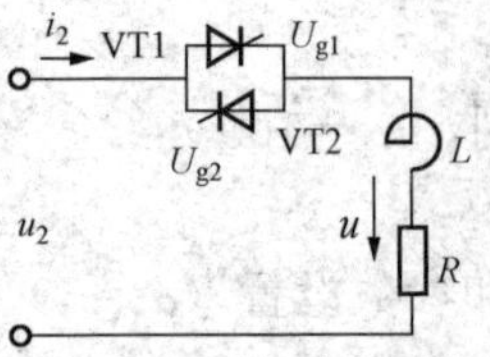

图 4-47　带阻—感负载时的单相交流调压电路电气原理结构图

4. 系统的仿真、仿真结果的输出

（1）系统仿真。打开“Simulation”菜单，单击“Start”后，系统开始仿真，在仿真时间结束后，双击示波器就可以查看到仿真结果。

（2）输出仿真结果。仿真结果如图 4-49 所示，它们分别是控制角为 30°、60°、90°和 120°时触发信号 U_g、晶闸管端电压 U_{ak} 和交流输出电压 u 的仿真和实验波形。

4.5.1.3　斩控式单相交流调压电路的建模与仿真（电阻性负载）

1. 电气控制原理

斩控式单相调压器带电阻性负载电压波形图如图 4-50 所示。

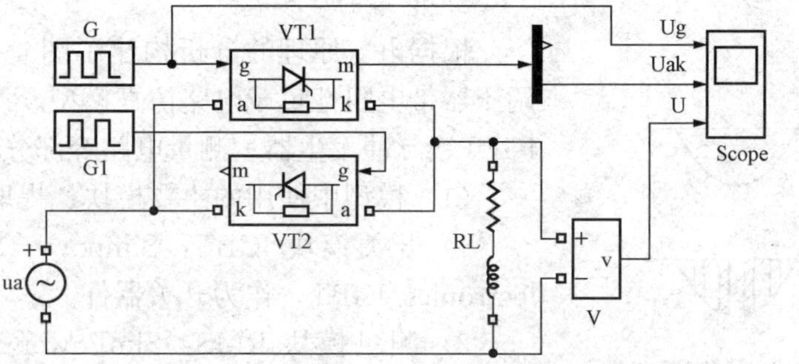

图 4-48　晶闸管单相交流调压电路带阻—感负载的仿真模型

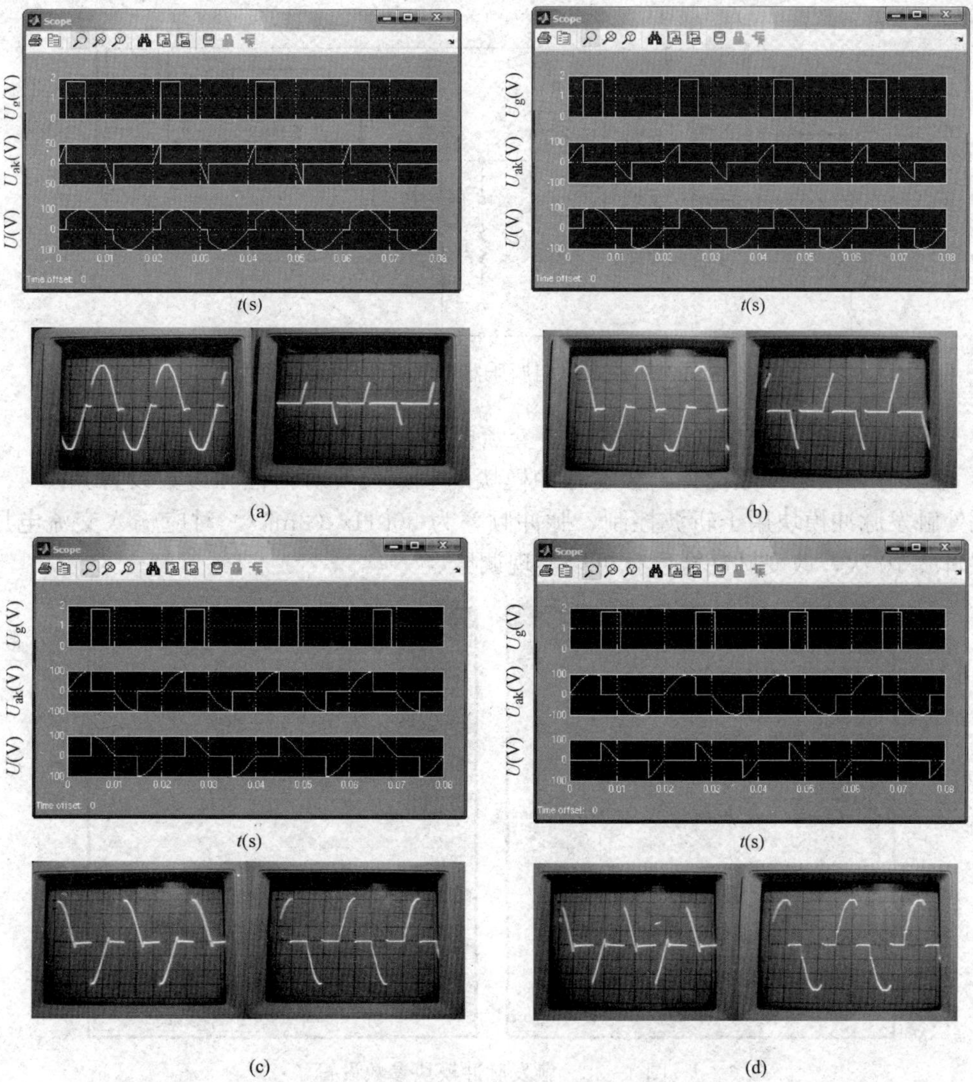

图 4-49　单相交流调压电路带阻—感负载不同控制角时的仿真和实验波形

（a）$\alpha=30°$；（b）$\alpha=60°$；（c）$\alpha=90°$；（d）$\alpha=120°$

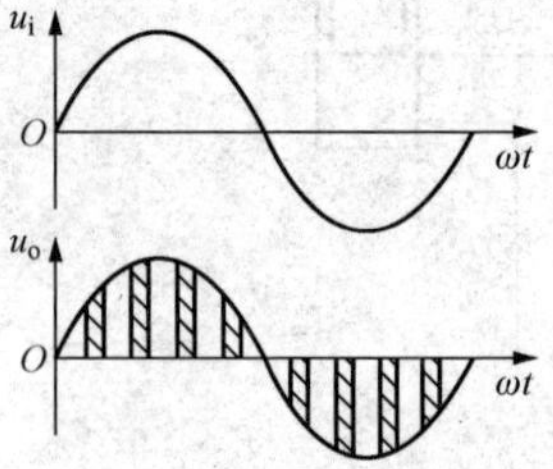

图 4-50　斩控式单相调压器带电阻性负载电压波形图

2. 电路的建模

根据电气原理的分析构建了图 4-51 的斩控式单相调压器带电阻性负载电路仿真模型。该模型由交流电源、IGBT、脉冲发生器、测量电路等部分组成。

（1）模型中使用的主要模块、提取途径和作用。

1）开关模块 IGBT：Simpower Systems/Power Electronics/IGBT，作为开关器件。

2）测量模块 RMS：SimPower Systems/Extra Library/Measurement/RMS，测量电压有效值。

（2）典型模块的参数设置。

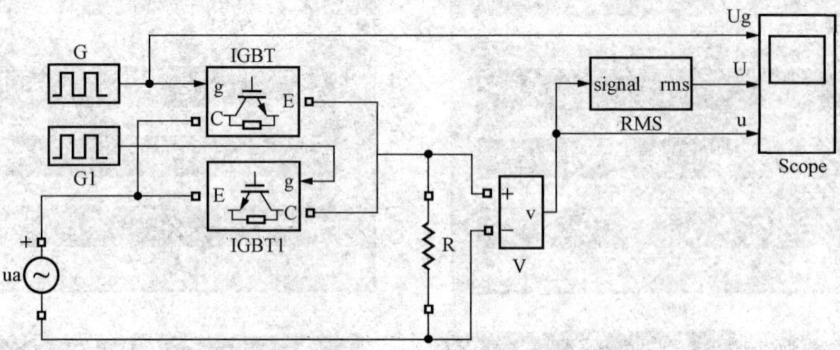

图 4-51　斩控式单相调压器带电阻性负载仿真模型

1）交流电源和负载电阻的参数设置。交流电源 U_s=100V，负载电阻 R=10Ω。

2）触发脉冲模块参数设置。触发脉冲模块的参数设置对话框和参数设置如图 4-52 所示。此处触发脉冲模块用于斩波控制，脉冲频率为 500Hz（2ms），对应输入交流电压一个周期被斩波 10 次，改变脉冲宽度就可以实现调压。

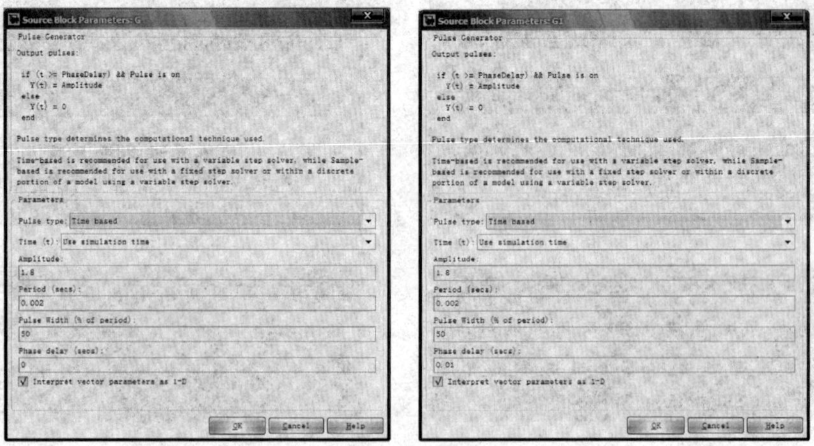

图 4-52　触发脉冲模块参数设置

3）开关模块 IGBT 参数设置。IGBT 模块的参数设置如图 4-53 所示。

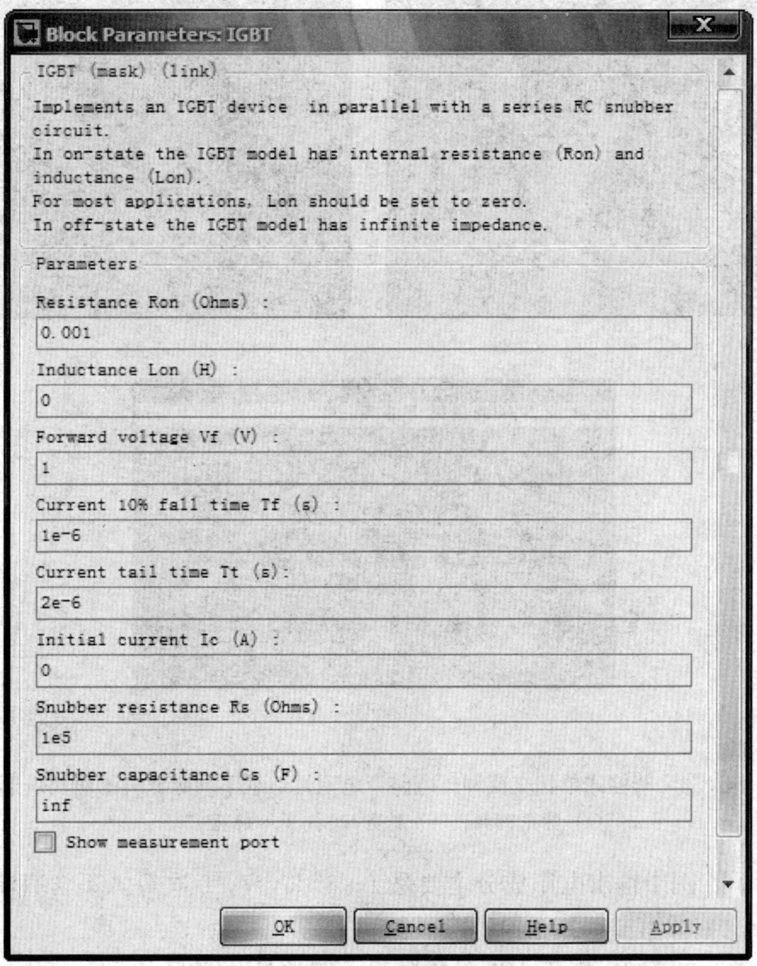

图4-53　IGBT模块参数设置

3. 系统的仿真参数设置

算法选ode23tb。模型的开始时间设为0；模型的停止时间设为0.08s，误差为1e-3。

4. 系统的仿真、仿真结果的输出及结果分析

（1）系统仿真。打开“Simulation”菜单，单击“Start”后，系统开始仿真，在仿真时间结束后，双击示波器就可以查看到仿真结果。

（2）输出仿真结果。仿真结果如图4-54所示，它们分别是脉冲宽度为25%、50%和75%时触发信号U_g、输出交流电压有效值U_{ak}和交流输出电压u的仿真波形。

（3）仿真结果分析。从图4-54可见，采用斩波控制方式进行交流调压时，改变脉冲宽度就可以实现交流调压。

4.5.1.4　几种单相交流调压电路的谐波分析

1. 单相交流调压带电阻性负载电路的谐波分析

（1）参数设置与“4.5.1.1 晶闸管单相交流调压电路的建模与仿真（电阻性负载）”相同，谐波分析时的示波器采样时间（Sample time）设置为0.00005s，其中$\alpha=30°$。

（2）谐波分析结果与结果分析。单相交流调压带电阻性负载电路输出电压的谐波分析结

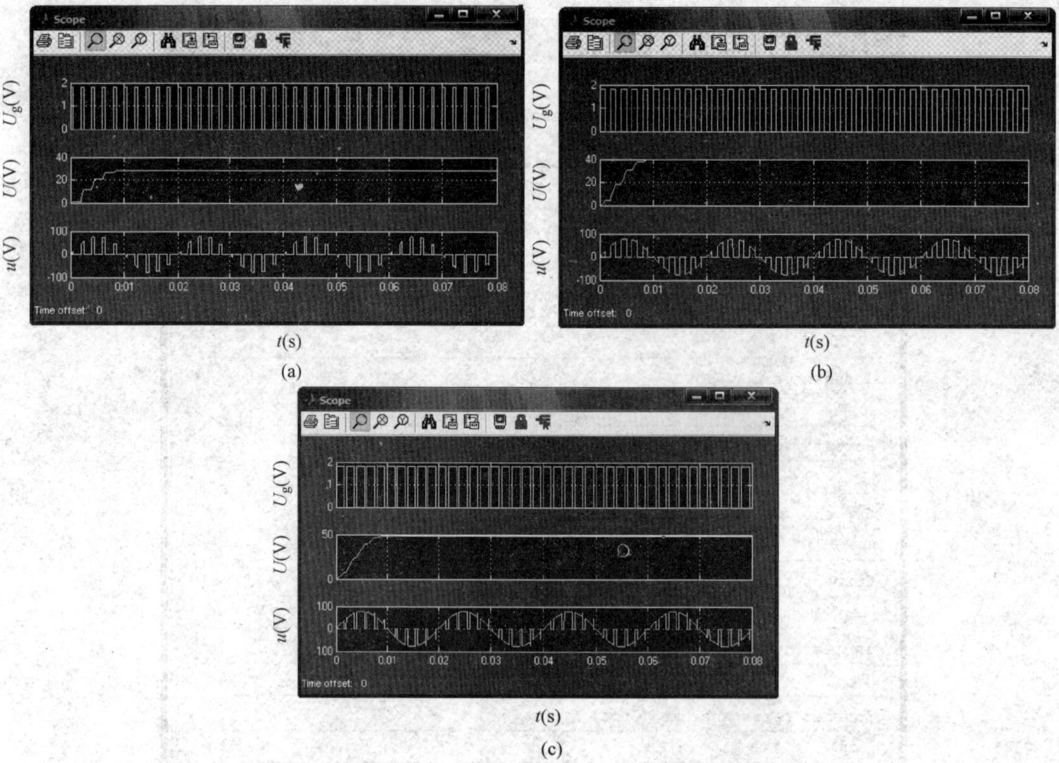

图 4-54　斩控式单相交流调压电路带电阻性负载不同脉宽时的仿真波形

（a）脉宽 25%；（b）脉宽 50%；（c）脉宽 75%

果如图 4-55 所示。图中输出电压成分主要是 1，3，5，7，9 次等，不含直流和偶次谐波分量，且随着谐波次数的增加，其幅值下降。

比较式（4-5）和图 4-55 的谐波分析结果，两者是一致的。

2. 单相交流调压带阻—感性负载电路的谐波分析

（1）参数设置与“4.5.1.2 晶闸管单相交流调压电路的建模与仿真（阻—感性负载）”相同，谐波分析时的示波器采样时间（Sample time）设置为 0.00005s，其中 $\alpha=30°$。

（2）谐波分析结果与分析。单相交流调压带阻—感性负载电路输出电压的谐波分析结果如图 4-56 所示。图中输出电压成分主要是 1，3，5，7，9 次等，不含直流和偶次谐波分量，且随着谐波次数的增加，其幅值下降。

比较电阻性负载和阻感性负载的谐波结果，在同样参数情况下，阻—感性负载的谐波更小些。

3. 斩控式单相交流调压带电阻性负载电路的谐波分析

（1）参数设置与“4.5.1.3 斩控式单相交流调压电路的建模与仿真（电阻性负载）”相同，谐波分析时的示波器采样时间（Sample time）设置为 0.00005s，其中脉冲宽度为 30°。

（2）谐波分析结果与分析。斩控式单相交流调压电路输出电压的谐波分析结果如图 4-57 所示。图中输出电压成分主要是 1，9，11，19 次等，不含直流分量，且随着谐波次数的增加，其幅值下降。

比较图 4-57（a）和（b）的谐波分析结果可以看到：随着脉冲宽度增大，基波分量增大，谐波成分降低。比较图 4 - 55、图 4 - 56 和图 4 - 57 可以看到：斩控式交流调压的谐波成分要比相控式交流调压小。

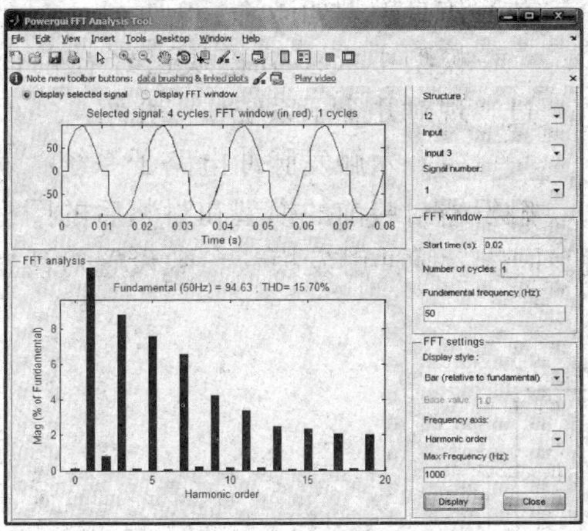

图 4 - 55　电阻性负载输出电压的谐波分析结果

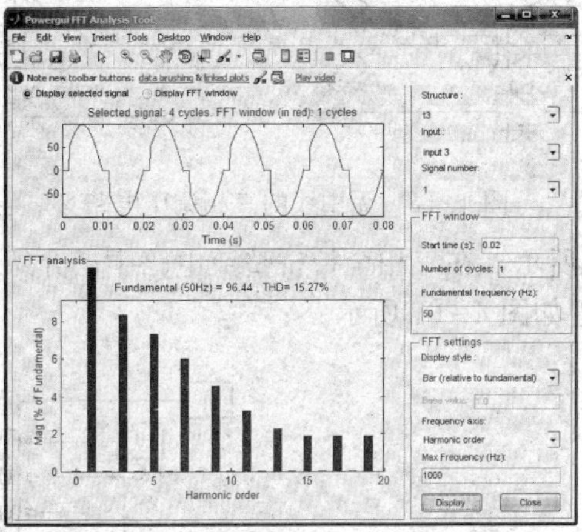

图 4 - 56　阻—感性负载输出电压的谐波分析结果

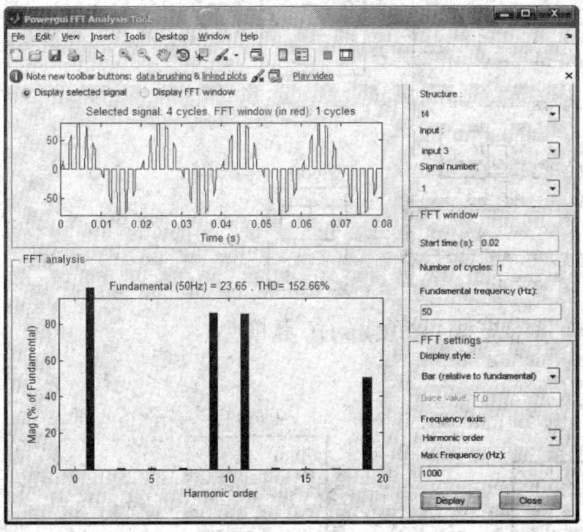

(a)

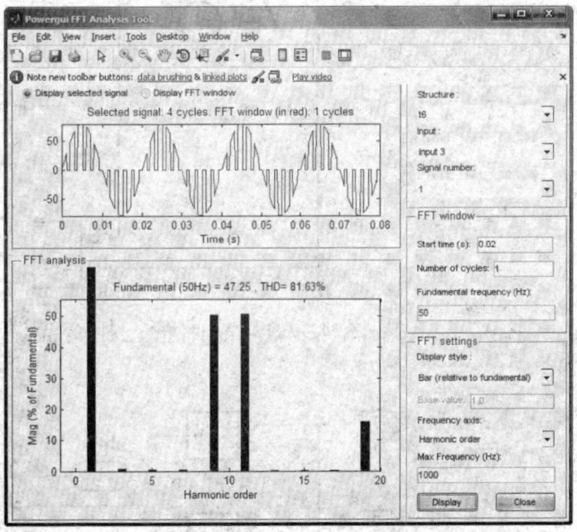

(b)

图 4 - 57　斩控式单相交流调压带电阻性负载电路输出电压的谐波分析结果

(a) 脉宽 30%；(b) 脉宽 60%

4.5.2　晶闸管三相交流调压电路的建模与仿真

1. 三相三线交流调压电路（电阻性负载）结构图

电路如图 4 - 58 所示，用三组反并联的晶闸管构成三相星形联结无中线调压电路。

由单相调压电路分析可知，三相调压电路通过改变触发脉冲的相位控制角 α 即可改变输出电压的大小，为了使这种中性线的电路构成导通的回路，因此在任何时刻都必须有两个晶闸管导通。即对该电路有一定的要求：①触发脉冲相与相之间依次间隔 120°，而且每一相的正负触发脉冲之间要间隔 180°；②为了保证电路有效的工作，触发脉冲采用宽脉冲或双窄脉冲触发，而且脉冲与电源同步。

2. 电路的建模

三相三线交流调压电路（电阻性负载）仿真模型如图 4-59 所示。

模型中大多数模块已经在前面使用过，现对几个子系统作一介绍。

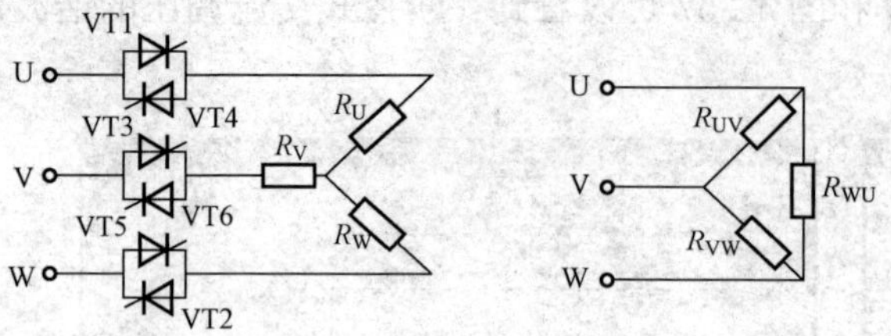

图 4-58　无中线的三相调压电路

（1）六触发脉冲电路子系统。六脉冲触发器封装前的模型和封装后的图标如图 4-60 所示，在三相全控桥整流电路中已介绍过。同步六脉冲触发模块参数设置对话框和参数设置如图 4-61 所示。

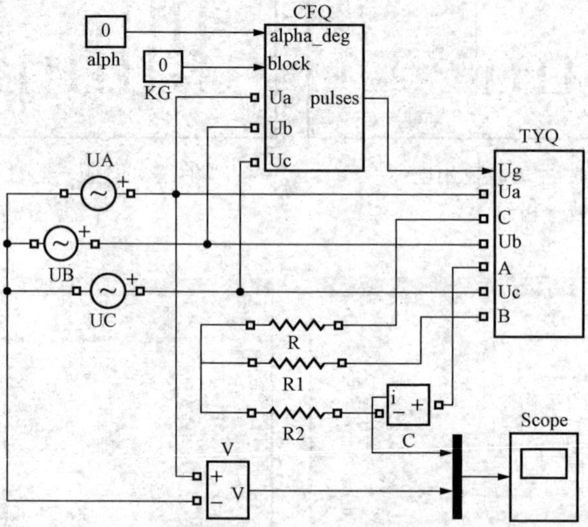

图 4-59　晶闸管三相交流调压电路带电阻性负载的仿真模型

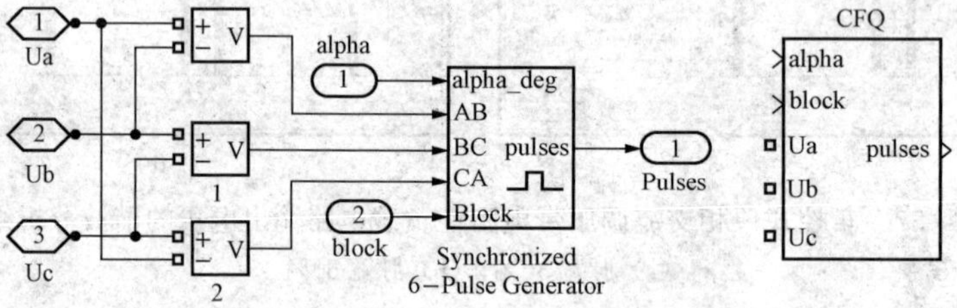

图 4-60　六脉冲触发器封装前的模型和封装后的图标

（2）三相三线交流调压器主电路子系统。三相三线交流调压器主电路结构及其封装后的图标如图 4-62 所示。晶闸管 1 和 4、3 和 6、5 和 2 反并联接成三相桥，脉冲分配序号与晶闸管序号相同。晶闸管模块参数设置如图 4-63 所示。

（3）典型模块的参数设置。

1）交流电源为幅值 50V 频率 50Hz 的三相对称交流电源。

2）三相对称负载电阻 $R=1\Omega$。

根据图 4-58 所示的电气原理结构图，将上述各个模块按图示关系连接起来，就可得到图 4-59 所示的仿真模型。

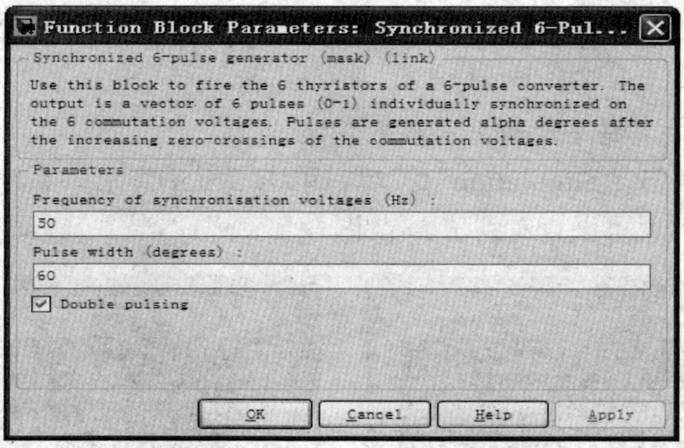

图 4 - 61　同步六脉冲触发模块参数设置

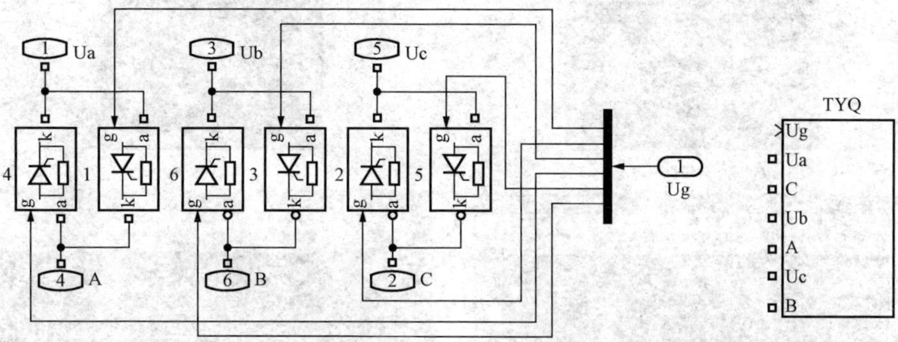

图 4 - 62　三相三线交流调压器主电路结构及其封装后的图标

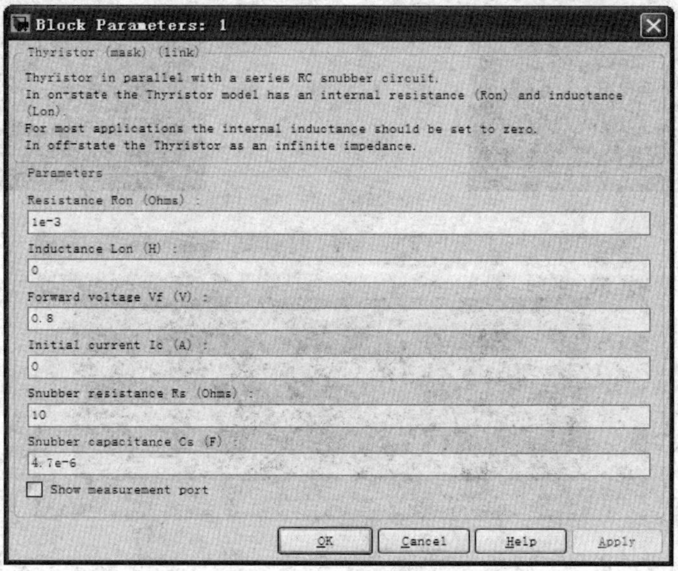

图 4 - 63　晶闸管模块参数设置

3. 系统的仿真参数设置

算法选ode23tb。模型的开始时间设为0；模型的停止时间设置的是0.08s，误差为1e-3。

4. 系统的仿真、仿真结果的输出及结果分析

（1）系统仿真。打开“Simulation”菜单，单击“Start”后，系统开始仿真，在仿真时间结束后，双击示波器就可以查看到仿真结果。

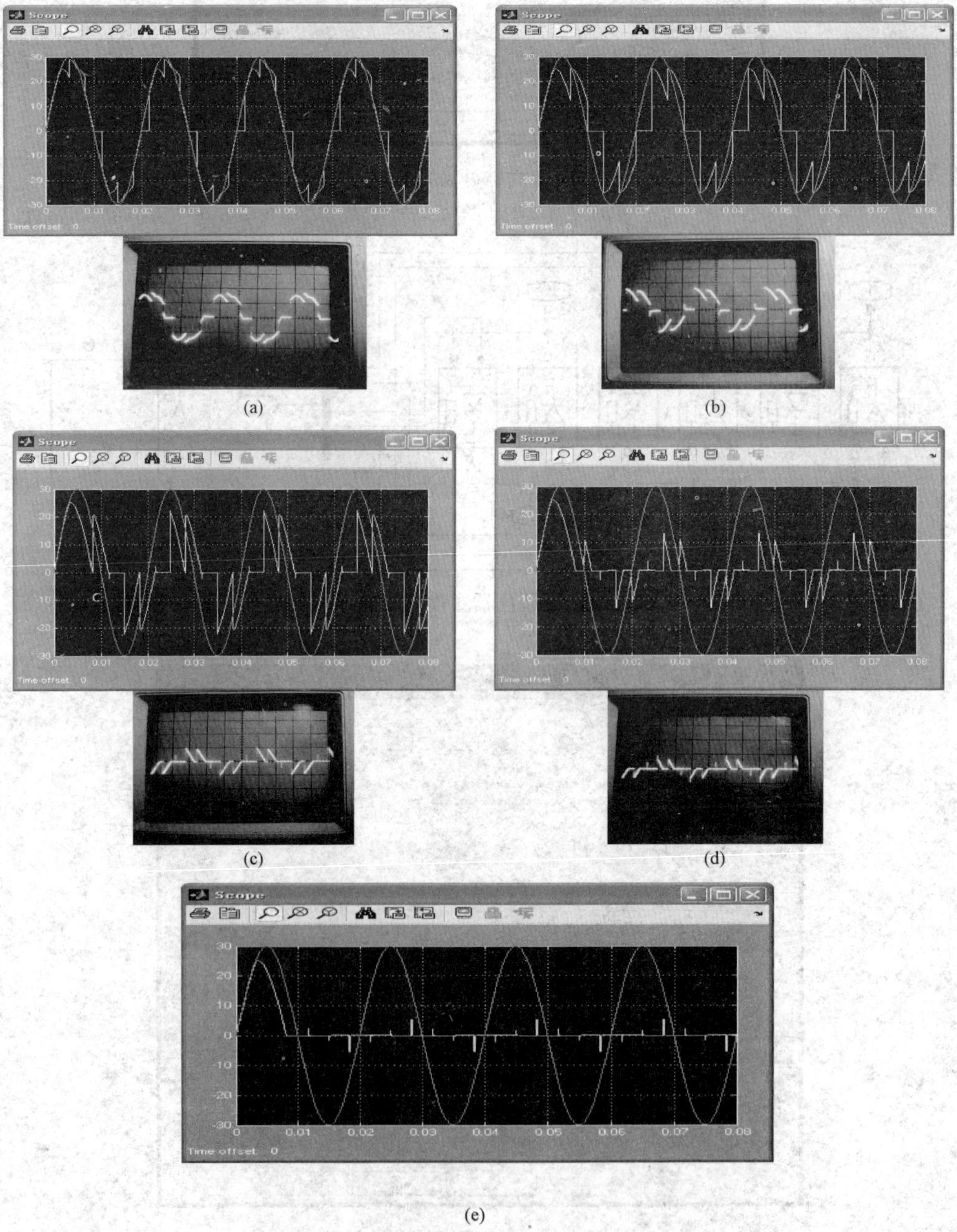

(a) (b) (c) (d) (e)

图4-64　三相交流调压电路带电阻性负载不同控制角时的仿真和实验波形

（a）$\alpha=30°$；（b）$\alpha=60°$；（c）$\alpha=90°$；（d）$\alpha=120°$；（e）$\alpha=150°$

(2) 输出仿真结果。仿真结果如图 4-64 所示。它们分别是触发角为 30°、60°、90°、120°和 150°时的输入 U 相电压和负载电流的仿真和实验波形。

(3) 仿真结果分析。将理论分析波形、仿真波形和实验波形相比较，可以看到波形非常一致。此处要注意触发控制角的起始点定义。同步六脉冲触发器仿真模型中触发控制角的起始点定在相邻两相相电压的交点（与整流电路相同），而三相交流调压器理论分析时触发控制角的起始点定义在相电压的起始点。因此模型中触发控制角 $\alpha=0°$ 相当于理论分析时触发控制角的 30°，以此类推。

5. 三相交流调压带电阻性负载电路的谐波分析

(1) 谐波分析时的示波器采样时间（Sample time）设置为 0.00005s，其他参数设置与“三相交流调压电路的建模与仿真（电阻性负载）”中相同。

(2) 谐波分析结果与分析。三相交流调压带电阻性负载电路输出电压的谐波分析结果如图 4-65 所示。图中输出电压成分主要是 1，5，7，11 次等，不含直流和偶次谐波分量，且随着谐波次数的增加，其幅值下降。

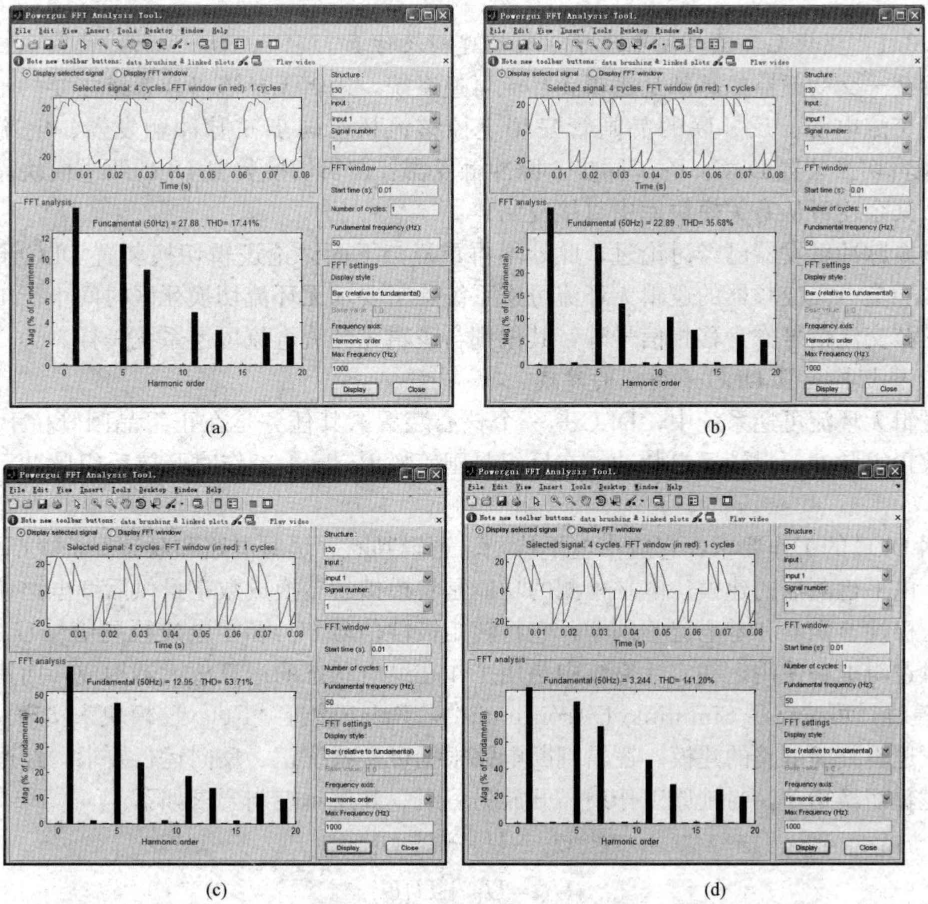

图 4-65　三相交流调压电路带电阻性负载不同控制角时的谐波分析结果

(a) $\alpha=30°$；(b) $\alpha=60°$；(c) $\alpha=90°$；(d) $\alpha=120°$

从图 4-65 的谐波分析结果看到：随着控制角的增加，输出电流的基波分量减少；总谐波

畸变率 THD 增大。由于没有中线，3次谐波没有通路，所以负载中也没有3次谐波电流。

4.5.3 晶闸管交—交变频电路的建模与仿真

方波型交—交变频器的晶闸管整流时，其控制角 α 是一个恒值，该整流组的输出电压平均值也保持恒定。若使控制角 α 在某一组整流工作时，由大到小再变大，如从 $\pi/2\rightarrow0\rightarrow\pi/2$，这样必然引起整流输出平均电压由低到高再到低的变化，输出按正弦规律变化的电压。

交—交变频基于可逆整流，单相输出的交—交变频器实质上是一套逻辑无环流三相桥式反并联可逆整流装置，装置中的晶闸管靠交流电源自然换流。当触发装置的移相控制信号是直流信号时，变频器的输出电压是直流，可用于可逆直流调速；若移相控制信号是交流信号，变频器的输出电压也是交流，实现变频。和逻辑无环流直流可逆调速系统相比较，交—交变频器采用正弦交流信号作为移相信号，并且要求无环流死区时间小于1ms，其余与逻辑无环流直流可逆调速系统没有多大区别。

鉴于此，下面首先建立基于逻辑无环流直流可逆原理的单相交—交变频器仿真模型，然后将三个输出电压彼此差120°的单相交—交变频器仿真模型组成一个三相交—交变频器仿真模型。

4.5.3.1 逻辑无环流可逆电流子系统的建模及仿真

单相交—交变频器的基础是逻辑无环流可逆系统，逻辑无环流可逆系统主要的子模块包括：三相交流电源、反并联的晶闸管三相全控整流桥、同步6脉冲触发器、电流控制器ACR、逻辑切换装置DLC。除了同步6脉冲触发器、逻辑切换装置DLC两个模块需要自己封装外，其余均可从有关模块库中直接复制。

同步6脉冲触发器已经讨论过，此处不再重复，下面讨论逻辑切换装置DLC子系统的建模。用于交—交变频器的逻辑无环流可逆系统除了要求无环流切换死区时间小于1ms，以及采用正弦交流信号作为移相信号外，其他都与逻辑无环流直流可逆系统一样。

1. 逻辑切换装置DLC子系统的建模

在逻辑无环流可逆系统中，DLC是一个核心装置，其任务是在正组晶闸管桥Bridge工作时开放正组脉冲，封锁反组脉冲；在反组晶闸管桥Bridge1工作时开放反组脉冲，封锁正组脉冲。

根据DLC的工作要求，它应由电平检测、逻辑判断、延时电路和联锁保护4部分组成。

（1）电平检测器的建模。电平检测的功能是将模拟量转换成数字量供后续电路使用，它包括转矩极性鉴别器和零电流鉴别器，它将转矩极性信号 U_i^* 和零电流检测信号 U_{i0} 转换成数字量供逻辑电路使用，在实际系统中是用工作在继电状态的运算放大器构成，而用MATLAB建模时，可按路径Simulink/Discontinuities/ Relay选择“Relay”模块来实现。

（2）逻辑判断电路的建模。逻辑判断电路根据可逆系统正、反向运行要求，经逻辑运算后发出逻辑切换指令，封锁原工作组，开放另一组。其逻辑控制要求如下

$$U_F=\overline{U}_R+U_TU_Z$$

$$U_R=\overline{U}_F+\overline{U}_TU_Z$$

有关符号含义如图4-66所示，利用路径Simulink/Logic and Bit Operations/ Logical Operator选择“Logical Operator”模块可实现上述功能。

（3）延时电路的建模。在逻辑判断电路发出切换指令后，必须经过封锁延时 $t_{d1}=3ms$ 才能封锁原导通组脉冲，再经开放延时 $t_{d2}=7ms$ 后才能开放另一组脉冲。在数字逻辑电路

的DLC装置中是在与非门前加二极管及电容来实现延时，它利用了集成芯片内部电路的特性。计算机仿真是基于数值计算，不可能通过加二极管和电容来实现延时。通过对数字逻辑电路的DLC装置功能分析发现，当逻辑电路的输出U_f（U_r）由“0”变“1”时，延时电路应产生延时；当由“1”变“0”或状态不变时，不产生延时。根据这一特点，利用Simulink工具箱中Discrete模块组中的单位延迟（Unit Delay）模块，按功能要求连接即可得到满足系统延时要求的仿真模型，如图4-66中有关部分。

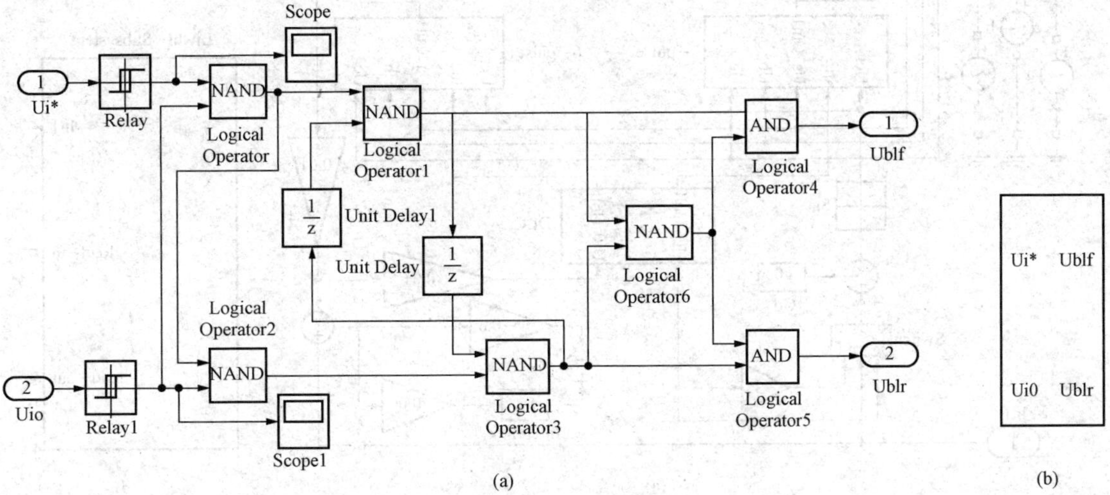

图4-66　DLC仿真模型及模块符号

（a）DLC仿真模型；（b）模块符号

（4）联锁保护电路建模。DLC装置的最后部分为逻辑联锁保护环节。正常时，逻辑电路输出状态U_{blf}和U_{blr}总是相反的。一旦DLC发生故障，使U_{blf}和U_{blr}同时为“1”，将造成两个晶闸管桥同时开放，必须避免此情况。利用Simulink工具箱的Logic and Bit Operations模块组中的逻辑运算（Logical Operator）模块可实现多“1”保护功能。

2. 逻辑无环流可逆电流子系统的建模

从DLC的工作原理可知，在逻辑无环流直流可逆系统中，任何时候只有一套触发电路在工作。所以，实际系统通常采用选触工作方式。按选触方式工作的、带电流负反馈的逻辑无环流可逆电流子系统的仿真模型如图4-67（a）所示，封装后的子系统模块符号如图4-67（b）所示。

4.5.3.2　逻辑无环流直流可逆变流器的建模及仿真

当逻辑无环流可逆电流子系统带上负载，并且采用恒定直流给定信号进行移相控制时，就构成了逻辑无环流直流可逆变流器。系统仿真模型如图4-68（a），为了验证系统的正确性，以RL负载为例进行仿真实验。

系统主要环节的参数如下：

交流电源：工频、幅值133V；晶闸管整流桥参数：缓冲（snubber）电阻$R_s=500\Omega$、缓冲电容$C_s=0.1uF$、通态内阻$R_{on}=0.001\Omega$、管压降0.8V；负载参数：负载电阻$R=7\Omega$、负载电感$L=0.5mH$；给定信号源由正弦信号源、符号函数、放大器共同组成，以获得正、负给定信号。系统仿真结果如图4-70（b）所示，从负载电流波形可见，当给定信号（图中

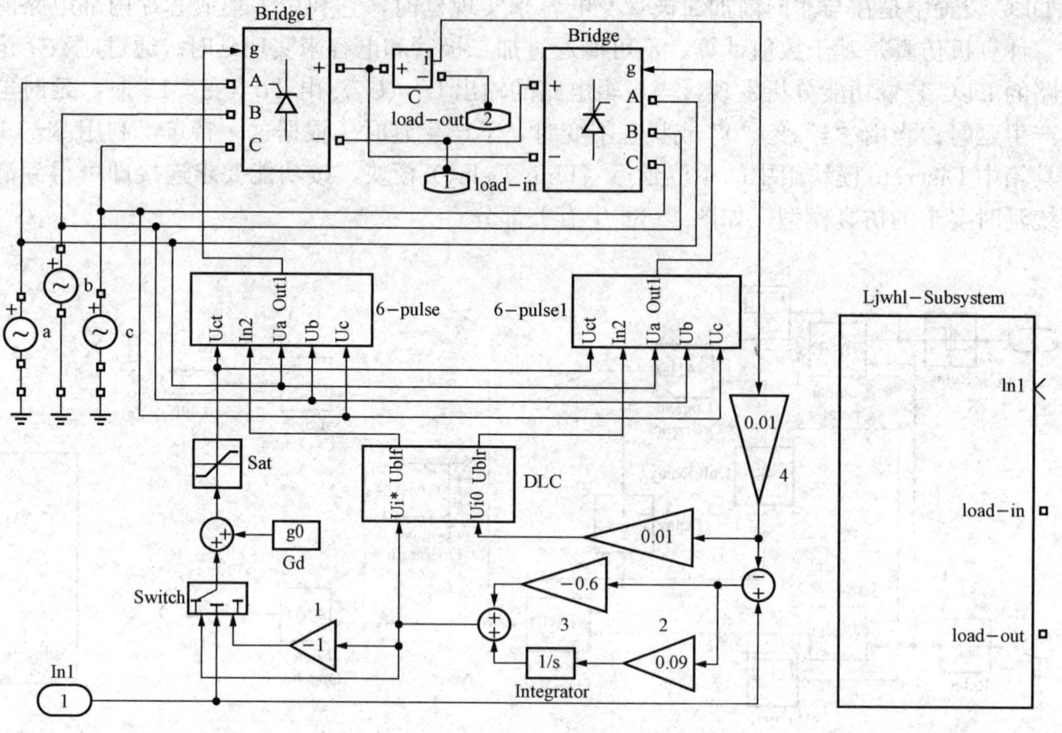

(a)　　　　　　　　　　(b)

图 4-67　带电流负反馈的逻辑无环流可逆电流子系统仿真模型和子系统模块符号

(a) 仿真模型；(b) 子系统模块符号

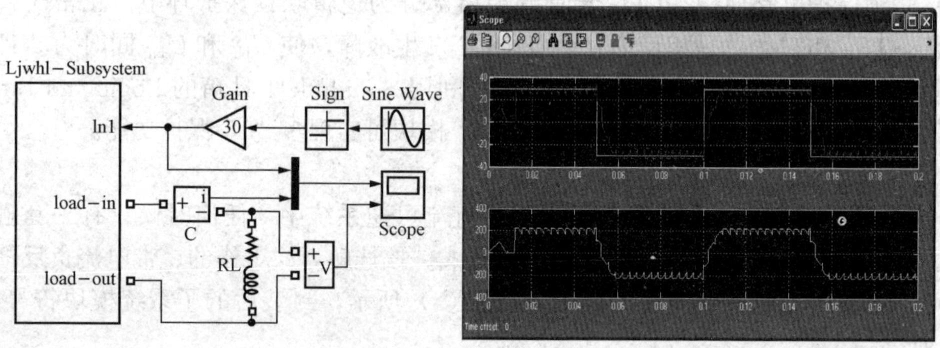

(a)　　　　　　　　　　(b)

图 4-68　逻辑无环流直流可逆变流器仿真模型和电流波形

(a) 仿真模型；(b) 电流波形

方波）变极性时，输出电流（图中非光滑的那条曲线）也变极性，实现可逆变流。

4.5.3.3　单相交—交变频器的建模与仿真

当逻辑无环流可逆变流器采用正弦信号作为移相控制信号时，则逻辑无环流可逆变流器成为单相交—交变频器。具体建模时，只要将图 4-68（a）中变流器的直流给定信号换成正弦给定信号，并使逻辑切换装置 DLC 的总延时不超过 1ms，其他参数不变。图 4-69 上层图中光滑的是正弦参考信号曲线，带锯齿的曲线即为单相交—交变频器的电流输出实际波形，它非常接近于参考信号曲线，下层图形为负载电压波形。

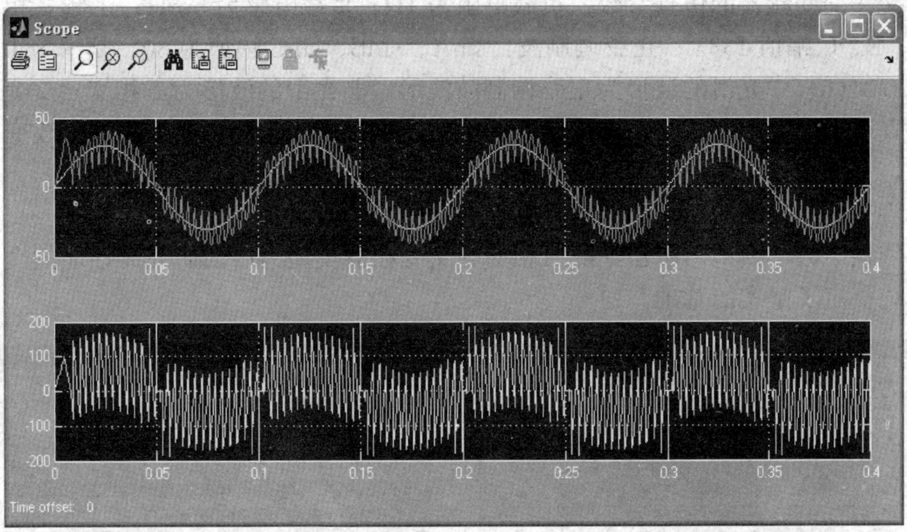

图 4-69　单相交—交变频器输出电流和负载电压波形

系统中的交流电源、晶闸管整流桥参数与上个系统相同，负载电阻 $R=2\Omega$，负载电感 $L=4\text{mH}$；给定信号源是正弦信号源。

4.5.3.4　三相交—交变频器的建模与仿真

1. 三相交—交变频器的建模

大容量三相交—交变频器输出通常采用 Y 形联结方式，即将三个单相输出交—交变频器的一个输出端连在一起，另一输出端 Y 输出。三相交—交变频器仿真模型结构图如图 4-70（a）所示。本例负载为串联 RL 负载，负载采用 Y 联结，三根引出线与变频器的三根输出线对应相连，移相控制信号 sinA、sinB、sinC 为三个相位互差 120°的正弦调制信号，Dxjjbpq、Dxjjbpq1、Dxjjbpq2 为 3 个经过封装的单相交—交变频器。

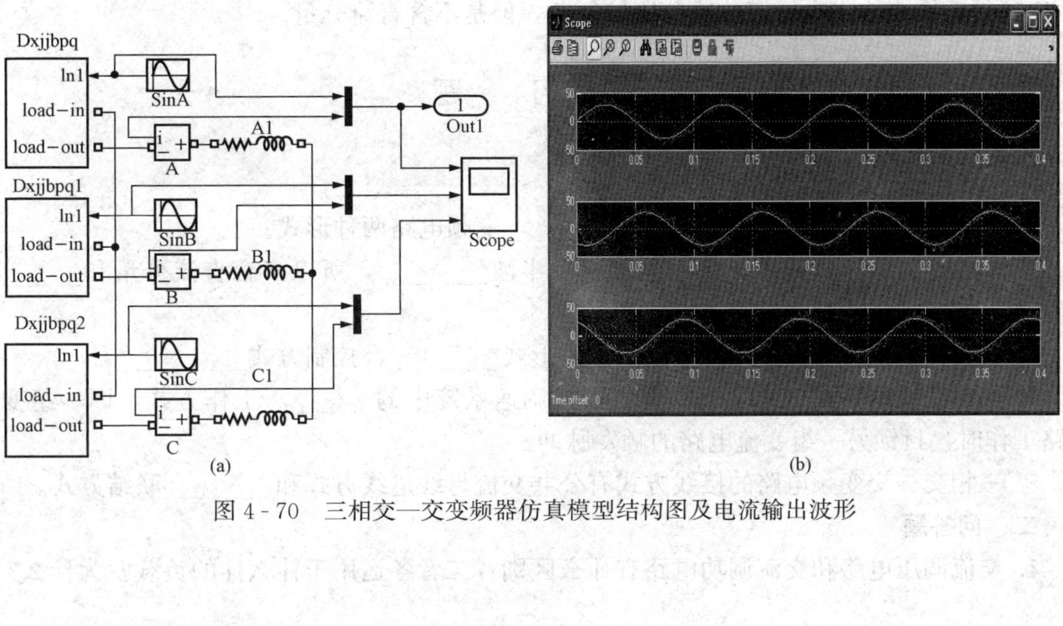

(a)　(b)

图 4-70　三相交—交变频器仿真模型结构图及电流输出波形

2. 三相交—交变频器的仿真

三相交—交变频器的仿真参数：负载电阻为1Ω、负载电感为5mH；工频三相对称交流电源：A、B、C幅值133V；正弦调制波：sinA、sinB、sinC幅值为30、频率为10Hz。

图4-72（b）中光滑的波形为正弦调制波波形，非光滑的波形为三相交—交变频器输出波形。仿真结果表明，三相交—交变频器的输出波形接近于正弦调制波波形，改变正弦调制波频率时，三相交—交变频器的输出波形频率也改变，实现变频。

晶闸管交—交变频器在大功率场合有很高的实用价值，上述提出的三相交—交变频器建模方法不依赖于数学模型，所建立的三相交—交变频器模型为后面研究高性能的交—交变频器调速系统奠定了坚实的基础。

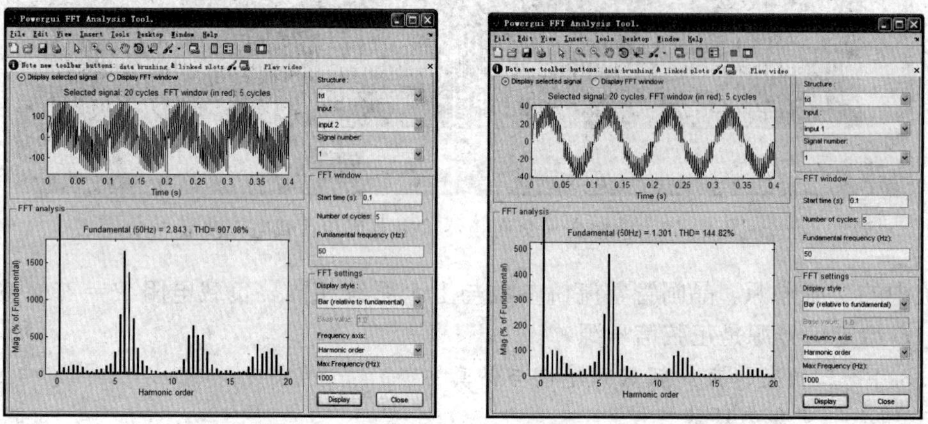

(a)　　　　(b)

图4-71　单相交—交变频电路负载电压和电流的谐波分析结果

（a）负载电压波形谐波分析结果；（b）负载电流波形谐波分析结果

4.5.3.5　单相交—交变频器的谐波分析

（1）单相交—交变频器谐波分析时的示波器采样时间（Sample time）设置为0.00005s。

（2）谐波分析结果与分析。单相交—交变频电路负载电压和电流的谐波分析结果如图4-71所示，图中输出电压谐波成分比较复杂，但是不含直流分量。

习　题

一、填空题

1. 变频电路有________变频电路和________变频电路两种形式。

2. 单相交流调压电路中，由于波形正负半波________，所以不含直流分量和________谐波。

3. 交流调功电路和交流调压电路的电路形式________，控制方式________。

4. 两组变流电路在工作时采取直流可逆调速系统中的________工作方式，即一组变流电路工作时，封锁另一组变流电路的触发脉冲。

5. 三相交—交变频电路的接线方式有公共交流母线进线方式和________联结方式。

二、问答题

1. 交流调压电路和交流调功电路有什么区别？二者各运用于什么样的负载？为什么？

2. 晶闸管相控整流电路和晶闸管交流调压电路在控制上有何区别？

3. 图 4-72 为一单相交流调压电路，试分析当开关 Q 置于位置 1、2、3 时，电路的工作情况。

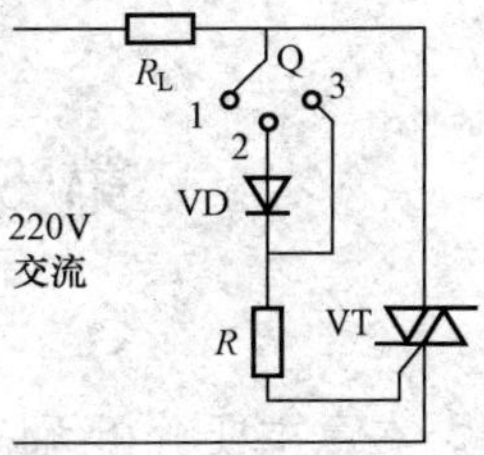

图 4-72　题二-3 图

4. 试述单相交—交变频电路的工作原理。为什么只能降频、降压，而不能升频、升压？

5. 单相交—交变频电路和直流电动机传动用的反并联可控整流电路有什么不同？

三、计算题

1. 一台工业炉原由额定电压为单相交流 220V 电源供电，额定功率为 10kW。现改用双向晶闸管组成的单相交流调压电源供电，如果正常工作时负载只需要 5kW。试问双向晶闸管的触发角 α 应为多少度？试求此时的电流有效值，以及电源侧的功率因数值。

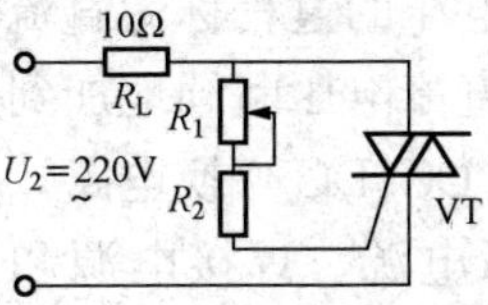

图 4-73　题三-2 图

2. 在图 4-73 交流调压电路中，已知 $U_2=220V$，负载电阻 $R_L=10\Omega$，当触发角 $\alpha=90°$ 时，R_L 吸收的电功率是多少？并画出 R_L 上的电压波形图。导通区用阴影线表示。

3. 一电阻炉由单相交流调压电路供电，如 $\alpha=0°$ 时为输出功率最大值，试求功率为 80%、50% 时的控制角 α。

第5章　直流—直流变换电路及其仿真

本章主要分析无隔离变压器的直流斩波电路（降压式、升压式、升降压式、Cuk 电路）的基本结构、工作原理、波形和数量关系；介绍了 H 桥式斩波电路的基本结构、工作原理；变压器隔离的直流斩波电路的基本结构、工作原理；并对直流斩波电路进行了仿真。

5.1　直 流 斩 波 器

5.1.1　概述

将一种幅值的直流电压变换成另一幅值固定或大小可调的直流电压的过程称为直流—直流电压变换。它的基本原理是通过对电力电子器件的通断控制，将直流电压断续地加到负载上，通过改变占空比 D 来改变输出电压的平均值。它是一种开关型 DC/DC 变换电路，俗称斩波器（Chopper）。直流变换技术被广泛应用于可控直流开关稳压电源、焊接电源和直流电机的调速控制，它以体积小、质量轻、效率高等优点在机械、通信等领域得到广泛的应用。

在直流斩波器中，由于输入电源为直流电，电流无自然过零点，半控元件（如晶闸管）的切换只能通过强迫换流措施来实现。由于强迫换流电路需要较大的换流电容器、辅助晶闸管等，造成了线路的复杂化和成本的提高。因此，直流斩波器多以全控型电力电子器件（如 GTO、GTR、P-MOSFET 和 IGBT）等具有自关断能力的器件作为开关器件。

5.1.2　直流斩波器的基本结构和工作原理

图 5-1（a）是直流斩波器的结构原理图。图中开关 S 可以是各种全控型电力电子开关器件，输入电源电压 U_s 为固定的直流电压。当开关 S 闭合时，直流电源经过 S 给负载 RL 供电；开关 S 断开时，直流电源供给负载 RL 的电流被切断，L 的储能经二极管 VD 续流，负载 RL 两端的电压接近于零。

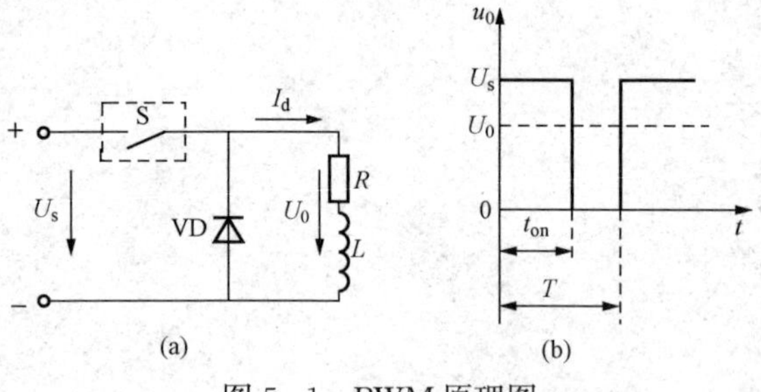

图 5-1　PWM 原理图

（a）结构原理图；（b）波形图

如果开关 S 的通断周期 T 不变而只改变开关的接通时间 t_{on}，则输出脉冲电压宽度相应改变，从而改变了输出平均电压。脉冲波形如图 5-1（b）所示，其平均电压为

$$U_0=\frac{1}{T}\int_0^{t_{on}}U_s\mathrm{d}t=\frac{t_{on}}{T}U_s=DU_s \tag{5-1}$$

式中：T 为输出脉冲电压周期；t_{on} 为开关导通时间；$D=\frac{t_{on}}{T}$为占空比，$0\leqslant D\leqslant 1$。

根据控制开关 S 对输入直流电压调制方式的不同，直流斩波电路有三种不同的斩波形式，即：

（1）脉冲宽度调制方式（Pulse Width Modulation，PWM）。斩波开关的调制周期 T 不变，调节斩波开关导通时间 t_{on} 与关断时间 t_{off} 的比值。

（2）脉冲频率调制形式。斩波开关导通时间 t_{on} 不变，改变斩波开关的工作周期 T。

（3）混合调制形式。同时改变斩波开关导通时间 t_{on} 和斩波开关的工作周期 T。采取这种调制方法，输出直流平均电压的可调范围较宽，但控制电路较复杂。

在这三种方法中，除在输出电压调节范围要求较宽时采用混合调制外，一般都采用频率调制或脉宽调制，原因是它们的控制电路比较简单。在直流斩波器中，比较常用的是脉冲宽度调制 PWM。

5.1.3　直流斩波器的分类

按变换电路的功能分类为：①降压式直流—直流变换（Buck Converter）；②升压式直流—直流变换（Boost Converter）；③升—降压复合型直流—直流变换（Boost - Buck Converter）；④库克直流—直流变换（Cuk Converter）；⑤全桥式直流—直流变换（Full Bridge Converter）。

一般的直流斩波器可不用变压器隔离，输入输出之间存在直接的电连接；在直流开关电源中，直流—直流电压变换电路常常采用变压器实现电隔离；此外，晶闸管直流斩波电路由于需要辅助换流电路，电路较复杂，本章不作介绍。

5.1.4　直流斩波器中电容、电感的基本特性

直流斩波电路数量关系分析的基础是：电感电压的伏秒平衡特性和电容电流的安秒平衡特性。

根据 DC - DC 变换器的理想条件，即每个开关周期 T（$T=t_{on}+t_{off}$）中，变换器中的电感电流、电容电压保持恒定，且无任何损耗。因而不难得出下面直流变换器中电感、电容的基本特性。

1. 电感电压的伏秒平衡特性

稳态条件下，理想开关变换器中的电感电压必然周期性重复，由于每个开关周期中电感的储能为零，并且电感电流保持恒定，因此，每个开关周期中电感电压 u_L 的积分恒为零，即

$$\int_0^T u_L \mathrm{d}t = \int_0^{t_{on}} u_L \mathrm{d}t + \int_{t_{on}}^T u_L \mathrm{d}t = 0 \tag{5-2}$$

2. 电容电流的安秒平衡特性

稳态条件下，理想开关变换器中的电容电流必然周期性重复，而每个开关周期中电容的储能为零，并且电容电压保持恒定，因此，每个开关周期中电容电流 i_C 的积分恒为零，即

$$\int_0^T i_C \mathrm{d}t = \int_0^{t_{on}} i_C \mathrm{d}t + \int_{t_{on}}^T i_C \mathrm{d}t = 0 \tag{5-3}$$

5.2　单管非隔离直流斩波器

电能只能从电源传送给负载的直流电压变换电路称为单象限直流斩波器。降压式变换、升压式变换、升—降压复合式变换、库克变换都属于单象限直流变换。下面逐一给予分析。

5.2.1 降压式直流斩波电路（Buck）

1. 电路结构

降压式直流斩波器又称为Buck变换器，是一种输出电压等于或小于输入电压的单管非隔离直流变换器，它的输出电压 u_0 的平均值 U_0 恒小于输入电压 U_s。主要用于开关电源以及需要直流降压的环节，图5-2给出了它的电路图。电路中的控制开关VT采用全控器件IGBT，也可使用GTR、P-MOSFET等其他全控器件；电路中的二极管VD起续流作用，在VT关断时为电感 L 储存的能量提供续流通路；为获得平直的输出直流电压，输出端采用了 L-C 低通滤波电路，R 为负载；U_s 为输入直流电源，U_0 为输出直流平均电压。电路输出端的滤波电容器足够大，以保证输出电压恒定。

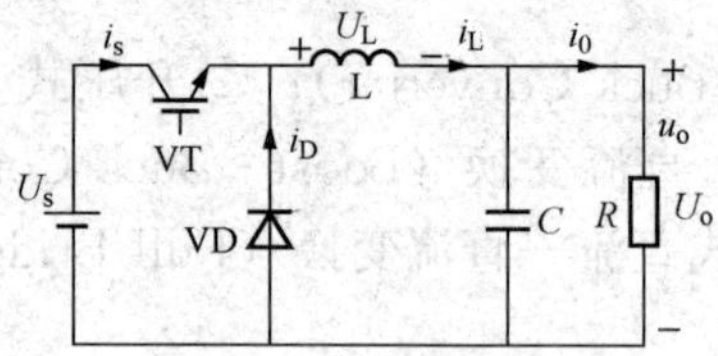

图5-2 降压式直流斩波电路（Buck变换器）

为了分析稳态特性，简化推导公式的过程，特作如下假定：

（1）开关管、二极管是理想元件，可在瞬间导通或截止，没有导通压降，截止时没有漏电流。

（2）电感、电容是理想元件。

（3）输出电压中的纹波电压与输出电压的比值很小，可忽略不计。

根据电感电流是否连续，Buck变换器有3种工作模式：连续导电模式、不连续导电模式和临界状态。电感电流连续是指输出滤波电感 L 的电流总大于零，电感电流断续是指在开关管关断期间有一段时间流过电感的电流为零。在这两种工作方式之间有一个工作边界，称为电感电流临界连续状态，即在开关管关断期末，电感的电流刚好降为零。

2. 工作原理

Buck变换器的两个工况如图5-3所示。

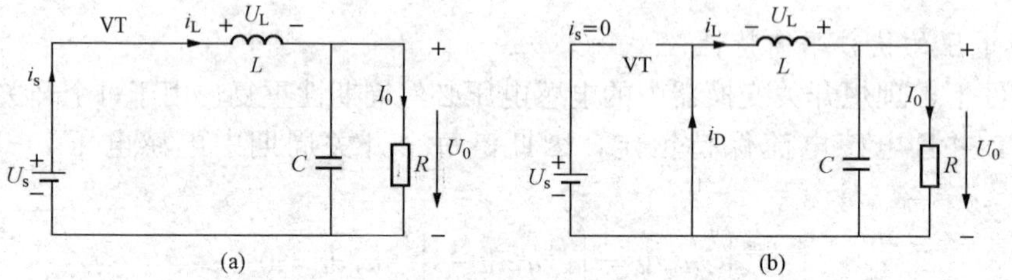

图5-3 Buck变换器电感电流连续的两种工作状态

（a）主开关管导通；（b）二极管续流

（1）在开关VT导通 t_{on} 期间，等效电路如图5-3（a）所示。二极管VD反偏截止，电源 U_s 通过电感 L 向负载 R 供电，电容也开始充电。此间 i_L 增加，电感 L 的储能也增加，导致在电感两端有一个正向电压 $u_L=U_s-U_0$，左正右负，如图5-3（a）所示。

（2）在开关VT关断 t_{off} 期间，如图5-3（b）所示。电感产生感应电动势，左负右正，使续流二极管VD导通，故 i_L 通过二极管VD续流。由于输出端大电容的作用，电感两端电压恒定，电感电流 i_L 线性下降，电感上的能量逐步消耗在负载上。负载 R 端电压 U_0 仍然是上正下负。当 $i_L<i_0$ 时，电容处在放电状态，以维持 I_0 和 U_0 不变。由于二极管VD续流，则 $u_L=-U_0$，如此周而复始周期变化。

在稳态分析中，假定输出端滤波电容很大，输出电压可以认为是平直的。同样，由于稳态时电容的平均电流为0，因此Buck变换器中电感平均电流等于平均输出电流I_0。在连续导电模式下，电感电流不会减小到0，前一个周期结束时刻和下一个周期开始时刻电流是连续的。下面分析稳态工作的情况，得出输入输出之间的关系。

3. 基本数量关系

仅分析电流连续工作模式的数量关系。

在稳态情况下，电感电压波形是周期性变化的。根据电感电压的伏秒平衡特性，电感电压在一个周期内的积分为0，即

$$\int_0^T u_L \mathrm{d}t = \int_0^{t_{on}} u_L \mathrm{d}t + \int_{t_{on}}^T u_L \mathrm{d}t = 0 \tag{5-4}$$

设输出电压u_0的平均值为U_0，则在稳态时，根据图5-4（a）的u_L波形和上述分析，式（5-4）可以表达为

$$(U_s - U_0)t_{on} = U_0(T - t_{on})$$

即

$$U_0 = \frac{t_{on}}{T}U_s = DU_s \tag{5-5}$$

式中：$T = t_{on} + t_{off}$；t_{off}为关断时间。

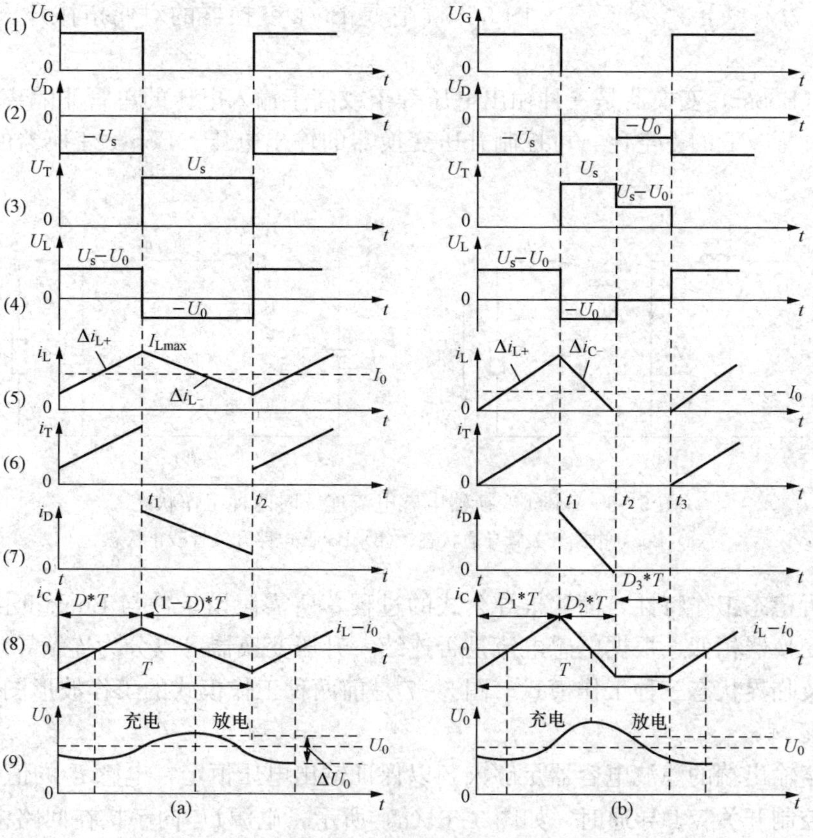

图5-4　连续和断续两种工作模式波形图

（a）连续模式波形；（b）断续模式波形

通常 $t_{on} \leqslant T$，所以该电路是一种降压直流斩波器。当输入电压 U_s 不变时，输出电压 U_0 随占空比 D 的线性变化而线性改变，而与电路其他参数无关。

若忽略电路的变换损耗，则输入、输出功率相等，$P_s = P_0$，有 $U_s I_s = U_0 I_0$，式中 I_s 为输入电流 i_s 的平均值，I_0 为输出电流 i_0 的平均值。由此可得变换器的输入、输出电流关系为

$$\frac{I_0}{I_s} = \frac{U_s}{U_0} = \frac{1}{D} \tag{5-6}$$

它与交流变压器的电压电流关系相同。因此电流连续时，Buck 变换器相当于一个“直流”变压器。

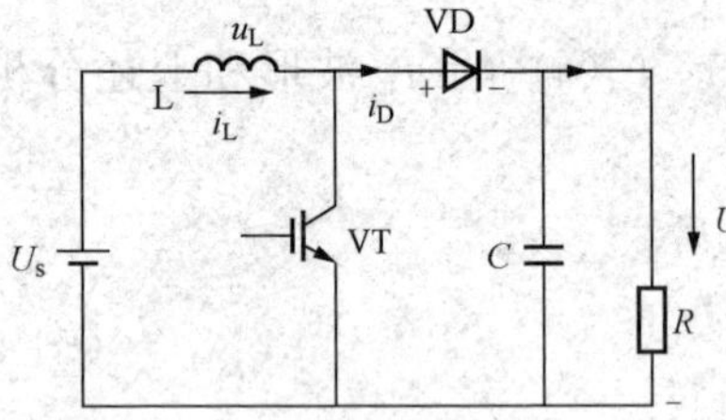

图 5-5　升压式斩波电路

5.2.2　升压式直流斩波电路（Boost）

1. 电路的结构

Buck 变换器的拓扑结构由电压源、串联开关和电流源负载组成。进行拓扑对偶变换时，将电压源变换为电流源（电流源通常由电压源串联较大的电感组成），串联开关变换为并联开关，负载由电流源变换为电压源（即滤波由串联电感变为并联电容）。这样得到图 5-5，它是 Buck 变换器的对偶拓扑升压（Boost）变换器。

升压式（Boost）变换器是一种输出电压等于或高于输入电压的单管非隔离直流变换器。通过控制开关管 VT 的占空比，可控制升压变换器的输出电压。Boost 变换器的两个工况如图 5-6 所示。

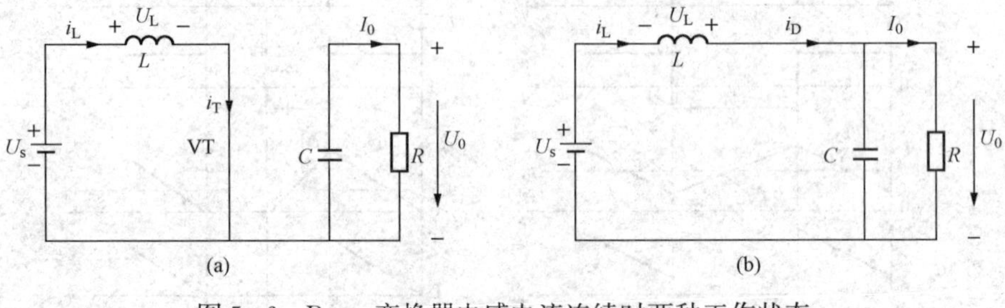

图 5-6　Boost 变换器电感电流连续时两种工作状态

（a）Boost 电路开关管导通状态；（b）Boost 电路开关管截止状态

为了分析稳态工作特性，简化推导公式的过程，所需假设条件与 Buck 变换器的假定相同。与降压变换器相似，根据电感电流是否连续，升压变换器可以分为连续导电状态、不连续导电状态及临界状态三种工作模式。图 5-7 是前两种工作模式的工作波形图。

2. 工作原理

假设电路输出端的滤波电容器足够大，以保证输出电压恒定，电感 L 的值也很大。

（1）当控制开关 VT 导通时，如图 5-6（a）所示，电源 U_s 向串接在回路中的电感 L 充电储能，电感电压 u_L 左正右负；而负载电压 U_0 上正下负，此时在 R 与 L 之间的续流二极管 VD 被反偏，VD 截止。另外，VD 截止时 C 向负载 R 放电，极性上正下负。由于正常工作时 C 已经被充电，且 C 容量很大，因此负载电压基本保持为一恒定值，记为 U_0。在一个

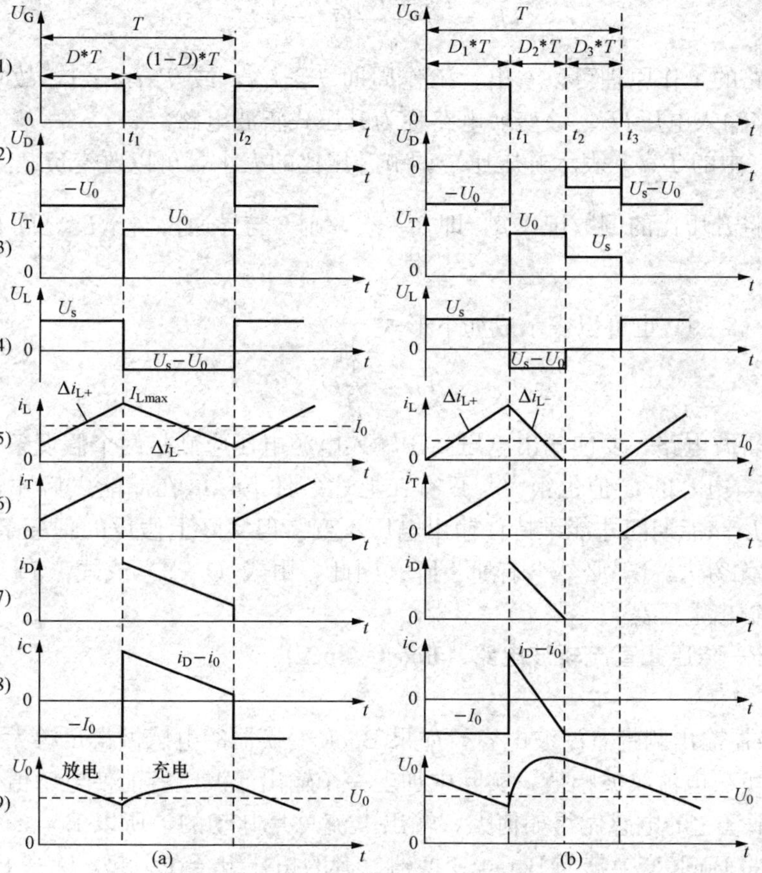

图 5-7 Boost 变换器工作波形

(a) Boost 电路连续模式；(b) Boost 电路不连续模式

开关周期 T 内，开关管 VT 导通的时间为 t_{on}，此阶段电源电压 U_s 全部加到电感两端，电感 L 上的电压为 $u_L=U_s$；

(2) 在控制开关 VT 关断时，如图 5-6 (b) 所示，i_L 经二极管 VD 流向输出侧，储能电感 L 两端电动势极性变成左负右正，续流二极管 VD 转为正偏，储能电感 L 与电源 U_s 叠加共同向电容 C 充电、向负载 R 提供能量，负载 R 端电压 U_0 仍然是上正下负。如果 VT 的关断时间为 t_{off}，则此段时间内电感 L 上的电压可以表示为 $-(U_0-U_s)$。

3. 基本数量关系

仅分析电流连续工作模式的数量关系。

在稳态情况下，电感电压波形是周期性变化的。根据电感电压的伏秒平衡特性，电感电压在一个周期内的积分为 0，即

$$\int_0^T u_L \mathrm{d}t = \int_0^{t_{on}} u_L \mathrm{d}t + \int_{t_{on}}^T u_L \mathrm{d}t = 0 \tag{5-7}$$

在稳态时，根据图 5-7 (a) 的 u_L 波形和原理分析得到的关系，式 (5-7) 可以表达为

$$U_s t_{on} - (U_0 - U_s) t_{off} = 0 \tag{5-8}$$

由式 (5-8) 可以求出负载电压 U_0 的表达式，即

$$U_0=\frac{t_{on}+t_{off}}{t_{off}}U_s=\frac{T}{t_{off}}U_s \tag{5-9}$$

由斩波电路的工作原理可以看出，工作周期 $T \geqslant t_{off}$，或 $T/t_{off} \geqslant 1$，故负载上的输出电压 U_0 高于电路输入电压 U_s，该变换电路称为升压式斩波电路。

式（5-9）中的 T/t_{off} 表示升压比。调节升压比的大小，可以改变负载上的输出电压 U_0 的大小。如果将升压比的倒数记作 β，即 $\beta=\frac{t_{off}}{T}$，则 β 与导通占空比 D 之间有 $D+\beta=1$ 的关系。

因此，式（5-9）也可以表示成如下形式

$$U_0=\frac{1}{\beta}U_s \tag{5-10}$$

对于升压斩波电路，要使输出电压高于输入电源电压应满足两个假设条件，即电路中电感的 L 值很大，电容的 C 值也很大。只有在上述条件下，L 在储能之后才具有使电压泵升的作用，C 在 L 储能期间才能维持住输出电压不变。但实际上假设的理想条件不可能满足，即 C 值不可能无穷大，U_0 必然会有所下降。因此，由式（5-9）或式（5-10）求出的电压值比实际电路输出电压高。

5.2.3　升—降压式直流斩波电路（Boost - Buck）

1. 电路结构

Buck 变换器输出侧带有滤波电容，如果 Buck 变换器的电感做得足够大，即使没有滤波电容也能减小负载电流纹波幅值，实际中加上一个输出滤波电容能使电感值做得小一些。而 Boost 变换器不管它的电感做得如何大，输出电流总是脉动的，所以 Boost 变换器的输出电容是必需的。将 Buck 变换器与 Boost 变换器二者的拓扑组合在一起，除去 Buck 中的无源开关 VD，除去 Boost 中的有源开关 VT，便构成了一种新的变换器拓扑，如图 5-8 所示，称为升降压（Buck - Boost）变换器。

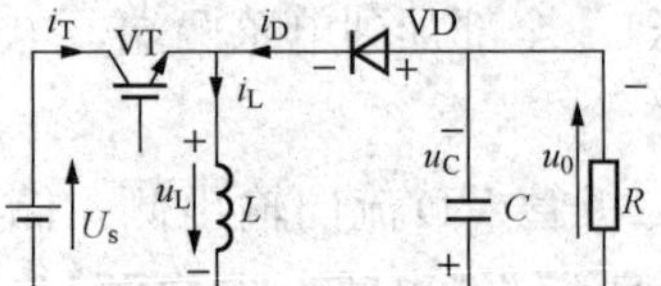

图 5-8　升—降压式斩波电路及工作波形

它是由电压源、电流转换器、电压负载组成的一种拓扑，中间部分含有一级电感储能电流转换器。它是一种输出电压既可以高于输入电压又可以低于输入电压的单管非隔离直流变换器。Buck - Boost 变换器和前二者最大的不同就是输出电压 U_0 的极性和输入电压 U_s 的极性相反，输入电流和输出电流都是脉动的，但是由于滤波电容的作用，负载电流应该是连续的。电路分析前可先假设电感 L 很大，电容 C 也很大，使电感电流 i_L 和电容电压 u_C 即负载电压（$u_0=u_C$）基本恒定。

Buck - Boost 变换器同样存在电感电流连续、电感电流断续和电感电流临界连续 3 种工作模式。图 5-9 是电感电流连续时 Buck - Boost 变换器在开关管 VT 导通和关断时的工况。图 5-10 分别是 Buck - Boost 变换器在电感电流连续和不连续的工作波形。

2. 工作原理

为了分析稳态工作特性，简化推导公式的过程，所需假设条件与 Buck 变换器的假定相同。

（1）当控制开关 VT 导通时，直流电源 U_s 经 VT 给电感 L 充电储存能量，电感电压上

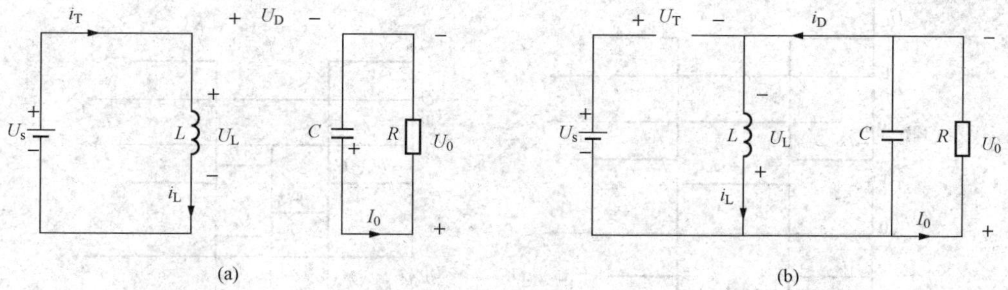

图 5-9　Buck-Boost 变换器电感电流连续时两种工作状态
(a) Buck-Boost 电路开关管导通状态；(b) Buck-Boost 电路开关管截止状态

正下负，此时二极管 VD 被负载电压（下正上负）和电感电压反偏，流过 VT 的电流为 i_T（$=i_L$），方向如图 5-8 所示。由于此时 VD 反偏截止，电容 C 向负载 R 提供能量并维持输出电压基本恒定，负载 R 及电容 C 上的电压极性为上负下正，与电源极性相反；输入电压 U_s 直接加在电感 L 上，极性为上正下负，此阶段 $u_L=U_s$。

（2）当控制开关 VT 关断时，电感 L 极性变反（上负下正），VD 正偏导通，电感 L 中储存的能量通过 VD 向负载 R 和电容 C 释放，放电电流为 i_L，电容 C 被充电储能，负载 R 也得到电感 L 提供的能量。此阶段 $-u_L=U_0$。

3. 基本数量关系

根据电感两端电压 u_L 符合伏秒平衡特性，参考图 5-10（a）的 u_L 波形和工作原理分析。在控制开关 VT 导通期间，有 $u_L=U_s$；而在 VT 截止期间，$-u_L=U_0$，于是有

$$U_s t_{on}=U_0 t_{off} \tag{5-11}$$

输出电压表达式可以写成

$$U_0=\frac{t_{on}}{t_{off}}U_s=\frac{t_{on}}{T-t_{on}}U_s=\frac{D}{1-D}U_s \tag{5-12}$$

在式（5-12）中，改变导通比 D 时，输出电压既可高于输入电源电压，又可低于输入电源电压。例如，当 $0<D<1/2$ 时，斩波器输出电压低于输入直流电压，此时为降压变换；当 $1/2<D<1$ 时，斩波器输出电压高于输入直流电压，此时为升压变换。

5.2.4　Cuk 直流斩波电路

1. 电路结构

Buck-Boost 变换器输入电流和输出电流都是脉动的，而 Cuk 变换器在输入和输出端均有电感，增加电感 L_1 和 L_2 的值，可使交流纹波电流的值为任意的小，当然这在实际中比较难以实现。这两个电感之间可以没有耦合，也可以有耦合，耦合电感可进一步减小电流脉动量，理论上可实现“零纹波”。这是 Cuk 变换器的主要特性。Cuk 变换器的输出电压可以高于、等于或低于输入电压，其大小主要取决于开关管 VT 的占空比，这和 Buck-Boost 变换器是一样的。Cuk 斩波电路可以作为升—降压式斩波电路的改进电路，其电路原理图如图 5-11 所示。Cuk 斩波电路的优点是直流输入电流和负载输出电流连续，脉动成分较小。

Cuk 变换器在开关管导通和关断时都进行着能量的储存和传递。如图 5-12 所示，无论开关管 VT 是否导通，都存在两个环路。在下面的分析中将两个环路分别称作环路 1 和环

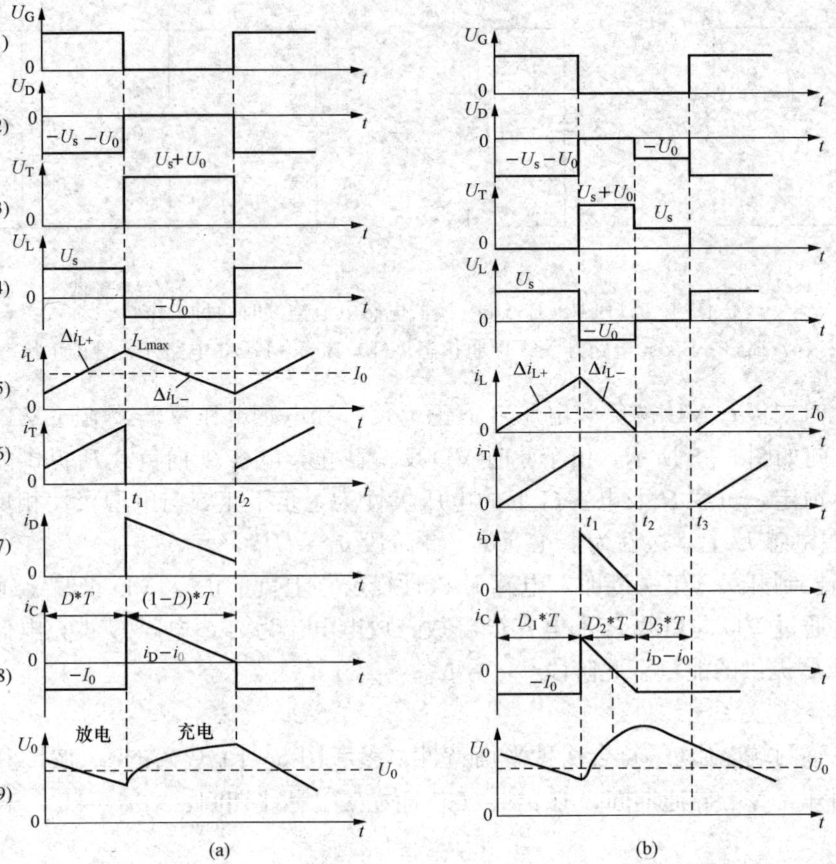

图 5-10　Buck-Boost 变换器工作波形

(a) Buck-Boost 电路连续工作模式；(b) Buck-Boost 电路不连续工作模式

路 2。

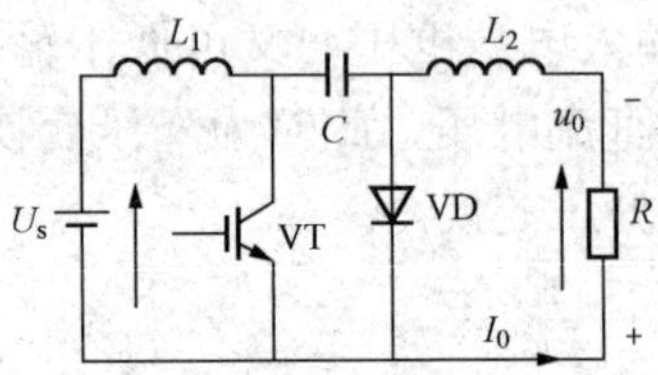

图 5-11　Cuk 斩波电路

2. 工作原理

(1) 当控制开关 VT 导通时，输入输出闭合环路如图 5-12（a）所示，二极管 VD 反偏而截止，电源 U_s 经 L_1→VT 回路给 L_1 充电储能，输入环路电流为 i_1；C 通过 C→VT→R→L_2 回路放电，放电电流 i_2 使 L_2 储能，并供电给负载。开关管 VT 中流过输入输出电流之和即 $i_T=i_1+i_2$。负载电压极性为下正上负。

(2) 当控制开关 VT 截止时，VD 正偏而导通，输入输出环路如图 5-12（b）所示，电源 U_s 和 L_1 的释能电流 i_1 通过 L_1→C→VD 回路向电容 C 充电，极性为左正右负；同时 L_2 的释能电流 i_2 通过 L_2→VD→R→L_2 回路向负载 R 供电，电压的极性为下正上负，与电源电压极性相反。此时流过 VD 的电流为输入输出电流之和即 $i_D=i_1+i_2$。

由此可见，无论开关管 VT 导通还是关断，Cuk 变换器都从输入向输出传递功率。在 VT 关断期间，电容 C 充电，在 VT 导通期间 C 向负载放电，可见 C 起传递能量的作用。

Cuk 变换器的工作状态同样可以划分为三种：连续导电状态、不连续导电状态及临界状

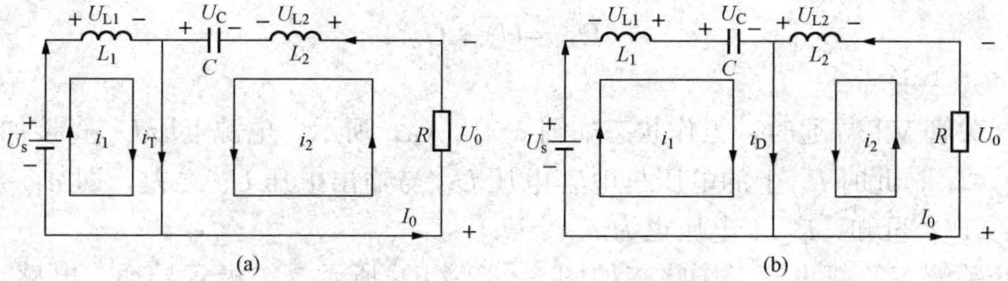

图 5 - 12　Cuk 变换器工作状态

(a) 开关管 VT 导通；(b) 开关管 VT 截止

态。不连续导电状态可以理解为流过二极管的电流断续。在一个开关周期中开关管 VT 的截止时间内，若二极管电流总是大于零，则为电流连续；若二极管电流在一段时间内为零，则为电流断续工作；若二极管电流在 T 结束时刚降为零，则为临界连续工作方式，这一点从图 5 - 13 中可以看出。图 5 - 13 是 Cuk 变换器稳态工作波形，分别为连续导电状态和不连续导电状态。

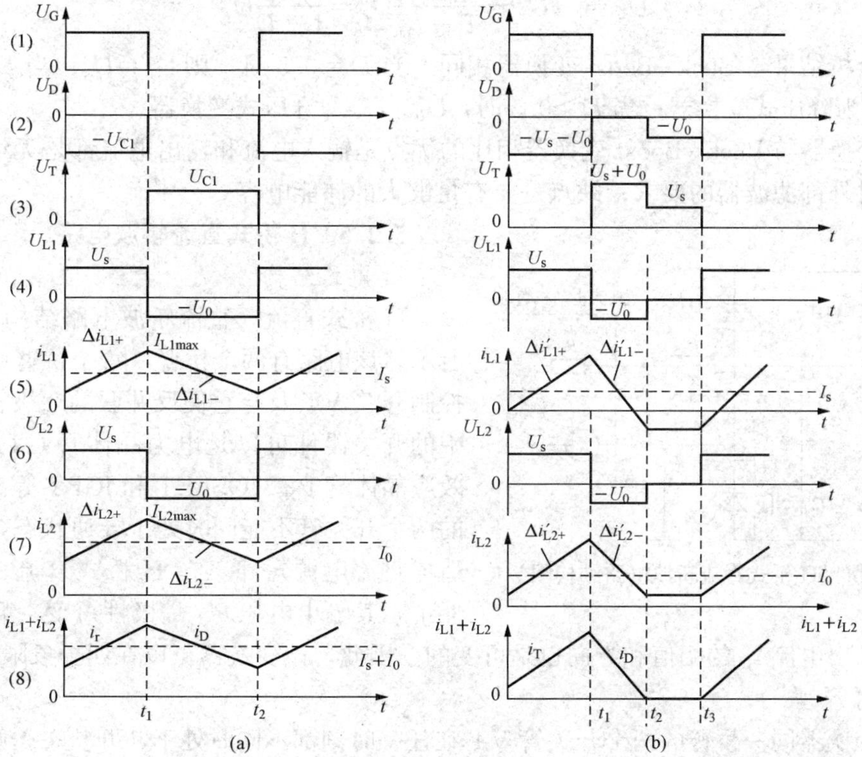

图 5 - 13　Cuk 变换器工作波形

(a) Cuk 电路连续工作模式；(b) Cuk 电路不连续工作模式

分析连续导电状态下的 Cuk 变换器工作过程，所需假设条件与 Buck 变换器的假定相同，同时假设电容 C 容量很大，变换器稳定工作时，忽略电容 C 上的电压纹波，认为其电压基本恒定为 U_C。在稳态时，电感 L_1 和 L_2 上的电压平均值为 0，则在 U_S、L_1、C、L_2、

U_0 的环路中，有如下关系式

$$U_C = U_s + U_0 \tag{5-13}$$

3. 基本数量关系

(1) 开关管VT导通时，工作状态如图5-12(a)所示，电源电压 U_s 直接加在电感 L_1 上，则 $u_{L1}=U_s$；此时 L_2 上的电压是电容电压 U_C 与输出电压 U_0 之差，即 $u_{L2}=U_C-U_0$，根据式(5-13)可知，L_2 上电压也为 $u_{L2}=U_s$。

(2) 开关管VT截止，工作状态如图5-12(b)所示，二极管导通，电感 L_1 上电压 $u_{L1}=U_c-U_s$，极性反向，根据式(5-13)，有 $u_{L1}=-U_0$。L_2、VD和 U_0 构成环路2，$u_{L2}=-U_0$。

根据电感两端电压 u_L 符合伏秒平衡特性，参考图5-13(a)的 u_{L1} 或 u_{L2} 波形，以及上面的分析。在控制开关VT导通期间，有 $u_L=U_s$ ($L=L_1$ 或 L_2)；而在VT截止期间，$-u_L=U_0$。于是有

$$U_s t_{on} = U_0 t_{off} \tag{5-14}$$

输出电压表达式可以写成

$$U_0 = \frac{t_{on}}{t_{off}} U_s = \frac{t_{on}}{T-t_{on}} U_s = \frac{D}{1-D} U_s \tag{5-15}$$

可见分析结果与Buck-Boost变换器相同。当 $D=0.5$ 时，则 $U_0=U_s$；当 $D<0.5$ 时，则 $U_0<U_s$ 为降压式变换器；当 $D>0.5$ 时，$U_0>U_s$ 为升压式变换器。

Cuk变换器与Buck-Boost变换器相比的优点是输入电流和输出电流都是无纹波的，从而降低了对外部滤波器的要求；缺点是要有足够大的储能电容 C。

5.2.5 H桥式直流斩波电路

1. 电路结构

H桥式直流—直流斩波电路结构如图5-14所示。该电路有两个桥臂，每个桥臂由两个斩波控制开关VT及与它们反并联的二极管组成。图中的开关器件可以是电力晶体管GTR、功率场效应晶体管P-MOSFET和IGBT等。同一桥臂的两个开关管不能同时处于导通状态，否则就会造成直流电源短路。在H桥式直流—直流变换器中，其输出电压 U_0 是极性可变、幅值可调的直流电，输出电流 i_0 的幅值和方向也是可变的。因此，该变换器可以在四个象限运行。

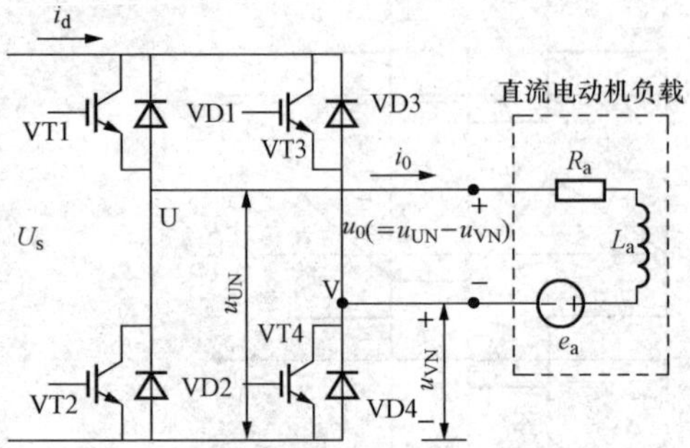

图5-14　H桥式直流斩波电路结构图

2. 工作原理

如果变换器同一桥臂的两个开关管VT在任一时刻都不同时处于断开状态，则输出电压 u_0 完全由开关管的状态决定。以负直流母线N为参考点，U点的电压 u_{UN}，由如下的开关状态决定：当VT1导通时，正的负载电流 i_0 将流过VT1；或当VD1导通时，负的负载电流 i_0 将流过VD1，则U点的电压为

$$u_{UN} = U_s \tag{5-16}$$

类似地，当VT2导通时，负的负载电流 i_0 将流入VT2；或当VD2导通时，正的负载电流 i_0 将流过VD2，则U点的电压为

$$u_{UN}=0 \tag{5-17}$$

综上所述，u_{UN} 仅取决于桥臂 U 是上半部分导通还是下半部分导通，而与负载电流 i_0 的方向无关，因此 U_{UN} 为

$$U_{UN}=\frac{U_s t_{on}+0\cdot t_{off}}{T}=U_s D_{VT1} \tag{5-18}$$

式中：t_{on} 和 t_{off} 分别是 VT1 的导通时间和断开时间，D_{VT1} 为开关管 VT1 的占空比。由此可知，U_{UN} 仅取决于输入电压 U_s 和 VT1 的占空比 D_{VT1}。

类似地

$$U_{VN}=U_s D_{VT3} \tag{5-19}$$

因此，输出电压 $U_0=U_{UN}-U_{VN}$ 也与变换器的输入电压 U_s、开关占空比 D_{VT1} 和 D_{VT3} 有关，而与负载电流 i_0 的大小和方向无关。

如果变换器同一桥臂的两个开关管同时处于断开的状态，则输出电压 u_0 由输出电流 i_0 的方向决定。这将引起输出电压平均值和控制电压之间的非线性关系，所以应该避免两个开关管同时处于断开的情况发生。

H 桥式直流 PWM 变换器从控制方式上分有双极式调制、单极式调制和受限单极式调制三种。

（1）双极式调制。4 个开关器件 VT1 和 VT4、VT2 和 VT3 两两成对同时导通和关断，且工作于互补状态，即 VT1 和 VT4 导通时 VT2 和 VT3 关断，反之亦然。控制开关器件的通断时间（占空比）可以调节输出电压的大小，若 VT1 和 VT4 的导通时间大于 VT2 和 VT3 的导通时间，则输出电压平均值为正；若 VT2 和 VT3 的导通时间大于 VT1 和 VT4 的导通时间，输出电压平均值为负，可用于输出正负电压。H 桥式 PWM 直流变换电路开关器件的驱动一般都采用 PWM 方式，由载波（三角波或锯齿波）与直流调制波信号比较产生驱动脉冲，由于载波频率较高（通常在数千赫兹以上），因此变换器输出电流一般连续，但 4 个开关器件都工作于 PWM 方式，开关损耗较大。

（2）单极式调制。4 个开关器件中 VT1 和 VT2 工作于互补的 PWM 方式，而 VT3 和 VT4 则根据电动机的转向采取不同的驱动信号。电动机正转时，VT3 恒关断，VT4 恒导通；电动机反转时，VT3 恒导通 VT4 恒关断。由于减少了 VT3 和 VT4 的开关次数，开关损耗减少，这是单极式调制的优点。

（3）受限单极式调制。在单极式调制基础上，为进一步减小开关损耗和减少桥臂直通的可能性，在电动机要求正转时，只有 VT1 工作于 PWM 方式，VT4 始终处于导通状态，而 VT2 和 VT3 都关断；电动机反转时，只有 VT2 工作于 PWM 方式，VT3 始终处于导通状态，而 VT1 和 VT4 都关断，这就是受限单极式调制。

H 桥式直流—直流变换器的输出电流即使在负载较小的时候，也没有电流断续现象。

5.3　变压器隔离的直流—直流变换器

5.2 节介绍了不带变压器隔离的基本 DC - DC 变换电路。然而在许多应用场合要求输入输出之间实现电隔离，在基本的非隔离 DC - DC 变换器（如 Buck 变换器、Boost 变换器、Buck - Boost 变换器、Cuk 变换器）中加入变压器，就可以派生出带隔离变压器的 DC - DC 变换器，比如 Buck 变换器可以派生出单端正激变换器、桥式变换器、电压型推挽变换器

等，Boost 变换器可以派生出电流型推挽变换器等，Buck - Boost 变换器可以派生出单端反激变换器等。在 DC - DC 变换器中，变压器的作用主要是隔离，一定情况下也能起到变压的作用。应用在隔离 DC - DC 变换器中的变压器是高频变压器，工作原理与其他类型的隔离变换器不同，变压器铁芯必须加气隙。本节主要介绍单端正激变换器和单端反激变换器。所谓单端变换器，是指变压器磁通仅在单方向变化的变换器。

由于变压器可插在基本变换电路中的不同位置，从而可得到多种形式的变压器隔离的变换器主电路。这里主要介绍常见的单端正激变换器，反激变换器，半桥及全桥式降压变换器等。

5.3.1 单端正激变换器

1. 电路结构

单端正激变换器由 Buck 变换器派生而来。图 5 - 15（a）为 Buck 变换器的原理图，在虚线的位置插入一个隔离变压器，即可得到图 5 - 15（b）的单端正激变换器。

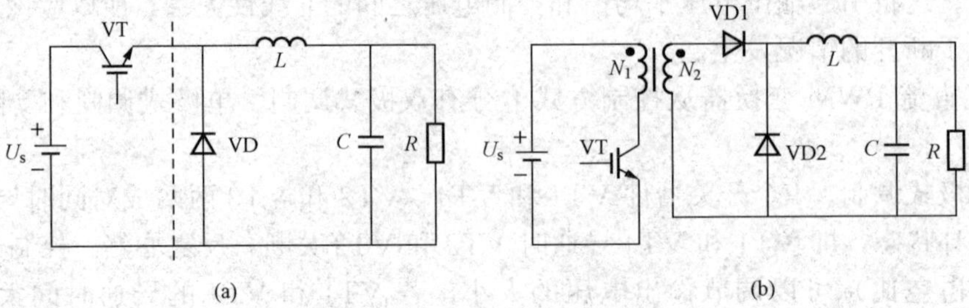

图 5 - 15 单端正激变换器结构

（a）Buck 变换器；（b）理想的单端正激变换器

2. 工作原理

（1）开关管 VT 导通时，工作状态如图 5 - 16（a）所示，根据图中的同名端表示，可以知道变压器二次侧也流过电流，VD1 导通，VD2 截止，电感电压为左正右负，变压器二次侧的电流线性上升，电源能量经变压器传递到负载侧。在开关管 VT 导通期间，电感电压

$$u_L = \frac{N_2}{N_1}U_s - U_0 \tag{5-20}$$

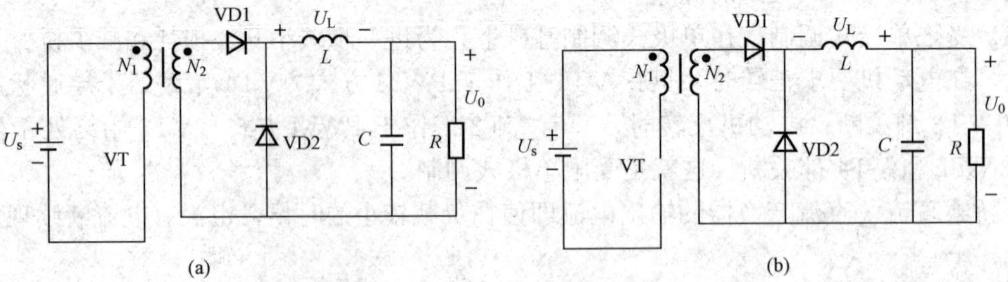

图 5 - 16 单端正激变换器工况

（a）单端正激变换器开关管导通；（b）单端正激变换器开关管截止

（2）开关管 VT 截止时，工作状态如图 5 - 16（b）所示，变压器二次侧没有电流流过，负载电流经反并联二极管 VD2 续流。在开关管 VT 断开期间，电感电压为负，电流线性下降。

电感电压

$$u_L = -U_0 \tag{5-21}$$

在稳态时，电感电压符合伏秒平衡特性，在一个周期内积分为零。因此

$$\left(\frac{N_2}{N_1}U_s - U_0\right)t_{on} + (-U_0)t_{off} = 0 \tag{5-22}$$

得

$$U_0 = \left(\frac{N_2}{N_1}\right)\frac{t_{on}}{T}U_s = \frac{N_2}{N_1}DU_s \tag{5-23}$$

由式（5-23）可见，单端正激变换器电压增益与开关导通占空比成正比，这与Buck变换器类似，不同的是比后者多了一个变压器的变比。正激变换器是具有隔离变压器的降压变换器，因而具有降压变换器的一些特性。

5.3.2　单端反激变换器

1. 电路结构

反激变换器电路如图5-17所示。与升—降压变换器相比较，反激变换器用变压器代替了升—降压变换器中的储能电感。这里的变压器除了起输入输出电隔离作用外，还起储能电感的作用。

2. 工作原理

（1）当开关管VT导通时，由于VD1承受反向电压，变压器二次侧相当于开路，此时变压器一次侧相当于一个电感。电源U_s向变压器原边输送能量，并以磁场形式存储起来。

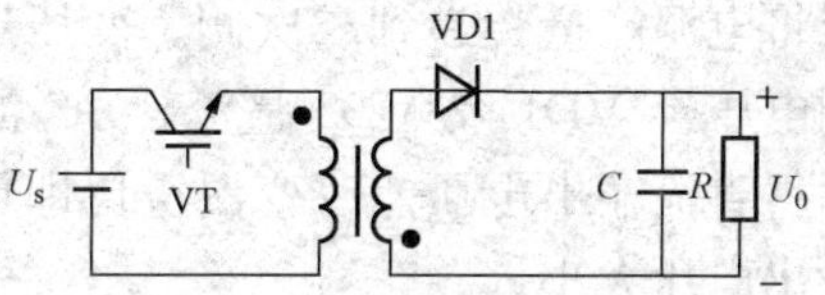

图5-17　单端反激变换器电路原理图

（2）当开关管VT截止时，线圈中磁场储能不能突变，将会在变压器二次侧产生上正下负的感应电动势，该感应电动势使VD1承受正向电压而导通，从而磁场储能转移到负载上。考虑滤波电感L及续流二极管VD2的实用反激变换器电路如图5-18所示。

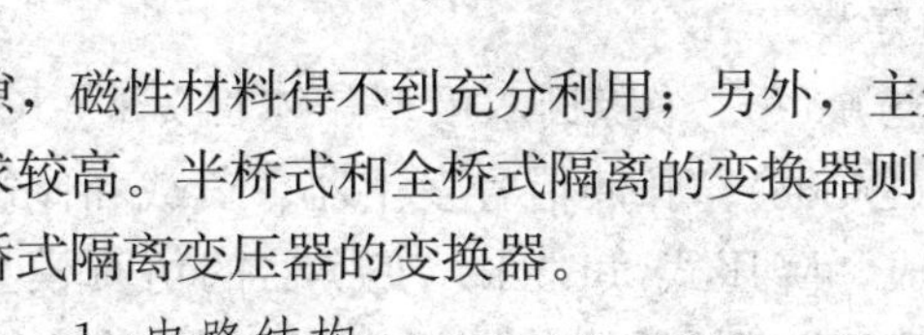

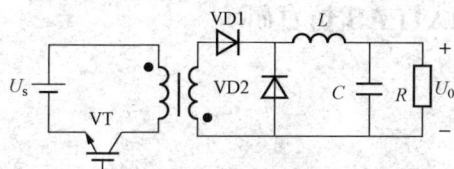

图5-18　带LC滤波的单端反激变换器实用电路

反激变换器电路简单，在小功率场合应用广泛。缺点是磁芯磁场直流成分大，为防止磁芯饱和，磁芯磁路气隙较大，磁芯体积较大。

5.3.3　半桥式隔离的降压变换器

在正激、反激变换器中，变压器一次侧通过的是单向脉动电流，为防止变压器磁场饱和，需要加上必要的磁场复位电路或要求磁路上留有一定的气隙，磁性材料得不到充分利用；另外，主开关器件承受的电压高于电源电压，故对器件耐压要求较高。半桥式和全桥式隔离的变换器则可以克服这些缺点。这里仅讨论在降压变换器中插入桥式隔离变压器的变换器。

1. 电路结构

半桥式隔离的降压变换器如图5-19所示，C_1、C_2为滤波电容，VD1、VD2为VT1、VT2的续流二极管，VD3、VD4为整流二极管，LC为输出滤波电路。

2. 工作原理

滤波电容C_1、C_2上的电压近似直流，且均为$U_s/2$。

（1）当VT1关断、VT2导通时，电源及电容C_2上的储能经变压器传递到二次侧。同

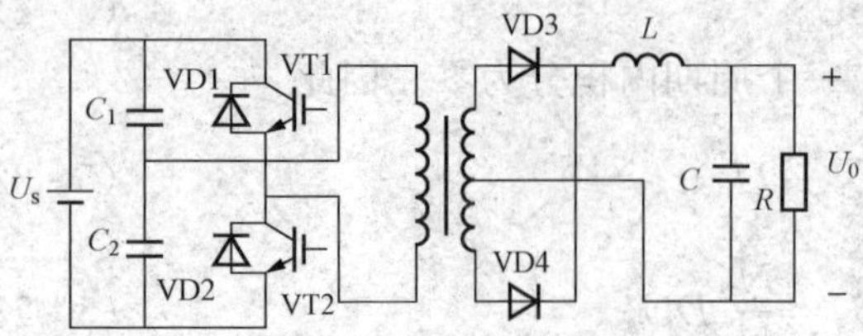

图 5-19 半桥式降压变换器

时，电源→变压器→VT2 向 C_1 充电，C_1 储能增加。

(2) 当 VT1 导通、VT2 关断时，电源及电容 C_1 上的储能经变压器传递到二次侧，此时，电源经 VT1→变压器→向 C_2 充电，C_2 储能增加。

变压器二次侧电压经 VD3 及 VD4 整流、LC 滤波后即得到直流输出电压。通过交替控制 VT1、VT2 的开通与关断，并控制其占空比，即可控制输出电压大小。

5.3.4 全桥式隔离的降压变换器

常见的全桥式隔离的降压变换器电路如图 5-20 所示。

(1) 电路的工作原理是将 VT1、VT4 作为一组，VT2、VT3 作为另一组，交替控制两组开关关断与导通，即可利用变压器将电源能量传递到二次侧。变压器二次侧电压经 VD1 及 VD2 整流，LC 滤波后即得直流输出电压。改变占空比即可控制输出电压大小。

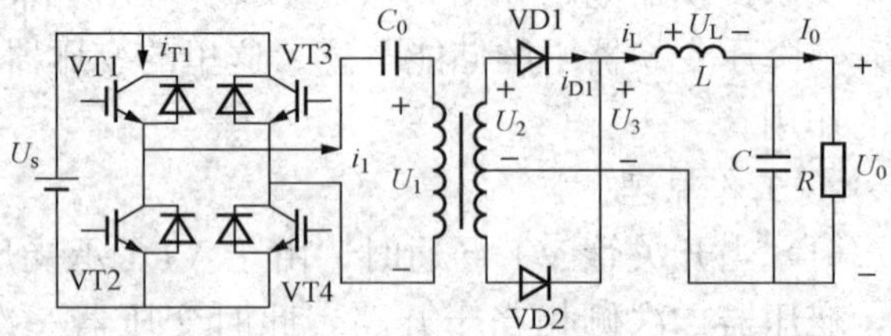

图 5-20 全桥式降压变换器

(2) 电容 C_0 的作用是防止变压器出现偏磁，它也称为去偏电容。由于正、负半波控制脉冲宽度难以做到绝对相同，同时开关器件特性难以完全一致，从而电路工作时流过变压器一次侧的电流正、负半波难以完全对称，因此，加上 C_0 以防止铁芯磁场直流磁化而饱和。

5.4 直流—直流变换电路的 MATLAB 仿真研究

5.4.1 单管非隔离变换电路

5.4.1.1 降压式直流斩波电路（Buck）

1. 电气原理结构图

降压式直流斩波电路（Buck）电气原理结构图如图 5-21 所示。

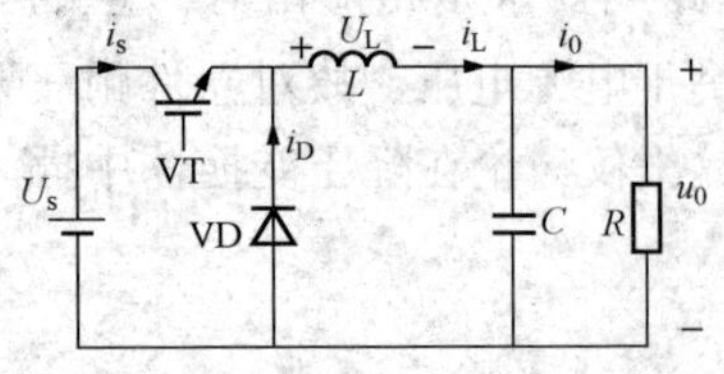

图 5-21 Buck 电路原理结构图

2. Buck 电路的建模

此电路由直流电源 U_s、绝缘栅双极型晶体管 VT（IGBT）、二极管 VD（Diode）、脉冲信号发生器、负载和储能电感等元件组合而成，降压式（Buck）变换器的仿真模型如图 5-22 所示。下面介绍此系统各个部分的建模和参数设置。

(1) 仿真模型中用到的主要模块以及提取的路径（同样的模块在以后的本章模型中出现时将不再重复介绍）。

1) 直流电源 U_s：SimPowerSystem/Electrical Sources/DC Voltage Source，输入直流电源。

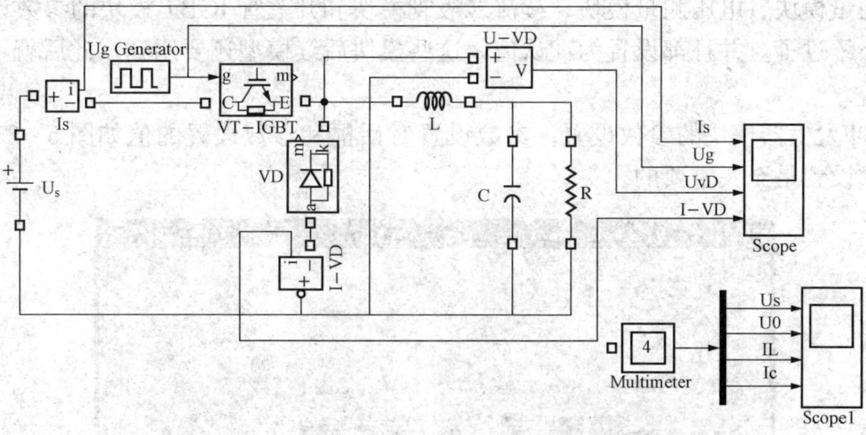

图 5 - 22　降压式（Buck）变换器的仿真模型

2）绝缘栅双极型晶体管 VT：SimPowerSystem/Power Electronics/IGBT，开关管。

3）二极管 VD：SimPowerSystem/Power Electronics/Diode。

4）脉冲信号发生器：Simulink/Sources/Pulse Generator。

5）负载电阻：SimPowerSystem/Elements/Series RLC Branch。

6）储能电感：SimPowerSystem/Elements/Series RLC Branch。

7）电压测量：SimPowerSystem/Measurements/Voltage Measurement。

8）电流测量：SimPowerSystem/Measurements/Current Measurement。

9）示波器：Simulink/Sinks/Scop。

（2）仿真模型中模块的参数值（一些简单的、且在前面章节中使用过的模块的参数设置只给出相关数据，不再给出参数设置对话框）。

1）电压源 U_s 设置为 100V。

2）开关管 IGBT 模块的参数设置如图 5 - 23 所示，为默认值。

3）续流二极管 Diode 模块的参数设置如图 5 - 24 所示，为默认值。

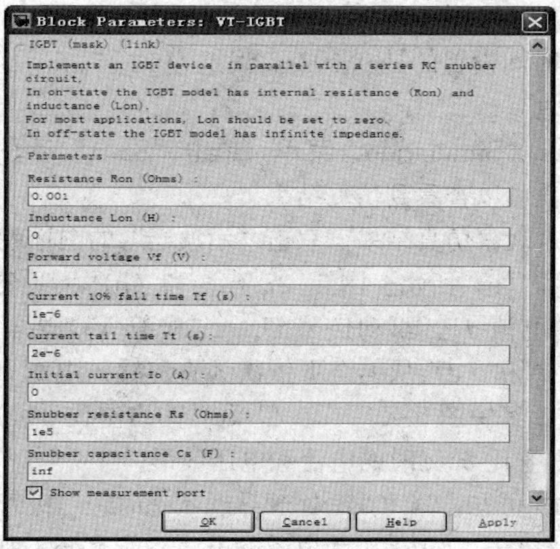

图 5 - 23　开关管 IGBT 模块参数设置对话框

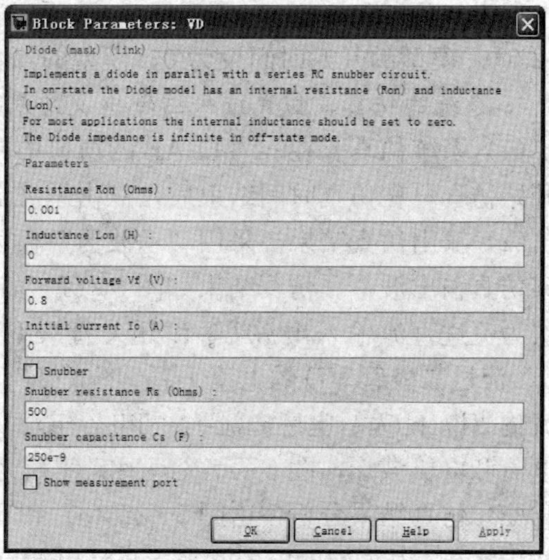

图 5 - 24　续流二极管模块参数设置对话框

电流测量模块、电压测量模块、续流二极管模块和开关管 IGBT 模块的参数设置在本模型中已经介绍过了，并且都设置为默认值，这些模块后续模型还要用到，此后就不再重复介绍了。

4）脉冲发生器模块的参数设置。参数设置对话框和参数设置的值如图 5-25 所示，此模块的参数设置是至关重要的。

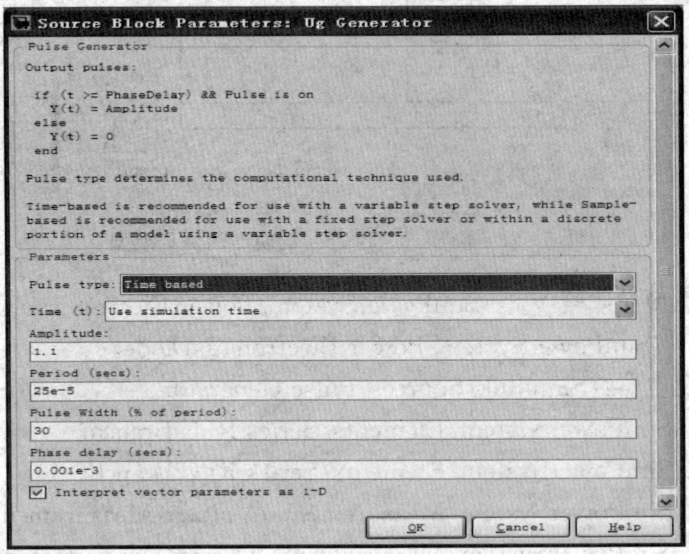

图 5-25　脉冲发生器模块的参数设置

5）负载电阻 $R=10\Omega$，电容 $C=20\mu F$，电感 $L=1mH$。

将上述模块按照 Buck 变换器的结构图连接关系进行连接，即可得到图 5-22 所示的系统仿真模型。

3. 系统的仿真参数设置

在 MATLAB 模型窗口中打开“Simulink”菜单，进行“Simulation parameters”的设置，点击“Configuration parameters”后，出现如图 5-26 所示的对话框，算法选为 ode23tb。模型的开始时间设为 0；模型的停止时间设置的是 0.002s，误差为 1e-5。

4. 系统的仿真、仿真结果的输出及结果分析

（1）系统仿真。在 MATLAB 的窗口中打开“Simulation”菜单，单击“Start”后，系统开始仿真，在仿真时间结束后，双击示波器就可以查看到仿真结果。

（2）输出仿真结果。采用“示波器”模块来观察仿真结果，双击“示波器”的图标就可观察仿真输出波形。仿真结果如图 5-27（a）和（b）所示。图 5-27（a）和（b）从上至下依次为流过直流输入电源 U_s 和开关管 VT 的电流 I_s、驱动信号 U_g、二极管 VD 端电压 U_{VD}、流过二极管 VD 的电流 I_{VD}；图 5-27（c）和（d）从上至下依次为直流输入电源 U_s、直流输出电压 U_0、电感电流 I_L 和电容电流 I_C。其中图 5-27（a）和（c）为占空比 30%时的电流和电压波形，图 5-27（b）和（d）为占空比 50%时的电流和电压波形。

（3）仿真结果分析。由图 5-27（a）和（b）可知，当 IGBT 处于导通状态时，二极管处于截止状态，其两端的电压就等于直流电源电压等于 100V，因为电感的电流不能突变，所以负载两端电压逐渐升高，流过 IGBT 的电流逐渐增大，因为续流二极管此时处于截止状态，所

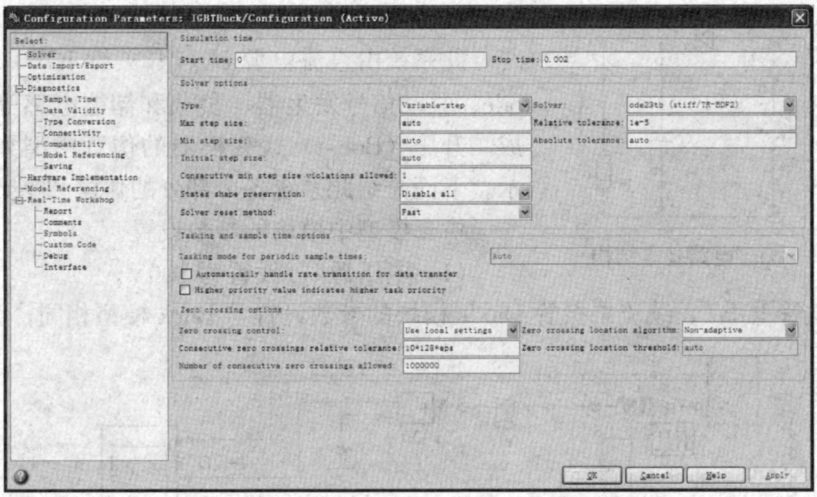

图 5 - 26　仿真参数设置对话框

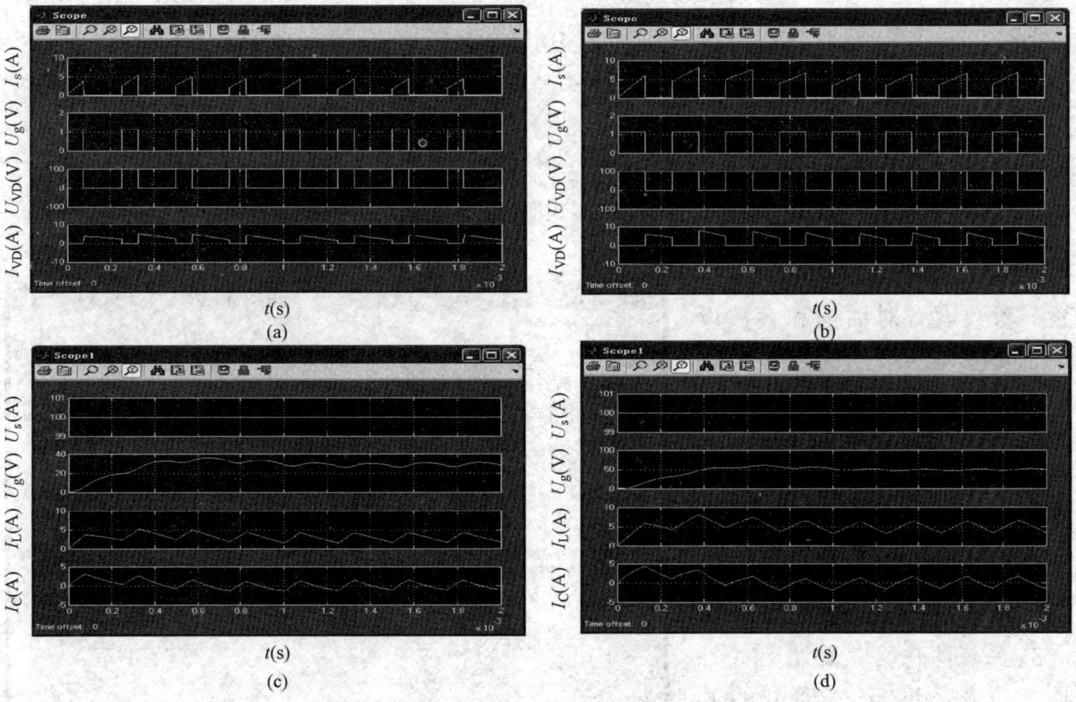

图 5 - 27　Buck 变换器仿真波形

(a) $D=30\%$；(b) $D=50\%$；(c) $D=30\%$；(d) $D=50\%$

以 i_{VD} 为 0。当 IGBT 处于关断状态时，二极管导通，即其两端的电压为 0，而此时储能元件电感放电，输出电压慢慢下降，流过 IGBT 的电流为 0，流过二极管的电流随着负载消耗电能而逐渐减小。改变占空比，比较图 5 - 27（c）和（d）不难看出，输出电压 U_0 也发生变化。

5.4.1.2　升压式直流斩波电路（Boost Chopper）

1. Boost 电路电气原理结构图

升压式直流斩波电路（Boost）电气原理结构图如图 5 - 28 所示。

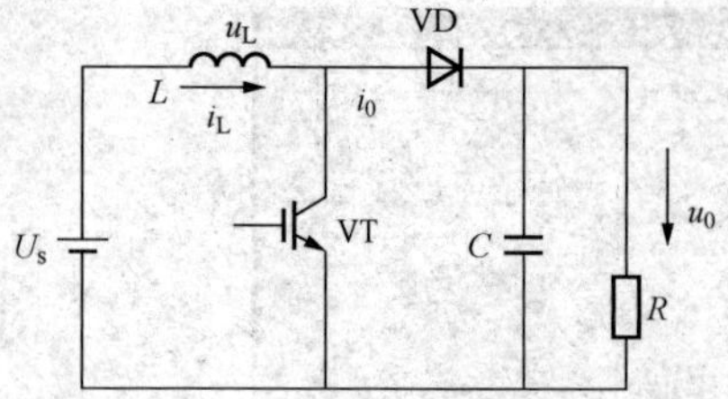

图 5 - 28 Boost 电路基本结构

2. 电路的建模

此系统由直流电源 U_s、开关管 IGBT、二极管 Diode、驱动信号发生器、负载和储能电感等元件组合而成。升压（Boost）式变换器的仿真模型如图 5 - 29 所示。下面介绍此系统各个部分的建模和参数设置。

仿真模型中模块的参数设置。

（1）电压源 U_s 设置为 100V。

（2）开关管 IGBT、续流二极管 Diode 模块的参数设置与 Buck 模型相同，为默认值。

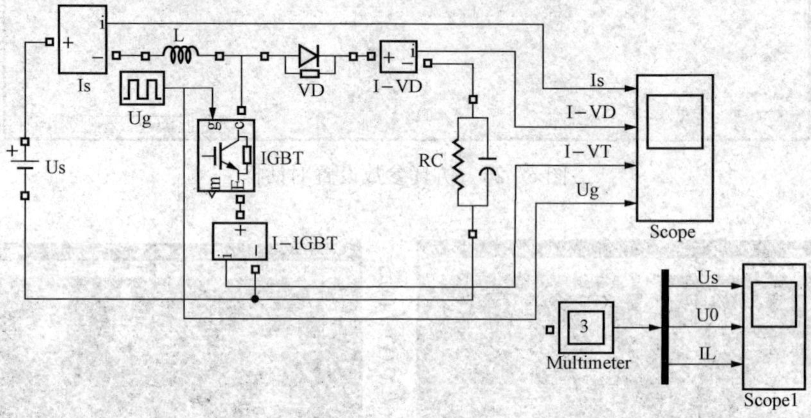

图 5 - 29 升压式变换器的仿真模型

（3）脉冲发生器模块的参数设置。参数设置对话框和参数设置的值如图 5 - 30 所示，占空比 $D=50\%$。

（4）负载电阻 $R=10\Omega$，电容 $C=100\mu F$，电感 $L=50mH$。

将上述模块按照 Boost 变换器的结构连接关系进行连接，即可得到图 5 - 29 所示的仿真模型。

3. 系统的仿真参数设置

算法选 ode23tb。模型的开始时间设为 0；模型的停止时间设置的是 0.006s，误差为 1e - 5。

4. 系统的仿真、仿真结果的输出及结果分析

（1）系统仿真。打开“Simulation”菜单，单击“Start”后，系统开始仿真，在仿真时间结束后，双击示波器就可以查看

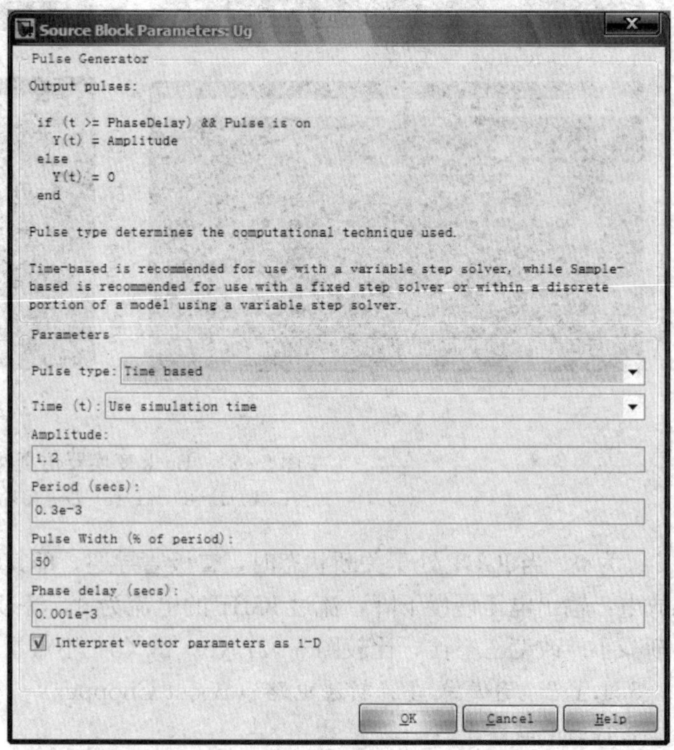

图 5 - 30 脉冲发生器模块的参数设置

到仿真结果。

（2）输出仿真结果。仿真结果如图5-31所示。图5-31（a）从上至下依次为流过直流电源U_s和电感L的电流I_s、流过二极管VD的电流I_{VD}、流过开关管VT的电流I_{VT}和驱动信号U_g；5-31（b）从上至下依次为直流输入电源U_s、直流输出电压U_0和电感电流I_L。

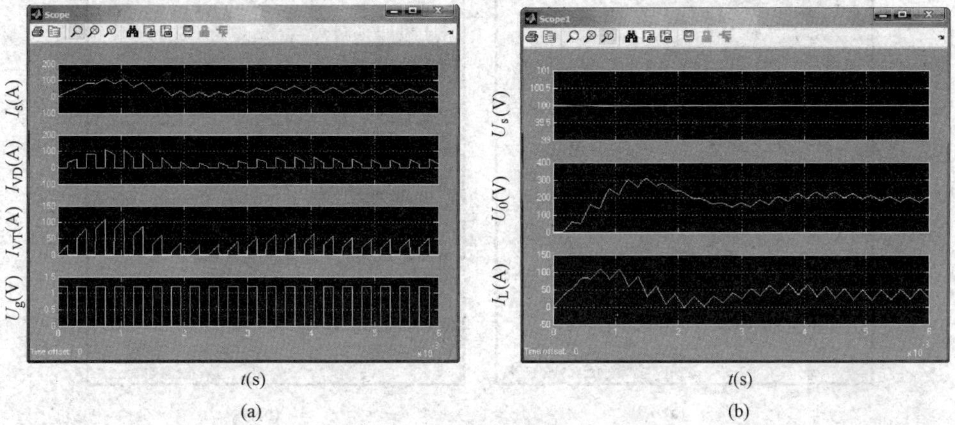

图5-31　升压式变换器的仿真波形

（3）仿真结果分析。由图5-31（b）可知，稳态时输出电压是200V并有少许纹波的直流电压，大于输入电压（100V），仿真结果与升压变换器的理论分析吻合。

5.4.1.3　升降压式直流斩波电路（Boost-Buck Chopper）

1. Boost-Buck电路电气原理结构图

升降压式直流斩波电路（Boost-Buck）电气原理结构图如图5-32所示。

2. 电路的建模

此系统由直流电源U_s、开关管IGBT、二极管Diode、驱动信号发生器、负载和储能电感等元件组合而成。升降压式直流斩波电路（Boost-Buck）的仿真模型如图5-33所示。下面介绍此系统各个部分的建模和参数设置。

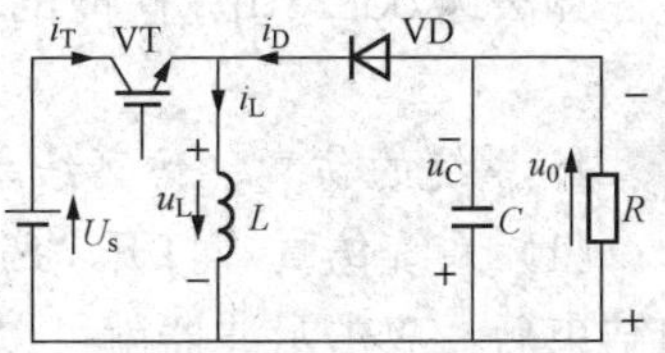

图5-32　Boost-Buck电路结构图

仿真模型中模块的参数设置。

（1）电压源U_s设置为100V。

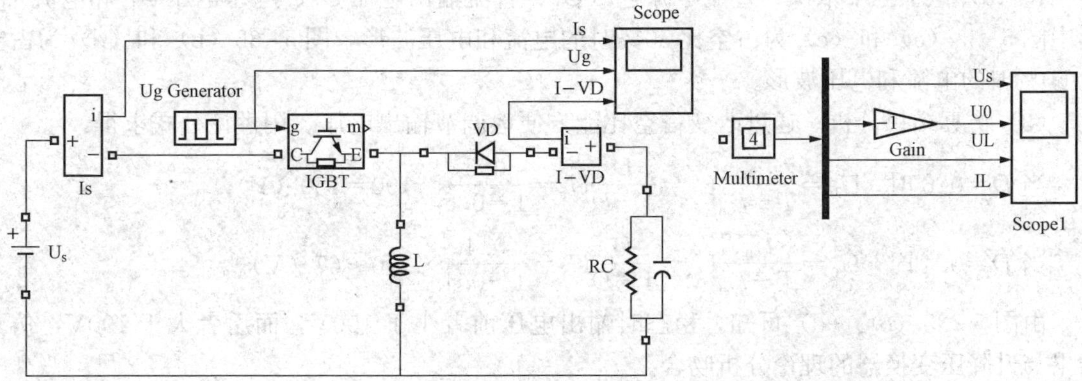

图5-33　升降压式变换器的仿真模型

（2）开关管IGBT、续流二极管Diode模块的参数设置与Buck模型相同，为默认值。

（3）脉冲发生器模块的参数设置。参数设置对话框和参数设置的值如图5-34所示。（a）图占空比$D=30\%$，对应于降压；（b）图占空比$D=60\%$，对应于升压。

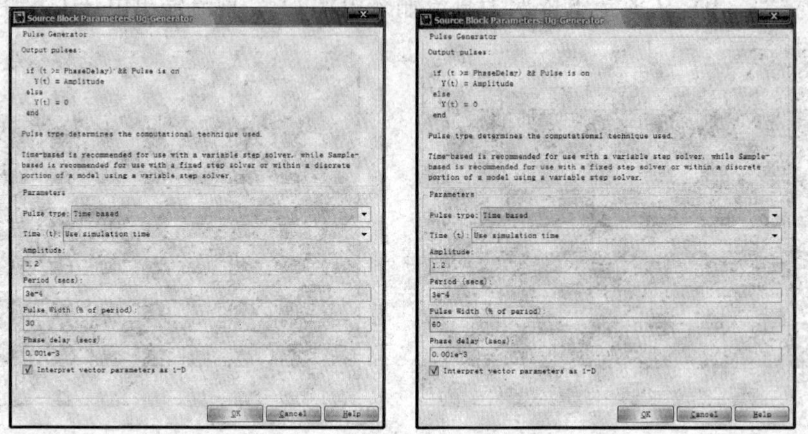

(a)　　　　(b)

图5-34　脉冲发生器模块的参数设置

(a) $D=30\%$；(b) $D=60\%$

（4）负载电阻$R=10\Omega$，电容$C=200\mu F$，电感$L=0.35mH$。

将上述模块按照Boost-Buck变换器的结构连接关系进行连接，即可得到图5-33所示的仿真模型。

3. 系统的仿真参数设置

算法选ode23tb。模型的开始时间设为0；模型的停止时间设置的是0.005s，误差为1e-5。

4. 系统的仿真、仿真结果的输出及结果分析

（1）系统仿真。打开“Simulation”菜单，单击“Start”后，系统开始仿真，在仿真时间结束后，双击示波器就可以查看到仿真结果。

（2）输出仿真结果。仿真结果如图5-35所示。图5-35（a）和（b）从上至下依次为流过直流电源U_s和开关管VT的电流I_s、驱动信号U_g、流过二极管VD的电流I_{VD}；图5-35（c）和（d）从上至下依次为直流电源电压U_s、直流输出电压U_0、电感电压U_L和电流I_L。其中图5-35（a）和（c）为占空比30%时的电流和电压波形，图5-35（b）和（d）为占空比60%时的电流和电压波形。

（3）仿真结果分析。通过改变占空比能方便地调节输出电压。用理论公式求得：

当$D=0.6$时，$U_0=\dfrac{t_{on}}{T-t_{on}}U_s=\dfrac{D}{1-D}U_s=\dfrac{0.6}{1-0.6}\times 100=150\ (V)$；

当$D=0.4$时，$U_0=\dfrac{t_{on}}{T-t_{on}}U_s=\dfrac{D}{1-D}U_s=\dfrac{0.4}{1-0.4}\times 100\approx 67\ (V)$。

由图5-35（c）、（d）可知，稳态时输出电压前者小于100V，而后者大于100V，仿真结果与升降压变换器的理论分析吻合。

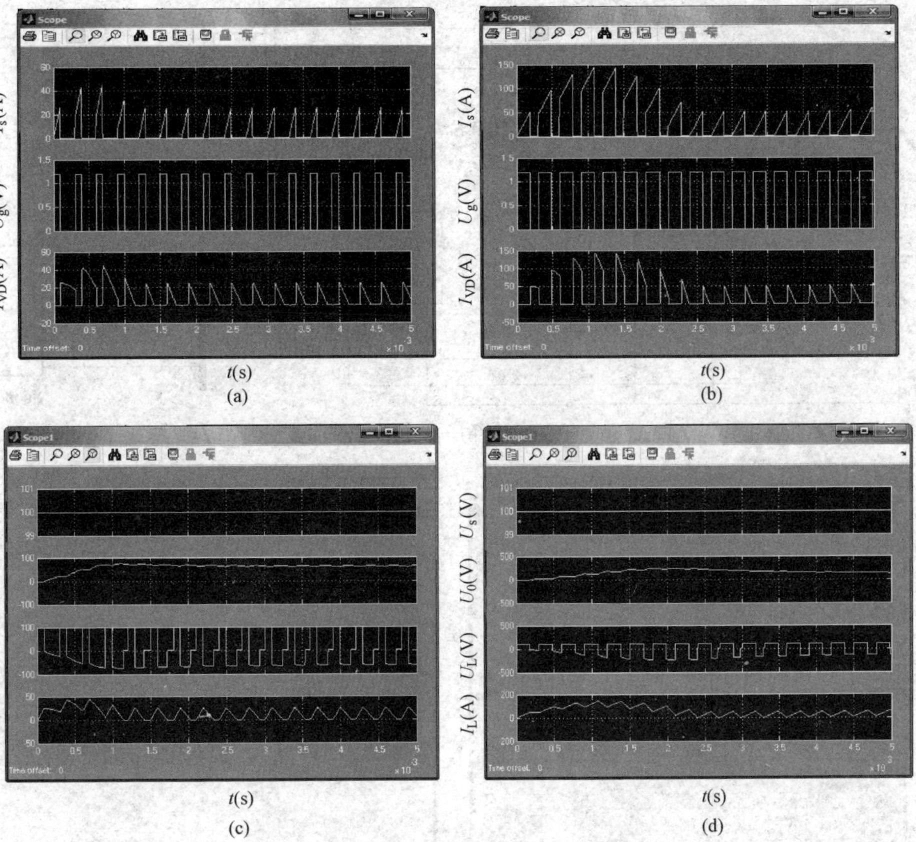

图 5-35　升降压式变换器的仿真波形

(a) $D=30\%$；(b) $D=60\%$；(c) $D=30\%$；(d) $D=60\%$

5.4.1.4　库克式直流斩波电路（Cuk Chopper）

1. 库克（Cuk）电路电气原理结构图

库克直流斩波电路（Cuk）电气原理结构图如图 5-36 所示。

2. 电路的建模

此系统由直流电源 U_s、开关管 IGBT、二极管 VD、驱动信号发生器、负载和储能电感等元件组合而成。升降压式直流斩波电路（Cuk）的仿真模型如图 5-37 所示。下面介绍此系统各个部分的建模和参数设置。

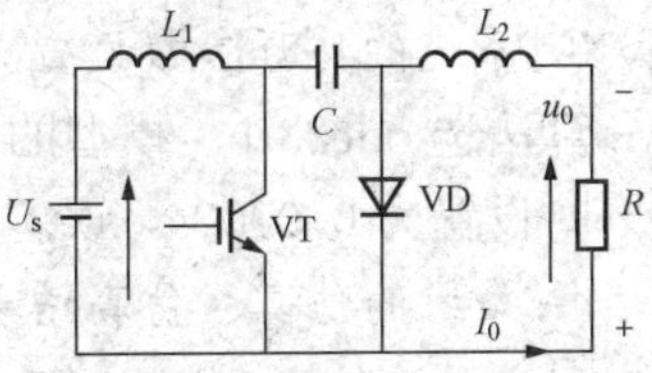

图 5-36　Cuk 电路结构图

仿真模型中模块的参数设置。

(1) 电压源 U_s 设置为 100V。

(2) 开关管 IGBT、续流二极管 VD 模块的参数设置与 Buck 模型相同，为默认值。

(3) 脉冲发生器模块的参数设置。参数设置对话框和参数设置的值如图 5-38 所示。(a) 图占空比 $D=30\%$，对应于降压；(b) 图占空比 $D=60\%$，对应于升压。

(4) 负载电阻 $R=10\Omega$，电容 $C=500\mu F$，电感 $L=L_1=2mH$。

将上述模块按照 Cuk 变换器的结构连接关系进行连接，即可得到图 5-37 所示的仿真模型。

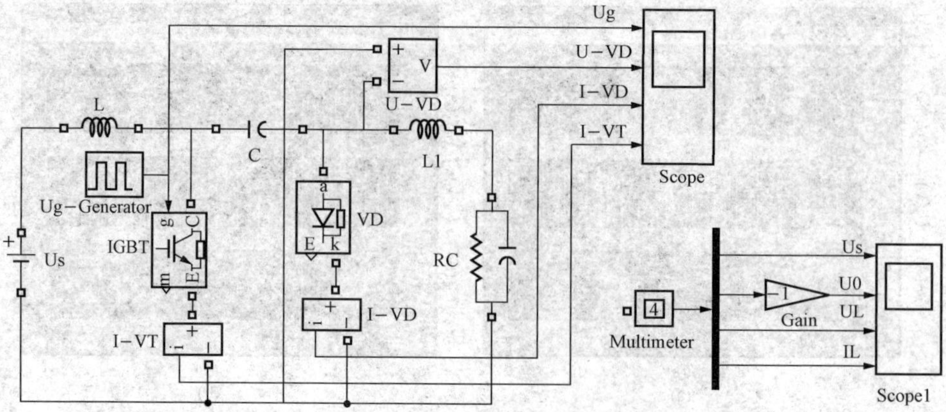

图 5-37　Cuk 升降压式变换器的仿真模型

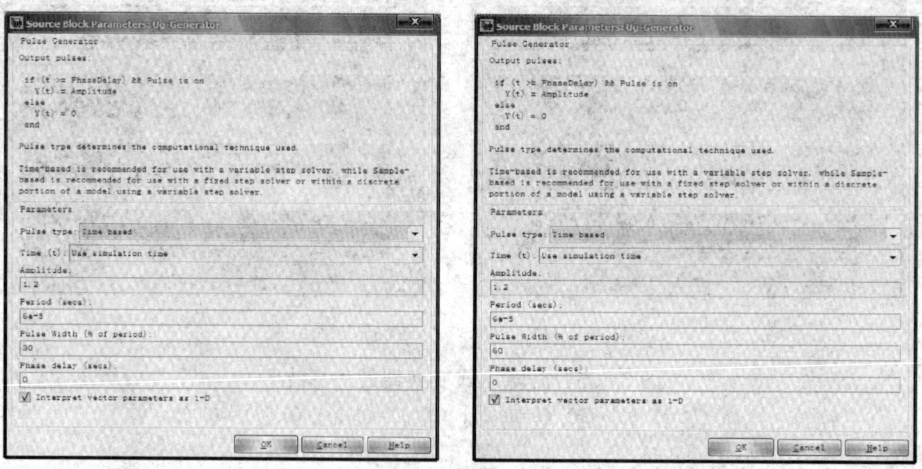

(a)　(b)

图 5-38　脉冲发生器模块的参数设置

（a）$D=30\%$；（b）$D=60\%$

3. 系统的仿真参数设置

算法选 ode23tb。模型的开始时间设为 0；模型的停止时间设置的是 0.001s，占空比为60%时设置为 0.0002s，误差为 1e-5。

4. 系统的仿真、仿真结果的输出及结果分析

（1）系统仿真。打开“Simulation”菜单，单击“Start”后，系统开始仿真，在仿真时间结束后，双击示波器就可以查看到仿真结果。

（2）输出仿真结果。仿真结果如图 5-39 所示。图 5-39（a）和（b）从上至下依次为驱动信号 U_g、二极管 VD 端电压 U_{VD}、流过二极管 VD 的电流 I_{VD}、流过开关管 VT 的电流 I_{VT}；图 5-39（c）和（d）从上至下依次为直流电源电压 U_s、直流输出电压 U_0、电感 L 的电压 U_L 和电流 I_L。其中图 5-39（a）和（c）为占空比为 30%时的电流和电压波形，图 5-39（b）和（d）为占空比为 60%时的电流和电压波形。

（3）仿真结果分析。库克变换器既可以实现升压又可以实现降压。当 $D>0.5$ 时为升压变换器，当 $D<0.5$ 时库克变换器为降压变换器，这和升降压变换器是一样的。其优点通过

示波器的输出波形可看出，其输出的直流电压的纹波明显小于升降压变换器输出的纹波。

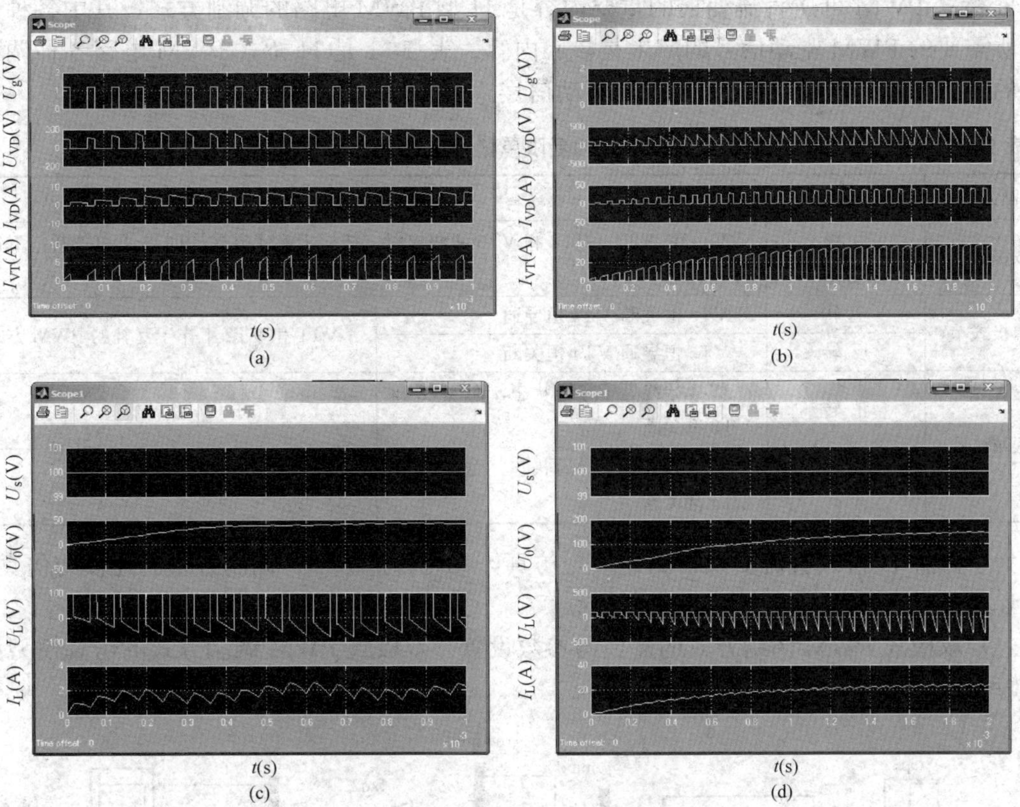

图 5 - 39　升降压式变换器的仿真波形

(a) $D=30\%$；(b) $D=60\%$；(c) $D=30\%$；(d) $D=60\%$

由图 5 - 39（c）、(d) 可知，稳态时输出电压前者小于 100V，而后者大于 100V，仿真结果与升降压变换器的理论分析吻合。

5.4.2　H 桥式直流变换器的建模与仿真

5.4.2.1　H 桥式 PWM 直流变换器的工作原理

H 桥式 PWM 直流变换器工作原理电路如图 5 - 40 所示（以直流电动机负载为例）。

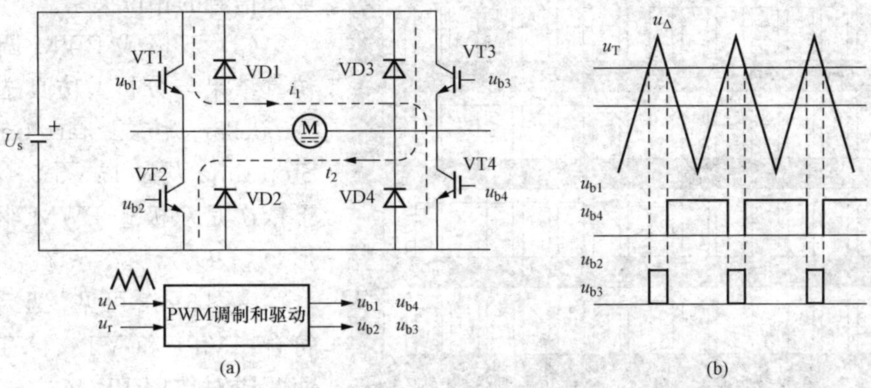

图 5 - 40　H 桥式 PWM 直流可逆变换器原理电路图

5.4.2.2 H 桥式 PWM 直流变换器的双极式、单极式、受限单极式控制模式的建模与仿真

H 桥式 PWM 可逆直流变换的重要内容是 H 型 PWM 电路的调制方式，其中各种调制方式所需要的 PWM 驱动信号的产生是核心内容。表 5-1 是 H 桥式 PWM 电路各种调制所对应的 VT1～VT4 通断情况和要求的驱动信号。

表 5-1 双极式、单极式和受限单极可逆 PWM 工作方式

控制方式	电机转向	开关状况	
双极式	正转	VT1 和 VT4、VT2 和 VT3 两两成对，按照 PWM 方式同时导通和关断，工作于互补状态	
	反转		
单极式	正 转	VT3 恒关断 VT4 恒导通	VT1 和 VT2 工作于互补的 PWM 方式
	反 转	VT3 恒导通 VT4 恒关断	
受限单极式	正 转	VT4 始终处于导通状态，而 VT2 和 VT3 都关断	VT1 工作于 PWM 方式
	反 转	VT3 始终处于导通状态，而 VT1 和 VT4 都关断	VT2 工作于 PWM 方式

为了熟悉 H 桥式直流变换器的建模与仿真，首先讨论 PWM 调制方式的建模与仿真。

1. 双极式 PWM 调制方式的建模与仿真

（1）双极式 PWM 调制方式的建模与参数设置。双极式 PWM 调制方式的仿真模型如图 5-41 所示。

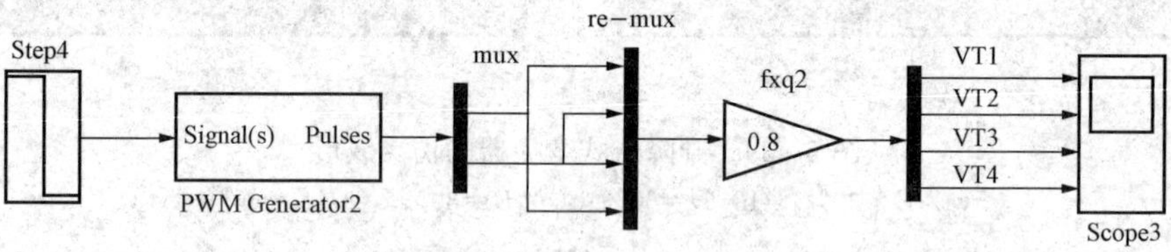

图 5-41 双极式 PWM 调制方式的仿真模型

参数设置为：输入阶跃信号的阶跃时间 0.5s；初始值 0.5，终了值−0.5。PWM Generator 的调制频率设置为 15Hz，频率设置得比较低是为了能够看出 4 个驱动信号的相位关系。

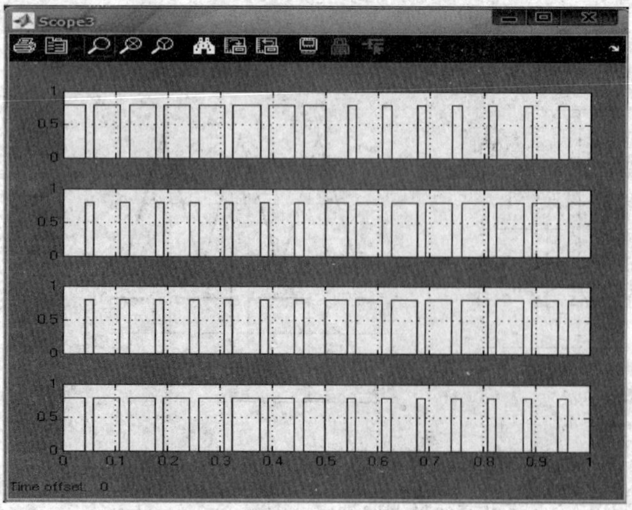

图 5-42 双极式 PWM 驱动信号波形

（2）双极式 PWM 调制方式的仿真结果与分析。仿真选择的算法为 ode23t；仿真 Start time 设为 0，Stop time 设为 1。图 5-42 从上至下依次是双极式 PWM 驱动信号波形 U_{g1}～U_{g4}。

由图 5-42 可见，驱动信号完全符合：VT1 和 VT4、VT2 和 VT3 两两成对按照 PWM 方式同时导通和关断，并且工作于互补状态。

2. 单极式 PWM 调制方式的建模与仿真

（1）单极式 PWM 调制方式的建模与参数设置。单极式 PWM 调制方式的仿真模型如图 5-43 所示。

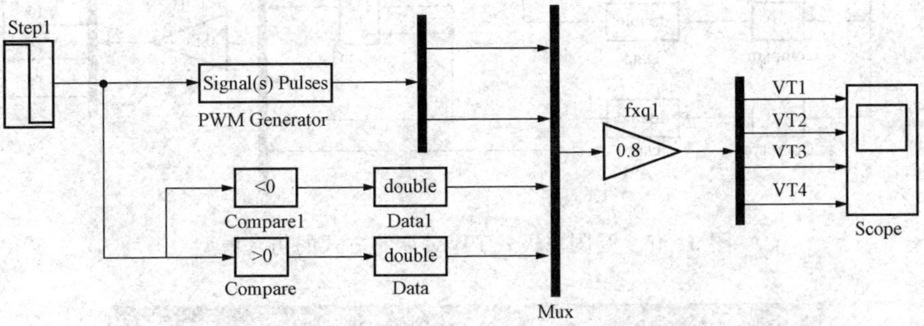

图 5-43　单极式 PWM 调制方式的仿真模型

参数设置同双极式方式。

（2）单极式 PWM 调制方式的仿真结果与分析。仿真选择的算法为 ode23t；仿真 Start time 设为 0，Stop time 设为 1。图 5-44 从上至下依次是单极式 PWM 驱动信号波形 U_{g1} ～U_{g4}。

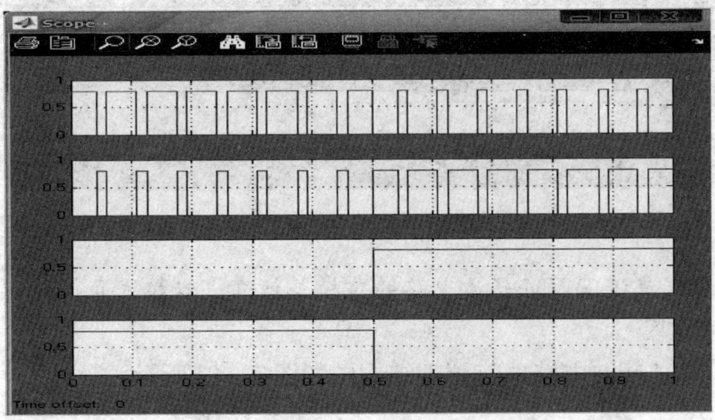

图 5-44　单极式 PWM 驱动信号波形

由图 5-44 可见，驱动信号完全符合：正转时，VT3 恒关断 VT4 恒导通；反转时 VT3 恒导通 VT4 恒关断；而无论是正转还是反转，VT1 和 VT2 总是工作于互补的 PWM 方式。

3. 受限单极式 PWM 调制方式的建模与仿真

（1）受限单极式 PWM 调制方式的建模与参数设置。受限单极式 PWM 调制方式的仿真模型如图 5-45 所示。

选择开关的第二输入端的值设置为 1，其他参数设置同单极式方式。

（2）受限单极式 PWM 调制方式的仿真结果与分析。仿真选择的算法为 ode23t；仿真 Start time 设为 0，Stop time 设为 1。图 5-46 是受限单极式 PWM 驱动信号波形 U_{g1} ～U_{g4}。

由图 5-46 可见，驱动信号完全符合：正转时，VT1 工作于 PWM 方式，VT4 处于恒导通而 VT2 和 VT3 恒关断；反转时，VT2 工作于 PWM 方式，VT3 处于恒导通而 VT1 和 VT4 恒关断方式。

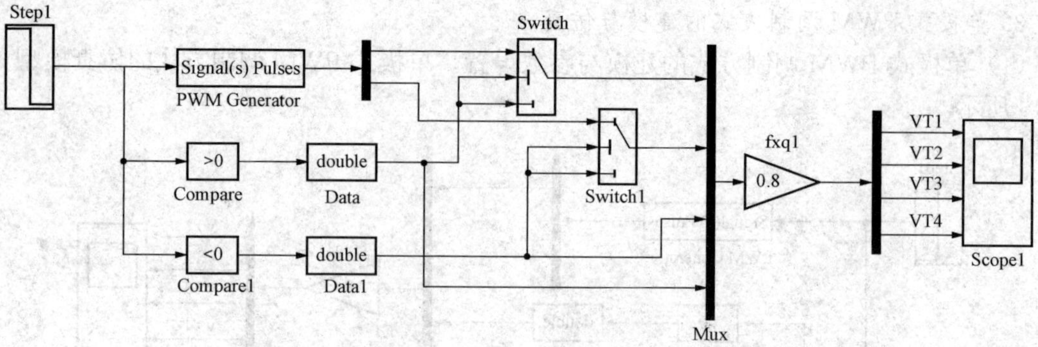

图 5-45 受限单极式 PWM 调制方式的仿真模型

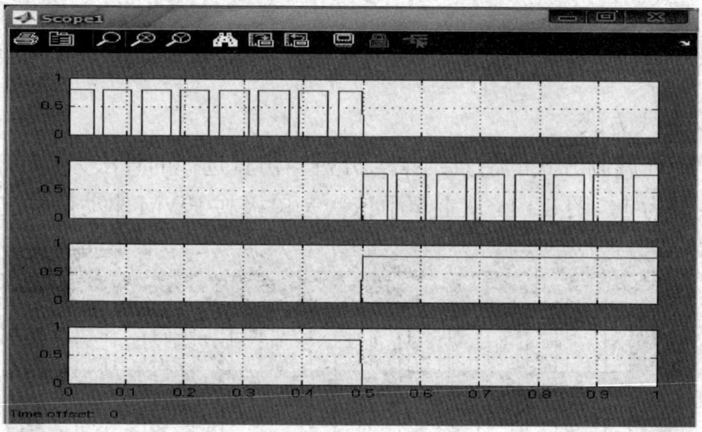

图 5-46 受限单极式 PWM 驱动信号波形

5.4.2.3 H 桥式直流 PWM 斩波电路的建模与仿真（双极式）

1. 电气原理结构图

H 桥式直流 PWM 斩波电路电气原理结构图如图 5-47 所示。

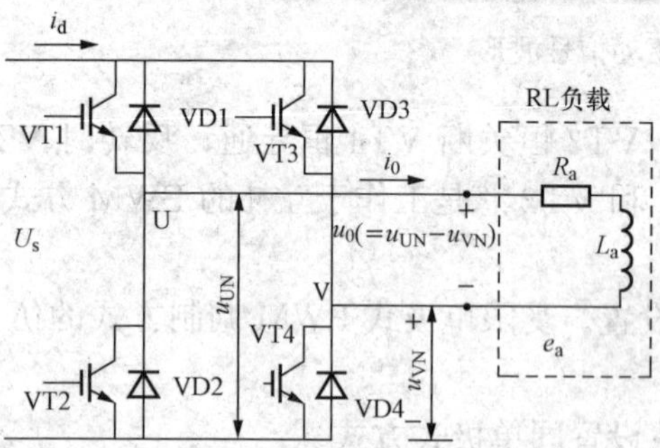

图 5-47 双极式 H 桥直流斩波电路结构图

2. 电路的建模

此系统由直流电源 U_s、开关管 IGBT、续流二极管 VD、驱动信号发生器、负载等元件组合而成。双极式 H 桥直流 PWM 斩波电路的仿真模型如图 5-48 所示。下面介绍此系统各个部分的建模和参数设置。

（1）仿真模型中主要模块的提取路径。

1）变流器桥 Universal Bridge：SimPowerSystem/Power Electronics/Universal Bridge。

2）阶跃信号 Step：Simulink/Sources/Step。

3）PWM 信号发生器：SimPowerSystem/Control Blocks/PWM Generator。

4）平均值输出：SimPowerSystems/Extra Library/Measurements/Mean Value。

（2）仿真模型中主要模块的参数设置。

1）电源 U_s 设置为 80V。

2）变流器桥 Universal Bridge 的参数设置和对话框如图 5-49 所示。

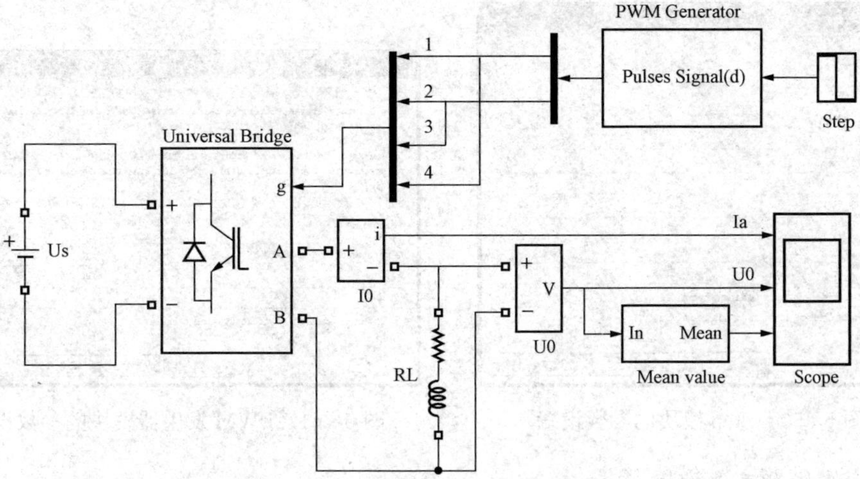

图 5-48　双极式 H 桥直流斩波电路的仿真模型

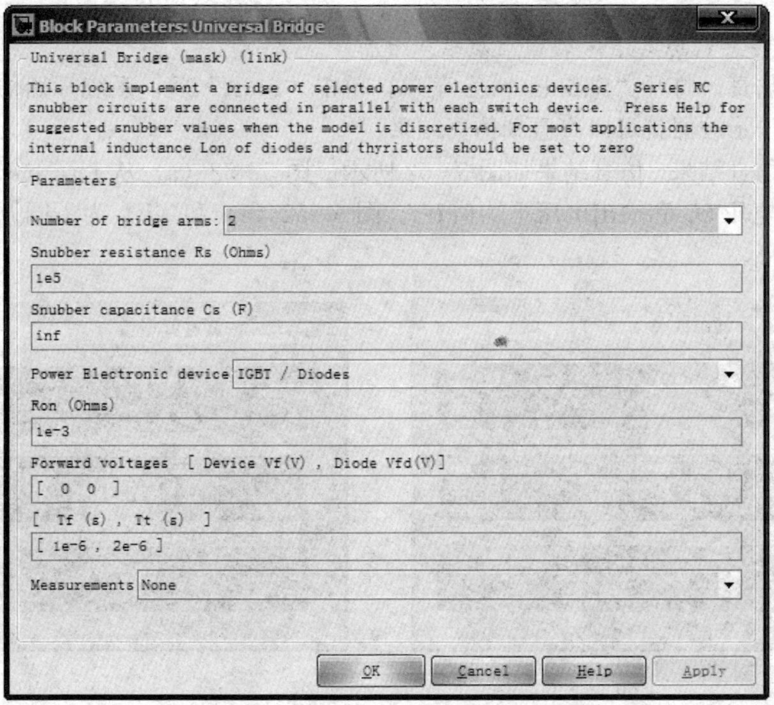

图 5-49　Universal Bridge 模块的参数设置

3）Step 模块的参数设置对话框和参数设置如图 5-50 所示。

阶跃时间（step time）确定了双极性控制的变极性时间；阶跃输入为调制信号，它的大小决定了输出脉冲波的宽度。

4）PWM 发生器模块的参数设置对话框和参数设置如图 5-51 所示。

5）负载电阻 $R=2\Omega$，电感 $L=100\text{mH}$。

将上面各个模块按照 H 桥式变换器的结构关系进行模型连接，就可以得到图 5-48 所示的系统仿真模型。

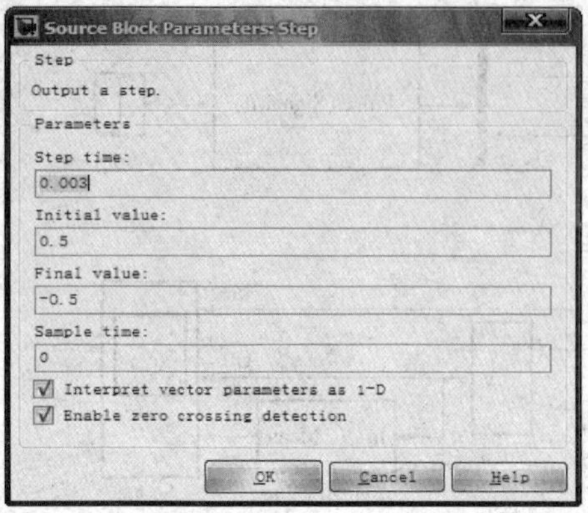

图 5-50　Step 模块的参数设置

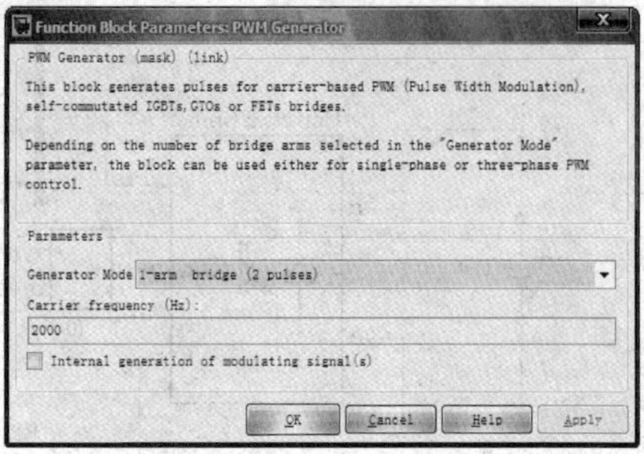

图 5-51　PWM 发生器模块的参数设置

3. 系统的仿真参数设置

算法选 ode23tb。模型仿真的开始时间设为 0；模型的停止时间设置为 0.006s，误差为 1e-6。

4. 系统的仿真、仿真结果的输出及结果分析

（1）系统仿真。打开“Simulation”菜单，单击“Start”后，系统开始仿真，在仿真时间结束后，双击示波器就可以查看到仿真结果。

（2）输出仿真结果。仿真结果如图 5-52 所示。图 5-52（a）从上至下依次为输出负载电流 I_a、负载电压 U_0 和输出电压平均值 U_d。图 5-52（a）和（b）为不同调制波幅度时的电流和电压波形。

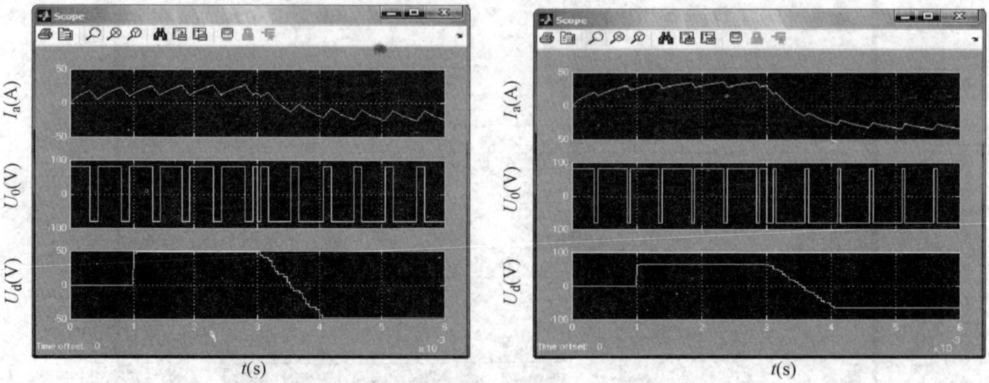

(a)　　(b)

图 5-52　双极式 H 桥直流斩波电路的仿真波形

（a）step 幅度值 0.5；（b）step 幅度值 0.8

（3）仿真结果分析。由图 5-52 可知，在 $t=0.003$s 时改变调制波 step 的极性，则输出电压平均值也变极性；改变 step 的幅值，输出脉冲波宽度改变，输出电压平均值也变化。

5.4.2.4　H 桥直流 PWM 斩波电路（单极式）

1. 电气原理结构图

单极式 H 桥直流 PWM 斩波电路电气原理结构图与双极式一样，只是开关管控制方式

不一样。

2. 电路的建模

此系统由直流电源 U_s、开关管 IGBT、续流二极管 VD、驱动信号发生器、负载等元件组合而成。单极式 H 桥直流 PWM 斩波电路的仿真模型如图 5 - 53 所示。下面介绍此系统各个部分的建模和参数设置。

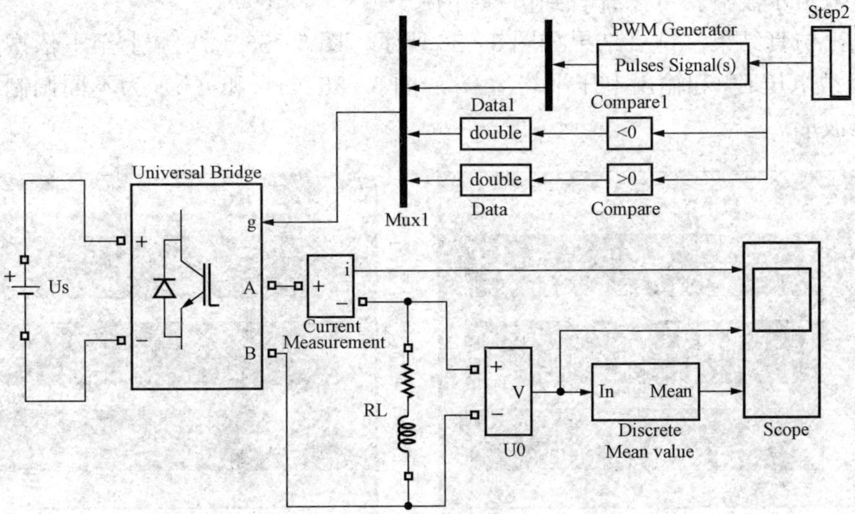

图 5 - 53　单极式 H 桥直流斩波电路的仿真模型

仿真模型中主要模块的参数设置。

（1）电源 U_s 设置为 80V。

（2）变流器桥 Universal Bridge 的参数设置和对话框如图 5 - 49 所示。

（3）Step 模块的参数设置对话框和参数设置如图 5 - 54 所示。

（4）PWM 发生器模块的参数设置对话框和参数设置如图 5 - 55 所示。

（5）负载电阻 $R=0.5\Omega$，电感 $L=0.5\text{mH}$。

将上面各个模块按照 H 桥式变换器的结构关系进行模型连接，就可以得到图 5 - 53 所示的系统仿真模型。

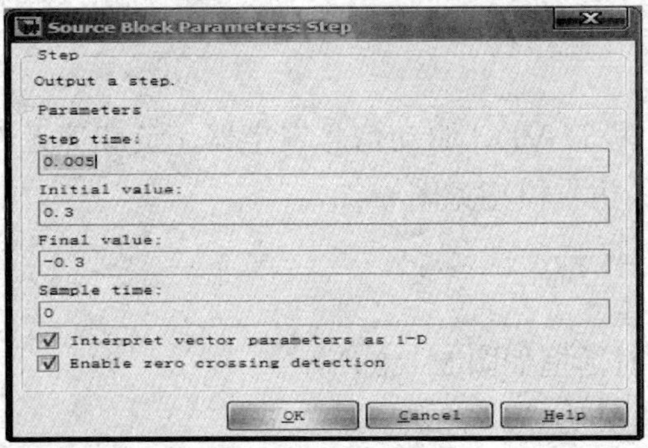

图 5 - 54　Step 模块的参数设置

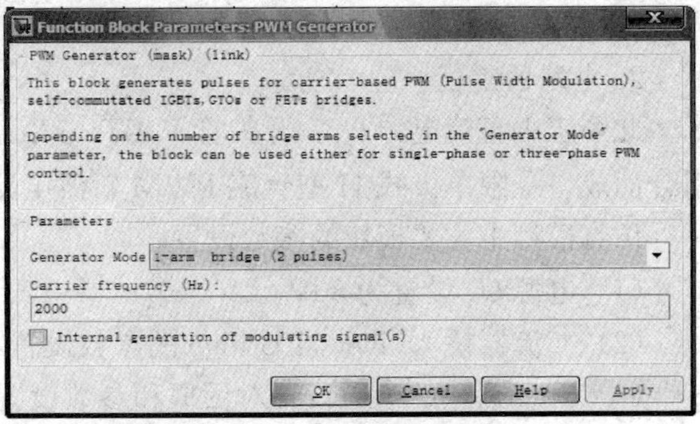

图 5 - 55　PWM 发生器模块的参数设置

3. 系统的仿真参数设置

算法选 ode23tb。模型仿真的开始时间设为 0；模型的停止时间设置为 0.01s，误差为 1e-6。

4. 系统的仿真、仿真结果的输出及结果分析

（1）系统仿真。打开“Simulation”菜单，单击“Start”后，系统开始仿真，在仿真时间结束后，双击示波器就可以查看到仿真结果。

（2）输出仿真结果。仿真结果如图 5-56 所示。图 5-56（a）从上至下依次为输出负载电流 I_a、负载电压 U_0 和输出电压平均值 U_d。图 5-56（a）和（b）为不同调制波幅度时的电流和电压波形。

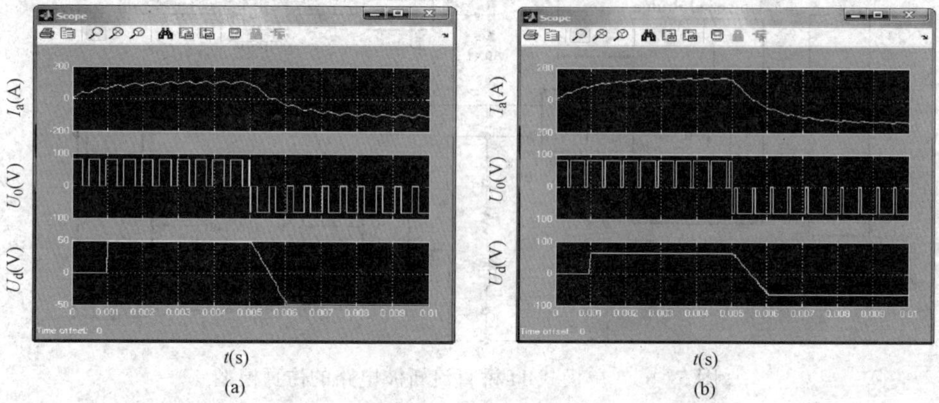

图 5-56　单极式 H 桥直流斩波电路的仿真波形

（a）step 幅度值 0.3；（b）step 幅度值 0.7

（3）仿真结果分析。由图 5-56 可知，在 $t=0.005$s 时改变调制波 step 的极性，则输出电压平均值也变极性，输出为单极性脉冲；改变 step 的幅值，输出脉冲宽度改变，输出电压平均值改变。

5.4.2.5　H 型直流 PWM 斩波电路（受限单极式）

1. 电气原理结构图

受限单极式 H 型直流 PWM 斩波电路电气原理结构图与双极式一样，只是开关管控制方式不一样。

2. 电路的建模

此系统由直流电源 U_s、开关管 IGBT、续流二极管 VD、驱动信号发生器、负载等元件组合而成。受限单极式 H 型直流 PWM 斩波电路的仿真模型见图 5-57。

仿真模型中主要模块的参数设置。

（1）电源 U_s 设置为 80V。

（2）变流器桥 Universal Bridge 的参数设置和对话框如图 5-49 所示。

（3）Step 模块的参数设置对话框和参数设置如图 5-54 所示。

（4）PWM 发生器模块的参数设置对话框和参数设置如图 5-55 所示。

（5）负载电阻 $R=0.5\Omega$，电感 $L=0.5$mH。

将上面各个模块按照 H 型桥式变换器的结构关系进行模型连接，就可以得到图 5-57 所

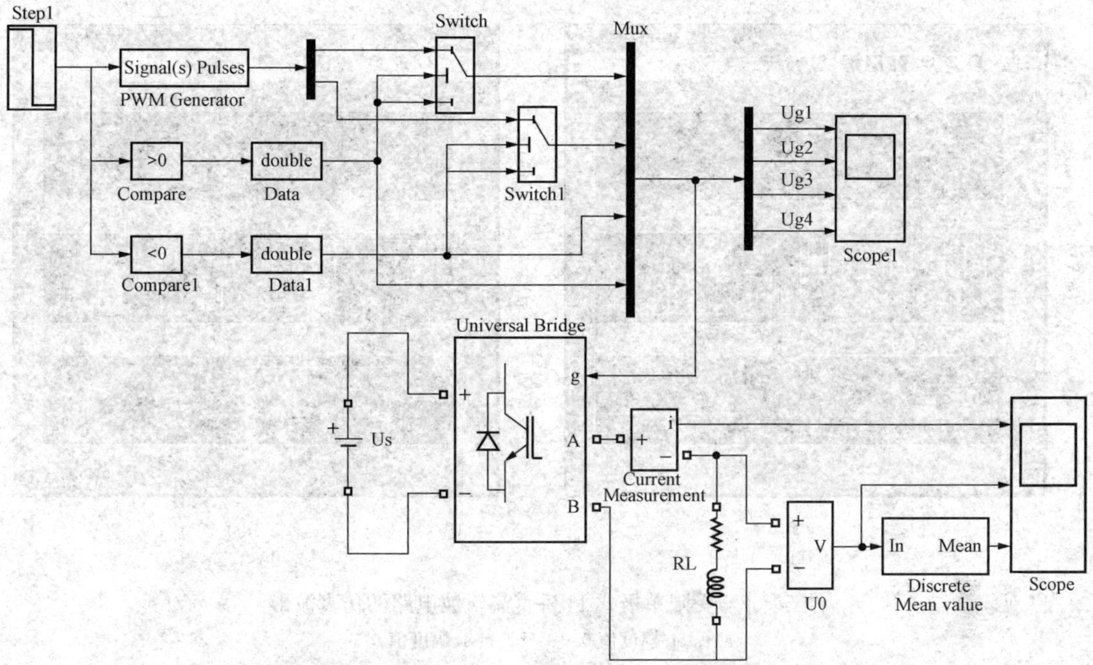

图 5-57　受限单极式 H 桥直流斩波电路的仿真模型

示的系统仿真模型。

3. 系统的仿真参数设置

算法选 ode23tb。模型仿真的开始时间设为 0；模型的停止时间设置的是 0.01s，误差为 1e-6。

4. 系统的仿真、仿真结果的输出及结果分析

（1）系统仿真。打开“Simulation”菜单，单击“Start”后，系统开始仿真，在仿真时间结束后，双击示波器就可以查看到仿真结果。

（2）输出仿真结果。仿真结果如图 5-58 所示。图 5-58（a）从上至下依次为输出负载电流 I_a、负载电压 U_0 和输出电压平均值 U_d。图 5-58（a）和（b）为不同调制波幅度时的电流和电压波形。

受限单极式 H 桥直流斩波电路的驱动信号仿真波形如图 5-59 所示。

（3）仿真结果分析。由图 5-58 可知，在 $t=0.005$s 时改变调制波 step 的极性，则输出电压平均值也变极性，输出为单极性脉冲；改变 step 的幅值，输出脉冲宽度改变，输出电压平均值改变。

5.4.2.6　带变压隔离的全桥降压直—直变换器

1. 电气原理结构图

常见的全桥式隔离降压直流变换器电气原理结构图如图 5-60 所示。

将 VT1、VT4 作为一组，VT2、VT3 作为另一组，交替控制两组开关导通与关断，利用变压器将电源能量传递到二次侧。变压器二次侧电压经 VD1 及 VD2 整流，LC 滤波后即得直流输出电压。改变占空比即可控制输出电压大小。

2. 电路的建模

全桥隔离式降压直流变换器仿真模型如图 5-61 所示。该系统由直流电源 U_s、通用变流

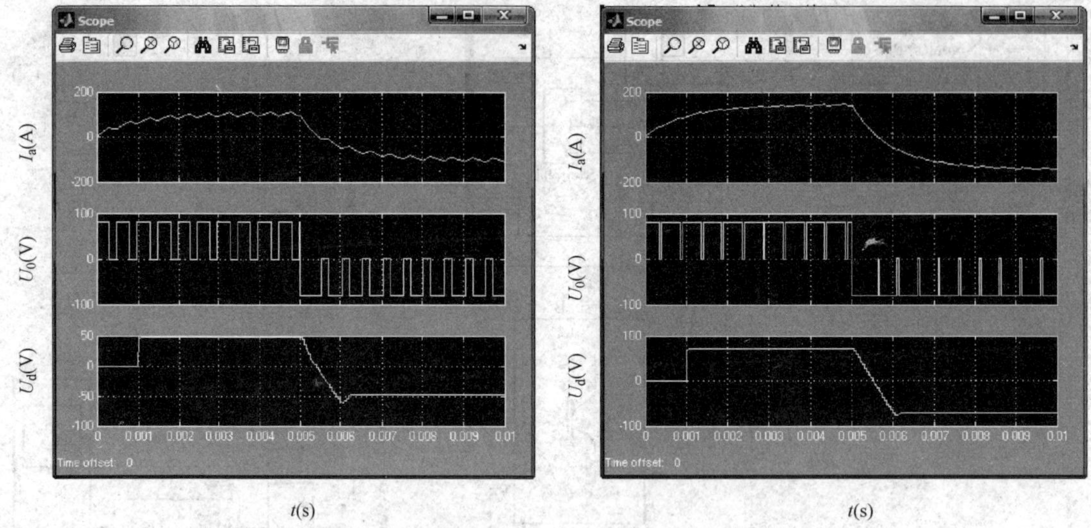

(a) (b)

图 5-58 受限单极式 H 桥直流斩波电路的仿真波形

(a) step 幅度值 0.3；(b) step 幅度值 0.7

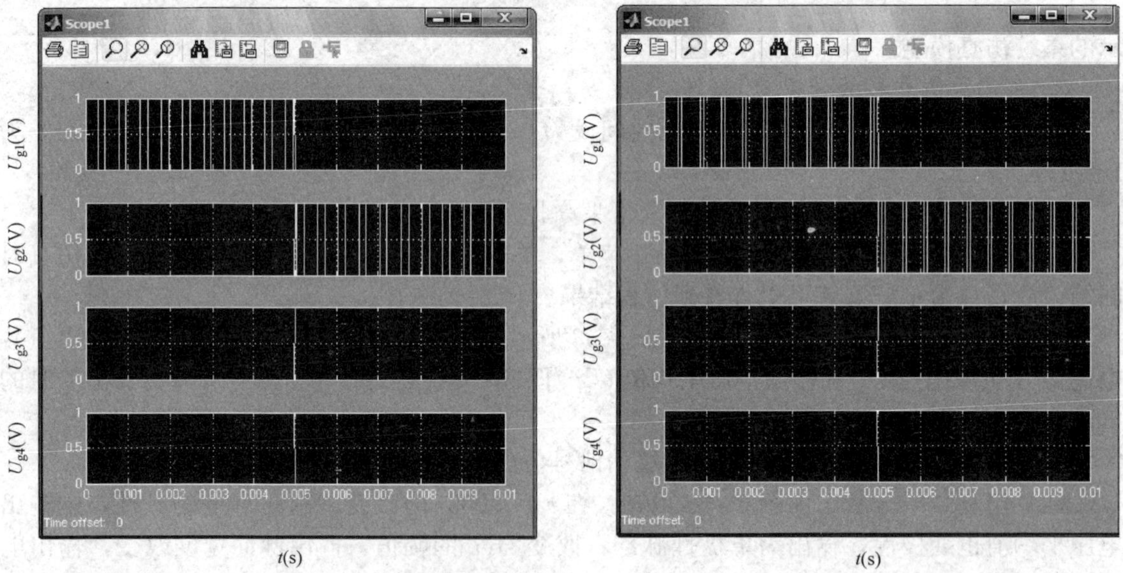

(a) (b)

图 5-59 受限单极式 H 桥直流斩波电路的驱动信号仿真波形

(a) step 幅度值 0.3；(b) step 幅度值 0.7

器桥、整流二极管 VD、双极式 PWM 信号发生器组合电路、*LC* 滤波电路、负载电阻等电路组合而成。

（1）仿真模型中的主要模块和提取路径。

变压器 Tr：SimPower Systems/Element/Linear Transformer，用于电压隔离器。

（2）仿真模型中主要模块的参数设置。

1）电源 U_s 设置为 100V。

2）变流器桥 Universal Bridge 的参数设置和对话框如图 5 - 49 所示。

3）调制值给定模块 Constant 的参数设置对话框和参数设置如图 5 - 62 所示。改变其数值可以改变输出电压的大小。

4）PWM 发生器模块的参数设置对话框和参数设置如图 5 - 63 所示。

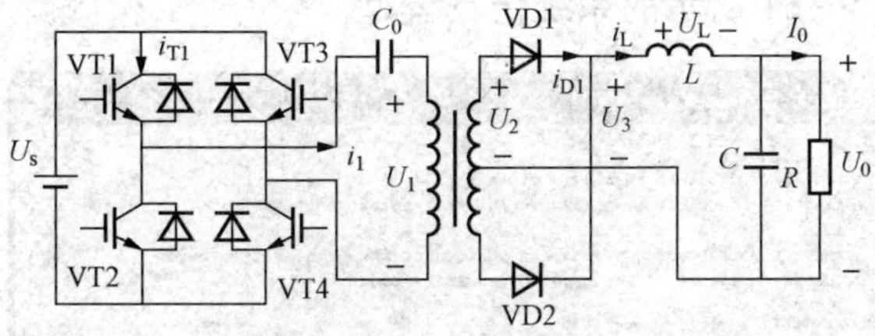

图 5 - 60　全桥式隔离降压直流变换器电气原理结构图

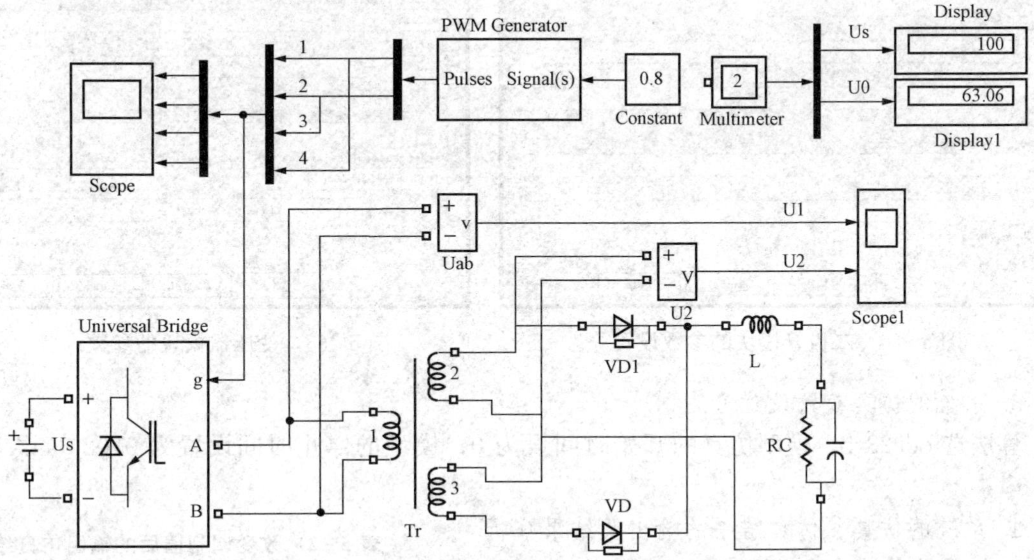

图 5 - 61　全桥式隔离降压直流变换器仿真模型

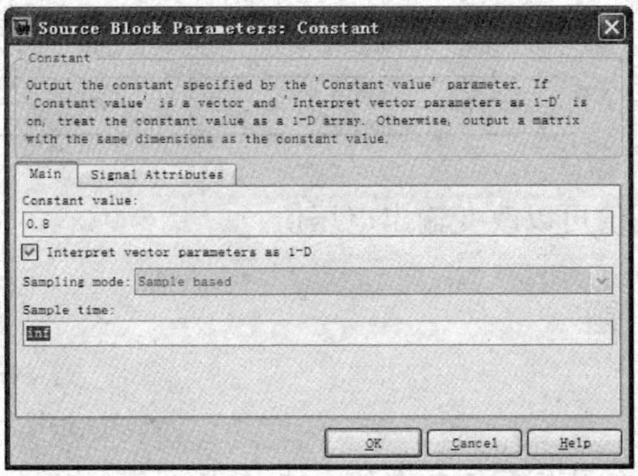

图 5 - 62　Constant 模块的参数设置

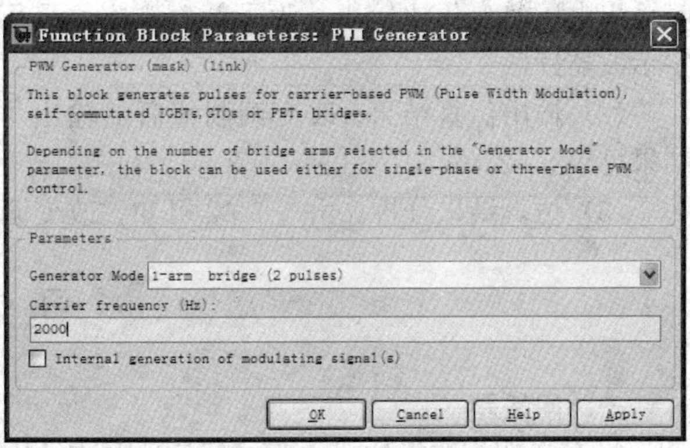

图 5 - 63　PWM 发生器模块的参数设置

5）二极管模块的参数设置对话框和参数设置如图 5 - 64 所示。

6）变压器模块的参数设置对话框和参数设置如图 5 - 65 所示。

7）负载电阻 $R=0.5\Omega$，滤波电感 $L=5\text{mH}$，滤波电容 $C=1000\mu\text{F}$。

将上面各个模块按照全桥隔离式降压直流变换器的结构关系进行模型连接，就可以得到

图 5 - 61 所示的系统仿真模型。

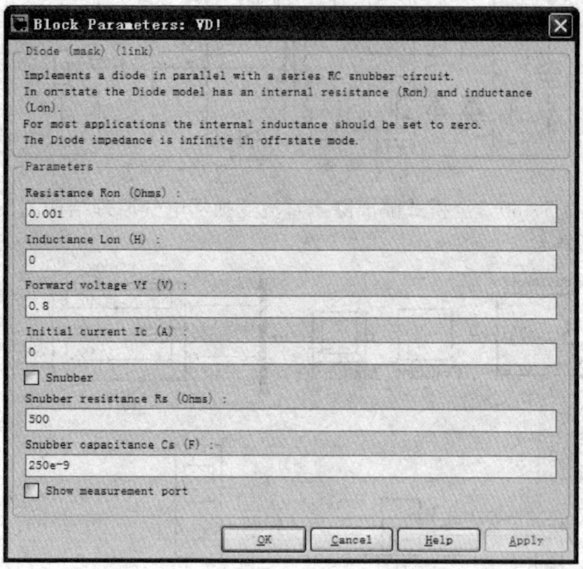

图 5 - 64 二极管模块的参数设置

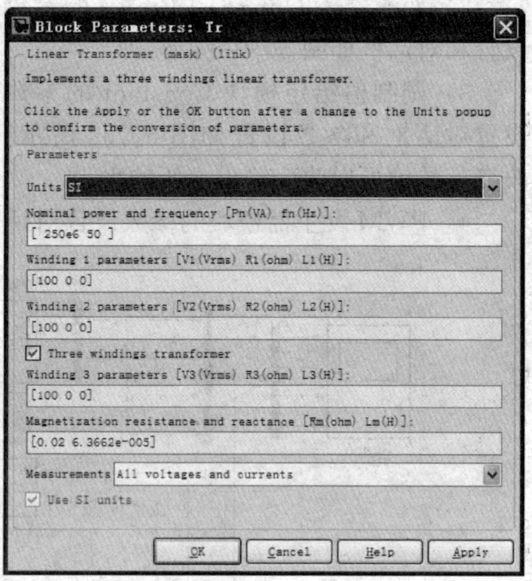

图 5 - 65 变压器模块的参数设置

3. 系统的仿真参数设置

算法选 ode23tb。模型仿真的开始时间设为 0；模型的停止时间设置为 0.02s，误差为 1e - 6。

4. 系统的仿真、仿真结果的输出及结果分析

（1）系统仿真。打开“Simulation”菜单，单击“Start”后，系统开始仿真，在仿真时间结束后，就可以查看到仿真结果。由于本例改变调制值时输出电压的变化比较小，为了精确观察，采用数字示波器读数。

（2）输出仿真结果。改变调制值后的输出仿真结果见表 5 - 2。

表 5 - 2 改变调制值后的输出仿真结果

调制值	输入 U_s（V）	输出 U_0（V）
0.2	100	77.25
0.4	100	74.4
0.6	100	69.7
0.8	100	63

（3）仿真结果分析。由表 5 - 2 可知。改变调制值可以改变输出电压值。

习 题

一、问答题

1. 试说明直流斩波器主要有哪几种电路结构？试分析它们各有什么特点？

2. 简述图 5 - 66 基本降压斩波电路的工作原理。

3. 根据图 5 - 67 简述升压斩波电路的基本工作原理（图中设：电感 L 与电容 C 足够大）。

4. 根据图 5 - 68 简述升降压斩波电路的基本工作原理。

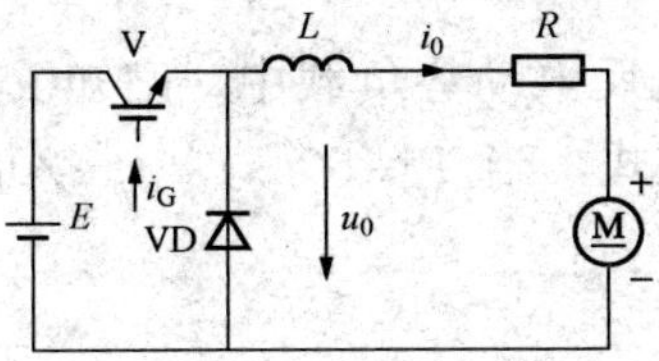

图 5-66　题一-2 图

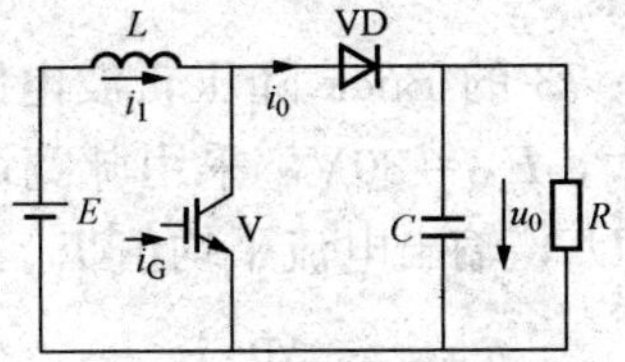

图 5-67　题一-3 图

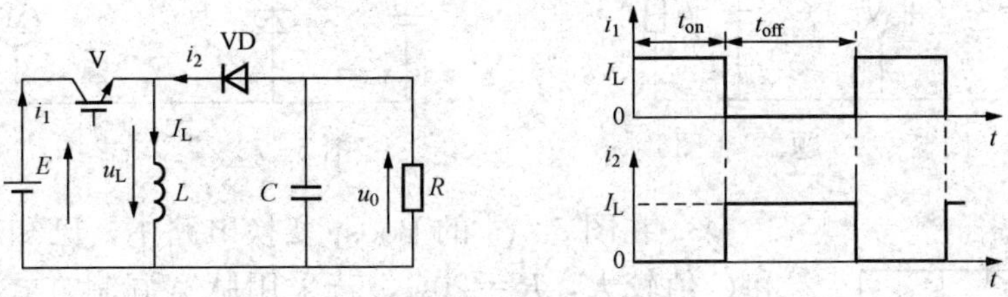

图 5-68　题一-4 图

5. 根据图 5-69 和图 5-70 分析正激式和反激式变换器的工作原理。

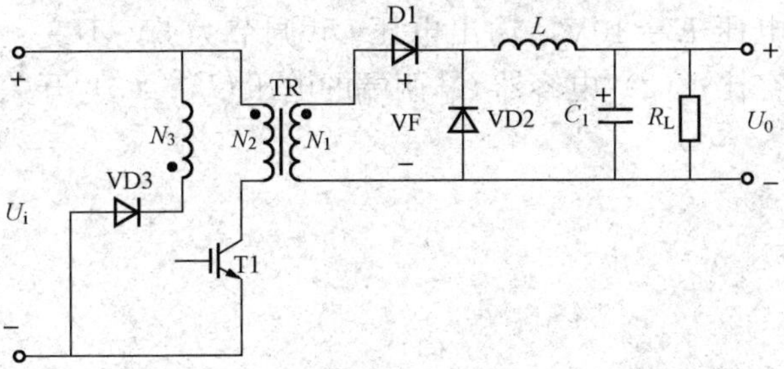

图 5-69　题一-5 图（一）

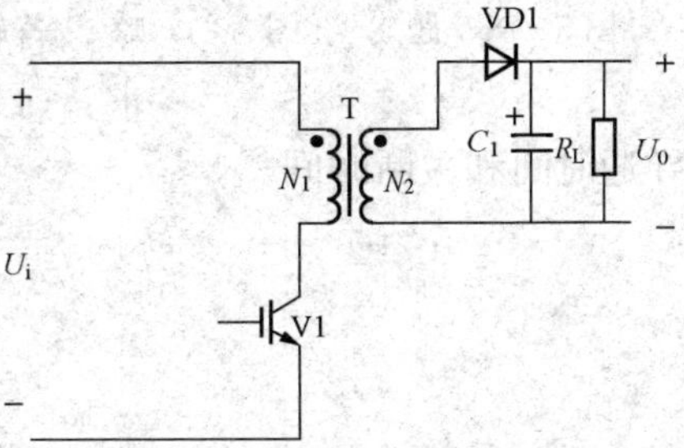

图 5-70　题一-5 图（二）

6. 根据图 5-71 分析全桥式变换器的工作原理。

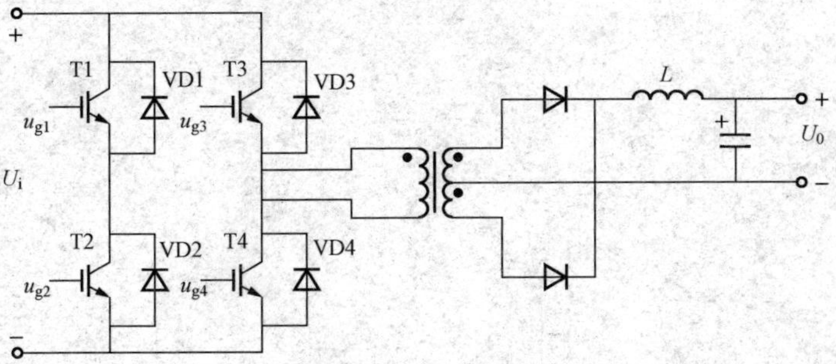

图 5-71　题一-6 图

7. 试比较 Buck 电路与 Boost 电路的异同。

8. 试简述 Buck-Boost 电路与 Cuk 电路的异同。

二、计算题

1. 在图 5-72 的 Boost 升压斩波电路中，已知 $E=50\text{V}$，负载电阻 $R=20\Omega$，L 值和 C 值极大，采用脉宽调制控制方式，当 $T=40\mu\text{s}$，$t_{on}=25\mu\text{s}$ 时，计算输出电压平均值 U_0，输

出电流平均值 I_0。

2. 在图5-73的Buck降压斩波电路带电动机反电动势负载中，已知 $E=200\text{V}$，$R=10\Omega$，L 值极大，$E_M=30\text{V}$。采用脉宽调制控制方式，当 $T=50\mu\text{s}$，$t_{on}=20\mu\text{s}$ 时，计算输出电压平均值 U_0，输出电流平均值 I_0。

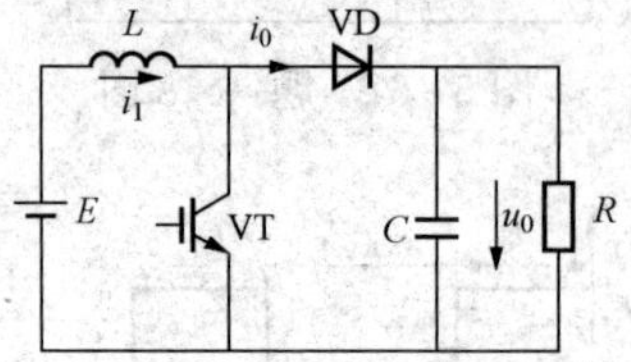

图5-72　题二-1图

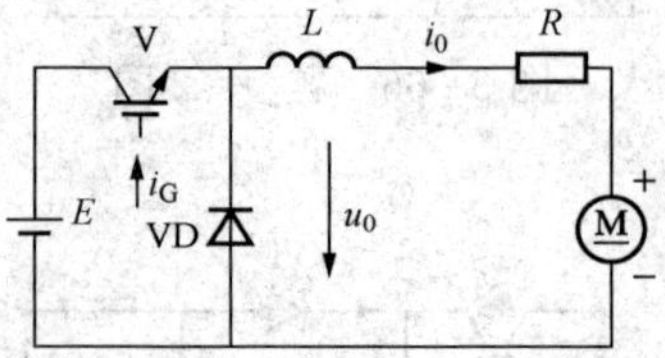

图5-73　题二-2图

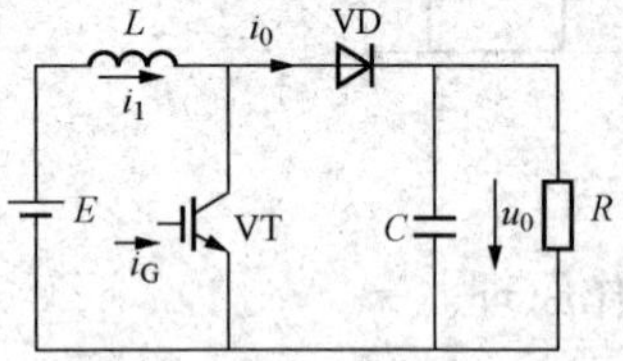

图5-74　题二-3图

3. 在图5-74的Boost变换电路中，已知 $E=50\text{V}$，L 值和 C 值较大，$R=20\Omega$，若采用脉宽调制方式，当 $T=40\mu\text{s}$，$t_{on}=20\mu\text{s}$ 时，计算输出电压平均值 U_0 和输出电流平均值 I_0。

4. 有一开关频率为50kHz的库克变换电路，假设输出端电容足够大，使输出电压保持恒定，并且元件的功率损耗可忽略，若输入电压 $E=10\text{V}$，输出电压 U_0 调节为5V不变。试求：(1) 占空比；(2) 电容器 C_1 两端的电压 U_{c1}；(3) 开关管的导通时间和关断时间。

附录A　电力电子技术课程设计

A.1　课程设计大纲

适用专业：电气类各专业

总学时：1.5～2周

1. 课程设计的目的

课程设计是本课程教学中重要的实践性教学环节，起到从理论过渡到实践的桥梁作用。因此，必须认真组织，周密布置，积极实施，以期达到下述教学目的。

（1）通过课程设计，使学生进一步巩固、深化电力电子技术及相关课程方面的基本知识、基本理论和基本技能，达到培养学生独立思考、分析和解决实际问题的能力。

（2）通过课程设计，让学生独立完成一种变流装置课题的基本设计工作，达到培养学生综合应用所学知识和实际查阅相关设计资料能力的目的。

（3）通过课程设计，使学生熟悉设计过程，了解设计步骤，掌握设计内容，达到培养学生工程绘图和编写设计说明书能力的目的，为学生今后从事相关方面的实际工作打下良好基础。

2. 课程设计的要求

（1）根据设计课题的技术指标和给定条件，在教师指导下，能够独立而正确地进行方案论证和设计计算，要求概念清楚、方案合理、方法正确、步骤完整。

（2）要求掌握电力电子技术的设计内容、方法和步骤。

（3）要求学会查阅有关参考资料和手册等。

（4）要求学会选择有关元件和参数。

（5）要求学会绘制有关电气系统图和编制元件明细表。

（6）要求学会编写设计说明书。

（7）要求对所设计的变流装置进行实验（仿真或实物实验）

3. 课程设计的程序和内容

（1）学生分组、布置题目。首先将学生按学习成绩、工作能力和平时表现分成若干小组，每小组成员按成绩优、中、差合理搭配，然后下达课程设计任务书，原则上每小组一个题目。

（2）熟悉题目、收集资料。设计开始，每个学生应按教师下达的具体题目，充分了解技术要求，明确设计任务，收集相关资料，包括参考书、手册和图表等，为设计工作做好准备。

（3）总体设计。正确选定变流装置的系统方案，认真画出系统总体结构框图。

（4）主电路设计。按选定的系统方案，确定主电路结构，画出主电路及相关保护、操作电路原理草图，并完成主电路的元件计算和选择任务。

（5）触发电路设计。根据主电路的型式特点，选择适当的触发电路。

（6）进行仿真实验验证。

（7）校核整个系统设计，编制元件明细表。

（8）绘制正规系统原理图，整理编写课程设计说明书。

4. 课程设计说明书的内容

（1）题目及技术要求；

（2）系统方案和总体结构；

（3）系统工作原理简介；

（4）具体设计说明包括主电路和触发电路等；

（5）设计评述；

（6）元件明细表；

（7）变流装置的仿真实验模型和结果分析；

（8）变流装置的系统原理图：A3 图纸一张或计算机绘制的图纸。

5. 课程设计的成绩考核

教师通过课程设计答辩、审阅课程设计说明书和学生课程设计的平时表现，评定每个学生的课程设计成绩，一般可分为优秀、良好、中等、及格和不及格五等，也可采用百分制相应记分。

A. 2　课程设计任务书

为了便于教师组织课程设计，下面给出一个电力电子技术课程设计参考课题。各校可根据实际情况自行选题。

A. 2. 1　设计题目和设计内容

1. 题目名称：晶闸管三相桥式全控整流电路应用设计

晶闸管三相桥式全控整流电路给直流电动机供电，根据给定的直流电动机技术数据，设计可控整流电路。

2. 技术数据：Z4 系列直流电动机的技术参数（为了方便分组，可给出不同型号电动机的技术参数，保证各组学生给定的设计参数不一样）见表 A-1。

表 A-1　　Z4 系列直流电动机技术参数

<table>
<tr><th rowspan="2">型号</th><th rowspan="2">顺序</th><th>额定功率</th><th>额定转速</th><th>电枢电流</th><th>励磁功率</th><th>电枢电阻 R_a</th><th>电枢电感</th><th>磁场电感</th></tr>
<tr><th>kW</th><th>r/min</th><th>A</th><th>W</th><th>Ω（20℃）</th><th>mH</th><th>H</th></tr>
<tr><td rowspan="8">Z4-100-1</td><td>1</td><td>2.2</td><td>1490</td><td>17.9</td><td rowspan="8">315</td><td>1.19</td><td>11.2</td><td>22</td></tr>
<tr><td>2</td><td>1.5</td><td>955</td><td>13.3</td><td>2.17</td><td>21.4</td><td>13</td></tr>
<tr><td>3</td><td>4</td><td>2630</td><td>12</td><td rowspan="2">2.82</td><td rowspan="2">26</td><td rowspan="2">18</td></tr>
<tr><td>4</td><td>4</td><td>2960</td><td>10.7</td></tr>
<tr><td>5</td><td>2</td><td>1310</td><td>6.6</td><td rowspan="2">9.12</td><td rowspan="2">86</td><td rowspan="2">18</td></tr>
<tr><td>6</td><td>2.2</td><td>1480</td><td>6.5</td></tr>
<tr><td>7</td><td>1.4</td><td>860</td><td>5.1</td><td rowspan="2">16.76</td><td rowspan="2">163</td><td rowspan="2">18</td></tr>
<tr><td>8</td><td>1.5</td><td>990</td><td>4.77</td></tr>
</table>

续表

型号	顺序	额定功率	额定转速	电枢电流	励磁功率	电枢电阻 R_a	电枢电感	磁场电感
		kW	r/min	A	W	Ω（20℃）	mH	H
Z4-112/2-1	9	3	1540	24	320	0.785	7.1	14
	10	2.2	975	19.6		1.498	14.1	13
	11	5.5	2630	16.4		1.933	17.9	17
	12	5.5	2940	14.7				
	13	2.8	1340	9.1		6	59	17
	14	3	1500	8.6				
	15	1.9	855	6.9		11.67	110	13
	16	2.2	965	7.1				
Z4-112/2-2	17	4	1450	31.3	350	0.567	6.2	14
	18	3	1070	24.8		0.934	10.3	14
	19	7	2660	20.4		1.305	14	19
	20	7.5	2980	19.7				
	21	3.7	1320	11.7		4.24	48.5	19
	22	4	1500	11.2				
	23	2.6	895	9		7.62	83	14
	24	3	1010	9.1				
Z4-112/4-1	25	5.5	1520	42.5	500	0.38	3.85	6.8
	26	4	990	33.7		0.741	7.7	6.7
	27	10	2680	29		0.89	9	6.8
	28	11	2950	28.8				
	29	5	1340	15.7		3.01	30.5	6.8
	30	5.5	1480	15.4				
	31	3.7	855	13		5.78	60	6.7
	32	4	980	12.2				
Z4-112/4-2	33	5.5	1090	43.5	570	0.441	5.1	7.8
	34	13	2740	37		0.574	6.4	5.8
	35	15	3035	38.6				
	36	6.7	1330	20.6		2.12	24.1	7.8
	37	7.5	1480	20.6				
	38	5	955	16.1		3.46	40.5	5.8
	39	5.5	1025	15.7				
Z4-132-1	40	18.5	2610	52.2	650	0.386	5.3	6.5

3. 设计的内容

（1）变流装置主电路的方案论证和选择说明。

（2）变流装置的原理说明。

（3）主电路的设计、计算。

1）整流变压器计算。二次侧电压计算；一、二次侧电流的计算；容量的计算。

2）晶闸管元件的选择。晶闸管的额定电压、电流计算。

3）晶闸管保护环节的计算。

a. 交流侧过电压保护。

b. 阻容保护、压敏电阻保护计算。

c. 直流侧过电压保护。

d. 晶闸管及整流二极管两端的过电压保护。

e. 过电流保护；交流侧快速熔断器的选择；与元件串联的快速熔断器的选择；直流侧快速熔断器的选择。

4）主电路电抗器的计算。

（4）触发电路的选择与校验。触发电路的种类较多，可直接选用，触发电路中元件参数可参照有关电路进行选用，一般不用重新计算。最后只需要根据主电路选用的晶闸管对脉冲输出级进行校验，只要输出脉冲功率能满足要求即可。

（5）对所设计的变流装置进行综合评价。

（6）MATLAB 仿真实验。对所设计的系统进行计算机仿真实验，采用面向电气系统原理结构图的仿真方法。建立变流装置的仿真模型，对仿真结果进行分析。

4. 设计提交的成果材料

（1）设计说明书一份，与任务书一并装订成册；

（2）电力电子变流装置电气原理总图一份（3 号图纸或计算机绘制的图纸）、元件明细表；

（3）仿真模型和仿真结果清单。

A.2.2 课程设计报告要求

课程设计报告书采用计算机打印，应该有统一的格式要求。并配上封面，装订成册。

课程设计报告应包括以下内容：

课题名称

（1）内容摘要。

（2）设计内容及要求。

（3）系统的方案论证，画出系统框图。

（4）单元电路设计、参数选择和器件选择。

（5）画出完整的电路图，并说明电路的工作原理。

（6）总结设计的特点和优缺点，指出课题的核心及使用价值，提出改进意见。

（7）计算机仿真，并进行仿真结果分析。

（8）列出参考文献。

A.3　晶闸管整流器的工程设计指导书

A.3.1　晶闸管整流器主电路型式的选择

晶闸管整流器主电路的选择包括：确定主电路的结构形式、是否需要整流变压器及可逆运行等。主电路通常包括：整流变压器、晶闸管整流器、直流滤波电抗器、交流侧过电压、过电流保护装置及快速熔断器等。

1. 整流器主电路联结形式的确定

整流器主电路联结形式多种多样，选择时应从电源相数及容量、传动装置的功率、允许电压和电流脉动率等方面考虑。常用的整流器主电路比较见表A-2。

表A-2　　常用整流器主电路比较

特点＼型式	单相半控桥式	单相全控桥式	三相半波	三相全控桥式	双反星形带平衡电抗器	三相半控桥式	双三相桥式带平衡电抗器
变压器利用率	较好（0.9）	较好（0.9）	差（0.74）	好（0.95）	一般（0.79）	好（0.95）	好（0.97）
直流侧脉动情况	一般（$m=2$）	一般（$m=2$）	一般（$m=3$）	较小（$m=6$）	较小（$m=6$）	较小（$m=6$）	小（$m=12$）
元件利用率（导通角）	好（180°）	好（180°）	较好（120°）	较好（120°）	较好（120°）	较好（120°）	较好（120°）
直流磁化	无	无	有	无	无	无	无
波形畸变（畸变因数）	一般（0.9）	一般（0.9）	严重（0.827）	较小（0.955）	较小（0.955）	较小（0.955）	小（0.985）
应用场合	10kW以下不可逆	10kW以下可（不可）逆	50kW以下及电动机励磁	10～200kW可（不可）逆，应用范围广	低压大电流	10～200kW不可逆	1000kW以上可逆，四象限运行

2. 常用整流电路的计算系数

常用整流电路的计算系数见表A-3。

表A-3　　常用整流电路的计算系数

电路型式	换相电抗压降系数	整流电压计算系数	晶闸管		整流变压器					
			电压计算系数	电流计算系数	二次相电流计算系数	一次相电流计算系数	视在功率计算系数	漏抗计算系数	漏抗折算系数	电阻折算系数
	K_X	K_{UV}	K_{UT}	K_{IT}	K_{IV}	K_{IL}	K_{SI}	K_{TL}	K_L	K_R
单相半控桥式	0.707	0.9	1.41	0.45	1	1	1.11	1	0	1
单相全控桥式	0.707	0.9	1.41	0.45	1	1	1.11	1	1	1
三相半波	0.866	1.17	2.45	0.367	0.577	0.472	1.35	2.12	1	1
三相半控桥式	0.5	2.34	2.45	0.367	0.816	0.816	1.05	1.22	0	2
三相全控桥式	0.5	2.34	2.45	0.367	0.816	0.816	1.05	1.22	2	2

A.3.2　整流变压器的选择

整流变压器一次侧接交流电网，二次侧连接整流装置。整流变压器的选择主要内容有：联结方式、额定电压、额定电流、容量的选择等。

1. 整流变压器的联结方式

晶闸管整流器所用变压器的联结方式如图 A-1 所示。

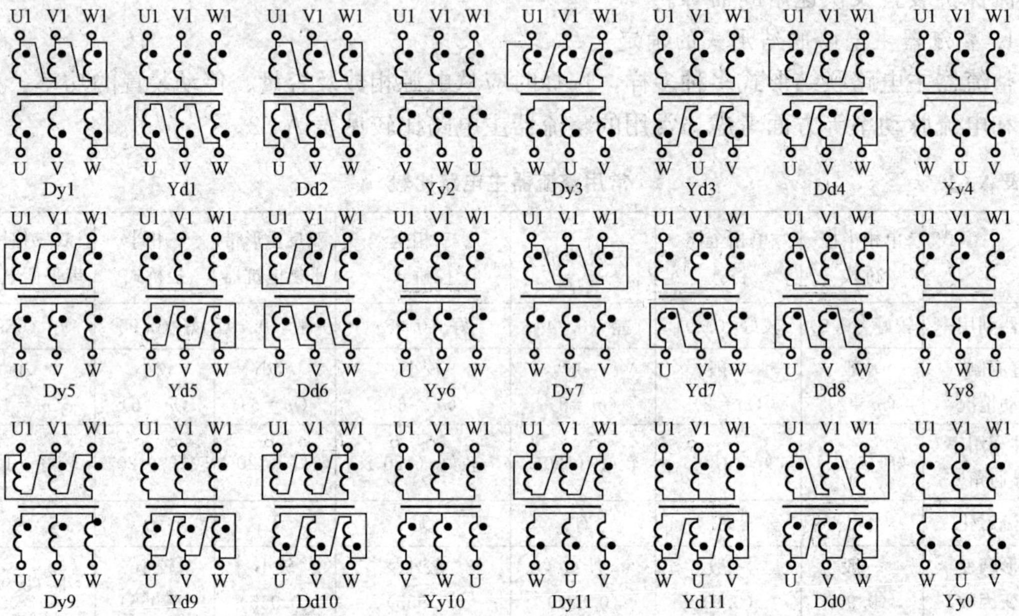

图 A-1　变压器常用联结方式及联结组标号

2. 整流变压器二次相电压的计算

（1）整流变压器的参数计算应考虑的因素。由于整流器负载回路的电感足够大，因此变压器内阻及晶闸管的通态压降可忽略不计，但在整流变压器的参数计算时，还应考虑如下因素：

1）最小触发延迟角 α_{min}。对于要求直流输出电压保持恒定的整流装置，α 应能自动调节补偿。一般可逆系统的 α_{min} 取 30°～35°，不可逆系统的 α_{min} 取 10°～15°。

2）电网电压波动。根据规定，电网电压允许波动范围为＋5% ～－10%，考虑在电网电压最低时，仍能保证最大整流输出电压的要求，通常取电压波动系数 b＝0.9～1.05。

3）漏抗产生的换相压降 ΔU_X。

4）晶闸管或整流二极管的正向导通压降 $n\Delta U$。

（2）二次相电压 U_2 的计算。

1）对用于电枢电压反馈的调速系统的整流变压器

$$U_2=\frac{U_N}{K_{UV}\left(b\cos\alpha_{min}-K_X U_{dl}\dfrac{I_{Tmax}}{I_N}\right)} \tag{A-1}$$

式中　U_2——变压器二次相电压（V）；

U_N——电动机的额定电压（V）；

K_{UV}——整流电压计算系数；

b——电网电压波动系数，一般取 $b=0.90\sim0.95$；

α——晶闸管的触发延迟角；

K_X——换相电感压降计算系数；

U_{dl}——变压器阻抗电压比，100kVA 以下取 0.05，容量越大，U_{dl} 也越大（最大为 0.1）；

I_{Tmax}——变压器的最大工作电流，它与电动机的最大电流 I_{dmax} 相等（A）；

I_N——电动机（整流变压器二次侧）的额定电流（A）。

2）对用于转速反馈的调速系统的整流变压器

$$U_2=\frac{\left(\frac{I_{dmax}}{I_N}\right)I_NR_a+U_N+\left(\frac{I_{Tmax}}{I_N}-1\right)I_NR_a}{K_{UV}\left(b\cos\alpha_{min}-K_XU_{dl}\frac{I_{Tmax}}{I_N}\right)} \tag{A-2}$$

式中 R_a——电动机的电枢电阻（Ω）。

3）在要求不高的场合，以上的几种情况还可以采用简便计算，即

$$U_2=(1\sim1.2)\frac{U_N}{K_{UV}b} \tag{A-3}$$

4）当调速系统采用三相桥式整流电路并带转速负反馈时，一般情况下变压器二次侧采用 Y 联结，也可按下式估算

对于不可逆系统 $$U_2=(0.95\sim1.0)U_N/\sqrt{3} \tag{A-4}$$

对于可逆系统 $$U_2=(1.05\sim1.1)U_N/\sqrt{3} \tag{A-5}$$

3. 整流变压器二次相电流的计算

（1）二次相电流 I_2 的计算

$$I_2=K_{IV}I_{dN} \tag{A-6}$$

式中 K_{IV}——二次相电流计算系数；

I_{dN}——整流器额定直流电流（A）。

当整流器用于电枢供电时，一般取 $I_{dN}=I_N$。在有环流系统中，变压器通常设有两个独立的二次绕组，其二次相电流为

$$I_2=K_{IV}\left(\frac{1}{\sqrt{2}}I_N+I_R\right) \tag{A-7}$$

式中 I_R——平均环流，通常 $I_R=(0.05\sim0.1)I_N$。

（2）一次相电流 I_1 的计算

$$I_1=\frac{K_{IL}I_N}{K} \tag{A-8}$$

式中 K_{IL}——一次相电流计算系数；

K——变压器的电压比。

考虑变压器自身的励磁电流时，I_1 应乘以 1.05 左右的系数。

4. 变压器的容量计算

一次容量

$$S_1 = m_1 \frac{K_{IL}}{K_{UV}} U_{d0} I_{dN} \tag{A-9}$$

二次容量

$$S_2 = m_2 \frac{K_{IV}}{K_{UV}} U_{d0} I_{dN} \tag{A-10}$$

平均总容量

$$S = \frac{1}{2}(S_1 + S_2) \tag{A-11}$$

式中 m_1、m_2——变压器一次、二次绕组相数。对于三相全控桥：$m_1 = m_2 = 3$；

K_{IL}——一次相电流计算系数；

U_{d0}——整流器空载电压；

K_{IV}——二次相电流计算系数；

K_{UV}——整流电压计算系数。

A.3.3 整流器件的选择

1. 晶闸管选择

晶闸管的选择主要是根据整流器的运行条件，计算晶闸管电压、电流值，选择晶闸管的型号规格。在工频整流装置中一般选择普通型晶闸管，其主要参数为额定电压、额定电流值。

（1）额定电压 U_{VTn} 选择。额定电压 U_{VTn} 选择应考虑下列因素：

1）分析电路运行时晶闸管可能承受的最大电压值。

2）考虑实际情况，系统应留有足够的裕量。通常可考虑 2～3 倍的安全裕量，可按下式计算，即

$$U_{VTn} = (2 \sim 3) U_{VTM} \tag{A-12}$$

式中 U_{VTM}——晶闸管可能承受的电压最大值（V）。

当整流器的输入电压和整流器的连接方式确定后，整流器的输入电压和晶闸管可能承受的最大电压有固定关系，常采用查计算系数表来选择计算，即

$$U_{VTn} = (2 \sim 3) K_{UVT} U_2 \tag{A-13}$$

式中 K_{UVT}——晶闸管的电压计算系数；

U_2——整流变压器二次相电压。

3）按计算值换算出晶闸管的标准电压等级值。

（2）额定电流 $I_{VT(AV)}$ 选择。晶闸管是一种过载能力较小的元件，选择额定电流时，应留有足够的裕量，通常考虑选择 1.5～2 倍的安全裕量。

1）通用计算式，即

$$I_{VT(AV)} \geqslant (1.5 \sim 2) \frac{I_{VT}}{1.57} \tag{A-14}$$

式中 I_{VT}——流过晶闸管的最大电流有效值（A）。

2）实际计算中，常常是负载的平均电流已知，整流器连接方式已经确定，即流经晶闸管的最大电流有效值和负载平均电流有固定系数关系。这样通过查对应系数可使计算过程简化。当整流电路电抗足够大且整流电流连续时，可用下述经验公式近似地估算晶闸管额定通

态平均电流 $I_{VT(AV)}$。

$$I_{VT(AV)} \geqslant (1.5 \sim 2) K_{IVT} I_{dmax} \tag{A-15}$$

式中　K_{IVT}——晶闸管电流计算系数；

I_{dmax}——整流器输出最大平均电流（A）。

当采用晶闸管作为电枢供电时，取 I_{dmax} 为电动机工作电流的最大值。

整流二极管的计算与选择和晶闸管相同，故可参照相关方法进行。

2. 晶闸管串联、并联使用

当现有晶闸管的耐压或电流容量达不到实际设备要求时，需要考虑采用两个或两个以上的晶闸管进行串、并联使用。

（1）晶闸管的串联使用。

1）由于晶闸管器件开关特性的分散性，即使挑选同一型号的器件，也会造成串联器件上的分压不均匀。因此，除了要选取型号相同的元件外，还要采取均压措施。通常在串联元件上并联阻值相等的电阻 R_j 实现均压，如图 A-2 所示。由于 R_j 阻值比晶闸管的漏电阻小得多，所以并联 R_j 后元件两端的电阻基本相等，因而在正反向阻断状态时所承受的电压也基本相等，这种均压又称为静态均压，均压电阻 R_j 值为

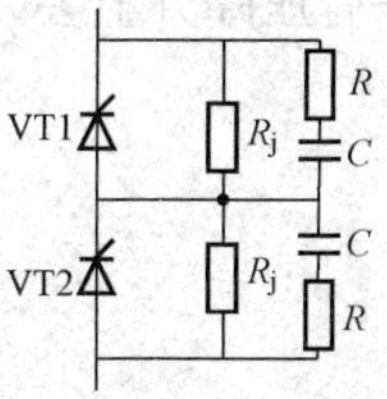

图 A-2　串联晶闸管的均压电路

$$R_j \geqslant (0.1 \sim 0.25) U_{VTn} / I_{DRM} \tag{A-16}$$

式中　U_{VTn}——晶闸管额定电压；

I_{DRM}——断态重复值电流（漏电流峰值）。

均压电阻的功率为

$$P_{Rj} \geqslant K_{Rj} \left(\frac{U_{VTM}}{n_s} \right)^2 \frac{1}{R_j} \tag{A-17}$$

式中　U_{VTM}——作用于元件上的正反向峰值电压；

n_s——串联元件数；

K_{Rj}——计算系数，单相为 0.25，三相为 0.45，直流为 1。

2）元件两端并联阻容吸收电路，在晶闸管串联时可以起到动态均压作用，R、C 的选择可以参考表 A-4 的经验数据。

表 A-4　晶闸管串联时动态均压阻容元件经验数据

晶闸管额定电流（A）	1～5	10～20	50～100
C（μF）	0.01～0.05	0.1～0.25	0.25～0.5
R（Ω）	100	50	20

3）串联晶闸管的额定电压计算，即

$$U_{VTn} = (2 \sim 3) \frac{K_{UVT} U_2}{n_s K_U} \tag{A-18}$$

式中　K_{UVT}——晶闸管的电压计算系数，见表 A-2；

U_2——整流变压器二次相电压（V）；

n_s——每个桥臂上晶闸管的串联数；

K_U——均压系数，一般取 $K_U=0.8\sim0.9$。串联数 n_s 越多，且触发器性能较差时 K_U 值应取小些。

4）晶闸管串联后的额定电流选择可参照式（A-14）计算。

（2）晶闸管的并联使用。采用同型号的晶闸管并联，可以增大变流装置的输出电流。但如果并联元件的正向特性不一致，就会造成电流分配不均匀。所以，除了选择特性一致的元件外，还应采用均流措施。

1）电阻均流法。图 A-3 所示为串联电阻均流电路，由于电阻功耗大，只适应小电流的整流电路。

2）电抗均流法。图 A-4 所示为串联电抗均流电路，其均流原理是利用电抗器上感应电动势的作用，使管子的电压分配发生变化，原来电流大的管子管压降降下来，电流分配小的管子管压降升上去。这样以迫使并联管中电流分配基本一致。

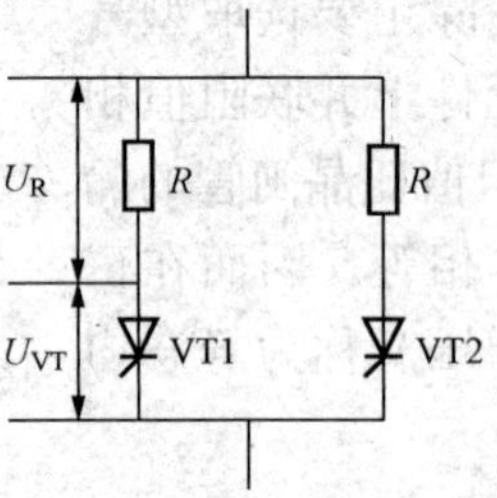

图 A-3　串联电阻均流电路

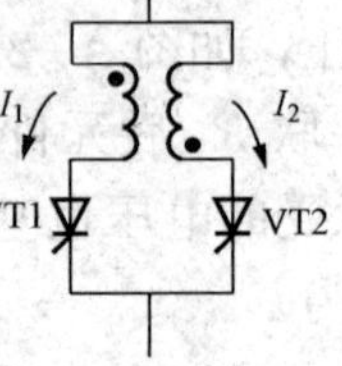

图 A-4　电抗均流电路

3）并联晶闸管的额定电流计算

$$I_{VT(AV)} \geqslant (1.5\sim2)\frac{K_{IVT}U_{dmax}}{n_p K_I} \tag{A-19}$$

式中　K_{IVT}——晶闸管电流计算系数；

U_{dmax}——最大整流电流（A）；

n_p——每个桥臂上晶闸管的并联数；

K_I——均流系数，一般取 $K_I=0.8\sim0.9$。

根据上述计算可选择合适的整流器件。

A.3.4　平波和均衡电抗器选择

1. 平波和均衡电抗器在主回路中的作用及布置

晶闸管整流器的输出电压是脉动的，为了限制整流电流的脉动、保持电流连续，常在整流器的直流输出侧接入带有气隙的电抗器，称作平波电抗器。

在有环流可逆系统中，环流不通过负载，仅在正、反两组变流器之间流通，可能造成晶闸管过电流损坏。为此，常在环流通路中串入环流电抗器（称均衡电抗器），将环流限制在一定的数值内。

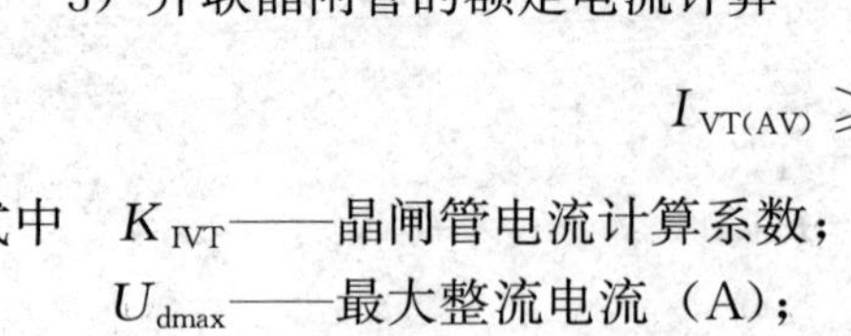

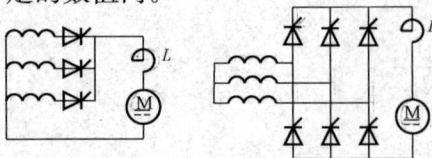

图 A-5　电抗器连接方式之一

电抗器在回路中的位置不同，其作用不同。对于不可逆系统，在电动机电枢端串联一个平波电抗器，使得电动机负载得到平滑的直流电流，取合适的电感量，能使电动机在正常工作范围内不出现电流断续，还能抑制短路电流上升率，如图 A-5

所示。

对于有环流系统，一般有两种安排方式：

（1）限制环流用的环流电抗器和平波电抗器合并在一起。这时只用两只电抗器，分别放在每组变流器的输出端，电抗器既起抑制环流作用，又起平波作用，如图A-6所示。

（2）环流电抗器和平波电抗器分开设置。在电枢端专门设置一个平波电抗器，然后在两组变流器的环流电路中分别设置环流电抗器，如图A-7所示。

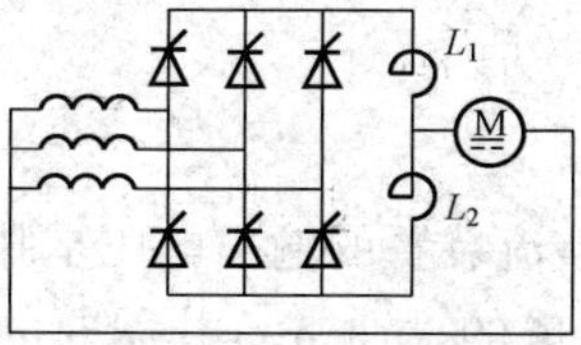

图A-6　电抗器连接方式之二

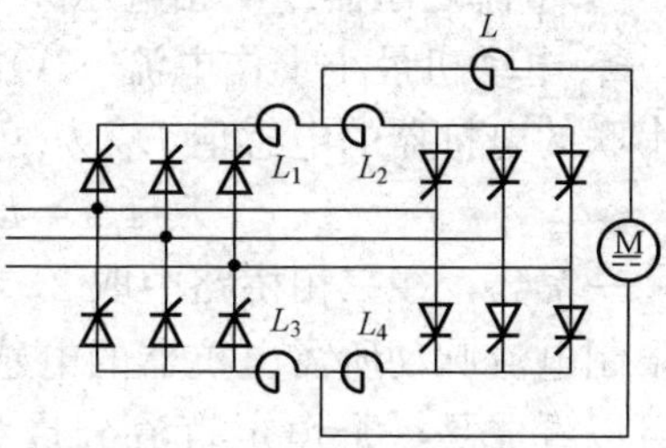

图A-7　电抗器连接方式之三

2. 平波和均衡电抗器选择

电抗器的主要参数有：额定电抗、额定电流、额定电压降及结构形式等。

计算各种整流电路中平波电抗器和均衡电抗器电感值时，应根据电抗器在电路中的作用进行选择计算。如：①从减小电流脉动出发选择电抗器；②从保持电流连续出发选择电抗器；③从限制环流出发选择电抗器。此外，还应考虑限制短路电流上升率等。

由于一个整流电路中，通常包含有电动机电枢电抗、变压器漏抗和外接电抗器的电抗三个部分，因此，首先应求出电动机电枢（或励磁绕组）及整流变压器的漏感，再求出需要外接电抗器的电感值。

（1）电动机的电感。电动机的电感L_D(mH)可按下式计算，即

$$L_D = K_D \frac{U_N}{2pn_N I_N} \times 10^3 \tag{A-20}$$

式中　U_N——直流电动机的额定电压（V）；

I_N——直流电动机额定电流（A）；

n_N——直流电动机额定转速（r/min）；

p——直流电动机磁极对数；

K_D——计算系数。一般无补偿电动机取8～12，快速无补偿电动机取6～8，有补偿电动机取5～6。

（2）整流变压器的漏感。整流变压器折合二次侧的每相漏感L_T(mH)可按下式计算，即

$$L_T = K_T U_{dl} \frac{U_2}{I_N} \tag{A-21}$$

式中　K_T——计算系数，三相全桥取3.9，三相半波取6.75；

U_{dl}——整流变压器短路电压百分比，一般取0.05～1.0；

U_2——整流变压器二次相电压（V）；

I_N——直流电动机额定电流（A）。

（3）保证电流连续所需电抗器的电感值。当电动机负载电流小到一定程度时，会出现电流断续的现象。为了使输出电流在最小负载电流时仍能连续，所需的临界电感值 L_1 可用下式计算，即

$$L_1 = K_1 \frac{U_2}{I_{dmin}} \tag{A-22}$$

式中 K_1——临界计算系数，单相全控桥 2.87，三相半波为 1.46，三相全控桥为 0.693；

U_2——整流变压器二次相电压（V）；

I_{dmin}——电动机最小工作电流（A），一般取电动机额定电流的 5%～10%。

实际串联的电抗器的电感值 L_P 为

$$L_P = L_1 - (L_D + NL_T) \tag{A-23}$$

式中 N——系数，在三相桥路中取 2，其余取 1。

（4）限制电流脉动所需电抗器的电感值。由于晶闸管整流装置的输出电压是脉动的，该脉动电流可以看成是一个恒定直流分量和一个交流分量组成的。通常负载需要的是直流分量，而过大的交流分量会使电动机换向恶化和铁耗增加。因此，应在直流侧串联平波电抗器以限制输出电流的脉动量。将输出电流的脉动量限制在要求的范围内所需要的最小电感量 L_2(mH) 可按下式计算，即

$$L_2 = K_2 \frac{U_2}{S_i I_{dmin}} \tag{A-24}$$

式中 K_2——临界计算系数，单相全控桥 4.5，三相半波 2.25，三相全控桥 1.045；

S_i——电流最大允许脉动系数，通常单相电路 $S_i \leqslant 20\%$，三相电路 $S_i \leqslant (5\sim10)\%$；

U_2——整流变压器二次侧相电压（V）；

I_{dmin}——电动机最小工作电流（A），取电动机额定电流的 5%～10%。

实际串接的电抗器 L_P 的电感值为

$$L_P = L_2 - (L_D + NL_T) \tag{A-25}$$

式中 L_D——电动机的电感（mH）；

L_T——整流变压器折合到二次侧的每相漏感（mH）；

N——系数，在三相桥路中取 2，其余电路取 1。

（5）限制环流所需的电抗器的电感值。限制环流所需的电感值 L_R(mH) 的计算公式为

$$L_R = K_R \frac{U_2}{I_R} \tag{A-26}$$

式中 K_R——计算系数，单相全控桥 2.87，三相半波 1.46，三相全控桥 0.693；

I_R——环流平均值（A）；

U_2——整流变压器二次相电压（V）。

实际所需的均衡电感量为

$$L_{RA} = L_R - L_T \tag{A-27}$$

式中 L_T——整流变压器折合二次侧的每相漏感（mH）。

如果均衡电流经过变压器两相绕组，计算 L_{RA} 时，应代入 $2L_T$。

A.3.5 晶闸管的保护

晶闸管是整流装置的核心器件，但它的过载能力较差，所以对晶闸管必须进行保护。

1. 过电流保护

过电流是晶闸管电路经常发生的故障，因此，过电流保护应当首先考虑。由于晶闸管承受过电流的能力比一般电器差得多，因此必须在极短的时间内把电源断开或把电流值降下来。

造成晶闸管过电流的主要因素有：电网电压波动大，电动机轴上负载超过允许值，电路中管子误导通以及管子击穿短路等。

常见的过电流保护方案如图 A-8 所示。图中 1 为交流接触器，2 为过流检测互感器，3 为快速熔断器，4 为桥臂快速熔断器，5 为直流侧快速熔断器，6 为直流侧过电流保护，7 为快速开关。这些方案都有过电流保护作用，具体应用时可以根据实际需要选用方案中的一种或多种。

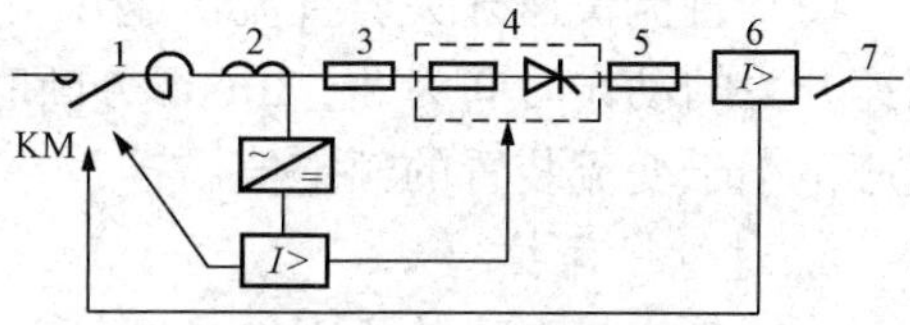

图 A-8　常见的过电流保护方案

（1）快速熔断器保护。快速熔断器是最简单有效的过电流保护器件，与普通熔断器相比，具有快速熔断的特性，在发生短路后，熔断时间小于 20ms，能保证在晶闸管损坏之前自身熔断，避免过电流烧坏晶闸管。

快速熔断器可以安装在交流侧、直流侧或直接与晶闸管串联，如图 A-9 所示。其中图（a）的接法对交流、直流侧过电流均起作用；图（b）的接法只能在直流侧过载和短路时起作用；图（c）的接法对保护晶闸管最为有效。使用时可根据实际情况选用图（a）、（b）、（c）中的一种。

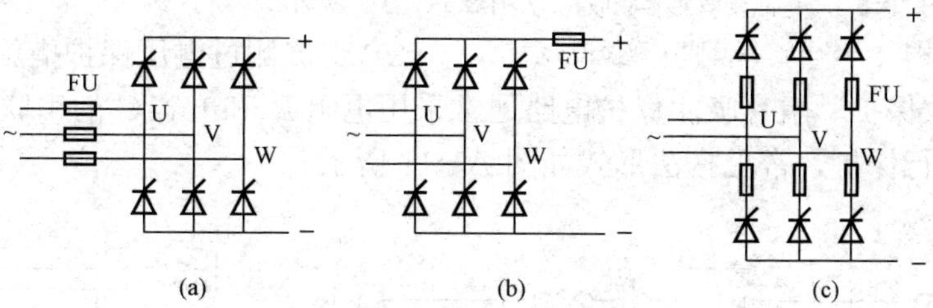

图 A-9　快速熔断器的安装方式

快速熔断器的选择主要考虑下述几个方面：

1）快速熔断器的额定电压应大于线路正常工作电压的有效值，即

$$U_{FN} \geqslant \frac{K_{UVT}}{\sqrt{2}}U_2 \tag{A-28}$$

2）快速熔断器熔体的额定电流（有效值）I_{FN} 应大于等于被保护晶闸管额定电流。若熔断器与桥臂晶闸管串联时，熔体的额定电流 I_{FN} 可按下式计算，即

$$1.57I_{VT(AV)} \geqslant I_{FN} \geqslant I_{VTM} \tag{A-29}$$

式中　$I_{VT(AV)}$——被保护晶闸管额定电流（A）；

I_{FN}——快速熔断器熔体的额定电流（A）；

I_{VTM}——实际流过晶闸管的最大电流有效值（A）。

由于晶闸管额定电流在选择时已考虑了安全裕量 1.5～2，因此，通常按下式选择即 $I_{VT(AV)}=I_{FN}$。

由于快速熔断器价格较高，一般情况下，总是先让其他过电流保护措施动作，如电子线路保护，尽量避免直接使快速熔断器熔断。

（2）过电流继电器保护。过电流继电器可以安装在交流侧或直流侧，检测主电路的电流。在发生过电流故障时动作，使交流侧断路器或接触器分闸。由于过电流继电器和断路器或接触器动作需要几百毫秒，只能用于当机械过载引起的过电流或短路电流不大时保护晶闸管。

（3）直流快速开关。直流快速开关常用于大中容量的整流器的直流侧过载和短路保护。快速开关的动作时间为2～3ms，分断时间不超过25～30ms。选择时，其额定电压、额定电流应不小于变流装置的额定值。

2. 过电压保护

（1）产生过电压的原因。晶闸管对于电压很敏感，当正向电压超过其正向断态重复峰值电压U_{DRM}一定值时，就会误通，引起电路故障；当外加的反向电压超过其反向断态重复峰值电压U_{RRM}一定值时，晶闸管将立即损坏。因此必须进行过电压保护。过电压产生的原因主要是：一是电路中开关的开、闭引起的冲击电压，也称操作过电压；二是雷击或其他外来冲击干扰引起的浪涌过电压。

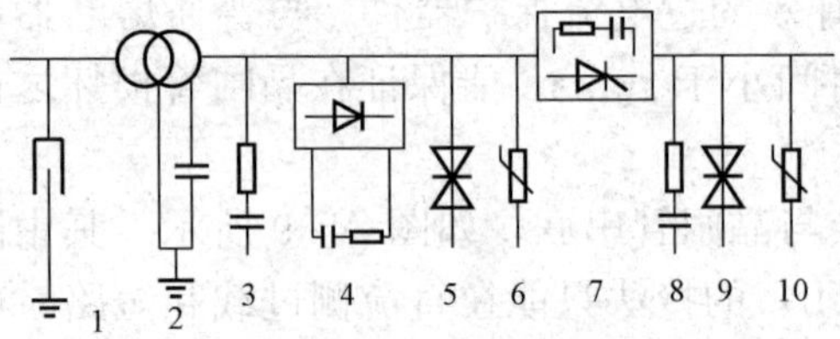

图A-10　常用的过电压保护方案

1—进户避雷器；2、3、4—交流阻容吸收；5、9—硒堆、压敏保护；7—晶闸管阻容吸收；8—直流侧阻容保护；6、10—直流侧压敏保护

针对形成过电压的原因不同，可以采取不同的抑制方法。通常采用的过电压保护方案如图A-10所示。

（2）交流侧过电压保护措施。

1）阻容吸收保护。阻容吸收保护电路通常采用电阻R和电容C的串联支路，并联在变压器的二次侧进行保护，常见接法形式如图A-11所示。

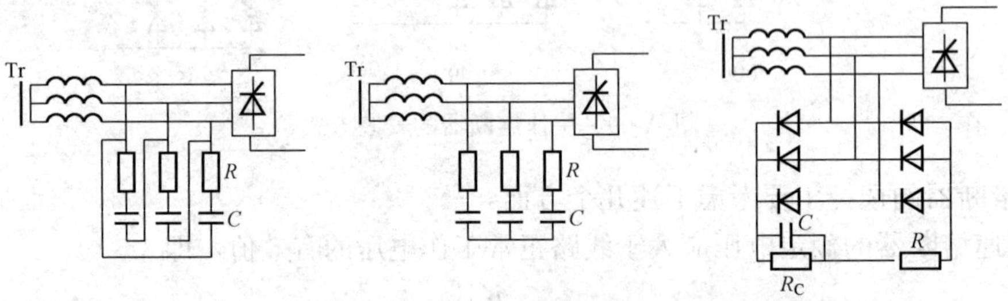

图A-11　交流侧的阻容吸收保护

对于单相回路电容（μF）的估算式

$$C \geqslant 6I_{em}\frac{S}{U_{2\Phi}^2} \tag{A-30}$$

电容的耐压≥$1.5U_m$

电阻（Ω）的估算式

$$R \geqslant 2.3\frac{U_2^2}{S}\sqrt{\frac{U_{dL}}{I_{em}}} \tag{A-31}$$

电阻功率（W）

$$P_R \geqslant (3 \sim 4) I_R^2 R \quad (A-32)$$

通过电阻的电流（A）

$$I_R = 2\pi f C U_C^2 \times 10^{-6} \quad (A-33)$$

式中 S——变压器容量（kVA）；

U_2——变压器二次相电压有效值（V）；

I_{em}——变压器励磁电流百分比，对于 10～100kVA 的变压器，一般为 10%～4%；

U_{dL}——变压器的短路比，对于 10～100kVA 的变压器，一般为 5%～10%；

U_C——阻容元件两端正常工作时交流电压峰值（V）。

对于三相电路，R、C 的数值可按表 A-5 参数进行换算。

表 A-5 R、C 的参数换算表

变压器接法	单相	三相二次 Y 接法		三相二次 D 连接	
RC 装置接法	与二次侧并联	Y	D	Y	D
C	C	C	$1/3C$	$3C$	C
R	R	R	$3R$	$1/3R$	R

对于大容量晶闸管装置，三相阻容保护器件功率比较大，可以采用图 A-11（c）所示的整流式接法。电容 C 的计算公式同式（A-30），R_C、R、P_{RC} 的计算可按下式计算

$$R_C = \frac{5U_{21}}{I_{21}} \quad (A-34)$$

$$R = \frac{5U_d}{I_d} \quad (A-35)$$

$$P_{RC} \geqslant (2 \sim 3) \frac{(\sqrt{2}U_{21})^2}{R_C} \quad (A-36)$$

式中 U_{21}、I_{21}——变压器二次侧的线电压和线电流；

U_d、I_d——整流器输出电压和电流。

在电阻 R 中，过电压时只有瞬时电流，所以电阻 R 的功率不必专门考虑，一般可取 4～10W。

2）非线性电阻保护方式。非线性电阻保护主要有硒堆和压敏电阻的过电压保护。

压敏电阻的主要参数如下：

a. 标称电压 U_{1mA}。指漏电流为 1mA 时，压敏电阻上的电压值。

b. 通流量。在规定冲击电流波形（前沿 8μs，波形宽 20μs）下，允许通过的浪涌峰值电流。

c. 残压。压敏电阻通过浪涌电流时在其两端的电压降。

压敏电阻标称电压 U_{1mA} 的选择为

$$U_{1mA} = 1.3\sqrt{2}U \quad (A-37)$$

式中 U——压敏电阻两端正常工作电压有效值（V）。

通流量应按大于实际可能产生的浪涌电流选择，一般取 5kA 以上。

残压值的选择是由被保护器件的耐压决定，应使晶闸管在通过浪涌电流时，残压抑制在晶闸管额定电压以下，并留有一定裕量。

（3）直流侧过电压保护措施。直流侧过电压保护可以用阻容或压敏电阻保护，但采用阻容保护容易影响系统的快速性，并造成 di/dt 加大。因此，一般只用压敏电阻作过电压保护。

压敏电阻标称电压 U_{1mA} 按下式选择，即

$$U_{1mA} \geqslant (1.8 \sim 2)U_{DC} \tag{A-38}$$

式中 U_{DC}——正常工作时加在压敏电阻两端的直流电压（V）。

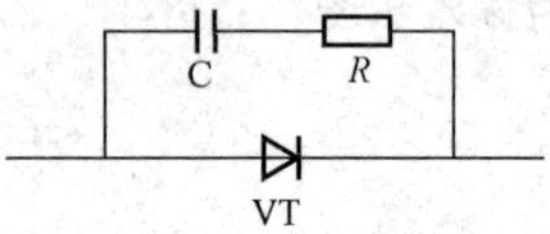

图 A-12 换相过电压保护

流通量和残压的选择同交流侧方法。

（4）晶闸管换相过电压保护措施。为了抑制晶闸管的关断过电压，通常采用在晶闸管两端并联阻容保护电路的方法，如图 A-12 所示。阻容保护的元件参数可以根据表 A-6 列出的经验数据选定。

表 A-6 阻容保护的元件参数

晶闸管额定电流（A）	10	20	50	100	200	500	100
电容（μF）	0.1	0.15	0.2	0.25	0.5	1	2
电阻（Ω）	100	80	40	20	10	5	2

电容耐压值，通常按加在晶闸管两端工作电压峰值 U_m 的 1.1～1.5 倍计算。

电阻功率 P_R(W) 为

$$P_R = fCU_m^2 \times 10^{-6} \tag{A-39}$$

式中 f——电源频率（Hz）；

C——电容值（μF）；

U_m——晶闸管两端工作电压峰值（V）。

3. 电压上升率 du/dt 与电流上升率 di/dt 的限制

不同规格的晶闸管对最大的电压上升率 du/dt 及电流上升率 di/dt 有相应的规定，当超过其值时，会使晶闸管误导通。限制电压上升率及电流上升率 di/dt 的方法有：

1）交流进线电抗器限制措施。交流进线电抗器电感量 L_B 的计算公式为

$$L_B = \frac{0.04U_{2\Phi}}{2\pi f \times 0.816 I_{dN}} \tag{A-40}$$

式中 I_{dN}——变流器输出额定电流（V）；

f——电源频率（Hz）；

$U_{2\Phi}$——变压器二次相电压（V）。

2）在桥臂上串联空心电感，电感值取 20～30μH 为宜。

3）在功率较大或频率较高的逆变电路中，接入桥臂电感后，会使换流时间增长，影响正常工作，而经常采用将几只铁淦氧磁环套在桥臂导线上，使桥臂电感在小电流时磁环不饱和，电感量大，达到限制电压上升率 du/dt 与电流上升率 di/dt 目的，还可以缩短晶闸管的关断时间。

图 A-13 是带有多种保护功能的晶闸管—电动机系统主电路。

图中①是星形接法的硒堆过电压保护；②是三角形接法的阻容过电压保护；③是桥臂上的快速熔断器过电流保护；④是晶闸管的并联阻容过电压保护；⑤是桥臂上的晶闸管

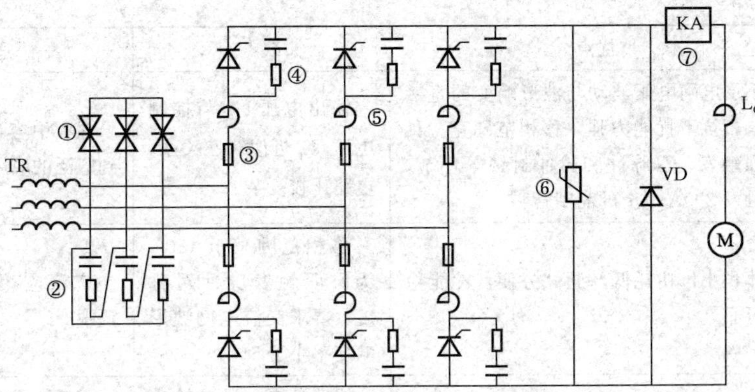

图 A-13　带有多种保护功能的晶闸管—电动机系统主电路

串电感抑制电流上升率保护；⑥是直流侧的压敏电阻过电压保护；⑦是直流回路上过电流快速开关保护；VD 是电感性负载的续流二极管；L_d 是电动机回路的平波电抗器；M 是直流电动机。

A.3.6　触发装置的选择

晶闸管属于半控开关，欲使其导通，应在晶闸管承受正向电压的同时，在门极与阴极之间加上足够功率的正向触发电压。因此，正确选择与使用触发电路，可以充分发挥晶闸管及装置的功能。

1. 移相触发器的主要技术指标

移相触发器的主要技术指标有：同步信号类型（正弦波、方波和锯齿波）、同步信号幅值、移相范围、脉冲幅值、脉冲宽度等。

2. 常用触发电路的对比

触发电路的种类很多，表 A-7 列出了几种常用触发电路类型、优缺点和使用范围，以便选用。

表 A-7　　常用触发电路对比表

类型	优点	缺点	适应范围
单结晶体管触发电路	结构简单，成本低，触发脉冲前沿陡，工作可靠，抗干扰能力强，易于调试	脉冲宽度窄，输出功率小，控制线性度差，移相范围小于 180°。电路参数差异大，在多相电路中使用不易一致	不附加放大环节，可触发 50A 以下的晶闸管，常用于要求不高的小功率单相或三相半波电路中，但在大电感负载中不宜采用
正弦波同步触发电路	电路简单，易于调整，能输出宽脉冲，输出电压 U_d 与控制电压 U_{ct} 为线性关系，能部分地补偿电网电压波动对输出电压 U_d 的影响。在引入正反馈时，脉冲前沿陡度可提高	受电网电压的波动及干扰影响大，实际移相范围只有 150°左右	可用于功率较大的晶闸管装置中，电网波动较大的场所不适用

续表

类型	优点	缺点	适应范围
锯齿波同步触发电路	不受电网电压波动与波形畸变的直接影响，抗干扰能力强，移相范围宽。具有强触发、双脉冲和脉冲封锁等环节，可触发200A以上的晶闸管	输出电压 U_d 与控制电压 U_{ct} 近似线性关系，电路比较复杂	在大中容量晶闸管装置中得到广泛的应用
集成触发电路	体积小，功耗低，调试方便，性能稳定可靠	移相范围小于180°，为保证触发脉冲对称度，要求交流电网波形畸变率小于5%	广泛应用于各种晶闸管装置中
数字式触发电路	控制灵活，触发准确，精度高	线路复杂，脉冲输出同其他电路	用于要求较高的场合，广泛使用

3. 触发脉冲与主电路的同步

（1）同步的概念。同步是指触发脉冲和加于晶闸管的正向电压之间必须保持一致和固定的相位关系。实现方法是通过同步变压器的不同接线组别向各触发单元提供相位互差的同步交流电压，确保变流装置中各晶闸管能按规定的顺序获得触发脉冲并有序工作。同步有两个含义：一是触发脉冲的频率与主电路的频率必须一致；二是输出触发脉冲的相位要符合主电路电压相位的要求。前者由于主电路整流变压器与触发电路的同步变压器连接在同一电网，故两者频率一样。后者要通过同步变压器的不同接线组别向各触发单元提供相应的交流电压。

（2）实现同步的方法。实现同步的方法是采用主电路电源电压经同步变压器降压，再经阻容移相来获得符合相位要求的同步电压。由于同步变压器二次侧的同步电压应有公共点，所以，同步变压器二次侧应选用Y接线，便于和各单元电路相连。其接线组别的确定，可采用简化的电压向量图（钟点法）来实现，步骤如下：

1）根据主电路所要求的移相范围和触发电路可提供的移相范围，选取移相的控制方案；利用波形图分析确定出共阴极组VT1、VT3、VT5所对应的触发电路输入同步信号，如同步电压 u_{su2} 与对应晶闸管阳极电压（如VT1的阳极相电压 U_2）之间的相位关系。

2）根据已知整流变压器Tr的接线组别，画出一次线电压向量 $\dot{U}_{U1V1}$ 与相应的二次线电压 $\dot{U}_{U2V2}$ 相位关系的向量图（钟点数），再根据第一点已确定的 u_{su2} 与 $\dot{U}_{U2}$ 相位关系，在同一表盘面上，再画出同步输入电压 $\dot{U}_{SU1V1}$ 与 $\dot{U}_{SU2V2}$ 简化向量图，确定同步变压器的接线组别。重复以上步骤，再确定主电路的共阳极组VT4、VT6、VT2触发电路输入的同步信号 $u_{s(-u2)}$、$u_{s(-v2)}$、$u_{s(-w2)}$ 的钟点数。

3）将同步变压器二次电压 u_{su2}、u_{sv2}、u_{sw2} 分别接到VT1、VT3、VT5管的触发电路同步信号的输入端；$u_{s(-u2)}$、$u_{s(-v2)}$、$u_{s(-w2)}$ 分别接到VT4、VT6、VT2管的触发电路同步信号的输入端，即能保证触发脉冲与主电路同步。

应当指出：在实际工作中，为确保主变压器与同步变压器的极性和接线组别正确，需要测定三相变压器的极性。其方法如下：

1）测定相间极性。用万用表电阻挡测量12个出线端间通断情况及电阻大小，找出三相高压绕组，暂定标记 U_1、V_1、W_1、X_1、Y_1、Z_1。

将 Y_1、Z_1 两点用导线连接，在 U_1 相加电压（约为额定电压一半），用电压表测量 U_{V1Y1}、U_{W1Z1} 及 U_{V1W1}，若 $U_{V1W1}=U_{V1Y1}-U_{W1Z1}$ 则标记正确，若 $U_{V1W1}=U_{V1Y1}+U_{W1Z1}$ 则标记错误，应将 V_1、W_1 相中任一相的端点标号互换（如 V_1、Y_1 将换成 Y_1、V_1）。用同样方法，在 V_1 相施加低电压，决定 U_1、W_1 相极性，测定后将它们的首末端做正式标记。

2）找出各相绕组。首先在 U_1、X_1 端加低电压，用电压表测量二次电压，其中电压最高的一相即为 U_1 相的二次绕组，暂标记为 U_2、X_2，同理可标出 V_2、Y_2 及 W_2、Z_2。

3）测定一、二次绕组极性。将一、二次侧的中性点用导线相连，高压侧加三相低电压，测量 U_{U1X1}、U_{V1Y1}、U_{W1Z1}、U_{U2X2}、U_{V2Y2}、U_{W2Z2}、U_{U1U2}、U_{V1V2}、U_{W1W2}，若 $U_{U1U2}=U_{U1X1}-U_{U2X2}$，则 U_{U1X1} 与 U_{U2X2} 同相，U_1 与 U_2 端极性相同；若则 $U_{U1U2}=U_{U1X1}+U_{U2X2}$，则 U_{U1X1} 与 U_{U2X2} 反相，U_1 与 U_2 端极性相反。用同样方法判别 V_1、W_1 两相一、二次侧极性。测定后，把低电压绕组各相首末端正式标记。

A.3.7 整流器的工程设计举例

1. 设计内容及要求

某不可逆系统原采用 G-M 系统拖动，主电机额定功率 $P_N=60\text{kW}$，额定电压 $U_N=220\text{V}$，额定电流 $I_N=305\text{A}$，额定转速 $n_N=1000\text{r/min}$，电枢电阻 $R_a=0.05\Omega$，$C_e=0.2\text{V}\cdot\text{min/r}$，励磁电压为220V，励磁电流为2A。现改为用晶闸管整流器供电的 V-M 拖动系统，原直流电动机保留不变，试设计选择晶闸管直流电动机调速系统的主电路。

2. 技术要求

（1）电网供电电压为三相380V。

（2）电网电压波动+5%～−10%。

（3）电流脉动 $S_i\leqslant 10\%$。

3. 整流器主电路方案的确定

（1）根据任务要求，采用晶闸管整流器供电。

（2）主电路采用三相全控桥式整流电路。

（3）为实现在最小控制角下运行，选用整流变压器进行电压等级变换。

（4）设置平波电抗器，满足电流脉动要求。

（5）选用锯齿波同步触发电路。

4. 整流器的具体设计

（1）整流变压器的选择。为减小整流器的谐波对电网的影响，工程上整流变压器采用 Dy 连接。

1）二次相电压 $U_{2\Phi}$ 按下式计算

$$U_{2\Phi}=\frac{\left(\frac{I_{\text{dmax}}}{I_N}\right)I_NR_a+U_N+\left(\frac{I_{\text{Tmax}}}{I_N}-1\right)I_NR_a}{K_{UV}\left(b\cos\alpha_{\min}-K_XU_{dl}\frac{I_{\text{Tmax}}}{I_N}\right)}$$

$$=\frac{\left(\frac{1.5\times305}{305}\right)\times305\times0.05+220+\left(\frac{1.5\times305}{305}-1\right)\times305\times0.05}{2.34\times(0.95\times0.98-0.5\times0.05\times1.5)}=120(\text{V})$$

由表A-2知，三相全控桥式整流电路的计算系数 $K_{UV}=2.34$，$K_X=0.5$。其他参数 U_{dl}

$=0.05$，$b=0.95$；$\alpha_{\min}=10^\circ$，$\cos\alpha_{\min}=0.98$；$I_{\text{dmax}}/I_N=I_{\text{Tmax}}/I_N=1.5$。

2）变压器二次相电流 I_2 的计算。

对于二次绕组按Y连接，则

$$I_2=K_{\text{IV}}I_{\text{dN}}=0.816\times305=249(\text{A})$$

查表A-3得 $K_{\text{IV}}=0.816$。

3）变压器的容量计算。

一次容量

$$S_1=m_1\frac{K_{\text{IL}}}{K_{\text{UV}}}U_{\text{d0}}I_{\text{dN}}=3\times\frac{0.816}{2.34}\times2.34\times120\times305=89.6(\text{kVA})$$

查表A-3得 $m_1=3$，$K_{\text{IL}}=0.816$，$K_{\text{UV}}=2.34$。

二次容量

$$S_2=m_2\frac{K_{\text{IV}}}{K_{\text{UV}}}U_{\text{d0}}I_{\text{dN}}=3\times\frac{0.816}{2.34}\times2.34\times120\times305=89.6(\text{kVA})$$

查表A-3得 $m_2=3$，$K_{\text{IV}}=0.816$，$K_{\text{UV}}=2.34$。

视在功率

$$S=\frac{1}{2}(S_1+S_2)=89.6\text{kVA}$$

（2）晶闸管的选择。

1）晶闸管的额定电压

$$U_{\text{VTn}}=(2\sim3)K_{\text{UVT}}U_2=2.5\times2.45\times120=735(\text{V})$$

查表A-3得，$K_{\text{UVT}}=2.45$，安全裕量系数取2.5。

2）晶闸管的额定电流

$$I_{\text{VT(AV)}}\geqslant(1.5\sim2)K_{\text{IVT}}I_{\text{dmax}}=1.5\times0.367\times1.5\times305=252(\text{A})$$

查表A-3得 $K_{\text{IVT}}=0.367$。

选用KP-300-8平板型晶闸管。

（3）平波电抗器的选择。

1）电动机电枢电感 L_D

$$L_D=K_D\frac{U_N}{2pn_NI_N}\times10^3=8\times\frac{220\times10^3}{2\times2\times1000\times305}=1.5(\text{mH})$$

对于快速无补偿电动机 K_D 取8，磁极对数 $p=2$。

2）变压器电感 L_T

$$L_T=K_TU_{\text{dl}}\frac{U_2}{I_N}=3.9\times0.05\times\frac{120}{305}=0.077(\text{mH})$$

式中：$K_T=3.9$；$U_{\text{dl}}=0.05$。

3）平波电抗器的选择。

维持电流连续时的 L_P

$$L_P=L_1-(2L_T+L_D)=K_1\frac{U_2}{I_{\text{dmin}}}-(2L_T+L_D)$$

$$=0.693\times\frac{120}{0.05\times305}-(2\times0.077+1.5)=3.8(\text{mH})$$

式中：$K_1=0.693$；$I_{\text{dmin}}=0.05I_N$。

限制电流的脉动系数取 $S_i=10\%$时，L_P 值为

$$L_P=L_2-(2L_T+L_D)=K_2\frac{U_2}{S_iI_N}-(2L_T+L_D)$$
$$=1.045\times\frac{120}{0.05\times305}-1.654=6.57(\text{mH})$$

取两者中较大的，故选用平波电抗器的电感为 6.57mH 时，电流连续和脉动要求能同时满足。

（4）整流电路桥臂串联熔断器的选择。

1）快速熔断器的额定电压 U_{FN}

$$U_{FN}\geqslant\frac{K_{UT}}{\sqrt{2}}U_2=\frac{2.45}{\sqrt{2}}\times120=208(\text{V})$$

2）快速熔断器额定电流 I_{FN} 的选择

$$I_{VT(AV)}=I_{FN}$$

选择 RS_3 系列快速熔断器的额定电压 250V，额定电流 300A，切断能力 25kA。

（5）触发装置的选择。

1）触发电路的同步。触发电路可选择锯齿波同步触发电路，也可选 KC 系列集成触发电路，本例选用锯齿波同步触发电路。按简化向量图的方法来确定同步变压器的联结组别及变压器绕组联结方式。

以 VT1 管的阳极电压 u_U 与相应的触发电路 1CF 的同步电压 u_{SU} 定相为例。

a. 对于锯齿波触发器，要求同步电压 $\dot{U}'_{SU}$向量滞后 $\dot{U}_U$ 向量 180°。由于存在滤波环节 30°的相位移，所以实际同步电压 $\dot{U}_{SU}$ 滞后主电压 $\dot{U}_U$ 向量 150°。

b. 整流变压器一般采用 Dy5 的接法，根据整流变压器 Dy5 接法，作出一次和二次电压矢量图，晶闸管 VT1 阳极电压 $\dot{U}_U$ 与一次线电压 $\dot{U}_{U1V1}$ 反相，一次线电压 $\dot{U}_{U1V1}$ 在 12 点钟位置。在 $\dot{U}_U$ 滞后 150°的位置作出同步变压器二次电压 $\dot{U}_{SU}$，则对应线电压 $\dot{U}_{SUV}$ 超前 $\dot{U}_{SU}$30°，在 10 点钟位置；$-\dot{U}_{SUV}$ 在 4 点钟位置，如图 A-15 所示。所以同步变压器组二次侧一组为 Dy10，另一组为 Dy4。10 点钟位置一组为 U_{sU}、U_{sV}、U_{sW}，接晶闸管 VT1、VT3、VT5 管触发电路的同步信号输入端；4 点钟一组为 $-U_{SU}$、$-U_{SV}$、$-U_{SW}$，接晶闸管 VT4、VT6、VT2 触发电路的同步信号输入端，晶闸管装置即能正常工作，如图 A-14 所示。

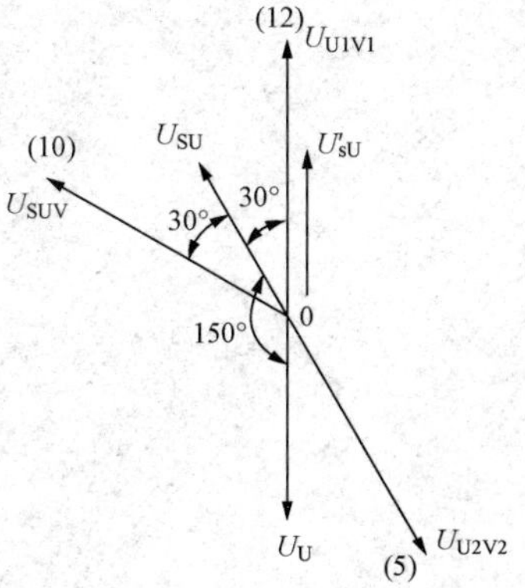

图 A-14　主电压与同步电压间的相量图

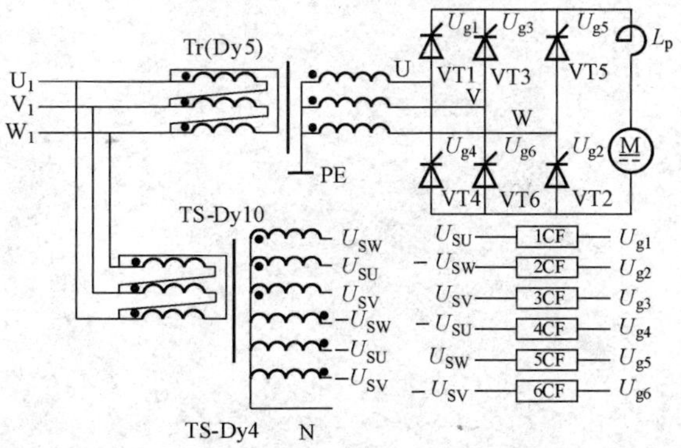

图 A-15　整流器主电路与同步变压器电路的连接

c. 依据已求得的TS联结组别，就可以画出同步变压器绕组的接线，如图A-15所示。先将u_{SU}、u_{SV}、u_{SW}分别联结到阻容滤波器后（图A-15中未画），再联结到1CF、3CF、5CF的同步电压接线端，供晶闸管VT1、VT3和VT5的触发输入端，对应触发脉冲为U_{g1}、U_{g3}、U_{g5}；$-u_{SU}$、$-u_{SV}$和$-u_{SW}$分别经阻容滤波器联结到4CF、6CF、2CF的同步电压接线端，供晶闸管VT4、VT6和VT2触发输入端，对应触发脉冲为U_{g4}、U_{g6}和U_{g2}，如图A-15所示，保证触发脉冲与主电路同步。

2）触发电路的连接。因为主电路为三相全控桥接线方式，需要6块触发电路板，分别控制6个晶闸管。6块触发电路板的X、Y端（查触发电路原理图）的连接方式为后相的X端与前相的Y端相连，6块触发板的偏移电压引出端接在一起，用一个偏移电位器来同时调偏移电压。6块触发板的控制电压引出端连在一起，接到移相控制端，由U_{ct}直接控制。整流桥桥臂上的每个晶闸管的触发板同步信号端连接到同步变压器对应的同步信号端。6路同步信号依次相差60°，并与主电路保持同步。

附录 B　电力电子技术实验指导书

本指导书介绍了电力电子技术课程的实验内容，其中包括晶闸管单相、三相整流和有源逆变电路；晶闸管单相、三相交流调压电路；门极可关断晶闸管（GTO）、大功率晶体管（GTR）、功率场效应晶体管（P-MOSFET）、绝缘栅双极型晶体管（IGBT）等功率器件的触发和驱动电路等实验。本实验指导书是以浙江大学某公司生产的 DKSZ-1 型变流技术及自动控制系统实验装置为基础编写的，并参考了厂家的实验说明书，所列实验均已进行过试做。

实验一　单结晶体管触发的单相半波可控整流电路实验

一、实验目的

（1）熟悉单结晶体管触发电路的工作原理及各元件的作用；

（2）观察单结晶体管触发电路各点的波形，掌握单结晶体管触发电路的调试步骤和方法；

（3）对单相半波可控整流电路在电阻负载及阻感负载时的工作过程作全面分析；

（4）了解续流二极管的作用；

（5）熟悉双踪示波器的使用方法。

二、实验线路及原理

单结晶体管触发电路的工作原理及线路图如图 B-1 所示。

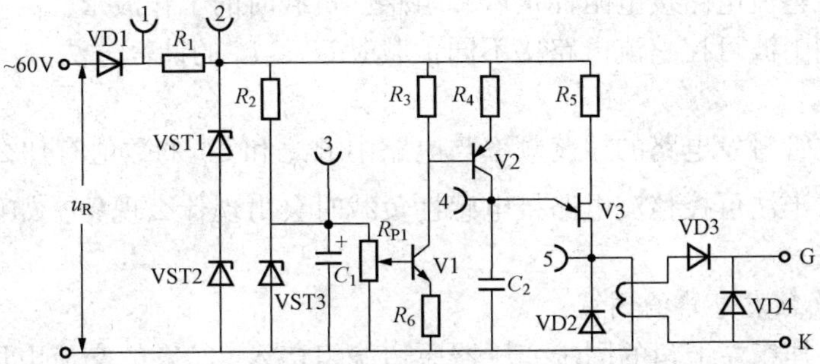

图 B-1　单结晶体管触发电路的线路图

由同步变压器二次侧输出 60V 的交流同步电压 u_R，经 VD1 半波整流，再由稳压管 VST1、VST2 进行消波，从而得到了梯形波电压，其过零点与晶闸管阳极电压的过零点一致，梯形波通过 R_4、V2 向电容 C_2 充电，当充电电压达到单结晶体管的峰值电压 U_P 时，单结晶体管 V3 导通，从而通过脉冲变压器输出脉冲。同时，C_2 经 V3 放电，由于时间常数很小，U_{C2} 很快下降到单结晶体管的谷点电压 U_V，V3 重新关断，C_2 再次充电。每个梯形波周期内，V3 可能导通、关断多次，但只有第一个输出脉冲起作用。电容 C_2 的充电时间常数由 R_{P_1} 来调节。单结晶体管触发电路的各点波形如图 B-2 所示。元件 R_{P_1} 已装在实验装置的 DK11 组件挂箱的面板上，同步信号已在内部接好。

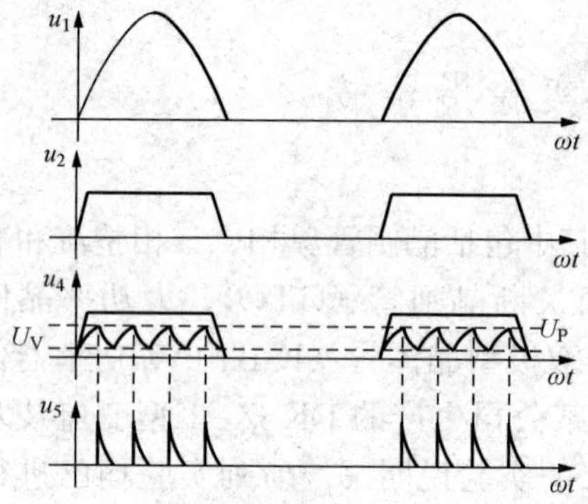

图 B-2　单结晶体管触发电路的各点波形

将单结晶体管触发电路的输出端“G”和“K”端分别接至晶闸管的门极和阴极，即构成如图 B-3 所示的实验线路。

三、实验内容

(1) 单结晶体管触发电路的调试；

(2) 单结晶体管触发电路各点电压波形的观察；

(3) 单相半波可控整流电路带电阻性负载时 $U_d/U_2=f(\alpha)$ 特性的测定；

(4) 单相半波可控整流电路带阻感性负载时续流二极管作用的观察。

四、实验设备

(1) 主控制屏 DK01；

(2) DK11 组件挂箱；

(3) 1.9k、0.65A 双臂滑线电阻器；

(4) 双踪慢扫描示波器；

(5) 万用表。

五、预习要求

(1) 阅读教材中有关单结晶体管的内容，弄清单结晶体管触发电路的工作原理。

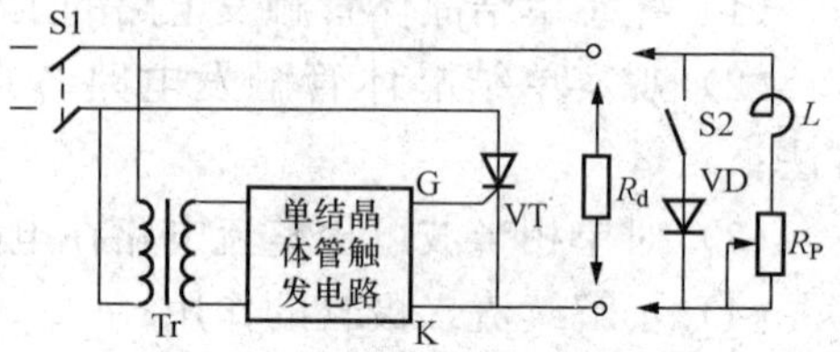

图 B-3　单结晶体管触发的单相半波可控整流电路

(2) 复习单相半波可控整流电路的有关内容，掌握单相半波可控整流电路接电阻性负载和阻感性负载时的工作波形。

(3) 掌握单相半波可控整流电路接不同负载时 U_d、I_d 的计算方法。

六、思考题

(1) 单结晶体管触发电路的振荡频率与电路中 R_{P_1} 和 C_2 的数值有什么关系？

(2) 单相桥式半波可控整流电路接电感性负载时会出现什么现象？如何解决？

七、实验方法

1. 单结晶体管触发电路的调试

将 DK11 组件挂箱左上角的同步变压器原边绕组接入 220V 的交流电压，将“触发选择开关”拨至“单结晶体管”，这样同步变压器二次侧 60V 交流同步电压已通过内部连线接到单结晶体管触发电路的输入端。

接通主电路开关 S1，用示波器观察单结晶体管触发电路中整流输出的梯形波电压、锯齿波电压及单结晶体管触发电路输出电压等波形。调节移相可变电位器 R_{P_1}，观察锯齿波的周期变化及输出脉冲波形的移相范围能否在 20°～180°范围内。

2. 单结晶体管触发电路各点波形记录

将单结晶体管触发电路的各点波形描绘下来，并与图 B-2 的波形进行比较。

3. 单相半波可控整流电路接电阻性负载

触发电路调试正常后，按图 B-3 电路图接线，负载为双臂滑线电阻（串联接法）。合上电源，用示波器观察负载电压 u_d、晶闸管 VT 两端电压 u_T 的波形，调节电位器 R_{P_1}，观察

$\alpha=30°$、$60°$、$90°$、$120°$、$150°$、$180°$时的 u_d、u_T 波形，并测定直流输出电压 U_d 和电源电压 U_2，记录于表 B-1 中。

注意：实验中若出现无论如何改变 α 的值，u_d 始终为零的现象，可将变压器的一次侧或二次侧的相序对调一下，或者将加在晶闸管的阳极—阴极之间电源的相序对调一下即可。

表 B-1　　单相半波可控整流电路带电阻负载实验结果

α	30°	60°	90°	120°	150°	180°
U_2						
U_d（记录值）						
U_d（计算值）						
u_d 的波形						
u_{VT} 的波形						

4. 单相半波可控整流电路接阻感性负载

将负载改接成阻感性负载（由滑线电阻器与平波电抗器串联而成）。不接续流二极管 VD，在不同阻抗角（改变 R_P 的电阻值）情况下，观察并记录 $\alpha=30°$、$60°$、$90°$、$120°$时的 u_d 及 u_T 的波形。

接入续流二极管 VD，重复上述实验，观察续流二极管的作用。

计算公式：$U_d=0.45U_2\dfrac{1+\cos\alpha}{2}$

八、实验报告

（1）画出单结晶体管触发电路各点的电压波形，回答实验中提出的问题；

（2）画出 $\alpha=90°$时，电阻性负载和阻感性负载的 u_d、u_T 波形；

（3）画出电阻性负载时 $U_d/U_2=f(\alpha)$ 的实验曲线，并与计算值 U_d 的对应曲线相比较；

（4）分析实验中出现的现象，写出体会。

九、注意事项

（1）双踪慢扫描示波器两个探头的地线端应接在电路的同电位点，以防通过两探头的地接线造成被测量电路短路事故。示波器探头地线与外壳相连，使用时应注意安全。

（2）单相半波可控整流电路的触发电路也可选用锯齿波同步移相触发电路。

（3）在本实验中，触发脉冲是从外部接入 DK01 面板上晶闸管的门极和阴极，此时，应将所用晶闸管对应的Ⅰ组触发脉冲或Ⅱ组触发脉冲的开关拨向“断开”，也可将 U_{blf} 或 U_{blr} 悬空。

实验二　锯齿波同步移相触发电路实验

一、实验目的

（1）加深理解锯齿波同步移相触发电路的工作原理和各元件的作用；

（2）掌握锯齿波同步移相触发电路的调试方法。

二、实验线路及原理

锯齿波同步移相触发电路的原理图如图 B-4 所示。其工作原理如下：

由 V1、VD1、VD2、C_5 等元件组成同步检测环节，其作用是利用同步电压 u_{TS} 来控制

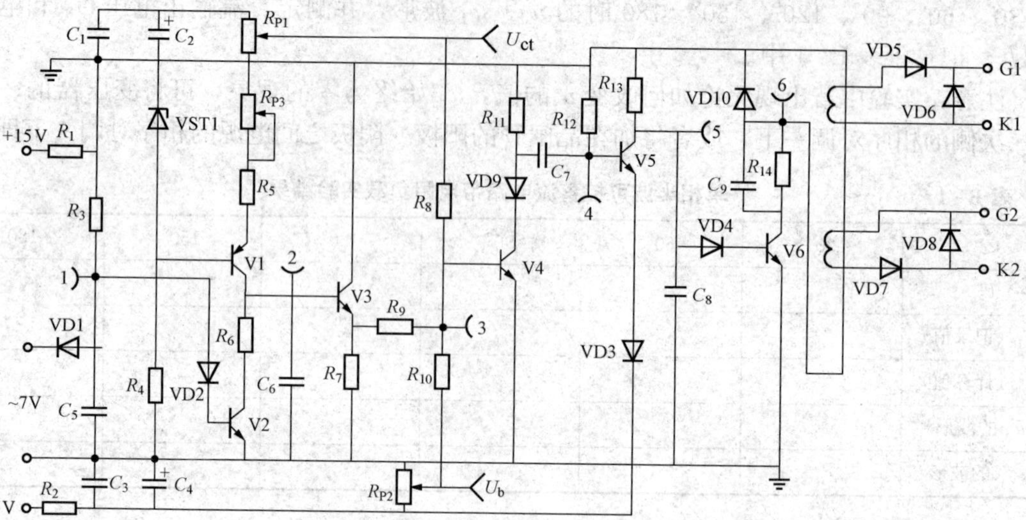

图 B-4 锯齿波同步移相触发电路的原理图

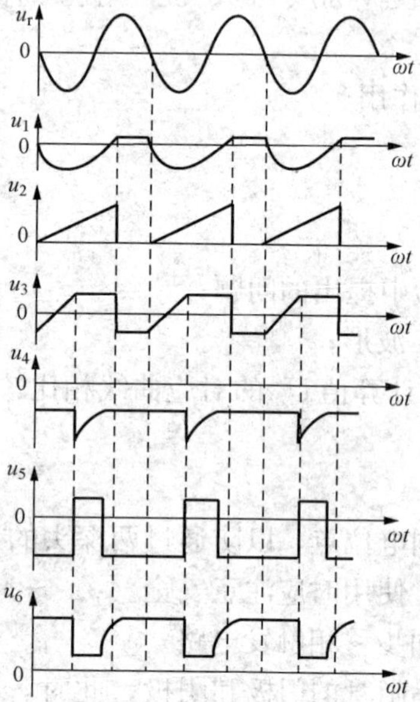

图 B-5 锯齿波同步移相触发电路的各点电压波形

锯齿波产生的时刻及锯齿波的宽度。由 V1 等元件组成的恒流源电路及 V2、V3、C_6 等组成锯齿波形成环节。控制电压 U_{ct}、偏移电压 U_b 和锯齿波电压 u_T 在 V4 基极综合叠加，从而构成移相控制环节。V5、V6 构成脉冲形成放大环节，脉冲变压器输出触发脉冲，电路中的各点电压波形如图 B-5 所示。

元件 R_{P_1}、R_{P_2} 均安装在 DK11 组件挂箱的面板上，同步变压器二次侧已在挂箱内部接好。触发电路的±15V 电压由左下角的开关控制，其上方的另一个开关为选择开关。进行锯齿波同步移相触发电路实验时，选择开关拨向“触发电路”。而做单相桥式整流电路实验时，将选择开关拨向“单相桥式”。

三、实验内容

（1）锯齿波同步移相触发电路的调试；

（2）锯齿波同步移相触发电路各点波形的观察和分析。

四、实验设备

（1）主控制屏 DK01；

（2）DK11 组件挂箱；

（3）双踪慢扫描示波器；

（4）万用表。

五、预习要求

（1）阅读教材中有关锯齿波同步移相触发电路的内容，弄清锯齿波同步移相触发电路的工作原理。

（2）掌握锯齿波同步移相触发电路脉冲初始相位的调整方法。

六、思考题

（1）锯齿波同步移相触发电路有哪些特点？

（2）锯齿波同步移相触发电路的移相范围与哪些参数有关？

（3）为什么锯齿波同步移相触发电路的脉冲移相范围比正弦波同步移相触发电路的移相范围要大？

七、实验方法

（1）将DK11面板左上角的同步变压器一次侧绕组接220V交流电压，“选择触发开关”拨向“锯齿波”，面板左下角的±15V开关拨向“开”，其上面的开关拨向“触发电路”。将触发电路的输出“G_1”、“K_1”端接至DK01上的某晶闸管的门极和阴极。

（2）接通低压控制电源和主电源，用示波器观察各观察孔的电压波形。

1）同时观察“1”、“2”孔的电压波形，了解锯齿波宽度和“1”孔电压波形的关系。

2）观察“3”～“5”孔电压波形和输出电压u_g的波形，记下各波形的幅值与宽度，并比较“3”孔电压u_3和“5”孔电压u_5的对应关系。

（3）调节触发脉冲的移相范围。

1）初始脉冲的调试。将控制电压U_{ct}调至零（即将电位器R_{P_1}逆时针到底），用示波器观察“1”孔电压u_1和“5”孔电压u_5的波形，保持R_{P_1}不变，调节偏移电压U_b（即调R_{P_2}），使$\alpha=180°$，即$U_{ct}=0$时，$\alpha=180°$。其波形如图B-6所示。

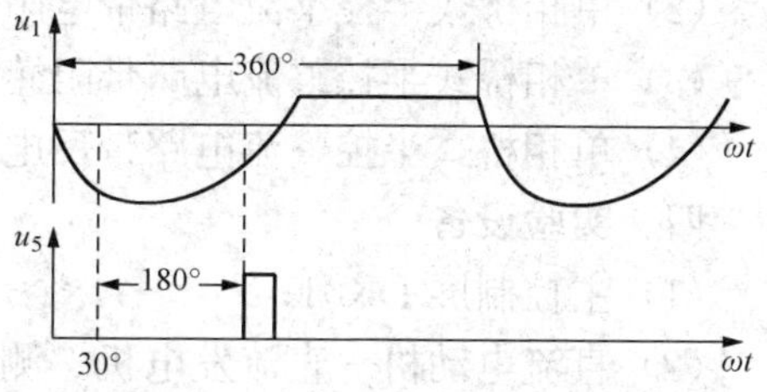

图B-6　触发脉冲的移相范围

2）固定U_b（即电位器R_{P_2}）不变时，改变U_{ct}（即电位器R_{P_1}），观察脉冲移动情况，要求：$U_{ct}=0$时，$\alpha=180°$；$U_{ct}=U_{ctmax}$时，$\alpha=0°$，以满足移相范围$\alpha=0°\sim180°$。

（4）调节U_{ct}，使$\alpha=60°$，观察并记录$u_1\sim u_5$及输出脉冲电压u_g的波形，标出其幅值与宽度并记录在表B-2中（可在示波器上直接读出，读数时应将示波器的“V/cm”和“t/cm”的旋钮放置在校准位置，以防读数误差）。

表B-2　锯齿波同步触发电路不同测试点的测试值

	u_1	u_2	u_3	u_4	u_5	u_g
幅值（V）						
宽度（ms）						

八、实验报告

（1）整理、描绘实验中记录的各点波形，并标出其幅值和宽度。

（2）总结锯齿波同步触发电路移相范围的调试方法，如果要求在$U_{ct}=0V$的条件下，使$\alpha=90°$，如何调整？

（3）讨论分析实验中出现的各种现象。

九、注意事项

（1）参照实验一的注意事项。

（2）观察输出脉冲电压u_g的波形时，应将输出端“G”和“K”分别接到晶闸管的门极和阴极，否则，无法观察到 u_g 波形。

实验三　单相桥式半控整流电路实验

一、实验目的

（1）加深对单相桥式半控整流电路带电阻性、阻感性、反电动势负载时各工作情况的理解。

（2）了解续流二极管在单相桥式半控整流电路中的作用；学会对实验中出现的问题加以分析和解决。

二、实验线路及原理

本实验线路如图 B-7 所示，由 2 组锯齿波同步移相触发电路给共阴极的 2 个晶闸管提供触发脉冲，整流电路的负载可根据需要选择电阻性、阻感性和反电动势负载。实验原理可参见教材的有关内容。

三、实验内容

（1）锯齿波同步触发电路的调试；

（2）单相桥式半控整流电路带电阻性负载；

（3）单相桥式半控整流电路带阻感性负载；

（4）单相桥式半控整流电路带反电动势负载。

四、实验设备

（1）主控制屏 DK01；

（2）直流电动机—直流发电机—测速发电机组；

（3）DK11 组件挂箱；

（4）双臂滑线电阻器；

（5）双踪慢扫描示波器；

（6）万用表。

五、预习要求

（1）阅读教材中单相桥式半控整流电路的有关内容，弄清单相桥式半控整流电路带不同负载时的工作原理。

（2）了解续流二极管在单相桥式半控整流电路中的作用。

六、思考题

（1）单相桥式半控整流电路在什么情况下会发生失控现象？

（2）加续流二极管前后，单相桥式半控整流电路中晶闸管两端的电压波形如何？

七、实验方法

（1）按图 B-7 接线。

可利用 DK01 上“Ⅱ组桥”中的晶闸管和二极管来组成单相半控桥。触发电路采用锯齿波同步移相触发电路，将 DK11 左上角的“触发选择开关”拨至“锯齿波”，同步变压器一次侧绕组接 220V 交流电压。将 DK01 左下角的两个开关分别拨至“单相桥式”和“开”的位置，将锯齿波触发电路的输出脉冲端“G_1”、“K_1”和“G_3”、“K_3”分别接至半控桥中晶闸管 VT1 和 VT5 的门极和阴极，并将 DK01 上的 U_{blr} 开路不接线，调速开关拨至“交流调速”。

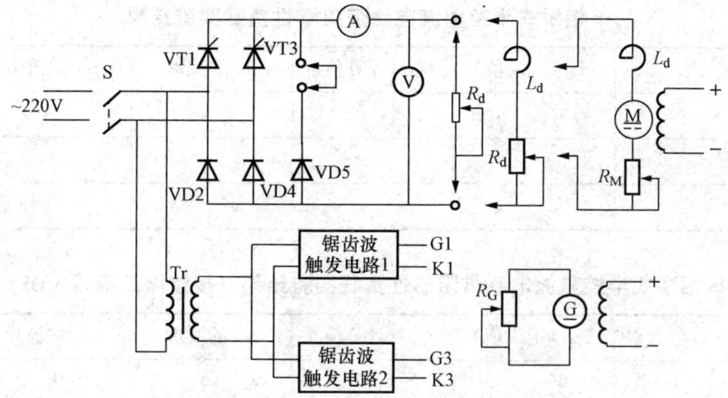

图 B-7　单相桥式半控整流电路实验线路图

（2）锯齿波同步移相触发电路调试。其调试方法与实验二相同。

（3）单相桥式半控整流电路带电阻性负载。电路接可调电阻负载 R_d，合上电源开关 S，用示波器观察负载电压 u_d、晶闸管两端电压 u_T 和整流二极管两端电压 u_{D2} 的波形，调节锯齿波同步移相触发电路上的移相控制电位器 R_{P1}，观察并记录不同 α 角的 u_d、u_T、u_{D2} 的波形，测定相应电源电压 U_2 和负载电压 U_d 的数值，记录于表 B-3 中，并验证。

注意：实验中若出现无论如何改变 α 的值，u_d 始终为零的现象，可将变压器的一次侧或二次侧的相序对调一下，或者将加在晶闸管的阳极—阴极之间电源的相序对调一下即可。

计算公式：$U_d = 0.9U_2 \dfrac{1+\cos\alpha}{2}$。

表 B-3　单相桥式半控整流电路带电阻性负载实验结果

α	30°	60°	90°	120°	150°	180°
U_2						
U_d（记录值）						
U_d（计算值）						
u_d 的波形						
u_T 的波形						
u_{D2} 的波形						

（4）单相桥式半整流电路带阻感性负载。

1）断开主电路，将负载改为阻感性负载，即将平波电控器 L_d（700mH）与电阻 R_d 串联。

2）不接续流二极管 VD5，接通主电路，用示波器观察不同控制角 α 时 u_d、u_{D2}、u_T 的波形，并测定相应 U_2、U_d 的数值，记录于表 B-4 中；

3）在 $\alpha=60°$时移去触发脉冲（可将锯齿波同步触发电路上的"G_3"或"K_3"拔掉），用示波器观察并记录移去脉冲前后 u_d、u_{D2}、u_{T1}、u_{T2} 的波形；

4）接上续流二极管 VD5，接通主电路，用示波器观察不同控制角 α 时，u_d、u_{D2}、u_T 的波形，并测定相应 U_2、U_d 的数值，记录于表 B-5 中；

表 B-4 单相桥式半控整流电路带阻感性负载实验结果

α	U_2	U_d（记录值）	U_d（计算值）	u_d 的波形	u_T 的波形	u_{D2} 的波形
30°						
60°						
90°						

表 B-5 单相桥式半控整流电路带阻感性负载实验结果（接续流二极管 VD5）

α	U_2	U_d（记录值）	U_d（计算值）	u_d 的波形	u_T 的波形	u_{D2} 的波形
30°						
60°						
90°						

5）在接有续流二极管 VD5 及 $\alpha=60°$ 时，移去触发脉冲（可将锯齿波同步触发电路上的“G_3”或“K_3”拔掉），用示波器观察并记录移去脉冲前、后 u_d、u_{D2}、u_{T1}、u_{T3}、u_{D5} 的波形。

（5）单相桥式半控整流电路带反电动势负载。

1）断开主电路，将负载改为直流电动机，不接平波电控器 L_d，调节锯齿波同步触发电路上的 R_{P_1} 使 U_d 由零逐渐上升到额定值，用示波器观察并记录不同 α 时输出电压 u_d 和电动机电枢两端电压 u_a 的波形。

2）接上平波电抗器，重复上述实验。

八、实验报告

（1）画出电阻性负载、阻感性负载时 $U_d/U_2=f(\alpha)$ 的曲线；

（2）画出电阻性负载、阻感性负载，α 角分别为 30°、60°、90°时的 u_d、u_T、u_{D2} 的波形；

（3）说明续流二极管对消除失控现象的作用。

九、注意事项

（1）参照实验一和实验二的注意事项。

（2）注意触发角的正确读数。

（3）示波器的探头衰减倍数要用乘 10 挡。

实验四 单相桥式全控整流及有源逆变电路实验

一、实验目的

（1）加深理解单相桥式全控整流及逆变电路的工作原理；

（2）研究单相桥式变流电路由整流切换到逆变的全过程，掌握实现有源逆变的条件；

（3）掌握产生逆变颠覆的原因及预防方法。

二、实验线路及原理

图 7-8 为本实验的实验原理图。将主控制屏 DK01 上的整流二极管 VD1～VD6 组成三相不可控整流电路，作为逆变桥的直流电源，逆变变压器采用 DK14 组件挂箱中的一个单相

变压器，回路中接入平波电抗器 L_d（700mH）及限流电阻 R_d。有关实现有源逆变的必要条件等内容可参见电力电子技术教材的有关内容。触发电路采用DK11组件挂箱上的锯齿波触发电路。

三、实验内容

（1）单相桥式全控整流电路带阻感负载；

（2）单相桥式有源逆变电路带阻感负载；

（3）有源逆变电路逆变颠覆现象的观察。

四、实验设备

（1）主控制屏DK01；

（2）DK11触发电路组件挂箱；

（3）双臂滑线电阻器；

（4）DK14三相组式变压器组件挂箱（用高、中压绕组）；

（5）双踪慢扫描示波器；

（6）万用表；

（7）单相双投闸刀（在DK02组件挂箱下部）；

（8）转换插座四个。

五、预习要求

（1）阅读教材中有关有源逆变电路的内容，弄清单相桥式全控整流电路带不同负载的工作原理。

（2）阅读教材中有关有源逆变电路的内容，掌握实现有源逆变的基本条件。

（3）学习并掌握有源逆变电路产生逆变颠覆的原因。

六、思考题

（1）实现有源逆变的条件是什么？在本实验中如何能满足这些条件？

（2）实验电路中逆变变压器的作用是什么？

七、实验方法

（1）按图B-8接线。

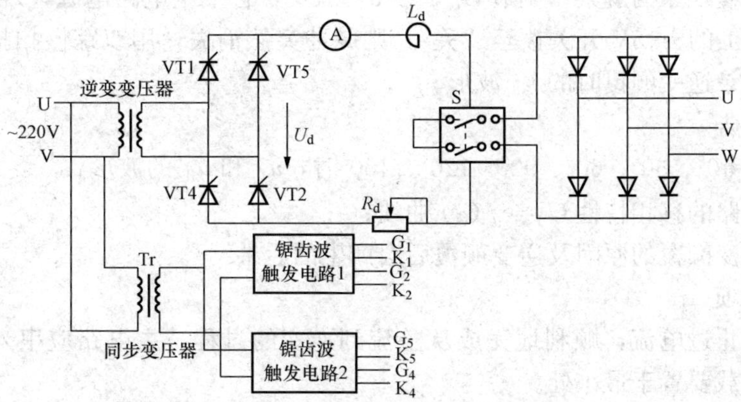

图B-8 单相桥式全控整流及逆变电路实验原理图

将DK11左上角的“触发选择开关”拨至“锯齿波”，同步变压器一次侧绕组接220V

交流电压。将DK11左下角的两个开关分别拨至“单相桥式”和“开”的位置，将锯齿波触发电路的输出脉冲端分别接至全控桥中相应晶闸管的门极和阴极，并将主控制屏DK01上的I组桥触发脉冲开关拨向“断开”或使U_{blf}开路不接线。

（2）单相桥式全控整流电路。调节锯齿波触发器中的移相调节电位器R_{P_1}，使$U_{ct}=0$（即R_{P_1}逆时针到底），调节偏移电位器R_{P_2}，使$\alpha=150°$。保持U_b不变（即R_{P_2}固定），逐渐增加U_{ct}，在$\alpha=0°\sim90°$的范围内做单相桥式全控整流电路带阻感负载实验，在$\alpha=0°$、30°、60°、90°时，用示波器观察、记录整流电压u_d、晶闸管两端电压u_T的波形，并记录U_2、U_d的数值于表B-6中。

需要注意以下内容：

1）α角读数方法：通过示波器观察U_d的波形来读α角。

2）R_{P_2}在实验过程中固定不变。

3）实验中若出现无论如何改变α的值，u_d始终为零的现象，可将变压器的一次侧和二次侧的相序对调一下，或者将加在晶闸管的阳极电源的相序对调一下即可。

计算公式：$U_d=0.9U_2\cos\alpha$。

表B-6　单相桥式全控整流电路带阻感性负载实验结果

α	0	30°	60°	90°	120°	150°
U_2						
U_d（记录值）						
U_d（计算值）						
u_d的波形						
u_T的波形						

（3）单相桥式有源逆变电路。断开电源，将开关S拨向有源逆变直流电源端（三相不可控整流桥），调节U_{ct}，将α移至150°。合上主电路电源，在$\alpha=90°$、120°、150°时，用示波器观察并记录u_d，u_T的波形，并在上表中记录U_2，U_d的数值。

（4）逆变颠覆现象的观察。调节U_{ct}，使$\alpha=150°$，合上主电路电源，观察u_d波形。突然将DK11面板上的±15V开关拨至“关”，则脉冲突然消失，用双踪慢扫描示波器观察逆变颠覆现象，记录逆变颠覆时的u_d波形。

八、实验报告

（1）画出$\alpha=0°$、30°、60°、90°、120°、150°时，u_d和u_T的波形；

（2）画出电路的移相特性$U_d=f(\alpha)$曲线；

（3）分析逆变颠覆的原因及逆变颠覆后会产生的后果。

九、注意事项

（1）为了防止过电流，顺利地完成从整流到逆变的过程，主电路应串入适当阻值的电阻，合电源前负载要置于最小处。

（2）三相不可控整流桥的输入端可加接三相自耦调压器，以降低逆变用直流电源的电压值，变压器用高中压即220V/110V。

（3）接线时，触发脉冲要一一对应（即G_1K_1接VT1；G_2K_2接VT2；G_3K_3接VT4；

G_5K_5 接 VT5)；三相不可控桥的连接极性要正确。

(4) 各开关位置要正确。

实验五 三相桥式全控整流及有源逆变电路实验

一、实验目的

(1) 加深理解三相桥式全控整流及有源逆变电路的工作原理；

(2) 了解 KC 系列集成触发器的调整方法和各点的波形。

二、实验线路及原理

实验线路如图 B-9 所示。主电路由三相全控整流电路及作为逆变直流电源的三相不可控整流电路组成。触发电路为主控制屏 DK01 中的集成触发电路，由 KC04、KC41、KC42 等集成芯片组成，可输出经高频调制后的双窄脉冲列。集成触发电路的原理可参考教材有关内容。

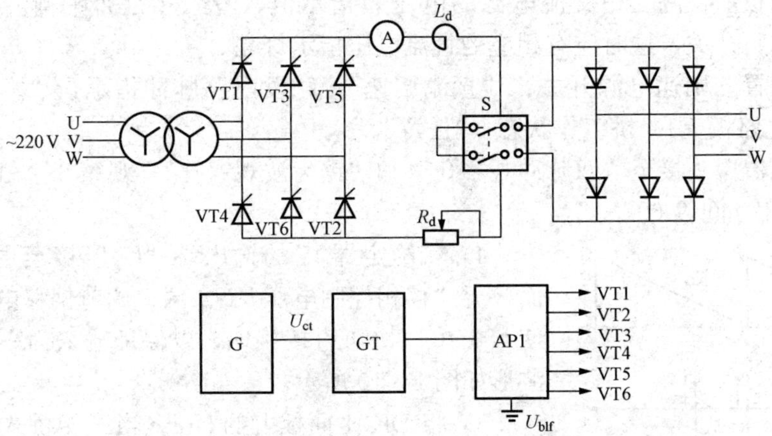

图 B-9 三相桥式全控整流及有源逆变电路实验原理图

三、实验内容

(1) 主控制屏 DK01 的调试；

(2) 三相桥式全控整流电路带大电感负载；

(3) 三相桥式有源逆变电路；

(4) 观察整流或有源逆变状态下，模拟电路故障现象时的电压波形。

四、实验设备

(1) 主控制屏 DK01；

(2) DK02 组件挂箱；

(3) 双臂滑线电阻器二台（并联使用)；

(4) DK14 三相组式变压器组件挂箱（用高、中压绕组)；

(5) 双踪慢扫描示波器；

(6) 万用表。

五、预习要求

(1) 阅读教材中有关三相桥式全控整流电路的有关内容，弄清三相桥式全控整流电路带大电感负载时的工作原理。

（2）阅读教材中有关有源逆变电路的内容，掌握实现有源逆变的基本条件。

（3）学习教材中有关集成触发电路的内容，掌握该触发电路的工作原理。

六、思考题

（1）如何解决主电路和触发电路的同步问题？在本实验中，主电路三相电源的相序能任意确定吗？

（2）在本实验中，在整流向逆变切换时，对 α 角有什么要求？为什么？

七、实验方法

（1）确定电源相序——双踪示波器法。三相整流电路是按一定顺序工作的，故保证相序正确是非常重要的。测定相序可采用双踪示波器法，指定一根电源线为 U 相，再用示波器观察，比 U 相落后 120°者为 V 相，超前 120°者为 W 相。

（2）主控制屏 DK01 的调试。

1）观察面板上检测三相交流电源的电压表指示值，看三相是否平衡。打开左上角的“低压控制电源”开关，这时应有相应的直流电压指示灯亮。

2）开关设置。调速电源开关：“直流调速”；触发电路脉冲指示：“窄”（该开关在 DK01 内部的电路板上）；桥工作状态：“任意”。

3）将示波器探头接至“双脉冲观察孔”和“锯齿波观察孔”，观察 6 个触发脉冲，应使其间隔均匀，相互间隔 60°。

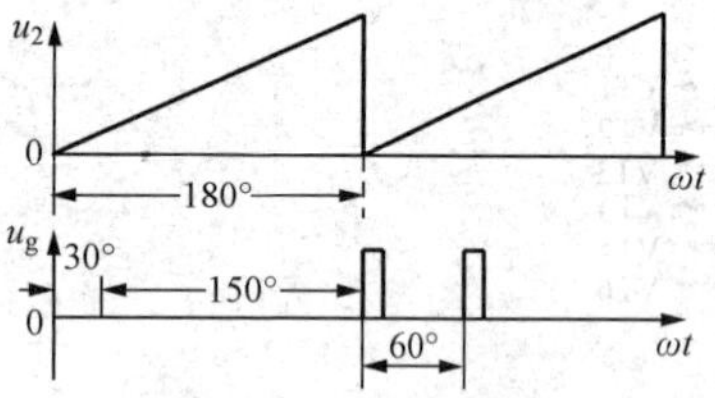

图 B-10　触发脉冲与锯齿波的相位关系

4）将给定器 G 的输出端“U_g”接至主控制屏 DK01 面板上“移相控制电压”U_{ct} 端，调节偏移电压电位器 R_P，使 $U_{ct}=0$ 时（可直接接地，以保证输入为零）的触发脉冲波形如图 B-10 所示。

5）将 DK01 面板上的 U_{blf}（当三相桥式全控变流电路使用 I 组晶闸管 VT1～VT6 时）接地，将 I 组触发脉冲的 6 个开关拨到“接通”，用示波器观察晶闸管的门极与阴极的触发脉冲是否正常。

（3）三相桥式全控整流电路。

1）按图 B-9 接线，将开关“S”拨向左边的短接线端，给定器 G 上的“正给定”输出为零（逆时针旋到底）；合上主电路开关，调节给定电位器，增加移相电压，使 α 角在 30°～90°范围内调节，同时，根据需要不断调整负载电阻 R_d，使得负载电流 I_d 保持在 0.8A 左右（注意 I_d 不得超过 1A）。用示波器观察并记录 $\alpha=30°$、60°、90°时的整流电压 u_d 和晶闸管两端电压 u_T 的波形，并记录相应的 U_d、U_{ct} 数值于表 B-7 中。

计算公式：$U_d=0.9U_2\cos\alpha$。

表 B-7　　三相桥式全控整流电路带阻感性负载实验结果

α	30°	60°	90°	120°	150°
U_{ct}					
U_d（记录值）					
U_d（计算值）					

续表

α	30°	60°	90°	120°	150°
u_d 的波形					
u_T 的波形					

2）模拟故障现象。当 $\alpha=60°$ 时，将示波器所观察到的晶闸管的触发脉冲钮子开关拨向“断开”位置，模拟晶闸管失去触发脉冲的故障，观察并记录这时的 u_d、U_{ct} 的变化情况。

（4）三相桥式有源逆变电路。断开主电源开关后，将开关“S”拨向右边的不可控整流桥端。给定电位器逆时针旋转到底，即使给定器输出为零；R_d 置阻值最大处；合上电源开关，观察并记录 $\alpha=90°$、120°、150°时电路中 u_d、u_T 的波形，并记录相应的 U_d、U_{ct} 数值于上表中。

八、实验报告

（1）画出电路的移相特性 $U_d=f(\alpha)$；

（2）画出触发电路的传输特性 $\alpha=f(U_{ct})$；

（3）画出 $\alpha=30°$、60°、90°、120°、150°时的整流电压 u_d 和晶闸管两端电压 u_T 的波形；

（4）简单分析模拟故障现象。

九、注意事项

（1）为了防止过电流并顺利地完成从整流到逆变的过程，应先将 α 角调到大于90°且接近120°的位置，然后将负载电阻 R_d 调至最大值位置（即负载电流最小处）。

（2）三相不可控整流桥的输入端可加接三相自耦调压器，以降低逆变用直流电源的电压值，变压器用高中压即220V/110V。

（3）实验过程中，在加负载移动滑线变阻器时，两并联滑线变阻器要同步滑动，防止因并联支路电流严重不平衡而烧坏变阻器。

实验六　单相交流调压电路实验

一、实验目的

（1）加深理解单相交流调压电路的工作原理；

（2）加深理解单相交流调压电路带电感性负载对脉冲及移相范围的要求；

（3）了解KC05晶闸管移相触发器的原理和应用。

二、实验线路及原理

本实验采用了KC05晶闸管移相触发器。该触发器适用于双向晶闸管或两个反并联晶闸管电路的交流相位控制，具有锯齿波线性好、移相范围宽、控制方式简单、易于集中控制、输出电流大等优点。单相交流调压触发电路原理图如图B-11所示。

单相晶闸管交流调压器的主电路由两个反向并联的晶闸管组成，图B-12为其原理图。

三、实验内容

（1）KC05集成移相触发电路的调试；

（2）单相交流调压器带电阻性负载；

（3）单相交流调压器带阻感性负载。

四、实验设备

（1）主控制屏DK01；

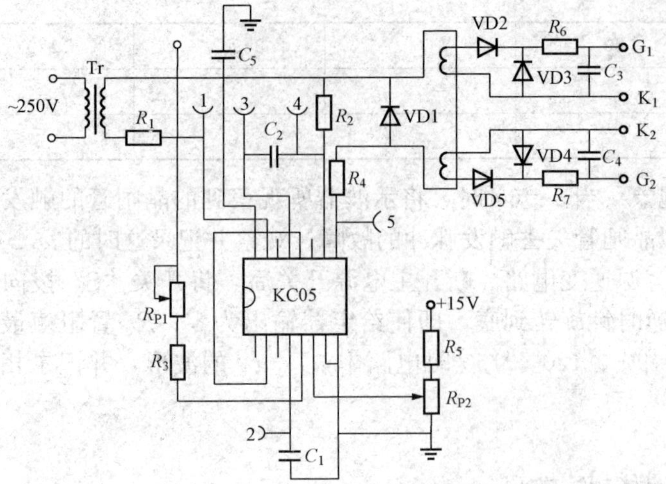

图 B-11　单相交流调压触发电路原理图

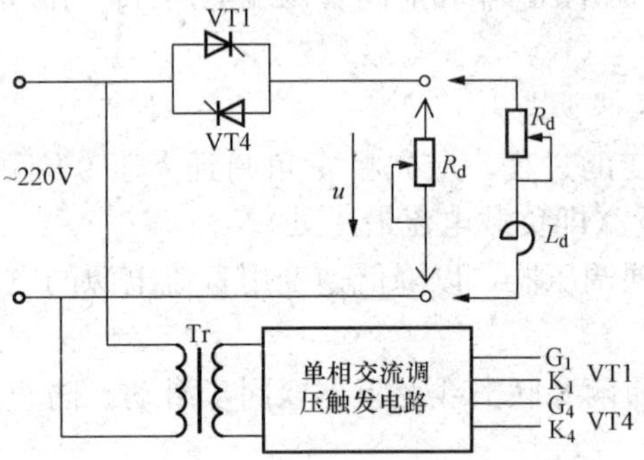

图 B-12　单相晶闸管交流调压器的主电路原理图

（2）DK12 组件挂箱；

（3）单相自耦调压器；

（4）双臂滑线电阻器；

（5）双踪慢扫描示波器；

（6）万用表。

五、预习要求

（1）阅读教材中有关交流调压器的内容，掌握交流调压器的工作原理。

（2）学习教材中有关单相交流调压器及其触发电路的内容，了解 KC05 晶闸管触发芯片的工作原理及在单相交流调压电路中的应用。

六、思考题

（1）交流调压器在带电感性负载时可能会出现什么现象？为什么？如何解决？

（2）交流调压器有哪些控制方式？应用场合有哪些？

七、实验方法

（1）KC05 集成晶闸管移相触发器调试。

1）将触发器的同步变压器一次侧绕组接 220V 交流电压，将右上角的＋15V 直流电压开关拨向“开”。

2）用示波器观察“1”～“5”端及 U_{g1}、U_{g2} 的波形。调节电位器 R_{P_1}，观察锯齿波斜率能否变化；调节 R_{P_2}，观察输出脉冲的移相范围如何变化，移相能否达到 180°。记录上述过程中观察到的各点电压波形。

（2）单相交流调压器带电阻性负载。

将 DK01 面板上的两个晶闸管反并联构成交流调压器，将触发器的输出脉冲端“G_1”、“K_1”、“G_2”和“K_2”分别接至主电路相应晶闸管（VT）的门极和阴极。接上电阻性负载，用示波器观察负载电压 u_d、晶闸管两端电压 u_T 的波形。调节电位器 R_{P_2}，观察不同 α 角时各点波形的变化，并记录 $\alpha=60°$、$90°$、$120°$时的波形。

（3）单相交流调压器接阻感性负载。

1）在做阻感性负载实验时，需要调节负载阻抗角的大小，因此应该知道电抗器的内阻和电感量。可采用直流伏安法来测量内阻，如图 B-13 所示。电抗器的内阻为

$$R_{\mathrm{L}}=\frac{U_{\mathrm{L}}}{I}$$

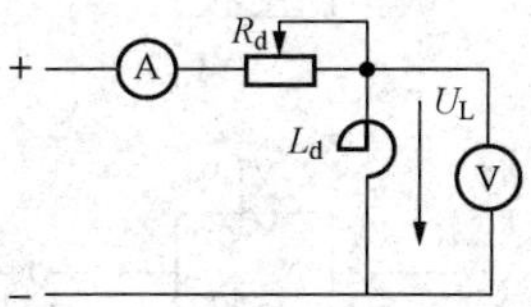

图 B-13　用直流伏安法来测量电抗内阻

2）电抗器的电感量可采用交流伏安法测量，如图 B-14 所示。由于电流大时，对电抗器的电感量影响较大，采用自耦调压器调压，多测几次取平均值，从而可得到交流阻抗

$$Z_{\mathrm{L}}=\frac{U_{\mathrm{L}}}{I}$$

电抗器的电感为

$$L_{\mathrm{L}}=\frac{\sqrt{Z_{\mathrm{L}}^{2}-R_{\mathrm{L}}^{2}}}{2\pi f}$$

这样，即可求得负载阻抗角

$$\varphi=\arctan\frac{\omega L_{\mathrm{L}}}{R_{\mathrm{d}}+R_{\mathrm{L}}}$$

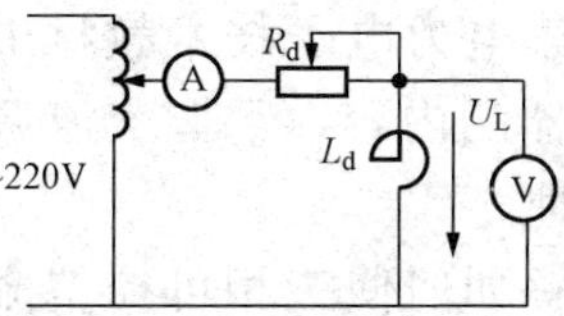

图 B-14　用交流伏安法测定电感量

在实验中，欲改变阻抗角，只需改变电阻器 R_{d} 的电阻值即可。

断开电源，改接阻感性负载。合上电源，用双踪示波器同时观察负载电压 u_{d} 和负载电流 i_{d} 的波形。调节 R_{d} 的数值，使阻抗角为一定值；观察在不同 α 角时波形的变化情况，记录 $\alpha>\varphi$、$\alpha=\varphi$、$\alpha<\varphi$ 三种情况下负载两端电压 u_{d} 和流过负载的电流 i_{d} 的波形。

八、实验报告

（1）整理、画出实验中记录下的各类波形；

（2）分析电阻电感负载时，α 角与 φ 角相应关系的变化对调压器工作的影响；

（3）分析实验中出现的各种问题。

实验七　三相交流调压电路实验

一、实验目的

（1）加深理解三相交流调压电路的工作原理。

（2）了解三相交流调压电路带不同负载时的工作原理。

（3）了解三相交流调压器触发电路的工作原理。

二、实验线路及原理

本实验采用的三相交流调压器为三相三线制，没有中线。交流调压器应采用宽脉冲或双窄脉冲进行触发。实验装置中使用后沿固定、前沿可变的宽脉冲链。实验线路如图 B-15 所示。

三、实验内容

（1）三相交流调压器触发电路的调试；

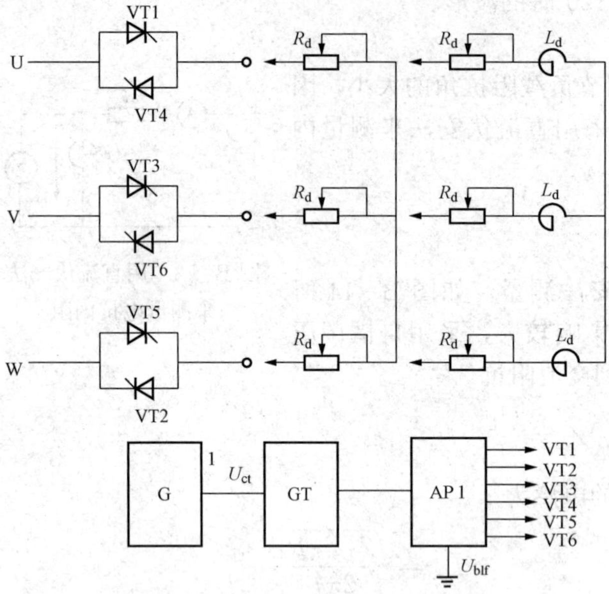

图 B-15 三相交流调压实验线路图

（2）三相交流调压电路带电阻性负载；

（3）三相交流调压电路带阻感性负载。

四、实验设备

（1）主控制屏 DK01；

（2）DK12 组件挂箱；

（3）双臂滑线电阻；

（4）双踪慢扫描示波器；

（5）万用表；

（6）平波电抗器。

五、预习要求

（1）阅读电力电子技术教材中有关交流调压器的内容，掌握交流调压器的工作原理。

（2）了解如何使三相可控整流器的触发电路适用于三相交流调压电路。

六、实验方法

（1）主控制屏调试及开关设置。

1）开关设置。调速电源选择开关："交流调速"；触发电路脉冲指示："宽"（该开关在 DK01 内部的电路板上）；Ⅱ桥工作状态指示：任意。

2）参考实验五的主控制屏调试方法，此时在"双脉冲"观察孔见到的应是后沿固定、前沿可调的宽脉冲链。

（2）三相交流调压器带电阻性负载。使用Ⅰ组晶闸管 VT1～VT6，按图 B-15 连成三相交流调压器主电路，其触发脉冲已通过内部连线接好，只要将 1 组触发脉冲的 6 个开关拨至"接通"，"U_{blf}"端接地即可。接上三相交流负载，接通电源，用示波器观察并记录 $\alpha=0°$、30°、60°、90°、120°、150°时的输出电压波形，并记录相应的输出电压有效值 U 于表 B-8 中。

表 B-8　　三相交流调压器带电阻性负载实验结果

α	0°	30°	60°	90°	120°	150°
U 记录值						
输出电压 u 的波形						
输出电流 i 的波形						

（3）三相交流调压器接阻感性负载。

断开电源，改接阻感性负载。接通电源，调节三相负载的阻抗角，使 $\varphi=60°$，用示波器观察并记录 $\alpha=30°$、60°、90°、120°时的波形，并记录输出电压 u、电流 i 的波形及输出电压有效值 U 于表 B-9 中。

表 B-9　三相交流调压器带阻感性负载实验结果

α	30°	60°	90°	120°
U 记录值				
输出电压 u 的波形				
输出电流 i 的波形				

七、实验报告

（1）整理并画出实验中记录下的波形，做不同负载时 $u=f(\alpha)$ 的曲线；

（2）讨论并分析实验中出现的各种问题。

实验八　自关断器件及其驱动与保护电路实验

一、实验目的

（1）加深理解各种自关断器件对驱动与保护电路的要求；

（2）熟悉各种自关断器件的驱动与保护电路的结构和特点；

（3）掌握由自关断器件构成的直流斩波电路原理。

二、实验线路及原理

本实验分别由 GTO、GTR、MOSFET、IGBT 等自关断器件构成直流电机斩波调速电路，通过控制自关断器件驱动信号占空比，改变斩波器输出电压脉宽，从而改变直流电机电枢电压，实现调压调速。通过本实验可对上述自关断器件及驱动与保护电路有比较深刻的理解。

图 B-16 是自关断器件实验接线原理图，图中直流主电源由主控制屏 DK01 上的二极管接成单相桥式整流电路，经电容滤波（LB）后得到。实验线路接线时，应从滤波电路的正极性“3”端出发，经过电流保护电路（BH）、自关断器件及保护电路、直流电动机电枢回路、直流电流表，回到滤波电路的负极性“4”端，从而构成实验主电路。

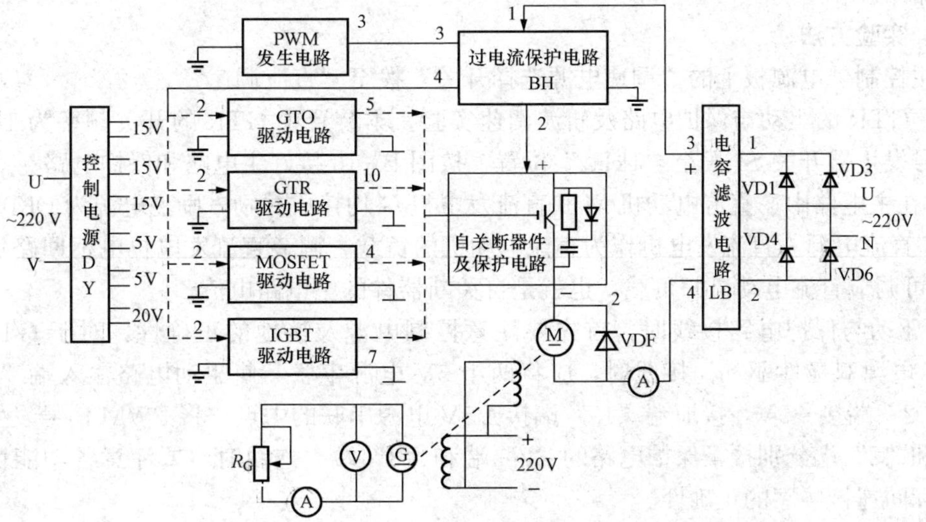

图 B-16　自关断器件实验线路图

接线时应注意以下要求：

（1）过电流保护电路（BH）的主回路电流应保证从“1”端流入，“2”端流出。

（2）PWM发生电路的输出驱动信号必须从过电流保护电路（BH）的“3”端输入，“4”端输出至相应自关断器件的驱动电路。

（3）直流电动机电枢旁必须反向并接快速恢复型续流二极管VDF，连接时应保证二极管的极性正确。

（4）驱动电路连接根据不同的具体电路进行，由于本实验中需要相互隔离的回路较多，连接时必须注意各种接地的不同，如⏚、⊥及主电路接地（即负极性端）等是不同的，不能随便连接在一起。

（5）不同自关断器件的驱动电路采用不同的控制电压，接线时应注意选用。

三、实验内容

（1）自关断器件及其驱动、保护电路的研究（可根据需要选择一种或几种自关断器件）；

（2）自关断器件构成的直流斩波调速系统实验。

四、实验设备

（1）主控制屏DK01；

（2）自关断器件组件箱DK16；

（3）直流电动机—直流发电机—测速发电机组；

（4）双臂滑线电阻器；

（5）双踪慢扫描示波器；

（6）万用表。

五、预习要求

（1）阅读教材中有关自关断器件的内容，弄清自关断器件对驱动电路和保护电路的要求；

（2）阅读教材中有关自关断器件的驱动电路和保护电路的内容，搞清其工作原理，熟悉实验线路图。

六、实验方法

将主控制屏电源板上的“调速电源选择开关”拨至“直流调速”。

（1）GTR的驱动与保护电路及斩波调速实验。本装置中GTR的开关频率为1kHz，把方波信号发生器开关S1拨至“1kHz”位置，按图B-16接好主电路和保护电路。

1）在主电路中，直流电动机M和直流发电机G均接成并励，励磁电源为DK01面板上的220V直流电源。直流发电机作为直流电动机的负载，调节直流发电机电枢回路负载电阻R_G，即可调节直流电动机的负载，也就是自关断器件的主电路电流。

2）驱动与保护电路接线时，首先要注意控制电源及接地的正确性，对于GTR器件，采用5V电源双极性驱动。接线时，应将两组5V电源串联，使驱动电路输入端“1”端接+5V，“2”端接−5V，接地端“13”端接±5V电源串联的中点。将PWM信号发生电路的“3”端和“2”端分别接至保护电路的“2”端和“3”端。连线时，要注意各功能块的完整性和相互间连接顺序的正确性。

3）实验时应先检查驱动电路的工作情况。在未接通主电路的条件下，必须使驱动电源的“13”端与GTR发射极“15”端良好连接。将开关S1、S2拨至“ON”位置，驱动电路通电，此时应能在 GTR 基极“9”和“13”端间观察到驱动触发脉冲，调节 PWM 发生电路上的多圈电位器 R_{P_1}，即可观察到脉冲占空比可调。

4）在驱动电路正常工作后，合上直流电动机励磁电源开关，调节 PWM 发生电路中的 P_{R_1}，使占空比变小；合上主电路电源开关，使直流电动机低速启动和调速；合上直流发电机的负载开关，使直流电动机带负载运行。调节占空比，用示波器观察、记录不同占空比时基极驱动电压（“9”和“15”端间）、驱动电流（“12”和“10”端间）、GTR 管压降（“14”和“15”端间）的波形。

5）测定并记录空载及额定负载条件下，不同占空比 D 时的直流电动机电枢电压平均值 U_a、电动机转速 n 于表 B-10 中。

表 B-10　不同占空比 D 时的直流电动机电枢电压平均值 U_a、电动机转速 n 实验结果

D						
U_a						
n						

（2）GTO 的驱动与保护电路及斩波调速实验。本实验中，GTO 的开关频率也为 1kHz，方波发生器开关 S1 应拨至“1kHz”位置。按图 B-16 接好主电路和驱动、保护电路。其实验方法基本上与 GTR 的驱动与保护电路及斩波调速实验一致。

（3）MOSFET 驱动与保护电路及斩波调速实验。本实验中 MOSFET 的开关频率为 10kHz，故应将开关频率拨至“10kHz”位置。按图 B-16 接好主电路和驱动、保护电路。其实验方法基本上与 GTR 的驱动与保护电路及斩波调速实验一致。

（4）IGBT 的驱动与保护电路及斩波调速实验。本实验中 IGBT 的开关频率为 10kHz，故应将开关频率拨至“10kHz”位置。按图 B-16 接好主电路和驱动、保护电路。实验方法基本上与 GTR 的驱动与保护电路及斩波调速实验一致。

七、实验报告

（1）整理并画出不同自关断器件的基极驱动电压、驱动电流、元件管压降的波形。

（2）讨论并分析实验中出现的有关问题。

八、注意事项

（1）实验时应详细分析电路结构，充分注意控制电压的大小、接线及各种接线端点的编号，以防止接线出错而损坏器件。

（2）注意直流电动机两端续流二极管的极性不能接反。

（3）关机时，主电源关掉后再调 PWM 上的电位器使电动机停转（即放电）。

参 考 文 献

[1] 莫正康．半导体变流技术．北京：机械工业出版社，2001.
[2] 林辉，王辉．电力电子技术．武汉：武汉理工大学出版社，2002.
[3] 陈坚．电力电子学——电力电子变换和控制技术．北京：高等教育出版社，2002.
[4] 王云亮．电力电子技术．北京：电子工业出版社，2004.
[5] 刘泉海．电力电子技术．重庆：重庆大学出版社，2004.
[6] 李荣生．电气控制系统设计指导．北京：机械工业出版社，2004.
[7] 潘孟春，胡媛媛．电力电子技术实践教程．长沙：国防科技大学出版社，2005.
[8] 王兆安，黄俊．电力电子技术．4版．北京：机械工业出版社，2005.
[9] 周渊深．电力电子技术与MATLAB仿真．北京：中国电力出版社，2005.
[10] 周渊深．电力电子技术．2版．北京：机械工业出版社，2010.
[11] 潘再平．电力电子技术与电机控制实验教程．杭州：浙江大学出版社，1999.
[12] 马克联，张宏．万用表实用检测技术．北京：化学工业出版社，2006.
[13] 黄忠霖，黄京．电力电子技术的MATLAB实践．北京：国防工业出版社，2009.
[14] 张淼，冯垛生．现代电力电子技术与应用．北京：中国电力出版社，2011.
[15] 李鹏飞．电力电子技术与应用．北京：清华大学出版社，2012.
[16] 林飞，杜欣．电力电子技术的MATLAB仿真．北京．中国电力出版社，2012.